TÉCNICAS DE
ENTREVISTA

S849t	Stewart, Charles J
	Técnicas de entrevista : estruturação e dinâmica para entrevistados e entrevistadores / Charles J. Stewart, William B. Cash Jr. ; tradução: Carolina Zanon, Cássia Zanon ; revisão técnica: Liliana Vasconcellos Guedes. – 14. ed. – Porto Alegre : AMGH, 2015.
	xxi, 410 p. : il. ; 25 cm.
	ISBN 978-85-8055-496-0
	1. Gestão de pessoas. 2. Seleção. 3. Recrutamento. I. Cash Jr., William B. II. Título.
	CDU 005.95

Catalogação na publicação: Poliana Sanchez de Araujo – CRB 10/2094

Charles J. Stewart | William B. Cash Jr.

Purdue University   Kent State University

TÉCNICAS DE ENTREVISTA

Estruturação e dinâmica para entrevistados e entrevistadores

14ª Ed.

Tradução
Carolina Zanon e Cássia Zanon

Revisão Técnica
Liliana Vasconcellos Guedes
Doutora em Administração de Empresas pela Universidade de São Paulo.
Professora da Área de Gestão de Pessoas em Organizações do Departamento de Administração da Faculdade de Economia, Administração e Contabilidade da Universidade de São Paulo – FEA/USP.

AMGH Editora Ltda.
2015

Obra originalmente publicada sob o título
Interviewing: Principles and Practices, 14th Edition
ISBN 0078036941 / 9780078036941

Original edition copyright © 2014, McGraw-Hill Global Education Holdings, LLC, New York, New York 10121. All rights reserved.

Gerente editorial: *Arysinha Jacques Affonso*

Colaboraram nesta edição:
Editora: *Viviane R. Nepomuceno*
Capa: *Casa de ideias*
Leitura de prova: *Carlos Villarruel*
Editoração: *Know-how Editorial*

Reservados todos os direitos de publicação, em língua portuguesa, à AMGH Editora Ltda., uma parceria entre GRUPO A EDUCAÇÃO S.A. e McGRAW-HILL EDUCATION.
Av. Jerônimo de Ornelas, 670 – Santana
90040-340 – Porto Alegre – RS
Fone: (51) 3027-7000 Fax: (51) 3027-7070

É proibida a duplicação ou reprodução deste volume, no todo ou em parte, sob quaisquer formas ou por quaisquer meios (eletrônico, mecânico, gravação, fotocópia, distribuição na Web e outros), sem permissão expressa da Editora.

Unidade São Paulo
Av. Embaixador Macedo Soares, 10.735 – Pavilhão 5 – Cond. Espace Center
Vila Anastácio – 05095-035 – São Paulo – SP
Fone: (11) 3665-1100 Fax: (11) 3667-1333

SAC 0800 703-3444 – www.grupoa.com.br

IMPRESSO NO BRASIL
PRINTED IN BRAZIL
Impresso sob demanda na Meta Brasil a pedido do Grupo A Educação.

Em memória de William "Bill" Cash Jr., aluno, coautor e amigo.

Autores

Charles J. Stewart

Foi professor emérito Margaret Church de Comunicação na Purdue University, onde lecionou de 1961 a 2009. Recebeu os prêmios Charles B. Murphy – por trabalhos realizados na Purdue University – e Donald H. Ecroyd – pela participação ativa como professor universitário da Associação Nacional de Comunicação.

Stewart foi consultor de várias organizações, como Internal Revenue Service, American Electric Power Company, Libby Foods, Indiana University School of Dentistry e United Association of Plumbers and Pipefitters. Atualmente, é advogado especial nomeado pelo tribunal para crianças.

William B. Cash Jr.

Começou a vida profissional na loja de calçados e roupas do pai, no norte de Ohio. Quando ainda estava no ensino médio, trabalhou com rádio, TV e propaganda, o que o levou a tornar-se bacharel e mestre em Radiodifusão e Comunicação Oral pela Kent State University. Depois de completar seu trabalho acadêmico nessa instituição, ingressou no corpo docente de Comunicação Oral da Eastern Illinois University e começou a realizar consultorias com dezenas de empresas, como Blaw-Knox, IBM e Hewitt Associates. Licenciou-se da Eastern Illinois para fazer pós-doutorado em Comunicação Organizacional com W. Charles Redding. Retornou a Eastern Illinois e criou e ministrou um curso sobre entrevista.

Cash Jr. deixou o ensino superior e trabalhou nas empresas Ralston Purina, Detroit Edison, Baxter e Curtis Mathis, frequentemente na vice-presidência. Depois de vários anos na indústria, retornou às salas de aula e assumiu uma vaga de professor na National-Louis University, em Chicago. Tornou-se o titular da Faculdade de Administração e Negócios e desenvolveu cursos em recursos humanos e gestão em *marketing*.

Prefácio

Esta décima quarta edição de *Técnicas de entrevista: estruturação e dinâmica para entrevistados e entrevistadores* dá continuidade a uma tradição iniciada com a primeira edição, em 1974. O livro aborda os princípios fundamentais aplicáveis a diferentes tipos de entrevista. Apresenta o que há de mais recente em pesquisa, teoria de comunicação interpessoal, usos de tecnologia e mídias sociais, além de tratar de aspectos relacionados à ética e aos princípios de igualdade de oportunidades de emprego. Embora tenhamos incluído pesquisas recentes, continuamos com a ênfase na construção de habilidades de entrevista tanto nos entrevistadores quanto nos entrevistados. Vários capítulos tratam de diversidade e seu impacto no desenrolar de uma entrevista.

Este livro oferece ao leitor um texto agradável e acessível, sem conteúdos desnecessários e redundâncias. As explicações e definições são precisas; há uma variedade de fontes de texto para chamar a atenção para palavras, termos e conceitos importantes. Os objetivos estão colocados no início de cada capítulo, a fim de informar os alunos sobre os principais assuntos abordados. As notas nas margens oferecem orientações, precauções e observações. Listas de termos-chave aparecem ao final de cada capítulo, e um glossário de termos importantes é fornecido ao final do livro.

Recursos pedagógicos

Incluímos uma **amostra de entrevista ao final de cada capítulo**, não como um exemplo perfeito de entrevista, mas para ilustrar situações, abordagens e erros em entrevistas e para desafiar os alunos a distinguir práticas eficientes e ineficientes. Por meio da aplicação dos dados e princípios apresentados em cada capítulo, o aluno saberá identificar os acertos e erros das pessoas envolvidas em uma entrevista real. Os **casos de interpretação de papéis** ao final dos capítulos 5 a 12 dão aos alunos oportunidades de elaborar e conduzir entrevistas práticas e observar os esforços dos outros para aplicar os princípios discutidos. As **atividades para o aluno,** ao final de cada capítulo, oferecem ideias para exercícios, experiências e captação de informações dentro e fora de aula. As referências fornecem aos alunos e instrutores interessados a mergulhar mais profundamente em assuntos, teorias e tipos de entrevistas específicos. O glossário apresenta definições de palavras-chave e conceitos vistos ao longo do livro.

Cursos pretendidos

Este livro destina-se a alunos dos cursos de oratória, comunicação, jornalismo, administração, supervisão, educação, ciência política, enfermagem, direito e serviço social. É também útil para *workshops* em diversas áreas. Acreditamos que este livro é muito valioso para alunos iniciantes e também para os já experimentados, porque os princípios, a investigação e as técnicas estão mudando rapidamente em muitas áreas. Tratamos de teoria e de descobertas de pesquisa quando aplicável, mas nossa preocupação principal é com princípios e técnicas que possam se traduzir em prática imediata dentro e fora das salas de aula.

Materiais de apoio

O *site* do Grupo A oferece alguns recursos, em inglês, para os leitores, como banco de testes e *slides* em Power-Point, para apoio ao estudo. Esses materiais podem ser acessados mediante cadastro no *site* www.grupoa.com.br. Procure pela página do livro e faça seu cadastro.

Para o professor

Os professores cadastrados no *site* www.grupoa.com.br devem buscar a página do livro para ter acesso ao manual do professor (em inglês), com propostas de atividades e plano de aulas.

Agradecimentos

Agradecemos aos alunos da Purdue University e da Faculdade de Administração da National-Louis University, aos atuais e antigos colegas e clientes a inspiração e as sugestões, os exercícios, as teorias, críticas e o estímulo. Agradecemos a Suzanne Collins, Ellen Phelps, Mary Alice Baker, Jeralyn Faris, Vernon Miller, Dana Olen, Kathleen Powell, Garold Markle e Patrice Buzzanell os recursos, o interesse e as sugestões.

Agradecemos ainda aos seguintes revisores os muitos comentários e as sugestões úteis que nos ofereceram:

Suzanne Collins, Purdue University
Judith Fahey, Ohio University Eastern Campus
Diane Ferrero-Paluzzi, Iona College
Dirk Gibson, Universidade do Novo México
Diane Hagan, Ohio Business College
Emily Holler, Kennesaw State University
Rosalind Kennerson-Baty, Baylor University

Sumário

1 Uma introdução à entrevista 1
   Características fundamentais das entrevistas 1
      Duas partes 1
      Objetivo 1
      Interacional 2
      Perguntas 2
      Exercício nº 1 – O que é e o que não é uma entrevista? 3
   Formas tradicionais de entrevista 3
      Entrevistas prestadoras de informação 3
      Entrevistas coletoras de informação 4
      Entrevistas de grupos focais 4
      Entrevistas de seleção 4
      Revisão de desempenho 4
      Aconselhamento 5
      Persuasão 5
      Tecnologia e entrevista 5
      Entrevista por telefone 5
      Videoconferência 7
      E-mail 8
      Webinars 9
      Entrevista virtual 9
   Resumo 11
   Termos-chave e conceitos 11
   Entrevista para revisão e análise 11
   Atividades para o aluno 13
   Notas 14
   Referências 15

2 O processo de comunicação interpessoal 16
   Duas partes na entrevista 16
      Dimensões relacionais 17
      Relacionamentos globais 20
      Gênero nos relacionamentos 20

Troca de papéis durante as entrevistas 21
　Abordagem diretiva 22
　Abordagem não diretiva 22
　Combinação de abordagens 23
Percepções do entrevistador e do entrevistado 23
　Percepções de si mesmo 24
　Percepções da outra parte 25
Interações de comunicação 25
　Níveis de interação 25
　Autorrevelação 27
　Interações verbais 29
　Interações não verbais 32
　Verbal e não verbal interligados 33
　Gênero e diferenças culturais 34
Feedback 35
　Escutar para compreender 36
　Escutar para gerar empatia 37
　Escutar para avaliar 37
　Escutar para resolver 37
A situação da entrevista 37
　Iniciando a entrevista 38
　Percepções 39
　Momento do dia, da semana e do ano 39
　Local 39
　Ambiente 40
　Territorialidade 40
Forças externas 42
Resumo 43
Termos-chave e conceitos 44
Entrevista para revisão e análise 44
Atividades para o aluno 45
Notas 46
Referências 47

3 Tipos de perguntas e seus usos específicos 48

Perguntas abertas e fechadas 48
　Perguntas abertas 48
　Perguntas fechadas 49
Perguntas primárias e de sondagem 51
　Tipos de pergunta de sondagem 52
　Entrevista inteligente com perguntas de sondagem 55
　Exercício nº 1 – Forneça as perguntas de sondagem 56
Perguntas neutras e direcionadas 56

Perguntas carregadas... 58
Exercício nº 2 – Identificação das perguntas 59
Armadilhas contidas nas perguntas.. 60
　Armadilha bipolar... 60
　Pergunta conte-me tudo 61
　Substituição de uma pergunta aberta por uma fechada 61
　Questionamento duplo.. 61
　Indução.. 62
　Jogo de adivinhação 62
　Resposta sim (não).. 63
　Sondagem curiosa 63
　Show de perguntas e respostas.. 63
　Complexidade *versus* simplicidade... 64
　Não pergunte, não conte... 64
　Exercício nº 3 – Quais são as armadilhas nestas perguntas?........... 65
Resumo 66
Termos-chave e conceitos 66
Entrevista para revisão e análise... 66
Atividades para o aluno 67
Notas.. 68
Referências 68

4　Estrutura da entrevista... **69**
Corpo da entrevista... 69
Guia de entrevista 69
Programações das entrevistas... 71
Exercício nº 1 – Programações de entrevistas 75
Sequências de perguntas... 75
Abertura da entrevista 79
　Processo de duas etapas 79
　Técnicas de abertura verbal 81
　Comunicação não verbal em aberturas 84
　Exercício nº 2 – Abertura de entrevistas 85
Encerramento de entrevista 86
　Orientações para encerramento de entrevistas 87
　Técnicas de encerramento 88
　Exercício nº 3 – Encerramentos de entrevista 90
Resumo 92
Termos-chave e conceitos 92
Entrevista para revisão e análise... 92
Atividades para o aluno 94
Notas.. 94
Referências 95

5 Entrevista informativa ... 96
Preparação da entrevista ... 96
    Determine seu objetivo ... 97
    Estude a situação ... 97
    Investigue o assunto ... 97
    Estruture a entrevista ... 99
Seleção de entrevistados e entrevistadores ... 100
    Seleção de entrevistados ... 100
    Seleção de entrevistadores ... 103
    Relacionamento entre entrevistador e entrevistado ... 103
    Escolha o local e o ambiente ... 104
Abertura da entrevista ... 105
Condução da entrevista ... 106
    Motivação dos entrevistados ... 106
    Perguntas ... 107
    Elaboração de perguntas ... 109
    Anotação e gravação ... 110
    Situações especiais ... 112
    Entrevistados difíceis ... 117
Encerramento da entrevista ... 121
Preparação do relato ou da reportagem ... 122
O entrevistado na entrevista de sondagem ... 123
    Faça o dever de casa ... 124
    Compreenda o relacionamento ... 124
    Esteja ciente da situação ... 125
    Preveja perguntas ... 125
    Escute as perguntas ... 126
    Responda estrategicamente ... 126
Resumo ... 128
Termos-chave e conceitos ... 128
Entrevista de sondagem para revisão e análise ... 129
Casos de interpretação de papéis de sondagem ... 131
Atividades para o aluno ... 131
Notas ... 132
Referências ... 134

6 Entrevista de pesquisa ... 135
Objetivo e investigação ... 135
Estrutura da entrevista ... 137
    Guia e programação de entrevista ... 137
        Abertura ... 138
        Encerramento ... 139

Perguntas de pesquisa 140
    Elaboração de perguntas 140
    Desenvolvimento de perguntas-modelo 142
    Perguntas de sondagem 143
    Estratégias de perguntas 143
    Escalas de perguntas 146
    Sequências de perguntas 150
Seleção de entrevistados 150
    Definição de público 151
    Princípios de amostragem 151
    Técnicas de amostragem 152
Seleção e treinamento de entrevistadores 154
    Número necessário 154
    Qualificações 155
    Características pessoais 155
    Treinamento de entrevistadores 156
Condução de entrevistas de pesquisa 157
    Pré-teste da entrevista 157
    Entrevista presencial 158
    Entrevista por telefone 158
    Entrevistas pela Internet 160
Codificação, tabulação e análise 161
    Codificação e tabulação 161
    Análise 162
O entrevistado em pesquisas 163
    Abertura 163
    Fase das perguntas 164
Resumo 165
Termos-chave e conceitos 165
Entrevista de pesquisa para revisão e análise 165
Casos de interpretação de papéis de pesquisa 169
Atividades para o aluno 170
Notas 170
Referências 172

7   Entrevista de seleção 173
Onde encontrar bons candidatos 174
Preparação do trabalho de seleção 175
    Revisão de leis de igualdade de oportunidades de emprego 176
    Exercício nº 1 – Teste seus conhecimentos sobre leis de igualdade de oportunidades de emprego 178
    Desenvolvimento de um perfil de candidato 179
    Avaliação do que os candidatos querem 180

Obtenção e revisão de informações de candidatos 181
    Formulários de inscrição 182
    Cartas de apresentação 182
    Currículo 182
    Cartas de recomendação e referências 184
    Testes padronizados 184
    Mídias sociais 186
Condução da entrevista 187
    Clima e ambientação 187
    Partes da entrevista 188
    Abertura da entrevista 188
    Corpo da entrevista 190
    Encerramento da entrevista 192
    Perguntas 193
    Armadilhas comuns 193
    Perguntas tradicionais 193
    Perguntas não tradicionais 194
    Considerações finais sobre o uso de perguntas 197
    Fornecimento de informações 198
Avaliação da entrevista 199
Resumo 200
Termos-chave e conceitos 200
Entrevista de seleção para revisão e análise 200
Casos de interpretação de papéis de recrutamento 202
Atividades para o aluno 203
Notas 203
Referências 206

8 Entrevista de emprego 207

Faça uma autoanálise 207
    Perguntas para guiar uma autoanálise 207
Faça o dever de casa 209
    Pesquise a sua área 209
    Busque informações sobre a vaga 210
    Busque informações sobre a organização 210
    Busque informações sobre o entrevistador 211
    Busque informações sobre fatos atuais 211
    Busque informações sobre o processo de entrevista 212
Realização da busca 213
    Networking 213
    Mídias sociais 214
    Sites, anúncios classificados e *newsletters* 215

Centros de carreira e agências de emprego ... 215
Feira de carreiras/empregos ... 216
Procure pessoalmente as empresas ... 217
Apresentação ao empregador ... 218
    Criação de uma marca ... 218
    Currículos ... 219
    Portfólio ... 228
    Carta de apresentação ... 229
Como criar uma primeira impressão favorável ... 230
    Relacionamento das partes da entrevista ... 231
    Roupas e aparência ... 231
    Comunicação não verbal ... 234
    Etiqueta da entrevista ... 234
Responder a perguntas ... 235
    Preparação para responder ... 235
    Estrutura das respostas ... 237
    Respostas bem-sucedidas ... 238
    Respostas malsucedidas ... 239
    Respostas a perguntas irregulares ... 240
    Exercício nº 1 – Que tipos de pergunta são irregulares e por quê? ... 240
Fazer perguntas ... 243
    Orientações para fazer perguntas ... 243
    Armadilhas de perguntas ... 244
    Exercício nº 2 – Armadilhas de candidatos ... 244
    Modelos de perguntas para candidatos ... 245
Encerramento ... 246
Avaliação e *follow-up* ... 246
Como lidar com a rejeição ... 247
Resumo ... 247
Termos-chave e conceitos ... 248
Entrevista de emprego para revisão e análise ... 248
Casos de interpretação de papéis em entrevista de emprego ... 250
Atividades para o aluno ... 251
Notas ... 251
Referências ... 254

9 Entrevista de avaliação de desempenho ... 255
Abordagem da entrevista como uma oportunidade de *coaching* ... 256
Preparação para a entrevista de avaliação de desempenho ... 257
    Revisão de regras, leis e regulamentações ... 258
Seleção de modelo de avaliação ... 259
    Modelo de escala de classificação de base comportamental ... 259

    Modelo de gestão por objetivos 259
    Modelo de entrevista de avaliação de desempenho global 260
    Abordagem 360 graus 263
  Condução da entrevista de avaliação de desempenho... 265
    Abertura da entrevista.. 266
    Discussão de desempenho.. 266
    Estabelecimento de novas metas e de um plano de ação 268
    Encerramento de entrevista.. 268
  O funcionário na avaliação de desempenho... 268
  Entrevista de avaliação de problema de desempenho 269
    Determinação da justa causa.. 270
    Preparação para a entrevista 271
    Manter a si mesmo e a situação sob controle 272
    Foco no problema... 273
    Evite conclusões durante a entrevista.. 273
    Encerramento de entrevista.. 274
  Resumo 274
  Termos-chave e conceitos 274
  Entrevista de avaliação de desempenho para revisão e análise 274
  Casos de interpretação de papéis de avaliação de desempenho....................... 276
  Atividades para o aluno 277
  Notas... 278
  Referências 279

10 Entrevista persuasiva **280**
  Ética da persuasão 280
    O que é ético?.. 281
    Diretrizes éticas fundamentais.. 281
  Parte 1: Entrevistador na entrevista persuasiva 283
  Como selecionar entrevistados 283
  Como analisar o entrevistado 284
    Características pessoais... 284
    Históricos educacionais, sociais e econômicos.. 285
    Cultura.. 285
    Valores/crenças/atitudes 285
    Emoções 287
  Como analisar a situação... 288
    Atmosfera 288
    Timing 288
    Ambiente físico 289
    Forças externas.. 289
  Como investigar a questão 289

Fontes 290
Tipos de evidência 290
Como planejar a entrevista 290
    Determine seu objetivo 290
    Selecione pontos principais 291
    Desenvolva argumentos principais 291
    Selecione estratégias 293
Condução da entrevista 296
    Abertura 296
    Necessidade ou desejo 297
    Perguntas 297
    Como se adaptar ao entrevistado 299
    A solução 302
    Como considerar a solução 302
    Como tratar as objeções 303
    Encerramento 305
    Resumo esquemático 307
Parte 2: Entrevistado na entrevista persuasiva 308
Seja um participante informado 308
    Estratégias psicológicas 309
Seja um participante crítico 310
    Estratégias de linguagem 310
    Estratégias lógicas 313
    Evidência 315
    Abertura 316
    Necessidade ou desejo 316
    Critérios 317
    Solução 317
    Encerramento 317
Resumo 319
Termos-chave e conceitos 319
Entrevista persuasiva para revisão e análise 319
Casos de interpretação de papéis persuasivos 322
Atividades para o aluno 324
Notas 324
Referências 326

11 Entrevista de aconselhamento 327
Ética e entrevista de aconselhamento 328
    Estabeleça e mantenha a confiança 328
    Aja no interesse do entrevistado 328
    Compreenda as suas próprias limitações 329

Não imponha suas crenças, atitudes e valores 329
Respeite a diversidade 330
Mantenha limites de relacionamento 331
Não cause mal a ninguém 331
Prepare-se detalhadamente para a entrevista de aconselhamento 332
   Antecipe perguntas e respostas 332
   Avalie abordagens de entrevistas 332
   Escolha uma estrutura 334
   Escolha do ambiente 335
Condução da entrevista 335
   Abertura 335
   Incentive a autorrevelação 337
   Escute 338
   Observe 339
   Pergunte 339
   Responda 340
   Encerramento 344
   Avalie a entrevista 344
   Entrevista por telefone 345
Resumo 346
Termos-chave e conceitos 346
Entrevista de aconselhamento para revisão e análise 346
Casos de interpretação de papéis de aconselhamento 348
Atividades para o aluno 349
Notas 349
Referências 351

12 Entrevista na área da saúde 352
Ética e entrevista na área da saúde 352
Cuidado centrado no paciente (CCP) 354
   Compartilhamento do controle 355
   Valorização da diversidade 357
   Como estabelecer e manter a confiança 359
Abertura da entrevista 360
   Como melhorar o clima 360
   Como estabelecer empatia 361
Obtenção de informações 363
   Barreiras para obter informações 363
   Maneiras de melhorar a obtenção de informações 365
   Como lidar com a barreira do idioma 368
Fornecimento de informações 369
   Causas para perda e distorção de informação 369

    Como fornecer informações com mais eficiência 372
Aconselhamento e persuasão 373
    Barreiras para o aconselhamento e a persuasão eficientes 373
    Aconselhamento e persuasão efetivos 374
Encerramento da entrevista 377
Resumo 377
Termos-chave e conceitos 378
Entrevista na área da saúde para revisão e análise 378
Casos de interpretação de papéis de assistência médica 379
Atividades para o aluno 380
Notas 381
Referências 385

Glossário 387
Índice 401

CAPÍTULO 1

Uma introdução à entrevista

Uma entrevista é a forma mais comum de comunicação objetiva, planejada e séria. Pode ser formal ou informal, mínima ou altamente estruturada, simplista ou sofisticada, de apoio ou ameaçadora, com duração que varia de alguns minutos a horas. Por meio de entrevistas, você pode fornecer ou receber informações, buscar emprego ou recrutar funcionários, revisar o comportamento de outra pessoa ou o seu, persuadir ou ser persuadido, aconselhar ou buscar aconselhamento. Entrevistas compartilham características com interações breves, conversas sociais, pequenos grupos e apresentações, mas elas diferem significativamente de cada uma dessas formas de comunicação.

> Entrevistas são ocorrências diárias.

Os objetivos deste capítulo são identificar as características essenciais das entrevistas, diferenciá-las de outros tipos de comunicação, discutir as formas tradicionais de entrevistas e examinar o crescente papel da tecnologia na condução das entrevistas durante o século XXI.

Características fundamentais das entrevistas

Duas partes

A entrevista é um processo diádico – *de duas partes* – que envolve, em geral, duas pessoas, como um repórter e um eleitor, um advogado e um cliente, um enfermeiro e um paciente, um representante de vendas e um consumidor. Uma entrevista pode envolver mais que *duas pessoas*, mas nunca mais de *duas partes*. Por exemplo, três recrutadores de uma faculdade podem entrevistar um possível aluno, um vendedor de computadores pode entrevistar um casal ou quatro alunos de uma faculdade podem entrevistar o dono de um apartamento para decidir o valor do aluguel do próximo semestre. Em cada caso, há *duas partes distintas*: entrevistador e entrevistado. Se há apenas uma parte envolvida (três alunos discutindo um projeto de campo) ou três ou mais partes envolvidas, é uma interação de um pequeno grupo com múltiplas partes, não uma entrevista.

> Diádico significa duas partes.

Objetivo

Uma ou as duas partes devem ir à entrevista com um *objetivo claro* e *predeterminado*, uma característica que diferencia a entrevista das conversas sociais ou das interações informais e sem planejamento. Enquanto as conversas e os encontros casuais são raramente organizados com antecedência, as entrevistas devem ter certo grau de planejamento e estrutura. Os entrevis-

> Entrevistas são estruturadas.

Mais de duas pessoas podem estar envolvidas em uma entrevista, mas nunca mais de duas partes – uma parte entrevistadora e uma parte entrevistada.

tadores, na maioria das vezes, planejam as aberturas e os fechamentos das entrevistas, selecionam tópicos, preparam perguntas e reúnem informações.

Interacional

Uma entrevista é *interacional* porque há compartilhamento e troca de papéis, responsabilidades, sentimentos, crenças, motivos e informação. Se uma parte faz toda a conversa e a outra apenas escuta, torna-se um discurso para um público de uma pessoa, não uma entrevista. Segundo John Stewart, a comunicação é um "processo contínuo, complexo e colaborativo de um fazer sentido verbal e não verbal".[1] *Colaborativo* significa uma criação mútua e o compartilhamento de significados que vêm das palavras e dos sinais não verbais – toques, abraços, apertos de mão e expressões faciais – que expressam interesse, preocupações, reações e uma vontade de tomar riscos que envolvam interações interpessoais íntimas como as entrevistas.

> Partes trocam e compartilham.

As interações em comunicação não são estáticas. Os papéis mudam, há troca de informações, e a revelação de sentimentos e motivos produzem reações e *insights* que levam a áreas novas e inesperadas. A entrevista como um *processo* é uma interação de variáveis dinâmicas, contínuas, atuais e em constante mudança, com um grau de *sistema* ou *estrutura*. "Os comunicadores humanos estão sempre emitindo e recebendo sinais simultaneamente. Como resultado, cada comunicador tem a oportunidade de mudar a forma como as coisas estão acontecendo a qualquer momento do processo."[2] Como ocorre na maioria dos processos, quando uma entrevista começa, "a comunicação efetivamente se estabelece".[3] Mesmo que façamos isso de modo pouco expansivo, sempre iremos comunicar algo.

Perguntas

Questionar e responder às **perguntas** feitas é importante em todas as entrevistas. Algumas entrevistas, como pesquisas de mercado e trabalhos jornalísticos, consistem inteiramente em perguntas e respostas. Outras, como as de recrutamento, aconselhamento e cuidados com a saúde, incluem uma mistura de perguntas e compartilhamento de informações. E ainda outras, como as de vendas, treinamento e revisão de desempenho, envolvem perguntas estratégicas das duas partes com o intuito de obter ou esclarecer informações e de mudar o jeito de pensar, sentir e agir de outra pessoa.

> Perguntas interpretam múltiplos papéis em entrevistas.

As perguntas são as ferramentas que as partes de uma entrevista empregam para obter informações, checar a precisão das mensagens enviadas e recebidas, verificar as impressões e hipóteses, e provocar sentimentos ou pensamentos. O Capítulo 3 apresenta uma diversidade de tipos de pergunta, com utilizações corretas e incorretas.

Então, uma entrevista é um processo de comunicação interacional entre duas partes, em que pelo menos uma delas tem um propósito predeterminado e claro que envolve os atos de perguntar e responder.

Com essa definição como guia, determine quais das interações seguintes constituem uma entrevista e quais não.

Exercício nº 1 – O que é e o que não é uma entrevista?

1. Uma professora faz uma pergunta aos alunos, em sala de aula, sobre as aplicações práticas de jogos em economia.
2. Uma jogadora de voleibol se encontra com dois cirurgiões para falar sobre a ruptura do seu ligamento cruzado anterior.
3. Um repórter conversa com uma testemunha ocular de um tiroteio.
4. Em um escritório, dois advogados discutem sobre como lidar com um caso de propriedade intelectual.
5. Um grupo de professores revisa a proposta do conselho escolar sobre as avaliações obrigatórias de alunos e professores de todas as turmas, do primeiro ano do ensino fundamental ao último ano do ensino médio.
6. Um aluno fala com o conselheiro acadêmico sobre uma nota.
7. Um vendedor de carros conversa com um casal sobre um modelo híbrido.
8. Um funcionário passa pelo supervisor no corredor e se lembra de perguntar sobre a possibilidade de sair mais cedo na sexta-feira, para ir a um encontro de família.
9. O membro de uma equipe de pesquisa faz ligações para eleitores para saber quais as posições deles em relação à lei do "direito ao trabalho" proposta pelo governador.
10. Um recrutador universitário se reúne com a família de Jack para tratar da bolsa de estudos de futebol destinada a este.

Formas tradicionais de entrevista

Nossa definição de entrevista abrange uma vasta gama de tipos de entrevista, muitos dos quais exigem treinamento especializado e habilidades específicas. Há aproximadamente 30 anos, Charles Redding, professor da Purdue University, desenvolveu um esquema situacional das formas tradicionais de entrevista de acordo com suas funções. Utilizaremos o esquema de Redding para introduzir os muitos tipos e usos das entrevistas, tanto as formais quanto as informais.

Entrevistas prestadoras de informação

Quando duas partes participam de sessões de orientação, treinamento, *coaching*, instrução e *briefing*, elas estão envolvidas em entrevistas prestadoras de informação, cujo primeiro propósito é trocar informações da forma mais precisa, eficaz e eficiente possível. Entrevistas prestadoras de informação podem parecer simples quando comparadas a outros tipos de entrevistas – se considerarmos que se trata de mera transferência de fatos, dados, relatórios e opiniões de uma parte para a outra –, mas elas são extremamente difíceis.

> O fornecimento de informações é comum, mas difícil.

Como esse tipo de entrevista é muito comum e importante nas entrevistas de assistência médica, o Capítulo 12 abordará os princípios, os problemas e as técnicas do fornecimento de informações.

Entrevistas coletoras de informação

> A coleta de informações é difundida em nosso mundo.

Quando duas partes participam de pesquisas de opinião, entrevistas de desligamento, sessões de pesquisa, investigações, sessões de diagnóstico, entrevistas jornalísticas e pedidos resumidos por informações, o propósito principal do entrevistador é reunir informações corretas, perspicazes e úteis por meio do uso inteligente de perguntas, muitas criadas e redigidas cuidadosamente antes da entrevista, e outras criadas na hora para sondar cuidadosamente as respostas, as atitudes e os sentimentos do entrevistado. O Capítulo 5 trata dos princípios e das práticas das entrevistas informativas moderadamente estruturadas, como as entrevistas jornalísticas e as investigações. O Capítulo 6 introduz os princípios e as práticas das pesquisas de modo geral e pesquisas de opinião altamente estruturadas. E o Capítulo 12 trata da coleta de informações no cenário das assistências médicas.

Entrevistas de grupos focais

As entrevistas de grupos focais, compostas em geral de oito a doze *entrevistados semelhantes* e de um único entrevistador, são projetadas para focar um problema específico e guiadas por um conjunto de perguntas cuidadosamente selecionadas. As interações entre os entrevistados geram uma gama de informações e opiniões diferentes de um único entrevistado.[4] De acordo com Melinda Lewis, as entrevistas de grupos focais "exploram as tendências humanas, em que atitudes e percepções se desenvolvem por meio das interações entre as pessoas".[5]

Entrevistas de seleção

> A seleção é crítica na vida das pessoas e organizações.

A forma mais comum de entrevista de seleção ocorre entre um recrutador, na tentativa de selecionar o candidato mais qualificado para uma posição em determinada organização, e um candidato, cujo objetivo é conquistar o cargo proposto. Outra forma, a entrevista de colocação, acontece quando um entrevistador está tentando determinar a colocação ideal de um membro da equipe que já faz parte da organização. Essa entrevista pode envolver promoção, reestruturação de uma organização ou transferência, como de vendas para gestão. Como as entrevistas de seleção ou de emprego têm um papel muito importante em nossa vida pessoal e profissional, iremos abordá-las em detalhes nos Capítulos 7 (sobre o recrutador) e 8 (sobre o candidato).

Revisão de desempenho

> A revisão de desempenho é essencial ao funcionário e ao empregador.

Quando duas partes se concentram em conhecimentos, desempenho, habilidades ou comportamento do entrevistado, elas tomam parte nas revisões de desempenho programadas e não programadas (esse tipo de entrevista já foi denominado entrevista de avaliação anual ou semestral). A ênfase é estimular um aluno, funcionário ou membro de uma equipe a manter um comportamento considerado bom e fixar metas para o desempenho futuro. O Capítulo

9 tem como foco os modelos de condução das revisões de desempenho e os princípios indispensáveis para a entrevista de problema de desempenho.

Aconselhamento

Se um entrevistado tem um problema pessoal ou profissional, as partes podem participar de uma entrevista de aconselhamento, na qual o entrevistador se esforça para ajudar o entrevistado a ter *insights* a respeito de um problema e sobre possíveis formas de lidar com ele. O Capítulo 11 discorre sobre os princípios e as práticas da condução e da participação em entrevistas de aconselhamento.

Persuasão

> Persuasão é mais do que vender um produto ou serviço.

A entrevista persuasiva ocorre quando uma parte tenta alterar ou reforçar o pensamento, sentimento ou funcionamento de outra parte. A entrevista de vendas vem imediatamente à mente, na qual uma pessoa está tentando vender um produto ou serviço a outra pessoa. Estamos envolvidos diariamente em interações persuasivas. Eis dois exemplos conhecidos: alguém tenta persuadir um amigo a ir a um *show* ou um corretor de imóveis tenta convencer um casal a comprar uma casa no lago. O Capítulo 10 trata da natureza altamente complexa da entrevista persuasiva.

Tecnologia e entrevista

Os progressos tecnológicos, como o telefone inventado em 1876 e as mídias eletrônicas e a Internet surgidas nos séculos XX e XXI, alteraram a forma como conduzimos e realizamos as entrevistas. As partes não precisam mais estar juntas fisicamente em um encontro cara a cara, mas podem estar ouvido a ouvido, teclado a teclado ou tela a tela.

Entrevista por telefone

As entrevistas por telefone se tornaram tão clichês que muitos Estados norte-americanos e o governo federal criaram as listas "Don't call" ("Não ligue") para proteger a privacidade e a sanidade das pessoas. Organizações recorrem ao telefone com objetivo de conduzir entrevistas iniciais de triagem para emprego, campanhas de levantamento de fundos e pesquisas de opinião, economizar tempo, reduzir custos e eliminar o tempo necessário para o envio de pessoal a muitos locais. Elas usam teleconferências para permitir que vários membros possam fazer perguntas e receber respostas de colegas e clientes situados nas mais diversas localidades, espalhados em uma ampla área geográfica. Por meio desse recurso, entrevistadores e entrevistados podem conversar com muitas pessoas ao mesmo tempo, responder a questões ou esclarecer dúvidas diretamente. Nesse caso, eles são ouvidos enquanto respondem e recebem retorno imediato.

> A entrevista por telefone é conveniente e barata.

O principal problema das entrevistas por telefone é a "não presença" das partes. Escutar uma voz não é o mesmo que observar a aparência, avaliar o modo de vestir e a conduta, estabelecer contato visual, ver rosto, gestos e postura de um entrevistador ou entrevistado. Alguns estudos que compararam entrevistas pessoais com aquelas feitas por telefone sugerem que os dois métodos produzem resultados de comunicação similares. Entretanto, quando se trata de fornecer respostas socialmente menos aceitáveis, o telefone é o veículo mais utilizado por causa do anonimato que ele proporciona.[6] Outros estudos apontam a necessidade de cautela quanto à escolha muito rápida pela entrevista por telefone. Um estudo constatou que os entrevistadores não gostam de entrevistas por telefone, pois esse procedimento pode influenciar o modo de responder dos entrevistados. Outro estudo verificou que menos entrevistados (especialmente os mais velhos) preferem o telefone, o que pode reduzir o grau de cooperação.[7] As pessoas podem se sentir constrangidas ao falarem sobre problemas importantes com estranhos que não podem ver, e é difícil dar garantias de confidencialidade convincentes quando não se está frente a frente com o entrevistado. Por sua vez, candidatos a uma vaga de emprego podem levar uma entrevista por telefone, à qual Martin E. Murphy se refere como a entrevista de "pantufas", menos a sério que uma entrevista presencial ou até mesmo não considerá-la de forma alguma.[8] Essas atitudes podem levar as pessoas a se vestir, falar e escolher palavras de forma casual, incluindo gírias e preenchimentos de fala como "você sabe", "me entende" e "pode apostar".

O uso cada vez mais difundido do celular criou um novo mundo da "conversa", e podemos presumir pelos sons ao fundo que aparentemente a pessoa pode estar em qualquer lugar, desde dormitórios, cozinhas e quintais até banheiros, parques e salas de aula. Quando caminhamos pelos *campi* universitários às 7 horas e vemos e escutamos os alunos em seus celulares, perguntamo-nos com quem eles podem estar falando tão cedo. Atualmente, apenas uma em cada dez residências tem apenas uma linha fixa de telefone, e os jovens e solteiros são o maior grupo a abandonar completamente as linhas fixas. Seja cauteloso ao contar apenas com celulares para conduzir ou fazer parte de entrevistas, pois eles estão mais sujeitos a proporcionar um mau serviço com queda das ligações, irregularidade no sinal e baterias que acabam, fatores que não ocorrem com as linhas de telefone fixo.[9]

A sofisticação crescente da tecnologia nas ligações por vídeo pode vir a reduzir os problemas e as preocupações causados pela importante falta que os sinais não verbais fazem nas entrevistas por telefone. A tecnologia celular que permite que as partes enviem imagens de si mesmas enquanto conversam é um progresso importante. É claro que pequenas fotos de rosto não se comparam às entrevistas presenciais, mas já são um passo adiante no processo das entrevistas eletrônicas.

Não faz muito tempo, costumávamos buscar privacidade para realizar uma chamada pessoal ou de negócios em uma cabine telefônica e tomávamos precauções para que não escutassem nossas conversas. Os tempos mudaram, e hoje há uma preocupação crescente com a **privacidade** não apenas das partes entrevistadas, mas também daqueles que não têm como evitar um processo da entrevista. Usuários de celular, que parecem sentir que precisam falar suficientemente alto para que todos em um raio de 20 metros os escutem, gritam para a pessoa do outro lado da linha. Você pode ir a qualquer restaurante, sala de espera ou saguão de aeroporto e escutar conversas completas que, em outros tempos, seriam feitas de forma mais discreta para assegurar confidencialidade. Já escutamos executivos discutindo fusões, margens de lucro e mudanças de pessoal; pacientes falando sobre diagnósticos e receitas com médicos; e alunos pedindo ajuda para fazer trabalhos, discutindo o ajuste de notas e também falando sobre problemas pessoais.

Nos Estados Unidos, existem maneiras para não irritar os 81% de adultos que se incomodam com o uso de celulares em locais públicos.[10] As sugestões incluem falar baixo, fazer chamadas curtas, manter-se distante de outras pessoas, encontrar locais mais apropriados para conversar, como uma cabine, ou não atender a chamadas em lugares centrais, como lojas ou calçadas. Atender a telefonemas em teatros, igrejas, salas de aula, restaurantes e salas de espera lotadas, como em aeroportos, é o mais irritante.

Videoconferência

A tecnologia de videoconferência, incluindo o uso do Skype, permite que as partes envolvidas na entrevista interajam visualmente, mesmo que separadas por longas distâncias – ponto a ponto ou com múltiplos pontos –, com mais rapidez e menos gastos. Por exemplo, médicos em Nova Jersey estão utilizando "telepsiquiatria" para tratar pacientes com maior rapidez e contrapor a escassez nacional de psiquiatras, especialmente aqueles que atendem crianças.[11] Apesar de essa tecnologia parecer ser tão boa quanto "estar lá pessoalmente", existem diferenças significativas se comparada às entrevistas presenciais.

Como os sinais visuais se limitam à metade do corpo para cima, aos rostos dos participantes ou a imagens de grupo, no caso de entrevistas que incluem partes com mais de uma pessoa, há menos sinais não verbais. Nesse caso, há uma menor quantidade de interrupções, o que pode reduzir possíveis mudanças de comportamento dos participantes. É mais difícil interagir de forma livre e natural com as pessoas por meio de uma tela. Talvez seja por isso que os participantes forneçam mais avaliações negativas na entrevista dos que parecem dominar o processo. Um estudo mostrou que os entrevistadores gostam das videoconferências porque podem "discretamente fazer mais anotações, checar o relógio ou fazer referência aos currículos, sem que haja necessidade de interromper o fluxo da entrevista" ou, talvez, sem que a outra parte perceba. No entanto, eles têm dificuldade para "ler os comportamentos não verbais, como expressões faciais, contato visual e ansiedade" e diagnosticar "se uma pausa ocorreu devido à tecnologia ou se o candidato estava desnorteado". Apesar de uma maioria significativa dos entrevistadores (88%) ter indicado boa vontade para utilizar a videoconferência para realizar entrevistas, uma parcela representativa (76%) prefere entrevistas presenciais.[12]

> Ambas as partes devem focar a atenção na interação.

Os entrevistados por videoconferência devem estar cientes da extensão das respostas dadas para aumentar as chances de ter a palavra e evitar qualquer indício de que desejam dominar a entrevista. Eles também podem conferir a própria lista de perguntas, fazer anotações e verificar as horas sem serem notados. Acima de tudo, os entrevistados devem estar cientes da importância dos movimentos da parte superior do corpo, gestos, contato visual e expressões faciais que irão atrair atenção favoravelmente ou não. Com a tecnologia, não existe o tradicional aperto de mão, e o entrevistado está sozinho em uma sala, fatores que podem gerar tensão para alguns. Para que a entrevista seja mais eficaz e agradável, siga estas instruções: fale alto, para que possa ser escutado com facilidade; vista-se de forma conservadora, com cores básicas; olhe para a câmera de rosto inteiro; limite seus movimentos; tente se esquecer da câmera; estabeleça um curto intervalo entre as perguntas e respostas.[13] Um estudo mostrou que candidatos em entrevistas de recrutamento ficavam mais satisfeitos com o próprio desempenho em entrevistas presenciais quando elas eram menos estruturadas, e mais satisfeitos naquelas feitas por videoconferência quando eram altamente estruturadas.[14] Como as perguntas em entrevistas altamente estruturadas tendem a solicitar respostas mais curtas, os entrevistados podem se sentir menos pressionados a determinar a extensão e o conteúdo das respostas, bem como quando devem ou não tomar a palavra.

E-mail

> Na Internet, não é possível visualizar os sinais não verbais que são fundamentais em entrevistas.

Com o advento da Internet, muitas entrevistas deixaram de ser frente a frente e passaram a ser ouvido a ouvido ou dedo a dedo. Por meio da Internet, um grande número de pessoas pode solicitar, enviar e receber informações, e discutir problemas a qualquer momento do dia ou da noite, praticamente de qualquer lugar do mundo. Mas as interações por *e-mail* são preferíveis às entrevistas? Se duas partes usam a Internet para interagir em tempo real, então é verdadeiramente uma interação e vai ao encontro da nossa definição do que é uma entrevista. Câmeras de vídeo pequenas acopladas a computadores, as quais enviam imagem e som ao vivo entre as partes de uma entrevista, tornam as interações eletrônicas superiores às telefônicas, e muito mais próximas de uma entrevista presencial. Um obstáculo a ser superado é a relutância das partes em escrever textos longos no caso de perguntas que, pessoalmente ou por telefone, seriam respondidas de forma mais sucinta. O potencial da Internet parece ser ilimitado e, conforme ela se torna cada vez mais visualmente interativa, levará mais das propriedades da entrevista tradicional, em que as duas partes não apenas fazem e respondem a perguntas, como também se comunicam de forma não verbal.

Apesar da ênfase dada à utilização do *e-mail* em processos seletivos de emprego, esse tipo de entrevista tem sido

A Internet pode fornecer importantes informações sobre vagas e organizações, além de dados sobre entrevistados e entrevistadores.

utilizado em outros campos. Os médicos, por exemplo, consideram a Internet eficiente, conveniente e eficaz na interação com os pacientes, pois trata-se de uma chamada telefônica dos tempos modernos.[15] A American Medical Association recentemente publicou diretrizes para as comunicações eletrônicas entre médico e paciente, advertindo que a tecnologia não pode substituir as interações presenciais com os pacientes. Para assegurar privacidade e segurança, alguns médicos estão utilizando *softwares* de reconhecimento da voz.

De acordo com estudos sobre o uso do *e-mail* na condução de entrevistas de pesquisa sofisticadas, desvantagens como dificuldade para abrir as entrevistas (frequentes falsos começos), estabelecer um relacionamento com os entrevistados, determinar reações emocionais e traduzir símbolos incomuns e abreviações, que os entrevistados podem utilizar, são superadas por redução do tempo e dos custos, maior amplitude da diversidade geográfica e de indivíduos que pode atingir, melhoria em fazer o entrevistado dar respostas mais verdadeiras, devido a um maior grau de anonimato, eliminação das interrupções do entrevistador, facilidade na investigação das respostas, agilidade na transcrição das respostas e simplificação da análise dos dados.[16] Segundo Lokman I. Meho: "Ao passo que uma estratégia mista de entrevista sempre deve ser considerada quando possível, uma entrevista semiestruturada via *e-mail* pode ser uma alternativa viável para as entrevistas presenciais ou por telefone, especialmente quando o tempo, as restrições financeiras ou os limites geográficos se impõem como barreiras para uma investigação".[17]

Webinars

Os *webinars* estão se tornando populares para a realização de conferências, palestras, sessões de treinamento, seminários e *workshops*.[18] Quando um *webinar* é conduzido por um apresentador para um público na *web*, não se trata de uma entrevista, mas de um discurso, palestra ou *webcast*. Entretanto, se um *webinar* se torna mais colaborativo, com perguntas e respostas por uma linha de telefone ou por tecnologia de voz, e se existem duas partes distintas, pode-se tratar de uma entrevista. É mais espontâneo do que uma entrevista por *e-mail*, além de ocorrer em tempo real.

Entrevista virtual

O significado da expressão "entrevista virtual" varia de acordo com a organização que a utiliza, mas, com frequência, refere-se a uma entrevista de seleção, real ou simulada, que envolve algum meio eletrônico – computador, Internet ou vídeo digital.[19] Mesmo que uma entrevista possa ser simulada – do tipo faz de conta –, os entrevistados devem levá-la a sério, prestando bastante atenção na sua aparência e respondendo às perguntas corretamente, sem percalços e com confiança.

As organizações têm promovido feiras de trabalho virtuais porque são mais baratas e os recrutadores não precisam perder tempo viajando para diferentes lugares pelo país.[20] Como em um jogo eletrônico, entrevistadores e candidatos podem participar na forma de avatares. De acordo com as orga-

> **NA INTERNET**
>
> Saiba mais sobre os crescentes usos das entrevistas eletrônicas em uma variedade de cenários. Busque, em pelo menos dois bancos de dados, tópicos como entrevistas por telefone, teleconferências e sistema de ponto de vídeo. Experimente mecanismos de busca como ComAbstracts (http://www.cios.org), Yahoo (http://www.yahoo.com), Infoseek (http://www.infoseek.com) e ERIC (http://www.indiana.edu/~eric_rec). Em quais cenários as entrevistas eletrônicas são mais comuns? Quais são as vantagens e desvantagens das entrevistas eletrônicas? Como os novos avanços vão afetar as entrevistas eletrônicas no futuro? Como o crescente uso das entrevistas eletrônicas vai afetar a forma como conduzimos as tradicionais entrevistas presenciais?

nizações, os candidatos parecem ficar mais relaxados quando aparecem na forma de um avatar, mas advertem que ainda assim eles precisam saber como se vestir, agir e responder. As entrevistas são conduzidas na forma de bate-papos de conversa instantânea.

Algumas organizações têm utilizado entrevistas de emprego virtuais no lugar de interações presenciais no processo de triagem, que pode envolver centenas de entrevistas. Uma fonte adverte que, na era do *videogame*, entrevistas virtuais não podem ser levadas 100% a sério por uma ou pelas duas partes; trata-se, de fato, de um jogo, e não da realidade.[21] Algumas fontes usam uma abordagem "assíncrona" inovadora, na qual o entrevistador não precisa estar presente em tempo real. Essa abordagem é recomendada para posições de *marketing*, vendas, atendimento ao cliente e outras que exijam excelente comunicação e habilidades de apresentação que você precisa ver.[22]

A Wake Forest University testou entrevistas virtuais de admissão nas quais os candidatos podem acomodar-se em suas próprias salas de estar com *webcam*, microfone e Internet, e fazer, a distância, uma entrevista presencial com um recrutador. De acordo com um recrutador, é possível entrevistar alunos que não podem viajar até o *campus* de Winston-Salem, na Carolina do Norte, e "esse recurso nos permite ter contato pessoal com todo candidato. Podemos ter uma noção de quem é o candidato, além de suas credenciais acadêmicas. A entrevista ajuda a decidir se o aluno é uma boa opção para a Wake Forest".[23] Os candidatos responderam positivamente ao formato, e a Wake Forest planeja estender a entrevista virtual para uma variedade mais ampla de possíveis alunos.

A entrevista virtual que mais se assemelha a um jogo está sendo testada pela medicina, em que entrevistas podem ocorrer em salas de cirurgia simuladas e em outros locais selecionados. Em uma aplicação desse *software*, em Londres, "a maioria dos alunos se surpreendeu positivamente com o nível de realismo" alcançado com "objetos específicos".[24] No momento, a ênfase está nas possibilidades de ensino das entrevistas virtuais para o treinamento de médicos e enfermeiros.

Resumo

A entrevista é um processo de comunicação interacional entre duas partes, em que pelo menos uma delas tem um objetivo predeterminado e claro que envolve fazer perguntas e responder a elas. Essa definição abrange uma ampla variedade de cenários de entrevista que demanda treinamento, preparação, habilidades interpessoais, flexibilidade e vontade de encarar os riscos envolvidos nas interações pessoais. A capacidade de entrevistar é uma habilidade e arte que se adquire, e, talvez, a primeira barreira a ser superada seja a suposição de que a realizamos bem porque as fazemos com frequência. Por causa dos constantes desenvolvimentos relacionados à tecnologia, a maioria das entrevistas não é mais presencial, o que tem provocado novos desafios e ocasionado novas preocupações.

Há uma ampla diferença entre entrevistadores e entrevistados preparados e despreparados, e os preparados sabem que a prática levará à perfeição se cada um souber o que está praticando. Estudos na área de assistência médica, por exemplo, revelaram que alunos de medicina, médicos e enfermeiros que não recebem treinamento formal sobre como entrevistar seus pacientes tornam-se entrevistadores menos eficazes com o tempo, e não mais eficazes.

O primeiro passo para o desenvolvimento e a melhora das habilidades de entrevista é compreender que se trata de um complexo processo cercado de muitas variáveis. O Capítulo 2 explica e ilustra o processo da entrevista por meio um modelo que contém todos os elementos fundamentais que interagem em cada encontro.

Termos-chave e conceitos

- Aconselhamento
- Colaborativo
- Conversa
- Crenças
- Diádico
- Entrevista de seleção
- Entrevista por telefone
- Entrevista por videoconferência
- Entrevista virtual
- Entrevistas coletoras de informação
- Entrevistas de grupos focais
- Entrevistas eletrônicas
- Entrevistas por *e-mail*
- Entrevistas prestadoras de informação
- Estrutura
- Interacional
- Internet
- Interpessoal
- Motivos
- Objetivo claro
- Objetivo predeterminado
- Partes
- Perguntas
- Persuasão
- Processo
- Processo de duas partes
- Produção de sentido
- Revisão de desempenho
- Sentimentos
- Sistema
- Tecnologia
- Troca
- *Webinar*

Entrevista para revisão e análise

A New Ross Neighborhood Association (Associação de Moradores de New Ross) foi criada há alguns anos, à medida que uma grande universidade, localizada próxima a ela, começou a expandir-se na cidade. Na época, muitas casas antigas e grandes foram transformadas em apartamentos para os alunos da universidade. A meta da New Ross Neighborhood Association era preservar a natureza da vizinhança e as tradicionais residências familiares. Com o passar dos anos, a associação deixou de atuar porque algumas das suas preocupações iniciais não tiveram encaminhamento e porque os membros que a fundaram se aposentaram ou se mudaram para outras cidades. Joe e Carol Stansberry ficaram preocupados com o impacto da construção de edifícios altos de apartamentos que sobressairiam às casas à margem da vizinhança. Eles decidiram conversar com os moradores da área para descobrir o que sabiam sobre a New Ross Neighborhood Association e quais eram suas principais preocupações como moradores.

Conforme você lê a interação apresentada adiante, responda às seguintes perguntas: "Trata-se de uma entrevista ou de uma discussão em um grupo pequeno?", "Como essa interação é parecida com e diferente de um discurso ou conversa social?", "Se se tratar, de fato, de uma entrevista, que forma tradicional ela tem?", "Qual é o objetivo predeterminado dessa interação?", "Qual é a proporção aproximada entre o escutar e o falar das partes, e quão apropriada ela é?", "Quando, se alguma vez, os papéis principais de entrevistador e entrevistado mudam de uma parte para a outra?", O que faz dessa interação um processo colaborativo?" e "Que papéis as perguntas desempenham?".

1. **Joe:** Olá. Meu nome é Joe Stansberry e esta é minha esposa Carol. Moramos na Rua Eaton, 612, a aproximadamente dois quarteirões daqui.
2. **Carol:** Somos membros da New Ross Neighborhood Association que foi fundada há vários anos com o intuito de preservar a natureza desta vizinhança e suas tradicionais residências familiares. Por acaso, esta é a casa dos Zimmer?
3. **Ada:** Sim, é sim. Sou Ada Zimmer. Não sabia que a Ross Association ainda existia. Alguns dos nossos vizinhos mais antigos já falaram sobre ela algumas vezes.
4. **Carol:** A associação está inativa há muitos anos, mas, com alguns amigos, temos conversado com as pessoas para torná-la uma voz mais ativa sobre assuntos que afetam toda a população de New Ross.
5. **Frank:** Sou Frank Zimmer. Ouvi algo sobre a New Ross Neighborhood Association? Esse é um nome do passado.
6. **Joe:** Oi, Frank. Meu nome é Joe Stansberry e esta é minha esposa Carol. Você não tem uma filha nas aulas de ginástica? Acho que já o vimos nas reuniões.
7. **Frank:** Sim, temos. Heather, nossa filha, está no nível sete agora e compete pelo Star City Gymnastics Club.
8. **Carol:** Nossa filha Wendy está no nível cinco pelo Star City. Infelizmente, as pessoas pensam na associação como uma coisa do passado, quando, na verdade, estamos enfrentando inúmeros problemas que nos afetam no presente.
9. **Ada:** Que planos vocês têm para a associação?
10. **Frank:** Esperamos retomar a associação como uma voz organizada que fale por todos que moram na vizinhança. No entanto, antes de qualquer decisão, consideramos que seria útil descobrir quais são as preocupações de nossos vizinhos e, como base nisso, elaborar algum projeto que seja adequado a todos.
11. **Ada:** Isso faz sentido. Não somos do tipo mais sociável e geralmente fazemos as nossas coisas sozinhos, mas, às vezes, não temos muita influência como indivíduos.
12. **Joe:** É exatamente assim que me sinto. Se vocês pudessem elencar a principal preocupação que têm como moradores da vizinhança de Ross, qual seria?
13. **Ada:** O fato de as pessoas permitirem que estacionem carros em seus quintais durante os jogos de futebol e de basquete locais. Isso normalmente não provoca uma bagunça feia?
14. **Frank:** Sim, isso me irrita também. Mas a minha maior preocupação são os construtores tentando construir prédios altos de apartamentos para estudantes ao lado de nossos quintais. Um construtor propôs fornecer estacionamento para os estudantes a 3 km de distância. Até parece que os estudantes vão querer estacionar a 3 km de onde moram.
15. **Carol:** Esses são problemas dos quais ouvimos muito falar. Que outras preocupações vocês têm?
16. **Frank:** Estacionar durante o dia é sempre um problema quando as aulas estão acontecendo. Música alta e festas tendem a ficar limitadas à primavera e ao outono.
17. **Ada:** É, mas a universidade recentemente anunciou um plano para funcionar por trimestres daqui a alguns anos, portanto os problemas com estacionamento e barulho podem passar a nos acompanhar por boa parte do ano.
18. **Joe:** Que outras preocupações vocês têm?
19. **Ada:** Latas de cerveja nos nossos gramados.
20. **Frank:** Estou preocupado com o número crescente de proprietários ausentes que possuem casas na área e estão deixando que elas se deteriorem. Quem aluga não cuida dos jardins nem limpa as calçadas no inverno.
21. **Joe:** Em que você gostaria de ver a New Ross Association se tornar no futuro?

22. **Frank:** Gostaria que vocês respondessem a essa pergunta, já que agora são membros da associação e estão falando com as pessoas na vizinhança de Ross.
23. **Ada:** Pois é, no que vocês estão pensando?
24. **Carol:** Bom, primeiro, queremos identificar os problemas que mais preocupam os moradores. Depois, gostaríamos de promover uma reunião na escola para todos os interessados em integrar e fortalecer a associação.
25. **Joe:** Não sentimos que nós como moradores tenhamos muita voz sobre as decisões que nos afetam diretamente, como os edifícios altos que a universidade pretende construir nos limites da vizinhança.
26. **Frank:** Isso faz sentido. Quem administraria a associação?
27. **Joe:** Temos uma constituição e um estatuto que determinam que ocorram eleições a cada dois anos, com limite de mandato para os diretores.
28. **Carol:** A New Ross Neighborhood Association foi projetada para envolver todos nas decisões e ações da vizinhança e para evitar que apenas poucas pessoas controlem o que fazemos.
29. **Ada:** Isso parece bom, e temos orgulho de viver nesta vizinhança histórica.
30. **Carol:** Foi ótimo poder conversar com vocês nesta noite. Depois de reunirmos algumas informações e ideias dos moradores, esperamos realizar a reunião na escola para planejarmos o futuro. Nosso *e-mail* é nrossassoc@hood.org. Se vocês nos contatarem com seu *e-mail* e número de telefone, vamos adicioná-los à nossa lista de endereços e os contataremos com bastante antecedência para informá-los sobre a nossa próxima reunião.
31. **Frank:** Isso parece ótimo. Vamos aguardar ansiosos pelo seu contato.
32. **Joe:** Obrigado por conversarem conosco nesta noite e esperamos que sua filha tenha uma boa temporada.
33. **Ada:** Obrigada. Tenham uma boa noite.

Atividades para o aluno

1. Faça um diário das entrevistas que você fizer durante a semana. Quantas foram no formato tradicional, entrevistas presenciais, e quantas foram eletrônicas? Quais tipos foram tradicionais e quais foram eletrônicas? Em que elas foram semelhantes e diferentes? Como as interações variaram? Como a falta de presença física, contato visual, aparência, expressões faciais e gestos pode afetar as entrevistas eletrônicas? Como você e as outras partes tentaram compensar isso?
2. Faça uma lista do que você considera como características essenciais de boas entrevistas e então observe duas entrevistas na TV. Quão bem os entrevistadores e entrevistados satisfizeram os seus critérios? O que eles fizeram melhor? O que eles fizeram pior? Como os cenários e as situações pareceram afetar as interações? Se uma ou as duas partes fossem o que atualmente consideramos "celebridades", como esse fator pareceu afetar as interações, papéis desempenhados, o tempo que cada um levou para fazer perguntas e responder a elas, e o conteúdo das respostas?
3. Escolha uma pessoa que você conhece superficialmente (colega de aula, colega de trabalho, membro de uma academia de ginástica) que concorde em entrevistá-lo e em ser entrevistado por você. Faça duas entrevistas de sete minutos e tente descobrir tudo o que puder sobre a outra parte. Quais tópicos foram cobertos e quais foram evitados? Como a formação das perguntas pareceu afetar as respostas? Como o seu relacionamento com a outra parte afetou a forma como vocês compartilharam e revelaram informações? Você já inverteu os papéis de entrevistador e entrevistado durante uma entrevista?
4. Participe de uma feira de empregos tradicional e de uma feira de empregos virtual no seu *campus* ou próxima dele. Depois de ter participado de cada uma delas, liste o que você gostou e o que você não gostou em cada uma. O que o encontro presencial com um possível empregador ofereceu que um encontro eletrônico não pôde oferecer? E o que o encontro eletrônico ofereceu que um encontro presencial não pôde oferecer? Se você fez o papel de um avatar em uma feira de empregos virtual, quão confortável se sentiu nesse papel? Como se preparou para cada encontro? Se a experiência da feira de empregos virtual implicava entrevistas simuladas, como você reagiu a esses encontros?

Notas

1. John Stewart, ed., *Bridges Not Walls*, 11th ed. (New York: McGraw-Hill, 2012), p. 16.
2. Stewart, p. 20.
3. Michael T. Motley, "Communication as Interaction: A Reply to Beach and Bavelas," *Western Journal of Speech Communication* 54 (Fall 1990), pp. 613-623.
4. "Effective Interviewing: The Focus Group Interview," Virtual Interviewing Assistant, http://www2.ku/~coms/virtual_assistant/via/focus.html, accessed October 12, 2006; Program Development and Evaluation, *Focus Group Interviews, Quick Tips #5*, University of Wisconsin-Extension, Madison, WI, 2002; "Focus Group Approach to Needs Assessment," Iowa State University Extension, 2001, http://www.extension.iastate.edu/communities/tools/assess/focus.html, accessed December 2, 2008.
5. M. Lewis, "Focus Group Interviews in Qualitative Research: A Review of the Literature," *Action Research E-Reports*, 2 (2000). Available at http://www.fhs.usyd.edu.au/arow/arer/002.htm.
6. Theresa F. Rogers, "Interviews by Telephone and in Person: Quality of Responses and Field Performance," *Public Opinion Quarterly* 39 (1976), pp. 51-65; Stephen Kegeles, Clifton F. Frank, and John P. Kirscht, "Interviewing a National Sample by Long-Distance Telephone," *Public Opinion Quarterly* 33 (1969-1970), pp. 412-419.
7. Lawrence A. Jordan, Alfred C. Marcus, and Leo G. Reeder, "Response Style in Telephone and Household Interviewing," *Public Opinion Quarterly* 44 (1980), pp. 210-222; Peter V. Miller and Charles F. Cannell, "A Study of Experimental Techniques in Telephone Interviewing," *Public Opinion Quarterly* 46 (1982), pp. 250-269.
8. Martin E. Murphy, "The Interview Series: (1) Interviews Defined," The Jacobson Group, http://www.jacobsononline.com.
9. David J. Critchell, "Cell Phones vs. Landlines: The Surprising Truths," http://www.mainstreet.com/print/4130, accessed January 10, 2012.
10. Scott Campbell, "Perceptions of Mobile Phone Use in Public: The Roles of Individualism, Collectivism, and Focus of the Setting," *Communication Reports* 21 (2008), pp. 70-81.
11. "Videoconferencing," http://en.wikipedia.org/wiki/videoconferencing, accessed January 6, 2012; Lorraine Ash, "Doctors Turning to Telepsychiatry," Lafayette/West Lafayette, Indiana *Journal & Courier*, C6, 1 January 2012; "Skype," http://en.wikipedia.org/wiki/Skype, accessed January 6, 2012.
12. Derek S. Chapman and Patricia M. Rowe, "The Impact of Videoconference Technology, Interview Structure, and Interviewer Gender on Interviewer Evaluations in the Employment Interview: A Field Experiment," Journal of Occupational and Organizational Psychology (2001), p. 279-298.
13. Carole Martin, "Smile, You're on Camera," Interview Center, http://www.interview.monster.com/articles/video, accessed September 30, 2006.
14. Derek S. Chapman and Patricia M. Rowe, "The Influence of Video Conference Technology and Interview Structure on the Recruiting Function of the Employment Interview: A Field Experiment," *International Journal of Selection and Assessment* (September 2002), p. 185.
15. Susan Jenks, *Florida Today*, "Forget the Office, the Doctor Will 'e' You Now," Lafayette, Indiana *Journal & Courier*, January 6, 2009, pp. D1-2.
16. Kay A. Persichitte, Suzanne Young, and Donald D. Tharp, "Conducting Research on the Internet: Strategies for Electronic Interviewing," U.S. Department of Education, Educational Resources Information Center (ERIC), ED 409 860.
17. Lokman I. Meho, "E-Mail Interviewing in Qualitative Research: A Methodological Discussion," *Journal of the American Society for Information Science and Technology* 57(10) (2006), pp. 1284-1295.
18. "Web Conferencing," http://wikipedia.org/wiki/web/webconferencing, accessed January 6, 2012.
19. "Interview Preparation: The Virtual Interview," Western State College of Colorado Career Services, http://www.western.edu/career/Interview_virtual/Virtual_interview.htm, accessed December 11, 2008; "Virtual Interview," 3M Careers: Virtual Interview, http://solutions.3m.com/wps/portal/3M/en_US/Careers/Home/Students/VirtualInterview/, accessed December 16, 2008. "Virtual Interviews," http://www.premierhealthcareers.com/1/434/virtualinterviews.asp?printview=21, accessed

January 21, 2012; "Virtual Interviews," North Carolina Resource Network, 2008, http://www.soicc.state.nv.us/soicc/planning/virtual.htm, accessed January 21, 2012.
20. Eric Chabrow, "Second Life: The Virtual Job Interview," posted June 20, 2007, http://blogs.cioinsight.com/parallax_view/content/workplace/second_life_the_virtual_job, accessed December 16, 2008.
21. "Virtual Interviews Less Serious?" http://blog.recruitv.com/2008/09/virtual-interviews-less-serious/, accessed December 16, 2008.
22. "Interview Connect: The Virtual Interview Management Solution," http://www.interviewconnect.com/, accessed December 15, 2008.
23. "Wake Forest University offers virtual interviews for admissions," Wake Forest University New Service, December 1, 2008, http://www.wfu.edu/news/release/2008.12.01.i.php, accessed December 11, 2008.
24. Bertalan Mesko, "Interview with Dr. James Kinross: Simulation in Second Life," *Medicine Meets Virtual Reality* 17, November 27, 2008, http://mmvr17.wordpress.com/2008/11/27/interview-with-dr-james-kinross-simulation-in ..., accessed December 16, 2008.

Referências

Anderson, Rob, and G. Michael Killenberg. *Interviewing: Speaking, Listening, and Learning for Professional Life*. New York: Oxford University Press, 2008.

Gubrium, Jaber F., James A. Holstein, Amir B. Marvasti, and Karyn D. McKinney, eds. *The SAGE Handbook of Interview Research: The Complexity of the Craft*. Thousand Oaks, CA: Sage, 2012.

Holstein, James A., and Jaber F. Gubrium, eds. *Inside Interviewing: New Lenses, New Concerns*. Thousand Oaks, CA: Sage, 2003.

Martin, Judith N., and Thomas K. Nakayama. *Experiencing Intercultural Communication*. New York: McGraw-Hill, 2011.

Stewart, John. *Bridges Not Walls: A Book about Interpersonal Communication*. New York: McGraw-Hill, 2012.

Trenholm, Sarah, and Arthur Jensen. *Interpersonal Communication*. New York: Oxford University Press, 2013.

CAPÍTULO 2

O processo de comunicação interpessoal

Uma entrevista é mais do que fazer perguntas e responder a elas.

O primeiro passo para o desenvolvimento e a melhora de suas habilidades em uma entrevista é ampliar a sua compreensão do **enganosamente complexo processo de entrevista** e suas muitas variáveis inter-relacionadas e interativas. É preciso reconhecer o processo total, não apenas as perguntas e respostas que são as características mais visíveis. O objetivo deste capítulo é desenvolver, passo a passo, um modelo que explica e retrata o intricado e frequentemente enigmático processo de entrevista, para que, quando chegar à Figura 2.8, você não seja surpreendido por ele.

Duas partes na entrevista

Na Figura 2.1, os dois círculos representam as duas partes do processo de entrevista. Cada uma é um produto único de cultura, ambiente, educação, treinamento e experiências. Cada uma é uma mistura de traços de personalidade. Uma pessoa pode ser otimista ou pessimista, confiante ou desconfiada, flexível ou inflexível, sociável ou antissocial. Cada uma adere a crenças, atitudes e valores específicos, e é motivada por uma variedade de expectativas, desejos, necessidades e interesses em constante mutação. E cada parte se comunica **intrapessoalmente**, ou seja, conversa consigo mesma. Aquilo que cada uma diz a si mesma e o modo de fazer isso influenciam os padrões verbais e não verbais, e como cada uma vivencia a entrevista, porque "comunicação sempre envolve identidades ou egos".[1] Em um sentido muito real, a pessoa por inteiro fala e escuta nas interações que chamamos de entrevistas.[2]

Cada parte consiste em indivíduos únicos e complexos.

Embora cada parte seja composta de indivíduos únicos, ambas devem colaborar para produzir uma entrevista de sucesso. Nenhuma parte consegue **fazer a entrevista sozinha**. Os círculos sobrepostos na Figura 2.1 simbolizam a natureza relacional do processo de entrevista em que duas partes fazem alguma coisa **com** outra, **e não para** a outra. As partes estão conectadas interpessoalmente porque cada uma tem um interesse no resultado da entrevista. O relacionamento pode começar com uma entrevista ou ter uma **história relacional** que vem de horas, dias, semanas, meses ou anos. Interações entre partes sem história prévia pode ser difícil, porque nenhuma delas pode saber o que esperar da outra, como começar a interação, quando falar e escutar, e quais informações podem e não podem ser compartilhadas. Em algumas culturas, "todos os estranhos são vistos como fontes de relacionamentos potenciais; em outros, os relacionamentos se desenvolvem apenas

Cada entrevista contribui para uma história relacional.

Figura 2.1 As partes da entrevista

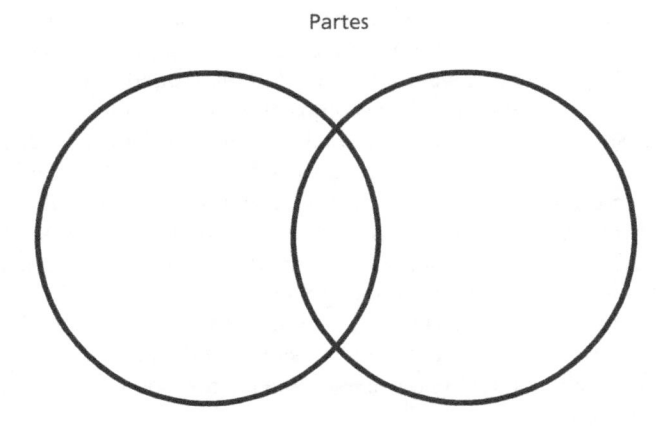

Partes

depois de um longo e cuidadoso exame detalhado".[3] Estereótipos como idade, gênero, raça e etnia podem desempenhar importantes papéis negativos em situações com zero de história, especialmente durante os ansiosos minutos de abertura de uma interação.[4] Entretanto, expectativas e atitudes negativas podem existir pelo fato de as interações prévias entre as partes não terem ido bem.

Um relacionamento pode ser **próximo** com um amigo, **casual** com um colega de trabalho, **distante** com um assistente de vendas, **formal** com um reitor de universidade ou **funcional** com um médico. Esse relacionamento pode mudar com o passar do tempo ou durante uma interação. Aquilo que começa como um relacionamento puramente funcional pode evoluir para uma amizade próxima e pessoal, e durar a vida inteira. De acordo com John Stewart e Carole Logan, "cada vez que se comunicam, parceiros relacionais constroem e modificam padrões que definem quem eles são para o outro e um com o outro".[5]

> Uma situação pode alterar um relacionamento.

Seus relacionamentos se transformam conforme as situações mudam. Por exemplo, você pode ter um relacionamento agradável e solidário com um supervisor até que ele avalie seu desempenho de forma pouco favorável. Como jornalista, você pode ter desenvolvido um relacionamento amigável com um político de modo que ele possa responder às perguntas fáceis e de rotina. Entretanto, quando o político se "perturba" ao ser confrontado com questões potencialmente constrangedoras ou controversas, a relação entre vocês se deteriora rapidamente. Segundo Sarah Trenholm e Arthur Jensen, é preciso adquirir **competência relacional** para saber "os papéis que você e o seu parceiro interpretarão no relacionamento", desenvolver "regras e normas factíveis" e saber "quando se adaptar e quando não se adaptar".[6]

Dimensões relacionais

Todos os seus relacionamentos são multidimensionais, e cinco dessas dimensões são críticas para entrevistas: semelhança, inclusão, afeto, controle e confiança.

Semelhança

> Algumas semelhanças não igualam pares relacionais.

Relacionamentos são estimulados quando ambas as partes compartilham normas e valores culturais, educação, experiências, traços de personalidade e expectativas. Talvez você considere mais fácil interagir com pessoas do mesmo gênero ou raça, que compartilhem de suas visões políticas, tenham a mesma formação acadêmica e adorem música clássica. A consciência dessas semelhanças permite que as partes da entrevista se compreendam mutuamente e estabeleçam pontos em comum – literalmente para expandir a sobreposição dos círculos até que as semelhanças percebidas superem as desigualdades percebidas. Mas cuidado, pois semelhanças superficiais como idade, modo de vestir e etnia podem ser tudo o que se tem em comum. De acordo com Judith Martin e Thomas Nakayama, "a semelhança é baseada não em se as pessoas realmente são semelhantes, mas no reconhecimento percebido (embora não necessariamente real) ou na descoberta de um traço semelhante".[7]

Inclusão

> Querer fazer parte leva à colaboração.

Os relacionamentos melhoram quando ambas as partes ficam motivadas a participar ativamente falando, ouvindo, perguntando e respondendo. Quanto mais a pessoa se envolve e compartilha, mais satisfeita fica com o relacionamento e mais deseja futuras interações. O grau de satisfação pode ser aparente nas palavras, nos gestos, no rosto, nos olhos e nas ações de cada parte. Relacionamentos eficientes se desenvolvem quando entrevistador e entrevistado se tornam interdependentes, quando "Ambos se tornam cientes de que o que" fazem e não fazem "terá um impacto sobre o outro" e começam a agir com a outra pessoa em mente. Os comportamentos deles não são mais ações individuais, mas aquilo que John Shotter chama de **"ações conjuntas"**.[8] Não vá a uma entrevista com expectativas muito altas e inatingíveis, nem muito baixas, frustrantes e insatisfatórias.

Afeto

> Interagimos mais livremente com pessoas de quem gostamos.

Relacionamentos no contexto de uma entrevista são cultivados quando as partes gostam e respeitam-se mutuamente, e existe um grau acentuado de cordialidade ou amizade. O afeto ocorre quando existe um sentimento de "nós" em vez de "eu-você", e você se comunica de um modo que a outra parte considera agradável, produtiva e justa. É importante que ambas as partes saibam se os sentimentos em relação uma à outra em uma entrevista tendem a ser positivos, ambivalentes ou negativos. No entanto, sinais de afeto e hostilidade são inconsistentes. Em um estudo, partes diminuíram o volume de voz para expressar tanto gosto quanto desgosto uma pela outra. Em outros casos, tempo de conversa diminuído pareceu indicar gosto ao demonstrar maior consideração ou desgosto ao expor desligamento da interação.[9] Alguns de nós têm dificuldade para demonstrar afeto, especialmente em ambientes formais ou públicos, e preferimos manter conhecidos e estranhos a uma distância segura.

Você pode chegar a uma entrevista com uma atitude ambivalente ou hostil em relação à outra parte, talvez devido ao histórico relacional ou por causa do que James Honeycutt chama de **memória relacional**. Segundo Honeycutt, "embora os relacionamentos estejam em constante movimento, as estruturas de memória do relacionamento fornecem uma âncora perceptiva [de modo que] os indivíduos possam determinar se estão em um relacionamento".[10] A memória relacional pode ajudar as partes a lidar com o que pesquisadores chamam de **tensões dialéticas** que resultam de conflitos entre "necessidades ou desejos importantes, porém opostos" ou "entre vozes opostas" ou contrastantes, cada um expressando um impulso diferente ou contraditório".[11] De acordo com Kory Floyd, as tensões dialéticas não são necessariamente ruins porque, "defendem os pesquisadores", referem-se a uma "parte normal de qualquer relacionamento próximo e interdependente, e apenas se tornam problemáticas quando as pessoas não conseguem lidar com elas adequadamente".[12]

Controle

Como cada parte participa de um processo contínuo, cada uma delas é responsável por seu sucesso ou fracasso. John Stewart apresentou o conceito de "continuidade", que ele rotula como "a mais importante habilidade comunicacional", porque, sempre que "você enfrenta um desafio ou problema de comunicação, a pergunta mais útil que pode fazer a si mesmo é: 'Como posso ajudar com o que irá acontecer agora?'".[13] Segundo Stewart, "já que nenhuma pessoa determina todos os resultados de um evento de comunicação, você pode determinar alguns resultados, ainda que se sinta quase impotente. Como nenhuma pessoa é 100% culpada e todas as partes compartilham responsabilidades, a sua próxima contribuição pode afetar o que está acontecendo".[14]

> A hierarquia pode atrapalhar o fluxo de informação e a autorrevelação.

Como as entrevistas frequentemente envolvem hierarquias organizacionais ou cadeias de comando, o presidente tem controle sobre o vice-presidente, o professor sobre o aluno, o supervisor sobre o estagiário. Essa **comunicação para cima** e **para baixo** pode sobrecarregar as duas partes, talvez de formas diferentes. Edward Hall observa que "o *status* de alguém, em um sistema social, também afeta o que deve ser tratado. Pessoas no topo prestam atenção a coisas diferentes do que aquelas que estão no meio ou na base do sistema".[15] Aquilo que se busca e que se valoriza como aluno pode ser muito diferente do que aquilo que um professor busca ou valoriza.

Confiança

Fisher e Brown alegam que a confiança é o "elemento mais importante de um bom relacionamento de trabalho".[16] Confiança é fundamental porque resultados potenciais afetam diretamente cada parte envolvida, como renda, carreira, poder de compra, lucros, saúde e compreensão. Relacionamentos são cultivados quando as partes confiam que a outra é honesta, sincera, confiável, verdadeira, justa, equilibrada e tem altos padrões éticos – em outras palavras, **segura**. Segundo William Gudykunst e Young Kim, "Quando confiamos em outras pessoas, esperamos resultados positivos de nossas interações com elas. Quando sentimos ansiedade em relação à interação com outras pessoas, tememos resultados negativos de nossas interações com elas".[17]

> A confiança é essencial em qualquer entrevista.

A confiança é um processo delicado e pode levar meses ou anos para ser desenvolvida com outra parte, mas pode ser destruída em um instante se nos sentimos traídos por um amigo ou colega.[18] "A confiança fornece um contexto em que a interação pode ser mais honesta, espontânea, direta e aberta."[19] A exposição é crítica ao sucesso de entrevistas, e a exposição sem inibição demanda confiança. Pessoas e resultados imprevisíveis levam a perguntas, respostas e compartilhamentos de informações e atitudes cautelosos – o risco é alto demais. Infelizmente, a confiança é algo em queda livre nos Estados Unidos. Há uma geração, dois terços dos norte-americanos diziam que confiavam em outras pessoas. Agora, dois terços dizem que não confiam em ninguém. O resultado é que há um maior esforço para nos protegermos quando nos comunicamos com outras pessoas.[20]

Relacionamentos globais

Uma vez que nossos mundos social, político e profissional estão se tornando cada vez mais globais, precisamos compreender como os relacionamentos se dão e se desenvolvem em diferentes países e culturas. Martin, Nakayama e Flores alertam, por exemplo, que, "em situações de conflito intercultural, quando experimentamos alta ansiedade com comportamentos desconhecidos (por exemplo, sotaques, gestos e expressões faciais), podemos automaticamente negar a confiança".[21] "(Alguma ansiedade já existe nos primeiros estágios de qualquer relacionamento.) Essa ansiedade tem origem nos medos sobre possíveis consequências negativas de nossas ações. Podemos temer que pareçamos pouco inteligentes ou ainda ofender alguém por não termos familiaridade com seu idioma ou cultura."[22]

Nos Estados Unidos, tende-se a ter diversos relacionamentos amistosos e informais, e dar importância à aparência de uma pessoa, especialmente no começo de relacionamentos.[23] Os norte-americanos criam e descartam relacionamentos frequentemente, enquanto os australianos se comprometem de maneira mais profunda e duradoura. Os árabes, como os norte-americanos, desenvolvem relacionamentos rapidamente. No entanto, ao contrário dos norte-americanos que não gostam de tirar vantagens de relacionamentos pedindo favores, os árabes acreditam que amigos têm o dever de ajudar uns aos outros.

> Relacionamentos se desenvolvem de maneiras diferentes em culturas diferentes.

Os chineses desenvolvem relacionamentos fortes e duradouros, e, assim como os árabes, acreditam que tais relacionamentos envolvem obrigações.[24] No México, a confiança em relacionamentos se desenvolve lentamente, é concedida com moderação e deve ser conquistada. A traição da confiança resulta no maior mal possível a um relacionamento.[25] Os alemães desenvolvem relacionamentos lentamente, porque os veem como muito importantes, e usar o tratamento pelo primeiro nome antes de um relacionamento estar bem estabelecido é considerado uma grosseria. Os japoneses preferem não interagir com estranhos, desejam informações sobre as partes antes de estabelecerem relacionamentos, preferem fazer negócios com pessoas que conhecem há anos e levam tempo para estabelecer relacionamentos.

Gênero nos relacionamentos

Pesquisadores concluíram genericamente que homens e mulheres são mais parecidos do que diferentes em suas comunicações e relacionamentos, e Kathryn Dindia argumenta que, em vez de os homens serem de Marte, e as mulheres, de Vênus, como recentemente proclamou um livro de sucesso, uma metáfora mais precisa seria "os homens são de Dakota do Norte, e as mulheres, de Dakota do Sul".[26] Brant Burleson e Adrienne Kunkel descobriram, por exemplo, "importantes semelhanças – não diferenças – nos valores que ambos os sexos depositam em habilidades de comunicação solidária, como incentivar e ouvir".[27]

> **Diferenças de gênero evoluíram, mas não desapareceram.**

Independentemente das semelhanças, as diferenças de gênero entre as partes de uma entrevista podem ser críticas no estabelecimento e no refinamento dos relacionamentos. Em geral, a conversa masculina é direta e orientada por metas com afirmações que "tendem a pressionar por conformidade, acordo ou crença". A conversa feminina pode ser mais educada e expressiva, contendo menos palavras intensas, qualificadores (talvez, quem sabe) e ressalvas ("Posso estar errada, mas..." e "Posso não ter compreendido completamente a situação, mas...").[28] As mulheres, por exemplo, usam a comunicação como uma forma primária de estabelecer relacionamentos, enquanto os homens se comunicam "para exercer controle, preservar a independência e aprimorar o *status*".[29] As mulheres fazem mais elogios e cumprimentos e relutam em criticar diretamente no local de trabalho, enquanto os homens se mantêm em silêncio quando um colega de trabalho está fazendo algo bem e são diretos nas críticas.[30] Pesquisadores constataram que as mulheres relatam "maior satisfação com suas interações do que os homens.[31] No entanto, observou-se que as "mulheres têm mais probabilidade de trair e ser traídas por outras mulheres". Por sua vez, os homens relatam que são frequentemente mais traídos por outros homens com os quais competem.[32] Cada uma dessas diferenças pode impactar no relacionamento da entrevista.

Troca de papéis durante as entrevistas

Embora uma das partes possa controlar uma entrevista, ambas falam e ouvem de vez em quando, perguntam e respondem, e assumem os papéis de entrevistador e entrevistado. Nenhuma das partes pode sentar e esperar que a outra torne a entrevista um sucesso sozinha. Segundo John Stewart, "comunicadores humanos estão sempre enviando e recebendo mensagens simultaneamente. Como resultado disso, cada comunicador tem a oportunidade de mudar o andamento das coisas a qualquer momento no processo".[33] Os pequenos círculos da Figura 2.2 retratam o intercâmbio de papéis em entrevistas.

> **Uma única parte não consegue tornar uma entrevista um sucesso, mas pode garantir o fracasso dela.**

O grau no qual os papéis são trocados e o controle é compartilhado é frequentemente afetado pelo *status* ou pela *expertise* das partes, por quem iniciou a entrevista, pelo tipo de entrevista, pela situação e pelo clima da interação – solidário ou defensivo, amistoso ou hostil. Esses fatores determinam qual abordagem o entrevistador deve escolher: **diretiva** ou **não diretiva**.

Figura 2.2 Troca de papéis

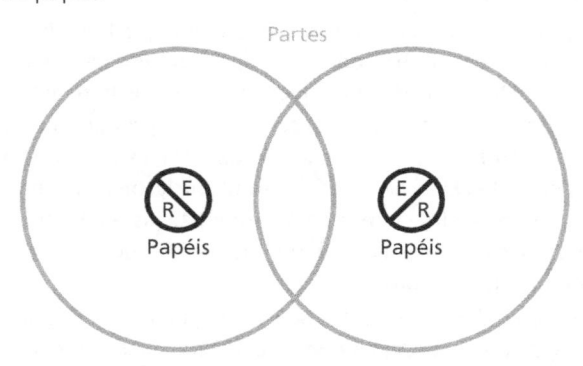

Abordagem diretiva

> Uma abordagem diretiva permite que o entrevistador mantenha o controle.

Em uma abordagem diretiva, o **entrevistador** estabelece o objetivo da entrevista e tenta controlar o ritmo, o clima e a formalidade da entrevista. Perguntas tendem a ser encerradas com respostas breves e diretas. Embora um entrevistado agressivo possa assumir o controle durante o andamento da entrevista, o entrevistador tende a controlar a situação. Entrevistas diretivas típicas são de fornecimento de informações, pesquisas e consultas de opinião, recrutamento de emprego e entrevistas persuasivas, como de vendas. A abordagem diretiva é fácil de aprender, toma menos tempo, permite que se mantenha o controle e é fácil de replicar.

O diálogo apresentado a seguir ilustra uma entrevista diretiva:
1. **Entrevistador:** Você votou na eleição de hoje?
2. **Entrevistado:** Sim, votei.
3. **Entrevistador:** Você votou a favor ou contra o referendo escolar?
4. **Entrevistado:** Votei a favor.
5. **Entrevistador:** Qual foi o principal motivo do seu voto?
6. **Entrevistado:** Acredito que é fundamental manter a qualidade das nossas escolas.

Abordagem não diretiva

Em uma abordagem não diretiva, o **entrevistado** tem importante controle sobre o tema, o comprimento das respostas, o clima da entrevista e a formalidade. As perguntas tendem a ter finais abertos e neutros, para dar ao entrevistado o máximo de oportunidade e liberdade para responder. Em geral, as entrevistas não diretivas são jornalísticas, de história oral, investigativas, de aconselhamento e de avaliação de desempenho. A abordagem não diretiva permite maior flexibilidade e adaptabilidade, estimula perguntas de sondagem e convida o entrevistado a oferecer informações.

> Uma abordagem não diretiva permite que o entrevistado compartilhe o controle.

O diálogo apresentado a seguir ilustra uma entrevista não diretiva:
1. **Entrevistador:** Soube que você acabou de voltar do Haiti. Em que lugar esteve no Haiti?
2. **Entrevistado:** Fomos até Porto Príncipe e passamos uma noite em uma instalação projetada como posto de trânsito para missionários. Na manhã

seguinte, seguimos de carro por quase três horas montanha acima até nossa paróquia irmã, em Boudain, onde visitamos diversas clínicas médicas.
3. **Entrevistador:** O que você fez?
4. **Entrevistado:** Falei com pacientes e ajudei a distribuir diversos medicamentos e instrumentos esterilizados para os médicos que foram conosco.
5. **Entrevistador:** Quais foram as suas impressões?
6. **Entrevistado:** A pobreza que há por todo lado é quase opressiva, mas as pessoas são incrivelmente felizes e amistosas. Todos apreciavam muito as pequenas coisas que podíamos fazer. Vi crianças caminhando por quilômetros sem sapatos para ir à escola.

Combinação de abordagens

> Seja flexível e adaptável ao escolher abordagens.

Você pode escolher uma combinação das abordagens diretiva e não diretiva. Por exemplo, como recrutador, pode usar uma abordagem não diretiva no começo de uma entrevista para ajudar um candidato a relaxar, então mudar para uma abordagem diretiva ao fornecer informações sobre a organização e a vaga, e voltar para uma abordagem não diretiva ao responder às perguntas do candidato.

> Os papéis que interpretamos devem guiar as abordagens, mas não ditá-las.

Seja flexível na escolha da abordagem mais adequada. Frequentemente, a escolha da abordagem de entrevista é regida por regras e expectativas sociais ou organizacionais. Por exemplo, ao participar de uma entrevista, um funcionário, candidato, cliente ou paciente "tem a expectativa de que o entrevistador direcionará e influenciará seus comportamentos muito mais extensivamente do que ele é capaz de influenciar o comportamento do entrevistador. Ambos fazem que seja assim".³⁴ Incorporar papéis e expectativas sociais pode resultar em uma entrevista ineficiente.

Percepções do entrevistador e do entrevistado

> Quatro percepções movem nossas interações.

Cada integrante chega a uma entrevista com percepções de si mesmo e da outra parte, e essas percepções podem mudar positiva ou negativamente ao longo da entrevista. Nossos relacionamentos se devem em grande parte a essas percepções e determinam como nos comunicamos. Na Figura 2.3, quatro percepções críticas são retratadas por setas de duas pontas.

Figura 2.3 Percepções de si mesmo e dos outros

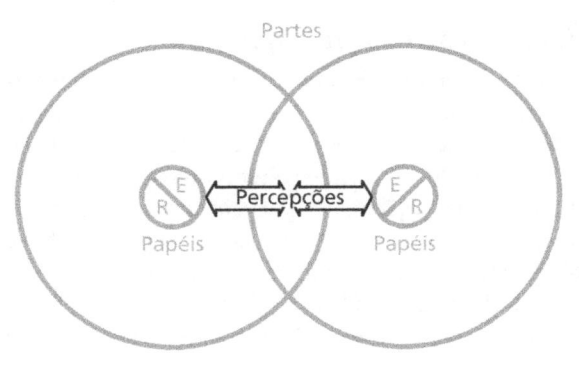

Percepções de si mesmo

Nossa autopercepção – **autoimagem** – emerge de nossas experiências, atividades, atitudes, realizações, fracassos, interações e dos papéis de superior e subordinado que representamos. Trata-se de "uma visão pessoal exigente e assertiva de quem somos e de como queremos ser vistos e aceitos, do tipo de pessoa que sentimos que *deveríamos* ser".[35] Nossa autoimagem é uma criação mútua de interpretações – como interpretamos e pensamos que outros interpretam quem fomos, somos e seremos. É por meio dessas interpretações que criamos uma **autoidentidade**. De acordo com John Stewart, "chegamos a cada encontro com um 'ego' identificável, construído por meio de interações passadas, e, *enquanto conversamos*, fazemos algumas adaptações para que possamos nos encaixar no assunto discutido e estabelecer contato com as pessoas com quem estamos conversando; somos modificados pelo que acontece conosco enquanto nos comunicamos".[36]

> O que percebemos que somos pode ser mais importante do que o que somos.

Nossa autoimagem e autoidentidade são afetadas pelas expectativas que a família, a sociedade, as profissões e as organizações depositam sobre nós. Podemos experimentar diferentes autoimagens enquanto passamos de uma situação a outra ou de um papel a outro.

Autoestima – como percebemos nosso valor próprio – é um elemento crítico de autoimagem e autoidentidade. Teóricos argumentam que empregamos uma grande quantidade de energia mental e comunicativa tentando ganhar e manter reconhecimento e aprovação de familiares, amigos, colegas e outras pessoas porque temos uma necessidade "persistente e incontrolável" de prestar contas de nós mesmos.[37] Se nos sentimos respeitados e levados a sério – o que significa alta autoestima –, podemos ser mais perceptivos, confiantes e propensos a expressar atitudes e ideias impopulares. Entretanto, se a autoimagem é considerada de pouca importância – o que significa baixa autoestima –, é possível que sejamos tão autocríticos que não conseguiremos interpretar com precisão o comportamento e a comunicação dos outros.

> A autoestima está intimamente relacionada ao valor próprio.

Nossa autoestima pode determinar o sucesso ou o fracasso de uma entrevista. Podemos experimentar sucesso ou fracasso porque nos convencemos de que teremos sucesso ou fracasso – uma **profecia autorrealizável** que influencia as mensagens enviadas e recebidas, os riscos assumidos, a confiança e a autorrevelação.

Diferenças de cultura e gênero

> Muitos cidadãos da aldeia global estão menos preocupados consigo próprios do que com o grupo.

Autoimagem, autoidentidade e autoestima são centrais nas culturas norte-americana e ocidental porque dão ênfase ao indivíduo. Elas não são centrais nas culturas orientais e nos países sul-americanos. Japoneses, chineses e indianos, por exemplo, vivenciam culturas coletivistas, em vez de individualistas, e têm mais preocupação com a imagem, o respeito e as conquistas do grupo. Na China, atribuir negociações de sucesso a um indivíduo é considerado um ato egoísta, autopromocional e desrespeitoso. O sucesso é atribuído ao grupo ou à equipe. Deixar de reconhecer diferenças culturais gera muitos problemas de comunicação para entrevistadores e entrevistados.

Kory Floyd nos lembra que o gênero importa na autoimagem porque "papéis de gênero são ideias construídas socialmente sobre como mulheres e homens deveriam pensar e se comportar".[38] Há a expectativa de que os homens sejam mais assertivos, controlados e autossuficientes, ao passo que as mulheres devem ser "femininas" e submissas e demonstrar empatia e expressividade emocional, pois foram preparadas culturalmente para isso. Nem todos os homens nem todas as mulheres agem dessa maneira, mas não podemos ignorar o papel da sociedade no gênero e na autoimagem, e seu impacto potencial em uma entrevista.

Percepções da outra parte

A forma como você percebe os outros afeta o seu modo de abordar uma entrevista e reagir durante a realização dela. Por exemplo, você pode estar impressionado com a reputação ou a posição do outro – um importante jornalista, o presidente da sua empresa, um cirurgião. Encontros anteriores com uma parte podem nos levar a esperar ansiosamente uma entrevista ou temê-la. Nossas **percepções** podem ser influenciadas por idade, gênero, raça, grupo étnico, tamanho e aparência física do outro – especialmente se a pessoa for bastante diferente de nós. Um aval positivo de um terceiro pode modificar a forma como percebemos uma pessoa. Se somos flexíveis e adaptáveis, as percepções da outra parte podem mudar com o progresso de uma entrevista a partir da forma como esta começa. Nesse caso, devem-se considerar os modos, as atitudes, as roupas e a aparência da outra parte, a escuta e o *feedback*, as interações verbais e não verbais, as perguntas e as respostas e a forma como a entrevista termina. Cordialidade, compreensão e cooperação das duas partes podem aumentar as percepções de cada um.

> Percepções são um processo de mão dupla.

> Permita que interações alterem ou reforcem as percepções.

Interações de comunicação

Na Figura 2.4, as setas curvas que conectam as duas partes simbolizam os níveis de comunicação verbal e não verbal que ocorrem durante entrevistas. Os três níveis diferem em distância relacional, autorrevelação, riscos encontrados, significados percebidos e quantidade e tipo de conteúdo trocado.

Níveis de interação

As **interações de nível 1** são relativamente seguras, pois não há trocas ameaçadoras sobre temas como cidade natal, profissão, eventos esportivos, cursos universitários e família. Elas geram respostas seguras, socialmente aceitáveis, confortáveis e ambíguas como "Muito bom", "Nada mal" e "Não posso reclamar", que não revelam julgamentos, atitudes ou sentimentos.

Cada nível é uma porta metafórica, a qual é ligeiramente aberta nas interações de nível 1. Ideias gerais, sentimentos superficiais e informações simples são transmitidos, mas cada parte pode fechar a porta rapidamente e com segurança, caso seja necessário. A espessura da seta indica que trocas de comunicação de nível 1 são as mais comuns em entrevistas, e o comprimento da seta simboliza a **distância relacional**. As interações de nível 1 dominam entrevistas em que não há história relacional, confiança, quando a questão é

> Interações de nível 1 evitam julgamentos, atitudes e sentimentos.

> Interações de nível 1 são seguras e superficiais.

Figura 2.4 Interações de comunicação

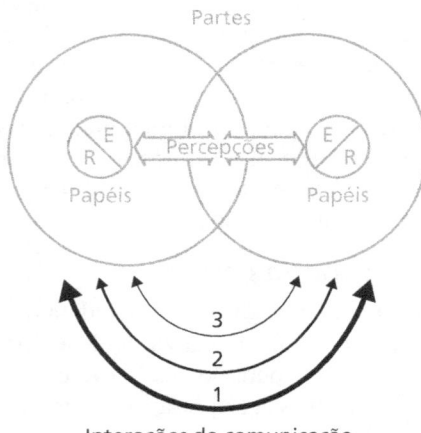

Interações de comunicação

controversa ou o relacionamento de papéis ocorre entre partes de alto e baixo *status*. A interação apresentada acima ilustra uma comunicação de nível 1:

1. **Entrevistador:** O que você acha dos pacotes de aposentadoria precoce que estão sendo oferecidos aos nossos funcionários mais antigos?
2. **Entrevistado:** Parecem ser atraentes para alguns funcionários mais velhos que desejam se aposentar antes do planejado.
3. **Entrevistador:** E quanto a você?
4. **Entrevistado:** Estou avaliando.

> Interações de nível 2 exigem confiança e disposição para correr riscos.

As **interações de nível 2** lidam com temas pessoais ou controversos e sondam crenças, atitudes, valores e posições. As respostas tendem a ser um tanto seguras e reveladoras conforme as partes tentam cooperar sem revelar muito. A porta metafórica está meio aberta (visão otimista) ou meio fechada (visão pessimista), à medida que passam ideias, sentimentos e informações mais específicas e reveladoras. Embora estejam dispostas a assumir mais riscos, as partes mantêm a possibilidade de fechar a porta rapidamente. A espessura da seta significa que as interações de nível 2 são menos comuns do que as de nível 1, e o comprimento da seta indica que um relacionamento mais próximo entre as partes é necessário para passar de trocas superficiais a mais reveladoras. A interação apresentada a seguir é de nível 2. As partes, ainda que cautelosas, são mais específicas e reveladoras.

1. **Entrevistador:** O que você acha dos pacotes de aposentadoria precoce que estão sendo oferecidos aos funcionários mais antigos?
2. **Entrevistado:** Eles podem ajudar a reduzir o orçamento de pessoal, mas me preocupa o fato de que podemos perder algumas pessoas-chave.
3. **Entrevistador:** Compreendo a sua preocupação. E como você se sente em relação a esses pacotes?
4. **Entrevistado:** Sei que precisamos reduzir nosso orçamento de pessoal, mas não sei se estou pronto para uma aposentadoria precoce.

> **Interações de nível 3 envolvem revelação total.**

As **interações de nível 3** lidam com áreas de questionamento mais pessoais e controversas. Os entrevistados revelam completamente sentimentos, crenças, atitudes e percepções. Pouca coisa fica de fora, e, às vezes, os entrevistadores recebem mais do que pediram. A porta metafórica está escancarada. Os riscos e os benefícios são consideráveis para ambas as partes. A seta fina e curta indica que as interações de nível 3 são incomuns, especialmente em contatos iniciais, e o relacionamento entre as partes deve ser de confiança, com um compartilhamento de controle. O diálogo a seguir ilustra uma interação de nível 3.

> **Um relacionamento positivo é essencial para as interações de nível 3.**

1. **Entrevistador:** O que você acha dos pacotes de aposentadoria precoce que desenvolvi para reduzir vagas caras de funcionários antigos?
2. **Entrevistado:** Compreendo a motivação para o desenvolvimento desses incentivos de aposentadoria, mas acredito que seja um plano míope, porque perder funcionários antigos importantes pode produzir importantes consequências no longo prazo.
3. **Entrevistador:** Entendo que você, por ser um funcionário mais antigo, se sinta dessa maneira, mas precisamos trazer sangue novo para esta empresa.
4. **Entrevistado:** Sentia-me assim anos atrás e ainda me ressentia do que alguns chamavam ironicamente de "barbas grisalhas", porque eles eram consideravelmente mais velhos do que nós. Com o passar dos anos, no entanto, passei a me dar conta do quanto ganhei com as experiências e os aconselhamentos deles.

Autorrevelação

> **Em muitos ambientes de entrevistas, ficamos expostos.**

Na maioria das entrevistas, é preciso passar pelos três níveis para obter informações, detectar sentimentos, descobrir percepções e obter comprometimentos. Como esse processo demanda graus variáveis de **autorrevelação**, sempre haverá alguma dificuldade para concretizá-lo de forma eficiente. Quando participamos de um grupo ou integramos uma plateia, podemos nos tornar invisíveis, se assim desejarmos. Entretanto, em uma entrevista, frequentemente expomos nosso bem-estar social, profissional, financeiro, psicológico ou físico, o que pode significar um risco. Nas entrevistas, abordam-se aspectos relacionados com *seu* comportamento, *seu* desempenho, *sua* reputação, *suas* decisões, *suas* fraquezas, *seus* sentimentos, *seu* dinheiro ou *seu* futuro. De acordo com David Johnson:

> Toda autorrevelação representa algum grau de risco. O autoconhecimento pode resultar em um relacionamento mais próximo com o outro. Todavia, deve-se considerar que, por causa disso, algumas pessoas podem gostar menos de você. Para construir um relacionamento significativo, devemos nos revelar ao outro e assumir o risco de sermos rejeitados.[39]

Por conta dos riscos envolvidos na autorrevelação, teóricos da comunicação têm apresentado sugestões para reduzi-los. Tenha cuidado com a natureza do seu relacionamento com a outra parte, comece com um nível seguro de revelação, garanta que a exposição seja relevante e adequada, fique sensível ao efeito que a sua exposição terá sobre a outra parte e as outras pessoas envolvidas na entrevista, continue a expor em um nível em que a outra parte seja recíproca.[40] Tendemos a ter menos inibições quando estamos interagindo *on-line* e podemos revelar informações demais, aquilo a que alguns se referem como revelações "hiperpessoais", e essa informação pode vir mais cedo ("por via expressa") em interações *on-line*.[41] Sabemos que muitas pessoas usam palavras hostis e fazem acusações *on-line* que jamais fariam frente a frente ou pelo telefone.

Gênero

> Mulheres fazem revelações mais livremente do que homens.

De modo geral, as mulheres revelam mais do que os homens, e, exceto pela raiva, elas têm mais permissão de expressar emoções (medo, tristeza, solidariedade) do que os homens. Como as mulheres são vistas como melhores ouvintes e mais receptivas do que os homens, a revelação costuma ser maior em conversas entre elas (talvez porque a conversa esteja no coração dos relacionamentos femininos), aproximadamente igual em encontros de uma mulher com um homem e mais baixa em encontros entre homens.[42]

Cultura

> A cultura pode determinar o que revelamos e para quem.

A cultura pode determinar o que é revelado para quem e como. Por exemplo, norte-americanos de descendência europeia podem revelar uma variedade mais ampla de temas, incluindo informações pessoais, do que japoneses e chineses, revelar mais sobre suas carreiras e menos sobre suas famílias do que ganeses e se revelarem a mais tipos diferentes de pessoas do que asiáticos. Os asiáticos revelam mais para aqueles com experiência e habilidade de exibir atitudes honestas e positivas do que para aqueles que gostam de conversar e demonstram ser mais emocionais. Segundo uma pesquisa, pessoas que vivem em culturas coletivistas de alto contexto, como o Japão e a China, em que há a expectativa de que todos trabalhem pelo bem do grupo e conheçam e sigam as normas culturais, revelam menos do que aquelas que vivem em culturas individualistas de baixo contexto, como os Estados Unidos e a Grã-Bretanha, em que os cidadãos lutam para ser bem-sucedidos como indivíduos e as normas culturais são menos conhecidas e mais flexíveis. Pode haver conflito se revelamos demais, revelamos de menos ou revelamos à pessoa errada em culturas diferentes. Independentemente da cultura, importantes ingredientes determinam o grau de autorrevelação, incluindo a semelhança percebida, a competência, o envolvimento e autorrevelações que podem levar o relacionamento a um nível mais alto.[43]

Embora as culturas variem em como, quando e a quem a autorrevelação é adequada, alguns teóricos alegam que a noção de cortesia – a face positiva e não a negativa – é universal. De acordo com a "**teoria da cortesia**", todos os seres humanos querem ser valorizados e protegidos. Segundo Littlejohn:

> Faces positivas e negativas são motivos universais.

Face positiva refere-se ao desejo do indivíduo de ser valorizado e aprovado, de ser gostado e homenageado, e a *cortesia positiva* está relacionada ao modo de buscarmos meios concretizar esses desejos, como demonstrar preocupação, elogiar e usar formas de tratamento respeitosas. *Face negativa* refere-se ao desejo de ser livre de imposição ou intrusão, e a *cortesia negativa* está relacionada ao ato de proteger o outro quando as necessidades são ameaçadas. Reconhecer a imposição quando se faz uma solicitação é um exemplo comum.[44]

Há situações em que a cortesia é essencial não apenas para que possamos lidar com pessoas de outras culturas, mas também para desafiar, reclamar, avaliar, disciplinar e aconselhar. De acordo com Guerrero, Andersen e Afifi, "as pessoas enfrentam um dilema constante entre a liberdade de agirem como bem entenderem (o que satisfaz as necessidades de suas faces negativas) e a necessidade de mostrarem-se bem diante de outros indivíduos (o que satisfaz as necessidades de suas faces positivas)".[45] Os autores identificam várias "ações ameaçadoras": comportamento que infringe uma importante regra cultural, social ou profissional; comportamento que produz uma injustiça significativa; comportamento pelo qual a parte é diretamente responsável; e a dimensão de poder ou autoridade que uma parte tem sobre a parte ofensiva. O desejo de ser cortês – de modo a não ferir ou perturbar o outro, mas demonstrar valorização, compreensão ou acordo – é uma das causas mais comuns de ilusão e engano.[46] Uma declaração ou resposta não inteiramente verdadeira ou omissa pode parecer garantia da manutenção da cortesia e a harmonia em uma entrevista.

Interações verbais

Interações em entrevistas envolvem combinações intrincadas e inseparáveis de símbolos verbais e não verbais, algumas intencionais e outras não. Para efeito didático, apresentaremos separadamente essas combinações.

Interações verbais, palavras, são apenas conexões arbitrárias de letras que funcionam como símbolos para pessoas, lugares, coisas, eventos, crenças e sentimentos. A natureza imperfeita dessas interações é sentida diariamente em mal-entendidos, confusões, constrangimentos, antagonismos e mágoas em torno do que parecem ser palavras comuns e neutras. Talvez *o maior problema com a comunicação humana seja a suposição dela*, e o uso e mau uso de palavras provocam muitos problemas em entrevistas. O professor de jornalismo Michael Skube escreveu sobre a falta de familiaridade que muitos estudantes universitários têm com o que são presumidamente palavras a serem comumente compreendidas, incluindo ímpeto, lúcido, partidário, infiel e brevidade.[47]

> Nunca suponha que a comunicação esteja acontecendo.

E se todos nós usássemos as palavras "adequadamente"? Isso terminaria com os mal-entendidos? A resposta é "não", porque é a natureza arbitrária da linguagem, e não o mau uso, que provoca a maioria dos problemas.

Múltiplos significados

> Uma palavra raramente tem um único significado.

As palavras têm muitos significados. Argumentação vai desde dar motivos ou evidências até discordar com palavras e persuadir. O verbo *revelar* pode significar contar, tornar conhecido por inspiração divina ou violar um segredo.

Ambiguidades

As palavras podem ser tão ambíguas que duas partes podem dar significados diferentes a elas. O que, de fato, significa um "bom" apartamento, uma educação "acessível", um conjunto de instruções "simples" e um salário "digno"? Quando uma pessoa está na "meia-idade"? Como sabemos que alguma coisa é "uma das melhores" ou "uma das mais raras"?

Sons semelhantes

> Cuidado com palavras que soam iguais.

Palavras que soam parecidas podem causar confusões em entrevistas porque normalmente ouvimos e não vemos palavras. Exemplos em inglês são *see* (ver) e *sea* (mar), *do* (fazer) e *due* (devido), *sail* (velejar) e *sale* (venda), e *to* (para), *too* (também) e *two* (dois). A pronúncia ou a enunciação podem aumentar esse problema. Uma banqueira em Los Angeles relatou um incidente em que ela estava conversando com uma colega do banco em Chicago e achou ter ouvido a outra dizer *"We're axing John"* ("Vamos cortar o John"). A colega havia dito *"asking John"* ("perguntar ao John"), não demiti-lo.

Conotações

> Palavras raramente são neutras.

As palavras têm conotações positivas e negativas. O terno é "acessível" ou "barato", um carro é "usado" ou "seminovo", a compra de um computador pode representar um "gasto" ou um "investimento". Persuasão pode significar inspirar ou convencer. Execução pode significar realizar ou enforcar.

Jargão

As partes podem provocar problemas ao alterarem ou criarem palavras. Cada profissão tem um jargão especializado: "dispositivos de controle veicular" são semáforos; para os militares, um martelo é um "equipamento de ajuste movido manualmente por impacto". Em cada entrevista, use palavras simples, claras e adequadas.

Gíria

> As gírias vêm e vão, e frequentemente determinam quem está por dentro e quem está por fora.

Cada geração tem um jargão extraoficial chamado *gíria*. Em inglês, carros velozes e potentes já foram assim denominados: *keen* nos anos 1940 e 1950, *cool* e *far out* nos anos 1960 e 1970, *decent* e *mean* nos anos 1980 e *awesome* na década de 1990. Hoje, os carros são *hot*.

Eufemismos

Um eufemismo é uma substituição de uma palavra com som melhor por uma palavra comum. É maior a probabilidade de comprarmos uma árvore de Natal de aparência natural do que uma artificial, de perguntarmos onde fica o toalete, e não o banheiro, de comprarmos um equipamento de um consultor de vendas, e não de um vendedor, e de sentirmos desconforto em vez de dor com um procedimento invasivo, e não uma cirurgia.

Nomenclatura

> A nomenclatura é um esforço para alterar a realidade social.

É possível rotular uma pessoa, um lugar ou uma coisa para alterar o modo como a outra parte e você **veem a realidade**. Você pode comprar um refrigerante *diet*, mas não uma cerveja *diet*; enfrentar um período de baixa em vez de uma recessão; e pedir um pão francês, mas não um pão de meio quilo. Ao substituir homem por garoto ou comissária de bordo por aeromoça, você não está sendo "politicamente" correto, mas tratando da realidade de que homens e mulheres desempenham papéis profissionais, não meninos e meninas. As palavras têm importância.

Palavras de força

> Palavras podem ser fortes ou não.

Há formas de discurso fortes e fracas.⁴⁸ Formas fortes incluem certeza, desafios, ordens, perguntas direcionadas, metáforas e frases memoráveis, como "Leia meus lábios!", "Faça meu dia!", "Dê tudo de si!" e "Vá à luta!". Formas fracas incluem pedidos de desculpa, ressalvas, justificativas, perguntas indiretas, sinais de falta de fluência – como "Ahn" e "Hmm" – e vícios de linguagem, como "Sabe?" e "Entende?". Trata-se de distrações fracas e sem significado que comunicam a incapacidade que alguém tem de articular frases e pensamentos.

Diferenças regionais e de papéis

A maioria dos norte-americanos fala "inglês", mas há diferenças regionais e de papel. Pessoas de Nova Jersey chamam a praia de *shore*, enquanto, na Califórnia, elas vão à *beach*. Uma pessoa da Nova Inglaterra pede um refrigerante se referindo a ele como *soda*; no Meio Oeste, pede um *pop*; e alguém do Sul, uma *coke*. Um programa governamental de benefícios como a previdência social tem significados diferentes para partes de 24 anos e de 64 anos. Funcionários e gestores veem enxugamento e terceirização de maneiras diferentes.

Diferenças de gênero

> Diferenças de gênero podem levar a diferenças de poder.

Estudos de gênero e comunicação identificaram diferenças no uso de linguagem entre homens e mulheres. Por exemplo, os homens tendem a ser mais sociáveis no desenvolvimento e no uso de formas fortes de discurso, mas não dominam as interações; por sua vez, as mulheres tendem a desenvolver formas fracas de discurso e promover relacionamentos e trocas durante interações. Uma pesquisa apontou que a fala feminina é mais cordial e expressiva, contém mais qualificadores e ressalvas, inclui com frequência os pronomes "nós" e "eles" (em vez de "eu"), faz mais distinções de cores, utiliza menos termos mecânicos e técnicas, e é mais hesitante do que a fala masculina.⁴⁹ Os homens não apenas usam termos mais intensos do que as mulheres, como também frequentemente há a expectativa de que façam isso, porque é algo considerado masculino. Se uma mulher usa os mesmos termos, ela pode ser considerada arrogante, agressiva ou dogmática.

> Estereótipos são suposições perigosas.

Tome cuidado ao estereotipar as diferenças de linguagem e interação entre gêneros. Segundo Julia Wood, "apesar de piadas sobre a tagarelice feminina, uma pesquisa indicou que, na maior parte dos contextos, os homens não apenas mantêm as próprias conversas, mas também dominam qualquer conversa".⁵⁰ Além disso, os homens tendem a interromper as mulheres mais do que outros homens e fazem isso para dar opiniões. As mulheres tendem a interromper para fazer perguntas. Estudos recentes também indicam que tanto homens quanto mulheres usam formas hesitantes de discurso. Diversos fatores podem afetar como homens e mulheres usam a linguagem, como o contexto da entrevista, o assunto em pauta, a duração da interação (o que afeta o quanto as partes se tornam confortáveis uma com a outra), diferenças de *status* entre as partes e os papéis desempenhados.⁵¹

Diferenças globais

> O uso global de palavras pode ser mais significativo do que palavras estrangeiras.

Diferenças de linguagem são ampliadas na aldeia global, mesmo quando as partes estão falando a mesma língua. Os norte-americanos valorizam precisão, objetividade, palavras explícitas, formas fortes de discurso, o uso do "eu" para começar frases e conversa direta.[52] Povos de outras culturas valorizam o grupo ou o coletivo e não o indivíduo, e raramente utilizam o pronome "eu" ou chamam atenção para si mesmos. As crianças chinesas são ensinadas a subestimar a autoexpressão. Os japoneses tendem a ser implícitos e empregam palavras ambíguas e qualificadoras. Os coreanos evitam expressões negativas e insinuam desacordos para manter a harmonia do grupo. Povos de fala árabe empregam o que é chamado de "bajulação" ou linguagem condescendente com metáforas elaboradas e comparações.

Expressões idiomáticas como "*bought the farm*" (comprou a fazenda = morrer), "*get your feet wet*" (molhar os pés = fazer algo pela primeira vez), "*wild goose chase*" (caçada ao ganso selvagem = perseguir algo impossível), "*stud muffin*" (bolinho = rapaz atraente) e "*hit a home run*" (fazer um home run = acertar em cheio) são exclusivas dos Estados Unidos. Expressões desse tipo podem representar sérios problemas para pessoas com diferentes graus de conhecimento em uma língua ou cultura. Wen-Shu Lee escreveu sobre suas experiências como nova aluna de graduação nos Estados Unidos. Embora fosse fluente em inglês, ficou espantada quando um colega viu suas anotações em chinês e comentou: "Isso parece grego para mim". Quando disse que era chinês, não grego, o colega achou graça. Só então Lee se deu conta de que havia compreendido mal uma expressão idiomática comum nos Estados Unidos. Lee alerta para o fato de que algumas pessoas permanecerão em silêncio ao ouvirem uma expressão idiomática, em vez de correrem o risco de parecerem burras, e recomenda que "os interlocutores precisam trabalhar em conjunto para estabelecer um decoro de conversação em que não há problemas, e é socialmente aceitável abordar problemas".[53]

Orientações para reduzir problemas de linguagem

O famoso linguista Irving Lee escreveu anos atrás que frequentemente "falamos além" um do outro, em vez de um com o outro.[54]

> Problemas de linguagem são evitáveis.

Para reduzir a probabilidade de falar além de alguém, devemos escolher as palavras com cuidado, expandir o vocabulário, ordenar as palavras claramente, prestar atenção ao contexto em que a outra parte usa as palavras, estarmos cientes dos jargões comuns e profissionais e nos manter atualizados sobre as mudanças no uso da língua. Devemos sempre ter conhecimento de como gênero, idade, raça, cultura e grupos étnicos das duas partes podem alterar a forma como as palavras são processadas e têm seus significados determinados.

Interações não verbais

> Sinais não verbais transmitem muitas mensagens diferentes.

Por conta da natureza interativa da entrevista, cada parte se baseia em sinais não verbais para interpretar as expressões verbais do outro e para saber quando está na hora de falar e quando está na hora de escutar. Um aceno de cabeça, uma pausa, o tom da voz ou uma recostada na cadeira pode convidar à alternância na conversa ou a uma troca de papel porque nos baseamos em deixas não verbais para nos expressarmos e interpretarmos as expressões dos outros.[55] Uma vez que as partes estão tão próximas, têm a probabilidade de detectar e interpretar o que a outra **faz** e **não faz** de modo não verbal: contato visual, expressões faciais, piscadas, toques, olhares.

Um único ato comportamental pode transmitir uma mensagem. Um contato visual deficiente pode dizer à outra parte que você tem algo a esconder; um aperto de mão frouxo, que é tímido; uma expressão facial séria, que é sincero; ou uma expressão intrigada, que está confuso. A velocidade de sua fala pode comunicar urgência (velocidade alta), gravidade da situação (velocidade baixa), falta de interesse (velocidade alta), falta de preparo (velocidade baixa), nervosismo (velocidade alta e voz ofegante) ou indecisão (voz hesitante). O **silêncio** pode estimular o outro a falar, sinal de que você não está com pressa, expressa concordância com o que está sendo dito e mantém a outra parte falando.[56]

Uma combinação de atos não verbais pode aprimorar o impacto da mensagem. Por exemplo, para demonstrar interesse, você pode inclinar-se para frente, manter bom contato visual, concordar com a cabeça e apresentar uma expressão facial séria. Quando você se remexe, cruza e descruza braços e pernas, senta-se rigidamente, olha para baixo, franze as sobrancelhas e fala em tom de voz agudo, pode revelar um alto nível de ansiedade, medo ou agitação. O corpo encurvado, a testa franzida e um ritmo lento de fala podem revelar tristeza ou resignação. Inclinar-se para trás, encarar a outra parte e levantar uma sobrancelha pode sinalizar desacordo, raiva ou indignação. A forma como você aperta a mão e olha o outro no olho pode sinalizar confiabilidade. Movimentos corporais, gestos e postura demonstram dinamismo ou falta dele. Qualquer ato comportamental pode ser interpretado de uma forma significativa pela outra parte. A sua mensagem pode ser intencional ou não intencional, precisa ou imprecisa, mas ela será interpretada.

> Qualquer ato comportamental ou a falta dele pode emitir uma mensagem.

A aparência física e as roupas são especialmente importantes durante os primeiros minutos de entrevistas enquanto as partes se conhecem e desenvolvem respeito uma pela outra. As pessoas respondem de modo mais favorável a pessoas atraentes que não são nem muito gordas nem muito magras, são mais altas do que baixas, mais atraentes do que não atraentes, mais bonitas do que simplórias ou feias. Todos veem pessoas atraentes como mais seguras, extrovertidas, interessantes e sociáveis. A forma como nos vestimos e nos preparamos fisicamente para uma entrevista pode revelar como nos vemos e percebemos a outra parte, a situação e a importância da entrevista.[57]

Verbal e não verbal interligados

> Mensagens verbais e não verbais estão intricadamente interligadas.

Embora tenhamos separado as interações verbais e não verbais com objetivos educacionais, é praticamente impossível isolar umas das outras. O não verbal frequentemente **complementa** o verbal, como quando chamamos a atenção para palavras ou frases importantes por meio de ênfase vocal (como textos impressos sublinhados, itálicos ou destacados). Complementamos palavras com tom de voz, velocidade da fala, expressões faciais e contato visual. O não verbal pode **reforçar** palavras com um aceno positivo ou negativo de cabeça. O não verbal pode servir como **substituto** para palavras, como quando apontamos para uma cadeira sem dizer "Sente-se aqui". O silêncio pode sinalizar desacordo mais diplomaticamente do que as palavras, ainda que o significado seja o mesmo.

> Em mensagens confusas, o *como* pode superar o *o quê*.

Uma pesquisa apontou, no entanto, que o não verbal pode ser mais poderoso do que o verbal em algumas circunstâncias. O não verbal pode trocar sentimentos e emoções com maior precisão, comunicar intenções de modo relativamente livre de enganos e confusões, ser mais eficiente e transmitir ideias de forma indireta. Em estudos realizados, constatou-se que as pessoas consideram comportamentos não verbais mais verdadeiros do que mensagens verbais. No caso de haver conflito de mensagens – mensagens confusas –, elas tendem a acreditar mais nas mensagens não verbais. Como se pode notar, o *como* vence *o quê*.

Gênero e diferenças culturais

> Mulheres são mais adeptas da comunicação não verbal.

Diferenças de gênero afetam entrevistas porque as mulheres têm mais habilidade e se baseiam mais em comunicação não verbal do que os homens. Por exemplo, expressões faciais, pausas e gestos corporais são mais importantes nas interações femininas do que nas masculinas, talvez porque as mulheres sejam mais expressivas do que os homens. As mulheres tendem a olhar mais e se sentem menos desconfortáveis quando o contato visual é interrompido. As vozes mais graves dos homens são vistas como mais confiáveis e dinâmicas do que as vozes mais agudas das mulheres. Em geral, as mulheres se aproximam mais dos homens, ao passo que os homens preferem manter alguma distância.

No mundo, culturas diferentes compartilham muitos sinais não verbais. As pessoas assentem com a cabeça para concordar, sacudem-na para discordar, apontam o polegar para baixo como forma de desaprovação, sacodem os punhos com raiva e batem palmas para demonstrar aprovação. Entretanto, a comunicação não verbal difere significativamente entre as culturas.

Nos Estados Unidos, os afro-americanos mantêm mais contato visual quando estão falando do que quando estão escutando. Fornecem mais *feedback* não verbal enquanto escutam do que os norte-americanos de origem europeia. Em geral, os afro-americanos são mais animados e pessoais, enquanto os norte-americanos de origem europeia preferem se manter calados. Os afro-americanos evitam contato visual com superiores por respeito, um traço frequentemente mal

Na comunicação não verbal, ter consciência das diferenças culturais é imprescindível.

interpretado por norte-americanos de origem europeia que consideram falta de contato visual um sinal de desinteresse, desconfiança ou desonestidade. Diferentemente dos norte-americanos de origem europeia, os afro-americanos costumam, no contato com outras pessoas, tocar mais e a ficar mais próximos delas.[58]

> **Norte-americanos negros e brancos usam diferentes sinais não verbais.**

No cenário global, os norte-americanos olham os outros nos olhos quando conversam, enquanto os africanos evitam contato visual durante uma conversa. Um sincero "olhe no meu olho" ocidental pode representar falta de respeito a um asiático. Um norte-americano arregala os olhos para demonstrar espanto ou surpresa, ao passo que os chineses fazem o mesmo para expressar raiva, os franceses para indicar descrença e os latinos para mostrar incompreensão. Os norte-americanos sorriem em resposta a um sorriso, mas não é assim em Israel. Os japoneses são ensinados a mascarar sentimentos negativos com sorrisos e risada. Desde a infância, os norte-americanos são ensinados a ter pouco contato físico direto com outras pessoas durante a comunicação, o que é bem diferente nos países mediterrâneos e latinos. Em uma escala de intensidade de som de 1 a 10, em que 10 é a mais alta, os árabes estariam perto de 10, os norte-americanos perto da metade, e os europeus, perto de 1. Os árabes percebem a voz alta como sinal de força e sinceridade e a voz baixa como sinal de fraqueza e sinuosidade. Não causa nenhuma surpresa o fato de muitos norte-americanos e europeus considerarem os árabes agressivos e grosseiros. Um aperto de mão firme é importante na sociedade norte-americana, mas não representa nada no Japão.

> **Procure conhecer a diversidade de mensagens não verbais existente em diferentes partes do mundo.**

Muitos gestos que observamos em diferentes culturas e países têm significados diversos. Um simples aceno quer dizer "Olá" nos Estados Unidos e "Venha aqui" na Argélia. Um dedo na testa significa inteligente nos Estados Unidos e burro em muitas culturas europeias. Um polegar levantado indica "Muito bem" nos Estados Unidos e "Vá se danar" no Irã. Nos Estados Unidos, um movimento circular de um dedo ao redor da orelha representa que alguém é maluco, enquanto na Holanda o mesmo diz o seguinte: "Há uma ligação para você". Dedos formando um círculo significam "Ok" nos Estados Unidos, mas trata-se de um gesto obsceno no Brasil.[59]

Feedback

O *feedback* é imediato e generalizado em entrevistas, além de ser essencial para verificar o que está sendo comunicado e como. Na Figura 2.5, a seta grande de duas pontas que conecta o topo dos círculos de partes simboliza o fluxo intenso de *feedback* entre partes de uma entrevista. O *feedback* pode ser verbal (com perguntas e respostas, argumentos e contra-argumentos, acordos e desacordos, desafios e conformidades) e não verbal (com expressões faciais, gestos, sobrancelhas levantadas, contato visual, expressões vocais e postura).

> **Seja observador, sensível e receptivo.**

Por meio da observação de tudo o que ocorre e é dito em uma entrevista, é possível detectar um *feedback* crítico e avaliar o andamento. Durante a entrevista, a outra parte escolhe uma posição de poder e se aproxima ou se afasta? Há mudanças no tom ou na atenção? Há mudanças no contato

Figura 2.5 *Feedback*

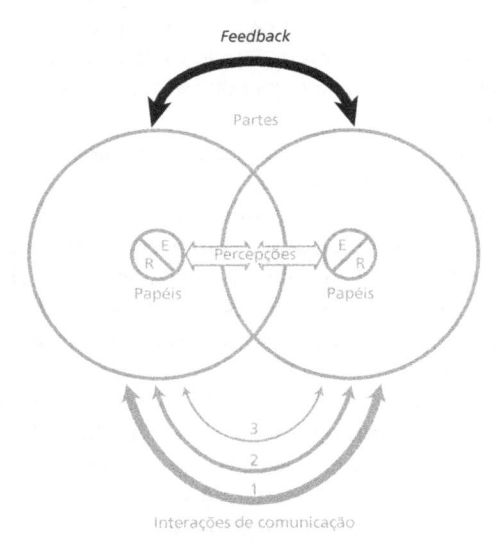

visual, na voz ou na postura? Há mais ou menos disposição de revelar informações, sentimentos e atitudes?

Não interprete muita coisa a partir de pequenas ações e mudanças não verbais. Uma pessoa pode se remexer porque uma cadeira está desconfortável, não por causa de uma pergunta ou uma resposta. Pode prestar menos atenção por causa de barulhos ou interrupções, não por desinteresse. Ela pode falar alto por hábito, não por um problema auditivo. Pouco contato visual pode indicar timidez ou cultura, não sinuosidade ou desconfiança.

> É difícil escutar com a boca aberta e os ouvidos fechados.

Habilidades de escuta são essenciais para obter informações, detectar sinais e gerar respostas de níveis 2 e 3. Poucas pessoas sabem escutar. Nos Estados Unidos, pesquisas realizadas em centenas de corporações revelaram que pouca habilidade para escutar cria barreiras em todas as posições, desde os níveis hierárquicos mais baixos até a presidência da empresa.

Escutar para compreender

> Quando escutamos para compreender, entendemos o conteúdo.

Há vários objetivos contidos nesse tipo de escuta: receber, compreender e lembrar uma troca com o máximo de precisão. Nesse caso, devemos nos concentrar em uma pergunta, resposta ou reação com o propósito de entender cada informação dada por nosso interlocutor. É fundamental que você se mantenha objetivo e evite qualquer tipo de julgamento. Essa abordagem é essencial quando você fornece ou recebe informações e durante os primeiros minutos da entrevista, pois esses dados determinarão os passos seguintes. Eis algumas orientações sobre escutar para compreender: escute cuidadosa e pacientemente cada pergunta e resposta; escute o conteúdo e as ideias, bem como o tom de voz e a ênfase vocal para significados sutis; faça perguntas para esclarecer e confirmar as informações obtidas.

Escutar para gerar empatia

> A intenção da escuta empática é compreender a outra parte.

Quando escutamos para gerar empatia, comunicamos preocupação genuína, compreensão e envolvimento. Esse tipo de escuta tranquiliza, conforta, expressa cortesia e demonstra atenção. Não significa expressar solidariedade ou sentir por alguém, mas a capacidade de se colocar no lugar do outro. Eis algumas orientações para escutar de modo a gerar empatia: demonstre interesse e preocupação de maneira não verbal, sem fazer interrupções; fique confortável e neutro diante de demonstrações de emoção; responda com tato e compreensão, e ofereça opções e orientações.

Escutar para avaliar

> A intenção da escuta avaliadora é julgar conteúdo e ações.

Quando escutamos para avaliar (*escuta crítica*), somos capazes de avaliar atentamente tudo o que ouvimos e observamos. Esse tipo de escuta deve ser utilizado após a compreensão e empatia, quando estamos finalmente prontos para avaliar as interações verbais e não verbais. Expressar crítica abertamente pode diminuir a cooperação e o nível de revelação. Eis algumas orientações sobre escutar para avaliar: avalie apenas depois de escutar cuidadosamente o conteúdo e observar os sinais não verbais; faça perguntas com o objetivo de esclarecer as informações obtidas e validar as suas interpretações; não se torne defensivo quando o interlocutor não concordar com suas críticas.

Escutar para resolver

> A intenção da escuta dialógica é resolver problemas.

John Stewart desenvolveu um quarto tipo de escuta denominado **escuta dialógica**, que foca no *nosso*, e não no *meu* ou *seu*. De acordo com Stewart, a agenda para resolver um problema ou tarefa substitui o indivíduo.[60] A escuta dialógica é mais adequada para entrevistas de solução de problemas, quando a meta é a solução conjunta de um problema ou uma tarefa. Stewart compara a escuta dialógica ao ato de adicionar argila a um molde, para ver como o outro irá reagir, o que a pessoa irá acrescentar e como isso afetará a forma e o conteúdo do produto. Eis algumas orientações sobre escutar para resolver: estimule a interação e confie que a outra parte fará contribuições importantes; parafraseie essas contribuições e as acrescente às respostas e ideias da outra parte, ao mesmo tempo que foca no presente; concentre sua atenção na comunicação que está ocorrendo e não na psicologia da entrevista.

> Escutar, como falar, é uma habilidade aprendida.

Uma escuta ativa e perspicaz é fundamental em entrevistas, mas trata-se de uma habilidade invisível e difícil de adquirir, sobretudo porque, em todas as fases da vida, aprendemos a ser ouvintes passivos. Eis algumas orientações sobre como tornar-se um ouvinte mais eficiente: lembre-se de que saber ouvir e falar é um ato imprescindível para uma comunicação eficaz; fique atento aos sinais verbais e não verbais; ignore distrações como ambiente, aparências e interrupções; aprenda a identificar a abordagem de escuta mais adequada para cada situação.

A situação da entrevista

Cada entrevista ocorre em uma *hora* específica, em um *lugar* específico e com um *ambiente* específico, e essas variáveis – e a forma como cada parte as *percebe* – influenciam todos os aspectos das interações. Na Figura 2.6, o círculo retrata a situação de entrevista, e as setas que saem do círculo representam as variáveis que influenciam o processo interno.

Iniciando a entrevista

> Quem começa uma entrevista e como isso pode afetar o controle, os papéis e o clima.

Qualquer uma das partes pode iniciar uma entrevista, como demonstrado pelas setas na Figura 2.6 que emergem do topo do círculo e tocam cada parte. Você pode dar início a uma entrevista com um recrutador ou este pode iniciá-la com você. Entretanto, a situação pode determinar quem inicia uma entrevista e com quem. Por exemplo, um regulador de sinistros de seguros deve entrevistar uma pessoa que teve o computador furtado de um apartamento. Para melhorar o clima de uma entrevista, deve-se começar diretamente, sem a intervenção de terceiros. Na entrevista, devem-se informar ao entrevistado o objetivo, a natureza e o uso das informações a serem trocadas.

Figura 2.6 Variáveis situacionais

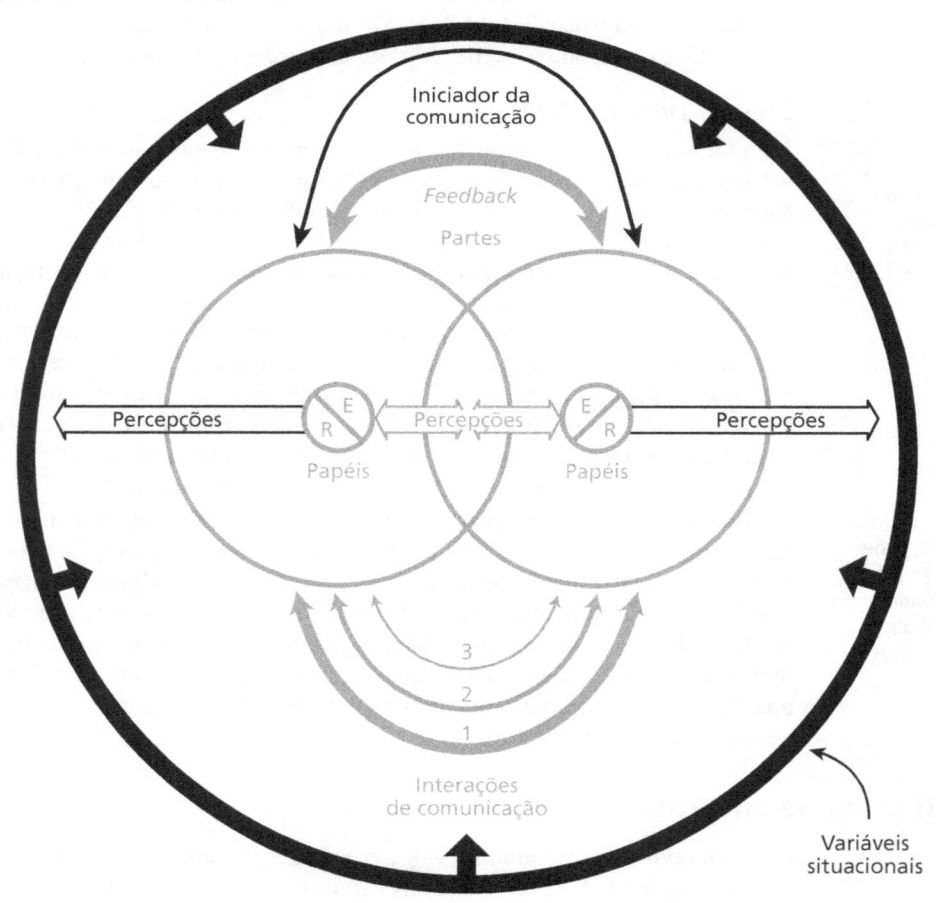

Percepções

> Situações raramente são neutras.

Cada parte percebe a situação de entrevista de formas *parecidas* e *diferentes*, e essas percepções são simbolizadas pelas setas que se estendem das partes até o círculo situacional. Por exemplo, um recrutador e um candidato podem ver o objetivo, a necessidade e o *timing* de uma entrevista de emprego de maneira semelhante. No entanto, o recrutador pode ver a interação como um evento de rotina que não é nem especial nem empolgante, enquanto o candidato pode considerar a interação uma oportunidade única de avançar na carreira, atingir metas financeiras e garantir *status* profissional. Um médico pode não ver nada de estranho ou ameaçador numa sala de exame, mas um paciente pode considerar os instrumentos, o ambiente e as imagens que retratam partes do corpo como elementos ameaçadores. Cada um pode ter metas diferentes: completar um exame de rotina com eficiência e eficácia (no caso do médico) e receber boas notícias e ver-se livre daquela situação (no caso do paciente).

> Percepções são críticas para além de interações de nível 1.

As partes se comunicarão nos níveis 2 e 3 se perceberem a situação como familiar em vez de estranha, informal em vez de formal, cortês em vez de distante, particular em vez de aberta e próxima em vez de distante física, social e psicologicamente. As organizações tentam aprimorar a concentração e a motivação com ambientes de tamanho moderado bem iluminados, pintados com cores agradáveis, com móveis, temperatura e ventilação confortáveis. Alguns ambientes profissionais que se parecem com salas de estar, sala de jantar, salas reservadas e de estudos fazem as partes da entrevista se sentirem mais em casa e mais dispostas a se comunicar.

Momento do dia, da semana e do ano

> Cada um de nós tem o melhor momento para interações.

Podemos interagir melhor em determinados momentos do dia, da semana ou do ano. Por exemplo, nosso melhor momento para desempenho, pensamento, criatividade e tratamento de questões importantes pode ser a manhã, a tarde ou a noite. Pode ser contraproducente conversar sobre questões críticas ou trocar informações logo antes do almoço ou no final de um dia de trabalho. Os humores podem estar sombrios, e a motivação, baixa nas manhãs de segunda-feira, nas tardes de sexta ou durante dias cinzentos de inverno. Épocas de feriados são um bom momento para algumas entrevistas e um mau momento para outras. Terapeutas, por exemplo, relatam aumento de entrevistas de crises com pessoas solitárias perto do Dia de Ação de Graças, do Natal e da Páscoa. Policiais mencionam comportamentos estranhos de pessoas durante períodos de lua cheia. Eventos que precedem ou se seguem a entrevistas – exames acadêmicos ou médicos, possíveis demissões, quedas no mercado de ações – podem ser empecilhos para que ambas as partes se concentrem, ouçam ou respondam a perguntas.

> Considere os eventos ocorridos antes e depois das entrevistas.

Local

> Não subestime a importância do local.

Considere o melhor território para uma entrevista. Por exemplo, você pode se sentir mais confortável e menos ameaçado em sua casa, sua sala, seu escritório, seu negócio ou em um local neutro como um saguão ou um restaurante. Protegemos nosso território. Pense nas suas reações quando entrou em sua sala ou seu escritório e encontrou outra pessoa em sua cadeira ou mesa de trabalho. Segundo Judy Pearson, "poucas mulheres têm um ambiente privado e inviolado nas casas em que moram, enquanto muitos homens têm escritórios [aos quais frequentemente se referem como cavernas], estúdios ou áreas de trabalho que ficam fora do alcance de outras pessoas".[61]

Ambiente

> O ambiente ajuda a criar um clima produtivo.

Objetos e decorações podem criar uma atmosfera e um clima de entrevista adequados. Troféus, prêmios, diplomas e licenças exibidos de maneira atraente comunicam conquistas, credibilidade profissional e prestígio em uma área. Retratos, estátuas e bustos de líderes ou pessoas famosas comunicam história organizacional e pessoal, sucesso, reconhecimento, aval e contatos. Modelos ou amostras podem exibir produtos e serviços de ponta. Cores de paredes, tipos de forração de piso, quadros e papéis de parede e cortinas podem promover um clima aconchegante e atraente, propício à comunicação eficiente.

> Controle o ruído para focar a atenção na interação.

Ruído em uma entrevista é qualquer coisa que interfira no processo de comunicação, como barulho de fundo, portas abrindo e fechando, música, outras pessoas conversando, objetos caindo e trânsito. A entrevista pode ser interrompida por uma ligação de celular ou uma mensagem de texto. Pessoas entrando e saindo da sala, passando por uma porta aberta ou pedindo ajuda são distrações comuns.

Para eliminar influências negativas de ruído, escolha locais livres de barulho de fundo ou tome precauções simples: feche portas, janelas ou cortinas e desligue o telefone celular, a televisão ou o aparelho de CD. Informe aos outros para que não deseja ser perturbado. Limite o ruído autogerado ao chegar a cada entrevista física e psicologicamente pronto para se concentrar. Durante a entrevista, cuide para bloquear os ruídos ao focar sua atenção na outra parte, nas perguntas, respostas e nos sinais não verbais.

Territorialidade

Escolha uma cadeira, arrume livros e papéis, e disponha casacos e chapéus estrategicamente à sua volta para delimitar seu espaço físico e psicológico. Você poderá se ressentir se alguém invadir esse espaço cuidadosamente montado com suas escolhas de assento, objetos, olhos, vozes ou corpos. Pense em como reagiu a invasões comuns de território. Eis alguns exemplos para reavivar a sua memória: uma terceira pessoa (provavelmente outro aluno) entra na sala de seu professor enquanto vocês discutem um problema, um cliente de um restaurante ouve a sua conversa com um recrutador ou um colega fala alto na mesa ao lado enquanto você conversava com um cliente.

> O relacionamento afeta as zonas de conforto de territorialidade.

A **proximidade** das partes de uma entrevista afeta o nível de conforto. Você pode se sentir desconfortável com pessoas que insistem em conversar muito próximas a você e pode reagir recuando, pondo móveis entre vocês ou encerrando a entrevista. Trenholm e Jensen escreveram sobre "**marcadores territoriais**" e usam a expressão "**espaço pessoal**" para descrever uma "bolha imaginária" ao nosso redor que consideramos "quase tão particular como nosso próprio corpo".[62] Pesquisadores identificaram a distância íntima (do toque a 45 cm), a distância pessoal (de 45 cm a 1,5 m) e a distância social (de 1,20 a 3,5 m).⁶³ De 60 cm a 1,20 m – aproximadamente a distância de um braço ou dos lados opostos de uma mesa – é uma distância ideal para a maioria das entrevistas.

Relacionamentos, *status*, situações e sentimentos das partes umas em relação às outras influenciam o tamanho da bolha em que você se sente confortável. Pessoas de alto *status* ficam de pé ou se sentam mais perto de pessoas de baixo *status*, enquanto pessoas de baixo *status* preferem manter distâncias maiores ao lidarem com superiores. Mantemos uma distância maior de um estranho do que de colegas próximos e amigos. Algumas pessoas "colam em você" quando ficam irritadas, enquanto outras ampliam o espaço porque a raiva delas se traduz em distanciar-se de você física, social e psicologicamente.

> Idade, gênero e cultura influenciam as preferências territoriais.

Idade, gênero e cultura determinam preferências de espaço. Pessoas da mesma idade ficam paradas ou se sentam mais perto do que pessoas de idades distintas, especialmente quando a diferença é significativa. Partes compostas apenas de pessoas do sexo masculino tendem a se instalar mais distante de partes totalmente compostas por pessoas do sexo feminino ou de partes compostas por pessoas de ambos os sexos. Quando comparados aos povos do Oriente Médio e da América Latina, os norte-americanos preferem distâncias pessoais maiores. Os árabes e latino-americanos consideram os norte-americanos frios e distantes, e estes veem aqueles como invasivos. Os europeus do Norte preferem maior distância pessoal, diferentemente dos europeus do Sul.⁶⁴

Onde você senta e no que se senta normalmente são determinados por *status*, gênero, mobília, normas culturais, relacionamento e preferências pessoais. Por exemplo, um superior e um subordinado podem sentar um de cada lado de uma mesa, como no arranjo A da Figura 2.7, com um sentado em uma grande poltrona giratória de couro, e o outro, em uma cadeira simples. Isso oferece distância em um ambiente formal, em que uma das partes mantém uma posição superior. Duas cadeiras nos ângulos certos perto do canto de uma mesa, como mostra o arranjo B, criam um clima menos formal e um sentimento maior de igualdade entre as partes. Nas universidades, os alunos preferem esse arranjo quando se reúnem com os professores.

Todos os obstáculos físicos podem ser removidos.

Um arranjo de assentos de canto é o preferido de muitos entrevistadores e entrevistados.

Figura 2.7 Arranjos de assentos

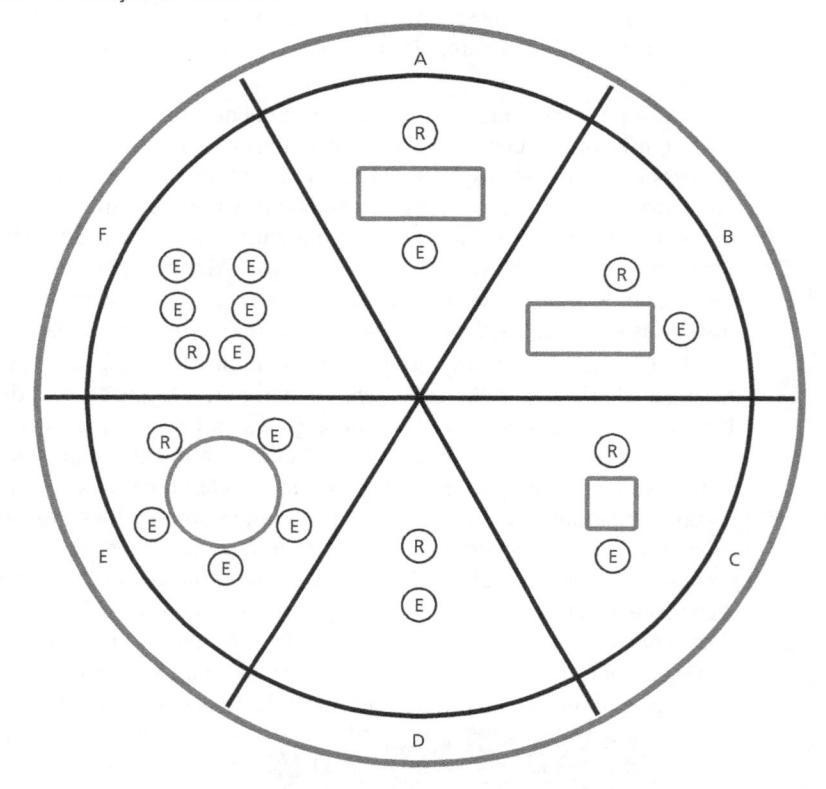

> Os assentos podem equalizar o controle e melhorar o clima da entrevista.

Para amenizar o clima entre superior e subordinado, coloque mais cadeiras em lados opostos de uma pequena mesa de centro ou retire-a completamente, como mostram os arranjos C e D. A mesa circular, como no arranjo E, é muito utilizada em entrevistas de aconselhamento ou naquelas que envolvem mais de duas pessoas, porque evita uma posição de "ponta da mesa", permite que os participantes passem materiais uns para os outros e oferece uma superfície para escrever, revisar itens impressos e servir bebidas. A mesa circular ou cadeiras ao redor de uma mesa pequena funcionam bem para entrevistas de banca. O arranjo F é o mais adequado quando uma ou ambas as partes consistem em várias pessoas, como um grupo focal.

Forças externas

> Forças externas determinam papéis em muitas entrevistas.

A adição de forças externas na Figura 2.8 completa o modelo sumário da entrevista que incorpora duas partes, trocas de papéis, percepções de si mesmo e do outro, níveis de interações de comunicação, *feedback*, iniciador da comunicação, variáveis situacionais, percepções da situação e forças externas. **Esse modelo *parece* muito complicado porque a entrevista *é* um processo muito complicado.** Cada entrevista de que participamos é um **processo complexo** e precisamos compreender as variáveis intervenientes e

Figura 2.8 Forças externas

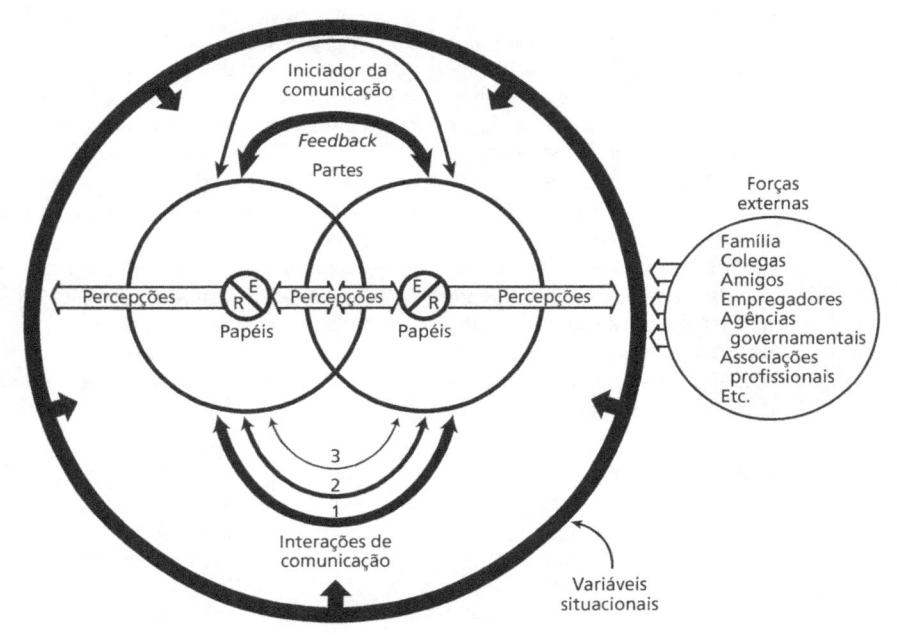

os papéis que desempenhamos a cada vez que participamos de uma interação propositada, planejada e clara com outra parte.

> Não estamos realmente a sós com a outra parte.

Forças externas como as identificadas no modelo podem sugerir ou ditar quem participa, quando e onde, atitudes presumidas, assuntos abordados, estrutura seguida, perguntas feitas e respostas dadas. Políticas organizacionais, contratos de sindicatos, pressões de uma campanha política, legislação de igualdade e oportunidades de emprego e concorrentes influenciam as percepções, os níveis de trocas, a autorrevelação e a abordagem da entrevista. Tudo aquilo que ocorrerá *depois da entrevista* – um relatório que precisa ser enviado, relatos na mídia, possíveis reclamações ou processos judiciais, reações de colegas – poderá tornar as partes cuidadosas e desconfiadas ou obstinadas e apressadas. Talvez você sinta pressão para dizer que "seguiu as regras", "fechou um negócio difícil", "fez um bom negócio" ou disse à outra parte "onde saltar fora". Lembre-se de que as duas partes da entrevista raramente estão de fato por si só no processo.

Resumo

Este capítulo desenvolveu um modelo sumário do processo que contém as muitas variáveis de interação presentes em cada entrevista: duas partes, trocas de papéis, percepções, níveis de trocas, mensagens verbais e não verbais, relacionamentos, *feedback*, escuta, situação e forças externas. Entrevistar é um processo dinâmico entre duas partes complexas que operam com símbolos verbais e não verbais imperfeitos guiados e controlados pelas percepções e pela situação. A capacidade de escutar (para compreender, gerar empatia, avaliar e resolver) e empregar o silêncio de forma estratégica é, em geral, mais importante do que aquilo que você tem a dizer.

Uma compreensão aprofundada do processo é pré-requisito para uma entrevista bem-sucedida. Esteja ciente de que as percepções de si mesmo, da outra parte, de como a parte o vê e da situação são fundamentais para a realização eficaz da entrevista e para o alcance dos resultados desejados. Reconheça isso e adapte-se à influência das forças externas.

Entrevistador e entrevistado devem ser flexíveis e adaptáveis ao escolherem determinada abordagem (diretiva, não diretiva ou uma combinação delas), não apenas porque cada parte é única e cada situação é diferente, mas porque cada parte é moldada e afetada por questões demográficas, como idade, gênero, raça e cultura. Este capítulo tentou aumentar a sua consciência de como as características demográficas e a cultura afetam a autoestima, a autorrevelação, os níveis de comunicação, a linguagem, a comunicação não verbal e a territorialidade. Na aldeia global do século XXI, observe atentamente como pessoas de diferentes culturas se comunicam e respeite essa diversidade.

Termos-chave e conceitos

Abordagem diretiva
Abordagem não diretiva
Autoestima
Autoidentidade
Autoimagem
Autorrevelação
Clima de apoio
Clima defensivo
Competência de papel
Comunicação para baixo
Comunicação para cima
Controle
Cultura
Dimensões relacionais

Distância relacional
Escuta
Escuta dialógica
Espaço pessoal
Expressões idiomáticas
Feedback
Forças externas
Gênero
Histórico relacional
Iniciação
Interações não verbais
Interações verbais
Marcadores territoriais
Memória relacional

Níveis de interação
Percepções
Processo de comunicação complexo
Profecia autorrealizável
Proximidade
Relacionamentos globais
Ruído
Silêncio
Situação
Tensões dialéticas
Teoria da cortesia
Territorialidade

Entrevista para revisão e análise

Joe é um supervisor de produção com 20 anos de experiência e um bom histórico.[65] O gerente da fábrica pretende promovê-lo, e a entrevista apresentada a seguir é o primeiro passo nesse processo. Trata-se de uma entrevista exploratória, não decisória. Como a política da empresa estipula que funcionários não devem ser informados quando estão sendo ativamente considerados para uma promoção, Joe não sabe que pode haver uma promoção iminente. A política da empresa não permite a menção de considerações genéricas relacionadas à situação atual da força de trabalho nem dos critérios estabelecidos pela empresa para promoções. Duas horas antes da entrevista, a secretária do gerente ligou para Joe e pediu-lhe que fosse ao encontro do chefe. Não foi informado do motivo. Joe entra na sala do gerente às 16h30 (seu expediente se encerra às 17h) e senta do outro lado da mesa do chefe.

Que *percepções* Joe e o gerente têm de si mesmos, um do outro e da situação? Como você avaliaria o relacionamento entre Joe e o gerente? Quando, se é que isso ocorre, as partes *trocam de papéis* de entrevistador e entrevistado? Em quais *níveis de comunicação* se dá a maior parte das interações? Como as *palavras* influenciam a entrevista? Como o *comportamento não verbal* afeta a entrevista? Quais *abordagens de escuta* Joe e o gerente empregam com maior frequência e quais seus efeitos? Qual *abordagem de entrevista* o gerente emprega? Como as *variáveis situacionais* influenciam esta entrevista? Que papel é desempenhado pelas *forças externas* nesta entrevista? Que sugestões você daria ao gerente e a Joe para lidar com essas situações com mais eficiência e para melhorar suas habilidades de entrevista?

1. **Gerente:** Joe, entre. (sorrindo) Sente-se. Faz um tempo desde a última vez que tivemos um tempo para conversar.
2. **Joe:** (sentando-se de frente para o gerente) Obrigado, senhor. (voz baixa)
3. **Gerente:** (expressão facial e tom de voz sérios) Como estão as coisas ultimamente, Joe? *Tudo* sob controle na sua área?
4. **Joe:** Tudo bem, senhor. Sem reclamações. (fala rápida)
5. **Gerente:** Que *bom* saber que não há *reclamações*. (pausa) Você acha que está se saindo bem?
6. **Joe:** Tão bem como consigo, senhor. (remexe o corpo na cadeira)
7. **Gerente:** Que bom. (pausa; olha Joe diretamente nos olhos) Aliás, você algum dia pensou em, ahn (pausa), fazer outra coisa?
8. **Joe:** (pausa; fala lenta) Bem (pausa), ahn, sim e não. Gosto muito do meu emprego. (rapidamente)
9. **Gerente:** Hmmm, entendo. Você não quer mudar de função?
10. **Joe:** Ahn (pausa), não. (pausa) Acho que não.
11. **Gerente:** (olhando atentamente para Joe, medindo suas palavras) Entendo. Por que você quer continuar nessa função?
12. **Joe:** Bom, conheço o trabalho muito bem. E todo mundo parece gostar de mim.
13. **Gerente:** Parece gostar de você? (olha Joe diretamente nos olhos)
14. **Joe:** Ah (pausa), pode haver uma ou duas pessoas que não gostam de mim. Mas conseguimos nos dar bem.
15. **Gerente:** Então algumas pessoas não gostam de você? (parece acusador)
16. **Joe:** Bom, eu não diria exatamente *isso*. Às vezes, alguém fica magoado por eu não dar horas extras.
17. **Gerente:** Esse é o *único* motivo?
18. **Joe:** Sim, senhor! É a única coisa importante em que consigo pensar. (voz firme, contato visual direto)
19. **Gerente:** Entendo. (pausa) Ahn, Joe, você nunca pensa em (pausa) *melhorar* a si mesmo?
20. **Joe:** Todo mundo quer melhorar. Sabe o que estou querendo dizer?
21. **Gerente:** O que você está querendo dizer?
22. **Joe:** Bom, quero dizer, quase todo mundo consegue encontrar meios de melhorar. (olha para baixo)
23. **Gerente:** Então você acha que poderia fazer seu trabalho melhor?
24. **Joe:** Ah, sempre há espaço para melhorar.
25. **Gerente:** Joe, você já pensou em melhorar em (pausa) *outro* trabalho?
26. **Joe:** Gosto muito deste emprego e da empresa, senhor! Conheço bem o trabalho, e o senhor e a empresa têm sido muito bons para mim.
27. **Gerente:** Acho que você não ouviu *direito* a minha pergunta, Joe. Você já pensou em *melhorar* em outro trabalho?
28. **Joe:** Bem, todo mundo sonha acordado sobre como as coisas poderiam ser em outra empresa ou mesmo como dono de um negócio próprio. Mas, na verdade, nunca pensei muito nisso.
29. **Gerente:** Entendo, então, que você definitivamente prefere continuar em seu trabalho *atual*?
30. **Joe:** Sim, senhor. (pausa) O senhor tem alguma coisa específica em mente? (fala rápida)
31. **Gerente:** Ah, não se preocupe com isso, Joe. Que bom que tivemos tempo para este bate-papo. Precisamos nos reunir de novo logo. Boa sorte. (aperta a mão de Joe firmemente, sem fazer contato visual)

Atividades para o aluno

1. Entreviste quatro pessoas em seu *campus*: um da América Central, um do Sul da Europa, um do Oriente Médio e um da Ásia. Peça a eles que identifiquem e ilustrem problemas de comunicação verbal e não verbal que encontraram desde que chegaram ao país. Que semelhanças e diferenças eles vivenciaram? Como tentaram vencer esses problemas e diferenças?
2. Assista a uma entrevista de televisão de 10 a 15 minutos com uma pessoa que tenha sido acusada de um crime ou de comportamento antiético. Qual é a eficiência do entrevistado em obter interações de níveis 2 e 3? Como o entrevistado tentou evitar a revelação de informações potencialmente danosas?
3. Uma pesquisa indica diferenças mensuráveis na comunicação entre gêneros. Observe as interações entre dois homens, duas mulheres e um homem e uma mulher para ver quais diferenças, caso haja, você é capaz de detectar em termos de proximidade, contato visual, gestos, movimentos corporais e territoriali-

dade. Qual influência você acredita que o relacionamento prévio das partes teve nesses fatores não verbais e situacionais?

4. Assista a três entrevistas de 10 a 15 minutos entre jornalistas esportivos e atletas profissionais, uma em que um atleta esteja prestes a participar de uma partida, outra em que o atleta tenha acabado de vencer uma disputa e uma terceira em que um atleta tenha acabado de sofrer uma derrota. Que formas de escuta os participantes dessas entrevistas usam com mais frequência? Como as situações parecem ter afetado a capacidade dos participantes de escutar?

Notas

1. John Stewart, ed., *Bridges Not Walls: A Book about Interpersonal Communication* (New York: McGraw-Hill, 2012), p. 73.
2. Robert S. Goyer, W. Charles Redding, and John T. Rickey, *Interviewing Principles and Techniques: A Project Text* (Dubuque, IA: Wm. C. Brown, 1968), p. 23.
3. Judith N. Martin and Thomas K. Nakayama, *Intercultural Communication in Contexts* (New York: McGraw-Hill, 2007), p. 371.
4. Judith N. Martin and Thomas K. Nakayama, *Experiencing Intercultural Communication* (New York: McGraw-Hill, 2011), pp. 255-256.
5. John Stewart and Carole Logan, *Together: Communicating Interpersonally* (New York: McGraw-Hill, 1998), p. 277.
6. Sarah Trenholm and Arthur Jensen, *Interpersonal Communication* (New York: Oxford University Press, 2013), pp. 38-39.
7. Judith N. Martin and Thomas K. Nakayama, *Experiencing Intercultural Communication Experiencing* (New York: McGraw-Hill, 2011), p. 259.
8. Sarah Trenholm and Arthur Jensen, *Interpersonal Communication* (New York: Oxford University Press, 2013), p. 30.
9. George B. Ray and Kory Floyd, "Nonverbal Expressions of Liking and Disliking in Initial Interaction: Encoding and Decoding Perspectives," *Southern Communication Journal* 71 (March 2006), p. 60.
10. Trenholm and Jensen (2013), p. 31.
11. Kory Floyd, *Interpersonal Communication: The Whole Story* (New York: McGraw-Hill, 2011), p. 317; Trenholm and Jensen (2013), pp. 29, 276-277.
12. Floyd, p. 317.
13. Stewart, p. 18.
14. Stewart, p. 30.
15. Edward T. Hall, "Context and Meaning," in Larry A. Samovar and Richard E. Porter, eds., *Intercultural Communication: A Reader* (Belmont, CA: Wadsworth, 2000), p. 35.
16. R. Fisher and S. Brown in Judith N. Martin, Thomas K. Nakayama, and Lisa Flores, *Intercultural Communication: Experiences and Contexts* (New York: McGraw-Hill, 2002), p. 334.
17. William B. Gudykunst and Young Yun Kim, *Communication with Strangers* (New York: McGraw-Hill, 2003), p. 339.
18. Trenholm and Jensen, pp. 275-276.
19. Larry A. Samovar, Richard E. Porter, and Edwin R. McDaniel, *Intercultural Communication: A Reader* (Boston, MA: Wadsworth CENGAGE Learning, 2009), p. 391.
20. Stewart, p. 487.
21. Judith N. Martin, Thomas K. Nakayama, and Lisa A. Flores, *Intercultural Communication Experiences and Contexts* (New York: McGraw-Hill, 2004), p. 334.
22. Martin and Nakayama (2011), p. 255.
23. Donald W. Klopf, *Intercultural Encounters* (Englewood, CO: Morton, 1998), pp. 176-193; Carley H. Dodd, *Dynamics of Intercultural Communication* (New York: McGraw-Hill, 1995), pp. 21-24.
24. Martin and Nakayama (2011), p. 323.
25. Samovar, Porter, and McDaniel, p. 261.
26. K. Dindia and D. J. Canary, eds., *Sex Differences and Similarities in Communication* (Mahwah, NJ: Lawrence Erlbaum, 2006), pp. 3-20; Floyd, p. 58; Cynthia Burggraf Torppa, "Gender Issues: Communication Differences in Interpersonal Relationships," *FACT SHEET: Family and Consumer Sciences*, The Ohio State University, 2010.
27. Brant Burleson and Adrienne Kunkel, "Revisiting the Different Cultures Thesis: An Assessment of Sex Differences and Similarities in Supportive Communication," in K. Dindia and D. J. Canary, eds., *Sex Differences and Similarities in Communication* (Mahwah, NJ: Lawrence Erlbaum, 2006), pp. 137-159.
28. Trenholm and Jensen (2013), pp. 95-97.
29. Stewart and Logan, p. 84.
30. Trenholm and Jensen (2013), p. 315.
31. Stewart (2012), p. 293.
32. Stewart (2012), p. 334.

33. Stewart (2012), p. 20.
34. Stewart and Logan, p. 277.
35. Stewart (2009), p. 97.
36. Stewart (2012), p. 26.
37. Trenholm and Jensen (2013), pp. 85 and 270; Stewart (2012), pp. 455-457.
38. Floyd, p. 77.
39. David W. Johnson, "Being Open with and to Other People," in Stewart (2012), pp. 210-211.
40. Stewart (2012), pp. 214-215; Trenholm and Jensen (2013), pp. 193-194; Floyd, pp. 98-99.
41. Floyd, pp. 97-98.
42. Diana K. Ivy and Phil Backlund, *Exploring Gender Speak: Personal Effectiveness in Gender Communication* (New York: McGraw-Hill, 1994), p. 219; Floyd, p. 99.
43. Martin and Nakayama (2011), p. 268.
44. Stephen W. Littlejohn, *Theories of Human Communication* (Belmont, CA: Wadsworth, 1996), p. 262.
45. Laura K. Guerrero, Peter A. Andersen, and Walid A. Afifi, *Close Encounters in Relationships* (New York: McGraw-Hill, 2001), p. 46.
46. Floyd, pp. 386-387.
47. Michael Skube, "College Students Lack Familiarity with Language, Ideas," Lafayette, IN, *Journal & Courier*, August 30, 2006, p. A5.
48. Sik Hung Ng and James J. Bradac, *Power in Language: Verbal Communication and Social Influence* (Newbury Park, CA: Sage, 1993), pp. 45-51.
49. Guerrero, Andersen, and Afifi, pp. 297-298; Ivy and Backlund, pp. 163-165.
50. Julia T. Wood, "Gendered Interaction: Masculine and Feminine Styles of Verbal Communication," reprinted in Kathleen S. Verderber, ed., *Voices: A Selection of Multicultural Readings* (Belmont, CA: Wadsworth, 1995), p. 24.
51. Trenholm and Jensen (2013), p. 96.
52. William B. Gudykunst, *Bridging Differences: Effective Intergroup Communication* (Newbury Park, CA: Sage, 1991), pp. 42-59.
53. Wen-Shu Lee, "That's Greek to Me: Between a Rock and a Hard Place in Intercultural Encounters," in Larry A. Samovar and Richard E. Porter, eds., *Intercultural Communication: A Reader* (Belmont, CA: Wadsworth, 2000), pp. 217-219.
54. Irving J. Lee, *How to Talk with People* (New York: Harper & Row, 1952), pp. 11-26.
55. Stewart (2012), pp. 152-153.
56. Stewart (2012), p. 113.
57. Floyd, pp. 283-284.
58. Trenholm and Jensen (2012), pp. 331-333; Donald W. Klopf, *Intercultural Encounters* (Englewood, CO: Morton, 1998), pp. 232-233.
59. Martin and Nakayama (2011), pp. 174-188.
60. Stewart (2012), p. 192-194.
61. Stewart (2012), p.118.
62. Trenholm and Jensen (2013), p. 55.
63. Trenholm and Jensen (2013), pp. 53-55.
64. Martin and Nakayama (2011), pp. 176-178.
65. This interview is loosely based on pp. 24-25 in *The Executive Interview* by Benjamin Balinsky and Ruth Burger. Copyright 1959 by Benjamin Balinsky and Ruth Burger. It is reprinted by permission of HarperCollins.

Referências

Martin, Judith N., and Thomas K. Nakayama. *Experiencing Intercultural Communication*. New York: McGraw-Hill, 2011.

Samovar, Larry A., Richard E. Porter, and Edwin R. McDaniel. *Intercultural Communication: A Reader*. Belmont, CA: Wadsworth CENGAGE Learning, 2009.

Stewart, John, ed. *Bridges Not Walls: A Book about Interpersonal Communication*. New York: McGraw-Hill, 2012.

Trenholm, Sarah, and Arthur Jensen. *Interpersonal Communication*. New York: Oxford University Press, 2013.

Wood, Julia T. *But I Thought You Meant . . . Misunderstandings in Human Communication*. Mountain View, CA: Mayfield, 1998.

CAPÍTULO **3**

Tipos de perguntas e seus usos específicos

Perguntas são ferramentas de troca para as duas partes envolvidas em uma entrevista, e, como martelos, chaves de fenda, tacos de golfe e pincéis, cada uma tem um nome e características peculiares, desempenha funções específicas e permite que completemos tarefas de forma eficiente e eficaz. De acordo com o editor de tecnologia Jamie McKenzie: "As perguntas são a tecnologia mais poderosa que já criamos", porque, por meio delas, "podemos controlar nossa vida e dar sentido a um mundo confuso". Além disso, elas favorecem "*insights* e a compreensão das coisas".[1] Uma pergunta não precisa ser uma frase completa com um ponto de interrogação no final. Pode ser *qualquer palavra, frase, declaração ou ato não verbal que exija uma solução ou resposta*.

> Toda pergunta exige uma resposta.

O objetivo deste capítulo é apresentar os muitos tipos de pergunta, os usos específicos e as limitações, além de armadilhas comuns em que todos nós caímos de vez em quando. Comecemos pelas perguntas mais básicas: aberta e fechada.

Perguntas abertas e fechadas

Perguntas abertas e fechadas variam de acordo com a quantidade de informação solicitada e com o grau de controle do entrevistador. A informação pode variar de uma única palavra a longas descrições, narrativas e relatórios de dados estatísticos. O controle pode variar de mínimo, em perguntas de final aberto, a máximo, com perguntas fechadas.

Perguntas abertas

> Perguntas abertas exigem respostas abertas.

As **perguntas abertas** variam conforme o grau de abertura, ou seja, de um tópico ou área de investigação a assuntos mais específicos. Independentemente do caso, aquele que responde tem considerável liberdade para determinar a quantidade e o tipo de informação a ser dar.

Perguntas altamente abertas

Perguntas altamente abertas não colocam nenhuma restrição sobre o entrevistado.
- Como você se sentiu quando seus ativos da poupança foram congelados no governo Collor?
- Como foi lutar nas montanhas do Afeganistão?
- Conte-me sobre o seu safári no Quênia.

Perguntas abertas deixam o entrevistado falar e permitem que o entrevistador escute e observe.

Perguntas moderadamente abertas

Embora perguntas desse tipo sejam mais restritivas, elas permitem que o indivíduo tenha mais liberdade para apresentar as respostas. Eis como podemos transformar as perguntas abertas anteriormente mencionadas em perguntas restritivas:

Como você conseguiu se virar sem esse dinheiro que havia guardado?

Conte-me a experiência mais amedrontadora que teve enquanto lutava nas montanhas do Afeganistão.

Como foi visitar uma tribo masai durante o seu safári no Quênia?

Vantagens das perguntas abertas

> Os entrevistados podem se oferecer para elaborar as respostas.

Perguntas abertas encorajam o respondente a falar, determinar a natureza e a quantidade de informação a ser dada, e fornecer informação espontânea. Respostas longas revelam o que os entrevistados consideram importante e os motivam a fornecer detalhes e descrições. Perguntas abertas demonstram interesse e confiança no julgamento daquele que responde, geralmente são mais fáceis de responder e representam menor ameaça. Respostas mais longas revelam o nível de conhecimento do entrevistado, incertezas, intensidade dos sentimentos, percepções e preconceitos.

Desvantagens das perguntas abertas

> Os entrevistados podem escolher e selecionar, revelar e esconder.

Uma única resposta pode consumir uma porção significativa de tempo da entrevista, porque o entrevistado determina o tamanho e a natureza de cada resposta. Há entrevistados que fornecem informações sem importância ou irrelevantes e aqueles que retêm informações importantes por julgarem-nas irrelevantes, muito óbvias, delicadas ou perigosas. Para manter os entrevistados "nos trilhos" e preservar o controle, realize intervenções de forma tática para seguir adiante. Respostas compridas e incoerentes são difíceis de gravar e processar.

Perguntas fechadas

Perguntas fechadas têm foco limitado e restringem a liberdade do entrevistado para determinar a quantidade e o tipo de informação a ser fornecida.

Perguntas moderadamente fechadas

> Perguntas restritas levam a respostas restritas.

Perguntas moderadamente fechadas exigem informações mais limitadas e específicas, tais como:

- Quais são os seus lugares preferidos para comer?

- Por quais companhias aéreas você voou durante o ano passado?
- O que primeiro veio à sua mente quando o diretor anunciou pelos alto-falantes da escola que o prédio estava bloqueado?

Perguntas altamente fechadas

As perguntas altamente fechadas são muito restritivas e podem exigir que os entrevistados identifiquem apenas uma pequena informação.

- Com qual linha de cruzeiros você viajou para o Alasca?
- Quanto custam as suas aulas *on-line* por hora de crédito?
- Qual é o seu *e-mail*?

> Perguntas altamente fechadas podem exigir que os entrevistados escolham uma resposta.

Perguntas bipolares

As perguntas fechadas podem ser **bipolares** porque limitam os entrevistados a duas escolhas polares. Algumas pedem que você selecione uma resposta a partir de polos opostos.

- Aos domingos, você vai à missa à tarde ou à noite?
- Você normalmente trabalha no turno do dia ou da noite?
- Você considera realizar um curso de pós-graduação em uma área técnica ou de gestão?

Outras perguntas bipolares exigem uma avaliação ou atitude.

- Você é a favor ou contra a Contribuição Sindical?
- Você aprova ou desaprova o novo horário de fechamento da biblioteca?
- Você gosta ou não dos novos corredores de ônibus em São Paulo?

As perguntas bipolares mais comuns exigem como respostas apenas sim ou não.

- Você já votou?
- Você vai participar da reunião de pessoal hoje à tarde?
- Você tem sistema de pagamento eletrônico para o pedágio?

> Perguntas bipolares oferecem opostos polares como respostas.

> Há perguntas que exigem como resposta apenas sim ou não.

Vantagens das perguntas fechadas

Por meio de perguntas fechadas, os entrevistadores podem controlar o tamanho das respostas e guiar os entrevistados de modo que forneçam as informações necessárias. Perguntas fechadas exigem pouco esforço de qualquer uma das partes e permitem que você faça mais perguntas em mais áreas e em menos tempo. As respostas são fáceis de replicar, tabular e analisar de uma entrevista para a outra.

> Perguntas fechadas dão controle e direção.

Desvantagens das perguntas fechadas

Como as respostas às perguntas fechadas frequentemente contêm pouquíssima informação, você terá que realizar várias perguntas para obter uma quantidade satisfatória de informações. Perguntas fechadas não revelam os motivos que levam uma pessoa a agir de determinada forma, o grau de sentimento ou comprometimento dela ou o que a estimula a fazer escolhas. Os entrevistadores falam mais do que entrevistados quando fazem perguntas fechadas, pois há menos troca de informações. Os entrevistados, por sua vez, não têm a oportunidade de oferecer ou explicar informações. Nesse caso,

> Perguntas fechadas não abrem espaço para que o entrevistado se ofereça a responder a elas.

Figura 3.1 Opções de perguntas

Vantagens e desvantagens dos tipos de pergunta	Tipos de pergunta			
	Altamente aberta	Moderadamente aberta	Moderadamente fechada	Altamente fechada
Amplitude e profundidade da informação potencial	10	7	4	1
Grau de precisão, reprodutividade, confiabilidade	1	4	7	10
Controle do entrevistador sobre a pergunta e a resposta	1	4	7	10
Habilidade necessária do entrevistador	10	7	4	1
Confiabilidade dos dados	1	4	7	10
Uso econômico do tempo	1	4	7	10
Oportunidade para o entrevistado revelar sentimentos e informações	10	7	4	1

10 Nível alto   7 Acima da média   4 Médio   1 Baixo

eles apresentam uma resposta evasiva ou apenas dizem sim ou não, já que nada sabem sobre o assunto.

A Figura 3.1 ilustra as principais vantagens e desvantagens de perguntas abertas e fechadas. Quanto mais restritiva for uma pergunta, menor será a quantidade de dados fornecida. Quanto menor for a quantidade de dados e maior o controle, menos tempo e habilidade serão necessários, e maior será o grau de precisão, confiabilidade e reprodutividade. Entretanto, quando se faz uma pergunta aberta, a quantidade de dados coletados aumenta, e os entrevistados podem revelar nível de conhecimento, compreensão, motivos para pensamentos ou atos, atitudes e motivos ocultos.

> **Combinações frequentemente levam a melhores resultados.**

Entrevistadores podem incluir perguntas abertas e fechadas com variados graus de restrição para obter as informações desejadas. Por exemplo, um entrevistador pode dar sequência a uma pergunta bipolar do tipo "Você tem familiaridade com o plano de empregos do presidente" com uma pergunta de final aberto, como "O que você sabe sobre esse plano?". Uma pergunta de final aberto do tipo "Fale-me sobre seu semestre de estudos na Polônia" pode ser seguida de uma pergunta mais fechada, como "Qual foi a sua primeira impressão sobre a Polônia?".

Perguntas primárias e de sondagem

> **Perguntas primárias fazem sentido fora de contexto.**

As **perguntas primárias** apresentam temas ou novas áreas dentro de um tema e podem se sustentar sozinhas mesmo quando tiradas do contexto.
- Fale-me sobre a sua viagem para o Canadá.
- Quem foi a pessoa mais influente na sua vida profissional?

Como você se preparou para correr a maratona de Boston?

Todos os exemplos de perguntas abertas e fechadas apresentados anteriormente são de perguntas primárias.

Questões elaboradas com o propósito de ampliar respostas incompletas, superficiais, sugestivas, vagas, irrelevantes ou imprecisas são chamadas de **perguntas de sondagem**. Ao contrário das perguntas primárias, que se sustentam sozinhas e fazem sentindo por si só, as perguntas de sondagem ou de continuação apenas fazem sentido quando conectadas à pergunta ou à série de perguntas anteriores.

> Perguntas de sondagem apenas fazem sentido no contexto.

Tipos de pergunta de sondagem

Sondagens silenciosas

Se uma resposta está incompleta ou o entrevistado parece hesitante para prosseguir, use uma **sondagem silenciosa** com sinais não verbais adequados, como contato visual, um aceno de cabeça ou um gesto para estimular a pessoa a continuar. O silêncio demonstra interesse no que está sendo dito e é uma forma diplomática de respeitar a resposta e o entrevistado no caso de comunicar descrença, incerteza ou confusão. Uma troca pode ocorrer da seguinte maneira:

> Seja paciente e fique em silêncio.

1. **Entrevistador:** O que você achou do discurso do presidente da República?
2. **Entrevistado:** Já esperava que ele se pronunciasse assim.
3. **Entrevistador:** (silêncio)
4. **Entrevistado:** Como a maior parte das ideias dele já havia aparecido no noticiário ou em outros discursos nos últimos dois meses, não fiquei surpreso com nada do que foi dito.

Sondagens provocativas

Se a abordagem silenciosa falhar e se for preciso estender a conversa para obter as informações necessárias, utilize a **sondagem provocativa**, a qual estimula o entrevistado a fornecer respostas ou continuar o diálogo. Em geral, a sondagem provocativa é um procedimento simples e breve.

> Uma provocação substitui o silêncio com uma palavra ou uma frase.

Entendo.   E?
Continue.   E então?
É?   Ah é?
Você negligenciou o fato.   Um fato adicional a ser considerado.
Você perdeu o ponto.   Vendo por uma outra perspectiva.

Um erro comum é supor que todas as perguntas precisam ser frases com muitas palavras. Uma pergunta de sondagem longa pode interromper a troca ou abrir uma nova área ou novo tema, ao contrário do que se deseja. Nesse caso, podem-se perder informações e percepções valiosas.

Sondagens de tratamento de informações

Uma **sondagem de tratamento de informações** é uma ferramenta fundamental para verificar se uma série de perguntas abordou todos os aspectos importantes de um tema. Esse tipo de sondagem estimula os entrevistados a

> Pergunte em vez de supor.

Capítulo 3 Tipos de perguntas e seus usos específicos **53**

oferecer informações não previstas nos questionamentos previamente elaborados por você ou preencher as lacunas ainda existentes. Essa ferramenta de sondagem esclarece uma área ou um tema. Eis dois exemplos:
- Que pergunta não fiz ainda sobre esse incidente?
- Há alguma outra coisa que você gostaria que eu soubesse?

Uma sondagem de tratamento de informações permite que você continue com a confiança de que está com todas as informações importantes. Como não é possível prever ou planejar todas as informações que uma parte pode estar disposta a revelar, o que você não pergunta pode ser mais importante do que aquilo que pergunta.

Sondagens informativas

> Faça sondagem sobre respostas vagas, superficiais e sugestivas.

Perguntas de **sondagem informativa** são usadas para obter informações ou explicações adicionais. Por exemplo, se uma resposta lhe parecer superficial, faça uma pergunta de sondagem:
- O que ela disse especificamente?
- Fale mais sobre seu encontro com o senador.

Se uma resposta lhe parecer vaga ou ambígua, de modo a dar margem a diferentes interpretações, faça uma sondagem informativa:
- Você disse que é de uma cidade pequena. Qual é a população dela?

Se uma resposta sugere um sentimento ou uma atitude, faça uma sondagem informativa:
- Você ainda parece deprimido com a perda das horas extras.
- Estaria disposto a aceitar comentários de seus alunos sobre você em sua página no Facebook?

Sondagens de reformulação

> Reformule ou reelabore para obter respostas completas.

Os entrevistados podem não responder à pergunta que você faz. Em vez de criar uma nova pergunta de sondagem, reformule parte ou toda a pergunta original, talvez usando ênfase vocal para chamar a atenção para a preocupação original. Reelaborar uma pergunta original diplomaticamente pode evitar o constrangimento de um entrevistado. O exemplo seguinte ilustra uma **sondagem de reformulação**:

1. **Entrevistador:** Qual é a sua opinião sobre as novas opções de assistência de saúde da empresa?
2. **Entrevistado:** Não sou favorável a ir atrás de meu próprio plano.
3. **Entrevistador:** Entendo como se sente, mas e quanto às novas opções de assistência de saúde da empresa?

Se um entrevistado *comete um erro* em uma resposta, reformule sua pergunta com cuidado, talvez com ênfase vocal, para evitar parecer que você está questionando a honestidade ou a inteligência da pessoa. Por exemplo:

1. **Entrevistador:** Quem você acha que foi o melhor presidente democrata dos EUA nos últimos cinquenta anos?
2. **Entrevistado:** Ronald Reagan, sem dúvida.

3. **Entrevistador:** Quem você acha que foi o melhor presidente *democrata* nesse período?

Se uma pessoa parece hesitante em responder a uma pergunta, isso pode significar que a questão não está clara ou que o entrevistador está exigindo algo que o entrevistado não pode ou não quer fornecer. Reformule a pergunta de uma forma mais clara e mais fácil de responder.

1. **Entrevistador:** Como consultor político, qual é a sua postura ética em relação a propagandas políticas negativas na televisão?
2. **Entrevistado:** Acho que posturas éticas dizem respeito ao indivíduo.
3. **Entrevistador:** Entendo, mas qual é a *sua* postura ética em relação a propagandas de televisão negativas?

Se você fizer uma pergunta com mais de uma parte, o entrevistado poderá responder a uma delas. Reformule a parte ou as partes deixadas sem resposta.

1. **Entrevistador:** Quais foram as suas primeiras impressões de Pequim e da China?
2. **Entrevistado:** Fiquei muito impressionado com o aeroporto e com o quanto a cidade se modernizou em tão pouco tempo. O trânsito era impressionante, e fiquei surpreso com o número de utilitários norte-americanos nas ruas. As pessoas eram muito prestativas e amistosas, e a maior parte do povo de Pequim parece morar em edifícios muito altos.
3. **Entrevistador:** E quais foram as suas impressões da China?

Sondagens reflexivas

> Perguntas reflexivas verificam e esclarecem.

Uma **sondagem reflexiva** literalmente reflete a resposta recebida. Desse modo, é possível *verificar* ou *esclarecer a resposta* para que você saiba que a interpretou da forma pretendida pelo entrevistado. Deixe óbvio que o seu objetivo é verificar e esclarecer a resposta dada, mas não tente direcionar ou emboscar o entrevistado para dar uma resposta desejada nem questionar sua honestidade ou inteligência. Nesse caso, seja cauteloso. Se uma resposta parecer imprecisa (datas ou números errados, citação imprecisa, palavras trocadas), faça uma pergunta de sondagem reflexiva:

- Isso foi *depois* que o incêndio foi detectado?
- Esses foram os lucros *brutos* do evento beneficente?
- Por ex-presidente Bush, você está se referindo ao presidente George H. W. Bush?

Se não tiver certeza do que o entrevistado disse ou quis dizer, uma pergunta reflexiva pode resolver essa dúvida:

1. **Entrevistador:** Você acredita que a esposa do candidato tem uma boa compreensão de como é a vida da maioria dos cidadãos?
2. **Entrevistado:** Não, acho que não. Ela nunca trabalhou um dia na vida.
3. **Entrevistador:** Você está dizendo que ser mãe de quatro filhos não é trabalhar?

Uma sondagem reflexiva é diferente de uma sondagem de reformulação, uma vez que a primeira busca clarificar ou verificar a resposta, enquanto a segunda busca obter mais informações depois de uma pergunta primária.

Sondagens do tipo espelho

> Perguntas do tipo espelho resumem para garantir precisão.

A **pergunta do tipo espelho**, diferentemente da pergunta reflexiva, *resume* uma série de respostas ou trocas para garantir compreensão e retenção precisas. Ela pode espelhar ou resumir uma grande parte de uma entrevista inteira, para confirmar instruções, elementos de uma proposta, regimes prescritos, procedimentos acordados e assim por diante. Por exemplo, um médico pode usar esse tipo de pergunta para verificar a compreensão dos sintomas de um paciente.

Se compreendi o que está dizendo, você sentiu a dor no joelho esquerdo pela primeira vez quando estava pintando seu apartamento e passou muito tempo ajoelhado no chão. O desconforto pareceu desaparecer depois de alguns dias, mas então voltou depois que você jogou um pouco de basquete na academia. Dessa vez, a dor pareceu continuar e ficar mais desconfortável depois que voltou para casa, num percurso de três horas de duração. Analgésicos comuns não ajudaram. É isso mesmo?

Perguntas reflexivas e do tipo espelho podem ajudar a evitar erros causados por suposições falhas, lapsos de memória ou interpretações equivocadas.

Entrevista inteligente com perguntas de sondagem

> Sondagens inteligentes levam a respostas perspicazes.

Por meio de perguntas de sondagem, é possível distinguir entrevistadores habilidosos dos não habilidosos. O não habilidoso se atém a uma lista de perguntas preparadas, antecipa as perguntas prematuramente ou é impaciente. O habilidoso ouve cuidadosamente cada resposta para determinar se a resposta é satisfatória. Se não é, ele determina a causa provável em segundos e elabora uma pergunta de sondagem adequada. Uma sondagem habilidosa descobre informações mais relevantes, precisas e completas, e pode incrementar a motivação da outra parte porque o entrevistador parece estar interessado e atento.

> Seja paciente e persistente.

Perguntas de sondagem podem causar problemas. Se uma pessoa não responde imediatamente, você pode apresentar uma pergunta de sondagem quando não é necessário. Elabore as perguntas de sondagem cuidadosamente e fique atento à ênfase vocal. Stanley Payne ilustra como o significado de uma pergunta simples pode ser alterado quando se enfatizam palavras diferentes na mesma questão.[2]

- *Por que* você diz isso?
- Por que *você* diz isso?
- Por que você *diz* isso?
- Por que você diz *isso*?

Uma pergunta "simples" pode involuntariamente comunicar desaprovação, descrença e desconfiança, além de tornar a outra parte defensiva e relutante a se revelar abertamente. Uma pergunta de sondagem mal elaborada pode alterar o significado da pergunta primária ou tornar a resposta parcial. Seja diplomático, não exigente. Não cite erroneamente nem coloque palavras na boca da pessoa.

Exercício nº 1 – Forneça as perguntas de sondagem

Forneça uma pergunta de sondagem adequada para cada uma das seguintes interações. Certifique-se de que a pergunta elaborada é capaz de sondar a resposta e cuide para que não seja uma pergunta primária com uma nova faceta do tema. Observe suposições sobre respostas e elabore, de forma diplomática, perguntas de sondagem.

1. **Entrevistador:** Como foi o Super Bowl?
   Entrevistado: Foi incrível!
   Entrevistador:
2. **Entrevistador:** Qual é a sua filosofia de ensino?
   Entrevistado: (silêncio)
   Entrevistador:
3. **Entrevistador:** Você vai para a universidade depois de sair da Força Aérea?
   Entrevistado: Talvez.
   Entrevistador:
4. **Entrevistador:** O que você faz no tempo livre?
   Entrevistado: Ah, saio com meus amigos, jogo *videogame*, esse tipo de coisa.
   Entrevistador:
5. **Entrevistador:** Quanto custou a sua viagem para a Nova Zelândia?
   Entrevistado: Foi muito cara.
   Entrevistador:
6. **Entrevistador:** Por que você entrou para os Corpos de Paz?
   Entrevistado: Meu treinador sugeriu.
   Entrevistador:
7. **Entrevistador:** O que você achou do sermão do capelão?
   Entrevistado: Foi normal.
   Entrevistador:
8. **Entrevistador:** Em quem você votou na eleição presidencial de 2012?
   Entrevistado: No governador Christie.
   Entrevistador:
9. **Entrevistador:** Que filme você acha que deve ganhar o Oscar este ano?
   Entrevistado: Não sei.
   Entrevistador:
10. **Entrevistador:** Soube que você considera o aquecimento global uma farsa.
    Entrevistado: Acho que dá para dizer isso.
    Entrevistador:

Perguntas neutras e direcionadas

Perguntas neutras estimulam respostas honestas.

Perguntas neutras permitem que os entrevistados decidam sobre suas respostas sem direcionamento ou pressão dos entrevistadores. Por exemplo, em perguntas abertas e neutras, o entrevistador determina o comprimento, os detalhes e a natureza das respostas. Em perguntas fechadas e neutras, uma pessoa pode escolher entre alternativas iguais. Todas as perguntas discutidas e ilustradas até agora foram neutras.

Perguntas direcionadas sugerem a resposta esperada ou desejada porque o entrevistador guia o entrevistado na direção de uma resposta, em especial tornando "mais fácil ou mais tentador ao entrevistado dar uma resposta em vez de outra".[3]

> Direcionar perguntas guia entrevistados a respostas específicas.

A **parcialidade do entrevistador** ocorre quando os entrevistados dão respostas que *sentem* que os entrevistadores preferem ouvir. Esse tipo de parcialidade pode ser *intencional* ou *não intencional*. Perguntas direcionadas representam uma grande fonte de parcialidade do entrevistador, mas há outras, como a diferença de *status* entre as partes, as percepções ou suposições de um entrevistado, a escolha de palavras, as roupas, símbolos como *buttons* políticos e sinais não verbais.

Os graus variáveis de direcionamento e a distinção entre perguntas neutras e direcionadas são ilustrados pelas perguntas a seguir.

Perguntas neutras

1. Você gosta de pescar?
2. Você vai à conferência?
3. Como foi esta aula em comparação com a última?
4. Você gosta de fazer exercícios?
5. Quais foram as suas reações ao novo sistema de agendamento?
6. Você já ficou bêbado?
7. Você já colou em aula?
8. Você se considera um conservador ou um liberal?
9. Qual é a sua opinião sobre leis de controle de armas?
10. Quer um refrigerante *diet*?

Perguntas direcionadas

1. Você gosta de pescar, não?
2. Você vai à conferência, né?
3. Esta aula não foi melhor do que a última?
4. Você odeia fazer exercícios como a maioria das pessoas?
5. Quais foram as suas reações ao novo sistema idiota de agendamento?
6. Quando foi a última vez que você ficou bêbado?
7. Você parou de colar em aula?
8. Você se considera um conservador ou um socialista?
9. Qual é a sua opinião sobre leis de controle de armas que violam nossos direitos e que podem levar a um Estado policial?
10. Imagino que você queira um refrigerante *diet*.

> A parcialidade do entrevistador leva a respostas ditadas.

Todas as dez perguntas direcionadas tornam mais fácil uma pessoa responder de forma específica. Se você estiver em uma situação não ameaçadora, informal e agradável com um amigo ou alguém do mesmo nível organizacional ou social, talvez ignore ou faça objeção a uma pergunta direcionada. No entanto, se você está em uma situação ameaçadora e formal com uma parte de *status* mais alto, talvez se sinta obrigado a responder conforme a preferência do entrevistador. Em outras ocasiões, talvez você siga o direcionamento porque não se importa, quer colaborar, não quer chatear alguém ou não quer "fazer uma cena". Se é a resposta que a pessoa quer, você a dá.

> Uma pergunta aparentemente bipolar pode, na realidade, ter apenas um polo.

As primeiras quatro e as últimas duas perguntas direcionadas são suaves no direcionamento. Cada uma delas parece ser bipolar. No entanto, a elaboração de cada uma delas guia o entrevistado a um dos polos. Trata-se de perguntas *unipolares*.

Os entrevistados poderiam ignorar o direcionamento das perguntas 1, 2, 3 e 10 se seus relacionamentos não parecessem depender da resposta sim. A pergunta 4 usa uma técnica de adesão (maria-vai-com-as-outras), e a resposta de um entrevistado pode depender de suas experiências anteriores com o entrevistador e se o entrevistado quer seguir a maioria. A pergunta 10 sugere que o entrevistado vai querer um refrigerante *diet*. Uma pessoa com sentimentos ambivalentes ou indiferentes pode simplesmente dar a resposta que o entrevistador parece querer.

Perguntas carregadas

> Perguntas carregadas ditam respostas por meio da linguagem ou de armadilhas.

Perguntas carregadas são extremamente direcionadas. As perguntas de 5 a 9 oferecem forte direcionamento e uma injunção virtual da resposta correta. É por isso que são chamadas de perguntas *carregadas*. As perguntas 5 e 9 são carregadas por causa das palavras fortes e da dose excessiva de emoção. Em resposta à pergunta 8, uma pessoa provavelmente escolherá a alternativa menos onerosa, conservadora, porque poucos norte-americanos veem a si mesmos como socialistas. As perguntas 6 e 7 podem representar uma armadilha para o entrevistado. A pergunta 6 insinua que o entrevistado já ficou bêbado. A pergunta 7 acusa a pessoa de colar. Nesses casos, tanto um sim como um não podem comprometer a pessoa.

> Perguntas direcionadas têm funções legítimas.

Como as perguntas direcionadas, especialmente as carregadas, têm o potencial de séria parcialidade do entrevistador, evite-as, a menos que saiba o que está fazendo! Frases introdutórias como "De acordo com a lei", "Como todo mundo sabe", "Conforme testemunhas" e "Como o treinador me avisou" podem levar os entrevistadores a dar respostas aceitáveis, em vez de expor seus verdadeiros sentimentos ou crenças. Você pode transformar uma pergunta neutra em uma pergunta direcionada, o que dependerá da forma não verbal utilizada para conduzir a questão. Por exemplo, você pode sinalizar que deseja uma resposta específica quando se inclina na direção do entrevistado, olha-o diretamente nos olhos ou ergue uma sobrancelha. Nas perguntas, você pode enfatizar uma palavra-chave. Eis alguns exemplos:

- Você *gostou* daquela pizza?
- Quando você *apareceu* para trabalhar?
- Você vai votar *nela*?

Independentemente do potencial de danos, perguntas direcionadas têm usos importantes. Recrutadores as utilizam para ver como entrevistados respondem sob estresse. Representantes de vendas usam perguntas direcionadas para fechar negócios. Policiais fazem perguntas carregadas para provocar testemunhas. Jornalistas fazem perguntas direcionadas para induzir entrevistados relutantes a responder. Terapeutas usam perguntas carregadas como "Quando foi a última vez que você usou anfetamina?" para demonstrar que uma variedade de respostas é aceitável e que nada irá chocar o entrevistador.

Não confunda perguntas de sondagem do tipo espelho e reflexivas neutras com perguntas direcionadas. As perguntas do tipo espelho e reflexivas podem parecer direcionar os entrevistados para respostas específicas, mas os objetivos são esclarecimento e verificação, não direcionamento ou tendência. Se elas direcionam por acidente, é por falha.

A Figura 3.2 compara os tipos de perguntas disponíveis a entrevistadores e entrevistados, como abertas e fechadas, primárias e de sondagem, e neutras e direcionadas.

Exercício nº 2 – Identificação das perguntas

Identifique cada uma das seguintes perguntas de quatro maneiras: (1) aberta ou fechada, (2) primária ou de sondagem, (3) neutra ou direcionada e (4) tipo especial – bipolar, carregada, sondagem provocativa, sondagem de tratamento de informações, sondagem informativa, sondagem reflexiva ou sondagem do tipo espelho.

1. O que você fez durante seu estágio?
2. Você está dizendo que entrou no Exército por causa da bolsa universitária?
3. Você votou no primeiro turno da última eleição?
4. Há mais alguma coisa que você gostaria de me contar sobre a sua função na Associação Atlética Colegial Nacional?
5. Deixar seu emprego no meio de uma recessão foi uma insensatez, não?
6. Entendo.
7. Você está preocupado com essa situação, não está?
8. **Entrevistador:** O que você viu primeiro quando chegou ao local do acidente?
   Entrevistado: Um monte de coisa, pode acreditar.

Figura 3.2 Tipos de pergunta

	Neutra		Direcionada	
	Aberta	Fechada	Aberta	Fechada
Primária	Como você se sente sobre os novos requisitos principais?	Você aprova ou desaprova os novos requisitos principais?	A maioria dos melhores alunos é a favor dos novos requisitos principais, o que você acha deles?	Você é a favor dos novos requisitos principais como a maioria dos melhores alunos com quem falei?
Sondagem	Por que você acha isso?	A sua aprovação é moderada ou forte?	Se você é a favor dos requisitos principais, por que se opôs a eles inicialmente?	Suponho que você seja favorável aos novos requisitos principais porque vai se formar em dois meses.

Entrevistador: Imagino. O que você viu primeiro?
9. Muito bem, parece que o plano da palestra está pronto. Pelo que entendi, você cuida da publicidade, a Jane trata dos deslocamentos e da hospedagem, e o Fallon organizará um jantar antes da palestra. Quanto a mim, apresentarei o palestrante e cuidarei do período de perguntas e respostas. E o Zack ficou responsável pela recepção no átrio para logo depois da palestra. É isso mesmo?
10. E o que aconteceu depois disso?

Armadilhas contidas nas perguntas

> Elabore as perguntas cuidadosamente para evitar armadilhas comuns.

Como entrevistas são, em geral, minimamente estruturadas e precisamos criar, na hora, tanto perguntas primárias como de sondagem, não nos surpreende que surjam **armadilhas** comuns sem nos darmos conta disso. Essas armadilhas incluem a armadilha bipolar, a armadilha do conte-me tudo, a troca de aberta para fechada, o questionamento duplo, a indução, o jogo de adivinhação, a resposta sim (não), a sondagem curiosa, o programa de perguntas e respostas, e a pergunta não pergunte, não conte. Em interações informais com amigos, família e colegas de trabalho, o interlocutor pode nos oferecer mais informações e percepções (o que nem sempre é possível quando se trata de uma pergunta fechada ou bipolar), ignorar uma pergunta direcionada, perdoar uma pergunta carregada ou fornecer duas respostas quando se tratar de uma pergunta dúbia. Em entrevistas estruturadas e propositadas, no entanto, as partes podem ter pouca ou nenhuma motivação para ajudá-lo. Elas podem entregar apenas o que você pede com a intenção de oferecer o mínimo possível (talvez um sim ou não), responder a apenas uma parte de uma pergunta dúbia e se ofender com uma pergunta direcionada ou carregada. O conteúdo deste livro foi elaborado com o propósito de fornecer os subsídios necessários para que você possa participar de *interações formais e profissionais*, as chamadas entrevistas. É importante que você esteja ciente das armadilhas contidas nas perguntas e saiba evitá-las caso pretenda tornar-se um entrevistador e entrevistado de sucesso.

Armadilha bipolar

> Evite perguntas bipolares não intencionais.

Você cai numa **armadilha bipolar** quando faz uma pergunta bipolar elaborada e recebe uma resposta do tipo sim ou não. Nesse caso, a sua intenção era obter uma resposta detalhada ou uma informação específica. Essa armadilha é evidente em perguntas que começam com palavras como *você sabe, você sabia, você é, você já, você foi, você pode, há* e *você poderia*. Se tudo o que você quer é um sim ou um não, qualquer uma delas pode ser satisfatória, mas um sim ou um não lhe dizem muita coisa.

Perguntas bipolares supõem que existam apenas duas respostas possíveis e que as respostas são polos separados: conservador-liberal, gosto-desgosto, alto-baixo, sim-não.

Para eliminar as armadilhas bipolares, reserve perguntas desse tipo para situações em que apenas um sim ou um não ou uma única palavra sejam desejados. Comece as perguntas com palavras e frases como *o que, por que, como, explique* e *fale sobre*, as quais exigem informações detalhadas, sentimentos ou atitudes.

Pergunta conte-me tudo

A pergunta **conte-me tudo** está na ponta oposta da escala da armadilha bipolar. Em vez de uma simples resposta sim-não ou concordo-discordo, essa armadilha ocorre quando o entrevistador faz uma pergunta extremamente aberta sem restrições ou orientações ao entrevistado. O entrevistado pode ter dificuldade de determinar onde começar, o que incluir, o que excluir e quando terminar. A armadilha do conte-me tudo ocorre em uma entrevista de emprego quando um recrutador diz "Fale-me sobre você", em uma entrevista jornalística quando um repórter pergunta "Como eram as coisas no Afeganistão?" ou quando um profissional de saúde pede "Fale sobre seu histórico médico".

Faça perguntas de final aberto, em vez de perguntas fechadas e bipolares, mas não as faça muito abertas. Nos exemplos apresentados, deixe o entrevistado saber em qual parte dele mesmo, em qual missão no Afeganistão e em qual parte do histórico médico você está mais interessado. Se um entrevistado fosse responder conforme as perguntas, a resposta poderia levar uma hora, e você teria dificuldade de interrompê-lo diplomaticamente.

Substituição de uma pergunta aberta por uma fechada

> Pense antes de perguntar e saiba quando parar de perguntar.

A **substituição de uma pergunta aberta por uma fechada** ocorre quando você faz uma pergunta aberta, mas, antes de o entrevistado responder, reelabora a pergunta para outra fechada ou bipolar. Essa armadilha fica bastante evidente em entrevistas. Eis alguns exemplos:
- Fale-me sobre a sua viagem para Seattle. Você viu o novo Boeing Dreamliner?
- Por que você comprou uma nova caminhonete agora? Foi por causa do desconto?

Esse tipo de substituição também ocorre quando você ainda está elaborando a pergunta mentalmente. Essa procura pela formulação correta muitas vezes transforma uma pergunta aberta perfeitamente boa em uma pergunta fechada e limitada. O entrevistado irá provavelmente abordar a segunda pergunta, talvez com um sim ou um não. Para evitar essa substituição, prepare as perguntas antes da entrevista e *pense* nelas antes de fazê-las.

Questionamento duplo

> Faça uma pergunta por vez.

O **questionamento duplo** ocorre quando você faz duas (ou mais) perguntas ao mesmo tempo, em vez de propor uma única pergunta precisa.
- Para quais entidades beneficentes você faz doações com mais frequência e por que as escolheu?
- Fale-me sobre as suas funções na Penney's e na Macy's.

Os entrevistados podem reagir de diversas maneiras a perguntas dúbias. Podem responder às duas partes da pergunta, responder de forma superficial a ambas as partes, responder à parte de que se lembram, escolher uma das partes ou reagir negativamente diante do que percebem como uma

A forma como você faz uma pergunta pode tornar parcial a resposta que recebe.

inquisição. Talvez você considere necessário repetir uma parte da pergunta inicial para obter todas as informações desejadas ou talvez não tenha consciência das informações faltantes e parta prematuramente para outra pergunta primária.

Para evitar a armadilha da pergunta dúbia e seus perigos, faça uma pergunta de cada vez. Se você fizer uma pergunta dúbia, repita a parte não respondida pelo entrevistado.

Indução

> Induza apenas quando houver necessidade de induzir.

A **indução** ocorre quando você faz uma pergunta que sugere como uma pessoa deve responder a ela. A indução pode ser intencional (você quer influenciar uma resposta) ou não intencional (você não tem consciência da indução). É fácil interpor sentimentos ou atitudes em perguntas por meio da linguagem e dos sinais não verbais.

- Você vai à sessão de ajuda, não vai?
- Você escolheu uma faculdade porque foi a escolhida por *sua namorada*?

Talvez você não perceba que fez uma pergunta direcionada e continue sem saber que recebeu uma resposta distorcida para ser agradado. O entrevistado pode concordar com qualquer resposta que você pareça querer, especialmente se você estiver numa posição superior. Evite a armadilha da indução ao elaborar perguntas de maneira neutra e escute atentamente cada pergunta que fizer.

Jogo de adivinhação

> Não adivinhe, pergunte!

A armadilha do **jogo de adivinhação** ocorre quando você tenta adivinhar informações em vez de pedi-las. A adivinhação é comum em entrevistas. Sequências de perguntas fechadas de adivinhação não conseguem obter o que uma única pergunta de final aberto consegue. Observe o fracasso dessa profusão de adivinhações na obtenção de informações detalhadas.

1. **Entrevistador:** Você foi o primeiro a chegar ao local?
2. **Entrevistado:** Não.
3. **Entrevistador:** Você estava entre os primeiros a chegar?
4. **Entrevistado:** Não.
5. **Entrevistador:** Você estava com o segundo grupo a chegar?
6. **Entrevistado:** Não.
7. **Entrevistador:** Você chegou antes de eles tirarem as primeiras crianças?
8. **Entrevistado:** Não.

Essa longa lista de adivinhações não teria sido necessária se a primeira pergunta tivesse sido: "Quando você chegou?". **Pergunte** em vez de **adivinhar** e se apoie em perguntas abertas em vez de fechadas para evitar a armadilha do jogo de adivinhação.

Resposta sim (não)

> Uma pergunta óbvia gerará uma resposta óbvia.

A armadilha da **resposta sim (não)** ocorre quando você faz uma pergunta que tem apenas uma resposta óbvia, um sim ou um não. Cada uma das questões apresentadas a seguir provavelmente obterá uma resposta previsível:

- (Para um aluno) Você quer passar nesta disciplina?
- (Para um paciente médico) Você quer morrer?

Para evitar a armadilha da resposta sim (não), faça perguntas abertas e evite o óbvio.

Sondagem curiosa

> A curiosidade pode ser fatal para entrevistadores.

Sondagens curiosas se aprofundam em informações de que você **não precisa**. Garanta que cada pergunta feita seja capaz de sondar informações relevantes e importantes para o objetivo da entrevista. Se houver uma probabilidade de que uma pergunta **possa parecer irrelevante ao entrevistado** ou que ele considere que não é algo da sua conta, explique por que é importante e como você usará a informação recebida. Por exemplo, peça dados como idade, renda, nível educacional e estado civil apenas quando esse tipo de informação for claramente *necessário* e *relevante*, depois de você ter *estabelecido confiança* e no *final* da entrevista.

Como entrevistado, não suponha que uma pergunta é irrelevante. O entrevistador pode ter um motivo legítimo para fazê-la. Pessoas de culturas diferentes da sua fazem perguntas que podem lhe parecer irrelevantes. Os japoneses podem fazer perguntas pessoais no começo de interações para aprender características importantes sobre você, como onde você nasceu, onde estudou, o que acha de comida japonesa, que tipo de idioma japonês você fala e quais são os seus *hobbies*.

Show de perguntas e respostas

> O que o entrevistado sabe de relevante sobre este assunto?

Entrevistas não são *shows* **de perguntas e respostas** entre entrevistadores e participantes. As partes que você entrevista devem ter uma bagagem de conhecimento que lhes permita responder confortavelmente e com inteligência. Perguntas acima do nível de informação de um entrevistado podem causar constrangimento ou ressentimento porque ninguém quer parecer desinformado, mal informado, inculto ou pouco inteligente. Os entrevistados podem inventar respostas ou dar respostas vagas em vez de admitir ignorância. Por sua vez, perguntas abaixo do nível de informação de um entrevistado podem representar um insulto.

Para evitar a armadilha do *show* de perguntas e respostas, peça informações em categorias ou referenciais comuns, como quilos em vez de libras, xícaras em vez de copos ou números de horas diante da televisão por dia em vez de por mês ou ano. Verifique se o entrevistado é um leigo, um novato ou um especialista no tema.

Complexidade *versus* simplicidade

Para obter uma quantidade razoável de informação, faça perguntas simples e claras. Evite perguntas excessivamente complexas que desafiem os entrevistados a adivinhar o que você quer. A pergunta a seguir é muito comum quando se faz uma entrevista por telefone:

> Agora, eu gostaria da sua opinião sobre algumas marcas líderes de detergente. Gostaria que você classificasse essas marcas usando os números de mais cinco a menos cinco. Se você gosta da marca, atribua a ela um número de mais um a mais cinco. Quanto mais gostar, maior o número positivo. Se você não gosta da marca, atribua a ela um número de menos um a menos cinco. Quanto mais desgostar, maior o número negativo que deve atribuir a ela. Se você não gosta nem desgosta da marca, atribua um zero.

Se você precisa fazer uma pergunta complexa, explique a escala e ofereça oportunidades para que os entrevistados a experimentem a fim de estabelecer se eles compreenderam a pergunta e como devem responder a ela. Se as entrevistas são presenciais, entregue um pequeno cartão aos entrevistados contendo a escala e as alternativas de respostas para que eles não precisem se lembrar de todas as perguntas complexas. Na elaboração das perguntas, evite uma mistura de negativos, positivos, dúvidas e detalhes desnecessários.

Não pergunte, não conte

Perguntas do tipo **não pergunte, não conte** mergulham em informações e emoções que os entrevistados podem ser incapazes de abordar por causa de limitações sociais, psicológicas ou situacionais. Desde muito cedo, aprendemos, por exemplo, que é mais aceitável socialmente sermos humildes do que vaidosos. Se um entrevistador pedir-lhe uma autoavaliação sobre beleza, inteligência, criatividade, generosidade ou coragem, você provavelmente adotará uma atitude do tipo "A modéstia me impede" ou dirá "Sim" com um floreio capaz de ironizar a sua resposta. Também aprendemos que "há hora e lugar para tudo", de modo que não discutimos certos temas em grupos mistos, em público ou em ambientes políticos, religiosos ou sociais. Alguns temas são frequentemente tabus: sexo, renda pessoal, crenças religiosas e certas doenças.

> Aprofunde-se em áreas sensíveis apenas quando necessário.

Explique por que uma pergunta é essencial e adie perguntas "sensíveis" ou "tabus" até ter estabelecido um clima confortável e um relacionamento positivo. Elabore as perguntas cuidadosamente para diminuir travas sociais e psicológicas e não ofender os entrevistados.

Diferenças culturais e de gênero podem afetar a *acessibilidade* social e psicológica. Pesquisas indicam que mulheres revelam mais informações sobre si mesmas, usam mais verbos emocionais ou psicológicos, discutem mais suas vidas pessoais em interações profissionais, têm menos dificuldade de expressar sentimentos íntimos, falam mais sobre as realizações de outras pessoas e minimizam as próprias, e parecem se sentir mais confortáveis quando ouvem elogios sobre si mesmas.[4] As culturas também diferem em termos de áreas mais facilmente acessíveis. Aprenda o máximo que puder sobre um entrevistado antes de uma entrevista, para determinar o que pode e não pode ser perguntado e como isso deve ser feito.

> **Para evitar armadilhas, prepare-se para a entrevista e reflita sobre as perguntas que serão feitas**

Para evitar armadilhas mais comuns, planeje as perguntas antes da entrevista para que você não precise criá-las na hora, no toma lá dá cá da interação. Pense antes de fazer uma pergunta, pare quando fizer uma boa pergunta aberta em vez de reformulá-la, use perguntas bipolares moderadamente, evite perguntas que tenham o final muito aberta, faça apenas perguntas necessárias, peça informações que estejam no nível do entrevistado, evite perguntas complexas e esteja consciente do fator de acessibilidade em perguntas e respostas. Conheça as armadilhas comuns de perguntas bem o bastante para que possa interromper a si mesmo antes de tropeçar em alguma.

Exercício nº 3 – Quais são as armadilhas nestas perguntas?

Cada uma das seguintes perguntas ilustra uma ou mais das armadilhas de perguntas comuns: armadilha bipolar, substituição de uma pergunta aberta por uma fechada, pergunta dúbia, indução, jogo de adivinhação, resposta sim (não), conte-me tudo, sondagem curiosa, complexidade *versus* simplicidade, *show* de perguntas e respostas, e não pergunte, não conte. Identifique a(s) armadilha(s) de cada pergunta e a reformule para torná-la uma boa pergunta. Evite uma nova armadilha na pergunta revisada.

1. Conte-me sobre a sua viagem ao Alasca. Correspondeu às suas expectativas?
2. (pergunta feita em uma entrevista de recrutamento universitário) Como investidor, você é conservador ou arrojado?
3. Fale-me sobre a sua experiência de estudar em Paris e os cursos que fez.
4. Você gostou da peça?
5. Você está preocupado com o seu emprego, não está?
6. Você se considera um gênio?
7. (pergunta feita a um pai) Você quer que o seu filho tenha uma boa educação?
8. Você entrou para o Corpo de Treinamento dos Oficiais da Reserva da Força Aérea por causa da bolsa universitária?
9. Fale-me sobre a Ford Motor Company.
10. Você gosta ou não gosta de vieiras?

NA INTERNET

Na Internet, localize interações de pergunta e resposta que variem em intensidade de feliz para triste, de cooperativas para não cooperativas, de amistosas para hostis e de compreensivas para condescendentes. Identifique os diferentes tipos de perguntas primárias e de sondagem nessas interações. Quais armadilhas de perguntas você consegue identificar? Quais dessas armadilhas foram acidentais e quais foram propositais? Use ferramentas de busca como CNBC (http://www.cnbc.com) e CNN (http://cnn.com).

Resumo

Você tem uma variedade ilimitada de ferramentas de perguntas para escolher, e cada uma delas tem características, capacidades e armadilhas únicas. Saber qual pergunta escolher e como usá-la é essencial para entrevistar com eficiência e eficácia. Cada pergunta tem três características: (1) aberta ou fechada, (2) primária ou de sondagem e (3) neutra ou direcionada. As perguntas abertas destinam-se à obtenção de uma grande quantidade de informação, enquanto as fechadas buscam partes específicas de informação. As perguntas primárias abrem temas e subtemas, enquanto as de sondagem têm como meta obter mais informações, explicações, esclarecimentos e verificações contidos nas respostas. As perguntas neutras dão aos entrevistados liberdade para responder como desejam, enquanto as direcionadas os estimulam a fornecer respostas específicas.

A elaboração das perguntas é fundamental para obter as informações necessárias. Se você elaborar as perguntas com cuidado e pensar antes de fazê-las, poderá evitar armadilhas comuns, como armadilha bipolar, conte-me tudo, substituição de uma pergunta aberta por uma fechada, pergunta dúbia, indução, jogo de adivinhação, resposta sim (não), sondagem curiosa, *show* de perguntas e respostas, complexidade *versus* simplicidade e não pergunte, não conte.

Termos-chave e conceitos

Armadilha bipolar
Armadilhas de perguntas
Complexidade *versus* simplicidade
Conte-me tudo
Indução
Jogo de adivinhação
Não pergunte, não conte
Pergunta aberta
Pergunta bipolar

Pergunta carregada
Pergunta de sondagem
Pergunta direcionada
Pergunta fechada
Pergunta neutra
Pergunta primária
Questionamento duplo
Resposta sim (não)
Show de perguntas e respostas
Sondagem curiosa

Sondagem de reformulação
Sondagem de tratamento de informações
Sondagem do tipo espelho
Sondagem informativa
Sondagem provocativa
Sondagem reflexiva
Sondagem silenciosa
Substituição de uma pergunta aberta por uma fechada

Entrevista para revisão e análise

A entrevistadora está conduzindo entrevistas de história oral com moradores de um distrito histórico recentemente tombado em Springfield para aprender sobre as casas do local, algumas com mais de 150 anos de idade. Esta entrevista foi feita com um morador de 80 anos que morou sua vida inteira em "A colina", como a área é conhecida localmente. Ela está ocorrendo na casa do entrevistado.

Conforme lê a entrevista, identifique as perguntas como abertas ou fechadas, primárias ou de sondagem e neutras ou direcionadas. Procure por tipos específicos de perguntas, como bipolar, carregada, sondagem silenciosa, sondagem provocativa, sondagem de reformulação, sondagem de tratamento de informações, sondagem informativa, sondagem reflexiva e sondagem do tipo espelho. A entrevistadora tropeça em armadilhas comuns como indução, armadilha bipolar, resposta sim ou não, conte-me tudo, substituição de uma pergunta aberta por uma fechada, jogo de adivinhação, pergunta dúbia, sondagem curiosa, *show* de perguntas e respostas, complexidade *versus* simplicidade e não pergunte, não conte?

1. **Entrevistadora:** Olá, senhor Mullins. Sou Jackie Li, da Springfield Historical Society.
2. **Entrevistado:** Olá, Jackie, por favor, me chame de Ed.
3. **Entrevistadora:** Como falei com o senhor ao telefone, estou realizando entrevistas de história oral com os moradores do novo distrito histórico. Vou precisar de cerca de uma hora.
4. **Entrevistado:** Fico satisfeito que você esteja interessada na nossa área. Por favor, entre e sente-se.

5. **Entrevistadora:** Esta é uma casa muito bonita. Quando foi construída?
6. **Entrevistado:** Foi construída pela primeira vez em 1856, no que era chamado de estilo federal.
7. **Entrevistadora:** O senhor disse "construída pela primeira vez", o que quer dizer com isso?
8. **Entrevistado:** Bem, a estrutura inicial continha uma sala de estar e uma cozinha no primeiro piso, e quatro quartos no segundo.
9. **Entrevistadora:** E o que aconteceu?
10. **Entrevistado:** Logo depois da Guerra Civil, mais ou menos em 1867, uma ala foi acrescentada no lado norte, com uma sala íntima e uma biblioteca no primeiro piso.
11. **Entrevistadora:** E esse acréscimo foi feito apenas no primeiro piso?
12. **Entrevistado:** Não.
13. **Entrevistadora:** Havia um segundo piso?
14. **Entrevistado:** Sim.
15. **Entrevistadora:** Fale-me sobre isso e a cozinha de verão.
16. **Entrevistado:** A ala continha um quinto quarto para hóspedes e o que então era chamado de banheiro moderno, com pia, banheira e água corrente que vinha de um tanque localizado no sótão.
17. **Entrevistadora:** E quando a sua família se mudou para esta casa?
18. **Entrevistado:** Meus avós a compraram em 1905, logo depois do nascimento do meu pai.
19. **Entrevistadora:** E há quanto tempo o senhor mora aqui?
20. **Entrevistado:** A minha vida toda.
21. **Entrevistadora:** *Toda* (ênfase vocal) a sua vida?
22. **Entrevistado:** Sim.
23. **Entrevistadora:** O senhor não nasceu nesta casa, nasceu?
24. **Entrevistado:** Nasci.
25. **Entrevistadora:** Onde?
26. **Entrevistado:** No quarto dos meus pais.
27. **Entrevistadora:** E o senhor nunca morou em outro lugar?
28. **Entrevistado:** Isso mesmo.
29. **Entrevistadora:** Onde o senhor morou quando frequentou a universidade?
30. **Entrevistado:** Eu ia e vinha.
31. **Entrevistadora:** Por que as pessoas de Springfield se referem a esta área como "A colina"? Apenas porque ela fica numa colina alta?
32. **Entrevistado:** Não.
33. **Entrevistadora:** Quando começaram a se referir a ela como "A colina"?
34. **Entrevistado:** Meu pai dizia que frequentemente se referiam à área como "A colina" quando ele era garoto e as pessoas vinham de toda a cidade para escorregar de trenó pelas ruas quando havia neve. Houve um tobogã no lado oeste durante muitos anos.
35. **Entrevistadora:** O que não perguntei que o senhor considera importante que eu saiba?
36. **Entrevistado:** Bem... eu me casei nesta casa, e minha esposa e eu criamos a nossa família de cinco filhos aqui.
37. **Entrevistadora:** Que interessante. Algum dos seus filhos mora aqui hoje?
38. **Entrevistado:** Não, todos moram em outros Estados.
39. **Entrevistadora:** O senhor pretende vender a casa para outra família daqui a alguns anos?
40. **Entrevistado:** Talvez.
41. **Entrevistadora:** Obrigada por me receber. O meu projeto está ficando muito interessante.
42. **Entrevistado:** De nada. Entre em contato se eu puder ajudar com mais alguma coisa.

Atividades para o aluno

1. Assista a uma entrevista no YouTube com duração de pelo menos 15 minutos. Que tipos de pergunta o entrevistador utiliza? Qual tipo parece ser o mais eficiente? Como o relacionamento entre o entrevistador e o entrevistado parece afetar os tipos de pergunta e as respostas dadas? Como a situação parece afetar a escolha das perguntas e as respostas?

2. Prepare dois conjuntos de dez perguntas cada, um apenas com perguntas neutras e o outro com quatro das perguntas reformuladas como perguntas direcionadas. Realize seis entrevistas, três com as perguntas neutras e três com uma mescla de perguntas neutras e direcionadas. Compare as respostas que recebeu e determine como os tipos de pergunta

podem ter influenciado as respostas. Por que alguns dos entrevistados ignoraram o rumo dado às perguntas direcionadas enquanto outros não o fizeram?

3. Crie uma lista de perguntas fechadas, incluindo perguntas bipolares, sobre um tema de importância em seu Estado. Entreviste quatro pessoas: um amigo, um membro da família mais velho do que você, um conhecido e um estranho escolhido aleatoriamente. Quais lhes deram as respostas mais curtas e menos reveladoras? Quais ofereceram mais informações independentemente do tipo de pergunta? O que isso lhe diz sobre o uso de perguntas fechadas e o relacionamento entre as partes?

4. Assista a várias entrevistas na televisão, inclusive com políticos, representantes de empresas, atletas e pessoas que viveram crises. Identifique as armadilhas de perguntas exibidas nas perguntas feitas e como elas parecem afetar as respostas. Quais foram as armadilhas mais comuns? Você identificou armadilhas de perguntas não abordadas neste capítulo?

Notas

1. Joyce Kasman Valenza, "For the best answers, ask tough questions," *The Philadelphia Inquirer*, April 20, 2000, http://www.joycevalenza.com/questions.html, accessed September 26, 2006.
2. Stanley L. Payne, *The Art of Asking Questions* (Princeton, NJ: Princeton University Press, 1980), p. 204.
3. Robert L. Kahn and Charles F. Cannell, *The Dynamics of Interviewing* (New York: John Wiley, 1964), p. 205.
4. Lillian Glass, *He Says, She Says: Closing the Communication Gap between the Sexes* (New York: Putnam, 1993), pp. 45-59; Kory Floyd, *Interpersonal Communication* (New York: McGraw-Hill, 2011), p. 99.

Referências

Barone, Jeanne Tessier, and Jo Young Switzer. *Interviewing: Art and Skill*. Boston: Pearson Education, 1995.

Devito, Joseph A. *Interviewing Guidebook*. Boston: Pearson Education, 2010.

Payne, Stanley L. *The Art of Asking Questions*. Princeton, NJ: Princeton University Press, 1980.

Powell, Larry, and Jonathan H. Amsbary. *Interviewing: Situations and Contexts*. Boston: Pearson Education, 2006.

CAPÍTULO 4
Estrutura da entrevista

Cada entrevista tem um grau de estrutura, cuja natureza é determinada por fatores como objetivo, duração e complexidade. Diferentes tipos de entrevista requerem diferentes estruturas, mas os princípios e as técnicas fundamentais aplicam-se a todas. Os objetivos deste capítulo são apresentar os princípios e as técnicas da estruturação e explicar como estes se aplicam à abertura, ao corpo e ao encerramento de entrevistas. Inicialmente, abordaremos aspectos relacionados ao **corpo** da entrevista: a primeira etapa de todo o processo.

Corpo da entrevista

Na preparação para uma entrevista, o primeiro passo é determinar um **objetivo claro**. O que especificamente você quer e precisa construir durante a entrevista? Não prossiga até conseguir delinear claramente o objetivo.

Guia de entrevista

> Um guia de entrevista contém temas, não perguntas.

O segundo passo é preparar um **guia de entrevista** – um esboço cuidadosamente elaborado dos temas e subtemas a serem cobertos, e não uma lista de questões. Um guia ajudará você a identificar áreas específicas de questionamento que assegurem a cobertura de temas importantes durante a parte quente da entrevista e a distinguir a informação relevante da irrelevante. Um guia de entrevista é fundamental na formulação de questões, no registro de respostas e na recordação posterior de informações.

Sequências de esboço

Como o guia de entrevista é um esboço, reveja os fundamentos desse delineamento aprendidos ao longo dos anos para conferir à sua entrevista uma estrutura clara e sistemática. **Sequências de esboço** são bastante úteis para entrevistas.

Em uma **sequência temática,** há divisões naturais de um tópico ou questão. Por exemplo, se você planeja entrevistar alguns advogados sobre faculdades de direito em que poderia estudar, o guia deve incluir temas como *ranking* de faculdades de direito, áreas de especialização, qualidade da análise dessas instituições, número e tipo de escritórios de advocacia que as procuram para entrevistas, e custo. O tradicional **guia dos jornalistas** que consiste em seis perguntas básicas – "Quem?", "O quê?", "Quando?", "Onde?", "Como?" e "Por quê?" – é útil em várias configurações de entrevista.

Uma **sequência de tempo** trata os temas ou partes de temas em ordem cronológica. Por exemplo, uma conferência sobre veículos movidos a energia solar pode iniciar com inscrições entre 8h30 e 9h30, seguir com uma sessão geral sobre história dos veículos movidos a energia solar às 10h30, uma sessão sobre aperfeiçoamentos recentes na propulsão baseada em energia solar de veículos às 11h30, almoço das 12h30 às 13h30, uma demonstração de veículos movidos a energia solar na pista de um centro de feiras nas proximidades das 13h30 às 15h30 e uma sessão de encerramento das 15h30 às 16h30.

Uma **sequência de espaço** arranja os temas de acordo com divisões espaciais: da esquerda para direita, do topo ao fundo, de norte a sul ou de vizinhança a vizinhança. Um guia que conduza passeios em um local turístico pode começar com restaurantes e bares, e então seguir para a área de piscina, sauna, instalações de ginástica, cursos de golfe e marina.

> Sequências ajudam a organizar os temas e impõem um grau de estrutura às entrevistas.

Como o nome já diz, a **sequência de causas e efeitos** explora causas e efeitos. Um entrevistador pode começar com uma ou mais causas e seguir para o efeito ou discutir um efeito aparente e seguir para as possíveis causas. Por exemplo, ao investigar o desabamento de um palco durante uma violenta tempestade, você pode entrevistar pessoas que estavam na área durante o acidente, para determinar os efeitos da tempestade, e, em seguida, conversar com engenheiros de estruturas para determinar a causa ou causas do desabamento.

Uma **sequência problema-solução** é composta de uma fase de problema e outra de solução. Você pode conduzir entrevistas com recrutadores para discutir um sério problema com a falta de diversidade na mão de obra de uma organização e então identificar e discutir possíveis soluções.

Como desenvolver um guia de entrevista

Você está se formando em Ciências da Saúde e, depois de conversar com vários professores e colegas, decidiu passar um semestre estudando no exterior. Depois de checar muitas universidades em vários países, conseguiu uma entrevista com uma representante da University of Canterbury, na Nova Zelândia, que visitará seu campus no início do mês seguinte. Ao começar a entrevista, solicite as informações que você considera mais importantes para tomar a decisão, como:

I. Cursos relacionados às Ciências da Saúde
II. Instalações de ensino/aprendizado
III. Instalações de pesquisa
IV. Moradia

Com as informações mais importantes identificadas, acrescente possíveis subtemas, como:

> Um guia garante que todos os temas e subtemas sejam considerados.

I. Cursos relacionados às Ciências da Saúde
   A. Psicologia
   B. Fonoaudiologia
   C. Nutrição
   D. Biologia

          E. Saúde e Cinesiologia
- II. Instalações de ensino/aprendizado
    - A. Atividades de apoio ao aprendizado
    - B. Plano de ensino/aprendizado
    - C. Recursos de ensino/aprendizado
    - D. Mídias de aprendizado eletrônico
    - E. Centro de proficiência de aprendizado
- III. Instalações de pesquisa
    - A. Laboratórios
    - B. Bibliotecas
    - C. Instalações de computação e tecnologia da informação (TI)
    - D. Centro de estudos e pesquisa
    - E. Vinculação ensino-pesquisa
- IV. Moradia
    - A. Custo
    - B. Tipo
    - C. Disponibilidade
    - D. Relação com o *campus*
    - E. Transporte

> **Entrevistas podem incluir mais do que uma sequência ou nenhuma sequência.**

Finalmente, com as informações mais importantes e os subtemas listados, determine se há importantes subtemas de subtemas. Por exemplo, obtenha mais detalhes sobre os tipos de laboratório de pesquisa e as monografias disponíveis nas bibliotecas e por modo *on-line*; certifique-se de que as instalações de computação e TI podem ser frequentadas por alunos não graduados; confirme se as pesquisas de Ciências da Saúde são conduzidas pelo centro de estudos e pesquisa; e questione sobre o envolvimento da faculdade em ensino e pesquisa. Você pode não saber o suficiente antes da entrevista para desenvolver subtemas em certas áreas e subtópicos ou pode descobrir subtemas adicionais durante a entrevista. No guia de entrevista, é possível fazer acréscimos e eliminações, conforme a necessidade. Você pode empregar mais de uma sequência de esboço em uma entrevista. A seleção de informações importantes sobre a área e subtemas apropriados determinará quais sequências são mais adequadas.

Programações das entrevistas
Entrevista não programada

> **Uma entrevista não programada é meramente um guia de entrevista.**

Após completar um guia de entrevista, decida se são necessárias estruturações e preparações adicionais. O guia deve ser suficiente para conduzir uma **entrevista não programada** sem questões preparadas previamente. Esse recurso é mais apropriado quando as entrevistas são curtas, nos casos em que há divergência significativa entre entrevistados e níveis de informação, quando os entrevistados são relutantes ou têm memória fraca, ou quando não há muito tempo para preparação.

Uma entrevista não programada dá a você liberdade ilimitada para sondar sobre as respostas e adaptar-se a diferentes entrevistados e situações, pois trata-se da mais flexível das programações de entrevista. Contudo, entrevistas não programadas requerem considerável qualificação e são difíceis de replicar de uma entrevista para outra. Você talvez tenha dificuldade de controlar o tempo. A parcialidade de um entrevistado pode aflorar em questões não planejadas.

Entrevista moderadamente programada

Uma **entrevista moderadamente programada** consiste em todas as questões mais importantes com possíveis sondagens em cada uma. As sentenças e frases no guia tornam-se questões. Esse tipo de entrevista, como a não programada, permite a liberdade de sondar as respostas e adaptar-se aos diferentes entrevistados, entretanto impõe um grau de estruturação maior, exige ajuda no registro de respostas e é mais fácil de conduzir e reaplicar. Você não precisa criar todas as questões na hora, mas deve ter muitas cuidadosamente pensadas e trabalhadas de antemão, o que certamente reduzirá a pressão durante a entrevista. Como as partes entrevistadas tendem a divagar durante entrevistas não estruturadas, listar as questões torna mais fácil mantê-las em ordem e retornar à estrutura quando desejado. Jornalistas, profissionais de medicina, recrutadores, advogados, policiais e investigadores de seguradoras, para nomear alguns, praticam entrevistas moderadamente programadas. A seguir, apresentamos um exemplo desse tipo de entrevista:

> *Uma entrevista moderadamente programada diminui a necessidade de criar perguntas instantâneas.*

I. Por que você decidiu mudar sua empresa de Illinois para Indiana?
   A. Quando você decidiu fazer isso?
   B. O que mais influenciou sua decisão?
   C. Quem influenciou mais sua decisão?
II. Por que você decidiu reposicionar-se perto de Rensselaer?
   A. Qual é a importância da locação perto da fronteira do Illinois?
   B. Como os custos de construção em Rensselaer são comparáveis com os de outros lugares?
   C. Que papel sua equipe atual desempenhou nessa decisão?
   D. Qual é a importância de Rensselaer estar no mesmo fuso horário de Chicago?
III. O que mais o preocupou na mudança para Indiana?
   A. Como lhe parece a disponibilidade de trabalhadores qualificados?
   B. Como lhe parece o histórico recente de Indiana, ao permitir a sindicalização compulsória.
   C. Como lhe parece o transporte?

Entrevista altamente programada

No papel, a **entrevista altamente programada** pode não parecer diferente da moderadamente programada, mas elas são muito diferentes na execução. Diferentemente do que ocorre com as questões utilizadas em uma programação moderada, todas as perguntas de uma entrevista altamente programada

> **Entrevistas altamente programadas sacrificam a flexibilidade e a adaptabilidade pelo controle.**

são formuladas na ordem exata em que estão listadas e escritas na programação. Esse tipo de entrevista não permite sondagens não planejadas, mudanças de palavras ou derivações do programa. As perguntas podem ser fechadas, de modo que as pessoas possam oferecer respostas curtas e específicas. Entrevistas altamente programadas são fáceis de reaplicar e conduzir, tomam menos tempo que as não programadas e moderadamente programadas, e impedem as partes de divagar em áreas irrelevantes ou de perder demasiado tempo em um ou dois temas. Contudo, flexibilidade e adaptação não são opções. Questões de sondagem devem ser eliminadas. Pesquisadores e auditores realizam entrevistas altamente programadas.

Entrevista padronizada altamente programada

> **Entrevistas padronizadas altamente programadas oferecem precisão, replicabilidade e confiabilidade.**

A **entrevista padronizada altamente programada** é a mais bem planejada e estruturada. Todas as questões e opções de resposta são formuladas em palavras idênticas para cada entrevistado, que então escolhe respostas entre aquelas oferecidas. Não há desvios do programa por nenhuma das partes. Esse tipo de entrevista é mais fácil de conduzir, registrar, tabular e replicar, o que facilita o trabalho de entrevistadores principiantes. Contudo, a amplitude de informação é restrita, pois não é permitido sondar respostas, explicar questões e adaptá-las a diferentes entrevistados. Os inquiridos não podem explicar, ampliar, qualificar ou questionar opções de resposta. Uma **parcialidade embutida pelo entrevistador** pode ser pior do que uma **parcialidade acidental** encontrada em entrevistas não programadas ou moderadamente programadas.

Pesquisadores e auditores usam entrevistas padronizadas altamente programadas porque seus procedimentos precisam produzir os mesmos resultados em entrevistas repetidas por vários entrevistadores. Eis um exemplo de entrevista padronizada altamente programada:

I. Das seguintes causas frequentemente mencionadas para justificar os altos preços da gasolina, você considera a mais importante?
   A. Escassez de petróleo
   B. Produção doméstica insuficiente
   C. Elevação de preços pelas companhias de petróleo para aumentar lucros
   D. Países estrangeiros que elevam de forma deliberada os custos do petróleo
   E. Especuladores do mercado de petróleo
   F. Aumento da demanda de petróleo por países como China e Índia
II. Qual das seguintes soluções tem o melhor potencial para reduzir o custo da gasolina?
   A. Incrementar a prospecção nas áreas selvagens do Alasca
   B. Incrementar a prospecção ao longo do Atlântico, do Golfo Pérsico e nas costas do Pacífico nos Estados Unidos
   C. Desenvolver um oleoduto do Canadá ao Texas para trazer areias betuminosas para as refinarias

D. Utilizar as reservas estratégicas de petróleo existentes nos Estados Unidos
E. Incrementar o uso de todos os veículos elétricos e híbridos dos Estados Unidos
F. Desenvolver combustíveis alternativos de milho, cana-de-açúcar e resíduos

III. Qual é a probabilidade de essa solução ser implementada nos próximos três anos?
A. Altamente provável
B. Provável
C. Incerta
D. Improvável
E. Altamente improvável

IV. Se os preços da gasolina continuarem a subir, qual dos resultados seguintes você espera ver neste verão?
A. Férias perto de casa
B. Significativa diminuição no tráfego
C. Significativo aumento do uso de transporte público
D. Significativo aumento dos custos de alimentação
E. Desaceleração da atividade econômica

Cada programação de entrevistas tem vantagens e desvantagens únicas. Escolha a programação mais adequada às suas necessidades, às qualificações, ao tipo de informação desejada e à situação. Um tipo de programação não serve para todos os tipos de entrevista e situação. Uma programação planejada para uma pesquisa de opinião seria terrível para uma entrevista de emprego. Esteja atento às opções disponíveis e certifique-se de qual (ou quais) é a mais apropriada para cada entrevista. A Figura 4.1 resume as vantagens e desvantagens de cada programação.

Combinação de programações

> Programações combinadas permitem que os entrevistadores satisfaçam múltiplas necessidades.

É possível combinar estratégicas de programação: a abordagem não programada durante os minutos da abertura, a moderadamente programada para realizar sondagens e adaptar-se aos entrevistados, e a padronizada altamente programada para obter informações mais facilmente quantificáveis, como idade, religião, educação formal e estado civil. As programações variam de esboço temático a manuscrito. Por exemplo, você pode escrever argumentos principais para uma entrevista persuasiva, instruções para uma entrevista informativa e abertura e encerramento para uma entrevista de pesquisa de opinião.

Exercício nº 1 – Programações de entrevistas

Para cada situação apresentada a seguir, qual é a programação mais apropriada: não programada, moderadamente programada, altamente programada ou padronizada altamente programada? Justifique cada caso.

Figura 4.1 Opções estruturais

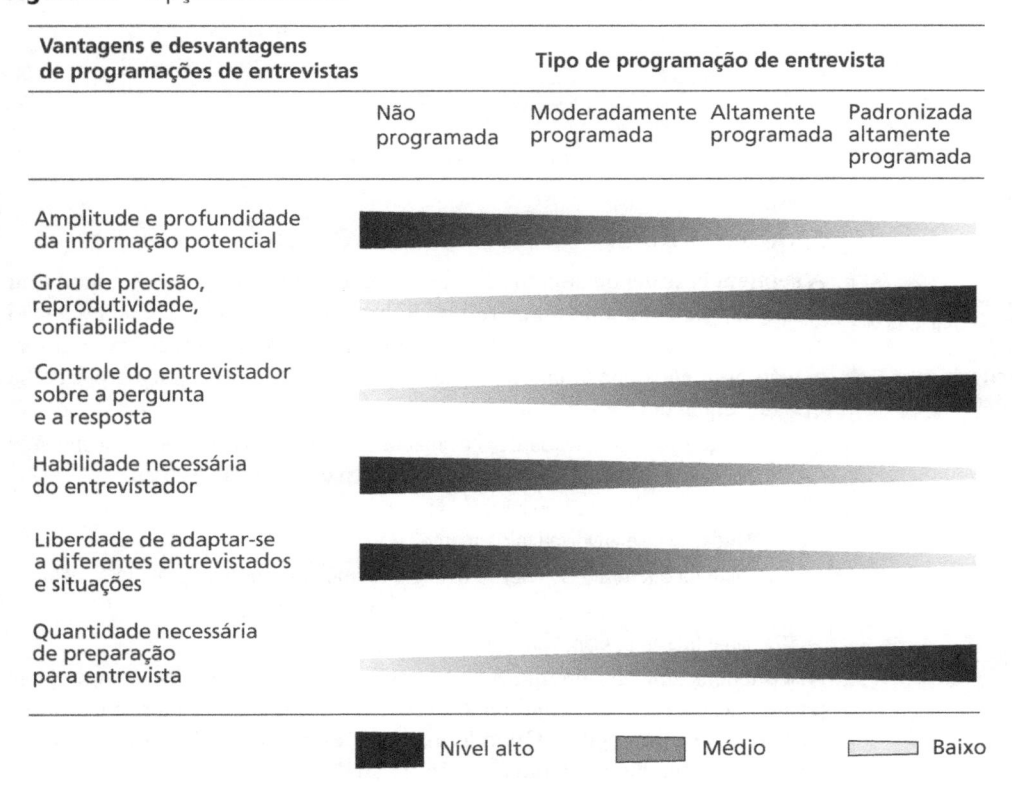

Vantagens e desvantagens de programações de entrevistas	Tipo de programação de entrevista			
	Não programada	Moderadamente programada	Altamente programada	Padronizada altamente programada
Amplitude e profundidade da informação potencial	Alto			Baixo
Grau de precisão, reprodutividade, confiabilidade	Baixo			Alto
Controle do entrevistador sobre a pergunta e a resposta	Baixo			Alto
Habilidade necessária do entrevistador	Alto			Baixo
Liberdade de adaptar-se a diferentes entrevistados e situações	Alto			Baixo
Quantidade necessária de preparação para entrevista	Baixo			Alto

Legenda: Nível alto | Médio | Baixo

1. Você é um jornalista que entrevista testemunhas de uma colisão entre dois carros ocorrida no *campus*. Nesse acidente, dois alunos tiveram ferimentos graves.
2. Você é um recrutador de uma empresa de *softwares* que realiza entrevistas em uma feira de empregos promovida por um membro do Congresso.
3. Você está conduzindo uma pesquisa de opinião entre formandos que é parte de um estudo nacional sobre o estado do mercado de trabalho para universitários formados.
4. Você é um empreendedor de um complexo de apartamentos perto de um *campus* universitário e está tentando persuadir um vereador da Câmara Municipal a votar em sua proposta.
5. Você é membro do Conselho de Recreação e Parques, mas perdeu o último encontro por causa de uma emergência familiar. Você está entrevistando outro membro do conselho para saber o que foi discutido e acordado naquele encontro.

Sequências de perguntas

Já apresentamos uma variedade de programação de questões e agora é o momento de identificar **sequências de perguntas**. As sequências mais comuns são: túnel, funil, funil invertido, ampulheta, diamante e *design quintamensional*.

Figura 4.2 Sequência túnel (colar de contas)

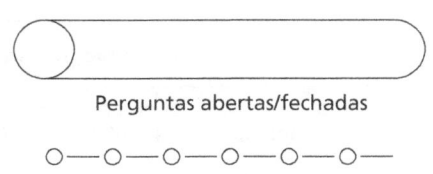

Perguntas abertas/fechadas

Sequência túnel

> Uma sequência túnel funciona bem com entrevistas informais e simples.

A **sequência túnel** ou colar de contas é uma corrente de questões, abertas ou fechadas, formulada de maneira semelhante (ver Figura 4.2). Cada questão pode abordar um tema específico, demandar uma parte específica da informação ou identificar uma atitude ou um sentimento. Eis um exemplo desse tipo de sequência:

Soube que você participou do movimento do "Occupy Wall Street" (Ocupe Wall Street) que, desde 2011, protesta contra desigualdades sociais e econômicas.
1. Como você se envolveu inicialmente?
2. Onde você se envolveu inicialmente?
3. Qual foi o fator mais importante que o estimulou a envolver-se no movimento?
4. No início, você era um organizador ou um manifestante?
5. Qual foi seu principal papel nesse movimento?

A sequência túnel é comum em enquetes, pesquisas de opinião e entrevistas jornalísticas e médicas, cujo objetivo é obter informações e identificar atitudes, reações e intenções. Quando as questões são fechadas, a informação pode ser facilmente registrada e quantificada.

Sequência funil

Uma **sequência funil** começa com questões amplas e de final aberto, e evolui para questões mais restritas (ver Figura 4.3). Eis alguns exemplos de sequência funil:

1. Conte-me sobre sua viagem de recrutamento para a agência 21st Century Advertising em Nova York.
2. Como eram as entrevistas?
3. Quais foram suas impressões da 21st Century Advertising a partir dessas entrevistas?
4. Onde essas entrevistas aconteceram?
5. Quanto tempo você esteve na agência?
6. Vai haver mais entrevistas com essa agência?

> Uma sequência funil funciona bem com entrevistados motivados.

Uma sequência funil começa com questões de final aberto e é mais apropriada para entrevistados que têm familiaridade com determinado tema, sentem-se livres para falar sobre ele, desejam expressar os próprios sentimentos e estão motivados para revelar e explicar atitudes. Questões abertas são mais fáceis de responder, não ameaçam os entrevistados e estimulam as pessoas a falar. Com base nisso, a sequência funil é uma boa maneira de começar entrevistas.

Esse tipo de sequência reduz possíveis condicionamentos ou parcialidades em respostas posteriores. Por exemplo, uma entrevista que começa com uma questão fechada pode indicar dois caminhos: o entrevistado deve tomar uma posição polarizada ou o entrevistador deseja apenas respostas breves. Uma questão aberta não força os entrevistados a adotar posições polarizadas e permite que eles expliquem e qualifiquem as posições assumidas.

Sequência funil invertido

A **sequência funil invertido** começa com questões fechadas e prossegue em direção a questões abertas. Esse tipo de sequência é mais útil quando você precisa motivar o entrevistado a responder ou nos casos em que, por mostrar-se envolvido de forma emocional com determinado tema, ele não puder responder prontamente a uma questão aberta (ver Figura 4.4). Eis alguns exemplos de sequência funil invertido.

1. Quando você começou a trabalhar para a Alcoa?
2. Qual foi seu primeiro trabalho na companhia?
3. Por quanto tempo você esteve nessa posição?
4. Como essa posição preparou você para o papel de supervisor?
5. Conte-me sobre sua posição atual.
6. Descreva-me um dia típico para você em sua posição atual.

> Uma sequência funil invertido oferece um tempo de aquecimento para aquelas pessoas que relutam em falar.

A sequência funil invertido é a melhor opção quando os entrevistados sentem que não sabem muito sobre um tema ou não querem falar. A memória de um entrevistado ou seus processos de recordação podem requerer assistência, e, nesses casos, questões fechadas servem como um aquecimento num momento em que questões abertas poderiam sobrecarregar a pessoa ou resultar em respostas desorganizadas e confusas. Esse tipo de sequência pode terminar com uma pergunta de encerramento, como "Há mais alguma coisa que gostaria de me contar?".

Sequências de combinação

Uma situação pode demandar uma combinação de sequências. Por exemplo, a **sequência ampulheta** começa com questões abertas, prossegue com questões fechadas e encerra com questões abertas. Empregue esse tipo de sequência quando você desejar começar com uma sequência funil e então prossiga, em sua linha de questionamento, para uma sequência de funil

Figura 4.3 Sequência funil

Figura 4.4 Sequência funil invertido

Figura 4.5 Sequência ampulheta

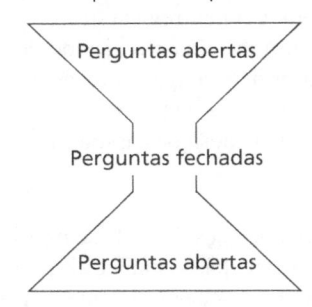

- Perguntas abertas
- Perguntas fechadas
- Perguntas abertas

Figura 4.6 Sequência diamante

- Perguntas fechadas
- Perguntas abertas
- Perguntas fechadas

invertido. Por meio dessa combinação, você poderá estreitar seu foco e então seguir para uma abertura disso, quando o entrevistado ou o tema garantirem isso (ver Figura 4.5).

Há outra combinação de sequências que coloca em contato os topos de sequências funil, a qual alguns chamam de **sequência diamante**.[1] Esse tipo de sequência permite aos entrevistadores começar com questões fechadas, prosseguir com questões abertas e encerrar com questões fechadas (ver Figura 4.6).

Cada sequência de combinação oferece diferentes arranjos de questões abertas e fechadas que permitem abordar situações específicas de entrevista e entrevistados, com flexibilidade e adaptabilidade.

Sequência de design quintamensional

> O *design quintamensional* é eficiente para avaliação de atitudes e crenças.

George Gallup, o famoso projetista de pesquisas de opinião, desenvolveu a **sequência de** *design quintamensional* para ter acesso à intensidade de opiniões e atitudes.[2] Essa abordagem de cinco passos procede da consciência de um entrevistado sobre a questão para atitudes não influenciadas pelo entrevistador, atitudes específicas, razões para essas atitudes e intensidade delas. Eis alguns exemplos:

1. *Consciência:* O que você sabe sobre a nova lei estadual que proíbe fumar em alguns locais público?
2. *Atitudes não influenciadas:* Como essa proibição pode afetar você?
3. *Atitude específica:* Você aprova ou desaprova a proibição estadual do fumo?
4. *Por que razão:* Por que você sente isso?
5. *Intensidade da atitude:* Com que intensidade você sente isso – fortemente, muito fortemente ou não é nada que vá mudar sua opinião?

Você pode usar essa sequência ou modificá-la criando questões mais adequadas para situações específicas de entrevista.

Uma vez que tenha determinado um objetivo específico para sua entrevista e desenvolvido a estrutura apropriada, você está pronto para criar uma abertura adaptada às partes da entrevista, à situação e ao seu objetivo. Os poucos segundos ou minutos gastos na abertura são imprescindíveis para o sucesso de sua entrevista.

Abertura da entrevista

> São necessárias duas partes para começar uma entrevista com sucesso.

O que você faz e diz ou falha ao dizer na abertura de uma entrevista influenciará de forma significativa na percepção que a outra parte terá de si mesma, de você e da situação. A **abertura** imprime o tom e o humor da entrevista, e afeta a disposição e habilidade para seguir além de interações de nível 1. O tom pode ser sério ou leve, otimista ou pessimista, profissional ou não profissional, formal ou informal, ameaçador ou não ameaçador, relaxado ou tenso. Uma abertura pouco elaborada pode levar a um **clima defensivo** com respostas superficiais, vagas e imprecisas. Se uma das partes estiver insatisfeita com a abertura, ela poderá dizer não, ir embora, fechar a porta ou desligar o telefone.

A função primária da abertura é **motivar** ambas as partes a participar de forma voluntária e promover uma comunicação livre e precisa. Como a motivação é um **produto mútuo** entre entrevistador e entrevistado, toda abertura deve ser um **diálogo**, não um **monólogo**. Ela é *feita com* a outra parte, não *para* a outra parte. Em geral, dá-se pouca oportunidade para o entrevistado dizer qualquer coisa além de respostas lacônicas a perguntas de abertura. Interromper o entrevistado é comum. Um estudo com médicos, por exemplo, revelou que, nas interações, eles não permitiam que os pacientes completassem as frases em 69% das vezes. Quando isso era possível, menos de 2% dos pacientes tentavam completar as declarações feitas.[3]

Processo de duas etapas

A abertura é um processo de duas etapas para estabelecer empatia e orientar a outra parte, encorajando participação ativa e disposição para continuar a entrevista. O que é incluído e como esse conteúdo é compartilhado depende do tipo de entrevista, da situação, relação e preferência.

Estabeleça empatia

Empatia é um processo de estabelecer e sustentar um relacionamento entre entrevistado e entrevistador por meio da criação de sentimentos de boa vontade e confiança. Você pode começar com uma autoapresentação ou com uma simples saudação (quando a relação já está estabelecida e é positiva). Além disso, devem-se adotar ações não verbais apropriadas, como aperto de mão firme, contato visual, sorriso, assentimento e voz agradável e amigável. O passo da empatia inclui perguntas pessoais ou conversas casuais sobre clima, conhecidos em comum, famílias, esportes ou eventos noticiados. Considere temperar uma pergunta pessoal e conversa casual com humor de bom gosto e apropriado. Não prolongue a fase da empatia; saiba quando o suficiente é suficiente.

> **Não exagere nas amenidades nem nos elogios.**

Costumes de uma área geográfica, tradições ou políticas organizacionais, cultura, *status*, diferenças, relações, formalidade da ocasião, tipo de entrevista e situação podem determinar as técnicas verbais e não verbais apropriadas para a construção de empatia de cada entrevista. Não se refira a estranhos, superiores ou pessoas de alto *status* pelos primeiros nomes, a não ser que seja convidado a fazê-lo. Limite o humor ou a conversa casual se a outra parte estiver ocupada ou se a situação for altamente formal ou séria. Não exagere nos elogios, como congratulações, louvores e expressões de admiração. Seja sincero.

Oriente a outra parte

Orientação é um segundo passo essencial na abertura. Você pode explicar o objetivo, a extensão, natureza da entrevista, como a informação vai ser usada e por que selecionou essa parte para a entrevista. Estude cada situação cuidadosamente para determinar a extensão e natureza da orientação.

Embora, às vezes, haja algumas afinidades entre você e a outra parte (como gênero, idade, aparência, linguagem, histórico educacional ou cultura), lembre-se de que isso não será preponderante para o sucesso da entrevista. De acordo com LaRay Barna, "A aura de semelhança é um sério bloco obstrutor para a comunicação intercultural bem-sucedida. Uma fachada parecida é enganadora quando representantes de culturas contrastantes se encontram, ambos vestindo roupas ocidentais, falando inglês e utilizando rituais de saudação semelhantes".[4] Você pode, de forma equivocada, supor que compartilha códigos não verbais, crenças, atitudes ou valores semelhantes. "A menos que haja comunicação ostensiva de suposições feitas por cada uma das partes, o que raramente acontece, não há nenhuma chance de comparar impressões e corrigir erros de interpretação."

Empatia e orientação são frequentemente entremeados e reduzem a **incerteza relacional**. No fim da abertura, ambas as partes devem estar conscientes de similaridades importantes, do desejo de ambas em participar da entrevista, do grau de cordialidade e afabilidade, de como o controle será dividido e do nível de confiança. Uma abertura pouco elaborada pode provocar algum tipo de desorientação e criar problemas durante uma entrevista. Lembre-se de como se sentiu quando descobriu que um pedido de ajuda de uma pessoa em sua porta revelou-se uma desculpa para vender-lhe um produto.

Os passos de empatia e orientação são ilustrados na seguinte abertura:

O que você diz nos segundos de abertura determina o tom do resto da entrevista.

> Evite fazer conjecturas demais ou de menos sobre a outra parte.

1. **Entrevistador:** Olá, sou Loretta Pinkston, da Agência de Seguros Brewer.
2. **Entrevistado:** Olá. Sou Kyle Zimmer. Você é a pessoa com quem falei ao telefone sobre nosso seguro imobiliário.
3. **Entrevistador:** Sim, sou eu. Você tem uma casa adorável e uma bela locação rural.
4. **Entrevistado:** Obrigado. Adoramos viver aqui, mas estamos um pouco preocupados com a proteção de incêndio oferecida por um departamento de incêndios totalmente voluntário e com a segurança de um departamento de polícia a quase 18 quilômetros daqui.
5. **Entrevistador:** Sei bem como é isso. Vivemos na parte sul do distrito, em uma área semelhante e enfrentamos algumas das mesmas preocupações.
6. **Entrevistado:** Então estamos na mesma onda.
7. **Entrevistador:** Gostaria de fazer algumas perguntas sobre suas preocupações, o que você sente que mais deveria cobrir com o seguro, e então falar sobre várias opções disponíveis.
8. **Entrevistado:** Parece bom. Vou chamar minha mulher, que está no jardim.

Técnicas de abertura verbal

> Adapte a abertura a cada entrevistado e situação.

Seja criativo e adapte a abertura ao entrevistado e à situação. Não utilize a mesma abertura para "todas as ocasiões" de entrevistas, independentemente do tipo específico, como entrevistas de emprego ou de coleta de informações. As técnicas de abertura verbal apresentadas a seguir podem promover empatia, orientar a outra parte ou ambas as coisas.

Declare o objetivo

Explique por que você está conduzindo a entrevista.

Exemplo: (Um aluno para o professor) Oi, professor Dinwiddie. Gostaria de conversar sobre o estágio em *marketing* que o senhor mencionou na classe ontem. Tenho pensado em um estágio há algum tempo, mas não sei muito sobre como conseguir um que seja adequado à minha especialização em vendas agrícolas.

Formular um objetivo detalhado pode tornar a sua realização difícil. Esse é o caso em algumas pesquisas, enquetes e entrevistas comerciais. Às vezes, é necessário adiar um objetivo específico para obter respostas honestas e acessíveis, motivar o entrevistado a participar ou evitar defensivismos.

Exemplo: (Pesquisa patrocinada por uma organização religiosa para um grupo de candidatos politicamente conservadores) Boa noite. Estou fazendo uma pesquisa sobre eleitores potenciais da eleição deste outono, para saber como está o sentimento relativo a candidatos que falam bastante, um pouco, muito pouco ou absolutamente nada sobre suas religiões e questões de fé.

Resuma um problema

Comece com um resumo quando o entrevistado ignorar um problema, tiver uma noção vaga sobre ele ou desconhecer os detalhes. O resumo deve **informar** o entrevistado, mas sem invadir o corpo da entrevista.

> **Saiba quando encerrar a abertura e seguir em frente.**

Exemplo: (Um médico para um paciente) Como bem sabe, você tem lutado com níveis de colesterol perigosamente altos há alguns anos. Eles permanecem altos apesar de seu programa de exercícios, dieta estrita e perda de peso. Você vem de uma família que compartilha esses altos níveis. Precisamos conversar sobre outros meios de fazer baixar esse colesterol problemático.

Explique como um problema foi descoberto

Você pode explicar *como* um problema foi detectado e talvez *por quem*. Seja honesto e específico ao revelar fontes de informação, sem colocar o entrevistado na defensiva.

Exemplo: (Um empregado para o supervisor) Estava checando meus horários de trabalho na Internet ontem de noite e descobri que fui escalado para trabalhar durante a primeira semana de junho. Esta será a primeira semana de meu treinamento de verão da Reserva da Força Aérea na Base Aérea George, na Califórnia.

Ofereça um incentivo ou uma recompensa

Um incentivo poderá motivar um entrevistado, se isso for significativo e apropriado para a situação. Como muitos lances de vendas incluem um incentivo, pode ser difícil convencer um entrevistado que você está conduzindo uma entrevista de pesquisa jornalística, de opinião ou enquete, em não uma entrevista de venda.

Exemplo: Estou conduzindo uma enquete sobre atitudes dos alunos a respeito das férias deste outono que essencialmente dão eles um final de semana de quatro dias. Meus resultados serão enviados ao Comitê de Assuntos Estudantis da Universidade Senate, que está considerando mudanças que ofereçam férias de outono melhores para alunos como você.

Peça conselho ou assistência

> **Seja sincero ao oferecer incentivos ou pedir conselhos.**

Essa abertura é comum porque os entrevistadores frequentemente precisam de ajuda. A necessidade deve ser clara, precisa e uma que o entrevistado possa satisfazer. Não use essa abertura como uma técnica para ampliar sua rede de contatos, ascender socialmente ou inflar o ego de alguém.

Exemplo: Estou trabalhando em meu projeto de conclusão de curso e queria saber se você poderia me ajudar com alguns problemas que identifiquei.

Refira-se à posição conhecida do entrevistado

Essa técnica identifica a posição do entrevistado em uma questão ou problema. Seja diplomático e positivo nas maneiras e preciso e completo quando interpretar uma posição de entrevistado.

Exemplo: Sally, aprecio sua posição, e mesmo com as restrições ditadas pela administração e o pouco mérito para arrecadar dinheiro disponível este ano, gostaria de conversar com você sobre algumas das coisas que venho realizando neste ano.

Refira-se à pessoa que o recomendou

Uma recomendação é uma maneira de se conectar positivamente com outra parte. Nunca use o nome de uma pessoa sem permissão. Antes de mencionar a pessoa, certifique-se de que o entrevistado a conhece e gosta dela. Pode ser embaraçoso ou desastroso constatar que o entrevistado não se lembra ou não gosta de quem você está recomendando.

Exemplo: Estou escrevendo uma história sobre a aposentadoria pendente de Alex Madder, que esteve na equipe por mais de 40 anos. Marcie Dumont disse que você trabalhou diretamente com Alex por vários anos e o conhecia pessoal e profissionalmente.

Refira-se à sua organização

> Saiba o que fazer se referências a uma organização provocarem reações negativas.

Frequentemente, você deve referir-se à organização que representa (companhia, hospital, agência governamental ou grupo religioso) para que possa ser identificado e legitimado como entrevistador. Perceba que uma parte entrevistada pode não ser fã de sua organização – especialmente se você representa possível publicidade negativa, processos legais, agências regulamentadoras ou investigações legais.

Exemplo: Boa noite. Sou Chad McMasters, da Keystone Empreendimentos. Estamos interessados em desenvolver um centro comunitário na propriedade do velho motel que faz divisa com esta vizinhança e gostaríamos de saber sua sugestão sobre o que gostaria de ver num centro desses.

Solicite uma quantidade específica de tempo

Quando pedir uma quantidade específica do tempo de alguém, seja realista na estimativa. "Você tem um segundo?" é possivelmente a mais desgastada e abusada de todas as aberturas de entrevista. Você não pode fazer uma pergunta em um segundo.

> Marque horário para entrevistas com mais de cinco ou dez minutos.

Exemplo: Professor Williams, o senhor teria cerca de dez minutos para conversar comigo sobre meu projeto de campo?

Faça uma pergunta

Uma pergunta de final aberto, fácil de responder, pode estabelecer empatia ou começar a orientar o entrevistado.

Exemplo: Sou Kristen Sullivan, da Imobiliária Maple Realty. Temos uma variedade de apartamentos em diversos edifícios. O que você está buscando em um apartamento?

Seja cauteloso com questões fechadas que podem ser respondidas com um rápido não ou uma rejeição. Perguntas fechadas comuns são becos sem saída.

Exemplos: Posso ajudar você?

Procurando por algo?

Entrevistados podem ser desmotivados por uma questão que exija uma resposta óbvia do tipo "sim" e "não".

Exemplos: Vamos fazer algo importante na aula hoje?

Você está ocupado?

Essas dez técnicas de abertura verbal oferecem maneiras de abrir entrevistas de maneira eficiente.

A maioria das aberturas, claro, inclui uma combinação estratégica de técnicas. Crie uma abertura que seja mais apropriada para cada entrevista e situação. **Acima de tudo, envolva o entrevistado na abertura.** Como entrevistado, desempenhe um papel ativo desde o início. Não seja um mero figurante.

> Faça da abertura um diálogo entre as duas partes.

Comunicação não verbal em aberturas

> As primeiras impressões frequentemente determinam o tom e o fluxo da comunicação.

Técnicas de abertura verbal são acompanhadas de **comunicação não verbal** apropriada. Uma abertura eficaz depende de *como* você se apresenta, age e diz *o que* diz. Comunicação não verbal é crucial para a criação de uma boa primeira impressão e para o estabelecimento de sua legitimidade. Pode sinalizar sinceridade, confiança e confiabilidade, cordialidade e interesse.

Territorialidade

Bata antes de entrar em uma sala, mesmo que a porta esteja aberta, que você seja um superior ou esteja em sua própria casa, prédio ou organização. Você está entrando no *espaço* de outra pessoa, e qualquer violação percebida desse território pode comprometer o início de uma entrevista. Em algumas culturas, as mulheres gozam de menos territorialidade que homens. Segundo Judy Pearson, nos Estados Unidos, "Poucas mulheres têm uma sala particular e inviolável nas casas em que moram, ao passo que os homens têm recantos, estúdios ou áreas de trabalho que são proibidas para outras pessoas. Da mesma forma, parece que mais homens que mulheres têm cadeiras particulares reservadas para eles".[5] Independentemente de gênero, espere até a outra parte sinalizar sua entrada com um sorriso, um assentimento de cabeça, um aceno de mão ou indicação de uma cadeira. Mantenha contato visual sem fitar fixamente para mostrar confiança e possibilitar que você capte sinais não verbais que dizem "Entre", "Sente-se", "Sente-se ali" e "Quero falar com você" ou "Agora não" e "Estou muito ocupado".

Rosto, aparência e roupas

> A aparência e as roupas devem transmitir os sinais adequados de abertura.

A aparência e as roupas contribuem, em grande parte, para as primeiras impressões. Elas podem comunicar interesse, sinceridade, cordialidade, urgência, atratividade, asseio, maturidade e profissionalismo. Não sinalize catástrofe quando a entrevista for rotina, amizade quando você tiver que disciplinar uma pessoa, cordialidade quando você estiver raivoso, felicidade quando um problema grande precisar de atenção urgente ou intimidade quando vocês jamais se encontraram.

Toque

> Saiba quando e com quem o toque é adequado.

Se um aperto de mãos for apropriado para o relacionamento e a situação, aperte a mão com firmeza. Não exagere no aperto de mãos com conhecidos e colegas ou durante entrevistas informais. Tocar é geralmente apropriado quando ambas as partes têm uma relação estabelecida e próxima.

Aprenda a ler a comunicação não verbal

> Sexo e cultura regulam a comunicação não verbal em aberturas.

Não subestime a importância da comunicação verbal e não verbal em aberturas, mas não exagere na leitura de manifestações não verbais simples, nem tente ler todo mundo da mesma forma. Pessoas de histórico semelhante podem diferir significativamente no comportamento comunicativo.

Teóricos da comunicação interpessoal enfatizam a importância de pistas não verbais. Por exemplo, de acordo com Trenholm e Jensem, "As pessoas captam muitas informações em nossas expressões faciais. Elas inferem alguns traços de personalidade e atitudes, julgam reações às mensagens delas, percebem expressões faciais como substitutos de verbalização e, principalmente, usam isso para determinar nosso estado emocional".[6] Sobre as primeiras impressões, Floyd afirma o seguinte: "a qualidade da roupa de uma pessoa é um pista relativamente confiável do *status* socioeconômico dela". Além disso, o tipo ou estilo da roupa pode nos permitir, em geral muito precisamente, identificar uma parte com um grupo particular, seja cultural ou político.[7] Stewart nos adverte, contudo, que "tendemos a notar aqueles comportamentos [e possivelmente aparência e roupas] que são consistentes com as crenças que temos sobre outros e ignorar os que são inconsistentes".[8]

Lillian Glass catalogou 105 "diferenças de fala" entre homens e mulheres norte-americanos, em áreas básicas da comunicação: corpo, linguagem, expressão facial, padrões de discurso e voz, conteúdo de linguagem e padrões comportamentais. Glass constatou que os homens tocam as outras pessoas mais frequentemente, tendem a evitar contato visual e não olham direto para o outro, soam mais abruptos e menos acessíveis, fazem acusações diretas e cumprimentam menos.[9] Pesquisas indicam que as mulheres são mais hábeis na "conversa de empatia" que estabelece e fortalece relações, enquanto os homens são mais hábeis na "conversa de informação" relacionada à análise de questões e resolução de problemas.[10]

Os norte-americanos compartilham regras para saudar pessoas, mas essas regras podem não ser compartilhadas com outras culturas. Apertar as mãos, por exemplo, é um costume ocidental, particularmente nos Estados Unidos, por isso não atribua significado à firmeza ou falta dela ao entrevistar pessoas de outras culturas, que podem considerar esse comportamento apenas como um costume singular ocidental, de pouca importância. Enquanto os norte-americanos esperam que as outras pessoas os olhem nos olhos para exibir confiança e abertura e sinceridade, outras culturas consideram tal contato visual rude e insultante. A sociedade norte-americana não tem o hábito de tocar nas pessoas, mas não se surpreenda com os italianos e sul-americanos que costumam fazer isso em qualquer situação, inclusive na abertura de uma entrevista.

Exercício n° 2 – Abertura de entrevistas

Quão satisfatória é cada uma das aberturas apresentadas a seguir? Considere a situação e o tipo da entrevista, as técnicas usadas e o que é omitido. Como cada uma poderia ser melhorada? Não suponha que cada abertura seja insatisfatória.

1. Entrevista de recrutamento para a vaga de especialista em logística, em uma grande empresa de caminhões.
   Entrevistador: Oi, sou Tyler (aponta uma cadeira). Quando você chegou à cidade?
   Entrevistado: Por volta das dez da manhã.
   Entrevistador: Legal. Fale-me sobre você.
2. Entrevista em um grande escritório de advocacia, entre dois sócios.
   Entrevistador: Você está ocupado?
   Entrevistado: Não, estou apenas sentado aqui com meu *laptop*.
   Entrevistador: Ok, você me pegou. Gostaria de falar sobre o contrato da Warren.
3. Encontro de um aluno com um professor no escritório deste.
   Entrevistador: Professor Cho, tem um segundo?
   Entrevistado: (breve pausa) Acabou o tempo!
   Entrevistador: Podemos conversar por cerca de dez minutos?
4. Entrevista realizada no pátio de entrada próximo ao salão do Senado dos Estados Unidos. Um correspondente da TV ABC pretende entrevistar um senador que participará de uma votação nominal.
   Entrevistador: Senador Hernandez! (abanando e gritando) Qual é a sua impressão sobre o secretário de Comércio nomeado pelo presidente?
   Entrevistado: Estou analisando isso.
   Entrevistador: Seus sentimentos iniciais são positivos ou negativos?
5. O técnico dos jogadores atacantes entrevista o técnico geral.
   Entrevistador: Acabei de saber que, no jogo de abertura que acontecerá no sábado, você colocará Jablonski no banco. Por que fez isso sem me consultar?
   Entrevistado: Sinto muito, mas já está decidido.
   Entrevistador: Podemos conversar sobre isso?

Encerramento de entrevista

> No encerramento tenha calma e seja diplomático no que diz que faz.

O encerramento é crucial porque isso não apenas afeta a entrevista, como também sua relação com a parte e a natureza, atmosfera, cooperação e expectativas de contatos futuros. Cada entrevista cria ou altera uma história de relacionamento. Um encerramento abrupto faz a outra parte sentir-se usada.

É natural relaxar e baixar a guarda quando uma entrevista está chegando ao final. Não corra para chegar à sua próxima tarefa ou a outro compromisso. Nos segundos ou minutos finais da interação, preste atenção a tudo que "faz e diz" e "não faz e não diz". Lembre-se de que a outra parte estará atenta aos sinais sobre sua relação, apreciação, interesse e sinceridade. Ambas as partes devem estar conscientes de que a entrevista está próxima do fim.

Encerramentos são sinalizados de forma não verbal antes que quaisquer palavras sejam trocadas. Mark Knapp e colaboradores, no clássico estudo sobre "despedidas" em interações interpessoais, identificaram uma variedade de ações de encerramento não verbais, algumas bastante sutis.[11] Eis alguns exemplos: empertigar-se na cadeira, inclinar-se para frente, descruzar as pernas, colocar as mãos sobre os joelhos como quem se prepara para levantar, olhar o relógio, fazer pausas breves ou romper contato visual. Outras ações mais óbvias são levantar-se, afastar-se da outra parte ou oferecer um aperto de mãos. Independentemente da sutileza adotada, ações não verbais podem sinalizar que você quer encerrar a entrevista. Como entrevistado, fique atento aos sinais para detectar quando uma entrevista está próxima do fim, para não ser surpreendido nem experimentar um desajeitado encerramento da interação. Ao mesmo tempo, atente para o fato de que aquela pessoa pode estar checando o relógio para ver se ainda há tempo suficiente para perguntas adicionais ou troca de informação, descruzar as pernas pode ser uma busca de conforto e romper o contato visual pode significar uma concentração em busca de uma nova questão. Os autores deste livro colocaram discretamente pequenos relógios sobre suas mesas porque descobriram que, cada vez que checavam os relógios de pulso, os alunos começavam a sair da sala de aula, pois supunham que esta havia terminado.

Orientações para encerramento de entrevistas

Siga regras simples para conduzir encerramentos. Em primeiro lugar, o encerramento, como a abertura, é um **diálogo**, não um **monólogo**. Quando você é o entrevistador, para incentivar o entrevistado a participar de forma ativa do processo, empregue sinais verbais e não verbais, incluindo o silêncio. Como entrevistado, ao responder às questões relativas ao encerramento, acrescente alguns comentários importantes ou fatos não abordados e demonstre apreciação quando isso for apropriado.

> As duas partes são responsáveis pelo sucesso dos encerramentos.

Em segundo lugar, seja sincero e honesto nessa fase da entrevista. Não faça promessas nem se comprometa com coisas que não deseja ou não pode cumprir.

Em terceiro lugar, mantenha um ritmo na entrevista, de modo que não precise acelerar o encerramento. De acordo com a **lei da novidade**, as pessoas lembram-se, em geral, da última coisa dita ou feita durante uma entrevista. Então, acelerar o encerramento ou utilizar uma frase ou ação não verbal equivocada pode comprometer todos os esforços investidos na entrevista, o seu relacionamento com a outra parte e futuros contatos com ela.

> Cuidado com o que faz e diz.

Em quarto lugar, durante toda a interação, o seu interlocutor observará e interpretará tudo que você disser e fizer e tudo que não disser e não fizer, até que estejam bem longe um do outro. Um movimento de lábio ou um gesto não verbal inapropriado pode negar tudo que você realizou durante a entrevista.

Em quinto lugar, deixe a porta aberta e eventualmente defina as bases para futuros contatos. Se um contato adicional está planejado (o que é comum em entrevistas de cuidados de saúde, emprego, aconselhamento e vendas), explique o que vai acontecer depois, onde, quando e por quê. Quando possível, marque um encontro antes de ir embora.

Em sexto lugar, não introduza novos temas ou ideias nem faça perguntas quando a entrevista de fato ou psicologicamente chegar ao final. Um **encerramento falso** ocorre quando suas mensagens verbais e não verbais sinalizam que a entrevista está chegando ao final apenas para que você a reabra novamente. Isso pode ser estranho para ambas as partes, e essas interações *ex post facto* tendem a ser superficiais e acrescentam pouco à entrevista.

Em sétimo lugar, evite aquilo que Erving Goffman denominou de **partidas fracassadas**. Esse tipo de partida ocorre quando, depois de encerrar a entrevista e se despedir da outra parte, você a reencontra no *hall* de entrada, no estacionamento ou no restaurante.[12] O resultado é estranho porque ambas as partes já se despediram e agora você tenta pensar em algo apropriado para dizer quando não há nada a dizer. Pratique essas situações para determinar o que vai dizer quando isso acontecer e para evitar momentos estranhos e embaraçosos.

Lembre-se de que a entrevista não está completa até que entrevistador e entrevistado estejam longe um do outro.

> Independentemente da técnica, envolva o entrevistado no encerramento.

Técnicas de encerramento

Seja criativo e imaginativo quando encerrar entrevistas. Adapte cada encerramento ao entrevistado e à situação. As técnicas apresentadas a seguir podem ser úteis em encerramentos completos, no início do processo de encerramento ou na conclusão dessa fase.

Ofereça-se para responder às questões

Seja sincero quando se oferecer para responder às questões e dê ao interlocutor tempo adequado para perguntar. Não dê uma resposta breve a uma questão e então encerre a entrevista.
- Que perguntas você tem?
- A quais questões não respondi?

Use perguntas de encerramento

> Perguntas, intenções e questionamentos permitem que você faça um encerramento eficiente.

Por meio de uma pergunta de encerramento, você poderá verificar se todos os temas foram abordados, se todas as questões foram devidamente respondidas ou se todas as dúvidas foram esclarecidas. O pedido deve ser um esforço honesto e sincero para fazer emergir questões não abordadas, informações ou áreas de interesse.
- Já respondi a todas as suas dúvidas sobre o novo *software*?
- Que informações importantes não foram abordadas nesta entrevista?

Declare a conclusão do objetivo proposto

Declare que a tarefa está completa. A palavra *bem* sinaliza mais encerramentos que qualquer outra palavra ou frase. Quando escutamos isso, automaticamente supomos que a despedida está começando e passamos a guardar as coisas. É isso que você quer que aconteça?

- Bem, acho que isso cobre tudo.
- Ok, essas são todas as questões que tenho.

Faça perguntas pessoais

> **Demonstre interesse genuíno pela outra parte.**

Perguntas pessoais são formas agradáveis de encerrar entrevistas e melhorar relações. Seja sincero e, para esclarecer dúvidas ainda pendentes ou demonstrar alguma preocupação, dê ao entrevistado tempo adequado para que ele possa se manifestar.

- Quais são seus planos para o verão?
- Como seu pai está reagindo à cirurgia?

Faça perguntas profissionais

Perguntas profissionais são mais formais do que as pessoais e devem ser sinceras e mostrar interesse genuíno. Apreciamos interesse por nossas carreiras.

- Como vai sua pesquisa em combustíveis alternativos?
- Quando você será transferido efetivamente para Cingapura?

Sinalize que o tempo acabou

> **Não apresse o encerramento, mas finalize a entrevista no momento certo.**

Estabeleça um tempo-limite previamente ou durante a abertura. Seja diplomático e evite a impressão de que você está operando uma linha de montagem de entrevistas.

- Bem, nosso tempo para esta sessão acabou.
- Vi que passamos da hora.

Explique a razão para o encerramento

Explique por que a entrevista precisa terminar. Uma razão mal embasada pode comprometer a entrevista e a relação.

- Há outro aluno querendo falar com você.
- Tenho outro compromisso no centro da cidade, então vou ter que encerrar agora.

Expresse gratidão ou satisfação

Expresse gratidão ou satisfação pelo que obteve na entrevista: informação, assistência, avaliação, história, venda, posição, possibilidade de emprego, tempo. Seja sincero.

- Muito obrigado por aceitar este encontro com tão pouca antecedência.
- Obrigado por participar de minha enquete.

Acerte um novo encontro

Se for apropriado, marque um novo encontro ou revele o que vai acontecer depois, incluindo data, hora, local, tema, conteúdo ou objetivo.

> **Se uma nova entrevista for necessária, acerte-a agora.**

- Tenho muitas outras perguntas para lhe fazer, podemos nos encontrar mais tarde hoje?
- Gostei muito de conversar com você sobre seus interesses de carreira. Quando você estará disponível para encontrar outros membros da nossa equipe?

Se não for necessário marcar uma data específica para outra entrevista, frases simples podem comunicar um possível intervalo entre as interações. Frases como "A gente se vê em breve" ou "Até a próxima" sinalizam intervalos curtos; "Vamos manter contato" e "Não vamos nos perder de vista", intervalos moderados; "Adeus" ou "Até um dia" tendem a sinalizar intervalos longos ou definitivos; e "Não ligue, nós ligaremos para você" pode indicar nunca mais. Esteja atento às diferenças culturais e expectativas entre as partes. Há muitas histórias de pessoas de outras culturas que, por não conhecerem o significado implícito de "Não ligue, nós ligaremos para você", pediram demissão de seus antigos trabalhos porque pretendiam antecipar uma contratação que nunca foi concretizada.

Resuma a entrevista

Um resumo que encerra a entrevista é comum em entrevistas informacionais, de desempenho, aconselhamento ou vendas. Repita informações importantes, estágios ou acordos ou ainda verifique precisão e acordos. Certifique-se de que o resumo é preciso e completo.

> Gostei de conversar com você sobre suas experiências no Japão, logo depois do *tsunami* do ano passado. Sei que você estará nos Estados Unidos de 15 de junho até 24 de julho, então poderemos nos encontrar na conferência sobre desastres naturais em 14 ou 15 de julho. Sua participação vai ter como tema as críticas primeiras 24 horas. Assumimos suas despesas de viagem e hospedagem e pagaremos um honorário de US$ 2.500.

> **Planeje o encerramento com o mesmo cuidado que teve com a abertura e o corpo da entrevista.**

Entenda o que palavras e ações estão *dizendo* à outra parte. Decida quais técnicas de encerramento são mais adequadas. O seu papel em uma entrevista e seu relacionamento com a outra parte podem requerer algumas técnicas, eliminar outras e determinar quem inicia o encerramento e quando. Para obter encerramentos eficazes, combine várias técnicas verbais e não verbais.

Exercício nº 3 – Encerramentos de entrevista

Quão satisfatório é cada um dos encerramentos apresentados a seguir? Considere a situação e o tipo da entrevista, o relacionamento, as técnicas usadas, a comunicação não verbal e o que é omitido. Como cada encerramento poderia ser melhorado? Lembre-se de que todo tipo de encerramento promove um nível de satisfação.

1. Entrevista de recrutamento para uma posição de recursos humanos (RH) com uma cadeia nacional de lojas de artigos para o lar. Em breve, o candidato vai graduar-se em Administração.
    Entrevistador: Bem, esta foi uma entrevista produtiva. Agradecemos o seu interesse pelo cargo e por nossa organização.

Entrevistado: Obrigado.

Entrevistador: (Olhando as últimas notas, mas não o candidato) Manteremos contato. Boa sorte em sua procura.

2. Entrevista com Zach e Marge que pretendem alugar, no verão, um chalé à beira de um lago.

    Entrevistador: Esse chalé parece atender às necessidades de vocês, e, por causa da recessão, o preço está bom.

    Entrevistado: Sim (olhando para Marge), bem, precisamos pensar a respeito, pois apenas começamos a olhar o local.

    Entrevistador: Está bem.

3. Revisão de desempenho de Darrell Smythe que trabalha como regulador de sinistros em uma companhia de seguros.

    Entrevistador: Você está fazendo um ótimo trabalho, Darrell, apenas tenha em mente algumas de minhas sugestões. Como seu filho está se sentindo no time de basquete do ginásio?

    Entrevistado: Na semana passada, ele participou de um jogo contra o time campeão do ano passado.

    Entrevistador: Muito bem. A gente se vê em breve.

4. Um jornalista entrevista um informante que trabalhou para um fornecedor de material bélico, responsável pelo desenvolvimento de um novo avião de ataque para o Exército.

    Entrevistador: Bem (inclinando-se para a frente e olhando para o entrevistado), esta foi uma revelação perturbadora de estouro orçamentário ignorado pelos dois lados. Posso ligar para você no mesmo número de celular?

    Entrevistado: Sim, pode.

    Entrevistador: Muito bem. (Recostando-se) Deixe-me perguntar sobre os testes de motor comentados por você.

    Entrevistado: Está bem.

5. Enquete telefônica conduzida por uma organização de pesquisas sobre uma eleição próxima.

    Entrevistador: Estas são todas as questões que tenho.

    Entrevistado: Quando os resultados serão anunciados?

    Entrevistador: Publicaremos nossa estimativa em poucos dias na Internet.

    Entrevistado: Está bem.

NA INTERNET

Este capítulo apresentou as diretrizes e técnicas para um desenvolvimento eficaz de aberturas e encerramentos. Use a Internet para localizar amostras de entrevistas em questões como educação, economia, assuntos internacionais e medicina. Avalie as aberturas e os encerramentos utilizados nessas entrevistas. Duas fontes úteis para localização de entrevistas são CNN (http://cnn.com) e Youtube.

Resumo

Cada parte – abertura, corpo e encerramento – é vital para o sucesso da entrevista. Não subestime a importância de palavras, ações não verbais e reações durante os três estágios. Esteja consciente das diferenças culturais que afetam o significado de ações como aperto de mãos, contato visual, voz, toque e gestos.

A abertura influencia como as duas partes percebem a si mesmas e o outro. Ela coloca o tom para o resto da entrevista, orienta o entrevistado e influencia a disposição de ambas as partes de se comunicarem além do nível 1. A abertura frequentemente determina se uma entrevista vai continuar ou terminar de forma abrupta. Selecione as técnicas de abertura mais adequadas para cada entrevista.

O corpo da entrevista deve ser cuidadosamente estruturado com uma sequência apropriada que guie, de forma sistemática, as questões do entrevistador e as informações ou argumentos. Além disso, permite ao entrevistado entender os rumos da entrevista e por que isso ocorre. Uma entrevista não programada é simplesmente um guia de entrevista com temas e subtemas que o entrevistado deseja abordar. Uma entrevista moderadamente programada contém todas as questões importantes e possíveis sondagens sob cada uma. Uma entrevista altamente programada contém todas as questões a serem perguntadas durante a entrevista. Uma entrevista padronizada altamente programada contém todas as questões a serem perguntadas com opções de respostas prescritas sob cada uma delas. Sequências de questões permitem estruturação estratégica de questões dentro de entrevistas programadas.

Os encerramentos levam a entrevista a um final e podem resumir informação, verificar acordos, arranjar futuros contatos e aprimorar relacionamentos. Um bom encerramento pode fazer ambas as partes felizes por terem participado e contentes com o resultado. Seja sincero e honesto ao não acelerar o encerramento, ao fazer promessas e aceitar comprometimentos que pode e vai cumprir e certificando-se de que ambas as partes estão ativamente envolvidas.

Termos-chave e conceitos

Abertura
Ações não verbais de encerramento
Clima defensivo
Combinação de programações
Comunicação não verbal
Cultura
Empatia
Encerramento
Encerramento falso
Entendimento
Entrevista altamente programada
Entrevista moderadamente programada
Entrevista não programada
Entrevista padronizada altamente programada
Falsos encerramentos
Guia de entrevista
Guia dos jornalistas
Incerteza relacional
Lei da novidade
Orientação
Parcialidade acidental
Parcialidade embutida pelo entrevistador
Partidas fracassadas
Programações de entrevistas
Sequência ampulheta
Sequência de causas e efeitos
Sequência de *design quintamensional*
Sequência de espaço
Sequência problema--solução
Sequência temática
Sequência de tempo
Sequência diamante
Sequência funil
Sequência funil invertido
Sequência túnel
Sequências de esboço
Sequências de perguntas
Técnicas de abertura verbal
Técnicas de encerramento
Territorialidade

Entrevista para revisão e análise

Esta entrevista acontece entre um graduando em Comunicação e Ciência Política e um membro da faculdade que concorreu a uma vaga de vereador na Câmara Municipal poucos anos atrás. A entrevista é parte do projeto de campo do aluno sobre governo e município e eleições. Atualmente, o entrevistado ministra aulas sobre persuasão e é professor do entrevistador.

Quão satisfatória é a abertura? Que tipo de programação o entrevistado parece estar usando? Que sequência(s) estruturais você consegue detectar? Que sequência(s) de questões você consegue detectar? Quão satisfatório é o encerramento? Como a comunicação não verbal afeta a entrevista?

1. **Entrevistador:** Professor Prohaska, tem um minuto?
2. **Entrevistado:** Um minuto? Sim. Tenho uma aula daqui de 15 minutos.
3. **Entrevistador:** Bem, isto não deve tomar tanto tempo (de pé e parecendo nervoso).
4. **Entrevistado:** Por favor, sente-se (apontando para uma cadeira e sorrindo). O que posso fazer por você?
5. **Entrevistador:** Estou fazendo um projeto de campo para meu curso em Ciência Política, cujo tema é governo e eleições.
6. **Entrevistado:** Sim, conheço esse curso e seus projetos de campo.
7. **Entrevistador:** Muito bem. A professora Clair mencionou que o senhor concorreu a um cargo local poucos anos atrás.
8. **Entrevistado:** Correto. Conversei muito com ela sobre minha campanha por uma vaga na Câmara Municipal.
9. **Entrevistador:** Gostaria de discutir sua campanha e experiência no processo político local.
10. **Entrevistado:** Está bem.
11. **Entrevistador:** Por que o senhor decidiu concorrer?
12. **Entrevistado:** A prefeita me convenceu a fazer isso.
13. **Entrevistador:** Por que ela fez isso?
14. **Entrevistado:** Jackie Jensen e eu nos conhecíamos havia muitos anos, e eu estive envolvido com várias atividades comunitárias.
15. **Entrevistador:** Então, o senhor disse sim por causa de sua relação com a prefeita Jensen e pelo interesse em sua comunidade?
16. **Entrevistado:** Não.
17. **Entrevistador:** Por que o senhor disse sim?
18. **Entrevistado:** Disse a ela que eu não era uma pessoa de partidos e que não disputaria com um candidato de quem eu gostava.
19. **Entrevistador:** O que ela disse?
20. **Entrevistado:** Disse que eleições locais eram mais a respeito de pessoas e não de partido político. Também se referiu a suas campanhas prévias e àquelas de outros do seu partido, que sempre foram positivas. Ela disse que minha participação ativa ao longo de um ano em um processo de planejamento estratégico para a cidade me tornava um candidato ideal.
21. **Entrevistador:** E então o senhor disse sim?
22. **Entrevistado:** Correto.
23. **Entrevistador:** Fale-me sobre a campanha.
24. **Entrevistado:** Gostei da campanha porque eleições locais em cidades menores têm uma natureza muito interpessoal. Passei a maior parte do tempo indo de porta em porta, encontrando e conversando com eleitores sobre o futuro da cidade. Isso tomava tempo e era compensador.
25. **Entrevistador:** Como era recompensador?
26. **Entrevistado:** Fiz contato com pessoas interessantes que moram na cidade, e isso me proporcionou *insights* sobre o processo político deste país e de como escolhemos nossos representantes. Não posso imaginar a dificuldade de fazer uma campanha de envergadura estadual ou nacional. Não concordo com muitos candidatos e seus planos, mas respeito a dedicação que eles têm para concorrer a um cargo majoritário.
27. **Entrevistador:** O senhor fez alguma propaganda na TV?
28. **Entrevistado:** Não, são muito caras e não têm muito efeito em eleições locais.
29. **Entrevistador:** O senhor debateu com seu oponente na televisão?
30. **Entrevistado:** Não, mas tivemos uma aparição juntos no canal de TV a cabo local. Essa foi a experiência mais estranha da campanha.
31. **Entrevistador:** Fale-me dela.
32. **Entrevistado:** Bem, meu oponente e eu aparecemos no estúdio para a entrevista, mas o mediador não. O operador de câmera leu as questões para nós e respondemos como se estivéssemos falando para o mediador.
33. **Entrevistador:** Como isso funcionou quando foi televisionado?
34. **Entrevistado:** A emissora contratou um professor de televisão aposentado com experiência em transmissões para participar e fingir que meu oponente e eu estávamos de fato respondendo suas questões. O pessoal da TV a cabo então montou tudo, e isso pareceu uma conversa política mediada.

35. **Entrevistador:** O senhor venceu a eleição?
36. **Entrevistado:** Não, estava concorrendo em um distrito que sempre votou maciçamente no outro partido e sabia desde o princípio que eu certamente perderia. (Olha o relógio sobre a mesa) Minha aula vai começar.
37. **Entrevistador:** Oh, ok, humm (olhando uma programação de questões), deixe-me ver. Tenho muitas questões ainda. Podemos nos encontrar nos próximos dias?
38. **Entrevistado:** Sim.
39. **Entrevistador:** (levantando e caminhando em direção à porta) Bem, obrigado por sua ajuda, professor Prohaska, vejo o senhor mais tarde.
40. **Entrevistado:** Boa sorte com seu projeto.

Atividades para o aluno

1. Selecione um tema e uma pessoa para ser entrevistada. Prossiga com o desenvolvimento do corpo da entrevista que você conduziria. Desenvolva um objetivo cuidadosamente formulado e limitado. Crie um guia de entrevista (começando com temas mais importantes, seguindo para subtemas) e selecione uma ou mais sequências de esboço. Transforme seu guia em uma programação de questões apropriada: moderadamente programada, altamente programada ou padronizada altamente programada. Determine que sequências de questões você empregaria. Ao revisar o que criou, pergunte-se como determinou a adequação de cada estágio desse processo.
2. Assista a uma entrevista completa de pelo menos 15 minutos de duração. Como a entrevista foi aberta verbalmente e não verbalmente? Quão envolvido estava o entrevistado? Que tipo de programação o entrevistador empregou? Quais sequências de questões o entrevistador empregou? Como a entrevista foi encerrada verbalmente e não verbalmente? Quão envolvido estava o entrevistado? Avalie a efetividade de cada estágio da entrevista de acordo com as diretrizes apresentadas neste capítulo.
3. Assista a uma entrevista completa de pelo menos 15 minutos de duração. Tente construir um guia de entrevista dos temas dessa entrevista. A partir desse guia, verifique se é possível detectar uma ou mais programações e sequências de questões. De sua reconstrução dessa entrevista, quais são as suas impressões sobre a preparação do entrevistador? Como você melhoraria o guia e a programação (ou as programações)?
4. Prepare-se para entrevistar um entrevistador experiente, como um jornalista, policial, conselheiro, recrutador, investigador de seguros ou arrecadador de fundos. Como essa pessoa determina as técnicas de abertura que vai empregar? Como ela determina o grau de preparação desde a criação do guia de entrevista até uma entrevista altamente programada? Como determina as técnicas de encerramento que vai empregar? O objetivo, relacionamento, situação e tempo desempenham que papéis nas decisões do entrevistador?

Notas

1. http://scit.ac.uk/university/scit/modules/cp4414/lectures/week3interview/sid021, accessed September 28, 2006.
2. George Gallup, "The Quintamensional Plan for Question Design," *Public Opinion Quarterly* 11 (1947), p. 385.
3. H. B. Beckman and R. M. Frankel, "The Effect of Physician Behavior on the Collection of Data," *Annals of Internal Medicine* (1984), pp. 692-696.
4. LaRay M. Barna, "Stumbling Blocks in Intercultural Communication," in Larry A. Samovar and Richard E. Porter, eds., *Intercultural Communication: A Reader* (Belmont, CA: Wadsworth, 1988), pp. 323-324.
5. Judy C. Pearson, *Communication in the Family* (New York: Harper & Row, 1989), p. 78.
6. Sarah Trenholm and Arthur Jensen, *Interpersonal Communication* (New York: Oxford University Press, 2013), p. 59.
7. Kory Floyd, *Interpersonal Communication: The Whole Story* (New York: McGraw-Hill, 2011), p. 188.
8. John Stewart, *Bridges Not Walls: A Book about Interpersonal Communication* (New York: McGraw-Hill, 2009), p. 186.
9. Lillian Glass, *He Says, She Says: Closing the Communication Gap between the Sexes* (New York: Putnam, 1993), pp. 45-59.

10. Cynthia Burggraf Torppa, "Gender Issues: Communication Differences in Interpersonal Relationships," FACT SHEET: Family and Consumer Sciences (Columbus, OH: The Ohio State University, 2010), p. 1.

11. Mark L. Knapp, Roderick P. Hart, Gustav W. Friedrich, and Gary M. Shulman, "The Rhetoric of Goodbye: Verbal and Nonverbal Correlates of Human Leave-Taking," *Speech Monographs* 40 (1973), pp. 182-198; John Stewart, *Bridges Not Walls* (New York: McGraw-Hill, 2012), p. 153.

12. Erving Goffman, *Relations in Public* (New York: Basic Books, 1971), p. 88.

Referências

Adler, Ronald B., and Jeanne Marquardt Elmhorst. *Communicating at Work: Principles and Practices for Business and the Professions*. New York: McGraw-Hill, 2008.

"Conducting the Information Interview: Module 5: Conducting the Interview," http://www.rogue.com/interview/module5.html, accessed April 21, 2009.

Knapp, Mark L., Roderick P. Hart, Gustav W. Friedrich, and Gary M. Shulman. "The Rhetoric of Goodbye: Verbal and Nonverbal Correlates of Human Leave-Taking." *Speech Monographs* 40 (1973), pp. 182-198.

Krivonos, Paul D., and Mark L. Knapp. "Initiating Communication: What Do You Say When You Say Hello?" *Central States Speech Journal* 26 (1975), pp. 115-125.

Sandberg, Anne. "Build an Interview: Interview Questions and Structured Interviewing," http://www.buildaninterview.com/interviewing_opening_and_closingremarks:asp, accessed April 21, 2009.

Zunin, Leonard, and Natalie Zunin. *Contact: The First Four Minutes*. London: Random House, 1986.

CAPÍTULO 5
Entrevista informativa

> A entrevista informativa é a mais comum das entrevistas.

A **entrevista informativa** é a mais comum das entrevistas porque faz parte de nosso cotidiano. Muitos de nós já participamos desse tipo de entrevista. Por exemplo, jornalistas, recrutadores, policiais, advogados, terapeutas, supervisores, consumidores, professores e alunos utilizam a entrevista informativa para obter ou transmitir fatos, opiniões, expor atitudes, sentimentos e observações. A entrevista informativa pode ser tão breve e informal quanto um aluno pedindo esclarecimentos a um professor sobre um projeto ou tão longa e formal como um jornalista conversando com um CEO (*chief executive officer*) sobre os planos de contratação de uma empresa.

Independentemente da duração, da formalidade ou do ambiente, o **objetivo** de toda entrevista informativa é obter informações relevantes, atualizadas e precisas no menor período de tempo. Isso demanda perguntar, escutar e observar com habilidade e perspicácia, além de sondar repostas superficiais e possivelmente imprecisas. Infelizmente, poucos de nós, inclusive jornalistas profissionais, somos treinados para entrevistar. De acordo com Chip Scanlan, autor do livro *Reporting and writing: basics for the 21st Century*, "os jornalistas recebem pouco ou nenhum treinamento nesse aspecto vital de seu trabalho. A maioria aprende por tentativa e erro".[1] A jornalista Sarah Stuteville também é categórica quanto a isso: "é estranho que seja dada tanta ênfase ao fato de ensinar os jornalistas a escrever um artigo. Essa habilidade será totalmente inútil se eles não aprenderem a desenvolver técnicas consistentes de entrevista".[2]

O objetivo deste capítulo é apresentar os princípios fundamentais de como conduzir entrevistas informativas e participar delas. Esses princípios incluem preparação cuidadosa, escolha de entrevistadores e entrevistados, seleção do ambiente, abertura de entrevistas, motivação de entrevistados, perguntas, anotação e gravação, aspectos relacionados a situações especiais e partes difíceis, e encerramento.

Preparação da entrevista

Uma preparação cuidadosa é o primeiro passo na condução e participação de entrevistas informativas. Infelizmente, não existe fórmula ou modelo simples a ser seguido. Segundo Eric Nadler, repórter investigativo do *Seattle Times*, vencedor do Prêmio Pulitzer, há muitas variações desse tipo de entrevista. Além disso, devemos considerar a diversidade das pessoas com quem conversamos.[3] A preparação consiste na determinação do objetivo, na investigação do tema e na estruturação da entrevista. De acordo com Scanlan, a entrevista é um "um processo, como a escrita, que envolve uma série de decisões e ações elaboradas para obter as melhores informações possíveis".[4] O primeiro passo desse processo é determinar o objetivo.

Determine seu objetivo

Seu objetivo controla como você prepara a entrevista informativa e o que faz nela.

Na preparação da entrevista, faça uma série de perguntas a si mesmo: "Por que a entrevista é importante?", "De que tipo de informações você precisa: sentimentos, atitudes, opiniões, fatos, relatos de testemunhas, especialistas ou leigos?", "Com que rapidez precisa dessas informações?" e "Como usará essas informações: para tomar uma decisão, realizar uma ação, escrever um relatório de pesquisa, preparar uma reportagem para o noticiário televisivo das dez da noite, preparar um processo para o tribunal?". Para Ken Metzler, experiente professor de jornalismo da University of Oregon, saber exatamente o que se quer "é ter já meio caminho andado".[5]

Estude a situação

Saiba tudo o que há para saber sobre a situação.

Considere as variáveis situacionais que poderão afetar a sua entrevista. Quando e onde a entrevista será realizada? Como os acontecimentos anteriores e posteriores poderão afetar a entrevista? Haverá convidados ou não? De que influências externas você precisa ter consciência? A entrevista será transmitida por rádio e/ou TV? Quanto tempo você tem para se preparar? Você está respondendo a uma emergência ou a uma crise que lhe dá pouco tempo para se preparar? Existe um *deadline* para obter as informações necessárias? O ambiente como o de uma entrevista coletiva ou de *briefing* pode limitar a quantidade e os tipos de pergunta que você poderá fazer e os tipos de informação que poderá usar? Você deveria adiar uma entrevista até estar mais bem informado e pronto para lidar com questões complexas em uma situação difícil?

Prepare-se para sofrimento humano, explosões emocionais, cenas de destruição, ameaças à saúde e à segurança, e condições desagradáveis. Todos já vimos jornalistas, socorristas, policiais e representantes de governos precisando lidar com as consequências de tornados, incêndios florestais, acidentes rodoviários, tiroteios e retirada de crianças de condições de vida que desafiam a imaginação. Frequentemente, vemos entrevistadores invadindo as vidas das pessoas na hora e no lugar errados.

Investigue o assunto

A Internet e as bases de dados são recursos fundamentais para entrevistas.

Uma investigação minuciosa do assunto tem cinco funções na entrevista informativa. Em primeiro lugar, a investigação permite que você determine quais informações já estão disponíveis por outras fontes, para que não seja preciso desperdiçar tempo valioso de entrevista. Por que, por exemplo, fazer perguntas simples sobre a história do entrevistado quando esse tipo de informação já está muitas vezes disponível na Internet ou na literatura institucional? Fontes úteis podem incluir currículos acadêmicos, jornais ou artigos, Internet, bancos de dados, relatórios anuais, manuais de instrução, documentos jurídicos, arquivos, trabalhos de referência, registros organizacionais e entrevistas anteriores. Alguns jornalistas defendem que o tempo de pesquisa deveria ser dez vezes maior do que o tempo da entrevista em si.[6]

> **NA INTERNET**
>
> Use a Internet para pesquisar sobre a sua faculdade, uma que você selecionaria como um graduado ou escola profissionalizante. Foque primeiro na faculdade ou universidade, então na escola ou faculdade dentro dessa estrutura maior, e finalmente no departamento. Que tipos de informação estão facilmente disponíveis? Quão atual é a informação? Que informações não estão incluídas e que você teria que descobrir por meio de entrevistas com membros da faculdade ou com alunos?

Em segundo lugar, a investigação pode revelar áreas do assunto que permanecem intocadas e que podem ser de especial interesse para você, como explicações, experiências pessoais, interpretações de dados, os muitos lados de uma questão, atitudes e sentimentos. A investigação permite que você faça perguntas perspicazes e evite **falsas suposições** sobre eventos, causas e efeitos, além de aumentar a disposição e capacidade de um entrevistado fornecer informações precisas.

Em terceiro lugar, seja observador e crítico sobre as informações de pré-entrevista que descobrir. Nem tudo o que está escrito, especialmente na Internet, é preciso e verdadeiro. Muitas fontes têm pautas ocultas que levam a dados de má qualidade. As informações que você possui são as mais recentes disponíveis? As fontes mudaram de ideia por causa de mudança de circunstâncias ou experiências? Existem novos estudos disponíveis? Que histórias ou citações podem ser importantes para seu estudo, relatório ou reportagem? As citações mencionadas em fontes foram tiradas do contexto? Há imprecisões aparentes, mesmo em fontes normalmente confiáveis? O jornalista Jaldeep Katwala alerta: "Esteja seguro sobre os fatos. Não há nada pior do que ouvir de um entrevistado que estamos equivocados – especialmente em uma transmissão ao vivo".[7]

> Demonstre interesse por mim, que eu demonstrarei interesse por você.

Em quarto lugar, as suas perguntas devem revelar que você fez o dever de casa para estabelecer credibilidade com o entrevistado. Eric Raymond e Rick Moen recomendam que, "ao fazer uma pergunta, você deve demonstrar que foi cuidadoso e a preparou com antecedência; isso denotará que você não é preguiçoso nem desperdiça o tempo das pessoas. Melhor ainda, demonstre o que *aprendeu* ao agir dessa forma".[8] Deixar de fazer o dever de casa e demonstrar ignorância durante uma entrevista pode destruir a sua credibilidade e constrangê-lo e a sua organização. Não tente impressionar o interlocutor com o seu conhecimento. Deixe que o seu conhecimento e a sua compreensão sobre um assunto se revelem sozinhos por meio de suas perguntas e ações. Você pode formular perguntas iniciais de modo a revelar familiaridade com áreas como medicina, tecnologia, economia, questões militares ou história. Uma investigação consistente permite que você faça perguntas perspicazes que entrevistadores menos preparados não conseguiriam fazer. Sua investigação pode fornecer mais informações do que pode usar em qualquer entrevista. Além disso, talvez se incomode com a ideia de não mencionar estatísticas, revelações ou histórias que considera interessantes ou provocadoras. Resista à tentação de fazer perguntas demais ou de empilhar muita informação nas perguntas que fizer.

Em quinto lugar, evidenciar a sua investigação prévia demonstra que você não pode ser facilmente enganado e motiva os entrevistados a responder de forma sincera, perspicaz e profunda. Ficamos lisonjeados quando outras pessoas dedicam tempo a aprender sobre nós, nossos interesses, nossa área de trabalho, nossas realizações e opiniões. Sentimos orgulho do que fazemos e de quem somos. Conheça o jargão e os termos técnicos adequados, e os utilize e pronuncie corretamente. Saiba o nome do entrevistado (e a forma correta de pronunciá-lo), o cargo e a organização a que pertence. É preciso saber se o entrevistado é professor ou instrutor, editor ou repórter, piloto ou navegador, CEO ou CFO (*chief financial officer*) e um doutor com este ou aquele título.

Estruture a entrevista

Guia de entrevista

Enquanto faz pesquisas sobre um tema, anote áreas e subáreas que se transformarão em um **guia de entrevista**, que pode ser um esquema elaborado com os principais aspectos de um assunto ou palavras-chaves anotadas em um caderno. O guia de entrevista jornalística tradicional pode ser tudo o que você precisa para uma entrevista, e as seis palavras a seguir (em itálico) podem ser fundamentais nas perguntas primárias a serem feitas em uma entrevista moderadamente programada.

- *Quem* estava envolvido?
- *O que* aconteceu?
- *Quando* aconteceu?
- *Onde* aconteceu?
- *Como* aconteceu?
- *Por que* aconteceu?

A duração, a sofisticação e a importância da entrevista ditarão a natureza e os detalhes do guia.

> Planeje uma sequência estrutural, mas mantenha-se flexível.

Confira as sequências estruturais abordadas no Capítulo 4. **Sequências cronológicas** são eficientes para percorrer de uma história a outra ou para acontecimentos que ocorrem em sequências de tempo. Uma **sequência lógica** como causa e efeito ou problema e solução é adequada para lidar com problemas e crises. Uma **sequência de espaço** é útil quando uma entrevista lida com lugares. Mantenha-se flexível porque poucas entrevistas informativas ocorrem exatamente conforme planejadas.

Programação da entrevista

> Uma programação moderada é uma ferramenta útil para entrevistas longas.

Se a sua entrevista for breve ou se tiver habilidade na condução de entrevistas informativas, talvez precise apenas de um guia para conduzir uma entrevista não programada. Caso contrário, desenvolva uma programação moderada que transforme temas e subtemas em perguntas primárias e ofereça possíveis perguntas de sondagem a respeito de cada uma.

Uma programação moderada elimina a necessidade de criar cada pergunta na hora e permite a elaboração de perguntas com cuidado e precisão. Ao mesmo tempo, a programação moderada permite **flexibilidade** para apagar perguntas ou criar outras novas, conforme surgem necessidades ou oportunidades. Por exemplo, você pode descobrir acidentalmente um problema ou um tema não detectado durante a investigação ou o planejamento que provoque um desvio. Não é preciso temer a digressão de uma programação planejada, pois os riscos valem a pena. Você pode retomar a programação e começar de onde parou. Segundo Thomas Berner, caso surja uma boa pergunta a partir de outra resposta, você deverá anotá-la na margem da sua pauta e retornar a ela no momento adequado.[9] A liberdade para adaptar e improvisar torna a programação moderada ideal para entrevistas informativas.

Seleção de entrevistados e entrevistadores

Depois que você determinou o seu objetivo, estudou a situação, conduziu a investigação necessária e estruturou um guia ou programação, escolha os entrevistados e decida quem deverá conduzir as entrevistas.

Seleção de entrevistados

O objetivo e a situação podem determinar a parte que você deve entrevistar: um policial ferido específico, uma testemunha de um incêndio em uma refinaria de petróleo, um membro do legislativo estadual ou um sobrevivente do câncer. Assim, tudo o que você precisa fazer é *revisar* o que sabe sobre o passado dessa pessoa, suas posições sobre diferentes questões, a capacidade dela como entrevistada e o relacionamento dela com você para então *ir atrás* do que não sabe. Talvez seja necessário escolher um dos muitos policiais feridos em serviço, diversas testemunhas de um incêndio em uma refinaria, diferentes membros de uma comissão do legislativo estadual ou um grupo de sobreviventes do câncer. O seu objetivo pode exigir que você entreviste especialistas estabelecidos em suas áreas, como cientistas, médicos, professores ou advogados. Pode exigir ainda que entreviste pessoas leigas, não habilitadas em profissões específicas, como eleitores, fãs de futebol, testemunhas de acidentes ou clientes de um *shopping*. Depois estabelecer a pessoa ou os tipos de pessoa a serem entrevistados, use quatro critérios para selecionar entrevistados: nível de informação, disponibilidade, disposição e capacidade.

Selecione entrevistados com diversos critérios em mente.

Nível de informação

> Certifique-se de que seu entrevistado possua as informações de que você precisa.

O critério mais importante é se a parte tem a informação de que você precisa. Se tem, qual é o nível de expertise dela por meio de experiências, educação, treinamento e cargos? Por exemplo, **fontes primárias** são aquelas diretamente envolvidas com a informação que você deseja, **fontes de apoio** são as que têm importantes ligações com fontes primárias, e **fontes especialistas** são as que possuem conhecimento ou habilidades superiores em relação às informações de que você precisa.[10] A sua meta pode ser avaliar o nível de expertise de alguém. Como historiador oral, talvez você queira entrevistar uma pessoa que tenha estado ativamente envolvida na organização de uma manifestação política para o presidente John Kennedy, não apenas uma pessoa que tenha participado da manifestação. Como jornalista, você pode entrevistar um CEO sobre uma fusão proposta, não um funcionário.

Segundo Raymon Gorden, os **informantes-chave** são capazes de fornecer informações sobre situações locais, auxiliar na seleção de entrevistados bem informados, no contato a ser estabelecido com eles, e garantir que cooperarão.[11] É preciso identificar essas pessoas e como elas poderão ajudá-lo na escolha de entrevistados. Um informante-chave pode ser um membro da família, um amigo, um colega de aula, um executivo ou um assistente.

Disponibilidade

Uma fonte pode estar muito distante, disponível por apenas alguns minutos quando você precisa de uma entrevista aprofundada ou indisponível até depois de uma data limite. Pense em usar telefone, videoconferência ou e-mail antes de desistir de uma fonte. E nunca suponha que uma pessoa esteja indisponível. São abundantes entre jornalistas e pesquisadores histórias sobre entrevistas famosas que aconteceram simplesmente porque os entrevistadores pediram entrevistas ou foram muito insistentes. Você pode eliminar uma entrevista simplesmente por ter certeza que a pessoa não irá falar – uma profecia autorrealizável: "Você não tem tempo para conversar, tem?".

> Não parta do princípio que um entrevistado potencial não está disponível. Pergunte.

Considere a possibilidade de contar com um mediador, o informante-chave mencionado por Gorden, como um amigo ou colega de trabalho em comum, ou o departamento de relações públicas. Você pode ir até local em que a pessoa trabalha, mora ou pratica esportes, em vez de esperar que ela vá até você. Às vezes, um entrevistado pedirá para ver algumas ou todas as perguntas previamente. Como regra geral, "não faça isso". Entregar as perguntas a um entrevistado antecipadamente pode limitar as perguntas que você pode fazer durante a entrevista às que estão na lista, evitar que elas sejam adaptadas diante de mudanças de circunstâncias e acontecimentos, e permitir que o entrevistado elabore e ensaie as respostas com antecedência. No mínimo, concordar com esse tipo de pedido pode destruir a espontaneidade da entrevista. Cuidado com exigências excessivas sobre temas e perguntas proibidas e extraoficiais, pois isso pode inviabilizar a entrevista.

Disposição

Nem sempre entrevistados em potencial estão dispostos a conceder entrevistas, pois desconfiam de aspectos relacionados a você, como a empresa em que trabalha, a profissão que exerce ou a posição que ocupa na empresa. Algumas informações dadas por eles podem não apenas prejudicá-los, mas também o local em que trabalham ou as pessoas próximas, especialmente por conta de reportagens imprecisas, pautas ocultas ou do sensacionalismo prevalente em fontes noticiosas. Esses entrevistados podem considerar que as informações que você deseja não dizem respeito a mais ninguém ou sejam uma perda de tempo.[12] Em suma, um entrevistado pode não ver nada na entrevista que compense o tempo e os riscos envolvidos. Atualmente, qualquer declaração equivocada ou não feita pode gerar processos judiciais. Como as empresas não estão a fim de gastar milhões em processos, controlam quem pode falar por elas.

> Medo do que pode ser revelado em uma entrevista pode deixar participantes relutantes.

Talvez você precise convencer alguns entrevistados de que seu trabalho será confidencial, preciso, minucioso e correto. As partes colaborarão se tiverem interesse em você, no assunto ou no resultado da entrevista. Indique por que seus interesses estarão mais bem servidos se as informações e atitudes forem conhecidas. Às vezes, será necessário empregar um pouco de pressão do tipo "Se você não falar conosco, teremos de buscar outras fontes" ou "As outras partes envolvidas já nos relataram o lado delas do incidente. Tem certeza que não quer nos contar o seu?". Cuidado com ameaças. Elas podem destruir uma entrevista, prejudicar um relacionamento e impossibilitar contatos futuros. Da mesma forma, tome cuidado com pessoas que desejam muito ser entrevistadas.

> Recorra à "torcida de braço" como último recurso.

Capacidade

O entrevistado em potencial tem capacidade de transmitir informações com liberdade e precisão? Memória ruim, saúde debilitada, estado de choque, parcialidades ou preconceitos, mentiras habituais, tendência ao exagero ou à simplificação e repressão de lembranças assustadoras podem tornar alguém inaceitável para ser entrevistado. Testemunhas mais velhas podem lembrar-se de acontecimentos de modo muito diferente do que o que realmente aconteceu. Pais ou mães enlutados pela perda de um filho (e confrontados com gravadores, entrevistadores, luzes e câmeras) podem não conseguir se concentrar em detalhes. Com frequência, os entrevistadores esperam que as pessoas relacionem detalhes minuciosos e o tempo exato de acontecimentos ocorridos meses ou anos atrás, quando a maioria de nós tem dificuldade de lembrar-se do que fez no dia anterior.

> Muitos entrevistados potenciais têm disponibilidade, mas não capacidade.

Quando o tempo permitir, familiarize-se com o entrevistado previamente. Pesquise tudo sobre ele: realizações, personalidade, reputação, inclinações, interesses e outras características. Segundo Star Zagofsky, "algumas pessoas têm uma boa história para contar sobre um assunto, e outras não. Algumas pessoas têm um talento natural para conceder entrevistadas, outras não".[13]

> Alguns entrevistados estudam como responder, evadir e confrontar.

Qual é o nível de habilidade da pessoa para responder (e desviar de) a perguntas? Muitas pessoas são entrevistadas diariamente, e um número cada vez maior tem feito cursos intensivos para aprender a confrontar entrevistadores, usar humor para desviar de perguntas e elaborar respostas ambíguas que revelam pouca coisa ou nada. De acordo com Eugene Webb e Jerry Salancik, o entrevistador, "com o tempo, deve conhecer" uma "fonte bem o bastante para ser capaz de saber quando está havendo uma distorção a partir de uma expressão facial que não corresponde a determinada resposta".[14]

Seleção de entrevistadores

Para Eric Nalder, a característica número um de um jornalista ideal, ou de qualquer entrevistador informativo, é a curiosidade sobre tudo e todos. Da mesma forma, Ken Metzler alega que "os melhores entrevistadores são aqueles que gostam de pessoas e têm vontade de aprender mais sobre as pessoas do que conhecê-las – e que são eternamente curiosos sobre praticamente quase tudo".[15] Além de curioso, o entrevistador deve ser amigável, cortês, organizado, observador, paciente, persistente e habilidoso.

Uma situação pode exigir um entrevistador de determinado gênero, idade, etnia, religião, partido político ou nível educacional. Um entrevistador de 70 anos de idade pode considerar difícil se relacionar com um adolescente e vice-versa. Uma mulher pode contar confidências com mais facilidade a uma entrevistadora do que a um entrevistador. Um entrevistador com antepassados haitianos pode ser mais eficiente com imigrantes dessa nacionalidade por causa da cultura, das tradições e dos costumes de comunicação em comum.

Relacionamento entre entrevistador e entrevistado

[Conheça a história relacional das partes.]

Depois de selecionar o entrevistado e o entrevistador, é preciso ter consciência do **relacionamento** que existe entre os dois. Segundo Robert Ogles e outros professores de jornalismo, as entrevistas informativas se apoiam em "relacionamentos secundários" que não são íntimos e se baseiam em poucas dimensões relacionais.[16] Essas dimensões são mais funcionais do que emocionais e se baseiam em sinais superficiais, como semelhanças evidentes, aparência e comportamento não verbal. Revise as seguintes questões:

- Até que ponto cada parte quer ser *incluída* na entrevista?
- Até que ponto cada parte *gosta* da outra e a *respeita*?
- Que grau de *controle* ou *domínio* cada parte exercerá para tentar se manifestar na entrevista?
- Qual é o grau de *confiança* existente entre as partes da entrevista?

Esteja ciente das semelhanças e **diferenças percebidas** de ambas as partes. Um relacionamento positivo é crítico para entrevistas informativas de sucesso porque entrevistadores sondam crenças, atitudes, valores, sentimentos e informações que uma fonte pode preferir não revelar, quanto mais de maneira aprofundada. A **diferença de *status*** entre entrevistador e entrevistado oferece vantagens para ambas as partes.

[Diferença e semelhança de *status* afetam a motivação, a liberdade de responder, o controle e a empatia.]

Quando um entrevistador é subordinado a um entrevistado (aluno e professor, analista e gerente, vice-presidente e presidente):

- O entrevistador não precisa ser um especialista.
- O entrevistado não se sentirá ameaçado.
- O entrevistado se sentirá mais livre para falar.
- O entrevistado pode querer ajudar o entrevistador.

David Brinkley, famoso correspondente, âncora e apresentador da NBC, comentou em uma entrevista para a rede pública PBS, que ele agradecia a oportunidade de reunir-se com alunos de jornalismo e jovens repórteres em sua sala, de mostrar-lhes o estúdio e discutir a formação acadêmica necessária para que pudessem se tornar repórteres eficientes.

Quando um entrevistador ocupa um cargo *superior* ao do entrevistado (tenente e sargento, CEO e diretor de divisão, médico e enfermeiro):
- O entrevistador pode controlar a entrevista.
- O entrevistador pode recompensar o entrevistado.
- O entrevistado pode se sentir motivado a agradar ao entrevistador.
- O entrevistado pode se sentir honrado de participar da entrevista.

Algumas organizações dão nomes com ar de *status* mais alto a cargos para aumentar as auras superiores dos funcionários: correspondente-chefe em vez de correspondente, vice-presidente em vez de diretor de vendas, editor em vez de repórter, executivo em vez de supervisor.

> *Status* é um critério crítico para alguns entrevistados.

Quando o entrevistador está no *mesmo nível* do entrevistado (aluno e aluno, analista e analista, pesquisador e pesquisador):
- O entendimento se estabelece com facilidade.
- Há menos barreiras de comunicação.
- Há menos pressões.
- É possível haver um alto grau de empatia.

Em muitas situações, entrevistados preferem entrevistadores parecidos em vários aspectos, como gênero, idade, nível educacional e campo profissional. Algumas pessoas não concederão entrevistas a empresas ou pessoas de *status* inferior. Eis um exemplo clássico: os membros mais antigos do Congresso esperam que a mídia envie-lhes os jornalistas mais experientes.

Escolha o local e o ambiente

> Escolha o melhor ambiente possível.

Embora algumas fontes afirmem que o entrevistador deve "assumir o controle do local" porque "a entrevista é sua" e "você deve decidir qual deve ser o pano de fundo", a sua escolha nem sempre é tão simples.[17] Se uma advogada diz que dará uma entrevista apenas no escritório dela, um gerente de campanha política diz que apenas concordará com uma entrevista no QG da campanha ou se uma mãe e um pai concordam em conceder entrevista apenas em um local neutro como um café, será nesses locais que você realizará as entrevistas. Talvez você prefira ficar sentado em cadeiras confortáveis de frente uma para a outra sem barreiras no meio, mas o entrevistado pode insistir em sentar atrás de uma mesa com seus símbolos de *status* aparentes. Faça o melhor com o que tem.

De acordo com Sarah Stuteville, "se fizer a entrevista em um local que tenha alguma relevância para a história do entrevistado, você terá muito mais sucesso... não apenas porque ganhará um maior senso de contexto", mas porque "as pessoas frequentemente ficam mais confortáveis (e abertas) quando estão em um local familiar ou que se parece com 'seus próprios territórios'".[18] Muitas das melhores entrevistas são realizadas em hospitais, prisões e fábricas, em locais de acidentes, manifestações de protestos e desastres naturais, e com policiais, paramédicos e representantes de vendas em "acompanhamentos" para vivenciar a situação bem como a entrevista.

Eric Nalder argumenta que é essencial entrevistar pessoas "no local em que elas estão fazendo aquilo sobre o que você está escrevendo". É importante não apenas *ouvir* as respostas, como também *ver* e *sentir* as coisas.[19] Quando Nalder estava escrevendo um livro sobre navios petroleiros, um membro de uma tripulação disse a ele que não era capaz de compreender as tripulações e a vida em navios petroleiros até estar a bordo no Golfo do Alasca com os violentos mares de janeiro "fazendo a gente vomitar a alma". Nalder aceitou seu conselho e fez constatações excepcionais a partir de suas próprias experiências e das de seus entrevistados.

Abertura da entrevista

Agora você está pronto para criar uma abertura eficiente. Planeje a abertura com muito cuidado, porque o nível de confiança entre você e o entrevistado começa imediatamente com a sua aparência, a forma como age, o som de sua voz, as palavras que usa, os comentários e as perguntas que faz.[20] A jornalista Sarah Stuteville nos lembra que uma boa reportagem pode depender "da cooperação e participação de um completo estranho". Seja respeitoso e se esforce para ter uma agradável conversa profissional; evite confrontos. Conversar sobre amenidades e fazer perguntas fáceis de responder e comentários amistosos estabelece empatia e serve como transição para o corpo da entrevista.

> Uma boa abertura é essencial para motivar um entrevistado.

Em uma conversa sobre amenidades, seja cuidadoso para que ela não soe banal demais, mecânica ou arranjada. Não fique muito íntimo do entrevistado. Você realmente costuma chamá-lo pelo primeiro nome ou apelido? Se vocês não se conhecem, identifique-se, diga o seu cargo e o nome da organização que representa. Mesmo que vocês sejam grandes conhecidos, deixe bem claros o *tema* e *motivo* da conversa. Conte como a informação vai ser *empregada* e estabeleça a *duração* da entrevista. Não pegue um bloquinho ou comece a gravar a entrevista imediatamente, pois isso pode assustar o entrevistado.

Faça uma pergunta sobre alguma coisa que notou no escritório do entrevistado ou sobre os *hobbies*, interesses ou algo divulgado na imprensa. Parabenize-o por um reconhecimento ou conquista recentes. Cite algo engraçado que você descobriu em sua pesquisa ou que encontrou ao planejar a entrevista. Refira-se taticamente à posição tomada pelo entrevistado sobre um assunto. Considere contar sua própria história para incentivar o entrevistado a abrir-se. Não inicie com perguntas difíceis ou embaraçosas. Raymond e Moen advertem: "Cuide para não fazer a pergunta errada". Prepare a pergunta aberta com cuidado: "Pense bem sobre ela. Perguntas precipitadas recebem respostas precipitadas ou nenhuma. Quanto mais você demonstrar que se esforçou para resolver o seu problema antes de buscar ajuda, maior será a possibilidade de efetivamente receber ajuda".

Revise as técnicas de abertura abordadas no Capítulo 4 e selecione uma ou uma combinação que julgar mais adequada para a entrevista.

Formule a abertura da entrevista de modo que ela sirva para todas as ocasiões e entrevistados.[21] Um elogio casual, um comentário amigável sobre algum tópico ou sobre um amigo em comum, ou um pouco de conversa sobre amenidades pode gerar uma atmosfera amigável e descontraída com uma pessoa e produzir o efeito oposto com um entrevistado ocupado e incomodado que não gosta disso ou não tem tempo para jogar conversa fora. Como mencionado no Capítulo 2, estabelecer um relacionamento positivo entre entrevistador e entrevistado é crucial para o sucesso de qualquer entrevista. Tente estabelecer uma "narrativa amigável, como uma conversa entre velhos amigos", sem parecer amigável ou próximo demais. Aprofunde o relacionamento, mas não ultrapasse muito a linha.[22] Evite a artificialidade na abertura.

Para certificar-se de que as duas partes compreendem as **regras básicas**, administre a interação antes de iniciar o processo de abertura da entrevista. Isso é muito importante nas entrevistas investigativas conduzidas por policiais, jornalistas e supervisores. No entanto, se tudo que for importante tiver que ser dito **extraoficialmente**, por que realizar a entrevista? Deixe claro que não pode haver demandas retroativas de extraoficialidade. As duas partes devem compreender o significado de "extraoficial". Se uma pessoa não quer ser citada, tente chegar a um acordo para que as citações sejam atribuídas a uma fonte anônima ou trabalhadas no texto em forma de relatório e sem atribuições.

> Saiba o que "extraoficial" significa para as duas partes.

Condução da entrevista

A meta da entrevista informativa é conseguir informações detalhadas e *insights* que apenas um entrevistado pode oferecer. É essencial, portanto, que se vá além da superficialidade e segurança das interações de nível 1, ou seja, devem-se adotar, em muitos casos, as interações arriscadas e profundas dos níveis 2 e 3. Você deve **motivar** um entrevistado a revelar crenças, atitudes e sentimentos, bem como fatos desconhecidos.

Motivação dos entrevistados

Há muitas razões para uma pessoa estar relutante ao conversar com você ou se comunicar além do nível 1.[23] Um entrevistado pode ter sido "queimado" em entrevistas anteriores. Você pode ter uma reputação negativa ou ameaçadora. Um entrevistador pode ver uma entrevista como um risco para a autoimagem, credibilidade e carreira. Talvez a entrevista seja vista como uma invasão de privacidade ou como uma ameaça de abertura sobre assuntos que o entrevistado prefere manter em esquecimento ou desconhecidos. E o entrevistado pode não querer ser entrevistado sobre qualquer assunto. Entretanto, tenha cautela com entrevistados que parecem querer contribuir muito e revelar segredos. Eles podem estar em busca de publicidade, de exposição, de uma chance para vender um produto ou ideia, ou de um ajuste de contas com alguém ou alguma organização.

> Saiba o que motiva cada entrevistado.

Em geral, os entrevistados gostam de comunicar-se além do nível 1. Para que isso aconteça de forma natural, obedeça à seguinte regra básica: *trate os outros como gostaria de ser tratado*. Essa regra se aplica às situações de entrevistas mais difíceis. Um relatório sobre entrevistas de investigação com rebeldes no Iraque e Afeganistão apontou que "todos os interrogadores bem-sucedidos

> **Confiança é essencial para entrevistas informativas.**

tinham uma coisa em comum na maneira como abordavam seus interrogados. Eles eram gentis com eles".[24] As partes se comunicarão com liberdade e precisão se acreditarem que você reagirá com compreensão e tato, que manterá segredo, usará as informações de modo correto e relatará o que disserem com exatidão e por completo. Segundo Ken Metzler, em muitos casos, o termo entrevista deve ser substituído por conversa, diálogo ou bate-papo. Ainda de acordo com Metzler, devemos "lançar nomes" de pessoas respeitadas pelo entrevistado, pois isso pode servir para aumentar a credibilidade e motivação.

Não seja *arrogante*. Desde a abertura até o final da entrevista, mostre interesse sincero e entusiasmo pelo entrevistado, pelo assunto e pelas respostas. Não demonstre como você se sente a respeito das respostas e dos assuntos, permaneça natural. Controle a entrevista sem interrompê-la e busque pausas naturais para sondar ou fazer perguntas básicas. Faça perguntas e não declarações. Escute não apenas com os ouvidos, mas também com olhos, rosto, gestos e postura atenta. Segundo Metzler: "Não são as perguntas que você faz que tornam uma entrevista bem-sucedida, mas a atenção às respostas recebidas". Alguns entrevistadores experientes recomendam escutar o entrevistado 100% do tempo.[25]

Perguntas

Perguntas são ferramentas do negócio que motivam os entrevistados a fornecer informações e *insights*. Infelizmente, os entrevistadores tendem a fazer muitas perguntas, o que limita suas oportunidades de escutar, observar e pensar. Os entrevistadores podem parecer arrogantes ou presumir que "as pessoas lhes *devem* uma resposta". De acordo com Raymond e Moen: "Você não está pagando pelo serviço. Você receberá uma reposta, se isso de fato acontecer, se fizer uma pergunta substancial, interessante e provocativa – que contribua implicitamente para a experiência da comunidade, em vez de meramente demandar conhecimento dos outros de forma passiva".

> **Escutar é tão importante como perguntar.**

Faça perguntas de final aberto

Perguntas abertas motivam e encorajam os entrevistados a se comunicar. Respostas detalhadas a perguntas de final aberto permitem que você escute de forma apropriada (para que haja compreensão, empatia, avaliação e resolução) e que observe os maneirismos, a aparência e a comunicação não verbal do entrevistado. Escutar e observar ajuda a determinar a precisão e relevância das respostas, além dos sentimentos do entrevistado. Uma sobrancelha levantada ou uma leve hesitação de um entrevistado de outra cultura, por exemplo, pode sinalizar que você utilizou alguma gíria, coloquialismo ou paradoxo, recursos com os quais, muitas vezes, essa pessoa não está familiarizada ou que provocam algum estranhamento.

> **Faça do entrevistado o astro do espetáculo.**

Faça perguntas de sondagem

Seja paciente e persistente. Não interrompa o entrevistado, a menos que a pessoa esteja claramente fora do foco, fuja da questão ou dê respostas muito longas que parecem não ter fim. A natureza flexível da entrevista informal requer uma completa variação de perguntas de sondagem. Segundo Metzler, as "sondagens – perguntas de *follow-up* – são essenciais. Raramente, a primeira pergunta vai direto ao ponto. Em geral, obtemos alguma informação consistente na sétima questão ou talvez na 16ª. Muitas vezes, essas perguntas não estavam no seu roteiro prévio, mas elas surgiram porque você escutou o entrevistado com cuidado e atenção". Utilize perguntas de sondagem **silenciosas** e **provocativas** para encorajar o entrevistado a seguir em frente. Tolere momentos de silêncio porque o entrevistado pode querer dizer algo importante sobre o qual você não planejou perguntar. Utilize **perguntas de sondagem informativas** para detectar deixas em respostas ou para obter informações ou explanações adicionais. Use perguntas de **sondagem de reformulação** informativas para obter uma resposta direta. Faça perguntas **reflexivas** e do tipo **espelho** para verificar e esclarecer respostas e checar a exatidão e compreensão. Use sondagens de **tratamento de informação** para certificar-se de que obteve todas as informações importantes para a sua história ou reportagem. Metzler sugere a realização de **perguntas metafóricas**, como "Governador, o senhor espera fazer um gol de placa com esta proposta legislativa?", para motivar os entrevistados a expandir as respostas de uma forma interessante e compreensível. Não é possível planejar todas as informações ou todos os *insights* que pretendemos extrair de um entrevistado. Segundo alguns jornalistas, "mesmo que você vá para uma entrevista armado com uma lista de perguntas, as mais importantes serão aquelas feitas com base em uma resposta".[26] Por exemplo, se um entrevistado diz algo surpreendente ou revela um segredo, siga esse indício para ver até que ponto ele irá levá-lo. Então, você pode retornar ao seu cronograma e continuar como planejado, até que a próxima oportunidade apareça. Entrevistadores inflexíveis perdem oportunidades de conquistar *insights* e informações valiosos.

Seja cortês, amigável, tático e não questionador. Seja compreensivo quando estiver tocando em áreas sensíveis ou pessoais. Esteja preparado para recuar se um entrevistado ficar chateado ou com raiva. Há momentos em que você precisa bisbilhotar em áreas embaraçosas, como a causa de uma doença, problemas sexuais, finanças organizacionais ou uma prisão.

Questionar persistentemente é essencial em entrevistas informativas, mas você precisa saber quando parar. Um entrevistado poderá ficar agitado, confuso ou em silêncio se você questionar demais. O diálogo apresentado a seguir ocorreu entre um advogado e um médico:[27]

Advogado: Doutor, antes de realizar a necropsia, você checou se havia pulso?
Médico: Não.
Advogado: Você verificou a pressão arterial?
Médico: Não.
Advogado: Você checou a respiração?
Médico: Não.
Advogado: Portanto, é possível que o paciente estivesse vivo quando você deu início à necropsia?
Médico: Não.
Advogado: Como pode ter certeza, doutor?
Médico: Porque o cérebro dele estava em uma jarra sobre a minha mesa.

Advogado: Mas poderia o paciente ainda assim estar vivo?

Médico: É possível que ele esteja vivo exercendo a profissão de advogado em algum lugar.

Seja persistente, até mesmo implacável, mas saiba quando parar.

Elaboração de perguntas

Elabore cada pergunta com cuidado, especialmente aquelas de sondagem não planejadas que você criará no momento da entrevista. Revise minuciosamente as armadilhas mais comuns apresentadas no Capítulo 3, para que possa estar preparado se alguma surgir pela frente: armadilha bipolar, pergunta conte-me tudo, substituição de uma pergunta aberta por uma fechada, questionamento duplo, indução, jogo de adivinhação, resposta sim (não), sondagem curiosa, *show* de perguntas e respostas, complexidade *versus* simplicidade e não pergunte, não conte. Faça cada pergunta de forma breve e direta e, então, dê ao entrevistado sua total atenção.

> Todas as regras são feitas para serem quebradas, mas você precisa saber quando e como.

Às vezes, você tem que quebrar as regras para conseguir a informação que deseja. Pode ser necessário fazer uma pergunta óbvia até mesmo quando você já sabe a resposta de antemão, como: "Soube que esteve no Irã na primavera passada". Perguntas aparentemente óbvias podem deixar os entrevistados relaxados, pois elas os estimulam a falar de coisas bem conhecidas e fáceis, demonstram o seu interesse por tópicos importantes para eles e sinalizam que você fez a lição de casa. Uma indução como "Você certamente não acredita nisso" pode levar um entrevistado a dar informações reveladoras. Tenha cuidado ao fazer perguntas indutivas para crianças. Estudos mostram que as crianças são suscetíveis a perguntas desse tipo porque elas "tendem a usar as deixas dos adultos para formular respostas baseadas na forma como as perguntas são elaboradas".[28] Em uma coletiva de imprensa, você pode fazer uma pergunta dúbia para obter duas ou três respostas, pois, nessa situação, as oportunidades de fazer novas perguntas são bem limitadas. Uma pergunta bipolar produzirá uma resposta sim ou não, necessidade comum nas entrevistas jornalísticas.

> Saiba o que você está fazendo e por quê.

Elabore as perguntas com cuidado para evitar confusão. A interação entre um paciente e um médico apresentada a seguir ilustra os perigos dos jargões e das palavras com sons parecidos:

Médico: Você tem histórico de parada cardíaca na família?

Paciente: Nunca tivemos problemas a ponto de sermos parados pela polícia.

Alguns entrevistados responderão a perguntas sobre as quais não têm conhecimento algum. Nesse caso, preferirão dizer qualquer coisa a admitir que ignoram o assunto. Outros são especialistas em tudo e nada. Em programas de rádio, é comum os ouvintes fazerem reivindicações, acusações e observações incrivelmente incorretas. Algumas vezes, os entrevistados fazem jogos engraçados, como esta conversa que aconteceu durante uma campanha eleitoral em Nova Hampshire:

Repórter: Como irá votar na terça-feira?

Morador: Como vou votar? Ah, do jeito de sempre. Pegarei o formulário que eles me derem e marcarei um x nos lugares apropriados (risos).

Repórter: (pausa) Em quem você irá votar na terça-feira?

> Pense antes de perguntar.

Escute as respostas para evitar embaraços como o da conversa entre um advogado e uma testemunha apresentada a seguir:

Advogado: Agora, senhora Johnson, como o seu primeiro casamento acabou?

Testemunha: Com morte.

Advogado: E com a morte de quem ele acabou?

Pode ser embaraçoso e ofensivo repetir uma pergunta durante uma entrevista porque você esqueceu que já a fez. Pense antes de fazer perguntas não elaboradas com antecedência. Por exemplo, Ken Metzler recomenda que evitemos a pergunta "Como você se sente sobre isso?", pois trata-se da "questão mais banal e mais utilizada no jornalismo dos Estados Unidos, e as fontes começam a odiá-la depois de um tempo". Em geral, os entrevistados dão respostas breves como "Ok", "Nada mal" ou "Tão bem quanto é de se esperar", que não dizem nada. Trata-se de uma resposta vaga para uma pergunta de rotina.[29] De acordo com Metzler, devemos substituir a pergunta "Como você se sente sobre isso?" por "O que você estava pensando quando...?".

Anotação e gravação

Apesar de os especialistas discordarem sobre a abrangência das anotações e do uso de gravadores, porque podem ser intrusivos e pouco confiáveis, é prudente utilizar o meio mais adequado para você, o entrevistado, a situação e a reportagem a ser preparada. Quando o conteúdo de uma entrevista não é anotado nem gravado, é bem provável que percamos dados importantes como números, datas, nomes, horários, detalhes e citações com precisão.

Anotação

Fazer anotações aumenta a sua atenção ao que está sendo dito e a como está sendo dito, e essa maior atenção demonstra aos entrevistados que você está interessado no que eles estão dizendo e que está preocupado com a precisão das informações. William Zinsser afirma que esse envolvimento direto permite que o entrevistado veja você trabalhando e fazendo o seu serviço.[30] Se as anotações são feitas de acordo com a estrutura da entrevista, você as terá claramente organizadas quando a entrevista acabar e poderá localizar com facilidade as informações necessárias para escrever sua reportagem ou história.

Fazer anotações tem algumas desvantagens. Como os entrevistados tendem a falar rapidamente, é impossível registrar tudo o que foi dito. É difícil concentrar-se nas perguntas e respostas e manter o contato visual enquanto as anota-

Anotações eficientes envolvem manter o contato visual o máximo possível.

ções são feitas. Em geral, muitas falhas ocorrem porque, como você está preocupado em registrar tudo o que diz o entrevistado, não tem tempo de escutar com atenção. Fazer anotações pode dificultar o fluxo das informações, porque o entrevistado pode ficar ansioso ou curioso sobre o que você está escrevendo. As pessoas podem ficar relutantes em conversar enquanto você escreve ou sentir uma quebra na comunicação enquanto você está focado em seu bloco e não nelas. Em uma entrevista em profundidade com o editor de um jornal, uma das nossas alunas constatou que, toda vez que começava a escrever, o entrevistado parava de responder até que ela parasse de escrever, aparentemente para não deixá-la perder informações. A cadeira do editor estava posicionada de forma que podia ver o que ela estava escrevendo.

> *Considere cuidadosamente os prós e contras de fazer anotações antes da entrevista.*

Siga as orientações apresentadas a seguir quando estiver fazendo anotações durante uma entrevista.[31]

- Peça permissão para fazer anotações e explique por que elas beneficiarão as duas partes.

> *Fazer anotações não deve ameaçar o entrevistado.*

- De vez em quando, mostre suas anotações para o entrevistado para diminuir a curiosidade e ansiedade dele, verifique a precisão das informações e permita que o entrevistado preencha lacunas e dê informações de forma voluntária.
- Para preservar a comunicação, mantenha o contato visual e faça anotações da forma mais discreta possível.
- Em vez de escrever frases inteiras e palavra por palavra, use abreviações ou um sistema rápido de escrever como quando envia mensagens de texto.
- Para reduzir o tempo gasto com as anotações completas, registre apenas as informações importantes, as palavras-chave e a essência de algumas citações.

> *Mantenha a comunicação enquanto faz anotações.*

- Faça as anotações durante toda a entrevista, e não apenas esporadicamente. Dessa forma, você evita passar a impressão de que o entrevistado soltou uma "bomba" ou deixá-lo muito cauteloso para revelar informações importantes.
- Quando se fazem anotações, o ritmo das entrevistas tende a diminuir. Se um entrevistado está respondendo muito rápido, para que se faça uma anotação adequada, delicadamente peça a ele que fale mais devagar e que repita a resposta. Você pode ainda fazer uma pergunta com o propósito de segurar a conversa, como "Fale-me mais sobre isso", o que lhe dará mais tempo para concluir as anotações.
- Revise suas anotações imediatamente após a entrevista para preencher as lacunas, verificar a exatidão e a objetividade das informações, completar as abreviações, traduzir o que foi escrito e determinar se será necessário realizar outra entrevista.

> *Gravar permite aos entrevistadores ouvir e sondar com mais eficiência.*

Gravação

Apenas um gravador pode proporcionar uma gravação completa do como, quando e o que diz uma entrevista. Um gravador permite que você relaxe, concentre-se no que está sendo dito e no que está implícito e faça perguntas de sondagem eficazes. Ao utilizar esse recurso, você poderá ouvir – ou assistir – o que foi dito e como foi dito horas ou dias depois. Um gravador pode captar respostas inaudíveis e proporcionar uma gravação completa e precisa do conteúdo da entrevista.

Fazer uma gravação pode trazer algumas potenciais desvantagens. Os gravadores podem não funcionar ou ser difíceis de manejar. As baterias podem acabar. Muitos de nossos alunos que usaram gravadores durante longas entrevistas, realizadas para projetos de classe, descobriram mais tarde que os discos ou *pen drives* estavam em branco. Algumas pessoas veem os gravadores como intrusos em situações de entrevistas íntimas, pois tudo que disserem permanecerá registrado para sempre. Leva tempo para revisar uma longa gravação e localizar fatos, reações e citações ideais.

> Um gravador pode acrescentar um instrumento invasivo à entrevista.

Siga as orientações apresentadas a seguir quando estiver gravando uma entrevista.[32]

- Para reduzir os temores e as objeções dos entrevistados, explique por que o gravador é vantajoso para a realização da entrevista, por que você quer ou é obrigado a usá-lo, como a gravação será usada e ofereça a possibilidade de desligá-lo se isso, em algum momento, for necessário ou exigido pelo entrevistado.
- Para amenizar as dificuldades de operação do aparelho, teste o gravador antes da entrevista.

> Peça permissão antes de usar um gravador.

- Familiarize-se com o gravador e pratique com ele simulações de entrevistas.
- Pesquise sobre as leis estaduais antes de utilizar um gravador escondido ou de gravar entrevistas pelo telefone. Em geral, a lei permite que uma parte grave uma segunda parte (não uma terceira) sem solicitar autorização, mas 12 Estados norte-americanos proíbem a gravação de conversas sem o consentimento das duas partes.[33] Ainda nos EUA, 24 Estados têm leis que dizem respeito ao uso de câmeras escondidas. Uma excelente fonte sobre os aspectos legais da entrevista é um guia publicado pelo Reporters Committee for Freedom of the Press (Comitê dos Repórteres pela Liberdade de Imprensa), disponível em http://www.rcip.org.
- Peça permissão antes de gravar uma entrevista para evitar possíveis ações judiciais e para estabelecer a anuência do entrevistado.
- Estabeleça regras básicas com o entrevistado antes de iniciar a entrevista, como utilizar microfones, ter um gravador por perto, olhar para as lentes de uma câmera e não para a luz, limitar o barulho de fundo e as interrupções, e falar alto o suficiente para o gravador.

Situações especiais

Existem três situações especiais que colocam as duas partes em situações, de alguma forma únicas, que afetam os papéis dos relacionamentos e necessitam de mudanças no modo como cada parte normalmente se prepara para as entrevistas e participa delas: coletiva de imprensa, entrevista de rádio e TV, e entrevista por videoconferência.

Coletiva de imprensa

Em uma coletiva de imprensa, diversos entrevistadores estão simultaneamente envolvidos, e o *entrevistado* determina alguns aspectos do evento: propósito, assunto, horário, local, duração e regras básicas para a entrevista. Uma coletiva de imprensa pode ser realizada de uma hora para a outra e indicar muito pouco do que irá tratar. Normalmente, ela começa com uma declaração previamente preparada ou com uma apresentação, e então é feita a abertura para as questões dos entrevistados presentes. As regras básicas podem incluir os tópicos ou assuntos que não poderão ser abordados, se as respostas podem ser usadas como citações e se o entrevistado pode ser citado, ou se apenas informações passadas ou materiais não autorizados podem ser utilizados em sua reportagem sobre a coletiva.

Se uma coletiva de imprensa for anunciada com pouco tempo de antecedência, tente identificar, com base em registros, experiência e contatos com outras fontes, qual será o assunto ou tópico abordado e a posição do entrevistado.[34] O resultado pode ser um guia simples de entrevista. Se possível, prepare algumas perguntas com antecedência, mas saiba que algumas podem tornar-se irrelevantes, ser consideradas inapropriadas ou realizadas por outros entrevistadores que são chamados a falar antes de você. Avalie o seu relacionamento com o entrevistado. Se a pessoa gosta de você e confia no seu trabalho, pode ser que você seja escolhido para fazer a primeira pergunta ou ser um dos poucos a ganhar a palavra no momento das perguntas. Se você não tiver um bom relacionamento com o entrevistado, ele pode se recusar a dar-lhe a palavra, responder superficialmente ou ser hostil, ou dizer "Sem comentários" e voltar-se rapidamente para outro entrevistador.

> O entrevistado controla a entrevista coletiva.

Seja sempre pontual ao comparecer a uma coletiva de imprensa e faça-se notar sentando-se no centro e o mais próximo possível do entrevistado, para que, no momento das perguntas, a chance de ser chamado seja maior. Esteja perto o suficiente para escutar o que é dito e também ouvir qualquer cochicho que possa haver entre o entrevistado e seus assistentes. Anote o que foi dito e o que não foi dito na declaração de abertura coletiva e também as respostas para as perguntas. Tenha em mente que o seu propósito e o do entrevistado podem ser totalmente diferentes. O entrevistado pode querer utilizar a oportunidade e os entrevistadores para autopromover-se, divulgar um novo produto, estabelecer relações públicas – como forma de propaganda gratuita – e gerar uma visão positiva sobre um assunto ou ação. Em casos assim, o entrevistado tem sempre a expectativa de que você faça o mesmo. O seu trabalho é alcançar a verdade e cortar o "papo furado" apresentado nas declarações e generalizações, alegações e reivindicações sem embasamento. O entrevistado *precisa de você* e isso lhe dá certo controle sobre a situação.

Não se intimide pela situação ou pelo *status* do entrevistado. De acordo com o jornalista Tony Rogers: "É sua tarefa fazer perguntas duras para as pessoas mais poderosas da nossa sociedade".[35] Assim que a coletiva for aberta para as perguntas, normalmente todos podem tentar a sua vez levantando a mão, então os entrevistadores ficam todos pulando nas pontas dos pés e gritando suas perguntas. Faça a sua pergunta mais importante antes

A entrevista de rádio ou TV apresenta problemas exclusivos para ambas as partes.

porque pode ser a única que você irá fazer. É pouco provável que você consiga questionar respostas dadas. Você pode fazer uma pergunta dúbia para tentar obter duas respostas em uma. Pode não chegar a fazer suas perguntas preparadas, e isso pode ser uma vantagem. Escute cuidadosamente as respostas dadas às perguntas dos outros entrevistadores para obter informações valiosas e para uma pergunta de *follow-up* que pode vir a fazer. As suas melhores perguntas podem ter como objetivo esclarecer e obter novas informações a partir dessas respostas ou da declaração do entrevistado. Lembre-se de que as perguntas do entrevistador não precisam fazer parte do tópico da coletiva de imprensa. O protocolo permite que o entrevistado ou um membro de sua equipe termine a coletiva de imprensa sem aviso prévio, talvez para evitar trocas e assuntos indesejáveis ou escapar deles.

Entrevista de rádio ou TV

> Forças externas influenciam as entrevistas de rádio ou TV.

A entrevista de rádio ou TV impõe desafios únicos para as duas partes. Pode ocorrer em um palco real ou virtualmente construído em que as duas partes devem se engajar em "encenar" para partes externas, como plateias ao vivo, telespectadores e ouvintes que podem constituir uma "interação de três vias".[36] Essa terceira parte virtual pode causar nervosismo e levar o entrevistador e entrevistado a adaptar perguntas e respostas ao formato. O entrevistador precisa não somente obter respostas e reações, como também sons e imagens que fiquem bem no ar. A entrevista pode ser ao vivo ou pré-gravada, e, se ao vivo, tudo pode e normalmente acontece. Não existe "fazer de novo" na transmissão ao vivo, e as interações podem ser visualizadas por completo, verbais e não verbais, por aqueles que estiverem sintonizados. As entrevistas podem acontecer em áreas externas ou em estúdios, e o entrevistador e o entrevistado podem estar em locais a quilômetros de distância e em fusos horários diferentes.[37]

> Ter familiaridade com o ambiente físico pode eliminar muitas surpresas.

Tire vantagem das formas para melhorar a sua eficiência e *performance* e para diminuir o nervosismo. Prática e simulação com situações pré-gravadas que imitam a realidade seguidas por uma reunião de informações detalhadas irão ajudá-lo a determinar o que você fez bem e em que aspecto você precisa praticar mais. Faça o seu dever de casa antes de cada entrevista conhecendo quem você irá entrevistar, quando e onde, e familiarizando-se com o formato do programa e o público-alvo. Conheça profundamente o cenário, incluindo os locais onde o entrevistador e entrevistado irão se sentar, pessoal técnico e outros funcionários de apoio que estarão presentes, além de equipamentos de áudio e vídeo. Quando apropriado e possível, teste os equipamentos. Preste muita atenção às instruções no que diz respeito às limitações de tempo, aos sinais de abertura e fechamento, ao uso do microfone e ao posicionamento das câmeras.

Ajude o entrevistado a fazer do evento uma interação de sucesso para as duas partes. Instrua a pessoa (ou as pessoas, no caso de uma entrevista de grupo) com antecedência sobre o que é esperado durante a entrevista. Explique as regras básicas como a utilização do microfone, ter um gravador por perto, olhar para você e não para a câmera ou o pessoal da emissora, falar alto o suficiente para poder ser escutado com facilidade e, se mais de um entrevistado estiver presente, a importância de apenas uma pessoa falar por vez. Previna o entrevistado sobre conteúdo e respostas que possam resultar em reações negativas de terceiros.

O "ensaio" da entrevista via rádio ou TV é crítico para o seu sucesso. O entrevistador ou diretor vai determinar o enquadramento das filmagens – se o entrevistador ou entrevistado vão olhar para a câmera da esquerda ou da direita, as linhas dos olhos (a altura dos olhos do entrevistado em relação a do entrevistador), se a filmagem será de feita uma distância média ou se haverá *closes* médios, e se será selecionada uma sequência de filmagens. Outras decisões envolvem iluminação (frente a uma janela se a luz for inadequada), adereços, pano de fundo (não vestir roupas escuras diante de um pano de fundo escuro, e ele deve conter pouca informação) e limitação de ruídos (como mexer em papéis, sistemas de refrigeração de ar, toque de sinos ou alarmes, interações nos locais próximos e passagem de pessoas). Essas decisões tornam a entrevista via rádio e TV muito mais complexa que uma simples entrevista presencial.[38]

> Saiba qual é o seu papel na entrevista e desempenhe-o.

Conforme conduz a entrevista, faça parecer que o entrevistado está conversando apenas com você mantendo o contato visual e fazendo apenas as anotações necessárias. Deixe o gravador fazer seu trabalho. Deixe o entrevistado à vontade desde o início, talvez com alguma conversa informal antes que a gravação ou transmissão comecem. Abra com perguntas iniciais fáceis, de preferência com finais abertos quando o tempo permitir. Prazos e limitações de tempo podem definir que as questões sejam diretas, ao ponto e moderadamente abertas. Segundo Fred Fedler, "a entrevista ao vivo pode durar não mais que alguns segundos ou minutos, e, em geral, há pouco tempo para perguntas desafiadoras".[39] Faça perguntas e não declarações, o seu trabalho é conseguir informações, e não fornecê-las. Conheça as suas perguntas bem o suficiente para que possa fazê-las sem recorrer a anotações registradas em infindáveis páginas. Você ainda pode utilizar pequenos cartões, nos quais devem constar apenas as palavras-chave das perguntas. Dessa forma, a entrevista soará espontânea e profissional. Talvez você queira evitar, na entrevista, "silêncios", mas lembre-se que eles, às vezes, são fundamentais para que o entrevistado possa pensar na pergunta feita e responder a ela. Evite cometer o pecado de pular muito rapidamente para outra pergunta.

> **Perguntas espontâneas geram respostas espontâneas.**

Para obter a informação de que precisa, seja persistente, sobretudo quando o entrevistado utiliza subterfúgios para não dizer algo de forma clara ou responde a questões que você não fez. Há uma grande diferença entre tenacidade e grosseria. Segundo Sparks, os entrevistadores devem ser agressivos, mas sempre com uma dose de charme. Independentemente de sua cordialidade, educação ou charme, alguns entrevistados e seus defensores vão acusá-lo de ser tendencioso e grosseiro.[40] Para fazer a entrevista valer a pena para o entrevistado, demonstre respeito e faça perguntas relevantes e neutras. Fique atento a no bem-estar físico e mental do entrevistado, e observe se há algum sinal de nervosismo, raiva, confusão e reações emocionais. Pode ser hora para um intervalo ou encerramento da entrevista.

Algumas declarações e ações não podem ser transmitidas ou podem ser embaraçosas, como vulgaridades, gestos obscenos, pobreza gramatical, muitos "hms", "tipo assim", "você sabe", "sabe o que quero dizer" e excessiva sanguinolência. Alguns repórteres de jornal, quando empurrados por câmeras e microfones, gritam obscenidades para calar seus colegas da mídia eletrônica e chegar mais perto da ação. Certa vez, um legislador acusou um dos autores deste livro de inserir obscenidades de propósito nas respostas para que os repórteres não as transmitissem no ar.

Entrevista por videoconferência

Conforme visto no Capítulo 1, a entrevista por videoconferência está se tornando cada vez mais comum como um meio de se comunicar entre longas distâncias de forma rápida, eficiente e de baixo custo. As videoconferências são muito semelhantes às entrevistas presenciais, mas existem diferenças que você precisa entender e praticar. O *website* do Boston College dá as seguintes sugestões para entrevistas por vídeo:[41]

- **Hesite ligeiramente** antes de fazer perguntas ou de responder, porque normalmente ocorre um pequeno atraso na recepção de áudio e vídeo.
- **Olhe diretamente para o monitor** ou para a câmera. Dessa forma, o espectador terá sensação de que você está olhando nos olhos do entrevistador ou do entrevistado.
- **Foque no entrevistador ou no entrevistado** para que você fique confortável com a situação da entrevista por vídeo.
- **Evite se movimentar muito ou ficar muito rígido** para dar a impressão de estar relaxado e apreciando a conversa.
- **Fale naturalmente** sem gritar. Lembre-se de o microfone captará a sua voz. Além disso, não é necessário se curvar na direção do microfone para ser ouvido.
- **Demonstre energia e entusiasmo** por meio da voz e do rosto (incluindo sorrisos), porque você vai aparecer como uma "cabeça falante", apenas da cintura para cima.

Há ainda outras sugestões importantes. Vista roupas básicas e de cores neutras, pois tanto as câmeras quanto as partes envolvidas na entrevista têm dificuldade para manter o foco na entrevista quando as pessoas usam xadrez, listras ou camisas brancas e jaquetas. Evite produzir barulhos que possam gerar distração nas videoconferências, como dar tapinhas na mesa, mexer em papéis ou movimentar acessórios e joias que façam barulho. Bijuterias e joias brilhantes podem captar luz e distrair as partes envolvidas na entrevista. Lembre-se sempre de sorrir, porque a videoconferência permite que você converse frente a frente.⁴² No Capítulo 8, que trata da entrevista de emprego, abordaremos mais aspectos relacionados a entrevistas por videoconferência.

Entrevistados difíceis

Entrevistas informativas esmiúçam sentimentos, atitudes e razões para ações e podem atingir em cheio os nervos das pessoas, evocando reações que vão desde lágrimas e hostilidade até o ponto de um entrevistado encerrar uma conversa. Cenários de desastres, crimes, derrotas em eleições, perdas em eventos esportivos, funerais, mortes e escândalos são tensos, emotivos e desagradáveis. Esteja preparado para lidar com entrevistados difíceis em situações difíceis. Segundo o jornalista Bob Steele: "Quando não somos competentes o suficiente para fazer as perguntas certas no momento certo, comprometemos a exatidão, desviamo-nos do contexto e tropeçamos na imparcialidade".

Entrevistados sensíveis

> Ficar em silêncio é frequentemente melhor do que falar com entrevistados emotivos.

Os entrevistados podem cair no choro durante uma entrevista. E não ajuda em nada quando um entrevistador deixa escapar: "Sei exatamente como você se sente". Reações diplomáticas e sinceras como as apresentadas a seguir podem auxiliar:

Você pode chorar.

Não tenha pressa.

Você precisa de alguns minutos?

Fique em silêncio até que a pessoa se recomponha e esteja pronta para continuar. Se você tem um relacionamento próximo com o entrevistado, pode segurar a mão da pessoa ou colocar um braço sobre os ombros dela para demonstrar apoio.

> Trate os outros como gostaria de ser tratado.

Seja sensível com pessoas que passaram por tragédias. Não invada a privacidade delas para tirar fotos ou conseguir comentários chorosos para as notícias da emissora. O modo como você aborda um tópico sensível em um momento delicado é uma séria questão ética nas entrevistas informativas.⁴³ É notório o fato de que os repórteres, muitas vezes, fazem perguntas consideradas insensíveis: "Como você se sente com a morte de seu filho?" ou "A sua família está devastada com esta tragédia?". John e Denise Bittner sugerem que você faça apenas perguntas diretas e necessárias: "Lembre-se de que pessoas em situações de crise estão sob muito estresse. Uma entrevista prolongada não fornecerá informações adicionais, apenas chateará as pessoas".⁴⁴ Os perigos de uma entrevista insensível foram ilustrados quando uma entrevistadora da CNN pressionou a mãe de um menino desaparecido em rede nacional. A entrevistadora questionou o álibi da mãe ao exigir que esta informasse onde estava na ocasião, o que fazia e por que não deu informações específicas sobre as lojas que visitou e sobre as compras que realizou. Logo após a entrevista, a mãe cometeu o suicídio. A mídia local especulou sobre o fato de a entrevistadora da CNN ter pressionado demais a mãe.⁴⁵

Entrevistados hostis

Decida se a hostilidade é real ou imaginária. Se for real, descubra o porquê. Uma pessoa pode se sentir com raiva, deprimida, sem saída ou amedrontada por causa de circunstâncias que estão além do seu controle, e você se torna alvo conveniente para intromissão e para a liberação de sentimentos. A hostilidade pode ser contra você, sua organização, sua posição ou profissão. Experiências ruins com entrevistadores, especialmente com profissionais da sua organização, podem levar um entrevistado a esperar o pior de você. A pessoa pode simplesmente estar em um dia ruim por causa do trânsito, de uma dor de cabeça, de um problema com o computador ou de um compromisso que está atrasado.

Uma *abordagem de entrevista não diretiva* como as apresentadas a seguir pode revelar a fonte ou causa da hostilidade:

Você parece estar com muita raiva nesta manhã.
Você parece muito aborrecido.
Noto uma certa hostilidade, quer falar sobre isso?

> **Entrevistadores muito famosos e respeitados costumam parecer ameaçadores a entrevistados.**

Para evitar qualquer tipo de hostilidade, não faça exigências não autorizadas, não invada o território de uma pessoa e não permita que sua presença e seu comportamento pareçam ameaçadores.

- Não engane, intencional ou involuntariamente, o entrevistado a respeito de quem você é, o que quer, por que quer e como vai usar a informação. Informe sempre se o entrevistado será ou não identificado na sua história ou reportagem.
- Não utilize palavras ou expressões negativas: substitua "auxiliares" por "encarregados", "manipuladores de opinião" por "controle de dano" e "enlamear" por "campanha negativa".
- Faça perguntas neutras e com finais abertos.
- Não abra mão do silêncio. Às vezes, o entrevistado precisa de um tempo para explicar algum detalhe ou acalmar-se.
- Prossiga para um tópico novo.

Para Phillip Ault e Edwin Emery, a regra é bem simples: "Trate a pessoa comum com respeito, que ela fará o mesmo".[46]

Entrevistados reticentes

> **Esteja preparado para os tipos silenciosos.**

Se uma pessoa parece não querer ou não conseguir falar, descubra o porquê. Vários podem inibir um entrevistado: você ou a posição que ocupa, a situação, o tópico, o ambiente, as pessoas envolvidas na entrevista ou a falta de privacidade. Muitas pessoas ficam reticentes quando estão perto de autoridades, supervisores, investigadores e jornalistas. Pense em uma ocasião quando você foi falar com um professor ou supervisor a respeito de um problema pessoal e em que o cenário era um pequeno cubículo ou área aberta nos quais outras pessoas poderiam escutá-lo com facilidade. Ser reticente pode ser uma característica pessoal que não tem nada a ver com a entrevista e não pode ser alterada durante esse evento.

Ao entrevistar pessoas reticentes, inicie uma conversa perguntando sobre fotografias, prêmios ou sobre a distribuição dos móveis na sala. Comece com perguntas fáceis de responder sobre assuntos não ameaçadores. Seja menos formal. Se perguntas abertas não gerarem respostas mais aprofundadas, use perguntas fechadas (uma sequência de perguntas invertidas) até que a pessoa esteja pronta para falar. Utilize perguntas silenciosas e instigadoras. Nenhuma tática poderá levar uma pessoa reticente a falar de forma aberta e livre, porque elas simplesmente não falam muito.

Entrevistados falantes

> Controlar pessoas falantes pode ser mais difícil do que fazer pessoas reticentes se abrirem.

Se lidar com um entrevistado reticente já é uma tarefa difícil, isso mais complicado quando se trata de um entrevistado falante. Algumas pessoas adoram falar e podem fazer isso por muito tempo, sem parar para respirar. Elas dão respostas longas a perguntas altamente fechadas e respostas aparentemente sem fim para perguntas abertas. Pessoas assim querem ser prestativas ao máximo.

Utilize perguntas focadas e fechadas que dão aos entrevistados falantes menos condições de movimento verbal e mais direção. Promova aberturas de entrevista naturais ou faça pequenas pausas para inserir uma questão ou redirecionar a conversa:

Fico feliz que tenha mencionado isso. Fale-me sobre...

Sobre o dia de abertura na pista, quais são os seus planos para...

Isso é muito interessante. Agora, e sobre...

Obrigado por elaborar sobre isso. Vamos voltar nossa atenção para...

> Seja diplomático e sensível ao usar sinais não verbais.

Para evitar interrupções constrangedoras, sinalize que você precisa seguir em frente: olhe as suas anotações, incline-se para a frente, acene com a cabeça para indicar algo como "Isso já é o suficiente", pare de fazer anotações ou olhe para o seu relógio. Entrevistas por telefone e por outros meios eletrônicos apresentam problemas porque com elas você tem poucos sinais não verbais para deter as respostas, então os entrevistados podem dar respostas longas e sem sentido.

Entrevistados evasivos

> Descubra por que uma pessoa pode ser evasiva.

Os entrevistados podem evitar perguntas que revelem sentimentos ou preconceitos, que os obriguem a se posicionar ou dar informações específicas, ou que possam incriminá-los de alguma forma. Estratégias evasivas incluem humor, falsa hostilidade, perguntas de contraponto, linguagem ambígua ou respostas sem sentido que nunca vão ao ponto. Os entrevistados podem ficar discutindo sobre as palavras utilizadas nas questões ou sobre os significados das palavras-chave. Uma tática comum é contrapor uma pergunta com uma pergunta, talvez devolvendo a pergunta ao entrevistador:

Bem, como você responderia a isso?

O que você acha que deveríamos fazer?

Conte-me sobre a sua vida pessoal.

> Seja paciente e persistente.

Os entrevistados podem responder a uma pergunta não feita, ou seja, a uma que eles queiram responder. Para lidar com entrevistados evasivos, seja persistente. Por exemplo:

- Repita ou reformule uma pergunta.
- Ria e continue com suas perguntas.

- Faça outras perguntas e retorne à pergunta original mais tarde.
- Recorra a perguntas direcionadas ou carregadas para suscitar respostas com significado.

Um entrevistado pode ser desonesto. Escute atentamente às respostas para determinar se elas estão de acordo com os fatos de sua pesquisa e de suas entrevistas anteriores. Observe as deixas não verbais para detectar algum sinal de desonestidade, mas saiba que entrevistados espertos sabem como *parecer* honestos, inclusive com um ótimo contato visual. Segundo Pat Stith, quando um entrevistado "diz 'para ser honesto' ou 'para ser franco', você deve redobrar a atenção. Quase sempre essas frases são seguidas por mentiras".[47]

Dois experientes agentes do FBI, Joe Navarro e John R. Schafer, oferecem sugestões detalhadas sobre como detectar desonestidade durante entrevistas, mas alertam que a "detecção da mentira" é uma "proposição de 50/50 até para investigadores experientes".[48] Eles recomendam que os entrevistadores busquem "grupos de comportamento que cumulativamente reforçam comportamentos enganosos únicos à pessoa que está sendo entrevistada". Os comportamentos não verbais mais comuns são: pés agitados, contato visual crescente, olhos que piscam rapidamente, corpo que se inclina para longe, respiração irregular, braços cruzados ou pernas entrelaçadas para usar menos espaço, gestos econômicos ou a pouca utilização dos dedos para apontar. Deixas verbais incluem o que Navarro e Schafer chamam de "pontes textuais", como "Não me lembro", "Quando vi" e "Depois disso". Há algumas táticas para segurar uma conversa: pedir a um entrevistador que repita a pergunta ou usar frases como "Isso depende do que você quer dizer com...", "Onde você ouviu isso?" e "Você poderia ser mais específico?". Para realizar uma entrevista informativa, faça um balanço entre a credulidade e a dúvida.

Entrevistados confusos

Os entrevistados podem ficar confusos com alguns tópicos ou questões, principalmente em situações tensas. Prepare-se para lidar com pessoas confusas sem constrangê-las ou gerar hostilidade. Taticamente repita e reformule uma pergunta. Retorne à pergunta mais tarde na entrevista. Seja consciente quanto a jargões e palavras com sons semelhantes. Esta conversa ocorreu entre um advogado e uma testemunha.[49]

> **Advogado:** A sua presença aqui assim, na manhã de hoje, está de acordo com a intimação que enviei ao seu advogado?
>
> **Testemunha:** Não, é assim que me visto quando vou trabalhar.

Tome cuidado com suas reações não verbais. Jornalistas de rádio e TV, que escutam respostas estranhas, raramente sorriem ou demonstram se chocar quando isso acontece. Eles passam para a próxima pergunta ou tópico como se nada tivesse acontecido.

> Seja compreensivo, prestativo e adaptável a entrevistados confusos.

> Características de gênero e culturais são generalidades e podem não se aplicar a um entrevistado em particular.

Entrevistados diferentes

Adapte-se com cuidado a entrevistados que são diferentes de você. O jornalista Wendell Cochran pergunta: "Como você lida imparcialmente com alguém cujas opiniões são detestáveis para você?".[50] Observe entrevistas na mídia para ver como os entrevistadores lidam com os entrevistados de que eles claramente não gostam, como uma pessoa condenada por molestar uma criança, um terrorista, um presidente de uma empresa que enganou seus empregados e investidores ou alguém com crenças políticas, sociais e religiosas muito diferentes.

Capítulos anteriores identificaram importantes características de comunicação específicas dos homens e das mulheres, e de diferentes culturas. Diferenças de gênero são importantes em entrevistas informativas. Por exemplo, os homens tendem a falar mais, a monopolizar as conversas, a fazer mais declarações diretas (a fazer menos "rodeios"), a responder a perguntas com declarações (enquanto as mulheres tendem a responder a perguntas com perguntas), a ir direto ao ponto nas respostas com maior antecedência e a responder a questões apenas com algumas palavras (sim, não, certo, ok, claro). Entrevistados mais velhos podem ser menos confiáveis por causa de suas experiências e da insegurança, mas geralmente estão ávidos por comunicar-se e podem ser *muito* falantes nas entrevistas.

Os entrevistadores podem estereotipar grupos étnicos, como irlando-americanos, ásio-americanos, afro-americanos, arábico-americanos e latino-americanos, e esperar que eles ajam de determinada maneira durante as entrevistas. Por sua vez, os entrevistados podem estereotipar os entrevistadores por suas origens étnicas, pelas organizações onde trabalham ou pelas profissões que representam. Certa vez, um dos autores deste livro precisou entrevistar agentes funerários com o propósito de obter informações para a elaboração de um trabalho e de um curso relacionado a aconselhamento de luto. Alguns agentes supuseram que, por tratar-se de um professor universitário, ele deveria ser ateu ou pelo menos um "descrente". Os entrevistados podem ter se solidarizado uns com os outros por meio de códigos internos, símbolos e expectativas, e considerado que pessoas "de fora" não compartilham as mesmas crenças nem as entendem. Pesquisas indicam que os afro-americanos preferem perguntas indiretas, consideram inquisições extensas intrusivas e exigem que as perguntas e respostas tenham tempo e frequência mais equilibrados entre as duas partes. Entrevistados de origem mexicano-americana contam mais com a emoção, a intuição e os sentimentos do que os euro-americanos do meio oeste do país. Pessoas de origem rural valorizam mais o conhecimento, as habilidades, a praticidade, a simplicidade e a autossuficiência que pessoas de origem urbana. Adapte suas perguntas e estrutura para diferentes entrevistados e esteja ciente das diferenças entre os gêneros e culturas que podem motivar os entrevistados e explicar as respostas que eles dão.

Encerramento da entrevista

Encerre a entrevista quando tiver a informação de que necessita ou quando o tempo determinado para ela tiver acabado. Se o entrevistado tiver concordado com uma entrevista de 15 minutos, feche a entrevista dentro desse tempo ou se prepare para fechá-la. Não ignore o limite de tempo nem pressione o entrevistado para que fale por mais tempo. O **entrevistado** poderá concordar em falar por mais tempo quando você sinalizar que a entrevista acabou ou quando obviamente você precisar de apenas mais alguns minutos. Se o entrevistado se mostrar relutante para estender o tempo, encerre a entrevista positivamente e agende um novo encontro.

Revise as diretrizes e técnicas de encerramento abordadas no Capítulo 4, especialmente o uso de sondagem de tratamento de informação. É inteligente começar um encerramento com uma pergunta de tratamento de informação – como "Há mais alguma coisa que você gostaria de acrescentar?" ou "O que não perguntei que você acha ser importante?" – para ter certeza de que fez todas as perguntas importantes. A mais preparada das entrevistas pode pular algo importante que não lhe ocorreu nem antes da conversa nem durante a entrevista. Demonstre apreciar o auxílio do entrevistado. Faça do encerramento um diálogo com o entrevistado, não um monólogo em que você recita uma declaração de fechamento previamente preparada. **O entrevistado deve ser uma parte ativa da abertura ao encerramento.**

Tenha certeza de que você compreendeu a informação obtida, que pode reproduzir nome, títulos, datas, citações, fatos e estatísticas com precisão, e que pode interpretar atitudes, sentimentos e crenças conforme o entrevistado quis dizer. Lembre-se de que a entrevista não estará completa até que entrevistador e entrevistado estejam bem longe um do outro. Quando perceber que a entrevista está chegando ao fim, um entrevistado pode relaxar e ficar menos tenso, e, por isso, revelar informações importantes, *insights* e sentimentos que podem alterar a compreensão e impressão estabelecidas por vocês durante a entrevista. De acordo com Pat Stith, "algumas das melhores informações virão nos últimos minutos, quando você estiver fechando a entrevista, arrumando as suas coisas e se aprontando para sair".[51] Observe e escute.

Preparação do relato ou da reportagem

O estágio final da entrevista informativa é preparar o **relato** necessário ou a **reportagem**. Revise as informações e as observações obtidas nas entrevistas para certificar-se de que obteve a informação necessária para satisfazer o seu propósito. Isso significa se recordar de trocas, ler anotações e escutar ou ver gravações. Peneire centenas e milhares de palavras, declarações, fatos, opiniões e impressões para localizar qual a mais importante para incluir em um relato ou reportagem. Cheque as respostas com outras fontes, especialmente se houver motivo para desconfiar que um entrevistado possa ter dado informações imprecisas.

> Transforme a checagem de todas as fontes em um hábito.

Uma decisão fundamental é o que incluir e o que não incluir em seu relato ou reportagem. Se a entrevista ou a coletiva de imprensa cobre diversos assuntos ou levanta uma série de questões, você deve decidir se as suas informações gerarão diversas reportagens ou uma longa que cobrirá tudo ou vários deles. O tempo e o espaço que você tem para dar a notícia são determinantes. O que é realmente importante que os outros saibam? Inclua declarações, revelações, alegações, negações e posições importantes, bem como citações, relatos, chamadas e alterações de rótulos significativos: desde morte acidental até assassinato, de explosão a terrorismo, de mal funcionamento a sabotagem, de união civil a casamento *gay*. A edição começa assim que você souber tudo que conseguiu no estágio das entrevistas. Se o relato é uma entrevista literal para publicação ou disseminação, determine se os erros gramaticais, palavras mal pronunciadas, impropérios, gírias e pausas vocalizadas, como "hm" e "você sabe", devem permanecer. O que dizer sobre declarações repetitivas, explanações longas e confusas e erros simples e não intencionais? Leitores e ouvintes podem até gostar dos relatos em que tudo é mostrado, mas tanto os entrevistadores quanto os entrevistados podem ficar com vergonha e perder credibilidade, e o relacionamento entre eles pode ser arruinado além da conta e colocar futuras possibilidades de entrevista em risco.

> Seja honesto, preciso e justo ao reportar resultados de entrevistas.

Faça uma introdução às perguntas e respostas para que os leitores e ouvintes tenham um claro conhecimento de cada uma delas. Edite as perguntas para obter respostas mais assertivas e significativas. Quando fizer citações a partir de anotações ou de memória, empenhe-se para ser preciso. Não coloque palavras na boca de um entrevistado. Certifique-se de que os qualificadores apropriados foram incluídos. Não diminua nem aumente as opiniões, atitudes, intenções ou promessas de um entrevistado. Certifique-se que tanto as perguntas quanto as respostas são citadas em um contexto apropriado.

Os passos técnicos para a preparação de um relato ou de uma reportagem vão além do escopo deste livro (ver a bibliografia indicada no final deste capítulo), mas apresentamos a seguir algumas precauções:

- Lembre-se das regras básicas acordadas e de quais informações são "extraoficiais".
- Tome cuidado com suposições.
- Empenhe-se na busca por precisão e imparcialidade em cada fato e interpretação.
- Cheque cuidadosamente fontes e relatos.
- Organize as informações por ordem de importância.
- Use citações para dar suporte ao relato ou à reportagem.
- Inclua diversos pontos de vista para alcançar um equilíbrio.

Há alguns anos, Ted Mann, ex-assessor de imprensa de esportes da Duke University, pegou o jornal pela manhã e descobriu, para sua surpresa, que estava morto. Tudo começou quando o amigo de um repórter, que trabalhava em uma equipe de resgate, disse ao repórter que Mann havia morrido. O repórter ligou para a casa de Mann para verificar o relato e a mulher que atendeu ao telefone disse: "O senhor Mann não se encontra. Ele se foi". Por esta frase, o repórter supôs que Mann tivesse morrido e que a mulher havia atestado sua morte. Ele escreveu um obituário com base nessa falsa suposição.[52]

O entrevistado na entrevista de sondagem

Em geral, os livros sobre entrevistas focam no entrevistador porque a maioria dos leitores está interessada em aprender a conduzir entrevistas com eficácia. Entretanto, todos nós somos entrevistados pelo menos tanto quanto somos entrevistadores. Concentremo-nos então nas dicas que podem nos tornar entrevistados melhores.

Faça o dever de casa

> Conheça o entrevistador tanto quanto ele conhece você.

Antes de participar de uma entrevista informativa, inteire-se dos assuntos que podem surgir, como eventos recentes, acidentes, polêmicas, inovações, decisões e leis. Você já esteve envolvido em alguma dessas situações? Faça uma pesquisa sobre a empresa para ter certeza que compreende as políticas, posições e envolvimentos organizacionais e com quem deve conversar sobre ela. Há alguém específico, com mais conhecimento e autoridade, que deva ser o entrevistado?

Aprenda tudo que estiver disponível sobre o entrevistado, como idade, gênero, grupo étnico, educação e treinamento, interesses pessoais e experiências. Quais são as atitudes do entrevistador em relação a você, à sua organização, à profissão e ao tópico: amigável ou hostil, confiável ou suspeitosa, interessada ou desinteressada. Há entrevistadores que têm pouco ou praticamente nenhum conhecimento ou domínio sobre determinado tópico. Outros, entretanto, têm formação em engenharia, administração, economia, direito e ciências ou desenvolvem um alto nível de conhecimento sobre assuntos como energia, pesquisas sobre células-tronco ou políticas internacionais. Qual é a reputação do entrevistador em relação à imparcialidade e honestidade? Que técnicas de perguntas o entrevistador utiliza? Para observar o entrevistador em ação, assista aos programas de TV em que ele participa, leia matérias veiculadas na imprensa e reveja os ângulos que a pessoa gosta de tomar em seus relatos.

As entrevistas normalmente são feitas sem aviso prévio. Uma pessoa pode ligar, visitar o seu escritório, bater à sua porta ou se aproximar de você na rua. Quando isso acontece, certifique-se de que a abertura revela a identidade do entrevistador, a organização a que ele pertence, a duração da entrevista, a informação desejada e como ela será utilizada. Uma abertura detalhada, que inclui conversa informal, pode fornecer uma ideia sobre o tópico, propósito e relacionamento, além de dar o tempo necessário para que você pense nas respostas de forma estratégica.

Compreenda o relacionamento

> Compreenda o impacto da comunicação para cima e para baixo nas entrevistas.

O relacionamento entre entrevistador e entrevistado é uma grande preocupação nas entrevistas informativas, porque um ou outro está, em geral, numa posição superior: um jovem contador entrevistando o diretor financeiro ou o presidente da universidade entrevistando um jovem assistente de professor. Essa comunicação de cima para baixo e de baixo para cima pode levar uma das partes a se intimidar com a outra. Sentimentos de subordinação, obrigação ou bajulação podem levá-lo a responder a qualquer pergunta que for feita, principalmente na presença de câmeras, microfones, técnicos e plateias. Determine se deve falar com uma pessoa em especial, em um momento específico. Quando alguém se recusa a ser entrevistado, as declarações posteriores dos entrevistadores podem ser intimidadoras: "Joe Smoe não quis tecer comentários" ou "Smoe recusou-se a falar conosco". Tais declarações implicam culpa, mas podem ser melhores que comentários tolos que se tornam manchete.

Avalie o relacionamento entre as partes antes da entrevista, para ter uma noção do que poderá acontecer durante a conversa.

> **Compreenda o relacionamento antes da entrevista.**

- Qual é a história da sua relação?
- Quão semelhantes vocês são?
- Ambas as partes querem realizar a entrevista?
- Quanto controle você terá?
- As partes se percebem como confiáveis?

Esteja ciente da situação

Esteja totalmente ciente da situação da entrevista, especialmente se for uma entrevista por rádio ou TV. Familiarize-se com o formato da mídia e verifique como você pode ajudar por meio de um bom visual. De acordo com Diana Pisciotta, especialista em comunicação estratégica, "Aparecer na CNBC ou conceder uma entrevista para a NPR pode ajudar a melhorar ou piorar a reputação da sua empresa".[53] Se a entrevista não for "ao vivo", Pisciotta sugere que você finja que é, porque esse evento pode ser assistido pela Internet ou por outros tipos de mídia. Não existe substituto para prática, ensaio e interpretação de papéis que possa prepará-lo para a entrevista por rádio e TV. Vista-se para a câmera, demonstre que está entusiasmado e engajado, fique animado, pois a linguagem corporal melhora a voz e aumenta a credibilidade, a competência e o nível de autoridade. Lembre-se: mantenha os seus olhos no entrevistador e não na câmera.[54]

> **Avalie as muitas variáveis situacionais que impactarão na entrevista.**

Estabeleça regras básicas como tempo, lugar, duração, quais tópicos não devem ser abordados e quais devem ser considerados extraoficiais. Seja realista em relação às exigências. Se você exigir que alguns tópicos importantes sejam eliminados da pauta, não haverá entrevista. Ocasionalmente, você pode pedir para ver as perguntas com antecedência a fim de preparar respostas bem pensadas com dados precisos e substanciais. Se, um dia, Diane Sawyer da ABC quiser entrevistá-lo, você será um tolo se exigir outro entrevistador. O controle da situação dependerá da sua importância como fonte, da sua relação com o entrevistador, da situação e dos motivos que o levaram a aceitar o papel de entrevistado.

Preveja perguntas

> **Esteja tão preparado para responder como o entrevistador estará preparado para perguntar.**

Preveja perguntas e pense nas possíveis respostas. Quais podem ser as informações mais importantes para divulgar ou ocultar? Como você deve qualificar as respostas? Quais evidências você pode fornecer para afirmações e reclamações? Como você pode responder a perguntas que não tem como replicar por falta de informação, necessidade de sigilo, proteção das fontes, consequências legais ou pelas políticas e restrições organizacionais?

Nesta era de processos e de envolvimento da mídia em todo e qualquer assunto, um número cada vez maior de entrevistados está recebendo treinamento para saber como lidar com as perguntas. Por exemplo, promotores, advogados e assistentes preparam testemunhas e clientes (incluindo presidentes dos Estados Unidos e CEOs) para responder na corte, no Congresso, em reuniões de conselho e em coletivas de imprensa. Busque ajuda se está enfrentando dificuldades para responder a um entrevistador treinado e experiente.

Escute as perguntas

Enquanto você escuta cuidadosamente cada questão, siga as diretrizes apresentadas a seguir para responder com eficácia.

Escute e pense antes de responder

> Ponha o cérebro completamente em funcionamento antes de abrir a boca.

Em locais nos quais ocorreram acidentes, crimes ou escândalos, as pessoas dão declarações das quais logo se arrependem. Afro-americanos e latino-americanos são frequentemente acusados de crimes que não cometeram porque entrevistados alegaram ver um negro ou um homem de origem latina na área onde o crime ocorreu. Afirmações e relatos falsos podem levar a ações judiciais, reprimendas ou embaraços. Ouça atentamente o que está sendo perguntado. Preste atenção nas palavras que não conhece ou poderá fazer uma interpretação equivocada. Dois conselhos importantes: mantenha a simplicidade (especialmente em entrevistas por rádio e TV que trabalham com prazos apertados e pensam em termos de blocos de 2 a 3 minutos e em chamadas de 7 segundos) e, se você não sabe o que responder, não tente inventar.

Seja paciente

Não suponha saber uma pergunta antes que ela seja totalmente feita. Reaja apenas depois de ouvir completamente e entender cada pergunta. Não interrompa o entrevistador.

Foque a atenção na pergunta atual

Não continue repetindo uma resposta já dada nem tente antecipar uma pergunta. Se você agir assim, não escutará a pergunta atual.

Concentre-se no entrevistador e na pergunta

Preste atenção nos sinais não verbais que complementam a comunicação verbal e revelam sentimentos, atitudes e crenças do entrevistador. Foque os olhos e os ouvidos no entrevistador. Isso é especialmente importante em entrevistas para emissoras de rádio e TV, que envolvem muitas pessoas, estúdios, câmeras, monitores e microfones, e em entrevistas de campo, nas quais há espectadores, barulho, tráfego e objetos de distração.

Não julgue uma pergunta como irrelevante muito rápido

O entrevistador pode ter uma razão muito boa para fazer uma pergunta, e pode ser uma de uma série que vai levar a uma pergunta altamente importante. Um entrevistador pode estar usando uma sequência funil invertido, e você terá a oportunidade de responder mais detalhadamente mais tarde.

Responda estrategicamente

Uma boa resposta é concisa, precisa, cuidadosamente organizada, formulada com clareza de palavras, lógica, bem sustentada e direta. Há muitas estratégias para responder a questões.

> **Tornar-se hostil reduz você ao nível do entrevistador.**

- Evite ficar na defensiva ou ser hostil.
  - Dê respostas, não sermões.
  - Dê razões e explicações em vez de desculpas.
  - Seja educado e tático com as palavras e atitudes.
  - Use humor apropriado e de bom gosto.
  - Não responda a uma pergunta hostil da mesma forma.
- Compartilhe o controle da entrevista.
  - Insista em cumprir um tempo adequado para responder às perguntas.
  - Não permita que o entrevistador "coloque palavras em sua boca".
  - Questione o conteúdo de perguntas que contêm afirmações sem sustentação ou dados e citações incorretos.
  - Se uma pergunta for de múltipla escolha, certifique-se de que as opções são justas e inclua todas as opções razoáveis.
  - Peça ao entrevistador para reformular ou repetir perguntas longas, complicadas ou confusas.
  - Responda uma pergunta com uma pergunta.
  - Busque por perguntas reflexivas e do tipo espelho para alcançar exatidão e respostas completas.
- Explique o que você está fazendo e o porquê.
  - Ao introduzir uma resposta longa, explique por que ela deve ser assim.
  - Introduza uma resposta para explicar por que uma pergunta é difícil ou complexa.
  - Forneça uma explanação substancial sobre o porquê você deve se recusar a responder a uma pergunta ou simplesmente diga: "Sem comentários".
  - Reformule uma pergunta: "Se o que você está perguntando é..." ou "Você parece estar sugerindo que..."
- Tire vantagem das armadilhas de perguntas.
  - Replique a parte de uma pergunta dúbia da qual você se lembra e pode responder com mais eficácia.
  - Responda a uma pergunta bipolar com um simples sim ou não, quando isso for adequado.
  - Quando há a substituição de uma pergunta aberta por uma fechada, replique a parte que seja vantajosa para você.
- Evite armadilhas de perguntas comuns.
  - Se uma pergunta expressa algo do tipo "Você não concorda com isso...", não se deixe levar pela resposta sugerida.
  - Se uma pergunta é carregada, como no caso de "Você ainda está colando nas provas?", saiba que tanto resposta afirmativa quanto negativa fará de você culpado.
  - Se uma pergunta aparentemente bipolar fornece duas escolhas desagradáveis, como "Você escolheu a medicina pelo prestígio ou pelo dinheiro", responda com uma terceira opção.

- Cuidado com a armadilha do sim ou não, como no caso de "Você quer morrer?". Responda se quiser, mas, se optar por não fazê-lo, seja educado.
- Dê embasamento às suas respostas.
  - Use histórias e exemplos para ilustrar os pontos.
  - Use analogias e metáforas para explicar coisas desconhecidas ou complicadas, procedimentos e conceitos.
  - Organize respostas longas como minidiscursos com introdução, corpo do texto e conclusão.
- Abra as suas respostas sempre de forma positiva. Os autores de *Journalistic interviews: theories of the interview* oferecem estes exemplos de respostas de entrevistados:[55]

Negativa	Positiva
Você falhou em não perceber.	Eu poderia apontar.
Você não mencionou.	Podemos considerar também x, y e z.
Você negligenciou o fato.	Um fato adicional a ser considerado.
Você perdeu o ponto.	Vendo por uma outra perspectiva.

Resumo

A entrevista informativa é o tipo mais comum de entrevista porque é utilizada diariamente por todos os tipos de pessoa: jornalistas, policiais, profissionais de assistência médica, estudantes, professores e pais. A duração e a formalidade variam, mas o propósito e o método são os mesmos: obter as informações necessárias da forma mais precisa e completa possível no espaço de tempo mais curto. Os meios são o questionamento, a escuta, a observação e a sondagem cuidadosos. Apesar de a preparação de um guia de entrevista ou cronograma ser importante, o entrevistador deve se manter flexível e se adaptar a cada entrevistado, situação e resposta. Este capítulo apresentou diretrizes para entrevistas informativas estruturadas que exigem preparação detalhada e flexibilidade. A natureza de cada estágio depende da situação e do relacionamento entre entrevistador e entrevistado.

Os entrevistados não precisam ser participantes passivos nas entrevistas informativas. Quando sabem com antecedência que ocorrerá uma entrevista, os entrevistados devem se preparar minuciosamente. Eles devem compartilhar o controle com o entrevistador e não se submeter resignadamente a qualquer coisa que seja perguntada ou exigida. E devem conhecer os princípios e as estratégias das respostas eficazes. Ser um bom ouvinte é essencial.

Termos-chave e conceitos

Coletiva de imprensa
Desonestidade
Diferença de *status*
Entrevista de rádio e TV
Entrevistados confusos
Entrevistados diferentes
Entrevistados evasivos
Entrevistados falantes
Entrevistados hostis
Entrevistados reticentes
Entrevistados sensíveis
Extraoficialmente
Falsas suposições
Informantes-chave
Investigação
Perguntas metafóricas
Perguntas fáceis de responder
Respostas estratégicas
Videoconferência

Entrevista de sondagem para revisão e análise

O entrevistador é um repórter do *Courier-Times*, um jornal da Gannett publicado em uma cidade de 150 mil habitantes, onde está localizada uma grande universidade estadual. Ele está preparando uma matéria sobre o hábito de os alunos colarem nas provas. O texto será publicado uma semana antes das provas finais do último semestre. Os entrevistados serão alunos da universidade estadual selecionados aleatoriamente em áreas como o refeitório do Memorial Union, áreas abertas da universidade e complexos de apartamentos adjacentes ao *campus*. A entrevistada está almoçando no restaurante e ouvindo música no seu iPod.

Conforme você revisa essa entrevista informativa, faça perguntas como: "Quão satisfatória está a abertura, incluindo o envolvimento do entrevistado?", "Quão eficazes são as perguntas básicas do entrevistador?", "Qual é a eficácia do entrevistador em escutar e sondar a partir das respostas?", "O entrevistador sabe evitar armadilhas de perguntas comuns?", "O entrevistador aborda adequadamente assuntos importantes sobre o hábito de colar nas provas e extrai informações valiosas e geradoras de *insights*?", "Que informações importantes o entrevistador não consegue descobrir?", "Quão satisfatório está o encerramento, incluindo o envolvimento do entrevistado?", "Qual é a eficácia do entrevistado ao aplicar estratégias de resposta?" e "Qual e a eficácia do entrevistado em compartilhar o controle da entrevista?".

1. **Entrevistador:** Olá. Meu nome é Zack Irwin, sou repórter do *Courier-Times*.
2. **Entrevistada:** Olá. Sou Zelda Zwier. O que você está fazendo no *campus*?
3. **Entrevistador:** Bem, estou preparando uma matéria sobre o hábito de os alunos colarem nas provas e tenho conversado com os alunos para saber o que pensam sobre isso, a importância de se abordar um assunto desse tipo e suas experiências pessoais. Poderíamos conversar por 10 a 15 minutos enquanto você almoça?
4. **Entrevistada:** Acredito que sim, mas não tive muitas experiências com isso.
5. **Entrevistador:** Você é caloura ou veterana?
6. **Entrevistada:** Estou no segundo semestre de Finanças.
7. **Entrevistador:** Ótimo. Vamos começar com o problema da cola.
8. **Entrevistada:** Serei identificada com meu nome ou foto na sua matéria?
9. **Entrevistador:** Não, não usarei nomes nem fotos. Respeitarei a sua privacidade. (Coloca um pequeno gravador sobre a mesa)
10. **Entrevistada:** Espere! Você vai gravar a nossa conversa?
11. **Entrevistador:** Sim, mas apenas para que eu tenha anotações completas e precisas. Sua identidade vai permanecer em segredo.
12. **Entrevistada:** Certo, mas quero isso por escrito.
13. **Entrevistador:** Sem problema. Podemos fazer isso depois de acabarmos. O quão significativo é o problema da cola no *campus*?
14. **Entrevistada:** Acho que depende do curso e do professor.
15. **Entrevistador:** O que você quer dizer com isso?
16. **Entrevistada:** Bem, se o professor deixa claro que não será tolerado colar e que a pena será severa, como ser reprovado no curso, os estudantes pensarão duas vezes antes de correr o risco.
17. **Entrevistador:** Entendo, e isso é suficiente para dar conta do problema?
18. **Entrevistada:** Não, esse é o começo. O professor deve tornar o ato de colar o mais difícil possível, como criar diferentes versões das provas, imprimi-las em cores diferentes e fazer uma espécie de ronda na sala de aula para certificar-se de que não há nenhum computador ou celular disponível. Esse tipo de coisa.
19. **Entrevistador:** O quão difundido está o ato de colar no *campus*? Você já testemunhou algum caso na sala de aula?
20. **Entrevistada:** Sim, testemunhei.
21. **Entrevistador:** E envolveu fontes eletrônicas como *notebooks* ou *iPads*?
22. **Entrevistada:** Não.
23. **Entrevistador:** E celulares?
24. **Entrevistada:** Não.
25. **Entrevistador:** Como o aluno colou?

26. **Entrevistada:** Envolveu mais de um colega.
27. **Entrevistador:** Conte-me como tudo aconteceu.
28. **Entrevistada:** Três alunos sentaram-se junto na sala de palestras e sussurraram as respostas uns para os outros.
29. **Entrevistador:** Você ou algum outro aluno relatou isso ao professor?
30. **Entrevistada:** Não que eu saiba.
31. **Entrevistador:** Então isso não foi um problema para você ou para os outros?
32. **Entrevistada:** Ah, sim. Ao colarem com sucesso, os alunos podem aumentar as notas alcançadas em uma prova, afetando a curva para aqueles que não colaram.
33. **Entrevistador:** Por que você não relatou sobre essa cola para o professor?
34. **Entrevistada:** Isso de fato me incomodou, mas nenhum de nós quer deixar os colegas em maus lençóis ou ser dedo-duro.
35. **Entrevistador:** Entendo. Quando foi a última vez que você colou em sala de aula?
36. **Entrevistada:** O que faz você pensar que colei? Quando você colou na faculdade?
37. **Entrevistador:** Não sou parte do estudo, então meu histórico não é importante. Além disso, estive na faculdade há muito tempo.
38. **Entrevistada:** A sua história é importante, e a faculdade não mudou tanto assim. Quando esteve na faculdade, você ou outros colaram?
39. **Entrevistador:** Estou certo de que houve cola nas provas. (risos) Acho que devo dizer "sem comentários".
40. **Entrevistada:** Então acredito que minha resposta também seja "sem comentários". A Quinta Emenda* funciona para mim.
41. **Entrevistador:** Acredito que isso seja justo. Como as faculdades podem reduzir, se não eliminar, o problema das colas nas provas que provavelmente sempre nos acompanhou?
42. **Entrevistada:** Primeiro, os professores devem dificultar ao máximo que os alunos colem. Provas simples de múltipla escolha são convites abertos para a cola.
43. **Entrevistador:** Você mencionou que os professores poderiam criar diferentes versões das provas e imprimi-las em papéis de cores diferentes, para impedir que os alunos que se sentam muito perto um do outro colem. Você acha que isso funcionaria?
44. **Entrevistada:** Acho que seria bastante eficaz, especialmente se forem designados lugares diferentes para os alunos nos dias das provas, de modo que os amigos não se sentem muito perto um do outro.
45. **Entrevistador:** Há outros meios?
46. **Entrevistada:** Sim, acho que a pena deve ser mais severa, como ser reprovado no curso todo, não apenas na prova específica ou no projeto. A possibilidade de ser pego e de pagar um preço importante por isso é um forte motivador.
47. **Entrevistador:** O que não perguntei que você pensa ser importante para a minha matéria no *Courier-Times*?
48. **Entrevistada:** Acredito que qualquer solução real deva começar com um esforço para mudar a atitude dos alunos universitários de hoje. A preocupação predominante é conseguir um diploma, um pedaço de papel, para conseguir um emprego. Aprender alguma coisa é secundário, e muitos alunos veem isso como um grande jogo no qual vale tudo para conseguir o tão importante diploma.
49. **Entrevistador:** Está bem. Obrigado, Zelda, por conversar comigo francamente sobre as colas nas provas. Meu artigo deve sair em duas semanas, no final de semana anterior às provas finais.
50. **Entrevistada:** Não se esqueça daquele papel que você concordou em assinar dizendo que não serei identificada de nenhuma forma.
51. **Entrevistador:** Ah, claro. Aqui está um formulário que preparei para esse tipo de solicitação. Obrigado novamente pela sua ajuda e boa sorte nas provas finais.

---

* N. de E.: Uma das garantias instituídas pela Quinta Emenda à Constituição dos Estados Unidos é o direito de permanecer calado, evitando assim a autoincriminação.

Casos de interpretação de papéis de sondagem
Veteranos do Iraque e do Afeganistão buscam compensação por invalidez

Recentemente, o Department of Veterans Affairs (Departamento de Assuntos dos Veteranos) constatou que um número significativo – 45% – de militares veteranos que atuaram nas guerras contra o Iraque e Afeganistão busca algum tipo de compensação por invalidez, em razão dos ferimentos causados pela guerra. Além dos ferimentos, os veteranos afirmam que de 11 a 14 doenças afetam os ex-combatentes. É importante salientar que, na Segunda Guerra Mundial e na guerra da Coreia, foram registradas em média quatro doenças. Você é jornalista e está interessado em fazer uma série de reportagens sobre os veteranos invisíveis das guerras contra o Iraque e Afeganistão. Você entrevistará quatro médicos de um hospital para veteranos. Nesse encontro, algumas questões serão fundamentais: "Qual é a natureza e a severidade dessas doenças?", Por que o número foi tão alto nessas duas guerras mais recentes?", "Quais são as causas dessas doenças" e "Como ela podem ser reduzidas nos futuros veteranos de combate?".

Uma carreira na indústria espacial comercial

Quando você entrou na universidade para estudar engenharia aeronáutica e astronáutica, os ônibus espaciais foram aposentados e a Nasa fechou muitas de suas bases de lançamento na Flórida. No segundo ano como aluno universitário, o primeiro foguete comercial enviou um veículo comercial à estação espacial internacional para expedir suprimentos necessários e retornar com equipamentos usados e desnecessários. Além disso, todos os astronautas que voltaram da estação agora pilotam veículos russos. Você entrevistará dois professores e dois estudantes de Ph.D. para a sua especialização sobre carreiras futuras no programa espacial. As entrevistas acontecerão na universidade, nas salas dos entrevistados.

Diretores de campanha política

Você está se especializando em ciências políticas e tem interesse em entrar para a política no futuro. Você quer saber como é concorrer a um cargo político em três níveis: local (para prefeito ou vereador), regional (deputado estadual ou federal) e estadual (governador ou senador). As preocupações específicas são obter financiamento, conseguir apoio partidário, ser nomeado, conduzir uma campanha, trabalhar com a mídia e usar a Internet e a mídia social. Você conseguiu, por meio de informantes-chave, entrevistas com três pessoas que geriram campanhas políticas locais, regionais e estaduais.

A sobrevivência ao verão antes do ar-condicionado

Todos os anos, em julho e agosto, você escuta os boletins meteorológicos sobre o quão quente esteve no meio-oeste nos verões de 1936 e 1937. Os registros das temperaturas mais altas aconteceram nesses dois anos antes de existir o ar-condicionado. Você ouviu os seus avós, que nasceram nesses anos, falarem sobre quantas crianças morreram logo após o nascimento e como os hospitais tentaram lidar com temperaturas em torno dos 38 graus centígrados. Para fazer um projeto oral de história de uma aula de ciências da biblioteconomia, você decidiu entrevistar quatro pessoas que viveram nessas condições quando adolescentes ou quando jovens adultos para descobrir os problemas que eles encontravam, como faziam para trabalhar e dormir e o que faziam para se manter refrescados ao máximo. As entrevistas ocorrerão em um saguão de uma geriatria.

Atividades para o aluno

1. Compare a pesquisa de amostra de atitude do Capítulo 6 com a entrevista informativa deste capítulo. Como as aberturas são semelhantes e diferentes? Como as perguntas são semelhantes e diferentes? Quais são as sequências das perguntas aparentes? Quais cronogramas são utilizados? Como os encerramentos são semelhantes e diferentes? Quais habilidades de entrevista são necessárias aos participantes de cada entrevista?

2. Entreviste um jornalista de um jornal e de uma emissora de rádio sobre suas experiên-

cias e técnicas de entrevista. Como a natureza do meio afeta os entrevistadores e os entrevistados? Como o meio afeta a estrutura, as técnicas de perguntas e a anotação das entrevistas? Quais conselhos eles dão sobre realizar anotações e gravar as entrevistas? Como os produtos finais diferem? Que obstáculos cada meio coloca diante dos seus entrevistadores?

3. Grave uma coletiva de imprensa televisionada na qual uma pessoa esteja respondendo a perguntas de diversos entrevistadores. Como essa situação se assemelha às entrevistas com apenas duas partes? Em que aspectos é diferente? Que regras declaradas ou implícitas governaram essa coletiva? Que habilidades são exigidas dos entrevistadores e dos entrevistados? Como o entrevistado deu a palavra aos entrevistadores? Quais estratégias de resposta foram utilizadas pelo entrevistado? Quais estratégias de pergunta foram utilizadas pelos entrevistadores?

4. Um número crescente de entrevistadores está se voltando para a Internet com o propósito de conduzir entrevistas de sondagem. Desenvolva uma entrevista de 20 minutos moderadamente planejada sobre um tópico que exija respostas razoavelmente longas e então conduza uma entrevista presencial e uma via Skype. Identifique as vantagens e desvantagens de cada uma no que diz respeito a construção de relacionamento, interações de comunicação, profundidade das respostas, autorrevelação, perguntas de sondagem, espontaneidade e habilidade ou falta de habilidade para observar e escutar as respostas dos entrevistados.

Notas

1. Bob Steele, "Interviewing: The Ignored Skill," http://www.poynter.org/column. asp?id=36&aid=37661, accessed September 25, 2006.
2. Sarah Stuteville, "13 Simple Journalist Techniques for Effective Interviews," http://matadorenetwork.com/bnt/13-simple-journalist-techniques-for-effective-interviews, accessed May 7, 2012.
3. Eric Nalder, *Newspaper Interviewing Techniques*, Regional Reporters Association meeting at the National Press Club, March 28, 1994, The C-SPAN Networks (West Lafayette, IN: Public Affairs Video Archives, 1994).
4. Steele.
5. Ken Metzler, "Tips for Interviewing," http://darkwing.uoregon.edu/~sponder/cj641/interview.htm, accessed September 26, 2006.
6. Beverley J. Pitts, Tendayi S. Kumbula, Mark N. Popovich, and Debra L. Reed, *The Process of Media Writing* (Boston: Allyn and Bacon, 1997), p. 66.
7. Jaldeep Katwala, "20 Interviewing Tips for Journalists," http://www.mediahelpingmedia.org/training-resources/journalism-basics/475-20-interviewing-tips-for-journalists, accessed May 7, 2012.
8. Eric Steven Raymond and Rick Moen, "How to Ask Questions the Smart Way," http://www.catb.org/~esr/faqs/smart-questions.html, accessed September 26, 2006.
9. R. Thomas Berner, *The Process of Writing News* (Boston: Allyn and Bacon, 1992), p. 123.
10. Pitts, Kumbula, Popovich, and Reed, p. 64.
11. Raymond L. Gorden, *Interviewing: Strategy, Techniques, and Tactics* (Homewood, IL: Dorsey Press, 1980), p. 235.
12. Fred Fedler, John R. Bender, Lucinda Davenport, and Paul E. Kostyu, *Reporting for the Media* (Fort Worth, TX: Harcourt Brace, 1997), p. 227.
13. David Sparks, "30 Tips on How to Interview like a Journalist," http://www.sparkminute.com/2011/11/07/30-tips-on-how-to-interview-like-a-journalist, accessed May 11, 2012.
14. Eugene C. Webb and Jerry R. Salancik, "The Interview or the Only Wheel in Town," *Journalism Monographs* 2 (1966), p. 18.
15. Metzler.
16. Robert Ogles é professor de Comunicação de Massa da Purdue University.
17. Katwala.
18. Stuteville.
19. Nalder.
20. Carole Rich, *Writing and Reporting News: A Coaching Method* (Belmont, CA: Thomson/Wadsworth, 2005), p. 124; Berner, p. 127; The Missouri Group, *Telling the Story: Writing for Print Broadcast, and Online Media* (Boston: Bedford/St. Martin's, 2001), p. 51; Melvin Mencher, *Basic Media Writing* (Madison, WI: Brown & Benchmark, 1996), p. 231.
21. Henry Schulte and Michael P. Dufreshe, *Getting the Story* (New York: Macmillan, 1994), p. 24.
22. Metzler.

23. "Journalistic Interviews," http://www.uwgh.edu/clampitp/Interviewing/Interviewing%20lectures/Journalistic%20Interviews.ppt., accessed October 4, 2006.
24. Stephen Budiansky, "Truth Extraction," *The Atlantic Monthly,* June 2005, 32.
25. Tamar Weinberg, "Tips for Asking Questions During Journalistic Interviews," http://lifehacker.com/351399?tips-for-asking-questions-during-journalistic-interviews, accessed May 22, 2009.
26. Missouri Group, p. 58.
27. Originally cited in "The Point of View," a publication of the Alameda District Attorney's Office.
28. "Leading Questions," http://www.mediacollege.com/journalism/interviews/leading-questions.html, accessed October 4, 2006.
29. "Open-Ended Questions," http://www.mediacollege.com/journalism/interviews/open-endedquestions.html, accessed October 4, 2006.
30. William Zinsser, *On Writing Well* (New York: Harper Perennial, 1994), p. 70.
31. Missouri Group, p. 58. Tony Rogers, "Tips for Taking Good Notes," http://journalism.about.com/od/reporting/a/notetaking.htm?p=1, accessed May 21, 2012; Charlie Bentson King, "The Importance of Note Taking in Interviews," http://www.trainingabc.com/The-Importance-of-Note-Taking-in-Interviewing-nid-30html, accessed May 21, 2012; Police Link, "Note Taking During an Interview," http://policelink.monster.com/training/articles/1915-note-taking-during-an-interview?print, accessed May 21, 2012.
32. "Oral History Project: Guidelines for Recording an Interview," *Alberta Online Encyclopedia,* http://www.youthsource.ab.ca/teacher_resources?oral_interview.html, accessed July 14, 2009; "How to Record Interviews," *Transcriptionlive,* http://www.transcriptionlive.com, accessed July 14, 2009.
33. Carole Rich, *Writing and Reporting News: A Coaching Method* (Belmont, CA: Wadsworth, 1997), p. 110; "A Practical Guide to Taping Phone Calls and In-Person Conversations in the 50 States and D.C.," The Reporters Committee for the Freedom of the Press, 2008, http://www.rcfp.org/taping/, accessed July 14, 2009; "Recording interviews: Legal issues," Knight Citizen News Network, http://www.kcnn.org/interviewing/resources_recording, accessed July 14, 2009.
34. Ver, por exemplo, Capítulo 21: Press & Media Conferences," The New Manual, http://www.thenewsmanual.net/Manual%201/volume1_21.html, accessed May 21, 2012.
35. Rogers.
36. "Interview Structure," http://www.mediacollege.com/video/interviews/structure.html, accessed October 4, 2006.
37. Dan McCurdy, "The Rules of Live Radio Broadcast Interviewing," http://danmccurdy.suite101.com/the-rules-of-live-radio-broadcast-interviewing-a226345, accessed May 23, 2012; Sparks; Rebekah Martin, "Broadcast Interview Techniques," http://www.ehow.com/way_5840219_broadcast-interview-techniques.html, accessed May 23, 2012; Teresa Botteron, "What Every Investigator Needs to Know to Avoid the Most Common Mistakes of the Recorded Interview," http://www.pimall.com/nais/nl/n.recordedinterview.html, accessed May 21, 2012.
38. "Framing Interview Shots," http://www.mediacollege.com/video/interviews/framing.html, accessed October 4, 2006; "Composing Interview Shots," http://www.mediacollege.com/video/interviews/composition.html, accessed October 4, 2006; "Studio Interview Settings," http://www.mediacollege.com/video/interviews/studio.html, accessed October 4, 2006.
39. Fedler, Bender, Davenport, and Kostyu, p. 224.
40. Bill Marimow, "Delicate Art of the Interview: Civility vs. Tenacity," http://www.npr.org/templates/story/story/php?storyId=6438613, accessed May 23, 2012.
41. "Video Interviewing: Tips for Interviews Using Video Cameras," http://www.bc.edu/offices/careers/skills/intrerview/video/, accessed September 30, 2006.
42. "Videoconference Interview Tips," Career Development and Experiential Learning, Memorial University, http://www.mun.ca/cdel/career_students/videoconference_interviewtips.php, accessed July 15, 2009.
43. Reporter and editor Wendell Cochran in Steele.
44. John R. Bittner and Denise A. Bittner, *Radio Journalism* (Englewood Cliffs, NJ: Prentice Hall, 1977), p. 53.
45. Travis Reed, "Did TV Interview Lead Woman to Kill Herself?" http://www.suntimes.com/news/nation/52533,CST-NWS-grace14.article, September 14, 2006.
46. Phillip H. Alt and Edwin Emery, *Reporting the News* (New York: Dodd, Mead, & Co., 1959), p. 125.
47. Stith, p. 2.
48. Joe Navarro and John R. Schafer, "Detecting Deception," *FBI Law Enforcement Bulletin,* July 2001, pp. 9-13, accessed on the Internet, July 20, 2009.

49. William T. G. Litant, "And, Were You Present When Your Picture Was Taken?" *Lawyer's Journal* (Massachusetts Bar Association), May 1996.
50. Steele.
51. Pat Stith, *Getting Good Stories: Interviewing with Finesse* (ProQuest Research Library, April 24, 2004), p. 2.
52. "Man Reads His Obituary in Paper," Lafayette, Indiana *Journal & Courier,* June 13, 1985, p. D4.
53. Diana Pisciotta, "How to Prepare for a Broadcast Interview," http://www.inc.com/guides/2010/05/preparing-for-the-broadcast-interview.html, accessed May 21, 2012.
54. Pisciotta; "11 Tips for Broadcast Interviews," http://communitymediaworkshop.org/npcommunicator/11-tips-for-broadcast-interviews, accessed May 21, 2012.
55. "EE's Perspective," http://www.uwgb.edu/clampitp/interviewing/interviewing%20Lectures/Journalistic%20Interviewsppt, accessed October 4, 2006.

Referências

Adams, Sally, Wynford Hicks, and Harriett Gilbert. *Interviewing for Journalists*. Florence, KY: Routledge, 2008.

Heritage, John. "Designing Questions and Setting Agendas in the News Interview," in *Studies in Language and Social Interaction,* Philip Glenn, Curtis LeBarob, and Jenny Mandelbaum, eds. Mahwah, NJ: Lawrence Erlbaum, 2002.

Metzler, Ken. "Tips for Interviewing," http://darkwing.uoregon.edu~sponder/j641/Interview.htm.

Rich, Carole. *Writing and Reporting News: A Coaching Method*. Belmont, CA: Thomson/Wadsworth, 2012.

Steele, Bob. "Interviewing: The Ignored Skill," http://www.poynter.org/column.asp? id=36&aid=37661.

Synge, Dan. *The Survival Guide to Journalism*. New York: McGraw-Hill, 2010.

"Videoconference Interview Tips." Newfoundland and Labrador, Canada: Memorial University of Newfoundland, 2009.

CAPÍTULO 6
Entrevista de pesquisa

"As pesquisas estão presentes em todos os segmentos."

Certamente, você já foi convidado a participar de pesquisas elaboradas por organizações de caridade, políticas, religiosas, de ensino e comerciais. Em 2010, uma pesquisa de opinião conduzida pela Vovici Company revelou que norte-americanos adultos são convidados, anualmente, a participar de enquetes sete bilhões de vezes. Dos que completaram as enquetes, 80% forneceram 2,6 bilhões de respostas.[1] Algumas dessas pesquisas acontecem de forma presencial em residências, *shoppings*, empresas, eventos esportivos e hospitais, mas observa-se um aumento significativo daquelas realizadas por telefone ou via Internet. À medida que o número de enquetes se multiplica, maior é a indisposição das pessoas para participar delas. Entrevistados potenciais estão preocupados com confidencialidade, privacidade, *telemarketing*, precisão da enquete, parcialidade dos institutos de pesquisa e benefícios para eles mesmos e para a sociedade. Segundo Kim e colaboradores, "houve uma mudança negativa nas atitudes em relação a pesquisadores de opinião pública e enquetes, em diferentes aspectos, entre a metade dos anos 1990 e a primeira década dos anos 2000".[2]

O objetivo deste capítulo é oferecer-lhe orientações para preparar, conduzir e avaliar resultados de entrevistas de pesquisa e torná-las produtivas e recompensadoras para ambas as partes.

Entrevistas de pesquisa não são flexíveis nem adaptáveis.

No Capítulo 5, abordamos aspectos relacionados à *entrevista informativa*, na qual **flexibilidade** e **adaptabilidade** são características essenciais. Nesse caso, os entrevistadores podem operar a partir de guias de entrevistas ou programações moderadas de perguntas, o que lhes permite sondá-las livremente. Este capítulo concentra-se na *entrevista de pesquisa*, em que a **confiabilidade** (a garantia de que a mesma informação pode ser obtida em entrevistas repetidas) e a **replicabilidade** (a duplicação de entrevistas de entrevistado para entrevistado) são características essenciais, pois os entrevistadores operam a partir de entrevistas meticulosamente planejadas e altamente estruturadas, durante as quais podem fazer apenas questões de sondagem *pré-elaboradas*.

Objetivo e investigação

Entrevistas de pesquisa têm múltiplos objetivos.

Antes de pensar nas perguntas ou nas pessoas que pretende entrevistar, determine o objetivo da entrevista. As informações de que *necessita* e *como* elas serão *usadas* determinarão o tipo de entrevista a ser realizada: **quantitativa** ou **qualitativa**.[3] Para explorar ideias e sentimentos, aprofundar as questões, descobrir motivações e entender diferentes perspectivas e comportamentos, adote a abordagem qualitativa. Nesse caso, as informações são obtidas por meio de narrativas, em que as palavras são cruciais. Para determinar frequências de comportamento, sentimentos com relação a determinado assunto, consenso sobre opiniões e atitudes, causas e possíveis efeitos, preferências, médias e previsões ou decisões estratégicas, a opção mais adequada é a abordagem quantitativa. Nesse caso, as informações são apresentadas de forma quantitativa, em que os números são cruciais. Suas necessidades e questões podem ser temperadas por uma otimização da extensão de suas entrevistas. Elas podem ser tão curtas quanto três ou cinco minutos ou tão longas quanto 15 ou 20 minutos. Entrevistas longas cobrem mais áreas de interesse (essencial para pesquisas qualitativas) e são mais confiáveis, mas elas podem ser desnecessárias ou prejudiciais para pesquisas quantitativas, projetadas para determinar poucas atitudes ou intenções.

> Estudos longitudinais revelam tendências e mudanças com o passar do tempo.

Um fator adicional – **tempo** – moldará seu objetivo. Em quanto tempo você deve completar as entrevistas para alcançar seu objetivo? Você pode ter que completar uma pesquisa quase do dia para a noite para determinar reações a um evento como um debate político ou uma decisão judicial, e isso limita seu objetivo a poucas questões, possivelmente formuladas via telefone. Outros temas ou questões podem exigir semanas ou meses e permitir a você desenvolver entrevistas longas e mais complexas, que se aprofundam extensivamente, e não superficialmente, no assunto da questão. O tempo também determina o tipo de pesquisa que você precisa conduzir. Uma pesquisa de **corte transversal** toma uma fatia daquilo que é sentido, pensado ou sabido durante um curto período e é usada quando você precisa determinar como os entrevistados estão reagindo no momento presente. Uma **pesquisa longitudinal** determina tendências em sentimentos, pensamento ou conhecimento ao longo do tempo.

> Não suponha ter o conhecimento adequado de um tema.

Após definir claramente o objetivo, investigue todos os aspectos do tema. Explore o passado, presente e futuro relacionados a ele, assim como soluções propostas e tentadas. Cheque recursos e fontes, como arquivos de organizações, correspondências públicas e entrevistas com pessoas da área, documentos governamentais, revistas especializadas, livros, pesquisas anteriores sobre o tema, Internet, revistas e jornais. Converse com pessoas que estudaram o tema ou se envolveram com ele.

> Não desperdice tempo aprendendo o que você já sabe.

A investigação revela informações já disponíveis em outras fontes que não precisam constar em sua pesquisa. Torne-se um especialista no tema, particularmente em terminologias únicas e conceitos técnicos. No caso de temas como aquecimento global, leis sobre legítima defesa ou cultivo orgânico, determine o significado preciso de termos-chaves, de modo que eles sejam claros para os entrevistados e aceitáveis para aqueles que eventualmente lerão ou usarão os seus resultados para formar opinião ou tomar atitudes. Uma pesquisa vai revelar como foram no passado atitudes, opiniões e especulações que são assunto no presente. Um conhecimento extensivo do tema oferece *insights* sobre áreas que você precisa explorar, as complexidades do tema e potenciais imprecisões intencionais ou involuntárias nas respostas durante a entrevista.

NA INTERNET

Selecione uma questão internacional e faça pesquisa de histórico na Internet. Use ao menos três diferentes fontes de pesquisa, como as da ONU (http://www.un.org), International Forum on Globalism (http://www.ifg.org/) e Global Engineering (http://news.foodonline.com/pehanich/fpso11598.html). Que tipos de informação você descobriu? Que informações não estavam disponíveis na Internet? O que a pesquisa sugeriu para uma enquete nessa questão: subtemas, áreas de conflito, visões diferentes de *experts*, opinião pública, histórico da questão e desenvolvimentos atuais.

Estrutura da entrevista

Depois de ter determinado um objetivo preciso e realizado a pesquisa necessária, desenvolva uma entrevista altamente estruturada.

Guia e programação de entrevista

Um guia de entrevista é essencial para entrevistas de pesquisa porque ele determina temas e subtemas que você cobrirá e também perguntas primárias e de sondagem. Releia atentamente as sugestões para criação de guias de entrevistas no Capítulo 4.

> Um guia detalhado é facilmente transformado em um formato estruturado.

Comece seu **guia de entrevista** listando áreas mais importantes. Por exemplo, se você está planejando fazer uma enquete com educadores de Illinois sobre maneiras de reformar as escolas públicas nesse Estado, os temas principais também podem incluir pré-escolas e creches de dois turnos, o envolvimento dos pais no processo de educação, a eliminação de mandatos estaduais e regulamentos, aumento de fundos de financiamento para tecnologia em sala de aula, escolas de atividade durante o ano todo, assessores individuais para alunos com dificuldades de aprendizagem e salas separadas para alunos com necessidades especiais. Se se tratar de uma **pesquisa qualitativa**, você pode desenvolver uma entrevista altamente programada que inclua questões de final aberto, sondagens planejadas e a possibilidade de sondagens não planejadas que dependem de respostas do entrevistado. Há um grau de flexibilidade no questionamento porque você está mais preocupado com profundidade de informação do que com a compilação estatística dos dados. O guia de entrevista tradicional (quem, o que, quando, onde, como e por que) pode ser adaptado a pesquisas qualitativas, mas enquetes muitas vezes exigem um guia e programação mais detalhados, que garanta a cobertura completa de um tema ou assunto e a maneira de organizar, relatar e interpretar respostas.

> A padronização é essencial em pesquisas.

No caso de uma **pesquisa quantitativa**, formule questões que sejam fáceis de registrar, tabular e analisar. A flexibilidade e a adaptabilidade da pesquisa qualitativa podem dificultar a codificação e tabulação dos resultados, de modo que você dependerá de um formato altamente programado e padronizado que garanta a replicabilidade das entrevistas e uma precisa compilação de resultados.

Abertura

Mesmo que "cada entrevista seja única, como uma pequena obra de arte [...] com todas as suas nuanças, digressões e aproximações [...], um minidrama que envolve vidas reais em tempo real",[4] todos os entrevistados devem ser conduzidos de forma tão semelhante quanto possível. Elabore uma abertura que inclua aspectos como saudação, nome do entrevistador, organização que realiza a pesquisa, assunto da entrevista, objetivo, tempo necessário e garantia de confidencialidade. Para obter essas informações, os entrevistadores não devem ler o já preparado roteiro nem demonstrar que este foi decorado. Para tornar a abertura mais natural, os entrevistadores treinados podem criar as próprias aberturas, desde que cada uma inclua todos os elementos estipulados por você. As aberturas apresentadas a seguir são padronizadas para pesquisas e incluem uma pergunta qualificadora.

> Boa tarde, sou _____. O Departamento Estadual de Recursos Naturais contratou minha empresa para conduzir uma enquete sobre pessoas que passeiam de barco nos lagos de Michigan. O objetivo é promover essa atividade e manter a qualidade dos lagos e das áreas do entorno. A enquete durará apenas dez minutos e suas respostas serão estritamente confidenciais. (VÁ PARA A PRIMEIRA QUESTÃO.)
>
> **1.** Com que frequência você passeia de barco nos lagos de Michigan? *(Se a resposta for menos de 3 vezes ao ano, coloque 3 na resposta 1.1 e encerre a entrevista. Se a resposta for 3 ou mais vezes por ano, vá para a questão 2.)*
>
> 1.1 _____ menos de 3 vezes ao ano
> 1.2 _____ de 3 a 5 vezes ao ano
> 1.3 _____ de 6 a 8 vezes ao ano
> 1.4 _____ de 9 a 11 vezes ao ano
> 1.5 _____ 12 vezes por ano ou mais

Essa abertura, além de identificar o entrevistador e a organização que representa, declara o objetivo principal e da duração da entrevista. Note que o entrevistado não é convidado a responder. O entrevistador se move sutil e rapidamente da orientação para a primeira questão sem dar ao respondente a oportunidade de recusar-se a participar. A primeira questão determina a qualificação do entrevistado. Nessa pesquisa, os entrevistados devem passear de barco nos lagos de Michigan ao menos 3 vezes por ano. A programação da pesquisa oferece instruções ao entrevistador para seguir adiante e tem questões pré-codificadas para fácil tabulação de resultados quando a pesquisa estiver completa.

A abertura pode não identificar o patrocinador da pesquisa (um candidato político, uma empresa farmacêutica, um grupo de interesse específico, por exemplo) ou a finalidade específica (para determinar que estratégias empregar durante uma propaganda política, publicidade ou campanha lobista), porque essa informação pode influenciar a forma como os entrevistados respondem. Quando um jornal como o *New York Times* ou o *Washington Post*, uma rede de televisão, como a CBS ou CNN, ou um grupo de pesquisa de opinião bem conhecido, como Harris ou Gallup, realiza uma

> Em pesquisas, não há perguntas para quebrar o gelo nem conversas sobre amenidades.

pesquisa, o nome da organização é usado para aumentar o prestígio da pesquisa e do entrevistador, para reduzir a suspeita é que se trata de um candidato ou corporação por trás da pesquisa e para motivar os participantes a cooperar. Em muitas situações, o entrevistador deverá mostrar cartões de identificação ou uma carta de apresentação para estabelecer sua legitimidade como realizador de pesquisa.

> **Incentivos simples reduzem a rejeição.**

Como tem aumentado significativamente o número de pessoas que se recusam a participar de pesquisas, particularmente aquelas feitas via Internet, os criadores de pesquisas usam cada vez mais recursos que possam incentivá-las, desde garantias simples até ofertas que chegam até a $ 40 por entrevista. É importante destacar que a qualidade dos resultados de uma pesquisa depende da quantidade de respostas, Esses incentivos tendem a acontecer nos minutos iniciais da entrevista, quando o entrevistador deve motivar um contato a participar. Embora algumas pesquisas indiquem o óbvio, que quanto maior o incentivo financeiro, maior a probabilidade de participação, mesmo incentivos simbólicos podem melhorar as taxas de aceitação.[5] De acordo com Willimack e colaboradores, um simples incentivo não monetário (como uma caneta esferográfica) fornecido durante a abertura pode aumentar as taxas de aceitação e resultar em maior detalhamento de respostas durante a primeira parte da pesquisa.[6] Eis alguns exemplos de incentivos não monetários: enfatizar como os entrevistados também podem se beneficiar pessoalmente do estudo, destacar a obrigação cívica de ajudar o próximo e ser um cidadão ativo, assegurar a privacidade e confidencialidade com foco no interesse do entrevistado no tema em questão, estabelecer a credibilidade da organização que realiza ou patrocina a pesquisa, e sublinhar a brevidade da pesquisa para aqueles que tenham pouco tempo disponível. Segundo alguns pesquisadores, essa ênfase no fornecimento de incentivos pode persuadir algumas pessoas a participar de ações que comprometam seus próprios interesses.

Encerramento

O encerramento deve ser curto e expressar gratidão pelo tempo e esforço despendidos no auxílio à pesquisa. Por exemplo:

> Fiz todas as perguntas necessárias. Muito obrigado por sua ajuda.

Se o organizador da enquete desejar o telefone do entrevistado para verificar a validade da entrevista, o encerramento poderá ser assim:

> Fiz todas as perguntas necessárias. Você pode me fornecer um telefone para que meu superior possa contatá-lo a fim de confirmar a entrevista foi realizada de maneira adequada? (Consegue o número.) Muito obrigado novamente por sua ajuda.

Se você pode oferecer aos entrevistados os resultados da pesquisa, uma prática comum em entrevistas de pesquisa, o encerramento deve ser feito assim:

> Fiz todas as perguntas necessárias. Muito obrigado por suas respostas. Se for possível, gostaria de ter seu endereço para enviar-lhe uma cópia dos resultados deste estudo. (Consegue o endereço.) Muito obrigado por sua ajuda.

> **Entrevistados preferem o anonimato.**

Alguns entrevistados relutam em oferecer telefone ou e-mail a estranhos. Esteja preparado para evitar pedidos desse tipo se o entrevistado parecer ansioso, receoso ou muito relutante. Não sacrifique a empatia e boa vontade criadas por você durante a entrevista. Quando um dos autores deste livro estava conduzindo pesquisas para um partido político, descobriu que muitos entrevistados se recusavam a fornecer os telefones porque não queriam ser importunados com possíveis contatos de candidatos em campanha. Com permissão da parte, ele parou de perguntar por telefones e assim as aceitações tornaram-se mais fáceis.

Os entrevistados podem estar curiosos ou interessados no tema e desejar discuti-lo. Isso pode ser um bom meio de construir a relação e motivar participação em pesquisas futuras, mas faça isso apenas se o tempo permitir, se o entrevistado não tiver oportunidade de falar a respeito com futuros entrevistados e se a organizadora da pesquisa não tiver objeções.

Perguntas de pesquisa

> **Entrevistadores não podem fazer ajustes de última hora.**

Crie cada questão cuidadosamente, porque você não terá como reformular, explicar ou expandir durante as entrevistas sem arriscar a possibilidade de replicá-las, o que é um elemento essencial em pesquisas. Em pesquisas quantitativas, todas as formulações de pergunta e decisões estratégicas são feitas na fase de planejamento; nenhuma no local de aplicação. Em entrevistas qualitativas, todas as questões primárias e a maior parte das questões de sondagem são planejadas com antecedência.

Elaboração de perguntas

> **Cada palavra de cada pergunta pode influenciar os resultados.**

Todos os entrevistados devem ouvir as mesmas questões perguntadas com a mesma formulação e de mesma maneira. Uma mudança sutil na formulação e na ênfase vocal de uma palavra ou uma expressão facial pode gerar respostas diferentes. Por exemplo, em uma pesquisa religiosa, os entrevistadores fizeram a seguinte pergunta a várias pessoas: "É aceitável fumar enquanto se reza?". Mais de 90% responderam "não". Quando a outro grupo foi perguntado "É aceitável rezar enquanto se fuma?", mais de 90% responderam "sim". Apesar de semelhantes, os entrevistados interpretaram as questões de modos distintos. Para os respondentes da primeira questão, acender um cigarro durante a oração é um sacrilégio. Quanto à segunda, os entrevistados consideraram a possibilidade uma boa ideia, talvez até necessária. No Capítulo 3, reveja a seção "Entrevista inteligente com perguntas de sondagem", na qual abordamos como a ênfase pode mudar o foco e o significado de questões simples. Isso será crucial em pesquisas que exijam replicabilidade.

Apenas uma palavra pode alterar significativamente o modo como as pessoas respondem a uma questão, o que pode modificar os resultados de uma pesquisa. Pesquisadores fizeram a seguinte questão a um grupo de entrevistados:

"Você acha que os Estados Unidos deveriam permitir discursos públicos contra a democracia?"

Eis os resultados: 21% responderam "Deve permitir", e 62%, "Não devem permitir". Então, os pesquisadores substituíram uma única palavra e perguntaram aos entrevistados:

"Você acha que os Estados Unidos deveriam proibir discursos públicos contra a democracia?"

Eis os resultados: 39% responderam "Não deveriam proibir", e 46%, "Deveriam proibir".[8] Entrevistados viram na palavra "proibir" uma ação mais forte e perigosa que em "permitir" – talvez antinorte-americana – mesmo que o efeito de uma política governamental fosse o mesmo.

Recentemente, David Yeager e Jon Krosnick compararam tentativas de medir atitudes e crenças em entrevistas de pesquisa que utilizavam questões ambíguas do tipo "Algumas pessoas pensam que..." e "Outras pessoas pensam que..." com entrevistas cujas questões eram diretas. Eles constataram que a validade foi maior quando se utilizavam questões diretas que apresentassem opções e que as perguntas ambíguas demandavam mais tempo tanto do entrevistador quanto do entrevistado.[9] Faça cada pergunta de maneira clara, relevante, adequada ao nível de conhecimento do entrevistado, nem muito complexa nem muito simples, neutra e social e psicologicamente acessível. Essa não é uma tarefa simples quando os entrevistados são homens e mulheres e se diferenciarem muito em cultura, idade, nível de renda, educação, inteligência, ocupação, área geográfica de moradia e experiências. Por causa da diversidade crescente da população, o seu público-alvo pode representar uma gama variada de culturas e nações. Tenha cuidado ao usar nomes formais ou siglas para pessoas ou organizações com as quais os entrevistados podem não estar familiarizados. Pessoas de diferentes culturas podem ser fluentes no idioma, mas se confundirem com abreviações, coloquialismos, aforismos, gírias, eufemismos e jargões. Evite palavras e expressões ambíguas como "um monte", "muitas vezes", "muito", "grande escola" ou "recém-descoberto", que podem ter muitos e vagos significados.

> **Adapte a formulação a todos os membros de uma população-alvo.**

Pesquisadores de enquete alertam contra formulações negativas de questões, porque elas podem ser enganosas e provocadoras de confusão. De acordo com Jack Edwards e Marie Thomas, "uma resposta negativa a uma declaração negativamente formulada pode não ser o mesmo que uma resposta positiva a uma declaração positivamente formulada".[10] Mesmo explanações soarão confusas. Edwards e Thomas apresentam este exemplo: "Discordar da declaração 'Meu trabalho não é muito significativo' não significa necessariamente que o mesmo indivíduo concordará com a declaração 'Meu trabalho é muito significativo'". Forçar um entrevistado a discordar de uma declaração negativa pode gerar confusão. Pense nas dificuldades que você teve em exames com questões de múltipla escolha negativamente formuladas. Babbie alerta que muitos entrevistados não escutarão a palavra "não" inserida em uma pergunta durante uma entrevista. Com base nisso, é bem provável que os norte-americanos favoráveis a uma declaração do tipo "Os Estados Unidos não deveriam estabelecer relações diplomáticas com o Irã" discordem dela. E aqueles que de fato discordam talvez respondam do mesmo modo.[11] "Você talvez nunca descubra quem é quem", afirmam Edwards e Thomas.

> **Cuidado com perguntas formuladas de maneira negativa.**

Desenvolvimento de perguntas-modelo

Perguntas evoluem enquanto você desenvolve uma programação, particularmente em uma pesquisa quantitativa. Eis um exemplo de como uma questão envolvendo escrever mensagens enquanto se dirige pode evoluir durante a preparação.

> Como você se sente a respeito da lei imposta pelo Estado contra escrever mensagens enquanto se dirige?

> **Mantenha o registro das respostas em mente quando estiver elaborando as perguntas.**

Observe com atenção essa pergunta que inicialmente parece neutra. Se o entrevistado entender a expressão "imposta pelo Estado" como tirania e inconstitucionalidade, isso pode influenciar os resultados. A amplitude da questão e a ambiguidade da palavra "sente" podem resultar em um irrestrito espectro de respostas, algumas positivas ("Isso me faz sentir mais seguro", "Apoio em termos gerais" e "O que for necessário para reduzir acidentes de carro") e outras negativas ("É mais uma tentativa do Estado paternalista para violar meus direitos constitucionais", "Raiva" e "Temor sobre o que poderá vir"). Outros entrevistados podem oferecer longas respostas favoráveis e contrárias à lei, o que certamente gerará sérios problemas para quem for registrá-las e codificá-las.

Tente uma segunda versão que resuma a questão e elimine a expressão "imposta pelo Estado".

> Com relação à lei estatal contra escrever mensagens enquanto se dirige, você é a favor, contra ou não tem opinião?
>
> _____ a favor
> _____ contra
> _____ sem opinião

Essa versão elimina a potencial parcialidade da primeira (e resolve problemas de registro), mas talvez seja muito fechada para objetivos qualitativos e quantitativos. Muitos entrevistados podem não optar simplesmente por "a favor" ou "contra", pois acreditam que há situações em que deveria ser permitido escrever mensagens enquanto se dirige, como em casos de emergência. A intensidade de sentimentos não é contabilizada. A opção "sem opinião" pode gerar muitos indecisos e respostas do tipo "Não sei", além de demandar muita sondagem ou reduzir o impacto da questão. Codificar as respostas pode ser um problema.

Desenvolva uma terceira versão, como a seguinte:

> **2.** Com relação à lei estatal contra escrever mensagens enquanto se dirige, você concorda fortemente, concorda, discorda ou discorda fortemente?
>
> 2.1 _____ concordo fortemente
> 2.2 _____ concordo
> 2.3 _____ discordo
> 2.4 _____ discordo fortemente
> 2.5 _____ indeciso *(Não ofereça essa opção a menos que seja solicitada.)*
> 2.6 _____ Por quê? _____
>
> *(Pergunte apenas a entrevistados que escolheram concordo fortemente ou discordo fortemente.)*

Essa terceira opção questiona a intensidade de sentimentos, é fácil de registrar e codificar, deixa a indecisão como uma opção não declarada, oferece instruções aos entrevistadores e inclui uma questão do tipo "Por quê?" secundariamente embutida para descobrir razões para forte aprovação ou desaprovação. Os autores deste livro descobriram que entrevistados com respostas moderadas tendem a não ter explicações prontas para concordar ou discordar, aprovar ou não aprovar, gostar ou desgostar. Eles apenas têm um sentimento geral.

> Elabore perguntas secundárias para motivos, conhecimento, nível e qualificadores.

Trabalhe cada questão até que ela satisfaça os critérios de formulação e esteja projetada para obter a informação necessária. Formulações cuidadosas evitam confusões e resultados imprecisos. Mais adiante, enfocaremos testes prévios de enquetes para detecção de problemas potenciais nas questões.

Perguntas de sondagem

Perguntas de sondagem são menos frequentes e geralmente planejadas em entrevistas de pesquisa. Por exemplo, se um entrevistado der uma resposta obscura, você poderá perguntar: "O que você quer dizer com isso?", "Como você poderia explicar melhor isso?" ou "O que entendo você dizer é...; é isso que você quis dizer?". Se um entrevistado der uma resposta muito curta ou parecer relutante em elaborar isso, faça uma sondagem de silêncio, uma sondagem provocativa, como "Arrã", ou uma sondagem informacional, como: "Diga-me mais sobre...". Se você não tiver certeza da relevância da resposta dada por um entrevistado, use uma sondagem de tratamento de informação, como "Mais alguma coisa?" ou "Há alguma outra coisa que você gostaria de acrescentar?". Lembre-se de registrar questões e respostas de sondagens de forma cuidadosa, clara e precisa para tabulações e análises posteriores.

Sua meta é realizar, repetidas vezes, entrevistas de pesquisa praticamente idênticas. A sondagem no local poderá resultar em parcialidades influenciadas pelo entrevistador se este formular questões verbais ou não verbais que induzam as pessoas a fornecer respostas que ele deseja ouvir ou levem diferentes entrevistados a oferecer respostas distintas. Se alguns entrevistadores fizerem perguntas de sondagem e outros não, a quantidade e o tipo de informação obtida variarão de uma entrevista para outra e resultarão em dados não confiáveis ou impossíveis de tabular e analisar com bons graus de confiança.

Estratégias de perguntas

Por meio das cinco estratégias apresentadas a seguir, os entrevistadores poderão avaliar os níveis de conhecimento, honestidade e coerência, reduzir respostas indecisas, prevenir parcialidades ordenadoras e incorporar perguntas de sondagem.

Estratégia de filtragem

A **estratégia de filtragem** permite que você determine o conhecimento do entrevistado sobre um tema. Por exemplo:

Entrevistador: Você está familiarizado com o aumento de taxa proposta pela companhia de água para o ano que vem?

Entrevistado: Sim, estou.

Entrevistador: O que a companhia de água está propondo?

> Não aceite "sim" como a resposta final.

Se um entrevistado disser não, siga para a próxima questão. Se disser sim, peça-lhe que revele o grau e a precisão de conhecimento que ele tem sobre o assunto. Essa questão de *follow-up* pode indicar se o entrevistado está confuso ou mal informado. Muitos entrevistados dirão sim a questões bipolares, mesmo que não tenham ideia do que o entrevistado está dizendo, pois, assim, não parecerão desinformados.

Estratégia de repetição

Por meio da **estratégia de repetição**, você poderá determinar se um entrevistado é consistente nas respostas sobre um tema, sobretudo quando o assunto é controverso. Você pode fazer a mesma questão com alguns minutos de diferença e comparar as respostas para checar a consistência. Uma variação dessa estratégia é dissimular a questão por meio de uma reformulação.

6. Quando está na sua casa, você supervisiona a utilização que seu filho faz do computador?
   6.1____ sim
   6.2____ não

14. Na sua casa, seu filho tem acesso livre ao computador?
    14.1____ sim
    14.2____ não

Outro exemplo da estratégia de repetição é ir de uma pergunta moderadamente fechada para uma altamente fechada. Eis um exemplo:

11. Com que frequência você toma bebidas alcoólicas durante a semana?
    _____

> As perguntas repetidas devem ser essencialmente as mesmas para determinar consistência nas respostas.

20. Vou ler uma lista de frequências com que você toma bebidas alcoólicas durante a semana. Interrompa quando eu ler a frequência que melhor descreve seu hábito de beber.
    20.1____ menos de uma vez por semana
    20.2____ de uma a duas vezes por semana
    20.3____ de três a quatro vezes por semana
    20.4____ de cinco a seis vezes por semana
    20.5____ sete vezes por semana ou mais

Não torne a repetição nem o fechamento da questão inicial muito óbvios e certifique-se de que a formulação não muda a intenção da questão inicial.

Estratégia de pergunta estimulada

Alguns entrevistados podem ficar relutantes em tomar posições ou decisões, frequentemente porque eles não querem revelar sentimentos ou intenções. Utilize uma pergunta estimuladora, que não deve ser confundida com direcionadora, para reduzir o número de "respostas indecisas" e do tipo "não sei". Eis um exemplo de **estratégia de pergunta estimulada**:

9a. Sobre o referendo na escola, nas eleições de outono, você pretende votar a favor ou contra? (Se o entrevistado se mostrar indeciso, pule para questão 9b.)

_____ a favor

_____ contra

9b. Em que sentido você se posicionaria hoje?

_____ a favor

_____ contra

_____ indeciso

> **Perguntas direcionadas** solicitam que os entrevistados assumam uma posição ou tomem uma decisão.

A opção "indeciso" permanece na questão 9b porque um entrevistado pode realmente estar indeciso no momento. Uma variação da questão estimuladora é: "Bem, se você tivesse que votar hoje, como você votaria?". A clara formulação das opções "indeciso" e "não sei" pode ser convidativa para largos percentuais nesse sentido, particularmente quando uma pergunta envolve atitudes críticas em relação a pessoas, organizações ou produtos. Contudo, algumas fontes recomendam que você sempre inclua "não sei" ou "não se aplica" entre as opções de resposta em todas as questões, a menos que todos os entrevistados apresentem uma resposta definida, de modo a reduzir a frustração do entrevistado e oferecer respostas mais honestas e precisas.[12]

Estratégia aleatória

Nas questões, a ordem das opções de resposta pode afetar as escolhas do entrevistado. Pesquisas indicam que as últimas possibilidades de escolha recebem, em geral, avaliações negativas ou superficiais porque o entrevistado fica cansado ou entediado. Além disso, há uma tendência de que o entrevistado selecione uma determinada opção porque ela foi a primeira a ser mencionada ou a última ouvida. A **estratégia aleatória** varia a ordem das opções de resposta de uma entrevista para a outra, de modo a prevenir **parcialidades ordenadoras**. O método da rotatividade é cuidadosamente explicado no treinamento de entrevistadores. Perceba as instruções embutidas para entrevistadores no exemplo seguinte:

Agora lerei para você uma lista das cinco cervejas mais populares por volume de venda nos Estados Unidos. Gostaria que você me dissesse se tem, em relação a cada uma delas, uma atitude altamente favorável, favorável, neutra, desfavorável ou altamente desfavorável. *(Faça rodar a ordenação das cervejas de entrevista para entrevista. Circule as respostas recebidas.)*

> **A parcialidade ordenadora** é ao mesmo tempo um fato e um mito.

	Altamente favorável	Favorável	Neutro	Desfavorável	Altamente desfavorável
Miller Light	5	4	3	2	1
Budweiser	5	4	3	2	1
Coors Light	5	4	3	2	1
Bud Light	5	4	3	2	1
Corona Extra	5	4	3	2	1

Em pesquisas políticas, persuasivas e de publicidade, as parcialidades ordenadoras potenciais já resultaram em eventos estranhos. Em Indiana, um candidato político trocou legalmente de nome para começar com A. Por causa dessa mudança, o nome do candidato foi colocado no topo da lista da cédula, no dia da eleição. Ele partiu do pressuposto de que os eleitores selecionam os nomes que estão no topo das listas de candidatos. Ele perdeu, mas ações semelhantes levaram os Estados norte-americanos a tornar aleatória a lista de nomes nas cédulas eleitorais.

Estratégia de cadeia ou contingência

Formatos altamente padronizados ou altamente programados permitem planejar questões de antemão que possibilitam a você sondar as respostas. A **estratégia de cadeia ou contingência** está ilustrada nas seguintes séries de uma pesquisa de mercado. Perceba as instruções embutidas e a pré-codificação para facilitar registros de respostas e tabulação de dados.

> Nas pesquisas, todas as perguntas de sondagens estão incluídas na programação.

1a. Durante o mês passado, você recebeu alguma amostra grátis de cereais matinais? (COLOQUE UM X NA RESPOSTA RECEBIDA.)

Sim _____ 1 – Faça a pergunta 1b.

Não _____ 2 – Faça a pergunta 2a.

1b. Que cereal matinal você recebeu?

Cheerios _____ 1

Frosted Flakes _____ 2

Special K _____ 3

Great Grains _____ 4

Shredded Wheat _____ 5

1c. (PERGUNTE APENAS SE A MARCA GREAT GRAINS NÃO FOR MENCIONADA NA PERGUNTA 1b; DO CONTRÁRIO, PULE PARA PERGUNTA 1d.)

Você recebeu amostra grátis de Great Grains?

Sim _____ 1 – Faça a pergunta 1d.

Não _____ 2 – Pule para a pergunta 2a.

1d. Você consumiu a amostra grátis de Great Grains?

Sim _____ 1 – Pule para a pergunta 2a.

Não _____ 2 – Faça a pergunta 1e.

1e. Por que você não consumiu a amostra grátis de Great Grains?

_____ _____ _____

_____ _____ _____

> Replicabilidade significa reproduzir entrevistas.

Por meio da estratégia de cadeia ou contingência, você poderá sondar as questões e manter o controle do processo, de modo a assegurar que cada entrevista será tão semelhante quanto possível.

Escalas de perguntas

Há uma variedade de escalas de perguntas. Ao utilizá-las, você poderá se aprofundar mais nos temas e sentimentos (o que não acontece com questões bipolares), e registrar e tabular os dados mais facilmente.

Escalas de intervalo

> As escalas de Likert fornecem uma variedade de sentimentos, atitudes ou opiniões.

Escalas de intervalo oferecem distâncias entre medidas. Por exemplo, **escalas de intervalos de avaliação** (também chamadas **escalas de Likert**) pedem que os entrevistados julguem pessoas, lugares, coisas ou ideias. A escala pode variar de cinco a nove opções de resposta (cinco é a mais comum) com polos opostos do tipo "gosto fortemente ... desgosto fortemente", "concordo fortemente ... discordo fortemente" ou "muito importante ... totalmente desimportante". A seguir, apresentamos uma escala de intervalo de avaliação:

Com relação ao plano da universidade de desenvolver um ano universitário com três semestres, iniciando em 2016, você concorda fortemente, concorda, não tem opinião, discorda ou discorda fortemente?
5 Concordo fortemente _____
4 Concordo _____
3 Neutro _____
2 Discordo _____
1 Discordo fortemente _____

> Ofereça ajuda para o entrevistado lembrar as opções de resposta.

Você pode oferecer aos entrevistados cartões (codificados por cor para diferenciá-los) para questões complexas ou para aquelas com muitas escolhas e opções. Um cartão elimina o problema da recordação incompleta que muitos entrevistados enfrentam. Eles podem estudar as respostas ou os objetos que estão avaliando, classificando ou ordenando sem tentar lembrar todas as opções oferecidas oralmente. Eis um exemplo do uso de cartões:

Por favor, use as frases deste cartão para dizer-me como a propaganda do novo parque aquático na Costa Nacional das Dunas, veiculada recentemente pela TV, afetou seu interesse em visitar o local.
5 Aumentou bastante meu interesse _____
4 Aumentou um pouco meu interesse _____
3 Não vai afetar meu interesse _____
2 Diminuiu um pouco meu interesse _____
1 Diminuiu bastante meu interesse _____

> Escalas de frequência trabalham com número de vezes em que um fato ocorre.

Escalas de intervalos de frequência pedem que os entrevistados selecionem um número que reflita com maior precisão a frequência com que eles usam ou fazem alguma coisa. Por exemplo:

Com que frequência você come carne de porco?
Mais de uma vez por semana _____
Uma vez a cada semana _____
A cada duas semanas _____
Uma ou duas vezes por mês _____
Menos que uma vez por mês _____
Raramente _____

> Escalas numéricas trabalham com variações.

Escalas de intervalos numéricos pedem que os entrevistados selecionem uma amplitude ou nível que reflita, de forma precisa, idade, ganhos, nível educacional ou posição hierárquica em uma organização. Por exemplo:

Lerei vários agrupamentos de idade. Por favor, interrompa quando eu ler aquele que se aplica a você.

18-24 _____
25-34 _____
35-49 _____
50-64 _____
65 e mais _____

Escalas nominais

> Escalas nominais trabalham com nomenclatura e seleção.

Escalas nominais fornecem variáveis mutuamente exclusivas e pedem que os entrevistados nomeiem a mais adequada. Como se trata de relatos para o organizador, os entrevistados *não* poderão avaliar ou classificar escolhas nem selecionar uma opção em um conjunto avaliativo, numérico ou de frequência. As opções podem ficar em qualquer ordenação. Eis dois exemplos de utilização desse tipo de escala:

Seu posicionamento político é majoritariamente:
De direita _____
De esquerda _____
Centro _____
Independente _____
Outro _____

Na última vez que jantou em um restaurante, a sua entrada foi composta de:
Carne bovina _____
Porco _____
Cordeiro _____
Frango _____
Peixe _____
Outro _____ (POR FAVOR, ESCREVA O NOME.)

Em questões nominais, as opções são mutuamente exclusivas. "Outra" é a opção final porque o entrevistado deve poder escolher uma das nomeadas ou oferecer uma opção.

Escalas ordinais

> Escalas ordinais pedem classificações ou avaliações.

Questões ordinais pedem aos entrevistados que classifiquem ou estabeleçam hierarquias de opções nas relações entre elas, sejam essas relações implícitas ou declaradas. Elas não nomeiam a opção mais aplicada do mesmo modo que as escalas de intervalo ou nominais.

A seguir, apresentamos um exemplo de **escala de avaliação ordinal**:

Como você viajou pelo país durante os últimos cinco anos, estou certo de que se hospedou em uma variedade de hotéis. Por favor, classifique cada um dos seguintes hotéis como excelente, acima da média, mediano, abaixo da média ou ruim.

Holiday Inn Express	Excelente	Acima da média	Mediano	Abaixo da média	Ruim	N/A
Hilton Garden Inn	Excelente	Acima da média	Mediano	Abaixo da média	Ruim	N/A
Hampton Inn	Excelente	Acima da média	Mediano	Abaixo da média	Ruim	N/A
Drury Inn	Excelente	Acima da média	Mediano	Abaixo da média	Ruim	N/A
Comfort Inn	Excelente	Acima da média	Mediano	Abaixo da média	Ruim	N/A
Courtyard	Excelente	Acima da média	Mediano	Abaixo da média	Ruim	N/A

Note que essa escala de avaliação gera seis respostas, incluindo não se aplica (N/A) para um hotel não visitado. A seguir, apresentamos uma **escala de avaliação ordinal**:

Neste cartão, estão nomeados cinco programas de notícias. Classifique-os em ordem de precisão e confiabilidade, sendo 1 a maior e 5 a mais baixa.

                          Classifique
ABC WorldNews   _____
CBS Evening News   _____
CNN Newsroom   _____
Fox Report   _____
NBC Nightly News   _____

As questões ordinais apresentadas a seguir pedem aos entrevistados que selecionem as opções e coloquem-nas em ordem.

Nestes cartões, estão várias razões citadas frequentemente para conceder bolsas a estudantes carentes de escolas primárias e universidades. Escolha as três que você julga mais importantes e classifique-as em ordem de importância.

_____ Justiça   _____ Redução do poder dos sindicatos
_____ Competição   _____ Maior qualidade de educação
_____ Custo   _____ Diminuição do controle governamental
_____ Envolvimento dos pais

Escala de distância social Bogardus

> A escala de distância social Bogardus mede o efeito das distâncias relacionais.

A **escala de distância social Bogardus** determina como as pessoas se sentem a respeito de relações sociais e as distâncias entre elas. Por exemplo, você quer saber se a atitude ou o sentimento de uma pessoa muda quando a questão se aproxima de casa. Em geral, essa escala se move progressivamente de relações e distâncias remotas para íntimas, de modo a detectar mudanças quando há algum tipo de proximidade. Por exemplo, você pode usar a seguinte escala de distância social de Bogardus para determinar como os entrevistados se sentem a respeito da expansão das perfurações de petróleo.

1. Você é favorável à ampliação das perfurações de petróleo nos Estados Unidos?   _____ Sim   _____ Não

2. Você é favorável à ampliação das perfurações de petróleo no Meio-Oeste dos Estados Unidos?   _____ Sim   _____ Não

3. Você é favorável à ampliação das perfurações de petróleo em seu Estado?   _____ Sim   _____ Não

4. Você é favorável à ampliação das perfurações de petróleo no seu distrito? ____ Sim ____ Não

5. Você é favorável à ampliação das perfurações de petróleo no seu bairro? ____ Sim ____ Não

Em muitas perguntas, os entrevistados são cuidadosamente removidos da atitude ou do sentimento que eles expressam sobre um produto, questão, ação ou pessoa. A escala de distância social de Bogardus traz uma questão cada vez mais para perto de casa, de modo que isso não seja mais algo impessoal ou que afete outros "do lado de lá".

> **Minimize a adivinhação em pesquisas.**

As escalas de questão são projetadas para obter uma variação de resultados e divulgações de níveis 2 e 3, mas os entrevistados podem tentar despistar seus entrevistadores. Alunos fazem isso quando respondem a testes padronizados. Por exemplo, entrevistados podem tentar pegar respostas "normais" em escalas nominais e ordinais, e opções seguras, moderadas ou intermediárias em escalas de intervalos. Em vez de admitirem que não sabem a resposta correta, mesmo quando não há resposta correta, os entrevistados podem escolher a opção que se destaca, como a segunda em uma lista que inclui 10%, 15%, 20%, 30% e 40%. Entrevistados que inicialmente concordaram que determinada atividade os deixaria inquietos são menos propensos a admitir depois que alguma vez praticaram aquela atividade e podem tentar mudar de assunto.[13]

> **Preveja confusão em perguntas de escala.**

Formule cuidadosamente questões de escala para evitar jogos, adivinhações e confusões. Escute e observe as reações durante as entrevistas de teste prévio para detectar padrões de resposta, níveis de compreensão do entrevistado e hesitação ao responder. Escalas longas, procedimentos de avaliação ou classificação complicados e explicações extensas podem confundir entrevistados, talvez nenhuma das partes note isso no momento.

Sequências de perguntas

> **Sequências de perguntas complementam estratégias de perguntas.**

Reveja as sequências estruturais estudadas no Capítulo 4. A sequência túnel é útil quando não há necessidade de um alinhamento estratégico de questões. A sequência *de design quintadimensional* de Gallup – ou uma variação dela – é apropriada quando se explora a intensidade de atitudes e opiniões. As sequências funil, funil invertido, ampulheta e diamante incluem questões de final aberto, de modo que as respostas podem ser difíceis de registrar, codificar e tabular. Essas sequências são apropriadas para pesquisas qualitativas por causa da riqueza de informações que os entrevistadores obtêm de questões abertas. Além disso, elas fazem valer a pena os problemas que trazem. Um estudo sobre os efeitos da ordem das questões sugere que questões gerais devem vir primeiro, seguidas de questões mais específicas. Nesse caso, trata-se de uma sequência funil.[14]

Seleção de entrevistados

Os entrevistados são a fonte de seus dados. A melhor programação de questões ajuda pouco se você conversa com as pessoas erradas na hora errada ou no lugar errado.

Definição de público

Na seleção de entrevistados, o primeiro passo é definir o **público** que você deseja estudar. O público pode ser pequeno e semelhante, como membros de uma equipe de vendas, ou grande e diverso, como todos os empregados de uma montadora de automóveis. Você pode selecionar um subconjunto de um público amplo, como todos os empregados acima de 50 anos de uma loja de departamentos. O público identificado deve incluir todas as pessoas que estiverem aptas e qualificadas para responder às suas questões. Lembre-se de que, com base nas respostas dadas por elas, você será capaz de obter as conclusões para a sua pesquisa.

Na seleção de entrevistados, o primeiro passo é definir o público que você deseja estudar.

Se o público-alvo for pequeno (membros de uma academia de ginástica), você poderá entrevistar todos os participantes. A maioria das enquetes, contudo, trabalha com públicos que excedem, em muito, limitações de tempo, finanças e pessoal – os 35 mil alunos de graduação de uma universidade ou os moradores maiores de 18 anos de uma cidade de 250 mil habitantes. Como dezenas de pesquisadores não poderiam entrevistar todas essas pessoas, então você entrevista uma **amostra** e estende suas conclusões para todas elas. Uma armadilha comum é não despender o tempo necessário para assegurar que seja completo e bem definido o público dessa amostragem.[15]

Princípios de amostragem

O princípio fundamental da amostragem é que ela deve representar o público-alvo sob estudo. Antigamente, os vendedores de melão praticavam esse princípio quando cuidadosamente cortavam um triângulo da fruta. Essa amostra representava o melão inteiro.

Cada entrevistado em potencial, oriundo de um público definido, deve ter uma chance igualitária de ser entrevistado. Você determina a probabilidade de cada pessoa ser selecionada ao decidir sobre uma **margem de erro** aceitável. A precisão de uma pesquisa é o "grau de semelhança entre os resultados da amostra e os resultados de uma contagem de 100% obtidos de maneira idêntica".[16] A maioria das enquetes atinge um nível de confiança de 95%, a probabilidade de que 95 entre 100 entrevistados apresentariam aqueles resultados se tivesse entrevistado a totalidade do público. Resultados de pesquisas reportados rotineiramente na mídia afirmam que uma pesquisa teve uma margem de erro de 4%. Isso significa que, se 42% dos entrevistados aprovam a maneira como o Congresso está fazendo seu trabalho, a figura real poderia ser tão baixa quanto 38% ou tão alta quanto 46%.

> **Uma amostra é uma versão em miniatura do todo.**

Uma margem de erro tolerável depende do uso da enquete. Se você pretende prever os resultados de uma eleição ou os efeitos de um tratamento médico, deve buscar uma margem de erro pequena, de 3% ou menos. Se você está conduzindo uma enquete para determinar como empregados sentem-se a respeito de uma nova instalação de recreação, uma margem de erro maior é aceitável, de 4% ou 5%.

> **A margem de erro determina o valor de uma pesquisa.**

Determine o **tamanho da amostra** de acordo com o tamanho do público e da margem de erro aceitável. Algumas empresas de pesquisa produzem enquetes nacionais precisas, com uma margem de erro da ordem de 3% a partir de uma amostra de 1.500 pessoas. Fórmulas padronizadas revelam que, à medida que uma população cresce em tamanho, a porcentagem do público necessário para uma amostra cai rapidamente. Em outras palavras, você precisa entrevistar uma porcentagem maior de 5 mil pessoas do que de 50 mil pessoas para obter resultados igualmente precisos. As fórmulas também revelam que você deve aumentar bastante o tamanho da amostra para reduzir a margem de erro de 5% para 4% e 3%. Essa pequena redução na margem de erro pode não compensar o custo adicional de conduzir significativamente mais entrevistas. A tabela apresentada a seguir, elaborada por Philip Meyer, mostra os tamanhos de amostra de vários públicos necessários para uma margem de erro de 5% e 95% de nível de confiança.

> **Uma amostra é o número real de pessoas entrevistadas.**

Tamanho da população	Tamanho da amostra
Infinito	384
500.000	384
100.000	383
50.000	381
10.000	370
5.000	357
3.000	341
2.000	322
1.000	278

A Creative Research Systens oferece um calculador de tamanho de amostragens como serviço de utilidade pública. Você pode empregar esse calculador desde que saiba o intervalo de confiança (margem de erro de 3, 4 ou 5 pontos), o nível de confiança (percentual de firmeza que você tem em resultados, como em 95%) e o tamanho de seu público-alvo.

Técnicas de amostragem

O tamanho da amostra é importante, mas como você a seleciona é fundamental para a validade da pesquisa. Como W. Charles Redding alertou anos atrás, "uma pesquisa ruim é pior que nenhuma".[19] Há dois tipos gerais de amostragem: **probabilística** e **não probabilística**.[20] Na amostragem probabilística, você sabe que cada membro de seu público tem certa chance de ser

Amostragem aleatória

> Amostragem aleatória é como "tirar nomes de um chapéu".

A **amostragem aleatória** é o método mais simples de selecionar uma amostra representativa. Por exemplo, se há uma lista com todas as pessoas de um grupo, você coloca todos os nomes em um recipiente, mistura-os completamente e tira um nome por vez até que tenha uma amostragem.

Tabela de números aleatórios

Um método de amostragem aleatória mais complexo é atribuir um número para cada entrevistado potencial e criar ou adquirir uma **tabela de números aleatórios**. Com os olhos vendados, coloque o dedo em um número e leia uma combinação para cima, para baixo, cruzando para esquerda ou direita ou diagonalmente. Selecione esse número como parte da amostra ou decida ler o último dígito do número tocado (46) e o primeiro dígito do número à direita (29), e então contate o entrevistado número 62. Repita esse processo até obter a amostra de que precisa.

> No intervalo salteado, você seleciona um nome a cada "x" de uma lista.

Intervalos salteados ou dígitos aleatórios

Na amostragem de **intervalos salteados** ou **dígitos aleatórios**, você pode escolher cada décimo número em um guia telefônico, cada quinto nome de uma lista de clientes ou cada pessoa que entra em um supermercado. O sistema de discagem digital aleatória, muito utilizado atualmente na condução de enquetes, "gera aleatoriamente números de telefone em códigos e prefixos de áreas desejadas", o que "dá a cada número de telefone na área uma chance igual de ser chamado", e assegura anonimato, pois nenhum nome de entrevistado é utilizado.[21] Essa técnica comum de amostragem pode ter algumas falhas embutidas. Por exemplo, um percentual crescente de público não quer ver seu número listado nem utiliza celular. Entretanto, um número crescente de residências tem mais de um número de telefone, e isso aumenta a probabilidade de que uma residência em particular seja contatada mais de uma vez. Uma lista de eleitores, clientes ou membros associados pode estar desatualizada. A hora do dia, o dia da semana e a localização podem determinar os tipos de pessoas disponíveis para entrevistas.

Amostragem aleatória estratificada

> Uma amostra estratificada representa o todo de maneira mais aproximada.

Procedimentos de amostragem aleatória podem não oferecer representação adequada de subgrupos dentro de um público. Se um público tem grupos claramente definidos (homens e mulheres, idades, níveis de educação, níveis de ganhos e diversos grupos culturais), empregue um **método de amostragem aleatória estratificada**. Por meio desse método, você pode incluir um mínimo de entrevistados de cada grupo, ou seja, um percentual do grupo no público-alvo. Por exemplo, se o público-alvo for composto de 30% de alunos de primeiro ano, 25% do segundo ano, 20% do terceiro, 20% de formandos e 5% de graduados, sua amostra representará essas porcentagens.

Ponto de amostra

> Em geral, um ponto de amostra é uma área geográfica.

Um ponto de amostra representa uma área geográfica (um quarteirão ou um quilômetro de determinada avenida, por exemplo) que contenha tipos específicos de pessoas (fazendeiros de grãos ou pessoas aposentadas, por exemplo). As instruções podem orientar os entrevistadores a evitar casas de esquina (que são frequentemente mais caras) e então tentar cada outra casa no lado de fora da área dos quatro quarteirões, até que sejam obtidas duas entrevistas com homens e duas com mulheres. O Departamento de Agricultura dos Estados Unidos usa fotografia aéreas de áreas de fazenda e culturas para determinar que fazendeiros entrevistar, para assim determinar a quantidade das várias culturas plantadas e possíveis rendimentos dessas culturas a cada ano. O **ponto de amostra** ou **bloco de amostra** dá ao projetista da pesquisa controle sobre a seleção de entrevistados sem recorrer a listas de nomes, dígitos aleatórios ou números de telefones.

Há dois métodos comuns de amostras não probabilísticas, ambos não muito precisos. Entrevistadores de enquetes empregam esses métodos porque são convenientes e baratos.

Autosseleção

> A autosseleção é o método de amostragem menos representativo.

O mais impreciso método de amostragem é a **autosseleção**. Esse método é utilizado diariamente em *talk shows* de rádio e TV, em notícias e na Internet. Quem mais provavelmente ligará para o C-SPAN, Rush Limbaugh ou para uma emissora de televisão? Você adivinhou – aqueles que estão muito furiosos ou são contrários ou favoráveis a uma ação. Moderados raramente telefonam ou escrevem. É fácil prever em que resultarão enquetes autosselecionadas sobre controle de armas, reformas do sistema de saúde e sindicatos trabalhistas.

Conveniência

A **amostragem de conveniência** é popular porque os entrevistados são numerosos e fáceis de encontrar. Nesse caso, os pesquisadores abordam alunos na saída de uma escola ou universidade, frequentadores de um *shopping* ou pessoas na rua. O único critério é a conveniência para o entrevistador. A aleatoriedade e representatividade dos diversos elementos de uma população-alvo, considerados em formas de probabilidades na amostragem, não são levadas em consideração nessa técnica.[22]

Seleção e treinamento de entrevistadores

Criar um instrumento de pesquisa e desenvolver uma cuidadosa amostra de entrevistados é fundamental, mas selecionar entrevistadores e treiná-los adequadamente também é.

Número necessário

> Raramente você consegue fazer tudo sozinho.

No caso de entrevistas curtas com um pequeno número de pessoas, um entrevistador pode ser suficiente. Em geral, serão necessários muitos entrevistadores no seguinte cenário: entrevistas longas, amostra grande, pouco tempo disponível para completar a enquete e entrevistados de uma grande área geográfica. Entrevistas com atribuições extensas e difíceis resultam em séria fadiga para o entrevistador e declínio de sua motivação,[23] o que poderá comprometer a qualidade das entrevistas e dos dados obtidos.

Qualificações

> Entrevistadores devem seguir as regras.

Uma entrevista padronizada altamente programada não requer que o entrevistado seja um *expert* no tema ou qualificado na formulação das perguntas e sondagem de respostas. Para conduzir uma entrevista desse tipo, a pessoa deve ser capaz de aprender e seguir linhas de orientação, ler questões na íntegra e de maneira eficaz, e registrar respostas rapidamente e de forma precisa. Se um formato de entrevista altamente programada exigir uma sondagem muito qualificada de perguntas, os entrevistadores terão que ter habilidade para pensar por si mesmos, adaptar-se a diferentes entrevistados, lidar com objeções e preocupações não antecipadas, e reagir efetiva e calmamente a perguntas estranhas. Nesse tipo de entrevista, entrevistadores profissionalmente treinados são mais eficientes e produzem resultados mais precisos. Segundo um estudo publicado, em 1983, no *Public Opinion Quarterly*, "entrevistadores experientes obtêm taxas mais elevadas de relatórios aquiescentes do que os inexperientes, mesmo depois de considerar potenciais diferenças nas características de entrevistador e entrevistado. Essas diferenças entre os entrevistadores não são mediadas por ritmos diferentes de entrevista, como a duração delas, mas sim nas diferenças comportamentais desses entrevistadores".[24]

Características pessoais

> A credibilidade do entrevistador é imprescindível em pesquisas.

Entrevistadores mais velhos, com um comportamento não ameaçador e uma visão otimista obtêm melhores graus de respostas e cooperação, independentemente de suas experiências. A idade gera credibilidade e autoconfiança, e o otimismo motiva os entrevistados a cooperar.[25] Newport, Saad e Moore constataram que personalidade e atitude do entrevistador são determinantes para a participação de um entrevistado em pesquisas.[26]

Ceticismo do entrevistado

> Os entrevistados desconfiam cada vez mais de pesquisas.

Cerca de um terço dos entrevistados acredita que a participação em pesquisas não irá beneficiá-los nem influenciar suas decisões. Além disso, há muitas pesquisas, a maioria é muito longa e os entrevistadores formulam muitas questões pessoais. Aproximadamente 36% dos entrevistados de um estudo disseram que tinham sido convidados a participar de "falsas pesquisas", entrevistas de vendas ou de campanha política disfarçadas de pesquisas informativas. Segundo um relatório sobre como o Instituto Gallup conduz pesquisas de opinião pública, "Os questionamentos do público indicam uma dose saudável de ceticismo a respeito de pesquisas. No entanto, eles são geralmente acompanhados por um desejo forte e sincero de descobrir o que está acontecendo sob a fachada do Gallup".[27] Obviamente, entrevistadores de pesquisas devem estar cientes das dimensões relacionais, como cordialidade, envolvimento, dominância e confiança, e esforçar-se para estabelecer uma relação positiva com cada entrevistado, aparentando ser amigável, descontraído e confiável.

Semelhança entre entrevistador e entrevistado

> A semelhança, mas não uma imagem espelhada, pode ser importante.

A semelhança é uma dimensão relacional importante nas entrevistas de pesquisa. Você deve vestir-se de modo semelhante aos entrevistados, porque, se os entrevistadores se parecem comigo, estarei mais propenso a cooperar e responder adequadamente. Uma relação que harmonize o entrevistado com o grupo (negro com negro, idoso com idoso, hispânico com hispânico) pode evitar barreiras culturais e de comunicação e aumentar a confiança, porque o entrevistador será percebido como seguro, capaz de entendimento e simpático. É sempre pertinente considerar a possibilidade de os entrevistadores falarem com os entrevistados na língua destes, o que inclui dialetos ou sotaques regionais.[28]

Treinamento de entrevistadores

Realize sessões de treinamento com instruções cuidadosamente escritas para todos os entrevistadores, independentemente da experiência. O treinamento resulta em uso apropriado de perguntas de sondagem, *feedback* e oferecimento de instruções.

> Uma execução ruim pode arruinar uma preparação cuidadosa.

Discuta as críticas comuns de entrevistados de pesquisas e saliente a importância de seguir a programação das perguntas exatamente como estão impressas. Explique questões complexas e métodos de registro. Certifique-se de que os entrevistadores compreendem as técnicas de amostragem empregadas. Enfatize a necessidade de replicar entrevistas para melhorar a confiabilidade e alcançar uma margem aceitável de erro e nível de confiança. Descreva todo o processo e o propósito dele. Discuta a natureza e o perigo de parcialidades por parte do entrevistador. Às vezes, é necessário ajudar os entrevistadores na leitura de mapas e identificação de residências. É sempre produtivo ensaiar a entrevista a ser realizada. Nesse ensaio, inclua a abertura, faça perguntas (isso será fundamental sobretudo se houver perguntas de sondagem ou se os entrevistadores precisarem criá-las no local), registre respostas e mostre como eles devem encerrar a entrevista. A seguir, apresentamos alguns exemplos de instruções para entrevistadores.

Preparação para a entrevista

> Proteja-se da parcialidade do entrevistador.

Estude o cronograma de perguntas e opções de respostas cuidadosamente para que você possa perguntar, em vez de ler as perguntas e registrar as respostas de maneira rápida e precisa. Vista-se adequadamente, esteja limpo e bem preparado. Não use *buttons* ou insígnias que o identifiquem com um determinado grupo ou posição sobre algum assunto, para evitar influenciar respostas. Escolha um momento adequado da semana e do dia.

Condução da entrevista[29]

Seja amigável, eficiente e interessado no tema. Fale claramente, com bom ritmo e em voz alta o suficiente para ser ouvido facilmente. Mantenha contato visual e não tenha medo de sorrir. Faça todas as perguntas de forma clara, neutra e sem hesitação. Adote uma maneira informal de falar que evite parecer que você está lendo ou recitando aberturas, perguntas e encerramentos.

Abertura da entrevista

Motive o entrevistado a partir do momento em que a entrevista começar. Diga seu nome, identifique sua organização e apresente suas credenciais, se necessário. Explique a finalidade, duração, natureza e importância do estudo; em seguida, faça a primeira pergunta sem demonstrar que está pressionando o entrevistado a participar.

Faça as perguntas

> Nenhuma pergunta pode ser alterada de qualquer maneira.

Faça todas as perguntas, incluindo opções de resposta, exatamente como formuladas. Você pode repetir a pergunta, mas não deve reformular ou definir as palavras. Não altere a ordem das perguntas e opções de resposta, a menos que seja instruído a fazê-lo. Se se tratar de um estudo qualitativo, analise atentamente as respostas para obter resultados perspicazes e completos, livres de ambiguidades e de referências vagas.

Recepção e registro de respostas

> Mantenha uma expressão impassível e agradável o tempo todo.

Dê aos entrevistados tempo suficiente para responder e, em seguida, registre as respostas como prescrito no seu treinamento e programação. Escreva ou imprima as respostas cuidadosamente. Mantenha-se neutro em todos os momentos, não demonstre nenhuma reação às respostas, nem positiva nem negativa.

Encerramento da entrevista

Depois de obter a resposta para a última pergunta, agradeça ao entrevistado a cooperação e despeça-se sem ser abrupto. Seja educado e sensível, deixando claro que o entrevistado foi muito útil. Não discuta a pesquisa com o entrevistado.

Condução de entrevistas de pesquisa

Com a preparação concluída, é hora de pré-testar a entrevista com uma parte do público-alvo, para detectar possíveis problemas com perguntas e opções de resposta.

Pré-teste da entrevista

> Não fazer pré-teste é a antessala do desastre.

Os melhores planos elaborados no papel podem não funcionar durante entrevistas reais. Ensaie todo o processo: abertura, perguntas, registro de respostas e encerramento.

Não deixe nada ao acaso. Por exemplo, em uma pesquisa política realizada em um de nossos cursos, os alunos excluíram a pergunta "Do que você gosta ou não gosta em sua especialização?", porque ela tomava muito tempo, gerava poucos dados úteis e tornou-se um pesadelo de codificação por causa da diversidade de respostas. Em outro projeto desenvolvido por nós, uma lista com nomes de candidatos políticos foi entregue aos entrevistados, que deveriam responder à seguintes questão: "Do que você gosta ou não no candidato...?". Muitos ficaram embaraçados ou deram respostas vagas, pois não conheciam alguns dos candidatos. Essa questão foi substituída por uma escala de Likert de "gosto fortemente" até "desgosto fortemente", incluindo uma opção "não sei", e os entrevistadores sondaram as razões para o gostar ou não gostar somente entre os entrevistados que escolheram posições extremas na escala. Os entrevistados tendiam a saber algo sobre os candidatos de que gostavam ou desgostavam fortemente. Em uma pesquisa sobre calúnia e difamação durante campanhas políticas, como um dos autores constatou que as questões de escala poderiam confundir entrevistados idosos, ele adicionou explicações especiais para questões complexas.

> **Não deixe nada sem questionamento.**

Na realização dos pré-testes, faça as seguintes perguntas ou parecidas: "Será que os entrevistados entenderão o propósito da pesquisa?", "O texto de alguma questão poderá causar problemas para alguns entrevistados?", "Será que os entrevistados reagirão negativamente ou se recusarão a responder a determinadas perguntas?", "Todas as questões resultarão na informação desejada?" e "O registro das respostas causará algum problema?".

Depois de ter estudado os resultados do pré-teste e fazer alterações em procedimentos, perguntas e opções de resposta, você estará pronto para realizar a pesquisa completa.

Entrevista presencial

O ideal é que a pesquisa seja realizada por meio de uma entrevista presencial, pois a probabilidade de obter respostas adequadas é maior. Nesse tipo de entrevista, os respondentes podem ver e ouvir o entrevistador e sentir, tocar, experimentar e talvez saborear produtos. A entrevista presencial tem uma série de vantagens em relação a outras formas de pesquisa.[30] É mais fácil para o entrevistador estabelecer credibilidade por meio de aparência física, vestimenta, contato visual e apresentação de credenciais. Os entrevistadores podem ter certeza de entrevistar públicos específicos, incluindo "populações marginalizadas", em locais e horários específicos. Os entrevistados ficam mais dispostos a participar de entrevistas longas, que permitem aos entrevistadores fazer mais perguntas sobre questões complexas e focar em profundidade atitudes e informações. Entrevistas presenciais permitem que entrevistadores observem atitudes e reações reveladas por meio de expressões faciais, contato visual, gestos e postura. Os entrevistados ficam mais propensos a dar respostas próprias e mais precisas devido à "naturalidade" da situação.

A entrevista presencial tem algumas desvantagens. É dispendiosa, demorada e lenta. Exige um considerável número de entrevistadores bem treinados, que podem ou não entrevistar a amostra representativa que a pesquisa exige. Pode ser impossível fazer entrevistas presenciais em uma ampla área geográfica.

> **Entrevistas por telefone podem compensar financeiramente, mas os resultados sempre ficam aquém do esperado.**

Entrevista por telefone

Como as entrevistas de pesquisa presenciais são caras e demoradas, e mudanças sociais tornaram difícil prever quando os entrevistados podem estar disponíveis, a entrevista de pesquisa por telefone – particularmente com o advento da tecnologia discagem digital aleatória – passou a ser predominante. Todavia, esse tipo entrevista tem seu próprio conjunto de problemas.

Embora alguns estudos indiquem que as entrevistas por telefone e presenciais produzem resultados semelhantes, pesquisadores recomendam cautela na escolha do método a ser utilizado. Os resultados de um estudo apontaram que muitos entrevistadores não gostam de entrevistas por telefone, uma atitude que pode afetar as respostas. Aquilino constatou que menos entrevistados (especialmente os mais velhos) preferem o telefone, o que resulta em um menor grau de cooperação em entrevistas via telefone.[31] Segundo Link e Oldendick, as pessoas se sentem pouco à vontade em discutir questões sensíveis com estranhos que não podem ver, e é difícil para os entrevistadores dar garantias de confidencialidade convincentes quando não estão diante dos entrevistados.[32] Aqueles que utilizam secretárias eletrônicas, serviços de atendimento de chamadas e identificadores de chamada podem filtrar chamadas indesejadas, incluindo enquetes.[33] O advento do celular e o número cada vez maior de pessoas que utilizam apenas linhas móveis dificultaram o trabalho dos entrevistadores de enquetes, pois antes eles podiam se valer de listas telefônicas para obter as amostragens. Isso levou os pesquisadores a alertar contra parcialidades de cobertura quando eram excluídos entrevistados que só usavam telefone celular (muitas vezes, pessoas jovens ou de baixo *status* econômico).[34] Embora alguns estudos iniciais tenham sugerido que respostas de entrevistas via telefone celular pudessem ser menos precisas do que aquelas em linha fixa convencional, um recente estudo revelou que "não há evidência de efeito de dispositivos".[35]

Independentemente dos potenciais problemas com entrevistas de pesquisa por telefone, elas predominam por causa de vantagens significativas.[36] O telefone, além de ser um veículo mais barato, fornece resultados mais rápidos, literalmente do dia para a noite, se desejado. Pode haver menos efeitos ligados ao entrevistador, como a parcialidade, pois há aumento de uniformidade na forma e entrega, e nenhum efeito de vestuário, aparência, maneirismos, expressões faciais e contato visual. Entrevistadores sentem-se mais seguros em usar o telefone do que se aventurando em bairros perigosos, especialmente à noite. Entrevistados fornecem menos respostas socialmente aceitáveis, talvez por se sentirem mais seguros (não precisam receber estranhos em suas casas ou empresas) e preferem o anonimato do telefone ao responderem perguntas polêmicas ou pessoais.

A seguir, apresentam-se as orientações para a realização de entrevistas por telefone.

Abertura da entrevista por telefone

Em entrevistas por telefone, a maioria das recusas ocorre antes da primeira questão de fundo: um terço nos segundos iniciais, um terço durante a orientação e um terço no momento da listagem de membros da família. Habilidades orais (timbre, variedade vocal, volume, ritmo e boa pronúncia), particularmente durante a abertura, são mais importantes que o conteúdo. Segundo estudo feito por Joe Hopper, "Os entrevistados reagem a estímulos transmitidos pela voz do entrevistador e podem conceder ou recusar uma entrevista com base nisso".[37] Quando o contato é feito por telefone, os entrevistadores devem estabelecer a confiança por meio de análogos vocais e verbais para aparência pessoal, credenciais e materiais de pesquisa, que são fundamentais em entrevistas presenciais.

Um número crescente de entrevistadores tem utilizado com mais frequência o telefone para conduzir mais rapidamente e com menos custo pesquisas e enquetes.

Como usar o telefone

A literatura sobre a entrevista de pesquisa contém conselhos importantes para os futuros entrevistadores telefônicos. Essas orientações são igualmente relevantes para entrevistas presenciais.[38]

- *Não dê a uma pessoa uma razão ou oportunidade para desligar.* Desenvolva um estilo informal mas profissional que seja cortês (não inquiridor) e simpático (não defensivo). Envolva o entrevistado o mais rápido possível na resposta às perguntas, porque o envolvimento ativo motiva as pessoas a participar e cooperar.

> A abertura da entrevista por telefone é fundamental.

- *Ouça com atenção e ativamente.* Fique muito atento ao que o entrevistado está dizendo. Esse não é momento para você beber, comer, classificar documentos ou brincar com objetos na mesa. Não se comunique verbalmente com outras pessoas na sala e não diga nada que não queira que o entrevistado ouça, mesmo se você achar que está cobrindo o bocal. Explique todas as pausas ou os longos silêncios de mais do que alguns segundos ou sinalize que você está ouvindo com pistas do tipo "Arrã", "Sim" e "Ok".

> Durante entrevistas por telefone, não faça nada além de perguntar e escutar.

- *Use sua voz de forma eficaz.* Fale diretamente no bocal. Fale alto o suficiente, lentamente, de forma clara e distinta, porque o entrevistado depende apenas de sua voz. Enuncie cada opção de resposta distintamente, com ênfase vocal em palavras importantes, e faça pausas entre cada opção para ajudar na compreensão e lembrança.
- *Use um sistema de entrevista telefônica assistida por computador* que permita que você disque números aleatórios de forma rápida e compile os resultados poucos minutos após completar as entrevistas.

Entrevistas pela Internet

Entrevistas de pesquisa pela Internet (e-mail, *sites* e diretamente via computador) têm aumentado significativamente nos últimos tempos.[39] Elas são substancialmente mais baratas e mais rápidas do que qualquer entrevista presencial ou por telefone. Um levantamento publicado em um *site* popular pode gerar milhares de respostas em poucas horas.[40] Em razão de serem altamente flexíveis, as pesquisas pela Internet podem atingir grandes públicos a grandes distâncias. Um dos principais problemas de entrevistas de pesquisas – entrevistados que tentam dar respostas socialmente aceitáveis – é reduzido por causa do anonimato e da percepção de segurança da entrevista na Internet. Uma preocupação significativa nas entrevistas presenciais e por telefone, a parcialidade do entrevistador, não é problema nas pesquisas pela Internet. Os entrevistados oferecem respostas mais honestas para temas sensíveis. Diferentemente do ocorre em pesquisas de papel e lápis e até mesmo algumas presenciais e por telefone, os entrevistados tendem, pela Internet, a fornecer mais detalhes nas respostas em perguntas abertas, talvez porque seja fácil e rápido escrever respostas longas em um teclado. Além disso, os entrevistados podem responder quando for mais conveniente para eles.

Contudo, quando você usa a Internet, não tem acesso à comunicação não verbal, que é fundamental em entrevistas presenciais e por telefone. As taxas de resposta podem não ser tão significativas, porque é mais difícil estabelecer a credibilidade da pesquisa e de sua fonte ou distinguir uma entrevista de pesquisa de uma dissimulada entrevista de comercial de *telemarketing*. Enquanto a Internet oferece aos entrevistados tempo para pensar completamente as respostas, a ação pode perder a espontaneidade das interações de entrevistas presenciais e por telefone; o meio é essencialmente um quadro eletrônico de avisos. No entanto, *softwares* de "*chat* em tempo real" podem garantir a espontaneidade. É quase impossível sondar respostas ou empregar estratégias de pergunta, com a aleatória, estimuladora e de repetição. Evidências indicam que as taxas de conclusão são mais baixas em enquetes longas; os entrevistados se cansam do processo e simplesmente saem do *site*.

É difícil alcançar públicos específicos em uma pesquisa de grande alcance na Internet, e você pode não saber quem numa família, sociedade, escola ou Estado respondeu à sua pesquisa. Sua amostra e, portanto, seus resultados podem ser altamente questionáveis. Aqueles que se sentem mais fortemente mobilizados a respeito de um assunto, geralmente com atitudes negativas, podem sobrecarregar os resultados em pesquisas autosselecionadas na Internet. Segundo os pesquisadores Chris Mann e Fiona Stewart, "Não há dúvida de que a pouca representatividade do acesso atual à Internet continua a ser o maior problema para a coleta de dados *on-line*".[41]

Codificação, tabulação e análise

Uma vez que todas as entrevistas estão concluídas, começa a fase final da pesquisa, que envolve codificação, tabulação e análise das informações recebidas.

Codificação e tabulação

Comece a fase final da pesquisa **codificando** todas as respostas que não foram pré-codificadas, geralmente para questões abertas. Por exemplo, se a questão 20 for "Você diz que se opõe à anistia como meio de lidar com a questão da imigração criada pelos imigrantes que entraram ilegalmente no país. Por que você se opõe a isso como uma opção?", haverá uma grande variedade de respostas. Se essa questão é codificada como nº 20, cada resposta deve ser codificada como 20 mais 1, 2, 3, 4 etc., tal como se segue:

20-1 Seria premiar aqueles que entraram ilegalmente no país.

20-2 Uma nova onda de imigrantes ilegais entraria no país.

20-3 Isso não resolveria a imigração ilegal como questão sociopolítica desagregadora.

20-4 Os imigrantes ilegais continuariam a tomar empregos de cidadãos do país e a provocar a redução dos salários de todos os trabalhadores.

20-5 Os imigrantes ilegais e seus filhos representam um encargo econômico esmagador sobre cidades e Estados.

20-6 Imigrantes ilegais aumentam a ameaça terrorista.

> **Registre as respostas a perguntas abertas com muito cuidado.**

Respostas a perguntas abertas podem exigir análise e estruturação antes do desenvolvimento de um sistema de codificação. Por exemplo, em um estudo de percepção do eleitor sobre difamação em campanhas políticas, o entrevistador perguntou: "Quais são as três ou quatro palavras que você usaria para descrever um político que usa difamação como tática?". As respostas incluíram mais de 100 palavras diferentes, mas a análise revelou que a maioria delas pode se encaixar em cinco categorias: não confiável, incompetente, desagradável, inseguro e imaturo.[42] A sexta categoria, "outros", recebeu palavras que não se encaixam nessas cinco categorias. Todas as palavras foram colocadas em uma dessas seis categorias e codificadas de um a seis.

Análise

> **Fazer análise é dar sentido aos seus dados.**

Uma vez que todas as respostas foram codificadas e os resultados tabulados, começa a fase de **análise**. Essa tarefa pode ser avassaladora. Um dos autores deste livro entrevistou 354 clérigos de 32 grupos (protestantes, católicos e judeus) para verificar se haviam recebido, na faculdade, no seminário ou no ingresso no ministério, algum tipo de treinamento sobre como entrevistar fiéis.[43] As 48 perguntas da pesquisa multiplicadas por 354 participantes geraram 16.992 unidades de informação.

Como pode o entrevistador levantamento lidar com enormes quantidades de informações geradas na maioria das pesquisas? Charles Redding oferece várias sugestões úteis:[44]

- *Seja seletivo.* Pergunte-se: "Que resultados podem ser mais úteis?" e "O que vou fazer com a informação quando consegui-la?". Se você não tem ideia, nem tente.
- *Capitalize o potencial dos dados.* Submeta os dados a comparações pormenorizadas para descobrir diferenças entre subgrupos demográficos.
- *Cave para achar o ouro.* O que é realmente importante embaixo de dados brutos e tabulações simples? Por exemplo, em pesquisas sobre preferências de eleitores habilitados, os entrevistadores muitas vezes descobrem que as mulheres não têm preferência por determinado candidato, ao passo que os homens já têm uma ideia em quem pretendem votar. Os entrevistadores podem descobrir também que americanos que recentemente obtiveram cidadania tendem a ter visões muito

diferentes a respeito de imigração do que americanos de terceira ou quarta geração.

- *Procure pelo que está faltando.* O que você não encontra pode ser mais importante do que o que você encontra. Que informações você não obteve?

> **Conheça as limitações da sua pesquisa.**

Durante a análise dos dados, faça a si mesmo estas perguntas: "Que conclusões posso obter e com que certeza?", "Em que segmento de um público-alvo posso generalizar?", "Quais são as limitações impostas pela amostra, pelo cronograma de questões, pelo processo de entrevistas e pelos entrevistadores?", "Por que as pessoas respondem de maneiras específicas a questões específicas?", "Que eventos inesperados ou mudanças ocorridos desde a conclusão da enquete podem tornar esse levantamento datado ou suspeito?", "O que devo fazer com respostas do tipo "indeciso" e "não sei" e quando há espaços em branco nos formulários de pesquisa?".

> **Cuidado ao usar resultados de pesquisas.**

Cautela é essencial para todos os realizadores de pesquisas. Por exemplo, os jornalistas devem ter cautela ao escreverem manchetes e fazerem previsões. As organizações devem ser cautelosas ao basearem as decisões programáticas em resultados de pesquisas. Os eleitores devem ser cautelosos ao decidirem seus votos de acordo com as preferências de pesquisas. Você pode submeter dados a uma análise estatística projetada para testar a confiabilidade e a significação dos dados. Babbie e outros estudiosos de metodologia da pesquisa (ver nota 11 no final do capítulo) fornecem orientações detalhadas para a realização de análises estatísticas sofisticadas.

Quando a análise de dados estiver concluída, verifique se os objetivos de sua pesquisa foram alcançados. Se sim, quais são os melhores meios para divulgação dos resultados?

O entrevistado em pesquisas

> **Saiba do que se trata uma pesquisa antes de participar.**

O número cada vez maior de pesquisas realizadas por agentes do governo e agências, candidatos e partidos políticos, anunciantes e representantes de *marketing*, grupos de interesse específico e ativistas, instituições de caridade e organizações religiosas, faculdades e alunos assegura seu envolvimento nessas entrevistas altamente estruturadas. Elas raramente são obrigatórias, por isso você é livre para "apenas dizer não". Entretanto, quando faz isso, pode perder uma oportunidade de influenciar decisões importantes que afetam você, sua família, seu campo de trabalho e sua comunidade. Não abandone, não feche a porta, não desligue o telefone nem delete apressadamente, mas aproxime-se de todas as solicitações de pesquisa com cautela e uma dose de ceticismo saudável.

Abertura

Seja parte ativa da abertura. Por meio da observação, da escuta atenta e de perguntas, descubra a identidade do entrevistador, as credenciais, a organização patrocinadora, o objetivo da pesquisa, os motivos pelos quais você foi selecionado, o tamanho da entrevista, a forma como a informação fornecida será usada e todos os aspectos relacionados à confidencialidade de suas respostas e de sua identidade. Informe-se cuidadosamente antes de responder a perguntas. Se o entrevistador não fornece informações importantes, pergunte.

Um dos autores deste livro, ao visitar a filha em Vancouver, no Estado de Washington, a mais de dois mil quilômetros de casa, foi abordado em um *shopping center* por uma pesquisadora de mercado. Ela se apresentou e explicou detalhadamente os objetivos da pesquisa. Em nenhum momento, mencionou a necessidade de o respondente morar em Vancouver. Quando o nosso colega perguntou à pesquisadora se fazia alguma diferença ele morar no Meio-Oeste, ela disse que buscava apenas pessoas que visitam regularmente o *shopping*. A entrevista terminou.

Os minutos iniciais permitem que você determine se a entrevista é uma pesquisa ou uma entrevista persuasiva dissimulada sob o pretexto de uma pesquisa. Trata-se de uma pesquisa política apartidária, conduzida por um instituto de pesquisa nacionalmente conhecido e respeitável, ou de uma campanha política para um candidato ou partido específico? Quando um dos autores respondeu ao toque da campainha em sua casa, uma pessoa em idade universitária anunciou que estava realizando uma pesquisa sobre famílias com crianças para um estágio realizado naquele verão. Algumas perguntas revelaram que ela estava vendendo revistas voltadas para crianças em um emprego de verão, não um estágio patrocinado pela sua faculdade como está implícito em sua abertura.

Fase das perguntas

> Escute atentamente.

Escute cuidadosamente cada pergunta, particularmente para responder a opções em intervalos, questões nominais e ordinais. Se uma pergunta ou uma opção for difícil de lembrar, peça ao entrevistador para repetir a pergunta lentamente. Se uma pergunta não é clara, explique por que e peça esclarecimento. Evite repetições de respostas anteriores, especialmente se você acha que "embromou". Não tente adivinhar o que a questão vai ser a partir das primeiras palavras do entrevistador. Você pode interpretar errado e tornar-se confuso, dar uma resposta tola ou desnecessariamente forçar o entrevistador a reafirmar uma questão perfeitamente clara.

> Pense antes de responder.

Pense em cada resposta para responder com clareza e precisão. Dê a resposta que melhor represente suas crenças, atitudes ou ações. Não permita que parcialidades do entrevistador o levem a uma resposta que você acha que ele quer ouvir ou como outros entrevistados podem responder.

Você tem direitos como entrevistado. Pode se recusar a responder perguntas mal construídas ou direcionadas para fornecer informações que lhe pareçam irrelevantes ou invasão de privacidade. Por exemplo, um entrevistador fez recentemente a seguinte pergunta a um dos autores deste livro: "Você é a favor de soluções-butique para nossas necessidades de energia, como usinas eólicas ou usinas nucleares ecológicas que possam fornecer eletricidade para grandes indústrias e cidades?". A palavra "butique" revelou claramente a parcialidade e os interesses do entrevistador. Espere e exija tratamento diplomático, sensível e educado de entrevistadores. Insista em um tempo adequado para responder a perguntas. Se você concordou com uma entrevista de dez minutos e ela ainda está embalada na marca desse tempo, lembre o entrevistador do acordo e prossiga para o encerramento, a menos que sejam necessários apenas mais alguns segundos. Entrevistas de pesquisa poderão ser divertidas, interessantes e informativas se houver um tratamento justo de ambas as partes.

Resumo

A entrevista de pesquisa é a mais meticulosamente planejada e executada das entrevistas. O planejamento começa com a determinação de um propósito claramente definido e realização de pesquisas. O objetivo de todas as entrevistas de pesquisa é estabelecer uma base sólida de fatos, a partir dos quais será possível tirar conclusões, fazer interpretações e determinar futuros cursos de ação. Só então o criador da pesquisa estrutura a entrevista e desenvolve perguntas com estratégias adequadas, escalas, sequências, codificação e métodos de registro. A seleção dos entrevistados envolve delinear um público-alvo para a pesquisa e escolha de uma amostra desse grupo que representa o todo. O criador da pesquisa escolhe os métodos de amostragem e determina o tamanho da amostra e os planos para uma margem de erro aceitável. Cada escolha tem vantagens e desvantagens, porque não há uma maneira correta de lidar com todas as situações de pesquisa.

Os entrevistados devem se informar sobre a natureza da pesquisa e seus objetivos antes de decidirem participar. Se a decisão for participar, os entrevistados têm a responsabilidade de ouvir atentamente todas as perguntas e responder a elas com precisão. Certifique-se de que entendeu cada questão e as opções de resposta. Demande tempo suficiente para pensar nas respostas. Você não é obrigado a responder a questões obviamente tendenciosas ou mal formuladas, que exijam uma resposta igualmente tendenciosa, e pode se recusar a responder questões de múltiplas escolhas se nenhuma das opções corresponder àquilo que você sente e prefere.

Termos-chave e conceitos

Amostragem aleatória
Amostragem aleatória estratificada
Amostragem de conveniência
Amostragem probabilística
Amostragem não probabilística
Autosseleção
Confiabilidade
Discagem digital aleatória
Entrevista pela Internet
Entrevista pessoal
Entrevista presencial
Entrevistado marginalizado
Escala de avaliação ordinal
Escala de classificação ordinal

Escala de distância social Bogardus
Escala de intervalo
Escala de intervalos de frequência
Escala de intervalos numéricos
Escala de intervalos salteados
Escala de Likert
Escala nominal
Escala ordinal
Escalas de intervalos de avaliação
Estratégia aleatória
Estratégia da pergunta estimulada
Estratégia de cadeia ou contingência

Estratégia de filtragem
Estratégia de repetição
Jornalismo de precisão
Margem de erro
Nível de confiança
Parcialidade de cobertura
Parcialidades ordenadoras
Pesquisa de corte transversal
Pesquisa longitudinal
Pesquisa qualitativa
Pesquisa quantitativa
Ponto de amostra
Princípios de amostragem
Público
Replicabilidade
Tabela de números aleatórios

Entrevista de pesquisa para revisão e análise

O objetivo desta pesquisa é descobrir como os pais cujos filhos estão em idade escolar (do jardim de infância até o fim do ensino médio) percebem os problemas de *bullying* ou assédio moral que ocorrem diariamente, tanto dentro como fora da escola. O que deve ser feito para ajudar as crianças que são vítimas de *bullying* ou aquelas que o praticam? Quem deve ajudá-las?

Durante a leitura da programação de entrevista proposta, observe as partes da abertura, incluindo as perguntas de abertura e qualificação. Identifique as estratégias de interrogação, escalas de questões e sequências de questões. Como são embutidas perguntas de sondagem, instruções para os entrevistadores e respostas pré-codificadas projetadas para ajudar o entrevistador e garantir precisão e replicabilidade da pesquisa que está sendo realizada por muitos entrevistadores? O que está incluído no breve e planejado fechamento?

Como a abertura pode ser melhorada, incluindo a ordem e colocação de questões demográficas e de qualificação? Como um entrevistado em potencial, que perguntas você poderia ter para o entrevistador antes de prosseguir com a entrevista? Que perguntas poderiam ter sido formuladas de forma mais eficaz? Que problemas as perguntas abertas podem colocar para entrevistadores e entrevistados? Com que qualidade as perguntas abrangem as áreas que são objeto de preocupação desta pesquisa? Como podem ter sido pré-codificadas as opções de respostas para facilitar a tabulação? Quão satisfatório é o encerramento?

Crianças em idade escolar e *bullying*

Converse com pais ou mães de crianças em idade escolar (do jardim de infância até o ensino médio) que morem na residência. Olá, meu nome é _____, sou aluno de graduação em Aconselhamento na ISU. Estou fazendo uma pesquisa para um estudo nacional sobre como os pais cujos filhos estão em idade escolar percebem os problemas do *bullying* ou assédio moral que ocorrem diariamente, tanto dentro e como fora da escola. Os resultados serão publicados em revistas especializadas e liberados para a imprensa. A entrevista deve durar apenas alguns minutos.

   1. Citarei várias faixas etárias. Interrompa-me quando eu mencionar a faixa em que você está inserido.
      18-24 _____
      25-34 _____
      35-49 _____
      50 e mais _____

   2. Qual foi o último nível de sua educação formal?
      Ensino fundamental   _____
      Ensino médio   _____
      Superior   _____
      Pós-graduação   _____

   3. Você é pai ou mãe de alguma criança em idade escolar (do jardim de infância ao ensino médio)? (SE NÃO FOR, PERGUNTE SE HÁ ALGUM PAI NESSA CONDIÇÃO NA RESIDÊNCIA. SE NENHUM DELES MORAR NA CASA, TERMINE A ENTREVISTA. SE MORAR, SIGA PARA PERGUNTA 3a).

  3a. Quantos filhos em idade escolar você tem?
      1-2 _____   5-6 _____
      3-4 _____   7 ou mais _____

  3b. Qual é a idade deles?
      5-7 _____   14-16 _____
      8-10 _____   17-19 _____
      11-13 _____

  4a. Quando você pensa em *bullying* e crianças em idade escolar hoje, o que lhe vem à cabeça em primeiro lugar?
      _____

  4b. Qual é a principal causa do *bullying*?
      _____

  4c. Quais são as outras possíveis causas do *bullying*?
      _____
      _____
      _____

   5. Muitos pais consideram o *bullying* um dos problemas mais sérios enfrentados atualmente pelos filhos em idade escolar. Como você classifica as atitudes que os pais estão tomando para enfrentar o problema? (CIRCULE RESPOSTAS NAS ESCALAS APRESENTADAS NO FINAL DA PERGUNTA 7.)

6. Como você classifica as atitudes que as escolas estão tomando para enfrentar o problema? (CIRCULE RESPOSTAS NAS ESCALAS APRESENTADAS NO FINAL DA PEGUNTA 7.)

7. Como você classifica as atitudes que as autoridades legais estão tomando para enfrentar o problema? (CIRCULE RESPOSTAS NAS ESCALAS LISTADAS A SEGUIR.)

	Pais	Escolas	Autoridades legais
Excelentes	1	1	1
Boas	2	2	2
Médias	3	3	3
Não tão boas	4	4	4
Ruins	5	5	5

8. Seu(s) filho(s) tem acesso livre à Internet?
   Sim _____
   Não _____

9. Este cartão (ENTREGUE-O AO ENTREVISTADO) lista alguns dos problemas que pais identificam como mais importantes entre os enfrentados pelos filhos em idade escolar. (ALTERE A ORDEM DE UMA ENTREVISTA PARA A OUTRA.) Quem você acha que terá mais chance de lidar com esses problemas mais efetivamente: pais, escolas, autoridades legais ou governo?

	Pais	Escolas	Autoridades legais	Governo
Drogas	1	2	3	4
Álcool	1	2	3	4
Ataques	1	2	3	4
Roubos	1	2	3	4
Violência armada	1	2	3	4
Estupro	1	2	3	4
Pervertidos sexuais	1	2	3	4
Bullying	1	2	3	4
Suicídio	1	2	3	4

10. Muitos pais estão preocupados com *bullying* enfrentado pelos filhos em idade escolar. Este cartão (ENTREGUE-O AO ENTREVISTADO) lista possíveis soluções para o problema. Qual delas pode ser um impeditivo mais efetivo?

Mais supervisão de adultos perto das escolas.	1
Penalidades mais duras para aqueles que praticam *bullying*.	2
Penalidades mais duras para aqueles que ignoram o *bullying*, incluindo os pais.	3
Uma lei que exija que professores e diretores de escola denunciem todas as ocorrências de *bullying*.	4
Expulsão permanente de qualquer aluno flagrado praticando *bullying*.	5

11. Muitos pais entrevistados sentem que as escolas tornaram-se mais violentas e ameaçadoras em relação à época em que estudavam. Este cartão (ENTREGUE-O AO ENTREVISTADO.) apresenta as causas mais citadas de vio-

lência e ameaças enfrentadas atualmente por crianças em idade escolar. Qual delas você considera a mais significativa? (REGISTRE A RESPOSTA.) Qual é a próxima causa mais importante? (REGISTRE A RESPOSTA.) E a próxima? (REGISTRE A RESPOSTA.) E a seguinte? (REGISTRE A RESPOSTA.)

	Primeira	Segunda	Terceira	Quarta
Falta de disciplina nos lares	1	2	3	4
Falta de supervisão adulta	1	2	3	4
Falta de disciplina nas escolas	1	2	3	4
Falta de supervisão nas escolas	1	2	3	4
Acesso ilimitado às mídias sociais	1	2	3	4
Atividades de gangues em escolas e comunidades	1	2	3	4
Violência doméstica	1	2	3	4
Violência na sociedade	1	2	3	4
Violência na mídia	1	2	3	4

12. Algumas fontes alegam que o único meio de reduzir o *bullying* enfrentado por crianças em idade escolar é fortalecer a família. Diga-me se você concorda fortemente ou concorda com cada uma das propostas apresentadas a seguir para fortalecer a família tradicional ou se discorda ou discorda fortemente delas. (REGISTRE AS RESPOSTAS NOS ESPAÇOS ABAIXO E ALTERE A ORDEM DAS PROPOSTAS DE ENTREVISTA PARA ENTREVISTA.)

   a. Abusos físicos deveriam ser a única razão para divórcios.
   b. O aborto devia ser ilegal.
   c. Uma emenda constitucional deveria proibir casamentos entre pessoas do mesmo sexo.
   d. Novas deduções de imposto de renda deveriam permitir às mulheres permanecer em casa com suas crianças.
   e. Adultério deveria ser crime.
   f. O salário mínimo deveria garantir ganhos adequados para cada família.

	a	b	c	d	e	f
Concordo fortemente	1	1	1	1	1	1
Concordo	2	2	2	2	2	2
Não sei	3	3	3	3	3	3
Discordo	4	4	4	4	4	4
Discordo fortemente	5	5	5	5	5	5

13. Você controla o acesso de seu(s) filho(s) à Internet quando estão em casa?
    Sim _____
    Não _____

14a. Psicólogos educacionais alegam que o *bullying* é um dos principais problemas enfrentados atualmente por crianças em idade escolar. O *bullying* deve considerado crime previsto por lei, com consequente prisão do praticante?
    Sim _____
    Não _____

14b. Por quê?
    _____
    _____
    _____

14c. Qual é a intensidade dos motivos que o levam a pensar assim?
Forte _____
Muito forte _____
Algo sobre o qual você jamais mudaria de opinião _____

15. Cada vez mais preocupadas com a criminalidade juvenil e a prisão de um número significativo de pré-adolescentes e adolescentes em razão de crimes adultos, como *bullying*, ataque, roubo, estupro e furto, muitas comunidades estão construindo centros de detenção juvenil para abrigar esses jovens delinquentes.

   a. Você aprovaria a construção desses centros em seu Estado?
   Sim _____ Não _____

   b. Você aprovaria a construção desses centros em sua cidade?
   Sim _____ Não _____

   c. Você aprovaria a construção desses centros em seu bairro?
   Sim _____ Não _____

   d. Você aprovaria a construção desses centros em sua rua?
   Sim _____ Não _____

   Fiz todas as perguntas necessárias. Os resultados devem ser publicados dentro de cinco ou seis semanas. Agora eu gostaria de fazer algumas perguntas pessoais para que possamos saber como pais com diferentes históricos se sentem a respeito do *bullying* enfrentado pelos filhos em idade escolar.

16. Você, em termos gerais, se considera conservador, liberal, de centro ou outro?
Conservador _____
Liberal _____
De centro _____
Outro _____

17. Seus filhos frequentam escolas públicas, privadas ou são ensinados em casa?
Escolas públicas _____
Escolas privadas _____
Ensinadas em casa _____

18. Lerei para você várias faixas de ganhos. Interrompa-me quando eu ler aquela que se aplica aos ganhos anuais de sua família.
De 0 a US$ 14.999 _____
De US$ 15.000 a US$ 24.999 _____
De US$ 25.000 a US$ 49.999 _____
De US$ 50.000 a US$ 74.999 _____
De US$ 75.000 a US$ 99.999 _____
Mais de US$ 100.000 _____

Fiz todas as perguntas necessárias. Muito obrigado pela sua participação nesta importante pesquisa. Os resultados devem ser publicados dentro de seis meses.

Casos de interpretação de papéis de pesquisa

Bebida no *campus*

O consumo de álcool em *campi* universitários é uma preocupação em todo o país, com número crescente de assaltos, mortes acidentais e tiroteios, particularmente em habitações estudantis fora do *campus* e em estabelecimentos que vendem bebidas. O entrevistador está presidindo a Comissão de Assuntos Estudantis, que assumiu a tarefa de criar uma pesquisa sobre uma seção transversal de professores e alunos para descobrir as suas experiências com as questões de consumo de álcool no *campus*, seus medos e suas preocupações com a segurança dos alunos e de outros, e as sugestões para tornar o *campus* mais seguro em percepção e realidade.

Necessidade de creche 24 horas

Você e quatro amigos com experiência em assistência local à infância sentem que há necessidade de uma instalação que proporcione serviço de creche 24 horas durante todos os dias da semana em sua comunidade. Todas as instalações locais abrem às 6 horas e fecham às 18 horas. Entretanto, um número crescente de pais, incluindo os solteiros, que trabalha das 16 horas à meia-noite e da meia-noite às 8 horas precisa desse serviço durante a noite e de madrugada. Vocês cinco estão considerando construir uma creche que permaneça aberta 24 horas por dia, todos os dias da semana, e empregar pessoal para trabalhar nela. Para isso, é necessário avaliar o número de clientes e crianças que utilizarão o serviço para tornar a crcehe financeiramente viável. Nesse caso, trata-se de criar um instrumento de pesquisa e determinar o público-alvo.

Academia de ginástica

Há dez anos, você se graduou em Fisioterapia e desde então trabalhou em vários centros de reabilitação e muitas academias de ginástica na costa oeste. Embora esses trabalhos tenham sido gratificantes e proporcionado uma grande variedade de experiências como terapeuta e administrador de empresas, você gostaria de voltar para seu Estado de origem, onde vive sua família, e se estabelecer em uma cidade de porte médio. Você decidiu realizar pesquisas sobre moradores de três cidades daquele entorno para determinar a viabilidade e a natureza de seu próprio centro de reabilitação e condicionamento físico, que atenderia a uma população de 40 anos para cima.

Atividades para o aluno

1. Você trabalhou como entrevistador voluntário em uma pesquisa realizada no seu *campus* ou comunidade. Que instruções e treinamento recebeu? Como foi determinado o público-alvo? Que problemas encontrou na localização de entrevistados adequados e cooperativos? Que problemas teve com o cronograma de pesquisa? Qual a coisa mais importante que você aprendeu com essa experiência? Que conselho você daria à organização que o recrutou como voluntário?
2. Obtenha certo número de programações de pesquisas de mercado utilizadas em entrevistas presenciais, por telefone e pela Internet. Compare essas programações. As aberturas são semelhantes ou diferentes? As programações e sequências são semelhantes ou diferentes? As estratégias e escalas de perguntas são semelhantes ou diferentes? Os encerramentos são semelhantes ou diferentes? O que o surpreendeu nas comparações feitas?
3. Entreviste uma pessoa que tenha trabalhado para uma ou mais agências que criam e realizam pesquisas para uma variedade de clientes, como políticos, universidades e fabricantes de produtos. Aborde temas como estabelecer o objetivo, realizar pesquisas, selecionar público-alvo, determinar método de amostragem, obter uma margem de erro aceitável, criar e pré-testar roteiro de entrevista, selecionar e treinar entrevistadores e decidir sobre método: entrevistas presenciais, por telefone ou pela Internet.

Notas

1. Jeffrey Henning, "Survey Nation: 7 Billion Survey Invites a Year," http://blog.vovici/blog/bid/51106/Survey-Nation-7-Billion-Survey-Invites-a-Year, accessed June 4, 2012.
2. Jibum Kim, Carl Gerschenson, Patrick Glaser, and Tom W. Smith, "Trends–Trends in Surveys on Surveys," *Public Opinion Quarterly* 75 (Spring 2011), pp. 165-191.
3. Leslie A. Baxter and Earl Babbie, *The Basics of Communication Research* (Belmont, CA: Wadsworth/Thomson, 2004), p. 22.
4. http://www.socialresearchmethods.net/kb/interview.htm, accessed September 29, 2006.
5. Morgan M. Millar and Don A. Dillman, "Improving Response to Web and Mixed-Mode Surveys," *Public Opinion Quarterly* 75 (Summer 2011), pp. 249-269; Jens Bonke and Peter Fallesen, "The impact of incentives and interview methods on response quantity and quality in diary-and booklet-based surveys," *Survey Research Methods* 4 (2010), pp. 91-101.

6. Diane K. Willimack, Howard Schuman, Beth-Ellen Pennell, and James M. Lepkowski, "Effects of a Prepaid Nonmonetary Incentive on Response Rates and Response Quality in Face-to-Face Survey," *Public Opinion Quarterly* 59 (1995), pp. 78-92.
7. Eleanor Singer and Mick P. Couper, "Do Incentives Exert Undue Influence on Survey Participation? Experimental Evidence," http://www.ncbi.nim.nih.gov/pmc/articles/PMC2600442, accessed June 6, 2012.
8. Stanley L. Payne, *The Art of Asking Questions* (Princeton, NJ: Princeton University Press, 1980), p. 57.
9. David Yeager and Jon Krosnick, "Does Mentioning 'Some People' and 'Other People' in an Opinion Question Improve Measurement Quality?" *Public Opinion Quarterly* 76 (Spring 2012), pp. 131-141.
10. Jack E. Edwards and Marie D. Thomas, "The Organizational Survey Process," *American Behavioral Scientist* 36 (1993), pp. 425-426.
11. Earl Babbie, *The Practice of Social Research* (Belmont, CA: Wadsworth/Thomson, 1995), p. 145.
12. Creative Research Systems, "The Survey System," file://C:DOCUME~1\stewart\LOCALS\Temp\G2BBVAF.htm, accessed September 29, 2006.
13. Norman M. Bradburn, Seymour Sudman, Ed Blair, and Carol Stocking, "Question Threat and Response Bias," *Public Opinion Quarterly* 42 (1978), pp. 221-234.
14. Sam G. McFarland, "Effects of Question Order on Survey Responses," *Public Opinion Quarterly* 45 (1981), pp. 208-215.
15. "Common Pitfalls in Conducting a Survey," Fairfax County Department of Systems Management for Human Services, April 2003.
16. W. Charles Redding, *How to Conduct a Readership Survey: A Guide for Organizational Editors and Communication Managers* (Chicago: Lawrence Ragan Communications, 1982), pp. 27-28.
17. Philip Meyer, *Precision Journalism* (Bloomington: Indiana University Press, 1979), p. 123; Redding, pp. 31-36.
18. "Sample Size Calculator," http://www.surveysystem.com/sscalc.htm, accessed August 14, 2009.
19. Redding, p. 1.
20. "Survey Sampling Methods," http://startreck.com/survey-research/sampling-methods.aspx, accessed June 10, 2012; "Probability and Nonprobability Sampling," http://www.emathzone.com/tutorials-basic-statistics/probability-and-nonprobability-sampling.html, accessed June 27, 2012.
21. "Designing the Survey Instrument and Process," http://www.airhealthwatch.com/mdph_instrument.htm, accessed September 29, 2006.
22. "Sampling (Statistics)," http://en.wikipedia.org/wiki/sampling_%28statistics29, accessed August 14, 2009.
23. Kristen Olson and Ipek Bilgen, "The Role of Interviewer Experience on Acquiescence," *Public Opinion Quarterly* 75 (Spring 2011), pp. 99-114.
24. Eleanor Singer, Martin R. Frankel, and Marc B. Glassman, "The Effect of Interviewer Characteristics and Expectations on Response," *Public Opinion Quarterly* 47 (1983), pp. 68-83.
25. Stephan Schleifer, "Trends in Attitudes toward and Participation in Survey Research," *Public Opinion Quarterly* 50 (1986), pp. 17-26.
26. Frank Newport, Lydia Saad, and David Moore, "How Polls Are Conducted," in *Where America Stands,* John Wiley & Sons, 1997, http://www.janda.org/c10/Lectures/topic05/GallupFAQ.htm, accessed June 11, 2012.
27. "Evaluation Tools for Racial Equity: Tip Sheets," http://www.Evaluationtoolsforracialequity.org/, accessed September 29, 2006.
28. Jennifer Dewey, "Guidelines for Survey Interviewing," NCREL, September 14, 2000, accessed June 10, 2012; William M.K. Trochim, "Interviews," Research Methods Knowledge Base, 2006, http://www.socialresearchmethods.net/kb/interview.php, accessed June 2, 2012.
29. Roger W. Shuy, "In-Person versus Telephone Interviewing," in *Inside Interviewing: New Lenses, New Concerns,* James A. Holstein and Jaber F. Gubrium, eds. (Thousand Oaks, CA: Sage, 2003), pp. 175-183.
30. Lawrence A. Jordan, Alfred C. Marcus, and Leo G. Reeder, "Response Style in Telephone and Household Interviewing," *Public Opinion Quarterly* 44 (1980), pp. 210-222; Peter V. Miller and Charles F. Cannell, "A Study of Experimental Techniques in Telephoning Interviewing," *Public Opinion Quarterly* 46 (1982), pp. 250-269.
31. William S. Aquilino, "Interview Mode Effects in Surveys on Drug and Alcohol Use," *Public Opinion Quarterly* 58 (1994), pp. 210-240.
32. Michael W. Link and Robert W. Oldendick, "Call Screening: Is It Really a Problem for Survey Research?" *Public Opinion Quarterly* 63 (Winter 1999), pp. 577-589.

33. John Ehlen and Patrick Ehlen, "Cellular-Only Substitution in the United States as Lifestyle Adoption: Implications for Telephone Survey Coverage," *Public Opinion Quarterly* 71 (2007), pp. 717-733.
34. Courtney Kennedy and Stephen E. Everett, "Use of Cognitive Shortcuts in Landline and Cell Phone Interviews," *Public Opinion Quarterly* 75 (Summer 2011), pp. 336-348.
35. DJS Research, "What Are the Pros and Cons of Data Collection Methods," http://www.marketresearchworld.net/index2.php?option=com_content&task=view&id=21, accessed June 26, 2012; Campbell Rinker, "Surveys," http://www.campbellrinker.com/surveys.html, accessed June 26, 2012.
36. Lois Okenberg, Lerita Coleman, and Charles F. Cannell, "Interviewers' Voices and Refusal Rates in Telephone Surveys," *Public Opinion Quarterly* 50 (1986), pp. 97-111.
37. Joe Hopper, "How to Conduct a Telephone Survey for Gold Standard Research," http://www.verstaresearch.com/blog/how-to-conduct-a-telephone-survey-for-gold-standard-research, accessed 26 June 2012.
38. "Personal Surveys vs. Web Surveys: A Comparison," http://knowledge-base.supersurvey.com/in-person-vs-web-surveys.htm, accessed September 29, 2006; Creative Research Systems,"The Survey System."
39. "Personal Interviews vs. Web Surveys: A Comparison," http://knowledge-base.supersurvey.com/in-person-vs-web-surveys.htm, accessed August 10, 2009.
40. "Online Survey vs. Telephone Survey," http://www.eventavenue.com/content/resources/online_surveys.php, accessed June 26, 2012; Dirk Heerwegh and Geert Loosveldt, "Face-to-Face versus Web Surveying in a High-Internet-Coverage Population: Differences in Response Quality," *Public Opinion Quarterly* 72 (2008), 836-846.
41. Chris Mann and Fiona Stewart, "Internet Interviewing," in Holstein and Gubrium, p. 243.
42. Charles J. Stewart, "Voter Perception of Mudslinging in Political Communication," *Central States Speech Journal* 26 (1975), pp. 279-286.
43. Charles J. Stewart, "The Interview and the Clergy: A Survey of Training, Experiences, and Needs," *Religious Communication Today* 3 (1980), pp. 19-22.
44. Redding, pp. 119-123.

Referências

Conrad, Frederick G., and Michael F. Schober, eds. *Envisioning the Survey Interview of the Future.* San Francisco: Wiley-Interscience, 2007.

Fink, Arlene. *How to Conduct Surveys: A Step-by-Step Guide.* Thousand Oaks, CA: Sage, 2012.

Gwartney, Patricia A. *The Telephone Interviewer's Handbook.* San Francisco: Jossey-Bass, 2007.

Holstein, James A., and Jaber F. Gubrium, eds. *Inside Interviewing: New Lenses, New Concerns.* Newbury Park, CA: Sage, 2003.

Meyer, Philip. *Precision Journalism.* Lanham, MD: Rowman & Littlefield, 2002.

Scheuren, Fritz. *What Is a Survey?* Alexandria, VA: American Statistical Association, 2004.

CAPÍTULO 7 # Entrevista de seleção

> Recrutar e selecionar é caro e complexo.

O recrutamento e a seleção de funcionários é uma tarefa fundamental para qualquer empresa, pois o futuro desta dependerá de escolhas eficientes. De acordo com Tom Peters, atualmente "o talento está no comando", de modo que a gestão deve saber atrair e reter novos talentos.[1] Outros estudiosos corroboram o ponto de vista de Peters, como William Lewis segundo o qual encontrar um talento a um custo razoável e desenvolvê-lo é a principal diferença entre sucesso e fracasso.[2] Certa vez, um gerente sênior disse aos autores deste livro: "Qualquer um pode comprar tecnologia, mas o elemento imprescindível na concorrência global são as *pessoas*!".

A tarefa de recrutar e selecionar pessoas de alta qualidade não é fácil. É um trabalho duro. Em uma única entrevista, "Não é possível obter todas as informações necessárias sobre um candidato", afirmou um executivo em conversa com os autores deste livro. O processo envolve múltiplos contatos. É um complexo processo de escolha repleto de vieses das duas partes, também complexas e inexoravelmente suscetíveis à parcialidade e distorção. Apesar disso, a entrevista ainda é um componente fundamental no processo de seleção, porque os entrevistadores devem se tornar absolutamente conscientes e sondar habilidades, atitudes, comportamentos e habilidades que podem tornar um candidato ideal para a **organização** em geral e para a **posição em particular**.[3]

Luke Collard, consultor sênior da Scott Recruitment Services, sustenta o seguinte: "Se a entrevista é feita por um profissional experiente que sabe o que está procurando, tem a capacidade de fazer as perguntas certas e ir além das aparências, ele apresentará motivos justificados sobre por que um indivíduo é adequado ou não para determinada vaga".[4]

Uma crença muito comum – que também representa uma falha – consiste em pensar que apenas o pessoal de recursos humanos (RH) é responsável pelo recrutamento e seleção de novos funcionários para as empresas. Na verdade, o pessoal de RH costuma desempenhar papéis menos importantes nesse processo, pois trata-se de um procedimento importante e complexo demais para ser designado a um único elemento de qualquer organização, especialmente quando há necessidade de pessoas altamente treinadas, como representantes de vendas, advogados, médicos, engenheiros, terapeutas, cientistas, pesquisadores e gerentes financeiros. Você certamente já deve ter participado de atividades de recrutamento durante a universidade e é bem provável que participe depois de formado, independentemente da carreira escolhida. Por causa da excelência dos conhecimentos obtidos enquanto eram alunos da universidade, muitos de nossos alunos voltam ao *campus* no ano seguinte ao da formatura para ajudar a recrutar talentos para as empresas em que trabalham.

O objetivo deste capítulo é apresentar você aos princípios fundamentais do recrutamento e da seleção de funcionários bem-sucedidos, como localizar candidatos de alta qualidade, preparar para o processo de recrutamento/seleção, obter e revisar informações sobre os candidatos, estruturar, realizar e avaliar entrevistas. Aprender e aplicar esses princípios fará de você um recurso valioso à sua organização ao mesmo tempo em que aumenta a qualidade de seus futuros colegas.

Onde encontrar bons candidatos

Há inúmeros recursos disponíveis para localizar candidatos de qualidade e praticamente todas as áreas, desde recém-formados a cidadãos mais experientes. Suas redes sociais e profissionais são excelentes fontes para identificar bons candidatos que tenham chamado atenção para si mesmos por conta de desempenhos e realizações. Confira seu arquivo de pessoas "potenciais" que tenham chamado sua atenção na área e em reuniões profissionais e que possam ser candidatas de qualidade para a sua vaga. Não deixe de considerar estagiários atuais ou passados como funcionários efetivos potenciais ou como contatos para candidatos de qualidade. Estagiários são excelentes recrutadores porque podem fazer elogios sem parecerem institucionais, identificando-se diretamente com alunos universitários. Centros de carreira universitários permitem que se façam contatos com formandos e ex-alunos para marcar entrevistas.

> Apenas publicar uma vaga não é suficiente.

Participe de **feiras de emprego ou carreiras** em universidades, *shoppings* e em cidades que promovam encontros e conferências profissionais. Contatos pessoais, estandes atraentes e materiais promocionais, como folhetos, sacolas de livros e canetas simples, exibem seu nome para um grande número de candidatos potenciais e os ajudam a lembrar de quem e o que você é. Garanta que a equipe do seu estande tenha excelentes habilidades interpessoais, goste de conhecer pessoas e seja capaz de realizar entrevistas no local, caso elas possam ser marcadas. Se não está contratando no momento, seja sincero a respeito. Providencie descrições de vagas cuidadosamente elaboradas para atrair os interessados e qualificados para as vagas abertas. Tenha formulários de candidatura e inscrição à mão para manter o controle da qualidade dos candidatos, fazer anotações e coletar currículos. Faça contatos de acompanhamento logo depois de participar de uma feira de carreira com os que parecerem mais bem qualificados e mais interessados em sua(s) vaga(s) e organização.[5]

> Sites não substituíram o contato pessoal.

Sua organização pode decidir contratar uma **empresa de recursos humanos** (às vezes chamadas de agências de colocação, de empregos ou *headhunters*) para localizar candidatos de qualidade e talvez realizar as entrevistas de triagem iniciais. Escolha essas empresas cuidadosamente para determinar as taxas de sucesso e a adequação à sua organização e às vagas que deseja preencher. A American Staffing Association (Associação Americana de Colocação de Profissionais) oferece importantes orientações para fazer a melhor escolha, incluindo formas de testar o mercado, o tipo de ajuda de recursos humanos de que você precisa, impressões sobre suas interações iniciais com a empresa, como a empresa de recursos humanos seleciona seus funcionários (triagem, testes e treinamentos) e o quanto a empresa compreende a sua organização e as suas necessidades.[6]

Muitas organizações, especialmente do varejo, têm terminais e quiosques em suas lojas para atrair pessoas que poderiam não se candidatar de outra forma. Isso lhes permite estabelecer e atualizar "uma base de dados possível a cada minuto em que a loja estiver aberta" e examinar as inscrições para localizar os candidatos mais qualificados.[7] Há muitas bases de dados de currículos que você pode usar no caso de terminais e quiosques internos não serem adequados ou não estiverem disponíveis para a sua organização. Nos Estados Unidos, há muitas bases de dados, como o National Resume Database, Regional Database, Local Resume Database, Category Focus (que inclui 22 áreas de carreira), Office of Federal Contract Compliance Programs (OFCCP) e CareerBuilder.com*.[8]

Na Internet, há centenas de fontes disponíveis para localizar candidatos de qualidade, como *sites* de faculdades e universidades, organizações religiosas, clubes da terceira idade, partidos políticos e grupos de interesses especiais.

A maioria das organizações tem se empenhado para diversificar a força de trabalho, especialmente entre grupos étnicos. Joyce Gioia sugere que você anuncie em mídia étnica (como jornais, revistas, sites, estações de rádio e canais de TV em línguas alternativas) e cinemas que atraiam clientela diversificada.[9] Pense globalmente, sugere Gioia, porque recrutar funcionários de diferentes grupos étnicos "apresenta oportunidades para além dos sonhos mais loucos das empresas".

Não ignore seu *site*, porque a maioria dos possíveis candidatos irá conferi-lo para determinar se a sua empresa é atraente e vale a pena. Um estudo revelou que um de cada dois candidatos em potencial considera o *site* do empregador "importante" e que um em cada quatro rejeitaria um empregador em potencial com base em um *site* ruim.[10] Seu *site* deve ser fácil de ler, interessante e sofisticado. Um simples teste de realidade é se logar ao *site como possível candidato* para ver se ele atende a esses critérios.

Preparação do trabalho de seleção

Como a entrevista de seleção ainda é o componente central para atrair e selecionar funcionários, os entrevistadores devem abordar o processo sistematicamente e aprender como se preparar para as entrevistas, participar delas e avaliá-las. Entrevistas conduzidas profissionalmente não apenas selecionam funcionários melhores, como também oferecem boas impressões das

---

* N. de R.T.: No Brasil, há bases de empresas semelhantes que atuam nesse mercado, como Catho (www.catho.com.br), Manager (www.manager.com.br) e empregos.com.br.

Revise cuidadosamente as leis de igualdade de oportunidades de emprego.

organizações.¹¹ "A chave de uma entrevista e um processo de seleção de sucesso é o bom planejamento. Planejar ajuda a descobrir as informações necessárias sobre cada candidato ao mesmo tempo em que evita potenciais armadilhas legais do processo."¹²

Revisão de leis de igualdade de oportunidades de emprego

Comece o processo de recrutamento/seleção revisando cuidadosamente as **leis de igualdade de oportunidades de emprego**, quando aplicáveis ao local no qual os futuros colaboradores irão trabalhar.

Oferecer igualdade de oportunidades de emprego faz bem para os negócios. Por exemplo, pessoas de meia-idade e da terceira idade não são, como muitos pensam, um fardo para as organizações. Elas sabem o que podem e o que não podem fazer, têm disposição para tomar a iniciativa, são leais, apresentam disponibilidade de aprender, ajustar-se e adaptar. Também demonstram paciência e disponibilidade para "aguentar firme" diante de situações e relacionamentos difíceis. São boas ouvintes e têm a capacidade de realizar o trabalho.¹³ Não contratá-las por causa da idade não é apenas irregular, mas também pode privar sua organização de recursos valiosos.

Conformidade com as leis de igualdade de oportunidades de emprego

Embora leis de igualdade de oportunidades de emprego estejam em vigor há décadas, entrevistadores continuam a violá-las consciente e inconscientemente. Um estudo realizado nos Estados Unidos relatou que 70% de 200 recrutadores de empresas da Fortune 500 consideravam que pelo menos cinco de 12 perguntas irregulares "podiam ser feitas sem problemas".¹⁴ Outro estudo descobriu que 12% acreditavam ser aceitável fazer perguntas sobre crenças políticas, 27% sobre origens familiares, 30% sobre o cônjuge do candidato e 45% sobre a vida pessoal do candidato.¹⁵ Casos de discriminação no mercado de trabalho subiram a um nível recorde depois de muito tempo (mais de 95 mil) durante a recessão de 2008-2010, em grande parte devido às demissões em massa e às contratações escassas. As principais acusações eram discriminação relacionada a raça, gênero, idade e deficiência.¹⁶

> Focar nas qualificações essenciais para a ocupação do cargo é o segredo para a contratação não discriminatória.

Várias leis de igualdade de oportunidades de emprego parecem complicar o processo de recrutamento/seleção, mas cumpri-las é simples. Tudo o que você faz, diz ou pergunta durante o processo de seleção deve estar de acordo com as **qualificações essenciais para ocupação do cargo** para a realização de um trabalho. Essas qualificações *incluem* experiências de trabalho, treinamento, educação, habilidades, registros de condenações, atributos físicos e características de personalidade que tenham relação direta com a capacidade de realizar um trabalho com eficiência. Em contrapartida, *excluem* gênero, idade, raça, religião, estado civil, aparência física, deficiências, cidadania, local de nascença, grupo étnico, *status* de veterano, registros militares, *status* de dispensa militar e registros de prisões que não tenham relação com a capacidade de realizar um trabalho com eficiência.

> Violações às leis de igualdade de oportunidades são fáceis de evitar.

Exceções a leis e regulamentos são concedidas quando um empregador consegue demonstrar que um ou mais traços normalmente irregulares são fundamentais para uma vaga. Por exemplo, a aparência pode ser uma qualificação essencial para ocupação de uma vaga de modelo; religião para uma vaga de pastor; idade para determinadas tarefas (servir bebida alcoólica, operar equipamentos perigosos); habilidades físicas, como visão e destreza manual, para pilotos; força física para trabalhadores da construção civil; o direito legal de ser contratado nos Estados Unidos e domínio da língua inglesa para um professor de inglês.

É possível evitar leis de igualdade de oportunidades de emprego e possíveis processos para o empregador se você tirar vantagens do treinamento oferecido pela sua organização, revisar as fontes disponíveis nas publicações profissionais e na Internet, e realizar um curso *on-line* elaborado para ajudar no cumprimento das leis e orientações de igualdade de oportunidade de empregos.[17]

Eles oferecem sugestões práticas, como a forma adequada de apertar a mão de uma pessoa com deficiência, não empurrar uma cadeira de rodas a menos que seja solicitado, identificar a si mesmo e outras pessoas envolvidas na entrevista, caso o candidato seja deficiente visual, e usar sinais físicos, expressões faciais e bilhetes quando um candidato for portador de deficiência auditiva.[18] Fontes ajudam a nos mantermos atualizados em relação a leis e situações. Por exemplo, vários alunos reservistas militares e militares da ativa que foram chamados para missões de guerra no Iraque e Afeganistão informaram que os recrutadores lhes perguntaram sobre o tipo de dispensa militar que receberam. Trata-se de uma pergunta irregular porque não tem relação com o trabalho e pode acabar tocando no histórico médico ou em alguma incapacidade do candidato.[19]

> Foque no positivo, não no negativo.

Algumas orientações ajudarão você a evitar a maioria das violações e dos processos relacionados às leis de igualdade de oportunidades de emprego. Em primeiro lugar, realize o **teste da relação com o trabalho** para estabelecer critérios de seleção legalmente defensáveis. Em segundo lugar, certifique-se de que *todas as perguntas* estejam relacionadas com esses critérios de seleção. Em terceiro lugar, padronize a entrevista, ou seja, faça as *mesmas perguntas* para todos os candidatos a uma mesma vaga. Se fizer perguntas específicas apenas para candidatos do sexo feminino, deficientes, mais velhos ou integrantes de minorias, sem dúvida estará fazendo perguntas irregulares. Em quarto lugar, cuidado ao sondar respostas, porque um número significativo de violações de leis de igualdade de oportunidades de emprego ocorre em perguntas elaboradas na hora. Em quinto lugar, cuidado com bate-papos inocentes durante as partes informais das entrevistas, normalmente a abertura e o encerramento ou os minutos que se seguem à

> Trate seus candidatos como gostaria de ser tratado.

entrevista formal. É nesse momento que se está mais sujeito a fazer perguntas ou comentários sobre família, estado civil, origem étnica e associações não profissionais. Em sexto lugar, foque as perguntas no que um candidato *sabe fazer*, e naquilo que ele *não sabe*. Sétimo, se um candidato começar a oferecer informações irregulares, diplomaticamente desvie o assunto de volta para questões relacionadas ao trabalho.

Exercício nº 1 – Teste seus conhecimentos sobre leis de igualdade de oportunidades de emprego

Teste seu conhecimento sobre leis de igualdade de oportunidades de emprego classificando cada pergunta abaixo como *regular* (pode ser feita), *irregular* (não pode ser feita) ou *depende* (pode ser feita em determinadas circunstâncias). Explique por que é regular, irregular ou depende.

	Regular	Irregular	Depende
1. Vejo que você faz parte do quadro de reservistas do Exército. Quais são as chances de ser chamado para a ativa?			
2. Qual é a sua fluência em inglês?			
3. Você já foi preso?			
4. Que *softwares* você desenvolveu na MicroTek?			
5. Você tem autorização legal para trabalhar no Brasil?			
6. Você perdeu a mão em um acidente de trabalho?			
7. Você é casado?			
8. A que organizações profissionais você pertence?			
9. Você consome bebidas alcoólicas?			
10. Que feriados religiosos você respeita?			
11. Você atende por Charles ou Charlie?			
12. Você teria problemas para ser realocado para outro Estado?			
13. Você manca?			
14. Em quanto tempo você pretende se aposentar?			
15. Weinberg... isso é judeu?			

> **Aceitar ou manter informações irregulares cria responsabilidades para a empresa mesmo que a informação não tenha sido solicitada.**

Em processos de recrutamento e seleção, considere sempre as seguintes regras:

- A legislação e os tribunais não estão preocupados com a *intenção*, mas com o *efeito*.
- Anuncie cada vaga onde todos os candidatos qualificados tenham uma oportunidade razoável de saber mais sobre o trabalho a ser realizado.
- Sua organização é responsável pela manutenção ou utilização de informações irregulares, mesmo que você não as tenha solicitado.
- Não escreva nem faça anotações no formulário de inscrição. Rabiscar em um formulário de inscrição pode parecer um código discriminatório.
- Três preocupações recentes surgiram: uniões estáveis, casamento do mesmo sexo e surdez como deficiência. Uma resposta adequada é: "Contratamos pessoas com base no que elas sabem e na capacidade delas de realizar o trabalho, independentemente de preferências pessoais ou deficiências". As organizações devem estar preparadas para aumentar os volumes de telefones e computadores.
- As leis de igualdade de oportunidades de emprego dizem respeito a todos os empregadores de 15 pessoas ou mais.

Desenvolvimento de um perfil de candidato

> **O perfil deve ser composto de qualificações essenciais para ocupação do cargo.**

Tendo as leis de igualdade de oportunidades de emprego em mente, realize uma análise minuciosa para desenvolver um **perfil de candidato baseado em competência** para a vaga para a qual você está fazendo um recrutamento. Esse perfil do funcionário ideal normalmente inclui habilidades, competências, educação, treinamento, experiências, níveis de conhecimento, características pessoais e relacionamentos interpessoais específicos que permitem que uma pessoa preencha uma vaga com alto grau de excelência.[20] A intenção é avaliar todos os candidatos em relação a esse perfil para garantir que os esforços de recrutamento estejam de acordo com as leis de igualdade de oportunidades de emprego, sejam o mais objetivos possível, estimulem todos os entrevistados a tratar dos mesmos assuntos e características, e eliminem (ou ao menos minimizem) a **síndrome da farinha do mesmo saco**, em que recrutadores favoreçam candidatos mais parecidos consigo mesmos – o que tradicionalmente favorece candidatos do sexo masculino.

> **O perfil é o ideal pelo qual todos os candidatos são avaliados.**

Um número cada vez mais crescente de organizações tem empregado uma técnica de seleção **baseada em comportamento** para garantir que cada entrevistador faça perguntas que possam comparar o perfil de cada candidato. A entrevista baseada em comportamento se apoia em dois princípios inter-relacionados: situações específicas relacionadas ao trabalho e desempenho anterior – que são indicadores do desempenho futuro. Os entrevistadores pedem que os entrevistados descrevam situações em que tenham exibido competências e habilidades específicas.[21] De acordo com uma publicação dos institutos nacionais de saúde dos Estados Unidos, a técnica de entrevista baseada em comportamento "busca descobrir como um funcionário potencial realmente se comportou em determinada situação, e não

> O desempenho passado é o melhor indicador do desempenho futuro?

como ele poderá se comportar no futuro".²² Essa técnica começa com uma análise de necessidade e da vaga para determinar quais comportamentos são essenciais para o desempenho de uma função específica. Os comportamentos avaliados podem incluir a capacidade de

desenvolver e implementar	conduzir
monitorar e facilitar	estabelecer
aplicar	construir
manter-se atualizado	compreender e utilizar
aconselhar e dar consultoria	recomendar

Outras organizações transformaram essa abordagem em um **sistema baseado em características** ou **talentos**. Nesse caso, consideram-se, no processo de recrutamento e seleção, características ou talentos específicos, e não propriamente comportamentos. Eis algumas características consideradas:

realizações	confiabilidade	comunicação oral
ambição	iniciativa	orientação para pessoas
assertividade	atenção	responsabilidade
competitividade	motivação	agilidade

> Candidatos de grupos não majoritários se encaixam em seu perfil?

Independentemente dos meios que você utilize, confira de forma cuidadosa cada comportamento ou característica de perfil. Cada um deles é fundamental para o desempenho excelente da função? A liderança é necessária para uma vaga de nível iniciante? Você consegue mensurar o comportamento ou a característica? Você está esperando que os entrevistadores ajam como psicólogos? Algum comportamento ou característica desejado poderá afetar adversamente os esforços de diversidade da sua organização e discriminar involuntariamente? Por exemplo, traços como competitividade, agressividade, contato visual direto, força e habilidades de comunicação oral podem ir de encontro à criação e à cultura de muitos grupos não majoritários.²³ As características e os comportamentos pretendidos devem estar relacionados à vaga – as qualificações essenciais para ocupação do cargo – e claramente definidos para que todos os entrevistadores estejam em busca da mesma coisa.

Depois de desenvolver um perfil de candidato, escreva uma descrição clara que "sintetize os requisitos para uma determinada função". Segundo Karen O'Keefe: "No fim das contas, a descrição da vaga é a inspiração para qualquer entrevista subsequente, de modo que definir a vaga logo de início tornará muito mais fácil encontrar a pessoa certa para o trabalho".²⁴ Estar despreparado é o maior erro que você pode cometer.

> Os tempos e as pessoas estão mudando.

Avaliação do que os candidatos querem

Já que entrevistas de seleção têm tanto a ver com atrair quanto com selecionar funcionários extraordinários, é imperativo que você compreenda os alvos de sua busca.

O que os candidatos desejam de uma vaga e da carreira?

Candidatos jovens com formação universitária são muito diferentes dos de 10 ou 20 anos atrás. Embora ainda estejam interessados em seguir carreira e ter empregos estáveis, a ideia de permanecer em uma organização até ganhar o relógio de ouro é irreal para a maioria. Os candidatos estão muito mais interessados em reputação corporativa do que em marcas.

Embora questões específicas de salário e benefícios preocupem jovens candidatos a empregos, elas não são mais fundamentais na atração para vagas e organizações como já foram. Hoje, jovens candidatos estão mais interessados no ambiente e na cultura que uma organização oferece, em aconselhamento, programas de administração de estresse, bolsas de estudos para pós-graduação e MBA, por exemplo, e oportunidades de desenvolvimento de carreira.[25] Eles querem muitas informações sobre as vagas, principalmente antes de serem chamados para entrevistas.

> Candidatos são cada vez mais movidos por informações.

A nova força de trabalho compreende completamente que a diversidade é uma realidade. Esses jovens esperam e recebem de braços abertos o trabalho com uma variedade de tipos de educação, idades, raças e grupos étnicos. Limites políticos e geográficos representam poucos obstáculos, uma vez que muitos viajaram, estudaram ou trabalharam em outros países.

O que os candidatos desejam em um entrevistador?

Candidatos têm claras preferências em entrevistadores. Suas decisões são significativamente afetadas pela satisfação com a comunicação que ocorre, e sua atração pelo entrevistador é o mais forte indicador de sua atração por uma organização.[26] Eles veem o comportamento do entrevistador como modelo do que esperar do empregador, de modo que uma experiência negativa pode eliminar uma organização de maior consideração.

> O entrevistador é a organização aos olhos do candidato.

Os candidatos esperam que entrevistadores sejam amistosos, atenciosos, sensíveis, gentis, sinceros, entusiasmados, diretos, agradáveis e genuinamente interessados neles. Eles não querem ser pressionados ou interrompidos. Preferem entrevistadores que ajam e falem naturalmente, e se incomodam com aqueles que insistem em ler as perguntas, mantêm-se presos a uma programação ou fazem apresentações engessadas.

> Escolha entrevistadores com as características do candidato em mente.

Os candidatos querem que entrevistadores sejam profissionais que saibam do que estão falando. Em uma pesquisa, 93% afirmaram que, em vez de representantes veteranos determinados a vender a empresa em que atuam, gostariam de conhecer funcionários relativamente novos e aprender com experiências deles.[27] Candidatos de grupos não majoritários dizem que se sentem muito mais confortáveis, comunicam-se mais abertamente e se sentem mas bem compreendidos e avaliados por entrevistadores mais parecidos com eles. Todavia, essa abertura e esse auxílio poderão se transformar em confusão, raiva e interações defensivas se eles se sentirem examinados por "um deles mesmos".[28]

Candidatos querem que entrevistadores lhes façam perguntas relevantes e abertas e lhes deem oportunidades de autoexpressão. Apreciam quando os entrevistadores limitam autorrevelações para evitar a mudança de foco.[29] Os candidatos desejam receber informações detalhadas que sejam relevantes à vaga e à organização.

Obtenção e revisão de informações de candidatos

Com o planejamento completo e o recrutamento em andamento, reúna o máximo de informações possível sobre cada candidato por meio de formulários de inscrição, currículos, cartas de recomendação, testes objetivos e *sites* de redes sociais. Revise essas informações cuidadosamente para obter uma boa visão do seu relacionamento com o candidato. É a sua primeira oportunidade de determinar o quanto essa pessoa se encaixa na vaga e na cultura exclusiva de sua organização.[30] Essa revisão revela áreas que devem ser sondadas durante a entrevista, talvez comparando respostas orais e escritas com perguntas semelhantes. De acordo com Fredric Jablin e Vernon Miller, entrevistadores que revisam cuidadosamente as referências de um candidato elaboram perguntas mais variadas e fazem mais sondagens a respeito das respostas.[31] Por meio desse processo, é possível conhecer mais amplamente o candidato e avaliar se o perfil dele está ou não de acordo com a vaga e a organização.

Formulários de inscrição

> Modifique formulários de inscrição para se encaixarem no perfil do candidato.

Elabore **formulários de inscrição** com as leis de igualdade de oportunidades de emprego em mente. Evite categorias tradicionais que violam as orientações da igualdade de oportunidade de empregos, como gênero, idade, raça, etnia, nacionalidade, estado civil, características físicas, registros de prisões, tipo de dispensa militar e pedido de foto. Inclua algumas perguntas de final aberto semelhantes às que você fará durante a entrevista. Certifique-se de oferecer espaço adequado para que os candidatos respondam a todas as perguntas detalhadamente. Procure pelo que está e não está relatado explicitamente no formulário, como a forma de os candidatos responderem a perguntas de final aberto e os intervalos entre um emprego e outro.

Cartas de apresentação

Como a carta de apresentação costuma ser seu contato inicial com um candidato, leia-a cuidadosamente. Ela é dirigida a alguma pessoa específica de sua organização ou é uma saudação genérica do tipo "a quem interessar possa" que não demandou qualquer trabalho por parte do candidato? A carta foi elaborada para dirigir-se à sua função e à organização? Em caso afirmativo, o candidato despendeu energia em investigação e demonstra verdadeiro interesse em trabalhar para você? A carta revela metas de carreira e qualificações para a vaga disponível? Frequentemente, candidatos enviam dezenas ou centenas de cartas em busca de entrevistas para funções para as quais não estão qualificados, nem em termos de formação nem de experiência. A carta tem um texto profissional, livre de erros de grafia, gramática e pontuação? Susan Heathfield, especialista em recursos humanos, admite que pode ser "uma velha implicante", mas alega que esse tipo de erro "é indicativo do que se pode esperar do candidato como funcionário. Você está procurando alguém descuidado, desleixado ou despreocupado? Duvido. A evidência está diante de você, em cima da mesa ou na tela do computador".[32]

Currículo

Um currículo costuma ser enviado com uma carta de apresentação ou anexado a um e-mail. Revise-o detalhadamente *antes da entrevista*. Segundo

Revise as credenciais do candidato antes da entrevista para poder dedicar toda sua atenção a ele durante a entrevista.

> Alguns candidatos não combinam com seus currículos.

> Pense em usar um software, caso atraia centenas de candidatos.

> A carta de apresentação frequentemente é a sua primeira oportunidade de "ver" um candidato.

Patricia Buhler, "ler o currículo pela primeira vez na frente do candidato transmite uma clara mensagem de falta de preparo e importância".[33] Exclua informações irregulares do currículo (foto, idade, estado civil, organizações religiosas e assim por diante) antes que qualquer pessoa envolvida no esforço de recrutamento possa vê-lo. Se você mantiver essas informações (embora não as tenha solicitado), pode ser responsabilizado por possível discriminação.

O objetivo de carreira do candidato está de acordo com o perfil do candidato? Em caso positivo, avalie o quanto a formação, o treinamento e as experiências do candidato complementam o objetivo de carreira declarado e o perfil do candidato. Healthfield aponta vários "sinais de alerta" que os recrutadores devem procurar em currículos. Esses sinais de alerta incluem intervalos entre empregos sem datas específicas, falta de atenção a detalhes (como falta de palavras, erros de digitação, erros de copiar e colar, datas erradas), falta de personalização para seu anúncio de emprego, excesso de qualificação para a vaga e histórico de empregos incomum.[34]

Esteja ciente de que um percentual importante de candidatos mente nos currículos. Em uma pesquisa realizada pela Careershop.com, 73% dos entrevistados admitiram que mentiram nos currículos. Mentiras incluem diplomas universitários não obtidos, nomes de cargos exagerados, experiências inventadas, informações imprecisas sobre número de anos trabalhados, datas modificadas para mascarar períodos de desemprego, empregadores fictícios, salários atuais exagerados, responsabilidades e realizações infladas, e alegações de responsabilidade pessoal por realizações em equipe.[35] Declarações falsas em currículos de altas condecorações ou medalhas militares, incluindo a Medalha de Honra do Congresso norte-americano, levou o Congresso a aprovar a "Lei do Valor Roubado" em 2006, para transformar tais alegações em crime. Em uma decisão de 2012, a Corte Suprema dos Estados Unidos considerou a lei inconstitucional por infringir a liberdade de expressão garantida pela primeira emenda da Constituição americana.[36] Incentivos para mentir em currículos incluem longos períodos de desemprego, estar preso a um emprego muito ruim e não ter a formação, as experiências e as habilidades cada vez mais exigidas de candidatos no século XXI, e o princípio de Peter, segundo o qual as pessoas foram promovidas a seus níveis de incompetência e então encaram o famoso telhado de vidro, o rebaixamento ou a dispensa.

Se você estiver contratando vários novos funcionários ou se seus anúncios receberem um grande volume de currículos, talvez seja interessante usar *softwares* de mapeamento de candidatos. Esses programas mapearão os currículos com rapidez e eficiência e identificarão os candidatos mais adequados às suas vagas e à sua organização, de modo que suas entrevistas tenham um número administrável. Eles também podem armazenar um grande volume de currículos, caso você decida mapear o conjunto novamente. O *site* Capterra lista 244 *softwares*, e você pode escolher aquele ou aqueles mais adequados às suas necessidades.[37] Um *software* de mapeamento normalmente classifica candidatos com base em palavras-chave, habilidades, interesses e experiências. É preciso carregar os currículos com cuidado para minimizar o risco de perder ótimos candidatos. Por exemplo, se os candidatos usam a palavra pessoal ou compras, em vez de recursos humanos ou gerenciamento de aquisições, eles serão eliminados do lote. O mesmo ocorre se os candidatos usam abreviações que não estejam de acordo com as do sistema, cabeçalhos que o sistema não reconhece, espaços entre as letras dos nomes por questões gráficas que não podem ser analisados corretamente e tamanhos e tipos de fontes que o *software* considere menos legível.[38] Seria interessante publicar orientações em seus anúncios e sugerir literatura sobre recrutamento para preparar currículos mapeáveis, para que todos os candidatos estejam na mesma página.

Cartas de recomendação e referências

Revise as **cartas de recomendação** com ceticismo, porque elas são escritas por amigos ou admiradores. Essas cartas raramente contêm informações negativas. Como esse tipo de carta é escrita por pessoas conhecidas pelo candidato, há sempre informações que se encaixam no perfil pretendido pela empresa.

Em geral, **referências** são pessoas que os candidatos escolhem cuidadosamente para garantir uma recomendação favorável. Fazer ligações para referências, no entanto, permite que você faça perguntas de final aberto e sonde as respostas para ir além das palavras e frases superficiais ou contidas de uma carta. Infelizmente, a possibilidade de processos judiciais levou muitas instituições a formular políticas que lhes permitem fornecer apenas as datas em que os candidatos foram alunos ou funcionários. As organizações podem solicitar que entrevistadores obtenham a permissão de candidatos antes de contatar autores de cartas ou pessoas citadas como referências. Bob Ayer recomenda ligar para as referências depois de uma lista ter sido definida e escolher aquelas com um relacionamento de médio alcance com o candidato – "não próximo o bastante para mentir por ele, mas próximo o suficiente para ter uma opinião formada" sobre o candidato.[39]

> A possibilidade de processos judiciais têm prejudicado a conferência de referências.

Testes padronizados

Um número crescente de organizações está empregando testes padronizados como suplemento da revisão de credenciais e da realização de entrevistas. Isso tem se tornado prática padrão no processo de recrutamento/seleção. Algumas fontes alegam que a entrevista baseada em comportamento tão amplamente utilizada hoje é mais eficiente "quando combinada com testes de emprego, muitos dos quais são hoje realizados *on-line*".[40] Uma indústria se desenvolveu para atender a essa demanda, e as empresas alegam que seus produtos entregam resultados, medem o quanto o candidato se encaixa no emprego e evitam a parcialidade subjetiva da entrevista. Antes de escolher qualquer teste para ser utilizado em seu processo de contratação, certifique-se de que ele tem relação com a vaga ou foi feito sob medida, foi validado em uma amostra representativa da população e não seja discriminatório. Se um

> Escolha testes com cautela.

> Todos os testes devem ser cuidadosamente pré-testados.

teste parecer filtrar um grupo mais do que outro, não o utilize. A Comissão de Oportunidades Iguais de Emprego dos Estados Unidos investigou reclamações de que alguns testes "exercem um impacto adverso sobre candidatos negros e latinos", exigem "uma proficiência em inglês que pode gerar discriminação contra candidatos que não sejam falantes nativos" e violam a lei sobre deficientes ao exigir exames médicos de pré-contratação ou tentar detectar condições como depressão e paranoia.[41] Há quatro tipos comuns de teste usados em recrutamento: aptidão, personalidade, competências básicas e honestidade/integridade.

Testes de aptidão identificam as competências de um funcionário potencial e tentam prever com que qualidade e rapidez uma pessoa provavelmente aprenderá a realizar as tarefas relacionadas à vaga que você deseja preencher. Esse tipo de teste é, às vezes, denominado teste de QI ou de inteligência. Uma crítica aos testes de aptidão é que eles não medem a importantíssima e subjetiva variável chamada "bom senso".[42]

> Poucos testes avaliam bom senso.

Testes de personalidade avaliam as competências das pessoas junto com traços e tipos de personalidade. A classificação tipológica de Myers Briggs – o mais conhecido teste de personalidade – foi criada em 1943 e tem sido aperfeiçoada por pesquisas e pela avaliação de milhões de candidatos ao longo dos anos.[43] Esse teste e outros semelhantes, como o teste de Wilson e o de analogias de Miller, também identificam o raciocínio e o pensamento crítico dos candidatos.

> As competências básicas parecem estar declinando quando são mais importantes do que nunca.

Testes de competências básicas avaliam habilidades em matemática, mensuração, leitura e ortografia. Essas competências são fundamentais quando indivíduos ou equipes precisam detalhar por escrito situações que demandem atenção, sejam sobre equipamentos ou relativas a grupos de indivíduos. Alguns testes apresentam uma situação-problema e solicitam que o candidato a descreva em poucas frases (de cinco a sete). Monitores utilizam uma fórmula comum para conferir ortografia, estrutura de frases, tempos verbais, clareza e legibilidade.

> Testes de honestidade podem parecer invasivos, mas vieram para ficar.

Testes de honestidade são elaborados para avaliar ética, honestidade e integridade dos candidatos por meio de testes de lápis e papel ou **entrevistas de integridade**. Existe uma variedade de testes no mercado norte-americano, e alguns revelam resultados preocupantes. Por exemplo, Julia Levashina e Michael Campion, desenvolvedores da escala de comportamento de fingimento em entrevistas (tradução literal do original em inglês *interview faking behavior* – IFB), constataram que 90% dos alunos de graduação que se candidataram a uma vaga de emprego haviam "fingido" (deram respostas intencionalmente distorcidas), desde exageros, embelezamentos, omissões e encobrimentos até mentiras cabais que incluíam universidades frequentadas, diplomas, cargos, salários anteriores, experiências, responsabilidades e períodos de empregos fictícios.[44] Cuidado ao utilizar esses testes. Pesquisadores da Associação Norte-Americana de Psicologia revisaram mais de 200 estudos relacionados a testes de honestidade e concluíram que esses testes identificam indivíduos com *alta propensão* a roubar no local de trabalho, mas essa conclusão provocou um questionamento sobre candidatos que caem nas faixas de *moderada* a *baixa* propensão.⁴⁵ Robert Fitzpatrick, advogado de Washington especializado em legislação trabalhista, alerta: "Embora os testes de honestidade possam filtrar alguns candidatos indesejados, também podem deixar de fora [como os velhos testes de detectores de mentiras] um percentual imenso de cidadãos perfeitamente corretos e honestos".⁴⁶ Se você utiliza testes de honestidade, certifique-se de que eles tenham sido cuidadosamente validados com uma amostragem significativa da população para evitar acusações de discriminação.

> Sondar profundamente as perguntas é fundamental para avaliar a honestidade.

Entrevistas de integridade podem avaliar a honestidade ou a integridade de funcionários em potencial.⁴⁷ Candidatos sinceros tendem a reconhecer a probabilidade de funcionários roubarem, a responder sem hesitação, a rejeitar a ideia de tolerância com a desonestidade e a esperar resultados de teste favoráveis. De acordo com muitos entrevistadores, existe um fenômeno denominado *passar a perna* que consiste em utilizar métodos antiéticos para alcançar algum propósito. Em geral, os candidatos admitem, de forma natural, que já adotaram tais métodos porque acreditam que é um procedimento normal adotado por "todas as pessoas".⁴⁸ Dois formatos são usados com maior frequência. O primeiro consiste em entrevista altamente estruturadas que focam em ética e integridade, aprofundando-se em experiências de trabalho anteriores diretamente relacionadas à vaga disponível. Perguntas relacionadas ao trabalho resultam em candidatos com sentimentos positivos em relação à entrevista de integridade e à organização. Se a experiência de trabalho anterior estiver indisponível, o entrevistador deverá fazer perguntas situacionais usando dimensões específicas de comportamento ético e honesto. Donna Pawlowski e John Hollwitz desenvolveram uma entrevista situacional estruturada "com base na suposição de que intenções preveem comportamentos".⁴⁹ Entrevistadores pedem que entrevistados reajam a situações hipotéticas e utilizem uma escala de cinco pontos com uma definição acordada de dimensão. Outras dimensões são manipulação de relacionamentos, engano interpessoal (mentira), violação de segurança (revelar segredos de negócio) e assédio sexual (contar piadas sujas ou exibir fotos de nudez).

> Foque em situações de trabalho reais ou hipotéticas.

Mídias sociais

> Faça sondagens nas mídias sociais com cautela.

Um percentual significativo de candidatos usa *blogs* e *sites* como o MySpace e Facebook que revelam muito sobre eles. Muitas dessas informações não têm nada a ver com suas qualificações para uma vaga dentro de uma instituição, mas podem dizer muito sobre como eles se encaixariam em sua cultura organizacional, incluindo motivações, hábitos de trabalho e planos futuros. É fácil acessar essas informações, e alguns empregadores pedem rotineiramente a seus candidatos suas contas nas mídias sociais. Tome cuidado. O Congresso americano tentou sem sucesso em 2012 aprovar uma legislação que tornaria ilegal que empregadores solicitassem o endereço das contas. Alguns Estados estão pensando agora em elaborar suas próprias legislações. Seja cauteloso. Espiar *sites* poderá revelar características pessoais como idade, raça, gênero, deficiências, estado civil e orientação sexual, o que viola as leis de igualdade de oportunidades de emprego. Brian Libby faz a seguinte sugestão: "pergunte previamente se o candidato tem alguma presença *on-line* que gostaria que você conferisse".⁵⁰

NA INTERNET

Entrevistas de integridade estão se tornando mais comuns durante o processo de seleção conforme os empregadores tentam avaliar a integridade de funcionários potenciais em um tempo em que a honestidade frequentemente parece ser mais a exceção do que a regra. Muitos empregadores e pesquisadores têm questionado seriamente a precisão e o valor dos testes de honestidade no ambiente da seleção para emprego. Procure na Internet discussões sobre os usos e as preocupações relacionados a testes de honestidade escritos e orais. Estas fontes, em inglês, podem ajudá-lo a começar sua busca: Infoseek (http://www.infoseek.com), PsycInfo (http://www.psycinfo.com), The Monster Board (http://www.monster.com/), CareerBuilder (http://www.careerbuilder.com/) e PsychLit (http://www.psychlit.com/).

Condução da entrevista

Depois de ter obtido e revisado muitas informações sobre os candidatos, você está pronto para realizar a entrevista.

Clima e ambientação

Estabeleça um ambiente que estimule o compartilhamento de informações, bem como sentimentos, atitudes e motivações. O ideal é conduzir a entrevista de seleção em um local confortável, silencioso e privado que elimine ou minimize ruídos e interrupções. Escolha assentos que maximizem a comunicação interpessoal. Feche a porta e desligue telefones, celulares, computadores e outros equipamentos que possam lhe interromper. Na realidade, no entanto, talvez você não consiga acessar um local tão silencioso. Os autores realizaram entrevistas de seleção em saguões, escadarias e corredores de hotel, restaurantes e bares, *open houses* realizadas em salões de festa, bancos de parques e feiras de carreira e emprego ao ar livre. Faça o melhor com o que tiver.

> O clima pode propiciar uma boa entrevista ou destruí-la.

Trate cada entrevista como se fosse a maior prioridade do seu dia. Seja positivo e atencioso, porque a entrevista pode ser um acontecimento muito importante na vida do candidato, mesmo que seja apenas rotina para você e a sua sexta entrevista do dia, e isso representa um papel crítico na atração e seleção de funcionários de qualidade. Segundo Patricia Buhler: "A entrevista é uma via de duas mãos. Enquanto o entrevistador está selecionando candidatos que se encaixem na organização e na vaga em aberto, o candidato está 'entrevistando' a empresa da mesma maneira. A entrevista, portanto, também deve ser vista como ferramenta de relações públicas". Buhler alerta para o fato de que "publicidade ruim voa".[51] Candidatos não diferenciam você de sua organização. Candidatos de qualidade terão mais probabilidade de aceitar ofertas se perceberem que você é um bom representante de sua organização. Seja aberto e sincero. É isso que você exige dos candidatos. Faça um retrato realista da função e da organização. Pratique uma **transparência consciente** em que compartilha informações com os candidatos, explica o objetivo das perguntas e promove diálogo por meio de um clima de apoio.[52]

Partes da entrevista

A entrevista de seleção tem tradicionalmente duas pessoas envolvidas: entrevistador e candidato. Uma variação disso é o **formato de cadeia**, em que um entrevistador pode conversar com um candidato por 15 ou 20 minutos, talvez desenvolvendo uma impressão geral da experiência do candidato, passando-o então para um segundo entrevistador, que sonda as competências de trabalho específicas. Um terceiro entrevistador pode então assumir a entrevista e avaliar o conhecimento técnico do candidato. O formato de cadeia é comum em "fábricas" ou *in loco* e determina as entrevistas feitas no processo de seleção. Uma série de entrevistas pode durar mais de um dia, incluindo almoço e jantar com membros adicionais da organização.

> Os empregadores estão experimentando uma variedade de formatos.

Algumas organizações têm realizado experiências com uma **equipe ou uma banca** de dois a cinco recrutadores para entrevistar um candidato ao mesmo tempo. Os membros de uma banca, por exemplo, podem dividir o trabalho de entrevistar um candidato. Nesse caso, caberá a cada membro fazer perguntas específicas: sobre formação e treinamento, conhecimento técnico e competências relacionadas à função. Pesquisas apontam que uma banca é mais eficiente na previsão do desempenho na função do que entrevistas individuais, mas entrevistadores e candidatos preferem a abordagem tradicional.[53] Recomenda-se uma banca ou equipe na realização de entrevistas transculturais para eliminar a parcialidade e garantir a comunicação e compreensão.

Entrevistas em **grupo** que envolvem diversos membros de um subsistema organizacional, como corpo docente ou departamento acadêmico, equipe de relações públicas de um centro médico ou especialistas de TI de uma empresa, são comuns quando um candidato aparece para um determinado conjunto de entrevistas no que é chamado de "*tour* pela empresa". Essa abordagem fornece a uma ampla variedade de colegas em potencial uma oportunidade de fazer perguntas e ouvir respostas antes de decidirem quem será contratado. Todos ouvem as mesmas respostas às mesmas perguntas-chave e podem reduzir o problema de diferentes recrutadores argumentando que receberam ou interpretaram respostas de maneiras muito diferentes em seus contatos individuais.

O formato de **seminário**, em que um ou mais recrutadores entrevistam vários candidatos simultaneamente, toma menos tempo do que entrevistas individuais, permite que uma organização observe as respostas e reações às mesmas perguntas ao mesmo tempo e pode produzir percepções valiosas sobre como os candidatos trabalhariam juntos em equipe. Se a entrevista for conduzida com habilidade, os candidatos não verão a experiência como competição, mas como uma oportunidade de revelarem qualificações e experiências. Se você está em busca de líderes, um candidato que não se sente à vontade nesse formato e se mantém normalmente em silêncio pode não ser uma boa escolha.

Abertura da entrevista

> Envolva o candidato na abertura.

A abertura é uma parte crítica de cada entrevista de seleção. É na abertura que se estabelece o tom da entrevista e é criada a importantíssima primeira impressão a seu respeito e a respeito da organização.

Estabeleça empatia

Comece a entrevista saudando o candidato pelo nome com um tom de voz cordial e amistoso, e com um aperto de mão firme, mas não forte demais, para estabelecer **empatia**. Apresente-se e informe o seu cargo na organização. Não peça ao candidato que chame você pelo primeiro nome, caso seja uma primeira entrevista, porque poucos candidatos se sentirão a vontade para fazer isso. O estabelecimento da empatia é especialmente importante em entrevistas transculturais. Estabeleça um relacionamento "baseado em confiança, compreensão e aceitação" desde os primeiros momentos da entrevista e tenha em mente "que falar a mesma língua não significa compartilhar a mesma cultura".[54]

Puxe conversa sobre algum assunto não polêmico, mas não a prolongue nem caia em questões clichês do tipo "Que tal este clima?" ou "Como foi a sua viagem?", que provocam poucas respostas significativas e de nada servem para estabelecer empatia com o candidato. Falar de amenidades por tempo demais pode aumentar a tensão e criar ansiedade e suspense.

> Não adie o inevitável.

Orientação

Passe para a fase de orientação da abertura, em que você diz ao candidato como se dará a entrevista. Tradicionalmente, isso significava que os entrevistadores farão perguntas e fornecerão informações sobre a vaga e a organização, e, depois, os candidatos poderão perguntar.

Fornecer informações primeiro adia o envolvimento ativo do candidato e pode passar a ideia de que o entrevistador pretende dominar a entrevista. Talvez você queira dizer ao candidato quanto tempo a entrevista irá durar e aproximadamente quanto tempo você dedicará a cada parte dela. Se a entrevista estiver ocorrendo dentro da empresa, *in loco*, forneça ao candidato uma agenda da visita e os nomes e cargos das pessoas que estarão envolvidas no processo seletivo.

> Seja sistemático e criativo.

Apesar de a abordagem tradicional ser controlada pelo entrevistador, recrutadores têm recomendado uma abordagem controlada pelo entrevistado. Por exemplo, Bob Ayer, especializado na contratação de vendedores, recomenda um longo período de orientação: "Depois disso, CALE A BOCA!. Permita que o vendedor em potencial assuma o controle (é o que você que está contratando quer que ele faça quando estiver em campo, não é?)".[55]

> Compartilhe o controle com o candidato.

Pergunta de abertura

A **pergunta de abertura** é a transição para o corpo da entrevista. Essa primeira pergunta de final aberto e fácil de responder faz o candidato falar sobre um tema familiar (formação, experiências, conhecimentos, trabalho recente). Ela dá o tom da entrevista – o candidato falando e o entrevistador escutando e observando.

> Comece com uma pergunta aberta, mas não aberta demais.

Planeje a pergunta de abertura cuidadosamente e evite sempre começar com a mesma pergunta. Adapte-a ao que você ficou sabendo nas informações prévias. A pergunta de abertura mais comum, "Fale-me sobre você", é tão aberta que os candidatos frequentemente não sabem por onde começar ou quanto de informação dar. Devem começar com onde nasceram, escola, faculdade ou trabalhos recentes? Devem falar sobre *hobbies*, formação, experiências profissionais, acontecimentos importantes? Perguntas altamente abertas e genéricas não relaxam o candidato nem o fazem falar sobre temas importantes. Eis uma pergunta de abertura adequada: "Fale sobre as suas tarefas (ou responsabilidades) na sua função atual".

> Os empregadores estão experimentando uma variedade de formatos.

Não coloque o candidato contra a parede cedo demais porque entrevistadores tendem a pôr mais peso nas informações negativas, e quanto antes isso começa na entrevista, pior pode ser. Faça uma pergunta fácil de responder e razoavelmente aberta para fazer o candidato falar e se preparar para perguntas mais difíceis.

Corpo da entrevista

> Entrevistas desestruturadas não recrutam os melhores candidatos.

Na literatura especializada, não há consenso sobre o quanto deve ser estruturado o corpo da entrevista de seleção, mas pesquisas indicam que a validade de recrutar candidatos altamente qualificados é mais bem-sucedida quando as organizações utilizam formatos altamente estruturados.[56] As tradicionais entrevistas guiadas por "instinto", "impressão" e "pressentimento" podem provocar vários riscos. Uma entrevista desestruturada, divagante e sem foco diz quase nada ao entrevistado sobre os candidatos a uma vaga.[57] Por exemplo, entrevistadores falam mais do que candidatos em entrevistas desestruturadas, em vez da relação considerada ideal de 80% para o candidato e 20% para o recrutador. Entrevistadores tendem a tomar suas decisões durante os primeiros três a quatro minutos, muito antes de respostas a perguntas críticas e provocadoras. Eles tratam de informações factuais e biográficas que já estavam disponíveis nos formulários de inscrição e currículos, são mais suscetíveis a estereótipos e parcialidades, e têm maior probabilidade de fazer perguntas que violam leis de igualdade de oportunidades de emprego. Muitos candidatos altamente qualificados não causam boas primeiras impressões, mas eles "melhoram" conforme respondem a perguntas sobre experiências e metas, revelam conhecimentos técnicos e consciência das necessidades e dos planos de futuro específicos da sua organização, e demonstram o quanto se encaixam em sua cultura organizacional.

Entrevistas altamente estruturadas

> Entrevistas altamente estruturadas são mais confiáveis mas menos flexíveis e adaptáveis.

Um número crescente de recrutadores defende entrevistas altamente estruturadas, nas quais todas as perguntas são preparadas e testadas antes do tempo e feitas a todos os candidatos sem variações. Entrevistas altamente estruturadas são mais confiáveis porque todos os candidatos ouvem as mesmas perguntas ou perguntas muito parecidas, e os recrutadores precisam prestar bastante atenção ao longo de toda a entrevista, em vez de apenas nos primeiros minutos. As organizações devem empregar uma entrevista altamente estruturada centrada em características específicas do perfil do candidato (habilidades interpessoais, *expertise* com computadores, experiência com equipes) ou em um guia de entrevista (se a pessoa consegue fazer o trabalho, se ela fará o trabalho, se irá se encaixar na organização).

Encaixar-se na função e na organização é crítico, porque candidatos bem qualificados que não combinam com a cultura da organização resultam em baixo desempenho e alta rotatividade. Algumas entrevistas tratam de temas como o ambiente da empresa, a influência da gestão e os colegas de trabalho.

> Métodos baseados em comportamento focam em competências relacionadas ao trabalho.

A seleção *baseada em comportamento* é muito comum. Uma organização pode desenvolver uma entrevista altamente estruturada que oferece padronização hábil de seleção de perguntas, gravação de respostas e classificação de candidatos em dimensões definidas pelo comportamento. No exemplo apresentado a seguir, o entrevistado emprega uma escala de cinco pontos para classificar as respostas de acordo com o grau no qual ela exibe ou informa sobre um ou mais comportamentos: 5 = fortemente presente e 1 = minimamente presente.

Classificação	Comportamento	Pergunta
_____	Iniciativa	Dê um exemplo de uma vez em que você tenha resolvido conflitos entre funcionários.
_____	Energia	Quantas vezes você fez isso?
_____	Inteligência geral	Qual foi o resultado?
_____	Determinação	Como você se sentiu em relação aos resultados que obteve?
_____	Adaptabilidade	Diante de uma intransigência, o que você fez?

> **Elabore perguntas secundárias perspicazes.**

Ao ouvir a resposta para a primeira pergunta, identifique os tipos de conflito que o candidato tratou e suas complexidades. Perguntas de sondagem pré-planejadas sondam mais profundamente as experiências, incluindo os métodos usados e o sucesso que o candidato teve para resolver os conflitos. A resposta pode revelar inúmeras outras características, como capacidade de comunicação, sensibilidade, justiça e capacidade de seguir procedimentos prescritos.

Embora a entrevista altamente planejada possa diminuir a influência dos estereótipos, a desigualdade entre entrevistador e candidato, e a possibilidade de processos jurídicos por violações das leis de igualdade de oportunidades de emprego, ela tem desvantagens:[58] aumenta o controle do entrevistador e pode ser prejudicial a membros de grupos sub-representados. O candidato pode ter poucas oportunidades de apresentar informações relacionadas à função. Os entrevistadores podem ter poucas oportunidades de se adaptar a candidatos específicos, sondar suas respostas ou compartilhar informações quando for considerado necessário. A organização domina o que deveria ser uma atividade mútua entre entrevistador e candidato.

> **Ponha o candidato em situações de trabalho realistas.**

De acordo com William Kirkwood e Steven Ralston, a entrevista altamente estruturada tem poucas semelhanças com situações que os candidatos enfrentarão no trabalho. Dessa forma, o entrevistado não terá oportunidade de demonstrar as próprias habilidades, e o entrevistador não poderá observá-las em ambientes realistas.[59] Qualquer processo que reduza a capacidade do entrevistador de sondar as respostas provavelmente resultará em menos percepções sobre o candidato como pessoa e funcionário potencial. Recomendamos uma entrevista moderadamente planejada que permita que as duas partes tenham a flexibilidade necessária para interações significativas e o máximo de autorrevelação em um ambiente realista.

Sequências de perguntas

Selecione uma ou mais **sequências de perguntas** adequadas à entrevista e ao candidato. Normalmente, isso significa as sequências funil, funil invertido ou túnel. Entrevistadores tendem a usar a sequência funil invertido fazendo perguntas primárias fechadas durante os primeiros minutos da

> Faça o candidato começar a falar o mais rapidamente possível.

entrevista e perguntas de sondagem de final aberto nos últimos minutos.[60] A sequência invertida permite que eles testem candidatos e então troquem para uma sequência funil com os candidatos considerados mais qualificados. Como os candidatos tendem a dar respostas curtas a perguntas fechadas enquanto conhecem o entrevistador e respostas mais longas e mais informações para perguntas abertas, os entrevistadores podem fazer julgamentos rápidos durante os primeiros minutos das entrevistas com base em pouca informação. Além disso, a melhor maneira de relaxar um candidato é fazê-lo falar. Comece com uma sequência funil ou túnel para fazer o entrevistado falar, relaxar e dar o máximo de informações.

Encerramento da entrevista

> O encerramento deve manter o tom positivo da entrevista.

Ao realizar **entrevistas de seleção** em feiras de empregos, centros de carreiras em *campi* universitários ou dentro da empresa, você certamente não obterá muitas informações sobre os candidatos. Trata-se de uma expedição exploratória para decidir quanto à qualidade do conjunto de candidatos e a quem tende a se destacar entre vários entrevistados. Mais tarde, você decidirá se realizará mais entrevistas. Seu encerramento será uma variação do seguinte exemplo:

> Jackie, gostei de conversar com você. (pausa para deixar o candidato falar) Estamos fazendo recrutamento em vários *campi* do Meio-Oeste para esta vaga nas nossas instalações de Kansas City. Nosso plano é convidar de quatro a cinco candidatos para irem a Kansas City para mais entrevistas dentro de algumas semanas. Entraremos em contato com nos próximos dez dias para informar se você será convidada para essas entrevistas. Você tem mais alguma pergunta? (pausa para deixar o candidato falar) Se precisar entrar em contato comigo ou tiver mais perguntas, aqui está o meu cartão com meu celular e o telefone e e-mail do escritório.

> Não encoraje nem desencoraje candidatos desnecessariamente.

Se estiver realizando entrevistas que tenham se seguido a uma ou mais **entrevistas determinadas** de seleção, sua decisão talvez seja ser entre fazer ou não mais considerações. No entanto, você dificilmente indicará isso durante a entrevista. Seja honesto e sincero com os candidatos. Se tiver muitos candidatos excelentes para uma vaga, não os deixe com a impressão de estarem no topo da lista.

> Tome decisões e avise todos os candidatos o quanto antes.

Cuidado com o que faz, diz e pergunta depois do encerramento formal, enquanto leva a pessoa até a porta ou estacionamento ou acompanha a pessoa para se reunir com outro membro da organização. Esses momentos informais podem levar a violações das leis de igualdade de oportunidades de emprego. Não faça nem diga nada que afete de maneira negativa o relacionamento que desenvolveu cuidadosamente durante a entrevista.

Dê retorno a todos os candidatos. Você ou seu representante deve assinar todas as cartas e elaborá-las de modo a dar a cada uma delas um toque pessoal. Ao rejeitar candidatos, não lhes "dê corda" desnecessariamente nem alimente falsas esperanças. Rejeite-os cordialmente, mas não tente dar explicações que apenas levante questionamentos e argumentos. Recrutadores usam uma variação de "Tivemos um grande número de excelentes candidatos" e "Tentamos escolher o que parecia melhor se encaixar à vaga". Faça um esforço para manter sentimentos de boa vontade em relação à sua organização comunicando que foi dada a cada candidato a mesma chance de ser selecionado.

Perguntas

As perguntas são as ferramentas principais para obter informações, avaliar o quanto o candidato combina com o perfil de candidato, determinar o quanto ele se encaixa na organização e descobrir o que sabe sobre a função e a organização.

> Mantenha as perguntas com final aberto.

Use perguntas de final aberto, neutras, perspicazes e relacionadas à função. Perguntas de final aberto estimulam candidatos a falar enquanto você escuta, observa e formula perguntas de sondagem eficientes. Candidatos dão respostas mais longas para perguntas de final aberto e sentem maior satisfação com entrevistas dominadas por perguntas primárias e de sondagem de final aberto.[61]

Armadilhas comuns

> Esteja atento para armadilhas em perguntas primárias e de sondagem.

Entrevistadores criam ou reformulam perguntas para identificar comportamentos relevantes e sondar detalhes, clareza e significados implícitos. Essa espontaneidade torna a entrevista uma conversa alegre e perspicaz, mas a torna suscetível a armadilhas muito comuns. Além das armadilhas de perguntas abordadas nos Capítulos 3 e 4 (bipolar, substituição de uma pergunta aberta por uma fechada, pergunta dúbia, indução, jogo da adivinhação, resposta sim (não), sondagem curiosa, *show* de perguntas e respostas, não pergunte, não conte), há três armadilhas especialmente relevantes à entrevista de seleção.

> Reações avaliadoras levarão a respostas seguras e superficiais.

1. *Reação avaliadora:* o entrevistador expressa sentimentos críticos sobre uma resposta que pode afetar a imparcialidade ou distorcer a resposta seguinte.
   Caramba, aposto como você se arrepende dessa decisão.
   Não foi um bom motivo para pedir demissão, hein?
   Foi um erro, não foi?

2. *Violação de leis de igualdade de oportunidades de emprego:* o entrevistador faz uma pergunta irregular.
   Com que frequência você vai à igreja?
   O quanto a sua perna artificial dificulta para você dirigir por longas distâncias?
   O que você fará se o seu marido for transferido? Não peça informações que você já tem.

> Não peça informações que você já tem.

3. *Pergunta do currículo ou da ficha de inscrição:* o entrevistador faz uma pergunta cuja resposta está no currículo ou na ficha de inscrição.
   Onde você se formou em criminologia?
   Você estudou no exterior?
   Que estágios você fez?

Perguntas tradicionais

As perguntas a seguir são **perguntas tradicionais de entrevistadores** que evitam armadilhas e obtêm importantes informações relacionadas ao trabalho.

- Interesse na organização
   Por que você gostaria de trabalhar para nós?

O que você já leu sobre a nossa organização?
O que você sabe sobre nossos produtos e serviços?
- Relacionadas a trabalho (geral)
Fale-me sobre a função que mais lhe deu satisfação.
Como as suas experiências profissionais anteriores prepararam você para esta função?
O que você fez de inovador em seu último emprego?
- Relacionadas ao trabalho (específicas)
Descreva uma estratégia típica que você usaria para motivar pessoas.
Que critérios você usa para delegar trabalhos a outras pessoas?
Como você acompanha as atividades delegadas a seus subordinados?
- Equipes e trabalho em equipe
Como você se sente quando a sua remuneração é baseada em parte nos resultados da equipe?
O que a expressão trabalho em equipe significa para você?
Como você se sentiria trabalhando em equipes multifuncionais?
- Formação e treinamento
Fale sobre os programas de computador que você já usou
Como a sua formação preparou você para esta vaga?
Se você pudesse refazer a sua formação, o que faria diferente?
- Caminhos e metas de carreira
Caso se junte a nós, o que você gostaria de estar fazendo daqui a cinco anos?
Como você se sente sobre os rumos da sua carreira até agora?
O que você está fazendo para se preparar para progredir?
- Desempenho
Quais os critérios mais importantes para um engenheiro de projetos?
Todos temos pontos positivos e negativos em nosso desempenho. Quais são alguns dos seus pontos positivos (negativos)?
Como você toma decisões difíceis?
- Salários e benefícios
Quais são as suas expectativas salariais?
Quais benefícios adicionais são mais importantes para você?
Como a nossa variação salarial se compara com o seu último emprego?
- Área da carreira
Qual você considera ser o maior desafio enfrentado pela sua área de atuação?
Qual será a próxima grande revolução da sua área?
Qual é a sua opinião sobre as regulamentações ambientais na sua área?

Perguntas não tradicionais

> A tendência é na direção de perguntas práticas.

Quando entrevistadores se deram conta de que a maioria das perguntas tradicionais não consegue avaliar o quanto um candidato lidou efetivamente com situações relacionadas a trabalho, eles começaram a desenvolver e implementar uma variedade de novas estratégias de perguntas práticas. Essas estratégias de perguntas também permitem que entrevistadores contraponham táticas de gerenciamento de impressão utilizadas por quase todos os candidatos, como autopromoção (elaborada "para evocar atribuições de competência") e insinuação (elaborada "para evocar gosto e atração interpessoal"). Ambas as táticas se mostraram "positivamente relacionadas a avaliações de entrevistadores".[62]

Perguntas baseadas em comportamento

Os entrevistadores, quando realizam entrevistas baseadas em comportamento, fazem perguntas sobre experiências em que candidatos tenham lidado com situações relacionadas à função. Por exemplo, os entrevistadores podem perguntar:[63]

Fale sobre alguma ideia sua que tenha sido implementada principalmente por meio de seus próprios esforços.

Como você lidou com uma situação passada em que as regras mudaram no último minuto?

Fale sobre o seu relacionamento mais difícil com um membro de alguma equipe. Como você lidou com a situação?

Descreva uma vez em que você tenha vivido um contratempo em um curso, um esporte ou um trabalho. Como você lidou com a situação?

Fale sobre uma situação em que você tenha precisado lidar com um cliente furioso.

Dê um exemplo de como você vendeu uma ideia impopular a colegas de trabalho.

Questões de incidente crítico

> **Perguntas de incidente crítico avaliam como os candidatos lidariam com situações reais de trabalho.**

Em **questões de incidente crítico**, recrutadores escolhem incidentes reais que estejam ocorrendo ou tenham ocorrido na função dentro de suas organizações e perguntam aos candidatos como eles lidariam ou teriam lidado com tais incidentes. Por exemplo:

Estamos tendo um problema crescente de desperdício em nossa operação de fresa. Como você lidaria com isso se fosse contratado?

No ano passado, tivemos muitos conflitos na equipe de vendas. Se estivesse conosco, o que você teria feito?

Como muitas empresas, estamos enfrentando uma queda nas vendas de nossos produtos tradicionais. O que você sugeriria que fizéssemos a respeito disso?

Tradicionalmente, temos dificuldades para recrutar uma equipe diversificada porque a maioria das nossas fábricas fica em cidades pequenas de zonas rurais da região oeste dos Estados Unidos. O que você sugere que façamos para melhorar nossos esforços de recrutamento?

Perguntas hipotéticas

Perguntas hipotéticas costumam receber críticas por apresentarem situações irreais e até mesmo tolas, como "Como você faria para contar todas as bolas de golfe nos Estados Unidos?"[64] Perguntas hipotéticas, como questões de incidente crítico, podem ser ferramentas valiosas na entrevista de seleção. De acordo com Justin Menkes, perguntas como essas são úteis porque "abordam questões e situações que o candidato nunca enfrentou" e para as quais o candidato não pode se preparar previamente.[65] Em perguntas hipotéticas, um entrevistador cria situações altamente realistas mas hipotéticas e pergunta aos candidatos como eles lidariam com cada uma delas.

Imagine que você suspeita que alguns trabalhadores estejam adulterando seus cartões de ponto. O que você faria?

Se a sua empresa de repente anunciasse o fechamento do seu local de trabalho até 1º de janeiro, o que você faria?

Se uma funcionária o procurasse dizendo estar sofrendo assédio sexual, como você lidaria com a situação?

Abordagem de caso

Em uma abordagem de caso, um candidato é colocado em uma situação criada cuidadosamente que pode tomar horas para ser estudada e solucionada. Pode ser um problema de recursos humanos, gestão, projeto ou produção. Alguns são simulações complexas que exigem interpretação de papéis e podem envolver várias pessoas, inclusive outros candidatos.

> **Abordagem de caso é o formato de pergunta prática mais realista.**

Perguntas de sondagem

Não importa com que competência você elabore um incidente crítico ou uma pergunta hipotética tradicional baseada em comportamento, raramente é suficiente aceitar uma resposta inicial e passar para a próxima pergunta primária. Observe, escute atentamente o que *é* e o que *não é* dito e então parta para a sondagem. Sondagens silenciosas e provocativas podem ser eficientes porque os candidatos se sentem menos ameaçados e mais respeitados quando os entrevistadores reagem com simples sinais verbais e não verbais e não os interrompem. Frequentemente, é preciso "cavar" informações específicas com perguntas de sondagem cuidadosamente elaboradas para explorar sugestões e implicações, esclarecer significados e forçar os candidatos a ir além das respostas seguras de nível 1 para chegar a sentimentos, motivações, preferências, conhecimento e *expertise*. Use todas as ferramentas de questionamento disponíveis necessárias para selecionar os melhores candidatos.

Cave além da superfície de respostas ensaiadas e planejadas para localizar a pessoa que realmente vai funcionar para você. Perguntas baseadas em comportamento, sem falar das perguntas tradicionais, já são feitas há tempo suficiente para os candidatos adivinharem o que os recrutadores estão procurando e o que desejam ouvir. Candidatos têm conselheiros de carreira, *sites*, seminários e pessoas experientes em suas redes de contatos que literalmente os treinam sobre como responder de forma adequada a uma ampla variedade de perguntas. **Lembre-se de que sempre há dois candidatos em cada entrevista: o verdadeiro e o de faz de conta.** A sua tarefa é determinar o quanto do que você vê e ouve é fachada e o quanto é genuíno. Por exemplo, quando pediram a profissionais com MBA que contassem uma vez em que enfrentaram um desafio, seis deles deram respostas idênticas sobre trabalhar em um comitê de arrecadação de fundos. Uma investigação posterior revelou que nenhum dos seis havia participado de tal comitê.[66]

Alguns recrutadores se preocupam tanto com respostas desonestas e ensaiadas para perguntas baseadas em comportamento que recorrem a perguntas esquisitas como as que seguem, na esperança de obrigar os candidatos a dar respostas honestas: "Se fosse um personagem de ficção, quem você seria?", "Se fosse uma salada, que tipo de molho você seria?" e "Se fosse uma fruta, que tipo de fruta você seria?". Se ignorarmos a completa irrelevância dessas perguntas para qualquer emprego, será apenas uma questão de tempo até que os candidatos fiquem sabendo a respeito delas e passem a preparar respostas prontas. Uma boa estratégia é sondar as respostas para perguntas baseadas em comportamento e outras do tipo "vida prática". Quando um dos autores perguntou a Dana Olen, recrutadora da Stryker (uma empresa da Fortune 500 que utiliza uma abordagem de entrevistas baseada em comportamento) o que ela faria se um candidato desse uma resposta suspeita a uma pergunta baseada em comportamento, como uma resposta que parecesse boa demais para ser verdade, ela imediatamente forneceu seis perguntas de sondagem que poderia fazer. As perguntas incluíam: "Com quem você trabalhou nesse projeto?". Se fosse um projeto patrocinado por alguma empresa: "Que empresa foi essa?" e "Como a estrutura da empresa se integrou ao projeto?". No caso de um projeto de aula: "Descreva as aulas para mim" e "Com quantas pessoas você estava trabalhando?".

> **Sonde para obter respostas sinceras.**

Infelizmente, sondagens extensas não escapam de armadilhas. Em seus estudos de fingimento de comportamento por candidatos, Levashina e Campion constataram que "questões de *follow-up* aumentaram o fingimento tanto nas entrevistas estruturadas situacionais como nas comportamentais do passado". Durante inquirições informais, participantes revelaram que perguntas de *follow-up* padronizadas (por exemplo, "Pode, por favor, dar mais detalhes?") eram vistas como sinais de que a informação solicitada era importante para o entrevistador e induziam a respostas mais detalhadas que estimulavam os entrevistados a fingir.[67] Antes de você repensar a conveniência de sondar as respostas, esses pesquisadores também descobriram que "entrevistas comportamentais passadas sem perguntas de *follow-up* eram as mais resilientes ao fingimento". A solução parece ser fazer perguntas de sondagem mais específicas, como as sugeridas por Olen, em vez de simplesmente pedir para a pessoa "falar mais". As metas das sondagens devem obter informações detalhadas sobre as experiências e competências de um candidato e determinar a sinceridade das respostas. Esteja preparado para agir rapidamente caso sua sondagem comece a revelar informações que possam violar leis de igualdade de oportunidades de emprego. Rochelle Kaplan relata um caso em que um candidato deu a seguinte resposta ao ser questionado sobre o maior desafio enfrentado na faculdade: "Sair do armário e me revelar *gay* a meus amigos e família".[68] Os outros candidatos entraram na seara da política e da religião.

Considerações finais sobre o uso de perguntas

Todas as perguntas práticas (baseadas em comportamento, de incidente crítico, hipotéticas e de caso) são baseadas na crença de que a melhor maneira de avaliar a capacidade de realizar um trabalho é observar o candidato fazendo o trabalho. Muitos candidatos sabem dizer sobre as teorias e os princípios que usariam, mas não conseguem colocá-los em prática. Uma coisa é dizer como você poderia confrontar um funcionário hostil, outra bem diferente é fazer isso realmente.

> **Não se contente com interações de nível 1.**

Lembre-se de outros dois fatores ao fazer perguntas sobre questões práticas. Primeiro, candidatos experientes têm uma riqueza de exemplos para citar, enquanto alunos prestes a sair da universidade e pessoas com pouca experiência não têm muitos. Tente fazer um jogo equilibrado quando estiver interessado em uma variedade de níveis de experiência. Segundo, perguntas comportamentais, de incidente crítico e hipotéticas favorecem as pessoas capazes de contar boas histórias de forma positiva e agradável. Elas podem medir habilidades sociais e de narrativa, em vez de inteligência e capacidade de realizar bem o trabalho.[69]

> Seja responsivo sem falar.

Evite tornar-se um torcedor, como muitos de nossos entrevistadores de alunos tendem a fazer, dizendo "Ótimo!", "Muito bom" ou "Que incrível!" depois de cada resposta. Os candidatos passarão a esperar os elogios e ficarão preocupados quando não ocorrerem mais. Mantenha um ar agradável e de apoio indiferente, de modo a nunca revelar se você está considerando uma resposta muito boa, negativa ou absurda.

Fornecimento de informações

> Informações são o interesse principal dos candidatos.

Fornecer informações antes da entrevista ou durante o encontro é um fator decisivo na satisfação do candidato. Antes de começar a fornecer informações, no entanto, faça duas importantes perguntas de transição: *"O que você sabe sobre esta vaga? O que você sabe sobre a nossa organização?"*. As respostas a essas perguntas mostrarão, primeiro, o quanto de dever de casa o candidato fez, revelando o nível de interesse e ética de trabalho do candidato. Segundo, elas lhe dirão o que o candidato já sabe sobre a vaga e a organização, para que você possa começar a partir de onde ele parou. Isso evita que você forneça informações que o candidato já tem ou que esteja disponível no *site* dele.

Forneça informações adequadas para facilitar o **processo de comparação** da organização com o candidato. Informações sobre a reputação da organização, o ambiente organizacional, a vaga, um dia típico de trabalho e de oportunidades de crescimento são os fatores mais importantes na aceitação de ofertas de emprego. Você pode comparar a sua organização com suas concorrentes, mas não seja negativo.

> Minimize "você" na entrevista.

Venda as vantagens de sua vaga e de sua organização. Evite exagerar, esconder intencionalmente aspectos negativos da vaga ou da organização ou inflar as expectativas do candidato. Essas práticas resultam em altas taxas de insatisfação e rotatividade de funcionários. Evite fofoca. Não fale muito sobre si mesmo, um desvio muito comum em entrevistas de seleção.

> Regra nº 1: Mantenha os ouvidos abertos e a boca fechada.

Embora você queira transmitir aos candidatos informações detalhadas, isso não deve dominar a entrevista. Segundo estudos realizados, os candidatos falam por apenas 10 minutos em uma típica entrevista de seleção de 30 minutos.[70] Inverta esses números. Você saberá mais sobre o candidato escutando do que falando. Revise as orientações para fornecimento de informações no Capítulo 12 e siga estas sugestões:

- Pratique boas habilidades de comunicação, porque os candidatos podem julgar a "autenticidade" da informação pela forma como elas são comunicadas de maneira verbal e não verbal.
- Estimule os candidatos a fazer perguntas sobre as informações que você está fornecendo para que saiba que elas estão sendo comunicadas com precisão e eficiência.
- Não sobrecarregue os candidatos com informações.
- Organize as suas informações sistemática e logicamente.

Avaliação da entrevista

Registre suas impressões e reações imediatamente.

Faça anotações durante entrevistas porque isso aumentará a precisão da lembrança e avaliação.[71] Revise as ideias e anotações cuidadosamente e registre suas reações a cada candidato o quanto antes. Utilize o tempo entre uma entrevista e outra para isso. As organizações podem fornecer aos entrevistadores formulários de avaliação padronizados para comparar os candidatos com o perfil de cada vaga.

A **avaliação da entrevista** frequentemente consiste em um conjunto de perguntas padronizadas e um espaço para comentários. Veja o modelo de formulário de avaliação de entrevista na Figura 7.1. A parte padronizada deve ser composta de autênticas qualificações ocupacionais para cada vaga, de modo que você possa identificar se os candidatos estão de acordo com elas. Foque nas qualificações do candidato, não em fatores irrelevantes. Um estudo na Universidade do Norte do Texas revelou que os entrevistadores frequentemente escolhem candidatos baseados no tom de voz e em sotaques regionais. Candidatos identificados com regiões específicas pelo sotaque tinham menor probabilidade de ser escolhidos para "funções de alto perfil" e maior probabilidade de ser designados, caso fossem contratados, para vagas menos exigentes e com menos contatos.[72]

A seguir, apresentam-se perguntas de final aberto que podem ser utilizadas em avaliação de pós-entrevista:

Quais são os pontos fortes do candidato para esta vaga?
Quais são os pontos fracos do candidato para esta vaga?

Figura 7.1 Relatório de avaliação de entrevista

Relatório de avaliação do candidato					
Entrevistador _____ Data _____					
Candidato _____ Vaga _____					
Escala de classificação: 5 = Excepcional, 4 = Acima da média, 3 = Mediano, 2 = Abaixo da média, 1 = Insatisfatório					
Formação/treinamento	5	4	3	2	1
Comentários:					
Experiências profissionais	5	4	3	2	1
Comentários:					
Competências interpessoais	5	4	3	2	1
Comentários:					
Competências técnicas	5	4	3	2	1
Comentários:					
Motivação/iniciativa	5	4	3	2	1
Comentários:					
Trabalho com outros/equipes	5	4	3	2	1
Comentários:					
Conhecimento da empresa	5	4	3	2	1
Comentários:					
Interesse na empresa	5	4	3	2	1
Comentários:					

> **Avalie o desempenho das duas partes da entrevista.**

Como o candidato se sai em comparação com outros candidatos a esta vaga?

O que torna este candidato uma boa ou uma má escolha para a nossa organização? Use o estágio da avaliação para analisar suas habilidades e seu desempenho na entrevista. Consegui criar um clima informal e relaxado para estimular o candidato a falar aberta e livremente? Com que eficiência escutei e observei e depois sondei as respostas de maneira perspicaz? Como forneci as informações sobre a função e a organização que não estavam disponíveis ao candidato por meio de outras fontes? Reservei tempo adequado para o candidato fazer perguntas e respondi a elas de maneira eficiente? Consegui encerrar a entrevista positivamente, deixando uma boa impressão do processo e da organização?

Resumo

A entrevista de seleção pode ser um meio eficiente de selecionar funcionários, entretanto demanda uma rigorosa preparação relacionada aos seguintes aspectos: conhecimento das leis de igualdade de oportunidades de emprego, perfil de candidato, revisão de informações sobre os candidatos e desenvolvimento de uma entrevista cuidadosamente estruturada. A preparação deve ser seguida por uma entrevista detalhadamente profissional que inclui abertura eficiente, questionamento habilidoso, sondagem nas perguntas, fornecimento minucioso de informações, respostas honestas e detalhadas a perguntas e um encerramento eficiente. Você precisa praticar habilidades de comunicação como escolha da linguagem, comunicação não verbal (silêncio, tom de voz, contato visual, expressões faciais, postura e gestos), escuta e empatia.

Quando a entrevista for concluída, você deverá realizar avaliações do candidato e de si mesmo. A primeira avaliação se concentra na adequação do candidato, e a segunda, na sua eficiência como entrevistador e avaliador.

Termos-chave e conceitos

Avaliação de entrevista
Cartas de apresentação
Entrevista de banca
Entrevistas de integridade
Feiras de carreira
Feiras de empregos
Formato de cadeia
Leis de igualdade de oportunidades de emprego

Perfil de candidato baseado em competência
Processo de comparação
Qualificações essenciais para ocupação do cargo
Questões de incidentecrítico
Seleção baseada em características

Seleção baseada em comportamento
Seleção baseada em talento
Síndrome da farinha do mesmo saco
Software de mapeamento
Testes de competências básicas
Testes de honestidade
Transparência consciente

Entrevista de seleção para revisão e análise

Trent Douglas está concorrendo a uma vaga de emprego na TBD Electronics, que produz peças para vários fabricantes de automóveis. Elizabeth Prohosky, recém-formada na universidade, é recrutadora em universidades para a TBD e está passando a semana entrevistando formandos em administração, supervisão e comunicação organizacional, na California State University, em Long Beach.

Quão satisfatórios são os estágios de estabelecimento de empatia e orientação da abertura? Até que ponto as perguntas da entrevistadora estão de acordo com as leis de igualdade de oportunidades de emprego e evitam as armadilhas de perguntas mais comuns? Com que eficiência a entrevistadora sonda as respostas e reage a elas? Quais são as evidências de que o empregador tem um perfil ideal de candidato em mente? O fornecimento de informações do empregador é adequado? A representante do empregador controla a entrevista demais, de menos ou na medida certa? O quanto o encerramento é satisfatório?

1. **Entrevistadora:** Olá! Sou Elizabeth Prohosky, da TBD Electronics.
2. **Candidato:** Olá. Sou Trent Douglas.
3. **Entrevistadora:** Que bom que pudemos nos reunir esta tarde. Por favor, chame-me de Liz.
4. **Candidato:** Está bem.
5. **Entrevistadora:** Como está o seu semestre?
6. **Candidato:** Está sendo bem difícil.
7. **Entrevistadora:** Anrã. Bem, vamos lá. Vou fazer algumas perguntas para ver como você se encaixa na função que temos em aberto na administração da TBD. Depois, vou falar um pouco sobre a TBD e, finalmente, responder a quaisquer perguntas que você possa ter. Está bem?
8. **Candidato:** Claro. Eu estava esperando ansioso por esta entrevista na TBD.
9. **Entrevistadora:** Que ótimo. Primeiro, por que você trocou a Cal. State em Fullerton pela Cal. State em Long Beach depois do primeiro ano?
10. **Candidato:** Bem, para ser sincero, foi porque a minha namorada estava em Long Beach.
11. **Entrevistadora:** Entendo. Esse foi o *único* motivo para você trocar de universidade?
12. **Candidato:** Foi o fator decisivo, mas avaliei o programa de administração da universidade de Long Beach e ele me pareceu muito bom, bastante parecido com o da universidade de Fullerton.
13. **Entrevistadora:** Que bom. O quanto você é orientado para as pessoas?
14. **Candidato:** É um dos meus pontos fortes. Sempre fui orientado para as pessoas, sempre participei de muitos clubes, fui ativo na minha república, trabalhei como secretário social do clube dos futuros gestores, coisas assim.
15. **Entrevistadora:** Muito bem. Muito bem. Que experiência você tem de trabalho em equipe?
16. **Candidato:** Bem, sou membro do grupo de estudos sobre oratória há três anos e, durante o segundo ano, joguei no time de rúgbi. Além disso, trabalhamos em equipe na maioria das aulas de gestão, especialmente nas disciplinas de gestão estratégica. Sou muito atraído por equipes.
17. **Entrevistadora:** Excelente. E quanto a estágios, cooperativas e experiências de estudo no exterior?
18. **Candidato:** Como pus em meu currículo, fiz estágio na fábrica da TRW, na minha cidade, onde são produzidas peças para carros e caminhões. Passei parte de umas férias de verão viajando pelo México.
19. **Entrevistadora:** Muito bom. Fale sobre uma das situações de solução de problema mais difíceis que você tenha vivido.
20. **Candidato:** Vamos ver. Acho que foi uma vez em que o treinador do grupo de estudos sobre oratória me pediu para designar tarefas de pesquisa para cada um dos membros do time com a ideia de reunirmos todas as pesquisas para nos prepararmos para próximos concursos extemporâneos de oratória. Duas pessoas da equipe não estavam fazendo a parte que lhes cabia, e isso impedia que o grupo concluísse o trabalho.
21. **Entrevistadora:** O que você fez?
22. **Candidato:** Reuni toda a equipe no café e disse que era do nosso interesse completar e compilar as pesquisas, porque isso garantiria a participação do grupo nos próximos torneios. Conseguimos finalizar o trabalho.
23. **Entrevistadora:** Qual foi a reação do seu treinador ao seu envolvimento nessa situação?
24. **Candidato:** Ele não disse muita coisa.
25. **Entrevistadora:** Anrã. Se fosse fazer isso de novo, o que faria de diferente?
26. **Candidato:** Pensei muito nisso. Acho que tentaria me reunir primeiro com os que estavam fazendo corpo mole antes de envolver toda a equipe.
27. **Entrevistadora:** Anrã.
28. **Candidato:** Algumas das pessoas ficaram constrangidas e levaram minhas críticas para o lado pessoal. Isso afetou nosso relacionamento durante o resto do ano.
29. **Entrevistadora:** Estou certa que sim. Aliás, onde foi o torneio de oratória seguinte?
30. **Candidato:** Deixe-me ver. Acho que foi em San Diego State... ou talvez em Concordia. Nós nos saímos bem. Disso eu me lembro.
31. **Entrevistadora:** Qual era o foco da pesquisa de vocês?
32. **Candidato:** Acho que era... ahn, acho que tinha alguma coisa a ver com controlar firmas de investimento, alguma coisa assim.
33. **Entrevistadora:** Entendo. Diga, Trent, o que mais interessa você em uma vaga de administração na TBD Electronics?

34. **Candidato:** Bem, gosto dos locais em que vocês estão presentes na região oeste e sempre tive interesse por carros e pela indústria automobilística.
35. **Entrevistadora:** Então, Trent, por que deveríamos contratar você em vez dos outros candidatos?
36. **Candidato:** Que pergunta complicada. Em primeiro lugar, tenho boas notas em um excelente curso de Administração. Em segundo lugar, tenho muita experiência em trabalhar com pessoas. E, em terceiro, sou realmente interessado pela indústria automobilística.
37. **Entrevistadora:** É claro. Aliás, qual é a sua nota geral no curso?
38. **Candidato:** Minha nota varia de 2,9 a 4,0.
39. **Entrevistadora:** E a sua nota geral?
40. **Candidato:** É de mais ou menos 2,1.
41. **Entrevistadora:** Está bem. O que você sabe sobre a TBD Electronics?
42. **Candidato:** Vamos ver. Sei que vocês têm fábricas em Denver, Boise e Seattle – e algumas outras – que produzem peças eletrônicas para várias fábricas de automóveis, tanto estrangeiras quando nacionais.
43. **Entrevistadora:** (Silêncio.)
44. **Candidato:** Acho que li em algum lugar que a TBD começou a produzir eletrônicos para os militares, o Exército talvez.
45. **Entrevistadora:** Bom palpite. Na verdade, começamos produzindo peças eletrônicas para a Marinha e alguns pequenos fabricantes de aeronaves. Em 1994, começamos a nos voltar para a indústria automobilística, focando em freios ABS e sistemas de controle de tração. A Ford e a GM foram nossos primeiros clientes automobilísticos, e agora trabalhamos com a Chrysler, Honda, Kia e Hyundai. Desenvolvemos novos sistemas revolucionários de ignição e GPS. Nossa sede é em San Diego por causa da nossa ligação inicial com a Marinha. Ainda temos tempo para mais uma ou duas perguntas.
46. **Candidato:** Como ficou o valor das ações da TBD na crise econômica?
47. **Entrevistadora:** Como a maior parte das ações de empresas da indústria automobilística, as nossas sofreram um golpe no começo, especialmente quando a GM fez grandes cortes e a Chrysler basicamente fechou durante alguns meses. Agora estamos bem.
48. **Candidato:** No que a pesquisa de vocês está concentrada hoje?
49. **Entrevistadora:** Estamos trabalhando duro em sistemas de advertência antecipada que alertariam os motoristas quando eles estivessem se aproximando de outro veículo ou outro veículo estivesse se aproximando deles pela lateral ou traseira.
50. **Candidato:** Isso parece ótimo.
51. **Entrevistadora:** Bem, Trent, nosso tempo acabou. Foi bom conversar com você. Entraremos em contato dentro de duas semanas. Se não entrarmos em contato até lá, você pode me mandar um e-mail para o endereço que está neste cartão.
52. **Candidato:** Vou aguardar ansioso pelo seu contato. Obrigado pela entrevista.
53. **Entrevistadora:** (aperta a mão) Que bom ouvir isso. E boa sorte na sua procura por emprego.

Casos de interpretação de papéis de recrutamento

Supervisor de manutenção de aeronaves

Você é um dos três supervisores de manutenção de aeronaves de uma grande empresa aérea que estão realizando entrevistas em uma feira de carreiras em Chicago. O seu objetivo é preencher duas vagas de supervisor de manutenção de aeronaves para a sua oficina de manutenção em Denver. Os alvos específicos são recém-formados em programas de manutenção de escolas de tecnologia que estudaram em grandes universidades e militares com experiência em manutenção de aeronaves iguais ou semelhantes às usadas por sua empresa. Experiência prática com aeronaves e experiência prévia de supervisão são fundamentais.

Vaga em vendas

Sua empresa de materiais de construção está atrás de vendedores para atender pessoas interessadas em comprar novas esquadrias. Os vendedores contratados trabalharão no *call center* da empresa. As vagas exigem experiência em vendas, habilidade interpessoal e conhecimento sobre materiais de construção e métodos e problemas de reforma. Embora sua empresa seja responsável por dois conhecidos fabricantes de esquadrias, os candidatos devem ter a capacidade de conhecer detalhadamente diversos fabricantes para responder adequadamente às perguntas e preocupações dos clientes. Diploma de bacharel ou de curso de dois anos em tecnologia de construção é um dos pré-requisitos, mas candidatos com muita experiência serão considerados.

Apresentador de programas esportivos

Você é o novo proprietário-gerente da estação de rádio WPRZ em uma cidade de 75 mil habitantes. A emissora mudou de proprietários algumas vezes nos últimos 15 anos, e cada um deles deu um novo formato à programação da rádio: *rock* clássico, *talk shows* sindicalizados, uma mistura de tudo e, mais recentemente, *country* e *western*. Você quer manter o formato atual (*country* e *western*) porque considera que ele combina mais com a comunidade, mas também quer contratar um apresentador de programas esportivos para focar nos times da universidade e do ensino médio, e começar a fazer algumas transmissões ao vivo de jogos de futebol americano e basquete. Você quer contratar um apresentador de qualidade que consiga estabelecer um relacionamento com a comunidade, a universidade e as escolas da cidade e do condado. Nesse processo, há dois problemas que precisam ser resolvidos: os recursos disponíveis são insuficientes para salário e benefícios, e, como muita gente nem imagina que a sua cidade e a sua emissora existem, é necessário investir em divulgação.

Atividades para o aluno

1. Muitos recrutadores acreditam que o incentivo é fundamental para uma boa contratação. Contate o centro de carreira do seu *campus* e peça permissão para fazer duas perguntas a uma dúzia de recrutadores. Que perguntas selecionadas por você têm relação com incentivo? Como você avalia o incentivo com base nas credenciais, respostas e perguntas do candidato?
2. Contate vários recrutadores de diferentes áreas profissionais e peça-lhes que falem sobre os pontos positivos e negativos da contratação de alunos recém-formados. Faça sondagem para obter informações específicas e ilustrações (sem nomes). Que mudanças eles observaram nos recém-formados nos últimos dez anos?
3. Contate alguns recrutadores para saber quantos empregam abordagens baseadas em comportamento, em características de personalidade ou em talento para recrutar novos funcionários. Se eles não usam ou abandonaram uma dessas abordagens, quais são os motivos para isso? Que diferenças você consegue identificar entre as três abordagens? Como os recrutadores que usam uma ou mais dessas abordagens identificam respostas desonestas?
4. Na Internet, pesquise fontes sobre igualdade de oportunidade de empregos e identifique as recomendações direcionadas a recrutadores (sobre perguntas regulares) e candidatos (sobre perguntas irregulares). Que mudanças afetaram as entrevistas de emprego nos últimos cinco anos? Quais são as mais controversas e frequentemente violadas leis e regulamentações sobre igualdade de oportunidades de emprego?

Notas

1. Tom Peters, *Re-Imagine: Business Excellence in a Disruptive Age* (London: Dorling Kindersley, 2003), pp. 18 and 81.
2. William W. Lewis, *The Power of Productivity: Wealth, Poverty, and the Threat to Global Stability* (Chicago: University of Chicago Press/ McKinsey and Company, 2004).
3. Patricia M. Buhler, "Interviewing Basics: A Critical Competency for All Managers," *Supervision* 66 (March 2005), pp. 20-22; Adam Agard, "Pre-employment Skills Testing: An Important Step in the Hiring Process," *Supervision* 64 (June 2003), pp. 7-8.
4. Luke Collard, "Interviews Are a Waste of Time?" http://www.recruitingblogs.com/ profiles/blogs/interviews-are-a-waste-of-time, accessed July 11, 2012.
5. Curtis Burk, "Finding Suitable Job Candidates at Career Fairs," http://job.ezinemark.com/finding-suitable-job-candidates-at-career-fairs-7d366fc25c1f.htmo, accessed July 11, 2012.
6. "How to Select a Staffing Firm, " http://www.american staffing.net/staffing

customers/select.cfm, accessed July 10, 2012.
7. Roger Herman and Joyce Gioia, "You've Heard of E-Business... How About E-Recruiting?" The Workforce Stability Institute, http://www.employee.org/article_you_heard_of_e-business.html, accessed September 14, 2006.
8. "Find Quality Candidates in the Resume Database," http://www.careerbuilder.com/jobposter/staffing-recruiting/page.aspx?pagever=RBU_ProdSearch, accessed July 10, 2012.
9. Joyce Gioia, "Special Report: Changing the Face(s) in Your Recruiting Efforts," Workforce Stability Institute, http://www.employee.org/article_changing_the_face.html, accessed September 14, 2006.
10. Joyce Gioia, "Are Prospective Applicants Saying 'No'—Based on Your Website?" Workforce Stability Institute, http://www.employee.org/article_prospective_saying_no.html, accessed September 14, 2006.
11. Michael A. McDaniel, Deborah H. Whetzel, Frank L. Schmidt, and Steven D. Mauer, "The Validity of Employment Interviews: A Comprehensive Review and Meta-Analysis," *Journal of Applied Psychology* 79 (1994), pp. 599-616.
12. "The Interview and Selection Process," LSU AgCenter Research & Extention, http://www.Lsuagcenter.com/...Interview-Selection-Process-08-06.pdf, accessed July 13, 2012.
13. Roger Herman, "Older Workers—A Hidden Treasure," Workforce Stability Institute, http://www.employee.org/article_older_workers_hidden_treasure.html, accessed September 14, 2006; "Old, Smart, Productive," *BusinessWeek Online,* June 27, 2005, http://www.businessweek.com, accessed September 11, 2006.
14. Junda Woo, "Job Interviews Pose Risk to Employers," *The Wall Street Journal,* March 11, 1992, pp. B1 and B5.
15. Clive Fletcher, "Ethics and the Job Interview," *Personnel Management,* March 1992, pp. 36-39.
16. "Job Discrimination Claims Rise to Record Levels," http://www.msnbc.com/id/29554931/, accessed March 13, 2009.
17. "Human Resource Training Curriculum on CD-ROM," http://www.bizhotline.com/html/interviewing_skills_laws_gove.html, accessed September 18, 2009; "EEOC Is Watching You: Recruitment Discrimination Comes to the Forefront," http://www.multicultural/advantage.com/recruit/eeo-employment-law/EEOC-is-watching, accessed September 18, 2009; "The Do's and Don'ts of Interviewing," University of Minnesota, http://www.dumn.edu?~kgilbert/rec4315-/InterviewDos&donts.pdf, accessed July 12, 2012.
18. "Etiquette for Interviewing Candidates with Disabilities," *Personnel Journal* supplement, September 1992, p. 6.
19. Personnel Policy Service, "You Can't Ask That: Application and Interview Pitfalls," http://www.pps.publishers.com/articles/application_interview.htm, accessed September 18 2009; University of Connecticut, Office of Diversity and Equity, "Unlawful Questions," http://Web.uconn/uwode/quest.html, accessed October 18 2007; U.S. Equal Opportunity Commission, "New and Proposed Regulations," http://www.eeoc.gov/policy/regs/index.html, accessed September 18, 2009.
20. Kevin Wheeler, "Interviewing Doesn't Work Very Well," *Electronic Recruiting Exchange,* http://www.ere.net, accessed September 14, 2006; West Virginia Bureau of Employment Programs, "Guidelines for Pre-employment Inquiries," http://www.wvbep.org/bep/Bepeeo/empinqu.htm, October 18, 2007.
21. University of Minnesota, College of Liberal Arts, "Behavior-Based Interviewing," http://www/cclc.umn.edu/interviews/behavior.html, accessed February 26, 2009; Katharine Hansen, "Quintessential Careers: Behavior Interviewing Strategies," http://www.quintcareers.com/printable/behavioral_interviewing.html, accessed February 26, 2009; About.com.Job Searching, "Behavioral Interview," http://jobsearch.about.com/cs/interviews/a/behavioral.htm?p=1, accessed February 26, 2009.
22. "Behavior Interview Guide," National Institutes of Health, Equal Employment Opportunity Specialist, GS – 260," hr.od.gov/hrguidance/employment/interview/...260-intrerview.do..., accessed July 12, 2012.
23. Patrice M. Buzzanell, "Employment Interviewing Research: Ways We Can Study Underrepresented Group Members' Experiences as Applicants," *Journal of Business Communication* 39 (2002), pp. 257-275; Patrice M. Buzzanell and Rebecca J. Meisenbach, "Gendered Performance and Communication in the Employment Interview," in *Gender and Communication at Work,* Mary Barrett and Marilyn J. Davidson, eds. (Hampshire, England: Ashgate Publishing, 2006), pp. 19-37.
24. Karen O'Keefe, "Five Secrets to Successful Interviewing and Hiring," http://www.writingassist.com, accessed September 14, 2006.

25. Troy Behrens, "How Employers Can Ace Their Campus and Site Interviews," *Journal of Career Planning & Employment*, Winter 2001, pp. 30-32; Deborah Shane, "52% of US Companies Say Job Applicants Are NOT Qualified?" http://www.deborahshaneroolbox.com/millions-of-jobs-and-no-qualified-applicants-how-can-that-be/, accessed July 13, 2012.
26. Steven M. Ralston and Robert Brady, "The Relative Influence of Interview Communication Satisfaction on Applicants' Recruitment Decisions," *Journal of Business Communication* 31 (1994), pp. 61-77; Camille S. DeBell, Marilyn J. Montgomery, Patricia R. McCarthy, and Richard P. Lanthier, "The Critical Contact: A Study of Recruiter Verbal Behavior during Campus Interviews," *The Journal of Business Communication* 35 (1998), pp. 202-224.
27. Behrens, pp. 30-32.
28. Patrice M. Buzzanell, "Tensions and Burdens in Employment Interviewing Processes: Perspectives of Nondominant Group Applicants," *Journal of Business Communication* 36 (1999), pp. 134-162.
29. DeBell, Montgomery, McCarthy, and Lanthier, pp. 204-224.
30. Louis Rovner, "Job Interview or Horror Movie?" *Occupational Health & Safety*, February 2001, p. 22.
31. Fredric M. Jablin and Vernon D. Miller, "Interviewer and Applicant Questioning Behavior in Employment Interviews," *Management Communication Quarterly* 4 (1990), pp. 51-86.
32. Susan M. Heathfield, "5 Resume Red Flags for Employers," http://humanresources.about.com/od/hire-employees/tp/resume-red-flags-for-employers.html, accessed July 13, 2012; M. Susan Heathfield, "5 More Resume Red Flags for Employers," http://human resources.about.com/od/hire-employees/tp/five-more-resume-red-flags.html, accessed July 13, 2012.
33. Buhler.
34. Susan M. Heathfield, "Gone in Thirty Seconds: How to Review a Resume," http://humanresources.about.com/od/selectemployees/a/resume_review_2.html, accesses July 9, 2012.
35. Wayne Tomkins, "Lying on Resumes Is Common; Catching It Can Be Challenging," Lafayette, Indiana *Journal and Courier*, September 1, 2000, p. C7; Landy Chase, "Buyer Beware: How to Spot a Deceptive Sales Resume," *New Orleans City Business*, November 4, 2002, p. 22; Kim Isaacs, "Lying on Your Resume: What Are the Career Consequences?" http://career-advice.monster.com/resumes-cover-letters/resume-writing-tips/lying-on-your-resume/article.aspx, accessed July 13, 2012.
36. Tejinder Singh, "Court Holds Stolen Valor Act Unconstitutional, Dismisses First American Financial v. Edwards," http://www.scotusblog.com/2012/06/court-holds-stolen-valor-act-unconstitutional-dismisses-first-american-financial-v-edwards, accessed July 13, 2012.
37. "Applicant Tracking Software Programs," http://www.capterra.com/applicant-tracking-software?gclid=CObNx17GmbECFbEBQAodEQkCeg, accessed July 14, 2012.
38. "Creating a Scannable Resume," http://careerempowering.com/resume-empower/creating-a-scannable-resume.html, accessed July 14, 2012; Toni Bowers, "Quick resume tip: Negotiating resume scanning software," http://www.techrepublic.com/blog/career/quick-resume-tip-negotiating-resume-scanning-software/1950, accessed July 9, 2012.
39. Bob Ayrer, "Hiring Salespeople—Getting behind the Mask," *American Salesman*, December 1997, pp. 18-21.
40. Stephanie Clifford, Brian Scudamore, Andy Blumberg, and Jess Levine, "The New Science of Hiring," *Inc* 28 (August 2006), pp. 90-98, http://www.wf2la7.webfeat.org, accessed September 13, 2006; Bill Angus, "Uses of Pre-Employment Tests in Selection Procedures," http://www.psychtest.com/PreEmploy.html, accessed July 16, 2012.
41. Rochelle Kaplan, "Do Assessment Tests Predict Behavior or Screen Out a Diverse Work Force?" *Journal of Career Planning & Employment*, Spring 1999, pp. 9-12; "Employers Aim to Measure Personality, Skill," http://www.brainbench.com/xml/bb/business/newsletter/050606/050606article.xml, accessed July 16, 2012.
42. Angus.
43. "Myers Briggs Test: What Is Your Myers Briggs Personality Type?" http://www.personalitypathways.com/type_inventory.html, accessed July 16, 2012.
44. Julia Levashina and Michael A. Campion, "Measuring Faking in the Employment Interview: Development and Validation of an Interview Faking Behavior Scale,"*Journal of Applied Psychology* 92 (2007), pp. 1638-1656.
45. Wayne J. Camara, "Employee Honesty Testing: Traps and Opportunities," *Boardroom Reports*, December 15, 1991.
46. Carol Kleiman, "From Genetics to Honesty, Firms Expand Employee Tests, Screening," *Chicago Tribune*, February 9, 1992, p. 8-1.

47. Donna R. Pawlowski and John Hollwitz, "Work Values, Cognitive Strategies, and Applicant Reactions in a Structured Pre-Employment Interview for Ethical Integrity," *The Journal of Business Communication* 37 (2000), pp. 58-75.
48. Pawlowski and Hollwitz, pp. 58-75.
49. Pawlowski and Hollwitz, p. 61.
50. Brian Libby, "How to Conduct a Job Interview," http://www.cbsnews.com/8301-505125_162-5105294/how-to-conduct-a-job-interview, accessed July 9, 2012; Dirk Stemerman, "Dirk Stemerman: Social Media and Job Applicants," http://www.montereyherald.com/business/ci_20381226/dirk-stemerman-social-media-and-..., accessed June 25, 2012.
51. Buhler.
52. Kirkwood and Ralston, pp. 69-71.
53. Marlene Dixon, Sheng Wang, Jennifer Calvin, Brian Dineen, and Edward Tomlinson, "The Panel Interview: A Review of Empirical Research and Guidelines for Practice," *Public Personnel Management* 31 (2002), pp. 397-428.
54. Choon-Hwa Lim, Richard Winter, and Christopher C.A. Chan, "Cross-Cultural Interviewing in the Hiring Process: Challenges and Strategies," *The Career Development Quarterly* 54 (March 2006), p. 267.
55. Ayrer, pp. 18-21.
56. Arthur H. Bell, "Gut Feelings Be Damned," *Across the Board,* September 1999, pp. 57-62; Allen I. Huffcutt and Winfred Arthus, "Hunter and Hunter (1984) Revisited: Interview Validity for Entry-Level Jobs," *Journal of Applied Psychology* 79 (1994), pp. 184-190; Karen I. van der Zee, Arnold Bakker, and Paulien Bakker, "Why Are Structured Interviews So Rarely Used in Personnel Selection?" *Journal of Applied Psychology* 87 (2002), pp. 176-184.
57. Clifford, Scudamore, Blumberg, and Levine.
58. Buzzanell, pp. 134-162.
59. William G. Kirkwood and Steven M. Ralston, "Inviting Meaningful Applicant Performances in Employment Interviews," *The Journal of Business Communication* 36 (1999), p. 66.
60. Craig D. Tengler and Fredric M. Jablin, "Effects of Question Type, Orientation, and Sequencing in the Employment Screening Interview," *Communication Monographs* 50 (1983), pp. 245-263.
61. Jablin and Miller, pp. 51-86; Gerald Vinton, "Open versus Closed Questions–an Open Issue?" *Management Decision* 33 (1995), pp. 27-32.
62. Aleksander P. J. Ellis, Bradley J. West, Ann Marie Ryan, and Richard P. DeShon, "The Use of Impression Management Tactics in Structured Interviews: A Function of Question Type," *Journal of Applied Psychology* 87 (2002), pp. 1200-1208.
63. Randy Myers, "Interviewing Techniques from the Pros," *Journal of Accounting* 202 (August 2006), pp. 53-55; "Using Behavioral Interviewing to Help You Hire the Best of the Best," *HR Focus* 81 (August 2006), p. 56; Slippery Rock University, "Behavior Based Interview Questions," http://www.sru.edu/pages/11217.asp, accessed February 26, 2009.
64. Myers.
65. Menkes.
66. Jim Kennedy, "What to Do When Job Applicants Tell... Tales of Invented Lives," *Training*, October 1999, pp. 110-114.
67. Levashina and Campion, pp. 1650-1651.
68. Kaplan, pp. 9-12.
69. Justin Menkes, "Hiring for Smarts," *Harvard Business Review* 83 (November 2005), pp. 100-109.
70. Thomas Gergmann and M. Susan Taylor, "College Recruitment: What Attracts Students to Organizations?" *Personnel* 61 (1984), pp. 34-36; Fredric M. Jablin, "Organizational Entry, Assimilation, and Exit," *Handbook of Organizational Communication* (Beverly Hills, CA: Sage, 1987).
71. Catherine Houdek Middendorf and Therese Hoff Macan, "Note-Taking in the Employment Interview: Effects on Recall and Judgments," *Journal of Applied Psychology* 87 (2002), pp. 293-303.
72. "If They Say Tomato, and You Say To-Mah-To, What Then?" Workforce Stability Institute, http://www.employee.org/article_tomato.html, accessed September 14, 2006.

Referências

Barrett, Mary, and Marilyn J. Davidson, eds. *Gender and Communication at Work*. Hampshire, England: Ashgate Publishing, 2006.

Bunting, Sandra. *The Interviewer's Handbook*. London, England: Kogan Page, 2005.

Lynn, Adele. *The EQ Interview*. New York: AMACOM, 2008.

Powell, Larry, and Jonathan H. Amsbary. *Interviewing: Situations and Contexts*. Boston: Pearson Education, 2005.

Yeung, Rob. *Successful Interviewing and Recruitment*. London, England: Kogan Page, 2008.

CAPÍTULO **8**

Entrevista de emprego

Encontrar uma vaga que satisfaça seus desejos, necessidades e planos de futuro nunca foi fácil, nem nos melhores tempos, mas a realidade econômica enfrentada atualmente e nos próximos quatro ou cinco é realmente assustadora. A vaga que você está procurando está lá fora, mas a concorrência é dura, e os empregadores podem se dar ao luxo de ser criteriosos. Não há fórmulas simples, mágica ou atalhos para encontrar e conseguir um dos empregos dos seus sonhos, apenas muito trabalho duro. Você deve abordar essa busca de forma sistemática e analítica.

O objetivo deste capítulo é fazer você passar por uma série de etapas do processo de busca de emprego. Comece com uma análise detalhada de si mesmo e prossiga com o dever de casa: busque informações, prepare credenciais, elabore uma primeira impressão favorável, responda a perguntas, pergunte, finalize adequadamente a entrevista, avalie cada entrevista enquanto segue para a próxima e lide com as inevitáveis rejeições. Comecemos então com uma autoanálise sistemática.

Faça uma autoanálise

> Você não conseguirá se vender se não conhecer a si mesmo.

Você apenas poderá determinar qual carreira, função e organização é a **melhor** para você se *conhecer a si mesmo*. Recrutadores fazem perguntas elaboradas para descobrir quem você é, o que fez e pode fazer, e o quanto se encaixa em uma função específica, nos planos e na cultura de uma organização específica. Você conseguirá responder às perguntas de forma perspicaz e persuasiva somente se conhecer quem você é. Em cada entrevista de emprego, você estará literalmente se vendendo, e se não conhecer o produto que está vendendo, não poderá vendê-lo ao recrutador. É simples assim. Comecemos.

Perguntas para guiar uma autoanálise

A autoanálise é dolorosa porque poucas pessoas querem mexer profunda e sinceramente em suas forças e fraquezas, seus sucessos e fracassos. Ninguém precisa ver a autoanálise além de você, portanto seja dolorosamente sincero consigo mesmo. O seu futuro depende disso. As seguintes perguntas e características podem servir como um *checklist* a ser preenchido antes de você se lançar em busca de emprego.[1]

- Quais são meus traços de *personalidade*?

  ____ Motivado ____ Disposto a correr riscos
  ____ Cabeça aberta ____ Assertivo
  ____ Adaptável ____ Capaz de trabalhar sob pressão
  ____ Flexível ____ Aberto a críticas

- Quão *confiável* sou?

  ____ Honesto ____ Tolerante
  ____ Confiável ____ Sincero
  ____ Ético ____ Com autocontrole
  ____ Justo ____ Tranquilo

- Quais são minhas forças e fraquezas *intelectuais*?

  ____ Inteligente ____ Analítico
  ____ Criativo ____ Racional
  ____ Organizado ____ Crítico
  ____ Planejador

- Quais são minhas forças e fraquezas *comunicativas*?

  ____ Habilidades de comunicação oral ____ Saber ouvir
  ____ Habilidades de comunicação escrita ____ Habilidades interpessoais
  ____ Habilidades com novas mídias ____ Com pessoas diversificadas
   ____ Com subordinados, colegas, superiores

- Quais são as minhas *realizações* e os meus *fracassos*?

  ____ Acadêmicos ____ Profissionais
  ____ Atividades e interesses extracurriculares ____ Metas estabelecidas e realizadas
  ____ Trabalho

> Foque nos pontos fortes e fracos.

- Quais são minhas forças e fraquezas *profissionais*?

  ____ Educação formal ____ Experiências
  ____ Educação informal ____ Competências
  ____ Treinamento

- O que quero em um *emprego*?

  ____ Responsabilidade ____ Contato com pessoas
  ____ Independência ____ Segurança
  ____ Autoridade ____ Variedade
  ____ Prestígio ____ Salário
  ____ Tipo de trabalho ____ Benefícios
  ____ Tomada de decisão

- Quais são as minhas *necessidades* mais valiosas?

  ____ Casa e família ____ Oportunidades de recreação
  ____ Renda
  ____ Bens ____ Sentimento de sucesso e realização
  ____ Localização geográfica
  ____ Tempo livre

> **Por que e como você tomou as decisões passadas?**

- Quais são meus interesses *profissionais*?
  - ____ Metas de curto prazo   ____ Crescimento
  - ____ Metas de longo prazo   ____ Reconhecimento nacional/
  - ____ Crescimento   internacional
- Tenho uma *percepção madura e realista* da minha área de atuação?
  - ____ Histórico   ____ Desenvolvimentos
  - ____ Tendências   ____ Áreas de especialização
  - ____ Desafios   ____ Problemas atuais
  - ____ Problemas futuros   ____ Formação/treinamento essencial
  - ____ Experiências essenciais   ____ Oportunidades de emprego

Depois de responder a essas perguntas detalhada e sinceramente, você deverá saber quem é, para o que está qualificado, o que gostaria de fazer e o que deseja da vida. Acima de tudo, você terá "identificado o que o diferencia dos outros candidatos", para que possa apresentar a sua singularidade por meio de seus currículos, cartas de apresentação e entrevistas.[2]

Faça o dever de casa

Buscar informações sobre a sua área, as vagas para as quais poderia se candidatar, as organizações que pode contatar, os acontecimentos atuais e o processo de entrevista de emprego é a segunda etapa do processo. Segundo o recrutador executivo Eric Larson, "não existe excesso de preparação".[3] Em 2012, Alison Green, uma autoridade em questões de carreira e procura de empregos, escreveu o seguinte: "Quem quer que tenha dito que, para obter sucesso, basta estar no lugar certo na hora certa não estava se referindo a entrevistas de emprego. Preparar-se detalhadamente para uma entrevista será imprescindível no seu desempenho. (E também pode deixá-lo muito menos nervoso.)".[4]

Pesquise a sua área

> **Conhecer a sua área é fundamental para escolher organizações e marcar entrevistas.**

Descubra tudo o que puder sobre a sua área de atuação, do passado ao futuro, passando por tudo entre um e outro. É fundamental que você desenvolva uma percepção madura e realista de como é a sua área e do que as pessoas fazem durante um típico dia de trabalho.

Certamente, não está em seus planos constatar, no primeiro dia de trabalho, que determinada área não tem nada a ver com você. Estágios, acordos cooperativos, vagas de meio período, visitas de observação, conversas com profissionais da área e atividades voluntárias permitem que você descubra muito sobre a área pleiteada. Há várias publicações impressas e informações *on-line* sobre todas as principais carreiras profissionais, desde administração e advocacia até *webdesign* e zootecnia. No Google, busque fontes como:

Careers.org
CareerOne-Stop
Campus Explorer
AOL.Jobs

Peterson's Job Opportunities
Occupational Outlook Handbook
WetFeet.com
Vault.com

> **Um pesquisa eficiente permitirá que você responda às perguntas de maneira perspicaz.**

Os recrutadores esperam que os candidatos saibam por que escolheram uma área profissional específica, tenham atitudes positivas em relação a essa área, saibam por que querem essa carreira e tenham consciência das oportunidades e limitações relacionadas a ela. Há também a expectativa de que os candidatos tenham conhecimento da vida organizacional.

Busque informações sobre a vaga

> **O quanto você combina com a vaga?**

Depois de encontrar uma vaga que atenda aos seus interesses, aprenda tudo o que puder sobre ela. Leia a descrição da vaga atentamente para ver como você se encaixa nos requisitos especificados: formação e treinamento, experiências, competências, responsabilidades, viagens envolvidas, localização e data de início do trabalho. Você não precisa se encaixar perfeitamente na função, mas deve estar próximo o bastante do ideal para que o recrutador considere seriamente a sua inscrição. Se a descrição menciona de três a cinco anos de experiência e você tem pouco mais de um ano, faça uma tentativa. Se você tem um diploma em tecnologia de construção e a descrição de uma vaga de gerente de engenharia de construção especifica formação em engenharia civil, tente. Entretanto, se a descrição da vaga especifica formação e experiência em assistência social enquanto você é formado em inglês e tem experiência limitada à edição de manuscritos para uma editora, não desperdice o seu tempo nem o do recrutador. Se você não tem intenção de se mudar, pois a vaga fica em outro estado, deixe-a de fora da sua lista. Alison Green recomenda que, depois de ter estudado a vaga cuidadosamente, você deve "se imaginar fazendo o trabalho".[5] Uma compreensão detalhada da posição prepara você para responder às perguntas com eficiência e fazer perguntas significativas quando o entrevistador convidá-lo para uma entrevista.

Busque informações sobre a organização

> **A pesquisa permite que você responda às perguntas-chave de maneira eficiente.**

Aprenda tudo o que puder sobre cada organização a que se candidatar. Isso costumava ser uma tarefa árdua, mas a Internet mudou tudo. A maioria das empresas, da minúscula à imensa, tem um *site*. Por exemplo, se você ficou sabendo de uma vaga na Wabash National Corporation, grande fabricante de semi-*trailers*, que parece relevante aos seus interesses de carreira, alguns cliques no *site* da empresa lhe darão informações sobre ela, como carreiras, investidores, história, visão, missão, valores, produtos, localidades, notícias e eventos, e "colaboradores". Porém, apenas por meio de uma pesquisa cuidadosa você poderá responder de maneira efetiva a duas perguntas inevitáveis de entrevistas: "O que você sabe a nosso respeito?" e "Por que quer trabalhar conosco?".

Outras fontes lhe darão percepções que não estão disponíveis nas páginas institucionais da rede elaboradas para impressionar os leitores, como planos de *downsizing*, possíveis fusões, situação financeira, reputação na área de atuação, crises recentes e cultura. Converse com funcionários atuais e ex-funcionários, clientes, professores, amigos e parentes. Procure notícias em jornal e discussões em publicações de negócios e em bibliotecas. Nos Estados Unidos, há recursos valiosos como *American Business Disc, Dun's Electronic Business Directory, Hoovers: Your Fastest Path to Business Information, Standard and Poor's Corporate Records e Thomas Register of American Manufacturers*.

Não é possível superestimar o quão importante é aprender previamente tudo o que se pode sobre uma organização. Uma resposta ruim a uma pergunta inicial como "Diga o que você sabe a nosso respeito" pode destruir uma entrevista. Saber pouco sobre uma vaga e a organização é um grande desmotivador de recrutadores. Em uma pesquisa realizada com 188 recrutadores, 68% afirmaram que "investigar a empresa e a vaga é o passo mais importante na preparação para uma entrevista". Isso significa que "falta de conhecimento sobre a empresa e a vaga" é o item número 1 em uma lista de 33 formas de se sair mal em uma entrevista.[6]

Busque informações sobre o entrevistador

Quando possível, conheça o entrevistador previamente.

Se você conseguir identificar com antecedência o entrevistador, converse com amigos, colegas de trabalho, professores, pessoas do centro de carreira e membros da organização do entrevistador, e use mídias sociais como o LinkedIn e o Twitter para obter informações pessoais e profissionais. Descubra a função do entrevistador, a experiência profissional, as organizações às quais ele pertence, a personalidade dele e suas características em entrevistas. Um entrevistador pode ter um senso de humor seco, ser de uma cultura diferente ou ter uma postura "estritamente profissional". Conhecer o recrutador antes da entrevista pode ajudá-lo a se preparar para o encontro. Se ele for estritamente profissional, talvez seja melhor evitar conversar amenidades, dar respostas muito longas ou tentar fazer graça.

Busque informações sobre fatos atuais

Mantenha-se atualizado sobre o que está acontecendo no mundo e na sua área.

Mantenha-se atualizado em relação ao que está acontecendo no mundo. O *Newsweek, Time, BusinessWeek, Fortune, The Wall Street Journal* e fontes de notícias *on-line* são excelentes para saber sobre fatos atuais. Empregadores esperam que candidatos maduros saibam o que está acontecendo ao redor deles e no mundo – local, estadual, nacional e internacionalmente – e tenham formado opiniões inteligentes e racionais sobre questões importantes.

Mantenha-se informado sobre tendências atuais, mudanças, desenvolvimentos, pesquisas e fusões que estejam afetando a organização à qual você se candidatou, a sua área de atuação e a sua carreira profissional. Se você tem interesse em uma vaga de professor de música no ensino médio, precisa ter conhecimento das "reformas" que podem estar sendo realizadas no currículo básico e de problemas de orçamento que estão resultando em *downsizing* de programas de música, incluindo de bandas, orquestras e corais. Se você tem interesse na área farmacêutica, precisa ter conhecimento sobre novos produtos, pesquisas promissoras e controvérsias em torno de novos medicamentos e custos para os consumidores. Se tem interesse em trabalhar em outros países, como China, Índia ou Grécia, precisa ter conhecimento sobre as relações do seu país com estes, as diferenças culturais, o custo de vida e as políticas que afetam trabalhadores que não sejam cidadãos dos países de destino.

Busque informações sobre o processo de entrevista

> Não se baseie em uma única fonte sobre entrevistas para emprego.

Descubra tudo o que puder sobre o que ocorre durante o processo de entrevistas de emprego. O objetivo é evitar ou pelo menos minimizar erros e surpresas. Comece sua investigação revisando o Capítulo 7 sobre processo de recrutamento e seleção, depois converse com colegas da sua área de atuação que tenham passado pelo processo recentemente, com professores que sejam ativamente envolvidos em entrevistas e se mantenham atualizados sobre o que acontece na sua área e com recrutadores. A Internet oferece uma riqueza de informações e noções sobre todos os aspectos do processo de entrevista. Faça a si mesmo as seguintes perguntas: "Qual é a coisa mais importante que posso fazer para me preparar para uma entrevista?", "Qual é a importância da aparência?", "Que tipos de pergunta os recrutadores fazem?", "O que os recrutadores procuram nas respostas?", "Que tipos de informação os recrutadores oferecem sobre suas organizações e as vagas que têm em aberto?", "Que tipos de pergunta devo fazer?" e "De que forma as entrevistas de *tour* pela empresa são diferentes das entrevistas de seleção?".

Ao reunir dados sobre o processo de recrutamento e seleção, saiba que não existe uma forma "típica" ou "padrão" de realizar entrevistas. Se você conversar com quatro ou cinco recrutadores, mesmo sendo da mesma organização, provavelmente ouvirá quatro ou cinco versões de entrevistas. Os alunos costumavam nos perguntar por que não levávamos um recrutador para a sala de aula "para mostrar como isso é feito". Nossa resposta foi sempre a mesma: seria necessário levar dezenas de recrutadores, não apenas um, para mostrar como tudo realmente é feito. Alguns recrutadores realizam entrevistas baseadas em comportamento ou características, e outros não. Alguns realizam entrevistas alta ou moderadamente estruturadas, e outros não usam nenhum dos dois tipos. Alguns fazem longas sondagens em torno das respostas, enquanto outros raramente usam perguntas de sondagem. Alguns fornecem muitas informações sobre a organização e a vaga, enquanto outros não dão informação alguma. Alguns darão vários minutos para fazer perguntas, e outros não darão tempo nenhum para isso. Seus objetivos devem ser evitar ser surpreendido pelo que acontece em uma entrevista e estar preparado para qualquer coisa.

> Integridade é essencial para todas as funções.

Como vimos no Capítulo 7, uma preocupação constante dos entrevistadores é determinar a **honestidade** dos candidatos. Um funcionário competente e com alto nível de educação e treinamento se tornará rapidamente um problema para a empresa se for constatado que qualidades como honestidade, moral e sinceridade não fazem parte de seu *modus operandi*. Um recrutador pode pedir que você faça um teste escrito ou oral sobre honestidade com objetivo de determinar graus de sinceridade ou conduta (como comparar o ato de levar um lápis ou algumas folhas de papel e levar caros cartuchos de impressora ou um *notebook*). Um recrutador pode realizar uma **entrevista de integridade** ou incorporar perguntas relacionadas a isso em uma entrevista para avaliar honestidade. Uma regra importante é ser honesto em todos os seus materiais de pré-entrevista (formulário de inscrição, carta de apresentação, currículo) e em todas as respostas durante uma entrevista. Qualquer sinal de desonestidade ou ambiguidade implicará rejeição.

> Espere o inesperado.

Sua pesquisa sobre o processo de entrevista pode apresentar resultados surpreendentes. Por exemplo, estudos recentes revelaram que 50% dos "atos de fala" em entrevistas foram declarações informativas, e não perguntas e respostas. A maioria dos entrevistadores não tem treinamento para realizar entrevistas. Em um estudo de 49 entrevistas, dez entrevistadores não deram aos candidatos a oportunidade de fazer perguntas. Os recrutadores têm considerado cada vez a entrevista como uma *amostra do trabalho* e procuram comportamentos relevantes à função por parte dos candidatos: "Você sabe fazer o trabalho?", "Irá fazê-lo?" e "Você se *encaixa* na organização?". Na atual economia norte-americana cujo índice de desemprego é muito alto, os empregadores têm enfrentado sérias dificuldades para encontrar candidatos devidamente qualificados. Nos Estados Unidos, a escassez saltou de 14% em 2010 para 52% em 2011.[7]

Realização da busca

Agora que já analisou a si mesmo e completou a sua pesquisa, está na hora de começar o processo de procurar vagas específicas em determinadas empresas. Não ignore nenhuma fonte que possa lhe permitir localizar vagas que pareçam estar de acordo com as suas qualificações e seus interesses e marcar entrevistas.

Networking

Como as fontes alegam que a maioria dos empregos nunca é anunciada, mas preenchida no boca a boca, o **networking** parece ser o melhor meio de encontrar vagas. Algumas pesquisas corroboram esse fato ao relatarem que de 41 a 80% dos candidatos obtêm as vagas por meio de *networking*.[8] Como você trata a sua rede de contatos?

> Não deixe nenhuma fonte potencial de fora da sua rede.

Inicialmente, elabore uma **rede de contatos** primários, de pessoas que você conhece pessoalmente. Essas pessoas podem ser parentes, amigos, colegas, conhecidos, vizinhos, colegas de trabalho, antigos empregadores, diretores de estágios, professores e pessoas que você conhece dos tempos de escola, faculdade, igreja ou da academia de ginástica. Escreva o telefone de cada pessoa (número celular e fixo), o endereço físico e o e-mail. Agora, organize os nós de sua rede e identifique aqueles que você não conhece pessoalmente: amigos ou colegas de trabalho de seus contatos pessoais, como o chefe do seu melhor amigo, a mulher de um antigo colega de quarto, o vizinho do seu dentista e colegas de uma organização sem fins lucrativos. s Conforme se envolve na sua busca por emprego, continue expandindo a rede e elimine aquelas pessoas que não ofereceram nenhum contato.

> Mantenha sua rede de contatos completa e atualizada.

Quando estiver com sua rede razoavelmente desenvolvida, restabeleça o relacionamento com cada pessoa. Contate cada uma diretamente e não se apresse para pedir ajuda. Converse agradavelmente e fale sobre a sua situação e os seus objetivos, enfatizando por que caminho deseja levar sua carreira e não o ponto onde está ou o caminho que percorreu. Faça seu pedido de ajuda da forma mais específica possível – "Estou procurando uma vaga de gerente de um restaurante sofisticado" –, não um pedido genérico como "Estou procurando um emprego diferente, você sabe de alguma vaga?". Quando conseguir uma dica, anote o nome completo, o cargo, a organização e o telefone embaixo do contato que lhe deu a sugestão e pergunte se pode falar em nome dele. O *quem* pode ser um fator importante no interesse de alguém em ajudar você. Se um contato não tem dicas para você, peça três ou quatro nomes que possam saber de oportunidades de carreira. Acrescente essas pessoas à sua árvore de rede.

Mantenha sua rede sempre atualizada. Peça conselhos e ajuda sobre a sua busca profissional, fale de seu currículo, mas não peça um emprego. Mantenha sempre contato com seu *networking*. Informe os seus contatos sobre o que está fazendo e os progressos obtidos. Prepare-os para ligações e e-mails que eles poderão receber de organizações que você procurou. Informe quando receber uma oferta e especialmente quando tiver aceitado a oferta. Não deixe de enviar notas agradecendo a ajuda. Esteja disposto a ajudar pessoas que fazem parte da sua rede quando elas estiverem em busca de novas colocações. *Networking* é um processo recíproco.

Mídias sociais

O uso abundante de mídias sociais como LinkedIn, Facebook e Twitter está apagando a linha entre o *networking* tradicional e o *on-line*.[9] Por exemplo, você pode entrar em contato com um amigo *on-line* e depois falar com ele pessoalmente sobre a sua busca de emprego. Você pode dar a partida na sua busca indo atrás de contatos pessoais com indivíduos da sua rede para dizer a eles que está procurando um emprego e informar que tipo de emprego está querendo. As mídias sociais permitem que você crie e publique um perfil, mantenha os contatos atualizados sobre o *status* de sua busca, volte a se conectar com pessoas do passado e entre em contato com pessoas que não conhece. No LinkedIn, é possível adicionar uma chamada profissional como "consultor" ou "professor *on-line*". Alexis Grant, em um *post* do MONEY intitulado "10 Smart Ways to Use Social Media in Your Job Search" ("10 maneiras inteligentes de usar as mídias sociais na sua busca por emprego"), recomenda entrar em bate-papos da sua área de atuação no Twitter para se manter atualizado sobre o que ocorre na indústria, fazer contatos úteis e demonstrar seu conhecimento.[10]

> As mídias sociais expandem a sua rede de contatos.

Embora candidatos a empregos relatem ter 50% mais probabilidade de se candidatar a uma vaga que encontram no Facebook e usar as mídias sociais para conferir as organizações, as carreiras e os recrutadores, eles mandam sinais confusos sobre empregadores potenciais pedindo seus perfis no Facebook ou enviando mensagens falsas a seus *sites*. Eles querem manter a privacidade usando mídias sociais.[11] Pessoas que procuram empregos não podem ter as duas coisas. Empregadores potenciais irão cada vez mais acessar seu uso de mídias sociais, como Facebook, MySpace, Blogger, LinkedIn e Friendster. Talvez você se sinta seguro com o que compartilha com os outros – fotos suas fazendo palhaçadas, bêbado em festas, em poses sexualmente explícitas, falando palavrões e se gabando de conquistas sexuais e bebedeiras – e seguro de que os empregadores não verão nada disso ou que você poderá apagar tudo com facilidade. Uma fonte alerta para o fato de que "a Internet pode parecer efêmera, mas o que você posta de forma casual em uma noite pode simplesmente durar uma eternidade digital".[12]

NA INTERNET

Escolha uma vaga em que você estará interessado depois que terminar sua formação ou treinamento. Procure pelo menos três fontes de Internet para descobrir a disponibilidade dessas vagas, as regiões geográficas em que elas estão localizadas, as organizações que estão tentando preenchê-las e a natureza das vagas oferecidas.

Confira *sites* como o Job Hunt (http://www.jobhunt.org), CareerBuilder Center (http://www.careerbuilder.com) e MonsterTrak (http://www.monstertrak.com). Depois de coletar essas informações, faça uma lista de perguntas de entrevista para as quais você precisaria de respostas antes de tomar a decisão de aceitar uma dessas vagas.

> **Use as mídias sociais com cautela.**

Empregadores se preocupam sobre como você se encaixará em suas culturas, realizará o trabalho com maturidade e apresentará uma imagem positiva da organização dentro da comunidade. Um estudo de Kimberly Shea e Jill Wesley, do Centro de Oportunidades de Carreira da Purdue University, descobriu que mais de um terço dos recrutadores insere os nomes dos candidatos em mecanismos de busca para ver o que "há lá". Quase metade usa algum tipo de tecnologia para selecionar candidatos, e 75% deles dizem que o que eles encontram influenciam suas decisões, 50% das vezes negativamente.[13] Outras organizações usam estudantes universitários e estagiários para fazer buscas em *sites* que seus colegas usam mais frequentemente. De acordo com Shea e Wesley, você deve avaliar com cuidado imagens e histórias *on-line* antes de postá-las e perguntar a si mesmo: "Eu compartilharia meu *site*/*blog*/perfil do Facebook com meus avós?".

Sites, anúncios classificados e *newsletters*

> **Não ignore nenhuma fonte.**

A maioria das empresas tem um *site*, e cada uma delas provavelmente incluirá uma seção sobre carreira e vagas que desejam preencher. Identifique organizações para as quais você gostaria de trabalhar e confira os *sites* delas. Muitas organizações norte-americanas, por exemplo, publicam anúncios classificados em jornais locais, regionais e nacionais. Esses anúncios não apenas atraem candidatos, como também satisfazem o teste da comissão de oportunidades iguais de emprego dos Estados Unidos divulgando as vagas para todos os que puderem estar interessados e qualificados. Entre para as organizações da sua área de atuação para demonstrar que você é um profissional de verdade e para se manter atualizado sobre o que está acontecendo, mas também para usar as vantagens de receber *newsletters* impressas e *on-line* dessas organizações. Muitas organizações têm classificados de empregos.

Centros de carreira e agências de emprego

> **O centro de carreiras do seu campus é uma mina de ouro.**

Quase toda faculdade e universidade opera um centro aberto de oportunidades de carreira para todos os alunos, frequentemente para ex-alunos também. E todos esses centros são gratuitos. O seu centro poderá ajudá-lo a determinar quais carreiras são mais adequadas aos seus interesses, formação e experiência, e terá uma profusão de materiais, organizações e sugestões para fazer pesquisas *on-line*. Conselheiros ajudarão você a desenvolver currículos adequados a seus interesses de carreira e qualificações e auxiliarão a escrever boas cartas de apresentação. O mais importante é que os centros talvez possam oferecer contatos para entrevistas em diversas áreas de atuação, muitas das quais ocorrerão no próprio *campus* para eliminar custos e tempo de viagem. Se você é ex-aluno e está interessado em mudar de função ou carreira, um conselheiro treinado poderá ajudá-lo a determinar uma direção futura.

Existem centenas de agências de emprego ou colocação, por vezes chamadas de *headhunters*, que podem ajudá-lo a localizar vagas e marcar entrevistas.[14] Algumas agências são especializadas em áreas profissionais específicas, como atendimento de saúde, ensino, gestão, comunicação, engenharia e empregos governamentais. Quando você se candidata a uma vaga por meio de uma agência, ela "passa a representá-lo ao encaminhar seu currículo para as empresas".[15] Uma agência de empregos pode realizar atividades parecidas com aquelas oferecidas por centros de carreira universitários.

> Se parece bom demais para ser verdade, provavelmente é.

Agências percentuais ajudarão a colocar você no mercado mediante o pagamento de uma taxa, frequentemente um percentual do seu primeiro ano de salário, pago ao assumir uma vaga que elas o ajudaram a conquistar. Muitas organizações contratam agências para localizar candidatos de qualidade, processo denominado **vagas pagas**. Nesse caso, você não paga nada. Se usar uma agência, saiba que ela pode cobrar uma taxa de inscrição para processar as suas credenciais. A maioria das agências é ética e deseja encontrar ótimas vagas para seus clientes, mas mantenha certo ceticismo. Se uma agência exigir pagamento adiantado apenas para processar seu currículo ou alegar que coloca quase todos seus candidatos em vagas com altos salários, procure outra. Cuidado com agências que querem produzir vídeos e outras credenciais de custo elevado.

Feira de carreiras/empregos

> Saiba como aproveitar as feiras profissionais ao máximo.

Feiras de carreira ou empregos realizadas em *campi* universitários e *shopping centers* ou promovidas por vários setores nacionais são excelentes oportunidades para conhecer vários empregadores em um só local, descobrir as vagas disponíveis, fazer *networking* e participar de entrevistas presenciais. Algumas feiras são elaboradas para áreas profissionais específicas, como atendimento de saúde, indústria aeronáutica, engenharia, agricultura, educação ou farmácia. Grandes corporações ou agências governamentais podem realizar suas próprias feiras. Algumas feiras profissionais são limitadas a grupos específicos, como pessoas recentemente dispensadas com o fechamento de uma empresa ou um grande estabelecimento.

Prepare-se cuidadosamente parar participar de uma feira profissional. Existe uma variedade de recursos para guiar sua preparação. Por exemplo, a divisão de assuntos estudantis da Virginia Tech publicou um material excelente intitulado "How to prepare for a job fair/career fair" ("Como se preparar para uma feira profissional/feira de empregos").[16] O texto trata de questões como "Devo ir a uma feira profissional?", "Por que ir?", "Antes de ir", "Na feira de empregos/profissional", "Como ter sucesso na feira de empregos ou profissional?" e "E se eu não estiver pronto para procurar um emprego?". A seguir, apresentamos algumas orientações.

Saiba quais são as suas metas de carreira, com quem você quer conversar e o que está procurando profissionalmente ou a interação será uma perda de tempo para você e o recrutador. Recrutadores esperam que você tenha foco e objetivo profissionais claros. Allison Doyle recomenda que você prepare um "comercial de um minuto" que ressalte seus pontos fortes, objetivos e onde você gostaria de trabalhar na empresa.[17]

Quando for participar de uma feira, vista-se de maneira profissional e leve cópias impressas do currículo. Sonde o terreno ao observar quem está presente, onde eles estão na confusão de mesas e *banners* institucionais e se estão realizando entrevistas ou apenas passando informações.[18] Reúna informações impressas e ouça e observe enquanto anda de um lado para outro e espera em filas. Avalie se são organizações para as quais você gostaria de trabalhar e certifique-se de que está qualificado para as vagas disponíveis. Em caso negativo, não desperdice o seu tempo nem o do recrutador.

Quando estiver diante de um recrutador, saiba que ele avaliará sua aparência, suas habilidades de comunicação e seu profissionalismo. Tente demonstrar assertividade, entusiasmo e tranquilidade. A pior pergunta que você pode fazer é: "Para que vocês estão contratando?". Onde está o seu objetivo claro de carreira? A pior resposta a uma pergunta como "O que você está procurando?" é "Um emprego". Pode até ser engraçadinho, mas representa um desmotivador instantâneo.[19]

Se não há feiras de empregos na sua região ou se você deseja lançar uma rede maior na Internet, existem *sites* que podem ajudá-lo a localizar as feiras.

Se as feiras mais atraentes estiverem longe demais para serem visitadas pessoalmente, pense nas feiras profissionais virtuais. Segundo Don Best da Unisfair, "Uma feira profissional virtual é exatamente como uma feira normal, com diferentes empregadores e oportunidades de conversar com eles sobre vagas".[20] Prepare-se para essas feiras da mesma forma como faria para uma interação presencial, embora a conversa ocorra por escrito. Esteja preparado para provocar uma boa impressão imediata, cuidando para não cometer erros de grafia e gramática. Responda às perguntas detalhadamente e tenha perguntas inteligentes e maduras prontas para fazer aos empregadores.

Procure pessoalmente as empresas

> Um currículo único nem sempre é adequado para todas as vagas.

Se não houver vagas anunciadas na sua área de atuação, talvez seja o caso de usar uma antiga estratégia: procure pessoalmente as empresas. Por exemplo, se estiver procurando uma vaga em telejornalismo, vendas, assistência de saúde, ensino ou paisagismo, escolha uma empresa que se interesse por alguém que seja singularmente qualificado e capaz de contribuir imediatamente com os produtos ou serviços. As organizações estão sempre em busca de funcioná-

> **Procurar pessoalmente as empresas funciona.**

rios talentosos e experientes. Procure-as pessoalmente. Identifique o tipo de função que você está procurando, o que tem a oferecer a elas e o que o torna exclusivo. Talvez a organização não tenha uma vaga disponível no momento em que você a visita, mas pode surgir num futuro não muito distante. No mínimo, o representante dessa organização poderá identificar vagas na sua área de que tem conhecimento ou recomendar você a amigos. Essa pessoa se torna parte da sua rede de contatos. Seja persistente. Quase todo empregador tem uma história sobre alguém que ia periodicamente ao escritório até que, finalmente, impressionado com a persistência e as qualificações da pessoa, o empregador criou uma vaga para usar a tenacidade e as competências dela.

Apresentação ao empregador

Até este momento de sua busca por uma carreira profissional, você estudou a si mesmo, sua área de atuação, organizações, recrutadores e onde estão os empregos. Basicamente, você ficou nos bastidores. Agora está na hora de se apresentar a possíveis empregadores, não ainda de forma presencial, mas por meio de um processo de criação de marca nas mídias sociais, com currículos, portfólios e cartas de apresentação.

Criação de uma marca

> **A sua marca é exclusivamente você.**

Pensar na criação de uma marca não é apenas uma tendência do começo do século XXI, mas também a ideia de uma imagem cuidadosamente elaborada para apresentar a possíveis empregadores por meio das mídias sociais. O objetivo é diferenciar-se das centenas de outras pessoas que estão saindo da universidade com o mesmo diploma que você ou que têm experiências profissionais e interesses semelhantes. Você deve *demonstrar* – e *não apenas dizer* – por que tem valor para o empregador. A sua "marca" enfatiza os seus talentos, pontos fortes e *expertise* – o que o diferencia dos outros – que estejam cuidadosamente alinhados com as necessidades do empregador.[21] De acordo com Dan Schawbel, autor do *best-seller Me 2.0: four steps to building your future* (*Eu 2.0: quatro passos para construir o seu futuro*), "A criação de uma marca pessoal é o processo pelo qual você revela o que o torna especial e desejável no mercado e então comunica seu valor ao público certo".[22] A sua marca, portanto, "é uma destilação de quem você genuinamente é – e como você deve parecer para seus empregadores atuais e potenciais".[23] Você precisa expressar sua paixão pela carreira, enfatizar suas forças e identificar seus objetivos de longo e curto prazos. Schawbel estimula você "a mirar sua presença *on-line* na direção dos empregos que mais o atraem".

> **Recrutadores fazem buscas on-line.**

No começo deste capítulo, ressaltamos a importância de usar as mídias sociais para fazer *networking* e encontrar vagas, e alertamos sobre o possível impacto negativo do que você inclui nessas mídias. Agora é o momento de enfatizar o impacto positivo do seu uso das mídias sociais. Segundo Barbara Stefani, proprietária da Career Savers, "mais de 90% dos recrutadores realizam buscas na Internet sobre candidatos antes de tomarem uma decisão sobre contratação e mais da metade dos empregadores solidifica suas decisões de contratação com base em uma forte presença *on-line*".[24] Fontes de criação de marca estimulam candidatos a expandir e melhorar suas visibilidades *on-line* criando seus próprios *sites*, tendo um *blog*, fazendo promoção com vídeos, publicando atualizações em mídias sociais e participando de conversas *on-line* pertinentes a suas áreas de atuação e seus interesses profissionais. Compartilhe suas ideias sobre tendências e notícias respondendo a perguntas, comentando em *posts* e escrevendo seus próprios *posts*. Se você não tem experiência na produção de materiais *on-line*, há diversos recursos – como o Brand-Yourself.com – disponíveis para ajudá-lo.[25]

Currículos

Um currículo perfeito é avaliado com atenção tanto na forma impressa quanto na Internet, e pode *alavancar* a sua carreira. Espere um instante. O *único objetivo* do currículo é conseguir uma entrevista que pode levar a mais entrevistas e, por fim, a uma vaga na sua área. O *currículo perfeito* é singular, mas você terá muito menos chances de conseguir um emprego se produzir apenas uma versão dele. Especialistas concordam num ponto: você precisa *personalizar* o seu currículo para atender às especificidades do anúncio de emprego e às necessidades do empregador.[26]

O currículo é o seu *representante de venda silencioso* e frequentemente é a primeira oportunidade que um empregador potencial tem de ver você. Como a maioria dos recrutadores dedicará apenas alguns segundos ao exame do currículo, você precisa conquistar e manter uma impressão positiva, que os motivará a continuar lendo. Um currículo impressiona mais quando é elaborado para uma vaga específica e apresenta dados de forma profissional. James Campion recomenda que você "pense como o chefe", caso queira o emprego.[27] *Você se contrataria?*

Segmentos de currículos

> Facilite o trabalho do recrutador para encontrar você.

Embora não haja um consenso sobre o que um currículo deve incluir, excluir e parecer, há *sites* e publicações que prometem "currículos premiados" ou "o currículo perfeito". Richard Bolles, autor do famoso livro *Qual a cor do seu paraquedas?*, atualizado anualmente, diz que coleciona esses currículos e os mostra aos amigos empregadores. De acordo com esses empregadores, nenhum dos currículos supostamente premiados e perfeitos atrairia a atenção de recrutadores.[28] Com preferências tão diversas em mente, apresentaremos sugestões que se aplicam à maioria das situações. Não se esqueça, é claro, de que cada vaga exigirá que você faça alguma personalização em seu currículo. Aquilo que pode funcionar para uma organização ou área de atuação pode ser completamente inadequado para outra. Em outras palavras, desenvolva um *currículo dirigido*.

> Exponha os objetivos profissionais com muito cuidado.

> Direcione seus currículos.

> Ajude os recrutadores a encontrar você.

Informações de contato: ponha seu nome completo na parte superior central da página, em uma fonte maior do que a do restante do currículo e em negrito. Não use apelidos. Informe um ou dois endereços físicos com CEP e o e-mail que você acessa com maior frequência. Informe um número de telefone fixo e um número de celular com o código de área. O objetivo é facilitar que o recrutador o encontre rapidamente. Não deixe recados bobos e imaturos no seu correio de voz, a menos que o seu objetivo profissional seja se tornar comediante. Se você oferecer um telefone do *campus* universitário, informe a data em que ele poderá não estar mais funcionando. Informe um telefone profissional apenas se for adequado que possíveis novos empregadores o utilizem.

> Elabore seu foco profissional pensando nos outros.

Foco profissional: sua marca exclusiva continua para além da Internet, e a declaração do seu foco de carreira (às vezes chamado de perfil, panorama profissional, histórico profissional, resumo profissional, resumo de qualificações, objetivo de carreira ou simplesmente objetivo) é o lugar ideal para usar a marca para chamar a atenção do empregador rapidamente. Como o empregador provavelmente passará apenas alguns segundos olhando seu currículo, elabore um título ou um foco que mostre que você é candidato certo para a vaga e motive o empregador a continuar lendo o currículo. Algumas fontes recomendam que não se inclua o tradicional "Objetivo" porque ele foca no que *você* quer, não no que o *empregador* deseja. O segredo, independentemente do rótulo, é fazer isso direcionado ao empregador, não a *si mesmo*.[29]

Seja breve, mas inclua palavras-chave no anúncio da vaga. Por exemplo, se o anúncio de uma vaga em paisagismo especifica um diploma em arquitetura paisagística com foco em desenvolvimento imobiliário urbano, seu perfil deve identificar interesses, treinamento e experiências que estejam de acordo com essa descrição. Não inclua palavras "exageradas" com o intuito de impressionar, pois, em geral, elas não querem dizer nada. Evite clichês como "Trabalho muito bem em equipe", "Tenho excelente capacidade de comunicação", "Sou um solucionador de problemas", "Sou extremamente motivado" e "Dou 110% de mim".[30] Exageros e clichês mandarão seu currículo para a pilha de rejeição. Lembre-se de que o restante do seu currículo deve estar de acordo com as suas alegações e a sua marca no foco de carreira.

> Elimine os exageros do seu currículo.

Formação e treinamento: se você está no processo de concluir sua formação e treinamento ou concluiu recentemente e tem poucas experiências ou apenas experiências não relacionadas à vaga em questão, seu registro educacional deve ser apresentado a seguir. Em uma pesquisa realizada por John Cunningham com 188 recrutadores universitários, 57% disseram preferir que a formação apareça primeiro, mesmo quando o candidato universitário já tem importante experiência de trabalho.[31] Indique especificamente como sua formação e seu treinamento estão *de acordo* com a função que você está pleiteando dentro da organização. Liste seus diplomas ou treinamentos em **ordem cronológica inversa**, para que o empregador consiga identificar rapidamente o que você está *fazendo no momento* ou fez recentemente. Liste título, diploma, certificado ou licença, data da formatura ou da conclusão, instituição de ensino, localização da instituição, se o nome for insuficiente para uma identificação precisa (muitas universidades têm vários *campi* ou usam o mesmo nome) e disciplinas. Você pode informar uma *lista seletiva de cursos* relevantes à abertura, especialmente se não tem muita experiência. Informe a sua nota média, se for B ou maior, e indique o sistema numérico usado em sua faculdade, por exemplo: 3,35 (escala 4,0) ou 3,35/4,0. Não use abreviações para cursos, disciplinas ou títulos. Um entrevistador pode não saber se Rad. se refere a radiologia ou radicalismo.

> Suas qualificações acadêmicas são mais importantes para os primeiros empregos.

> Experiências relevantes podem diferenciar você dos demais.

Experiências relacionadas à função: o próximo segmento do currículo apresenta suas experiências relevantes à função dentro da organização. Em uma pesquisa realizada em 1998, 88% dos recrutadores entrevistados classificaram as experiências relacionadas à função como muito importantes ou com importância acima da média.[32] Se você é jovem e se formou recentemente, talvez tenha poucas experiências de trabalho na sua área, mas deve ter experiências importantes que possa mencionar. Essas experiências podem incluir programas de cooperação da sua universidade, estágios (remunerados ou não), assistência de pesquisa ou monitoria e atividades voluntárias. Se, por exemplo, você estiver buscando uma vaga na área de construção civil, ter experiência em um programa como o da organização não governamental (ONG) Hábitat para a Humanidade ou algum programa de reforma de casas populares ou para idosos de baixa renda pode impressionar. A pesquisa de 1998, já mencionada, constatou que recrutadores consideravam as seguintes informações como muito importantes ou acima da média em importância: papéis de liderança em organizações estudantis (86%) e serviço comunitário voluntário (58%). Como todas as organizações estão em busca de líderes e executores, faça isso se destacar em seu currículo.

> Enfatize as experiências relacionadas ao trabalho.

> Recrutadores estão atrás de líderes.

Atividades: logo depois de experiência ou formação/treinamento, se você tem vários anos de experiência profissional na sua área ou está mudando de área, informe as atividades e associações institucionais das quais faz parte. Essas associações normalmente incluem grupos universitários, profissionais e comunitários. Seja seletivo e mantenha seus currículos sempre atualizados. Atividades do ensino médio devem ser excluídas dos currículos de universitários, e atividades e organizações universitárias devem ser excluídas depois de você estar estabelecido profissionalmente. Empregadores potenciais se interessam mais por pessoas que *fazem* do que por aquelas que *se associam*, de modo que uma longa lista de organizações com poucos papéis de liderança passa uma impressão negativa. Inclua organizações honorárias, organizações profissionais e pré-profissionais da sua área (como associações de estudantes). Faça uma breve descrição de qualquer organização que possa não ser conhecida de um empregador.

> Forneça apenas informações relevantes

Experiências de voluntariado: se você tem experiências importantes de trabalho voluntário que possam não estar diretamente relacionadas a uma vaga, mas revelem informações importantes sobre você, cite-as em um segmento específico do currículo. Se elas não são em quantidade significativa, liste-as como parte de suas atividades.

Há itens que você deve excluir do currículo. Não liste referências. Os empregadores partem do princípio de que você informará as referências se eles desejarem. Exclua informações pessoais (etnia, idade, estado civil, número de filhos, questões de saúde ou deficiência, peso e altura), foto e associações políticas, religiosas e étnicas, e atividades que possam representar problemas com a Comissão de Oportunidades Iguais de Emprego aos empregadores caso eles as mantenham ou façam alguma coisa a respeito. Você não desobedece a nenhuma lei com isso, mas está dando informações que normalmente não são qualificações ocupacionais essenciais.

Tipos de currículo

Existem basicamente dois tipos de currículo: cronológico e funcional. Se você está elaborando um currículo no **formato cronológico**, o mais comum, liste as suas experiências (incluindo estágios, acordos cooperativos, monitorias, vagas não remuneradas, atividades institucionais) em ordem cronológica *inversa* para que o empregador veja rapidamente o que fez mais recentemente. A Figura 8.1 apresenta um exemplo de currículo em formato cronológico. Informe a organização, seu cargo (ou cargos), as datas e o que você fazia em cada função. Enfatize as competências e experiências mais relevantes para a vaga. Os recrutadores estão interessados sobretudo nas conquistas e realizações do candidato. Um currículo cronológico é fácil de escrever e organizar, enfatiza experiências e competências relevantes, e é o preferido dos empregadores porque podem ser mapeados rapidamente.

Figura 8.1 Currículo cronológico

Nancy A. McWilliams
1214 Maple Drive,
Shelbyville, IN 46176
(317)226-3499/(317)413-2679
namcwilliams@hotmail.com

Objetivo:	Vaga de gestora de casos de família em uma agência de serviços para crianças que me permita trabalhar com famílias e crianças que necessitam de assistência.
Formação:	**Indiana University Purdue University Indianapolis** **(De agosto de 2010 até a data atual)** Bacharel em Assistência Social Formação secundária em Psicologia GPA: 3,17/4,0 geral e 3,4/4,0 na área de concentração
Experiência:	Advogada especial nomeada pelo tribunal De setembro de 2012 até o momento Condado de Marian, Indiana • Agi como mãe substituta educacional para quatro crianças. • Trabalhei com gestão de casos de família. • Aconselhei pais quanto a seguir ordens judiciais. • Trabalhei com crianças com necessidade de serviços. • Prestei consultoria a conselheiros escolares e psicológicos. • Redigi relatórios para audiências do juizado de menores. Voluntária no Centro de Auxílio à Mulher De junho de 2010 a agosto de 2012 Plainfield, Indiana • Registrei mulheres que chegavam ao abrigo. • Coordenei atividades lúdicas para as crianças. • Auxiliei na manutenção da segurança entre 20 h e 0 h. Equoterapeuta no Bar Q Ranch Verões de 2009, 2010, 2011, 2012 Batesville, Indiana • Trabalhei como equoterapeuta para crianças com necessidades especiais. • Realizei sessões de orientação para informar e tranquilizar as crianças. • Guiei as crianças nas atividades de montaria.
Atividades:	Vice-presidente e presidente da Associação de Estudantes de Bacharelado em Assistência Social de 2012 até o momento • Planejei atividades. • Realizei reuniões mensais. • Coordenei o evento anual de arrecadação de fundos.

Se você estiver desenvolvendo um **formato funcional**, mais adequado a vagas criativas em que escrever é importante, exponhas suas experiências sob títulos que ressaltem suas qualificações para a vaga (ver Figura 8.2). Títulos comuns são: gestão, vendas, publicidade, treinamento, aconselhamento, formação de equipes, desenvolvimento organizacional, recrutamento, finanças, ensino, administração, supervisão, gerência de projeto e marketing. Você pode incluir diversas experiências de diferentes funções, estágios e organizações abaixo de cada título, o que é uma vantagem quando o candidato tem poucas experiências remuneradas ou relacionadas à vaga.

Se estiver usando um formato funcional, poderá listar organizações ou incluí-las depois de vários títulos importantes, abaixo de experiência, ou misturá-las após competências e experiências. Suas atividades extras podem indicar motivação, habilidade de comunicação, capacidade de trabalhar com pessoas, ética de trabalho, capacidade de liderança, além de sinalizar que você não é um especialista limitado.

> **Escolha o formato de currículo mais adequado a você.**

Um currículo de formato cronológico, como o da Figura 8.2, é fácil de escrever e organizar, enfatiza experiências, é mais comum e é fácil para um empregador mapear em busca de experiências relevantes.

Um currículo de formato funcional foca a atenção em competências relevantes para se encaixar no perfil ideal de candidato e não dá destaque a funções e formação aparentemente não relacionadas ao objetivo. Como não repete as mesmas competências e experiências sob funções diferentes, o currículo funcional pode ser menor. Muitos empregadores não gostam de currículos funcionais porque normalmente não informam datas de formação e treinamento ou, mais importante, experiências de trabalho. Assim, os empregadores não conseguem detectar intervalos entre os empregos para pedir explicações. Currículos cronológicos também são mais fáceis de ler e revisar. Alguns currículos misturam os dois formatos.

Orientações para currículos

> **Preste atenção ao conteúdo e à aparência.**

Independentemente do tipo de currículo escolhido, siga várias orientações para torná-lo preciso, informativo e persuasivo. Acima de tudo, seja honesto.

> **Desonestidade acaba com o candidato.**

Honestidade é a melhor política: uma estimativa conservadora é de que um em cada seis estudantes universitários mente em currículos e formulários de inscrição, mas alguns especialistas em currículos afirmam que o percentual chega a 50%.[33] Muitos candidatos mencionam experiências não vividas, listam cursos não feitos, destacam notas que nunca receberam e apontam diplomas inexistentes. Quanto mais uma pessoa cresce em uma organização, maior é a probabilidade de ela mentir sobre intervalos entre empregos, nomes de cargos, responsabilidades e realizações, assumir méritos sozinha por esforços de equipe e inventar empregadores fictícios.[34] Michael Josephson, presidente do Instituto Josephson de Ética, alerta: "Mentiras são como batatinha frita: é impossível contar uma só".[35]

Embora alguns candidatos tenham algo a esconder, muitos acreditam que um pouco de "exagero", um eufemismo para mentira, é fundamental para conquistar uma vaga e crescimento profissional. Empregadores e estudiosos da ética concordam que isso é uma **má ideia** com potenciais **maus resultados**. Segundo um artigo publicado no *Dallas Morning News*, "é possível que informações inverídicas contidas em um currículo jamais sejam identificadas. Entretanto, quando detonadas, podem ser fatais para a carreiras e a credibilidade do profissional".[36] Scott Reeves é direto: "Um bom currículo fará você entrar pela porta. Uma mentira no currículo fará você ser chutado porta afora".[37]

Figura 8.2 Currículo funcional

Nancy A. McWilliams
1214 Maple Drive,
Shelbyville, IN 46176
(317)226-3499/(226)-3499-2679
namcwilliams@hotmail.com

Objetivo: Vaga de gestora de casos de família em uma agência de serviços para crianças que me permita trabalhar com famílias e crianças que necessitam de assistência.

Formação: Indiana University Purdue University Indianapolis
(De agosto de 2010 até a data atual)
Bacharel em Assistência Social
Formação secundária em Psicologia
GPA: 3,17/4,0 geral e 3,4/4,0 na área de concentração

Experiência: **Consultoria**
- Com sistemas escolares como mãe substituta educacional.
- Com gestão de casos de família.
- Com conselheiros escolares e psicológicos.

Aconselhamento
- A pais sobre seguir ordens judiciais.
- A crianças com necessidades de serviços.
- A meninas vivendo conflitos interpessoais.
- Como equoterapeuta para crianças com necessidades especiais.

Coordenação
- Atividades lúdicas para crianças.
- Atividades aquáticas para meninas.
- Evento anual de arrecadação de fundos.

Realização
- Reuniões mensais.
- Registro em um abrigo feminino.
- Sessões de orientação para informar e tranquilizar crianças com necessidades especiais para equoterapia.

Redação
- Relatórios para audiências do juizado de menores.

Atividades: Vice-presidente e presidente da Associação de Estudantes de Bacharelado em Assistência Social

---

> Escolha as palavras com cuidado.

Escolhas as palavras com cuidado: escolha cada palavra e frase com cuidado, porque muitas funcionam, para os empregadores, como desmotivadores automáticos. Por exemplo, empregadores dizem que não veem significado nas seguintes palavras e frases: histórico comprovado, responsável por, trabalhador, orientado por metas, organizado e ambicioso. Eles preferem verbos de ação como os que seguem para demonstrar que você é um *executor*:

aconselhou	escreveu	negociou
adaptou	executou	operou
administrou	facilitou	orçou
arbitrou	formulou	organizou
atualizou	fundou	persuadiu
aumentou	gerenciou	planejou
avaliou	gerou	recomendou
construiu	informou	reconfigurou
consultou	inspecionou	resolveu
criou	instruiu	supervisionou
dirigiu	investigou	testou
dispôs	liderou	treinou
editou	manteve	vendeu
elaborou	melhorou	
eliminou	modificou	

Cada um desses verbos de ação, é claro, deve ser corroborado por exemplos e fatos, não por blablabá.

> **Revise minuciosamente.**

Revise e depois revise de novo: revise cada palavra e frase para garantir ortografia, gramática e pontuação. Procure aqueles erros de digitação onipresentes que são tão fáceis de ignorar. Segundo Danielle Lorenz, especialista em busca de empregos e currículos, "no instante em que o empregador vê um erro de grafia, gramática ou digitação, o currículo é dispensado imediatamente".[38] Debra Auerbach, coordenadora de contratações da AOL, conta que, quando os empregadores foram perguntados sobre o que certamente acaba com a chance de um candidato, 61% identificaram erros no texto como o principal motivo.[39] Erros como os apresentados os seguintes são lendários entre recrutadores:[40]

- "Faço festão de equipes a oito anos."
- "Estou muito interessado no anúnsio para a vaga de contabilidade."

Relacionados como competências:

- "Falo inglês e espanholês."
- "Sou muito ótimo revisor."
- "Foco no dettalhe."

Não confie no revisor ortográfico do programa de texto. Se não é um bom revisor, peça ajuda a alguém que seja.

> **Elabore um currículo fácil de examinar.**

Leve a mecânica a sério: preste atenção à aparência e ao *layout*. Imprima o currículo em papel branco, creme, cinza-claro ou bege-claro. Preste atenção à forma como o currículo está organizado, para que tenha uma aparência clara, atraente, organizada, cuidadosamente planejada e limpa. Empregadores gostam de espaços em branco nos currículos. Assim, faça recuos, use espaços duplos e deixe pelo menos dois centímetros de espaço em todas as margens. Centralize seu nome no topo em letras grandes e em negrito para se destacar. Use diferentes fontes de texto para que os títulos guiem o leitor pelas informações importantes a seu respeito. Empregadores preferem currículos com elementos gráficos que separem e chamem atenção para informações relevantes, porque isso os ajuda a mapear o currículo com mais eficiência. Se informar dois endereços, coloque um de cada lado, abaixo do seu nome. Se informar um endereço, coloque-o centralizado ou do lado direito, longe de grampos ou clipes de papel.

A maioria dos empregadores prefere currículos com uma página apenas. No entanto, um currículo de duas páginas ou mais longo será aceitável se for necessário fornecer informações e experiência importantes. Não tente escrever demais sobre pouca coisa. Não tente aderir à regra da página única usando uma fonte de texto minúscula ou estreitando as margens para fazer tudo caber em uma página só. Os empregadores preferem um currículo de duas páginas menos atulhado. Se fizer um currículo de duas páginas, imprima-o em uma única folha de papel (utilize a frente e o verso) porque uma segunda página pode ser perdida ou arrancada quando o currículo for tirado de uma pasta ou um arquivo. Sinalize com um número de página ou uma observação que há mais texto na parte de trás. Repita seu nome no topo esquerdo e indique o número da página no topo direito.

Seja profissional em tudo o que disser e fizer no currículo. Não tente ser engraçadinho ou "criativo". Controle sua vontade de usar fontes cursivas no currículo ou utilizar vários tamanhos e estilos de fonte. Use o mínimo de cores e gráficos, a menos que esteja se candidatando a uma vaga que valorize muito a criatividade, como publicidade, produção de vídeo e design gráfico. Não inclua uma foto do seu animal de estimação nem decore o currículo com coelhinhos ou gatinhos bonitinhos. Não imprima seu nome em letras de quatro centímetros de altura para chamar a atenção e ser lembrado. Todas essas coisas já aconteceram no louco mundo da busca por empregos.

Currículo mapeado eletronicamente

> Currículos mapeados eletronicamente devem ser diferentes.

As organizações têm utilizado cada vez mais *softwares* de mapeamento de currículos para economizar tempo e dinheiro. Se você sabe que uma organização irá receber dezenas ou centenas de inscrições para uma vaga que está tentando preencher, parta do princípio de que o empregador irá mapear seu currículo eletronicamente. Siga as seguintes regras básicas de mecânica e texto do currículo mapeado.

> Palavras-chave são fundamentais em currículos mapeados eletronicamente.

A **mecânica** dos currículos mapeados eletronicamente tem uma importância crucial porque o *scanner* deve ser capaz de **ler** o seu currículo.[41] Use tinta preta e apenas um dos lados do papel tamanho carta. Não use grampeador. As margens devem ter pelo menos 4 centímetros dos dois lados, e cada linha deve conter 75 ou menos caracteres. Não use caixas ou colunas de texto. Use fontes de tamanhos entre 11 e 14, porque o *scanner* pode não ler textos menores. As fontes mais recomendadas são Arial e Times New Roman. Evite fontes sofisticadas. Use pouca ou nenhuma hifenização, pois ela pode confundir um *scanner*, mas você pode usar texto em negrito ou todo em letras maiúsculas. Não use elementos gráficos (sólidos ou ocos), itálico, sublinhado, gráficos ou espaços entre as letras do seu nome.

Embora a mecânica seja importante para que um sistema de mapeamento consiga ler seu currículo, as **palavras-chave** são fundamentais, porque elas determinarão se um empregador marcará uma entrevista ou descartará seu currículo. Inclua palavras pertinentes ao anúncio da vaga para que o *scanner* consiga localizar aquilo que foi programado pelo empregador.[42] Como alguns empregadores mapeiam objetivos de carreira para classificar os currículos para diferentes vagas, certifique-se de que há objetivo ou perfil claramente identificável relacionado à descrição da vaga que você está pleiteando. Joyce Lain Kennedy, uma autoridade na busca eletrônica de empregos, recomenda: "Quanto mais palavras-chave de marketing você apresentar sobre si mesmo, maior será a probabilidade de ser encontrado em uma base de dados eletrônica de currículos agora, em seis meses ou daqui a um ano".[43] O laboratório de redação *on-line* da Purdue University recomenda que o candidato seja o mais específico possível. Nesse caso, deve-se, por exemplo, substituir fabricação por supervisor de fabricação, *design* por assistente de *design*, produção por gerente de produção e moldagem por injeção por inspetor de moldagem por injeção, que são expressões mais fáceis de identificar.[44] Certifique-se de que seu currículo contenha termos, rótulos e nomes atualizados que o *software* está programado para identificar. A seguir, apresentamos exemplos de termos corretos e incorretos para currículos mapeáveis:

> Termos e rótulos são fundamentais no currículo mapeável.

Sim	Não
recursos humanos	pessoal
assistente administrativo	secretária
agente de vendas	vendedor
sistemas de informação	processamento de dados
serviços ambientais	limpeza
contador	contabilista
engenharia de instalações	manutenção
vendas	relações com os clientes

As organizações podem rejeitar candidatos com menos de 50% das competências solicitadas.

Atualmente, muitas empresas solicitam que os currículos sejam enviados eletronicamente para poupar tempo e criar arquivos eletrônicos dos candidatos. Certifique-se de que o *software* que você usa enviará seu currículo em um formato atraente. De acordo com instrutores e alunos de algumas universidades, algumas organizações exigem que todos os arquivos do candidato sejam enviados em CD-ROMs. Arquivos de papel são inaceitáveis. Há ainda outro dado importante: muitas organizações têm recebido centenas de currículos eletrônicos de candidatos sem qualificação. Nesses casos, os currículos são enviados sem nenhum critério, pois não fica evidente a que vaga destinam-se. A menos que seja orientado em contrário, inclua sempre uma carta de apresentação que identifique claramente a posição para a qual está se candidatando e reforce o quanto você combina com ela. Sempre leve uma cópia da sua carta de apresentação e do currículo para a entrevista.

Currículos on-line

Com a Internet como parte integral de nossa vida, organizações e empreendedores criaram *sites* para publicar currículos e vagas *on-line*. Trata-se de procedimento fácil, e as pessoas têm o potencial de atingir uma grande variedade de empregadores potenciais em diferentes áreas profissionais do mundo todo.

> Use serviços on-line com cautela.

Infelizmente, a facilidade de publicar currículos *on-line* tornou os candidatos presas fáceis para buscadores inescrupulosos que agem como empregadores falsos para roubar seu dinheiro e sua identidade. Heather Galler, da Carnegie Mellon University, desenvolveu um programa de computador chamado "Anjo de identidade" que faz buscas em classificados de empregos *on-line* atrás do que ela chama de "santíssima trindade", que os ladrões de informação adoram obter: nome, endereço e número de identidade. Se o programa localiza essas informações, envia um alerta ao alvo potencial dos ladrões e das fraudes *on-line*.

Galler dá as seguintes sugestões:[45] primeiro, leia a política de privacidade com atenção para saber por quanto tempo seu currículo ficará ativo e como você pode apagá-lo: "Se não houver política de privacidade, esqueça". Segundo, saiba que existem recrutadores falsos, especialmente quando pedem números de documentos ou outros dados pessoais com o pretexto de precisarem deles para conferir informações. Peça referências aos "recrutadores" e confira se eles pertencem às associações locais ou nacionais de recrutadores. Terceiro, crie um endereço de e-mail alternativo, utilize um telefone celular e contrate uma caixa postal para usar na busca por emprego. Quarto, para conferir se os seus dados pessoais estão *on-line*, digite seu nome e os quatro últimos números do seu documento de identidade. Ao fornecer mais informações, você poderá se prejudicar, porque ladrões podem usar *spyware* para obter mais dados pessoais.

Portfólio

> O seu portfólio mostra você em ação.

Portfólios são essenciais em áreas como fotografia, publicidade, relações públicas, arte e design, jornalismo, arquitetura, ensino e redação profissional. Seu **portfólio** deve ser uma coletânea pequena, mas variada de seus melhores trabalhos. Organize seu portfólio tematicamente. Torne-o visualmente atraente. Tenha cópias excelentes do seu trabalho – nada de amostras desbotadas, gastas, amassadas, escritas ou marcadas. Os empregadores querem ver a qualidade do que você escreve, projeta, fotografa, edita e cria, e um portfólio bem elaborado e apresentado é a melhor maneira de fazer isso.

Se você trabalha em rádio e TV, seu portfólio deve conter uma gravação em áudio ou vídeo de trechos que ilustrem seus melhores trabalhos. O que vende é a qualidade, não a quantidade.

Algumas faculdades e universidades têm estimulado os alunos a criar portfólios eletrônicos que possam incluir uma ampla variedade de materiais em um pacote atraente, compacto e altamente utilizável. Além de revelar o que um candidato fez e pode fazer, o portfólio eletrônico demonstra conhecimento de uma habilidade para aplicar a novas tecnologias.

Carta de apresentação

> A carta de apresentação genérica raramente é levada a sério.

Como sua carta de apresentação muitas vezes é o primeiro contato que você tem com um empregador, seja positivo e direto. Os objetivos fundamentais de sua carta de apresentação são *conquistar a atenção do empregador* e *motivá-lo a ler* seu currículo. Para o primeiro objetivo, você precisa provocar uma boa impressão, revelando atitude positiva e personalidade agradável. Você deve parecer motivado e entusiasmado. Para o segundo objetivo, é preciso incluir destaques da sua formação e do seu treinamento e experiências que demonstrem que você está interessado em uma vaga específica na organização do empregador e é qualificado para ocupá-la. Nunca envie um currículo sem uma carta de apresentação.

> Elabore e direcione as cartas para vagas e organizações específicas.

Mecânica da carta de apresentação: sua carta deve ser breve, normalmente com três ou quatro parágrafos e nunca mais de uma página (ver Figura 8.3). Estabeleça margens de 3,8 cm à esquerda e à direita, e ajuste as margens superior e inferior para equilibrar a carta na página. Se tiver dificuldade de dispor todas as informações que considerar absolutamente necessárias em uma única página, ajuste as margens para deixar a carta com apenas uma página. Use fontes simples de ler com tamanho entre 10 e 12. Um *site* da Virginia Tech sugere que você peça que outra pessoa leia o seu currículo. Se a pessoa fizer algum comentário sobre a fonte, troque-a.[46] A sua carta deve ser limpa, impressa em papel de carta branco e profissional, sem erros de digitação, de pontuação, gramaticais ou ortográficos. Um de nossos antigos alunos de jornalismo se candidatou a uma vaga de edição no Cincinnati Enquirer e errou a grafia de Cincinnati na carta de apresentação. O aluno não conseguiu o emprego, mas o editor enviou uma carta furiosa, junto com a carta original do aluno, ao chefe do departamento acadêmico do aluno.

> Demonstre interesse e entusiasmo, ou não se candidate.

Conteúdo da carta de apresentação: faça uma carta de apresentação específica para cada vaga e organização. Cartas padrão não impressionam ninguém. Tente endereçar sua carta a uma pessoa específica envolvida no processo de contratação e escreva o nome dela corretamente. Cuidado quando se dirigir a alguém como senhor ou senhora. Por exemplo, nomes como Jordan e Chris podem ser tanto de mulheres quanto de homens. Cartas com endereçamento do tipo "A quem interessar possa" ou "Prezados senhores" raramente obtêm respostas positivas. Organize a sua carta em três parágrafos.[47] No *primeiro*, explique ao empregador por que você está escrevendo, em qual vaga está interessado e por que ela o atrai. Revele como você descobriu a vaga e o que sabe sobre a organização. Demonstre ter pesquisado aspectos tanto da vaga quanto da organização. No *segundo* parágrafo, explique brevemente como a sua formação, seu treinamento e suas experiências – suas qualificações – tornam você o candidato ideal para a vaga e a organização. *Seja persuasivo!* Você pode se referir ao currículo, mas não simplesmente repetir o que está nele. No *terceiro* parágrafo, reafirme seu entusiasmo em relação à vaga e peça uma oportunidade de entrevista para falar a respeito dela e da organização. Informe quando e onde você estará disponível para uma entrevista. Mencione o que está enviando e se ofereça para enviar mais informações, caso seja necessário. Certifique-se de expressar gratidão pela consideração do empregador.

Figura 8.3 Carta de apresentação

1214 Maple Drive
Shelbyville, IN 46176
March 14, 2014

Sr. Scott Dempsey
Indiana Department of Child Services
1783 W. 3rd Street
Bloomington, IN 47404

Prezado Sr. Dempsey,

Escrevo em resposta à vaga de gerenciamento de casos de família anunciada em seu *site* na semana passada e estou ciente de que a pessoa selecionada para a função começará a trabalhar por volta de 14 de junho de 2014. Estou muito interessada na vaga, porque ela está de acordo com meu foco profissional, minha formação e minhas experiências.

Em maio deste ano, irei me formar na Iupui como bacharel em Serviços Sociais. Como advogada especial nomeada pelo tribunal no condado de Marian desde 2009, trabalhei com vários gestores de casos de família em diversas situações envolvendo crianças com necessidades de serviços. Isso me permitiu observar o trabalho deles junto aos pais e às crianças e compreender o quão importante é o papel deles na manutenção das famílias quando possível e no cuidado para que as crianças sejam colocadas em ambientes seguros e amorosos quando a família não é mais uma opção viável. Acredito que a minha experiência como advogada especial nomeada pelo tribunal, voluntária no centro de auxílio à mulher e equoterapeuta para crianças com necessidades especiais me torna singularmente qualificada para a função de gestora de casos de família no Departamento de Serviços para Crianças.

Espero poder encontrá-lo para conversarmos sobre meu interesse na vaga de gestora de casos de família e sobre minha formação. Segue anexa uma cópia do meu currículo com detalhes adicionais sobre minhas qualificações e experiências. Sinta-se à vontade para entrar em contato por qualquer um dos números de telefone indicados no currículo ou por e-mail, para namcwilliams@hotmail.com. Estarei disponível para entrevista conforme lhe for conveniente.

Atenciosamente,

Nancy A. McWilliams

Anexo: currículo

Como criar uma primeira impressão favorável

Quando pensar na entrevista, lembre-se de que as suas **atitudes** são um ingrediente fundamental para o seu sucesso ou fracasso.[48] Esteja detalhadamente preparado. A ansiedade aumenta quando sentimos que não sabemos o bastante sobre a vaga ou a organização, não estamos prontos para responder a perguntas difíceis e não sabemos que perguntas fazer. Se sentir que não vai se sair bem em uma entrevista, você não se sairá bem.

Evite profecias autorrealizáveis.

Trate a entrevista de emprego como um processo de venda no qual você é o produto. Conheça a si mesmo detalhadamente. Se não conseguir vender a si mesmo, como poderá se vender ao recrutador. Seja *positivo* sobre si mesmo, seus atuais e antigos empregadores, colegas de trabalho, professores e clientes. Seja profissional e ético ao longo de toda a entrevista. Nunca fale mal de ninguém nem revele confidências. Um estudo revelou que boas **pri-**

meiras impressões levam entrevistadores a demonstrar positividade em relação aos candidatos, dar informações importantes sobre a função, vender a organização a eles e passar menos tempo solicitando informações.[49]

> Saiba quando e como compartilhar o controle da entrevista.

Se a entrevista for por telefone, evite "interrupções" comuns como descargas de privada, barulho de louça sendo lavada, cães latindo e resposta a mensagens de e-mail.[50] Encontre um local tranquilo e dedique sua total atenção à interação. Evite o telefone celular quando possível, porque o sinal pode falhar e nem sempre é possível ouvir o interlocutor com clareza.

Relacionamento das partes da entrevista

Avalie o *relacionamento* que poderá existir entre você e o entrevistador. Como o controle será compartilhado? O controle pode ser determinado pelo mercado e pela necessidade da organização de preencher a vaga. *Candidatos de sucesso* dominam a entrevista, mas também sabem quando deixar o entrevistador controlar a conversa. *Candidatos sem sucesso* são submissos ou tentam dominar quando o empregador claramente deseja ficar com o controle. Você quer participar da entrevista? Talvez você tenha dificuldade de "animar-se" para uma entrevista caso tenha sido rejeitado algumas vezes nos meses anteriores ou não esteja realmente interessado na vaga ou organização. Você está participando de entrevista para uma vaga de vendas apenas porque não consegue trabalhar com gestão?

Qual é o grau de afeição (confiança mútua, respeito, amizade) entre você e o entrevistador conforme ficou demonstrado em encontros anteriores, telefonemas e cartas? Quão parecido você é com o entrevistador em termos de idade, gênero, raça, grupo étnico, experiências, formação e profissão? Pesquisas revelam que candidatos racialmente parecidos com entrevistadores recebem melhores avaliações.[51]

> Compreenda o relacionamento com o recrutador e adapte-se a ele.

Roupas e aparência

Roupas e *aparência* são elementos imprescindíveis para uma primeira impressão favorável. Em uma pesquisa realizada com recrutadores universitários, 95% citaram a imagem profissional como *importante* ou *muito importante*.[52] De acordo com esses recrutadores, roupas e acessórios representam "uma forte declaração visual" que sugere confiança e "dá ao entrevistado uma vantagem competitiva". A sua aparência demonstra interesse na vaga e na organização, respeito pelo entrevistador, atenção aos detalhes e conhecimento de como é se vestir e se apresentar de maneira adequada em um ambiente formal de negócios. Embora muitas empresas estejam promovendo o visual casual no ambiente de trabalho, 81% dos entrevistados da pesquisa preferem roupas formais para entrevistas for

> Vista-se para uma ocasião profissional formal.

> Limpeza não custa nada e rende dividendos.

mais, "para ver como os candidatos se apresentariam em uma reunião ou apresentação de negócios". Segundo Mary Dawne Arden, *coach* executiva e presidente da Arden Associates de Nova York, "Ninguém pode culpá-lo por se arrumar com formalidade demais para uma entrevista. Mas um visual desleixado ou até mesmo excessivamente casual acabará com as suas chances".[53]

Lembre-se de que, "quando você está bem-arrumado e se sente bem, é maior a probabilidade de articular respostas inteligentes e bem pensadas".[54] De acordo com David A. McKnight, consultor de gestão e imagem, "Nove em cada dez empregadores dizem que, quando todo resto é igual, eles selecionam o candidato mais atraente ou aquele com melhor apresentação visual".[55]

Conselhos a todos os candidatos

Para a maioria das entrevistas de emprego, o mais sábio é vestir um terno conservador e profissional de cor escura. *Pense* em competência, comunicação, respeito e adequação, e não *moda*. É melhor estar arrumado demais do que de menos.[56] Kate Middleton, presidente e fundadora de uma empresa nacional de aconselhamento e colocação profissional, recomenda: "vista-se para um ou dois níveis acima do que a vaga que está pleiteando".[57] Um erro trágico é vestir-se casualmente demais porque nossa sociedade se tornou muito casual.

Embora essas orientações sobre roupas se apliquem à maior parte das entrevistas de emprego, você precisa conhecer a empresa na qual espera ingressar. Cada organização tem sua própria cultura e ambiente.[58] Se tem dúvidas sobre a formalidade do traje para a entrevista, pergunte a seus professores, aos membros das associações profissionais e às pessoas que já trabalhem na área. Não hesite em contatar a organização que está realizando a entrevista e perguntar discretamente sobre como você deveria se vestir para a ocasião. Como regra, organizações financeiras, governamentais, de recursos humanos, bancárias, de vendas e hoteleiras preferem roupas formais. Organizações de publicidade, relações públicas, *design* gráfico, tecnologia e comércio podem preferir roupas menos formais, como um visual profissional casual. Não parta do princípio de que como os funcionários de uma organização se vestem no estilo profissional casual ou com menos formalidade que esse é o mais adequado para uma entrevista. Vista-se bem, a menos que seja orientado a fazer de outra maneira.

Não é preciso gastar uma fortuna em sua roupa de entrevista, mas invista em roupas de qualidade e bom corte que se manterão bem passadas e em ordem. Apresente-se arrumado, limpo e sem fios pendurados. Engraxe os sapatos. Certifique-se de que não estejam faltando botões ou sobrando etiquetas. Não use sacolas de tecido ou mochilas. Escove os dentes, penteie os cabelos, chupe uma bala de menta e limpe mãos e unhas.

Você quer que a sua roupa e a sua aparência desempenhem um importante "papel coadjuvante" no processo de seleção.[59] No entanto, você não quer ser lembrado pela sua aparência, mas por sua habilidade de apresentação, sua comunicação interpessoal, suas respostas às perguntas e – acima de tudo – por suas qualificações para a vaga na organização.

Conselhos para homens

Prefira o lado conservador em termos de roupas e aparência.

O traje padrão masculino para entrevistas é um terno escuro (azul, cinza, preto) com camisa lisa branca ou em tons pastel e uma gravata contrastante, mas não "extravagante". Vista-se de maneira conservadora e profissional para a entrevista, mesmo que o entrevistador (que tem um emprego, aliás) esteja vestido informalmente. Use camisa de manga longa mesmo no verão. Não use blusa de gola rulê. Vista sapatos de couro com cadarço e solas de couro, preferencialmente pretos ou marrons e sem aparência pesada. O cinto deve combinar com o sapato.

Faça o teste de sentar para conferir o tamanho da roupa. Quase qualquer um pode vestir roupas um pouco apertadas demais estando de pé, mas sentar-se revela rapidamente se o paletó, a cintura ou o colarinho estão apertados demais ou se a camisa sai da calça na cintura. Enfie um dedo no colarinho da camisa. Se o colarinho estiver muito apertado, você precisa de uma camisa maior; se estiver folgado demais, use uma camisa menor para evitar a aparência desleixada de um colarinho caído.

Coordene cores com cuidado.

Use meias escuras que complementem a cor do terno e cubra pelo menos metade da perna, de modo que, quando você se sentar e cruzar as pernas, não deixe pele à mostra. O tamanho e o design da gravata dependem do que está na moda, mas é sempre seguro vestir uma gravata larga listrada, de bolinhas ou com alguma outra estampa conservadora em azul, vermelho, cinza ou vinho.

Na dúvida, peça ajuda.

Escolha roupas adequadas ao seu formato de corpo: regular, magro ou esguio, pesado ou forte e alto ou baixo. Por exemplo, um homem pesado e forte deve escolher tons escuros com listras finas. Um homem magro ou esguio pode usar maior variedade de roupas, e algumas estampas em xadrez podem dar mais robustez à aparência física.

Segundo Bonnie Lowe, "sua meta é parecer profissional e conservador".[60] Uma jaqueta esportiva ou um *blazer* quase sempre são casuais demais, exceto para reuniões informais ou jantares realizados no processo de seleção. Os cabelos devem estar bem cortados e penteados ou escovados. Pelos faciais costumam ser bem-aceitos (se limpos e bem aparados), mas você precisa conhecer as preferências da sua área de atuação. O visual profissional e conservador também se aplica a relógios, canetas esferográficas e tinteiro, pastas, brincos, tatuagens e perfumes. No mercado atual, o melhor é não se arriscar e buscar toda vantagem possível.

Conselhos para mulheres

A aparência não deve chamar atenção para si mesma.

Maquiagem, penteado e roupas são decisões pessoais que revelam muito sobre a sua personalidade – quem você é, sua autoimagem e o que pensa sobre os outros. Leve-os a sério. Nenhuma maquiagem provavelmente é muito pouco, mas, se a maquiagem chama atenção por si só, é demais. Recrutadores sugerem brincos pequenos (não pingentes), um em cada orelha, um anel em cada mão e nada de pulseiras. As cores são essenciais, e um consultor cosmético pode ajudar a determinar quais cores são profissionalmente adequadas para você. Use o mínimo possível de perfume ou não use nada. Você não quer ser lembrada pelo seu cheiro.

> Roupas provocantes podem arruinar a sua candidatura.

Use um terno ajustado de duas peças com saia ou calça azul-marinho, preta, cinza-escuro ou marrom. O comprimento da saia deve ser abaixo dos joelhos quando se está de pé e cobrindo as coxas quando se está sentada.[61] Se você precisa puxar a saia para baixo quando senta, ela está curta demais. Evite saias com fendas. Escolha uma blusa de alfaiataria conservadora que combine com o terno, evitando tecidos "transparentes" ou decotes profundos. Use meias claras ou com tramas simples adequadas à sua roupa. Sapatos fechados de saltos baixos são mais adequados do que saltos altos. Leve uma bolsa simples e uma pasta de aparência profissional.

Comunicação não verbal

A **comunicação não verbal** (tom de voz, contato visual, gestos e postura) é um ingrediente importante ao longo de todas as entrevistas de seleção. Scott Reeves conta um exemplo típico em que um candidato parecia muito forte no papel, mas "deu um aperto de mão mole, ficou sentado de forma largada e se remexeu na cadeira, não fez contato visual com o entrevistador e apenas murmurou respostas para perguntas básicas". Ele não foi contratado.[62] Arden cita um estudo que constatou que "uma primeira impressão é baseada 7% em palavras ditas, 38% no tom da voz e 55% em linguagem corporal".[63] Os entrevistadores têm reações mais favoráveis em relação a candidatos e os avaliam melhor se eles sorriem, têm expressões faciais expressivas, mantêm contato visual e têm vozes claras e fortes. Embora a tecnologia desempenhe um papel importante no processo de contratação, os recrutadores ainda preferem entrevistas presenciais. Eles querem ver, ouvir e observar você em ação.

> Seja alegre e dinâmico.

Dinamismo e energia são comunicados pela forma como você aperta a mão de alguém, se senta, caminha, fica de pé, gesticula e movimenta o corpo. Tente parecer (e estar) calmo e relaxado, mas alerta e controlado. Evite fazer gestos nervosos, remexer-se, movimentar-se e brincar com canetas ou objetos sobre a mesa do entrevistador. Responda com clareza e confiança, sem sinal de arrogância. Ao responder às perguntas, mantenha contato visual com o recrutador. Se há dois ou mais recrutadores na sala, olhe para os demais ao responder a uma pergunta, mas foque principalmente no inquiridor, especialmente enquanto completa a resposta.

> Boas habilidades de comunicação são importantes em todas as funções.

Fale num tom de conversa normal com variedade vocal que exiba confiança e habilidades interpessoais. Os entrevistadores preferem sotaques padrão. Se a língua em que a entrevista estiver sendo feita for sua segunda língua ou se você tiver sotaque, trabalhe o sotaque e a pronúncia para que os entrevistadores possam compreender claramente o que diz.

Não hesite em fazer pausas antes de responder às perguntas difíceis. Entretanto, lembre-se de que pausas constantes podem indicar que você está hesitante, despreparado ou "lento". Os entrevistadores interpretam pausas de um segundo ou menos como sinais de ambição, autoconfiança, organização e inteligência.

Etiqueta da entrevista

Chegue para a entrevista alguns minutos antes da hora marcada. Se não chegar no horário para a entrevista, chegará no horário para o trabalho? Esse é um sinal da importância que você está dando à entrevista? Não chegue cedo demais. O entrevistador pode ter outras tarefas para executar ou entrevistas para realizar e certamente não estará disposto a designar alguém para entretê-lo até o horário combinado. Seja gentil com todas as pessoas que encontrar.

> Chegue na hora e pronto para interagir.

Cumprimente o empregador de maneira agradável e dinâmica. Não chame o entrevistador pelo primeiro nome, a menos que seja instado a fazer isso. Não estenda a mão primeiro.[64] Dê um aperto de mão apenas se e quando o entrevistador tomar a iniciativa. Então dê um aperto de mão firme, mas não muito forte. O entrevistador vai querer usar a mão durante a entrevista. Sente-se quando solicitado a fazer e nunca se sente antes do entrevistador. Seja um participante ativo durante a abertura. Você irá relaxar quando entrar no fluxo da entrevista, então responda às perguntas de abertura, para quebrar o gelo, como faria em uma conversa normal. A forma como você se comporta durante os primeiros minutos com um estranho diz ao entrevistado muita coisa sobre as suas habilidades interpessoais de comunicação e relacionamento com as pessoas.

Deposite sua pasta e outros objetos pessoais no chão, não em cima de uma mesa. Evite arrumar ou brincar com objetos em cima de uma mesa. Não ponha os pés em cima de nenhum objeto ou móvel. Certifique-se de que seu celular está desligado. Não interrompa o entrevistador, não olhe para o relógio, não leia seu currículo nem confira mensagens no BlackBerry. Dedique toda a sua atenção à interação. Evite contar piadas, dizer palavrões ou usar gírias. Nunca fale mal de um antigo empregador. Se a entrevista estiver ocorrendo durante uma refeição, cuide para seguir as regras de etiqueta. Nunca comece a comer antes que todos da mesa estejam servidos. Um recrutador sênior com quem conversamos contou que levava candidatos a bons restaurantes para ver se eles sabiam usar os talheres corretos, posicionar o guardanapo, tomar sopa e quando e como passar alimentos para outras pessoas à mesa. Não peça bebidas alcoólicas, a menos que seja convidado a fazê-lo, e então tome apenas um drinque durante a entrevista. Se você não bebe álcool, recuse educadamente a oferta. Um escorregão pode acabar com as suas chances de conseguir uma vaga. Não deixe de agradecer ao final da entrevista.

Responder a perguntas

> Decisões são tomadas em relação a toda a entrevista.

Agora estamos prontos para abordar a essência da entrevista: fazer perguntas e responder a elas. Se a sua primeira impressão foi favorável, agora é a oportunidade de revelar a substância do seu produto: você.

Preparação para responder

Esteja pronto e entusiasmado para responder às perguntas com eficiência. O nervosismo diminuirá quando você se concentrar em responder confiante e detalhadamente. Candidatos de sucesso estão preparados para lidar com as seguintes perguntas, que são feitas frequentemente:

- Fale-me sobre você.
- Por que você quer trabalhar conosco?

> **Esteja pronto para responder a perguntas tradicionais.**

- Quais são os seus maiores pontos fortes? E os pontos fracos?
- Quais são as suas metas profissionais de curto prazo? E as de longo prazo?
- Por que você saiu do trabalho de _____?
- Do que você mais gostava da sua função em _____? Do que menos gostava?
- Por que devemos escolher você em vez dos outros candidatos a esta vaga?
- O que você sabe sobre a nossa organização?

Essas perguntas tradicionais desempenham papéis importantes nas entrevistas de seleção, especialmente durante os minutos de abertura. Os entrevistadores as usam para fazer os candidatos falarem à vontade e para saber sobre eles como seres humanos e profissionais em desenvolvimento.

Nas entrevistas de emprego, a natureza das perguntas mudou. Os entrevistadores têm feito perguntas mais desafiadoras sobre as experiências em situações específicas (perguntas baseadas em comportamento). Além disso, os candidatos são colocados em situações **semelhantes ao trabalho**, de modo que seja possível avaliar como agirão quando forem funcionários da empresa. A filosofia é simples: empregadores podem determinar melhor como os candidatos podem operar em funções específicas ao colocá-los nessas funções durante a entrevista. Perguntas orientadas por tarefa avaliam o raciocínio e as habilidades de comunicação e revelam o quanto você consegue desempenhar em situações estressantes ou surpreendentes. Eis algumas estratégias comuns de perguntas sobre questões práticas:

> **Use as perguntas práticas para demonstrar o que você sabe fazer.**

- *Perguntas baseadas em comportamento:*
  "Fale sobre uma ocasião em que você trabalhou como parte de uma equipe para resolver um problema técnico complicado."
- *Perguntas de incidentes críticos atuais:*
  "Estamos enfrentando uma situação em que... Se integrasse a nossa equipe, o que recomendaria que fizéssemos para resolver essa situação?"
- *Perguntas de incidentes críticos históricos:*
  "Dois anos atrás, tivemos um conflito entre... Se fosse o supervisor nessa situação, o que teria feito?"
- *Perguntas hipotéticas*
  "Imagine que você tivesse um cliente que alegasse que o computador dele foi danificado no envio. Como você lidaria com isso?"
- *Perguntas hipotéticas esquisitas:*
  "Se fosse um legume, que tipo de legume você gostaria de ser?"
- *Perguntas orientadas por tarefa:*
  "Pegue esta folha de papel. Escreva uma declaração de política para a atribuição de horas extras." Houve casos em que os entrevistadores pegaram uma caneta esferográfica e disseram ao entrevistado: "Venda isto aqui para mim".

Muitos empregadores têm proposto situações em que os candidatos devem simular as ações profissionais. Nesses casos, professores devem ensinar; vendedores, vender; engenheiros, projetar; administradores, administrar; e *designers*, elaborar um projeto. Simulações de trabalhos, encenação de papéis, apresentações e estudos de caso de dia inteiro desafiam os candidatos a demonstrar conhecimento, competências, experiências, maturidade e integridade.

Estrutura das respostas

Perguntas que põem candidatos em situações semelhantes ao trabalho – baseadas em comportamento, incidentes críticos atuais e históricos, hipotéticas – pedem, em geral, que eles contem histórias sobre experiências ou eventuais experiências. De acordo com Ralston, Kirkwood e Burant, perguntas comportamentais pedem que você conte histórias que sejam fundamentais para entrevistas de sucesso. Esses autores listam diversos critérios para boas histórias.[65] Boas histórias são internamente consistentes com os fatos que os empregadores consideram verdadeiros e relevantes com as perguntas feitas e as alegações do candidato. Além disso, essas histórias oferecem detalhes que sustentam as alegações e refletem as crenças e os valores do candidato. Experimente um ou mais desses padrões para estruturar as suas respostas de uma forma que conte as suas histórias com eficiência.

> Estruture as respostas estrategicamente.

Método do minidiscurso: trate as perguntas, especialmente as que pedem que você conte histórias, como se estivesse fazendo um breve discurso. Esse método é uma boa maneira de abordar perguntas de incidentes críticos e hipotéticas que não focam especificamente em suas experiências passadas. O seu discurso deve basear-se nas três partes tradicionais:

Introdução: Diga aos recrutadores o que você vai dizer.

Corpo: Diga.

Conclusão: Diga o que você disse.

Método STAR: é altamente recomendado no caso de perguntas baseadas em comportamento, pois concentra-se nos comportamentos e nas competências exibidas em experiências passadas que sejam muito relevantes à vaga específica.[66] Esse método está dividido em quatro partes, que formam a palavra "STAR".

Situação: Descreva o ambiente ou o histórico, incluindo quando, onde e com quem.

Tarefa: O que precisava ser feito, por que e com que expectativa?

Ação: O que você fez e como?

Resultados: Quais foram os resultados, as realizações, as consequências?

Método PAR: trata-se de uma variação da abordagem STAR e é recomendado para perguntas baseadas em comportamento.[67] Cada método compartilha a meta de focar em seu desempenho passado ao mesmo tempo em que enfatiza experiências, competências, lideranças e a capacidade de realizar um trabalho. Esse método tem três partes.

P: O problema ou a tarefa que lhe coube.

A: Ações realizadas para resolver o problema ou a tarefa.

R: Os resultados ou as consequências dessa ação.

Quando lhe fizerem uma pergunta baseada em comportamento, de incidente crítico, hipotética ou de tarefa difícil, pense na resposta cuidadosamente e considere as futuras ramificações para si mesmo e para a organização. Peça detalhes adicionais sobre a situação e o problema, e determine que autoridade você teria para agir nessa situação. Esse tipo de pergunta impressionará o recrutador, pois demonstrará maturidade, profissionalismo e compreensão das políticas e dos procedimentos organizacionais.

Respostas bem-sucedidas

> Escute e pense, então responda.

Entrevistados bem-sucedidos desempenham papéis ativos em aberturas e encerramentos. Eles *ouvem* cuidadosamente a pergunta, pensam em cada resposta cuidadosamente e então respondem de maneira sucinta e específica ao cerne da questão. Se, por exemplo, um recrutador perguntar "Por que você gostaria de trabalhar como supervisor de produção da Caterpillar?", concentre-se nas especificidades da vaga e explique por que a empresa se encaixa perfeitamente em seus interesses e qualificações. Enfatize o que você pode fazer pela Caterpillar. Respondas às perguntas detalhadamente, mas saiba quando parar de falar. Isso é especialmente importante em entrevistas por telefone, porque, nesse caso, não há os sinais não verbais do entrevistador (inclinar-se para frente, olhar para as anotações, acenos de cabeça, expressões faciais e gestos), muitos comuns em entrevistas presenciais, para dizer quando já chega.

> Pense antes de falar.

As respostas de entrevistados bem-sucedidos não são apenas cuidadosamente estruturadas com argumentos claros e conteúdo relevante, mas também demonstram domínio da língua, o que mostra que você é um *executor*. Michael Skube, professor de jornalismo, descobriu que há muitas palavras comuns que frequentemente desafiam estudantes universitários, como ímpeto, decrépito, lúcido, partidário, negligente, sátira, brevidade, afligido e atormentado.[68] Essas "fossas nas trocas" desanimam os recrutadores. Ao fazer-lhe uma pergunta sobre trabalho em equipe, o recrutador pode estar avaliando os pronomes que você usa. Se você trabalha bem em equipe, dirá *nós* e *nosso*; se trabalha melhor sozinho (talvez seja a sua preferência), dirá *eu* e *meu*.

> Evite ser evasivo.

Entrevistados bem-sucedidos são honestos, sinceros e éticos em tudo o que fazem durante entrevistas. Eles não são evasivos. Dão respostas que parecem ser espontâneas e não ensaiadas. Não dão respostas que simplesmente parecem boas. Cuidado com fontes de Internet que afirmam oferecer respostas infalíveis que impressionarão todos os recrutadores. *Não há uma única resposta correta* para qualquer pergunta. Cinco entrevistadores diferentes da mesma organização podem estar procurando respostas diferentes para as mesmas perguntas.

Entrevistados bem-sucedidos são entusiasmados e dinâmicos. Eles demonstram interesse na vaga e na organização. Falam positivamente sobre sua formação e experiências. Demonstram as características do candidato ideal da organização por meio de habilidades de comunicação interpessoal, respostas, perguntas e ações. Eles sabem quando fazer *follow-up* de perguntas com perguntas, reformular perguntas com suas próprias palavras, pedir esclarecimentos e buscar mais informações ou histórico.

Respostas malsucedidas

Entrevistados malsucedidos interpretam papéis passivos e limitados tanto nas aberturas quanto nos encerramentos. Eles não se identificam com as necessidades da organização, talvez porque saibam pouco tanto sobre a vaga quanto sobre a organização e demonstrem pouco interesse na vaga e organização. Esses entrevistados parecem incertos sobre o tipo de função que desejam ou onde planejam estar no futuro. Parecem ter metas pouco claras ou irrealistas. Durante o encerramento, eles não pedem a vaga.

> Candidatos fracos são cautelosos e evasivos.

Entrevistados malsucedidos são evasivos e parecem estar tentando dizer aos recrutadores o que acreditam que os recrutadores querem ouvir. Talvez estejam tentando dar as respostas "perfeitas" que encontraram na Internet. Ser evasivo pode levar o recrutador a ver o entrevistado como desonesto. Entrevistados malsucedidos são inflexíveis quanto à função que desejam e não parecem dispostos a se adaptar um pouco para se encaixar na vaga ou nas necessidades e desejos organizacionais.

Entrevistados malsucedidos demonstram atitudes inadequadas. Eles parecem pessimistas em relação ao futuro e se serão considerados com justiça. Podem falar mal de antigos empregadores ou depreciar as escolas que frequentaram e a formação que receberam. Recrutadores sabem que, se um candidato falar mal de um antigo empregador, receberão o mesmo tratamento se o contratarem. Os candidatos malsucedidos podem parecer arrogantes ou atrevidos, e suas mensagens verbais e não verbais comunicam que eles consideram o recrutador um felizardo por ter a oportunidade de entrevistá-los.

Entrevistados malsucedidos escutam mal e pensam pouco, e soltam respostas impensadas das quais virão a se arrepender. Eles usam a boca em vez da cabeça. Por exemplo, quando perguntado "Por que devo contratar você?", um candidato respondeu que ele seria um ótimo recurso para o time de beisebol da empresa, enquanto outro disse que estava cansado de ver TV.[69] Todo recrutador tem histórias de comentários em encerramentos de entrevistas parecidos com os seguintes:[70]

> Escute e pense antes de agir e falar.

- Desculpe por bocejar. Eu normalmente durmo até começarem as minhas novelas.
- Vou pedir demissão do meu emprego porque detesto trabalhar demais.
- Meu currículo pode dar a impressão de que não paro em emprego nenhum. Mas quero que saiba que nunca saí de nenhum desses empregos voluntariamente.

Recrutadores também contam histórias de atitudes difíceis de acreditar durante entrevistas como as seguintes:

- Um candidato se deitou no chão para preencher o formulário de inscrição.
- Uma candidata ficou ouvindo um iPod e disse que poderia fazer as duas coisas ao mesmo tempo durante a entrevista.
- Uma candidata disse que não havia almoçado e começou a comer um hambúrguer com fritas durante a entrevista.
- Perguntado sobre seus *hobbies*, um candidato se levantou e começou a dançar pelo escritório.

> **Candidatos malsucedidos se comunicam mal.**

- Quando um despertador soou em sua pasta, o candidato o desligou e pediu que o entrevistador se apressasse com as perguntas porque ele precisava sair para outra entrevista.

Como dizem por aí, "Não se transforme em estatística". Pense no que está dizendo e fazendo. Entrevistados malsucedidos se comunicam mal. Usam menos palavras concretas e ativas, e não utilizam jargões técnicos que demonstram experiências e conhecimento de suas áreas e das funções para as quais estão fazendo entrevistas. Suas respostas tendem a não ser assertivas e incluem o seguinte:

- *Qualificadores* como "talvez", "provável" e "mais ou menos".
- *Muletas linguísticas* como "sabe", "está entendendo" e "sabe o que eu quero dizer".
- *Falta de fluência* como "hmmm" ou "ahn".
- *Frases vagas* como "e coisas do gênero" e "esse tipo de coisa".

> **Saiba o que não fazer durante entrevistas e não faça.**

Uma pesquisa realizada em uma universidade marista constatou que palavras e expressões como "na real", "que seja", "incrível", "literalmente" e "tipo", e frases como "Vinte e quatro por sete", "Está me entendendo?", "As coisas são o que são" e "No frigir dos ovos" estão entre as mais irritantes para os americanos.[71] Imagine como os recrutadores se sentem. Acrescentaríamos à lista "um monte de", como em "Tenho um monte de experiência". Quanto é exatamente um monte de experiência?

Respostas a perguntas irregulares

> **Não seja surpreendido por perguntas irregulares.**

Os candidatos, especialmente as mulheres, ainda ouvem perguntas irregulares, embora leis federais e estaduais existam nos Estados Unidos há décadas e a maioria das organizações treine seus funcionários para seguir as orientações sobre igualdade de oportunidade de empregos. As violações vão desde pequenas infrações como "O que o seu marido faz?" até assédio sexual. Algumas são acidentais e ocorrem durante conversas informais com os candidatos, e outras acontecem por curiosidade, tradição, falta de treinamento ou ignorância a respeito da legislação.

Perguntas irregulares apresentam dilemas aos candidatos. Se você responder a uma pergunta inapropriada honesta e diretamente, poderá perder a vaga. Caso se recuse a responder a uma pergunta irregular (algo quase impossível de fazer delicadamente), poderá perder uma vaga por não ser cooperativo, por ser evasivo ou "um daqueles".

> **Revise as leis de igualdade de oportunidade de empregos e seus direitos.**

Esteja preparado para responder a perguntas irregulares com tato e eficiência. Em primeiro lugar, revise as leis de igualdade de oportunidade de empregos e o exercício no Capítulo 7 para determinar quando uma pergunta é irregular.

Exercício nº 1 – Que tipos de pergunta são irregulares e por quê?

Se você é uma aluna de graduação de origem hispânica que está participando de uma entrevista para uma vaga na área de administração de uma cadeia nacional de varejo, quais destas perguntas seriam irregulares? Por quê? Como você poderia responder?

1. De onde você é?

2. Tem planos de se casar?

3. Fale sobre seu estágio na Macy's.

4. Onde você espera estar profissionalmente dentro de cinco anos?

5. Por quanto tempo você pretende trabalhar conosco?

6. Como é o seu espanhol?

7. Quais feriados religiosos você respeita?

8. Você tem alguém na sua vida?

9. O que você faz depois do trabalho?

10. Estou vendo que você usa um aparelho auditivo. Como isso pode afetar seu trabalho conosco?

Cuidado com os truques dos entrevistadores para obter informações irregulares.

Em segundo lugar, tenha conhecimento dos truques que os recrutadores usam para obter informações irregulares sem demonstrar que estão perguntando.[72] Por exemplo, um atendente pode perguntar qual plano de saúde você escolheria caso fosse contratado. A sua resposta pode revelar que você é casado e tem filhos, que é mãe solteira ou que tem um problema médico grave. Durante um almoço ou jantar ou numa visitas às instalações da organização, quando você menos estiver esperando perguntas sérias, um representante do empregador, talvez uma mulher, poderá sondar sobre creches com o pretexto de estar falando sobre seus próprios problemas: "Que dia! A minha filha Emily acordou hoje de manhã com febre, meu marido está viajando e eu tive uma reunião às oito da manhã no centro da cidade. Você tem dias assim?". Você pode começar a falar sobre problemas que teve com seus filhos e familiares e, no processo, revelar muitas informações irrelevantes, irregulares e talvez prejudiciais sem saber. Os empregadores aprenderam a obter informações irregulares por meio de perguntas regulares. Em vez de perguntar "Você tem filhos?", um empregador pergunta "Você tem algum limite para trabalhar fora do expediente (à noite, nos finais de semana e feriados)?". Outros usam perguntas em código e comentários.

- "Nossos funcionários se dedicam muito ao trabalho" significa "Trabalhadores mais velhos como você não têm muita energia".
- "Temos uma equipe muito jovem" significa "Você não se encaixa".
- "Estou certo de que a sua antiga empresa tinha cultura corporativa própria, exatamente como temos a nossa" significa "Hispânicos não precisam nem se candidatar".

- "Somos uma empresa muito tradicional" significa "Não contratamos mulheres além da equipe administrativa".

Em terceiro lugar, avalie o quanto a vaga é importante para você. Sua meta principal é conseguir uma boa vaga, e, se for contratado, você será capaz de modificar atitudes organizacionais e práticas de recrutamento. Você não pode fazer nada de fora. Se as perguntas forem violações flagrantes, pense em registrar a atitude do recrutador ao superior dele ou ao setor de recursos humanos. Se o recrutador for uma pessoa típica da organização ou alguém a quem você se reportaria caso fosse contratado, talvez seja melhor procurar em outro lugar.

> Considere as suas necessidades e desejos antes de responder.

Em quarto lugar, ensaie usando diversas táticas de resposta. Experimente, por exemplo, uma recusa discreta que é mais do que um simples "Não vou responder a esta pergunta porque ela é irregular".

> Seja diplomático!

1. **Entrevistador:** Quantos anos você tem?
   Entrevistado: Não acho que idade seja importante quando se é qualificado para uma função.
2. **Entrevistador:** Você pensa em ter filhos?
   Entrevistada: Meus planos de constituir uma família não interferirão na minha capacidade de desempenhar o que a função exige.

Use uma resposta *direta* e *breve*, e espere que o entrevistado passe para perguntas relevantes e regulares.

1. **Entrevistador:** O que a sua esposa faz?
   Entrevistado: Ela é farmacêutica.
2. **Entrevistador:** Você frequenta a igreja regularmente?
   Entrevistado: Sim./Não.

Faça uma *pergunta discreta* como a seguinte para contornar a questão e tentar guiar o recrutador para longe da pergunta irregular com uma pergunta relacionada à função.

1. **Entrevistador:** O que o seu marido faz?
   Entrevistada: Ele trabalha com construção civil. Por que a pergunta?
2. **Entrevistador:** Você é cadeirante. Como isso poderá afetar o seu desempenho no trabalho?
   Entrevistado: Tenho bastante mobilidade com a minha cadeira. De que forma a minha deficiência é relevante para uma vaga de *designer* de *software*?

Tente *neutralizar* a preocupação óbvia do recrutador.

1. **Entrevistador:** Você planeja constituir família?
   Entrevistada: Sim, pretendo. Não vejo a hora de enfrentar os desafios de conciliar família e carreira. Já observei muitas das minhas professoras e colegas de trabalho lidar com as duas coisas de maneira bastante satisfatória.
2. **Entrevistador:** O que aconteceria se o seu marido fosse transferido ou precisasse se mudar?
   Entrevistada: O mesmo que aconteceria se eu fosse transferida ou precisasse me mudar. Discutiríamos as mudanças que o outro teria de pensar em fazer e tomaríamos a melhor decisão.

Tente tirar *vantagem* da pergunta.

Capítulo 8 Entrevista de emprego **243**

> **Faça perguntas irregulares funcionarem a seu favor.**

1. **Entrevistador:** Onde você nasceu?
   Entrevistado: Tenho muito orgulho da minha origem ser _____, porque isso me ajudou a trabalhar bem com pessoas de diferentes origens.
2. **Entrevistador:** Você é casado?
   Entrevistado: Sim, sou. E acho que seja uma vantagem. Como você sabe, estudos mostram que funcionários casados são mais estáveis e confiáveis do que os solteiros.

> **Seja cuidadoso ao ser esperto.**

Você pode experimentar o que Bernice Sandler, uma autoridade em discriminação em contratações, chama de **resposta-teste irônica** que manda ao recrutador um sinal inconfundível de que ele fez uma pergunta irregular. Essa tática deve ser acompanhada pelos sinais não verbais adequados para evitar ofender o entrevistador.

1. **Entrevistador:** Quem vai tomar conta dos seus filhos?
   Entrevistada: (sorrindo, tom de voz agradável) Você está tentando ver se sei identificar uma pergunta irregular no processo de seleção?
2. **Entrevistador:** Por quanto tempo você pretende trabalhar para nós?
   Entrevistada: (sorrindo, tom de voz agradável) Este é um teste para ver como respondo a uma pergunta irregular?

Fazer perguntas

Embora você possa se debruçar sobre listas de perguntas de recrutadores e formular respostas adequadas, talvez passe pouco tempo planejando perguntas que irá fazer. A maior parte dos recrutadores lhe dará uma oportunidade de fazer perguntas. Tire vantagem dessa oportunidade.

Orientações para fazer perguntas

As perguntas feitas por você ajudam-no não apenas a obter informações para tomar uma importante decisão de vida, como também revelam preparo, maturidade, profissionalismo, interesses, motivação e valores de sua parte. Como você controla essa parte da entrevista, aproveite o máximo disso.

> **Fazer boas perguntas resulta em mais do que informações.**

Faça sempre perguntas, não fazê-las é um grave erro. Suas perguntas podem convencer o recrutador de que você é a pessoa ideal para uma vaga e uma organização ou destruir a impressão favorável que tenha produzido durante a abertura e nas respostas.

> **Faça perguntas perspicazes e maduras.**

Se você tem perguntas preparadas, mas o entrevistador respondeu a todas elas durante a etapa de fornecimentos de informações da entrevista, não faça uma pergunta apenas por fazer. Existe uma grande probabilidade de ser uma pergunta ruim porque você não pensou nela com cuidado.

> **Candidatos bem-sucedidos fazem perguntas de sondagem.**

Candidatos bem-sucedidos fazem mais perguntas do que candidatos malsucedidos. As perguntas de candidatos bem-sucedidos são de final aberto e sondam informações relacionadas à vaga, à organização e às opiniões do recrutador para obter respostas completas e reveladoras.

Além das orientações apresentadas no Capítulo 3 sobre como fazer boas perguntas, eis orientações específicas para perguntas de emprego:

- Evite a síndrome do "eu... eu... eu...", em que todas as suas perguntas são a respeito do que você vai ter, do quanto você vai receber e de quando você irá receber. Essas perguntas indicam que você é *autocentrado* e não se importa muito com os outros, incluindo futuros colegas e organizações. As empresas esperam que você seja um profissional orientado para a equipe e para a organização, com um desejo saudável de recompensa e crescimento.

> **Faça as suas perguntas mais importantes primeiro.**

- Evite perguntas sobre salário, promoções, férias e aposentadoria durante entrevistas de seleção. Se o salário for a sua principal preocupação para escolher uma função e uma organização, o recrutador se voltará para outros candidatos. Os recrutadores esperam que você tenha interesse em alçar voos mais altos nas organizações e que seja um profissional dedicado à função para a qual está fazendo a entrevista. Se a distância de sua casa até o trabalho é uma preocupação primordial, talvez você tenha pouco interesse em *trabalhar* para a empresa.
- Não perca tempo pedindo informações que estão disponíveis no *site* da organização ou na biblioteca. Se as respostas para as suas perguntas estão disponíveis em *sites* e em livros sobre a empresa, você claramente não fez muito esforço para pesquisar informações sobre a função ou organização.

Armadilhas de perguntas

Ao fazer perguntas, você pode tropeçar nas armadilhas de perguntas comuns abordadas em capítulos anteriores: pergunta dúbia, curiosa, direcionada, resposta sim/não, bipolar, jogo de adivinhação e substituição de uma pergunta aberta por uma fechada. Além das armadilhas de perguntas comuns, os candidatos têm algumas armadilhas próprias, que são centradas em elaborações comuns que podem produzir uma impressão negativa em um momento crítico no final da entrevista.

Exercício nº 2 – Armadilhas de candidatos

Reformule cada pergunta ruim mencionada a seguir para torná-la uma boa pergunta.

> **Prepare uma programação para evitar armadilhas de perguntas.**

1. Utilizar verbos no futuro do pretérito (faria, diria, seria, precisaria) pode indicar que você será um funcionário insatisfeito e pouco cooperativo.
   Ruim: Eu precisaria viajar muito?
   Boa:
2. A palavra "tipo" é muito genérica.
   Ruim: Que tipo de programa de treinamento vocês têm?
   Boa:
3. Perguntas com "pedidos" (normalmente uma série delas) parecem implorar por respostas.
   Ruim: Pode me falar sobre seus planos de expansão?
   Boa:
4. Perguntas com o termo "pouquinho" podem indicar falta de interesse em informações detalhadas. A impressão é que você fez uma pergunta apenas por fazer.
   Ruim: Fale um pouquinho sobre as instalações de Atlanta.
   Boa:

5. Perguntas carregadas de "desinformação" podem demonstrar que você é imaturo ou não obteve as informações necessárias antes da entrevista.
   Ruim: Fale sobre os benefícios e esse tipo de coisa.
   Boa:

Prepare uma programação moderada de perguntas elaboradas cuidadosamente. Ordene-as de acordo com a importância. Lembre-se de que nem sempre é possível fazer cinco ou seis perguntas em uma entrevista de 20 a 25 minutos, especialmente se as suas perguntas forem de final aberto e se você quiser sondar as respostas. Além disso, o recrutador irá supor que você fará as perguntas mais importantes primeiro. Se elas forem a respeito de salário e benefícios, será muito desanimador.

> Como você pergunta pode ser mais importante do que o que você pergunta.

> Adapte suas perguntas a cada função e organização.

Modelos de perguntas para candidatos

Os exemplos apresentados a seguir de perguntas para candidatos demonstram interesse na função e na organização, não são excessivamente autocentradas e estão de acordo com as orientações sobre perguntas:

- Descreva seu funcionário ideal para mim.
- Fale sobre a cultura da sua organização.
- Como a sua organização estimula os funcionários a dar novas ideias?
- Quanto eu teria de escolha em relação à localização geográfica?
- Como é um dia de trabalho típico nesta função?
- Qual é a possibilidade de ter horários de trabalho flexíveis?
- Como a organização avalia os funcionários?
- Que características vocês procuram em candidatos para esta vaga?
- Como a organização poderia me apoiar se eu desejasse fazer um MBA?
- Com que frequência eu trabalharia em equipe?
- Na sua avaliação, qual é a característica mais singular da sua organização?
- Como um diploma avançado poderia afetar a minha função dentro da sua organização?
- Como outras pessoas que exerceram essa função cresceram dentro da organização?
- Do que você mais gosta de trabalhar para esta organização?
- Fale sobre a fusão com a TelEx.
- Na semana passada, li no *The Wall Street Journal* que as ações da empresa subiram quase 4% durante a recessão econômica. O que explica esse aumento?
- Fale sobre as pessoas com quem eu iria trabalhar.
- Fale sobre o programa de treinamento da empresa.
- Que grandes mudanças de departamentos você prevê que irão ocorrer ao longo dos próximos cinco anos?
- Qual é o critério mais importante para a seleção de uma pessoa para esta vaga?

As perguntas seguintes podem ajudar com várias funções em organizações novas e *startups*:

- Quais são os produtos mais procurados?
- Quem são os principais concorrentes da empresa?
- Que tipo de experiência coletiva seus principais representantes têm na área?
- Quais são seus planos de abrir o capital da empresa?
- Quem são os principais reguladores do seu negócio?

Encerramento

> Tenha consciência de tudo o que você diz e faz.

A etapa de encerramento da entrevista de emprego costuma ser breve. Não diga nem fale nada que possa prejudicar um desempenho que tenha causado boa impressão. Desempenhe um papel ativo no encerramento. Expresse seu interesse na vaga e na organização. Descubra o que irá acontecer a seguir, quando e quem deve contatar, e se precisa entrar em contato sobre a vaga. Peça a vaga discretamente.

A entrevista "só termina quando acaba". Se um membro da organização acompanha você até a saída da sala, o elevador ou o estacionamento, a entrevista não acabou. Se uma pessoa leva você para fazer um *tour* pela organização ou pela área, a entrevista não acabou. Se alguém leva você para almoçar ou jantar, não acabou. O empregador irá avaliar tudo o que você fizer e disser. Vagas são perdidas por causa da forma como candidatos reagem durante um *tour*, conversam informalmente, conhecem outras pessoas, jantam ou lidam com bebida alcoólica.

Avaliação e *follow-up*

Avalie a si mesmo imediatamente depois de cada entrevista. Anote suas respostas a perguntas difíceis, informações que o recrutador tenha fornecido e as respostas do recrutador às suas perguntas. Faça uma lista de prós e contras da vaga e da organização e do que você não sabe e que seria fundamental na tomada de uma decisão. Você acha que se saiu bem ou não tão bem? Cuidado para não reagir de forma exagerada. As suas percepções do que aconteceu durante a entrevista podem ser imensamente exageradas para o lado positivo ou negativo.

Faça perguntas como as apresentadas a seguir durante a sua avaliação de pós-entrevista:

- Minha preparação foi adequada o suficiente?
- Eu me saí bem durante a abertura?

> Lembre-se de que a entrevista é mais arte do que ciência.

- Minhas roupas e minha aparência estavam adequadas?
- Que oportunidades de me vender aproveitei e perdi?
- O quanto minhas respostas foram detalhadas e pertinentes?
- Como adaptei minhas perguntas à organização e à vaga?
- Fui eficiente ao demonstrar interesse pela organização e pela vaga?

> Seja minucioso em sua avaliação.

- Obtive informações suficientes sobre a vaga e a organização para tomar uma boa decisão profissional?

Faça *follow-up* com uma carta breve e profissional agradecendo ao entrevistador o tempo concedido a você. A agilidade é menos importante do que o

> **Candidatos de qualidade escrevem notas de agradecimento.**

conteúdo. Evite enviar cartas sem pensar a respeito. Lisa Ryan, diretora executiva de recrutamento da Heyman Associates de Nova York, conta a história sobre ter levado uma pessoa até o elevador e encontrado um e-mail de agradecimento esperando por ela ao voltar à sua sala instantes depois. O candidato havia enviado o e-mail do elevador. Ryan recomenda que você "inclua alguma substância em sua nota de agradecimento".[73] Enfatize seu interesse na vaga e na organização. A carta de agradecimento oferece uma desculpa para entrar em contato com o entrevistador, mantém seu nome vivo e inclui informações adicionais que podem ajudar a organização a decidir a seu favor.

Como lidar com a rejeição

Todas as pessoas que concorrem a uma vaga de emprego enfrentarão rejeição, mesmo quando consideram que a entrevista foi boa. Empregadores potenciais rejeitam candidatos por diversos motivos, frequentemente por perfil ou porque outro candidato tinha uma experiência ou competência valorizada. Eles entrevistam dezenas de pessoas para uma única vaga e precisam fazer escolhas difíceis. Você nunca vai ouvir retorno de alguns recrutadores.

A forma como você lida com as rejeições influencia as suas atitudes, as quais podem levar a novas rejeições. De acordo com um texto publicado na revista *Bloomberg Businessweek*: "**Não seja uma vítima**. A pior coisa que buscadores de empregos cansados e frustrados podem fazer é concluir que os representantes e gestores de recursos humanos do empregador estão contra eles, que a busca por emprego está fora de seus controles e que eles são vítimas de algum poder monolítico do mal".[74] Não leve a rejeição para o lado pessoal.

> **Aprenda com as rejeições.**

Use cada entrevista como um processo de aprendizado. Pergunte o que você pode fazer de diferente na próxima entrevista. Como você lidou com as perguntas baseadas em comportamento e as de incidentes críticos? Qual foi a natureza das perguntas que você fez? Como poderia ter se preparado melhor? O que fez que pode ter desanimado o recrutador? Você era qualificado demais ou de menos para a vaga em questão?

Resumo

A tecnologia permite que nos comuniquemos instantaneamente e enviemos e confiramos informações imediatamente. O mapeamento de currículos e o uso da Internet como fontes de vagas de empregos e armazenamento de currículos estão mudando a cara da busca por empregos. Testes de personalidade, integridade e uso de drogas estão acrescentando uma nova dimensão ao processo.

Tornamo-nos parte da economia global e vivenciamos uma segunda revolução industrial, em que uma sociedade de manufatura tem se transformado em uma sociedade orientada ao serviço e à informação. As melhores vagas do futuro irão para aqueles que compreenderem o processo de seleção e estiverem preparados para isso. Você deve conhecer a vaga, a organização e a si mesmo para convencer um empregador a selecioná-lo entre centenas de outros candidatos. A busca por emprego deve ser extensa e se basear mais em *networking* e muito trabalho do que apenas aparecer no centro de carreiras da sua faculdade para uma entrevista. Seus currículos e suas cartas de apresentação devem ser detalhados, profissionais, atraentes, adaptados a vagas específicas em organizações específicas e persuasivos.

Os empregadores têm buscado funcionários com habilidades de comunicação, interpessoais e de relacionamento com pessoas. Você pode demonstrar essas habilidades durante a entrevista. Assuma um papel ativo na abertura, responda às perguntas detalhadamente e de maneira pertinente, e faça perguntas elaboradas cuidadosamente sobre a vaga e a organização. Assuma um papel ativo no encerramento e certifique-se de que o entrevistador sabe que você quer a vaga. Encerre com uma nota positiva.

Faça *follow-up* da entrevista com uma carta de agradecimento elaborada cuidadosamente expressando uma vez mais o seu interesse na vaga e organização. Após a entrevista, faça uma avaliação perspicaz sobre os pontos fortes e fracos com vistas aos próximos processos de recrutamento/seleção.

Termos-chave e conceitos

Agência de colocação
Agências percentuais
Aparência
Atitudes
Autoanálise
Baseado em comportamento
Baseado em talento
Candidatos bem-sucedidos
Candidatos malsucedidos
Carta de apresentação
Chegada
Comunicação não verbal
Criar uma marca
Currículo

Currículo em formato cronológico
Currículo em formato funcional
Entrevista baseada em características
Entrevista de integridade
Entrevista de seleção
Entrevistas determinadas
Feira profissional/de empregos
Follow-up
Mapeado eletronicamente
Método do minidiscurso
Método PAR
Método STAR

Mídias sociais
Networking
Objetivo de carreira
Pesquisa
Portfólio
Primeira impressão
Rede de contatos
Relacionamento
Roupas
Situações semelhantes ao trabalho
Testes de honestidade
Vagas pagas

Entrevista de emprego para revisão e análise

Esta entrevista é entre uma formanda em Tecnologia da Computação e um recrutador universitário da Software Specialties (SS), uma empresa que desenvolve *softwares* para a indústria aeronáutica. A SS tem crescido rapidamente conforme mais aeronaves sofisticadas entram *on-line* e desde que a segurança antiterrorismo se tornou uma preocupação depois dos ataques de 11 de setembro de 2001.

Quão ativa e eficiente é a candidata durante a abertura? Que imagem a candidata passa durante a entrevista? Quão adequadas, detalhadas, pertinentes e persuasivas são as respostas da candidata? Ela fez o dever de casa adequadamente? Com que nível de persuasão a candidata demonstra interesse na vaga e perfil para ocupar o posto de supervisora de produção para a SS? Até que ponto as perguntas dela estão de acordo com os critérios apresentados neste capítulo? Quão ativa e eficiente é a candidata durante o encerramento?

1. **Entrevistador:** Boa tarde, Carolyn. (aperto de mãos) Por favor, sente-se.
2. **Candidata:** Obrigada.
3. **Entrevistador:** Imagino que você tenha conhecido algumas pessoas da nossa equipe aqui na feira de empregos das ciências da computação.
4. **Candidata:** Sim, conheci. Conversei com Jane Fox e Jack Short.
5. **Entrevistador:** Que bom. E você teve a oportunidade de examinar alguns dos nossos materiais?
6. **Candidata:** Sim.
7. **Entrevistador:** Que bom. A nossa conversa durará de 20 a 25 minutos. Por que você escolheu Ciências da Computação na Texas Tech?
8. **Candidata:** Sempre fui fã de tecnologia e queria entrar em uma universidade grande perto de casa.
9. **Entrevistador:** E por que Tecnologia da Computação?
10. **Candidata:** Bom, durante meu primeiro ano, percebi que era orientada ao mesmo

tempo à teoria e à prática. O programa de Tecnologia da Computação é muito prático. Depois de fazer algumas disciplinas de Ciências da Computação e de conversar com alunos e professores, decidi mudar de área de concentração.

11. **Entrevistador:** Descreva o que você consideraria uma vaga ideal para você.
12. **Candidata:** Acho que seria como meu estágio na Microsoft. Ela me daria a oportunidade de trabalhar em projetos interessantes, lidar com soluções de problemas e coisas do gênero.
13. **Entrevistador:** O que você inclui em "coisas do gênero"?
14. **Candidata:** Bom, você sabe, coisas interessantes como computadores portáteis e trabalhar com problemas de novos softwares.
15. **Entrevistador:** Fale sobre a situação de trabalho mais difícil que você já enfrentou.
16. **Candidata:** Foi quando meu pai teve um ataque cardíaco durante meu segundo ano de faculdade.
17. **Entrevistador:** Como você lidou com a situação?
18. **Candidata:** Meio que me apoiei na minha mãe e nas minhas irmãs mais velhas.
19. **Entrevistador:** Como você se apoiou nelas?
20. **Candidata:** Conversava muito com elas, ficava mais tempo com elas. Elas foram incríveis.
21. **Entrevistador:** E qual foi a sua experiência de trabalho mais difícil?
22. **Candidata:** Ah, foi quando o Burger Barn incendiou.
23. **Entrevistador:** Ah, é?
24. **Candidata:** Bom, inclusive perdi meu emprego.
25. **Entrevistador:** E o que você fez?
26. **Candidata:** Consegui outro emprego.
27. **Entrevistador:** Entendo. Qual é a sua opinião sobre mudar de localização geográfica?
28. **Candidata:** Gosto de viajar e conhecer pessoas amigáveis em todos os lugares. Entende?
29. **Entrevistador:** Você está dizendo que não tem preferências geográficas?
30. **Candidata:** Isso mesmo. Acho que preferiria um clima quente.
31. **Entrevistador:** Que experiência você teve ao trabalhar com equipes?
32. **Candidata:** Tenho um monte de experiência referente a trabalho com equipes.
33. **Entrevistador:** Fale sobre algumas dessas experiências.
34. **Candidata:** Fiz trabalhos em equipe e de grupos na maioria das minhas disciplinas de Tecnologia da Computação. E trabalhava frequentemente com equipes durante meu estágio.
35. **Entrevistador:** Com que frequência?
36. **Candidata:** Ah, umas duas vezes por semana. Às vezes, mais do que isso.
37. **Entrevistador:** Fale sobre um projeto de equipe difícil.
38. **Candidata:** Bom, na aula de Design, em que o grupo não estava fazendo o trabalho. Precisei me manifestar e assumir o controle convocando reuniões, delegando tarefas específicas e coisas do tipo.
39. **Entrevistador:** E depois?
40. **Candidata:** Conseguimos entregar o trabalho no prazo e tiramos A no projeto.
41. **Entrevistador:** Então, o projeto acabou sendo seu e não da equipe.
42. **Candidata:** Ah, não. Funcionei apenas como líder e provocadora, mas todos participaram.
43. **Entrevistador:** Por que você quer trabalhar para a SS?
44. **Candidata:** Bem, tudo o que li mostrou que a SS é uma das empresas de software que mais crescem e realmente me interesso por desenvolvimento de softwares para aeronaves e segurança nacional.
45. **Entrevistador:** Mais alguma coisa?
46. **Candidata:** Sim. A sede da empresa é em Atlanta, na Geórgia, a poucos quilômetros de Marietta, onde a Lockeed Martin está desenvolvendo o F35 Lightening II com versões que podem decolar convencionalmente de pistas de voo, de decks de porta-aviões ou verticalmente. Isso pode trazer grandes oportunidades para os funcionários da SS.
47. **Entrevistador:** É verdade. Por que deveríamos contratar você para a vaga?
48. **Candidata:** Bem, recebi uma excelente formação na Tech e acho que as minhas experiências me prepararam muito bem para este trabalho.
49. **Entrevistador:** O que você sabe sobre a SS?
50. **Candidata:** A empresa foi fundada por Robert Cabrini. Vocês abriram o capital no começo da década de 1990 e formaram a

Software Specialties. Agora, têm instalações na Geórgia, no Oregon, em Washington e em Nevada.

51. **Entrevistador:** Temos quase 1.500 funcionários nas instalações dos Estados que você mencionou e temos planos para mais uma filial perto de Boston. Que perguntas você tem?
52. **Candidata:** Qual é a faixa de salário para esta vaga?
53. **Entrevistador:** Isso dependeria da localização, mas somos muito competitivos no mercado.
54. **Candidata:** Fale sobre o plano de stock-sharing mencionado em um dos seus panfletos.
55. **Entrevistador:** Depois de estar conosco por seis meses, você tem o direito de adquirir ações da empresa. Acreditamos que seja uma boa forma de termos uma participação no que fazemos.
56. **Candidata:** Eu precisaria me mudar com frequência?
57. **Entrevistador:** Não com frequência.
58. **Candidata:** Fale sobre a cultura da SS. Como é a diversidade da equipe de pesquisa?
59. **Entrevistador:** Nossa equipe de pesquisa inclui pessoas de 12 países diferentes. Alguma outra pergunta?
60. **Candidata:** No momento, não.
61. **Entrevistador:** Que bom. Esperamos tomar uma decisão dentro de duas ou três semanas. Foi bom conversar com você e conhecê-la.
62. **Candidata:** Obrigada pela entrevista. Estou muito interessada em trabalhar na SS.
63. **Entrevistador:** Por nada. Entraremos em contato.

Casos de interpretação de papéis em entrevista de emprego

Uma carreira em tecnologia da computação

Você acabou de se formar em Ciência da Computação e em Tecnologia de Mídia e *Design*. Embora esteja preso a uma cadeira de rodas por causa de um acidente de natação quando estava no ensino médio, você conseguiu se virar em um grande *campus* universitário durante quatro anos e jogou basquete na liga especial. Você tem interesse em uma vaga de *design* de computadores que exigiria que você viajasse a diversas localidades nos Estados Unidos e no Japão para se reunir com outros *designers* e acompanhar os desenvolvimentos tecnológicos.

Gestão de uma fazenda corporativa

Você foi criado em uma fazenda de grãos de 280 hectares no leste de Kansas e irá se formar nesta primavera no Departamento de Ciências Animais da Kansas State University. Como não há uma oportunidade de administrar a fazenda da família e você se interessa mais em gado do que em grãos, está fazendo entrevistas para vagas em fazendas corporativas. Você tem uma entrevista marcada com um recrutador da Prairie Farms, uma corporação proprietária tanto de fazendas de grãos quanto de gado no Meio-Oeste e no Sudoeste dos Estados Unidos. A vaga é para gerente das fazendas Bar Y, em Dakota do Sul, que incluem rebanhos de gado de corte e bisões. A corporação é uma importante fornecedora de carnes nobres para restaurantes do Meio-Oeste, especialmente Omaha, Kansas City, Minneapolis e Chicago.

Compradora de uma grande loja de departamentos

Você tem 20 e poucos anos e trabalha com lojas de roupas femininas desde que se formou em Gestão de Varejo, três anos atrás. Você tem um bom histórico como vendedora, e muitas de suas clientes a procuram para ajudá-las. Seu verdadeiro interesse profissional é trabalhar como compradora em vez de seguir carreira em vendas. Você está fazendo entrevistas em Chicago para uma vaga de compradora na Macy's. Esse seria o emprego dos seus sonhos.

Uma vaga em relações públicas

Você acabou de se formar em Comunicação Social sem uma especialidade porque não sabia ao certo o que queria fazer. A vaga para a qual está se candidatando é em uma agência de relações públicas e publicidade. O anúncio especificava formação e experiência em relações públicas. Embora tenha feito poucas disciplinas de relações públicas na faculdade, você trabalhou com políticos locais em campanhas eleitorais e na assessoria de comunicação intercolegial. Você ajudava a escrever *releases* para a imprensa e a organizar eventos.

Atividades para o aluno

1. Entre em contato com cinco recrutadores universitários de diferentes empresas de diversos tamanhos. Veja se eles usam um sistema baseado em comportamento, talento ou características. Em caso positivo, por que eles usam esse sistema e como o modificaram com o passar do tempo para se adequar às necessidades específicas? Se eles não usam um desses sistemas, por que decidiram nesse sentido? Se abandonaram um desses sistemas depois de experimentá-los por alguns anos, por que o fizeram?

2. Visite o centro de carreira da sua universidade para descobrir os serviços e materiais oferecidos. Como o centro aconselha os alunos que estão tentando decidir as carreiras que podem interessá-los e para as quais eles possam ser qualificados? Como o centro pode ajudar você a se organizar e se preparar para entrevistas?

3. Faça a classificação tipológica de Myers Briggs. Compare os resultados com a sua autoimagem. Como esses resultados podem ajudar a definir seus caminhos profissionais e suas funções?

4. Entreviste cinco recém-formados na sua área de concentração. Qual era o tamanho de suas redes de contatos e como eles as utilizaram para encontrar vagas no mercado? Quem se mostrou mais útil em suas redes? Quantas entrevistas foram realizadas no processo de contratação para as funções que eles exercem atualmente? Eles fizeram entrevistas em banca além das tradicionais entrevistas individuais? Como as entrevistas de seleção se diferem das entrevistas determinadas? Quais foram as perguntas mais críticas feitas a eles? Quais foram as perguntas mais críticas que eles fizeram?

Notas

1. Charles J. Stewart, *Interviewing Principles and Practices: Applications and Exercises* (Dubuque, IA: Kendall/Hunt, 2011); Lois J. Einhorn, Patricia Hayes Bradley, and John E. Baird, *Effective Employment Interviewing: Unlocking Human Potential* (Glenview, IL: Scott, Foresman, 1981).
2. J. Craig Honaman, "Differentiating Yourself in the Job Market," *Healthcare Executive*, July-August 2003, p. 66.
3. Wendy Rose Gould, "How to Prepare for the Job Interview," http://www.ehow/how_1721_prepare-job-interview.html, accessed July 25, 2012.
4. Alison Green, "How to Prepare for a Job Interview," http://money.usnews.com/money/blogs/outside-voices-careers/2011/02/07/how-to-prepare-for-a-job-interview, accessed July 25, 2012.
5. Green.
6. John R. Cunningham, *The Inside Scoop: Recruiters Tell College Students Their Secrets for Success in the Job Search* (New York: McGraw-Hill, 1998), pp. 120 and 184.
7. Deborah Shane, "52% of U.S. Companies Say Job Applicants Are NOT Qualified?" http://www.deborahshanetoolbox.com/millions-of-jobs-and-no-qualified-applicants-how-can-that-be, accessed July 13, 2012.
8. Barbara Safani, "The Ultimate Guide to Job Searching," http://jobs.aol.com/articles/2011/01/24/ultimate-guide-to-job-searching, accessed July 25, 2012; Susan Adams, "Networking Is Still the Best Way To Find a Job, Survey Says," http://www.forbes.com/sites/susanadams/2011/1/06/07/networking-is-still-the-way-to-find-a-job-survey-says, accessed July 27, 2012.
9. Adams; Rachel Levy, "How to Use Social Media in Your Job Search," http://jobsearch.about.com/od/networking/a/socialmedia.html, accessed July 27, 2012; Alexis Grant, "10 Smart Ways to Use Social Media in Your Job Search,"

http://money.usnews.com/money/careers/slideshows/10-smart-ways-to-use-social-media-in-your-job-search/4-1, accessed July 28/2012.
10. Grant.
11. Grant; Joe Light, "Recruiters Troll Facebook for Candidates They Like," http://online.wsj.com/article/SB10001424053111903885604576490763256558794.html, accessed January 6, 2012.
12. Brad Stone, "Web of Risks," Newsweek, August 28, 2006, p. 77.
13. Kimberly Shea and Jill Wesley, "FaceBook, and Friendster, and Blogging–Oh My! Helping Students to Develop a Positive Internet Presence," Center for Career Opportunities, Purdue University, unpublished manuscript, 2006.
14. "Headhunters Directory.com," http://www.headhuntersdirectory.com, accessed July 30, 2012.
15. "Top Ten Tips for Using Employment Agencies," http://www.libgig.com/toptenemployment agencies, accessed July 30, 2012.
16. "How to Prepare for a Job Fair/Career Fair," http://www.career.vt.edu/JobSearchGuide/JobCareerFairPrep.html, accessed July 30, 2012.
17. Allison Doyle, "Job Fair Participation Tips," http://jobsearch.about.com/od/jobfairs/a/jobfairs.htm?p=1, accessed October 2, 2009.
18. "The Walkabout Technique," College Grad.com, http://www.collegegrad.com/jobsearch/Job-Fair-Success/The-Walkabout-Technique, accessed October 2, 2009.
19. "Job Fair Success," College Grad.com, http://www.collegegrad.com/jobsearch/Job-Fair-Success/, accessed October 2, 2009.
20. Anita Bruzzese, "Virtual Job Fairs Expand Search Options for Those Seeking Work," Lafayette, IN, *Journal & Courier,* July 30, 2008, p. D2.
21. Lindsay Olson, "On Careers: How to Brand Yourself for the Job Hunt," http://money.usnews.com/money/blogs/outside-voices-careers/2011/12/06/how-to-brand-yourself-for-the-job-hunt, accessed July 30, 2012; Gallup, "It's Time to Brand Yourself," http://business-journal.gallup.com/content/121430/time-brand-yourself.aspx, accessed July 30, 2012.
22. Tim Estiloz, "The Key to Job Search Success? Try Branding Yourself!" http://jobs.aol.com/articles/2011/01/11/hranding-yourself-in-2011, accessed July 30, 2012.
23. "It's Time to Brand Yourself."
24. Barbara Safini, "Hot Job Site: Brand-Yourself.com," http://jobs.aol.com/articles/2011/01//10/hot-job-site-brand-yourself-com, accessed July 30, 2012.
25. Safani.
26. "Tips for Success–The Resume," http://www.worksmart.ca.gov/tips_resume.html, accessed July 9, 2012.
27. "Extra Touches Help Resume Dazzle," Lafayette, IN, *Journal & Courier,* May 21, 1995, p. C3.
28. Richard N. Bolles, *What Color Is Your Parachute? 2010* (Berkeley, CA: Ten Speed Press, 2010), p. 53.
29. Barbara Safani, "The Ultimate Guide to Resumes," http://jobs.aol.com/articles/2011/01/25ultimate-guide-to-resumes/?icid=main%7Chp-deskt, accessed January 28, 2011; Evelyn U. Salvador, *Step-by-Step Resumes* (Indianapolis: JIST Works, 2006), p. 138.
30. Wes Weller, "5 Tips for Turning Your Resume into an Interview," http://blog.hiredmyway.com/5-tips-for-turning-your-resume-into-an-interview, accessed August 3, 2012; Fleur Bradley, "10 phrases to Ban from Your Resume," http://www.msnbc.com/id 37219334/ns/business-careers/t/phrases-ban-your-resume, accessed August 3, 2012.
31. Cunningham, p. 68.
32. Robert Reardon, Janet Lenz, and Byron Folsom, "Employer Ratings of Student Participation in Non-Classroom-Based Activities: Findings from a Campus Survey," *Journal of Career Planning and Employment,* Summer 1998, pp. 37-39.
33. Kim Isaacs, "Lying on Your Resume," https://career-advice-monster.com/resumes-cover-letters/resume-writing-tips/lying-on-your-resume/article.aspx, accessed July 13, 2012.
34. Isaacs.
35. Kris Frieswick, "Liar, Liar–Grapevine–Lying on Resumes," *CFO: Magazine for Senior Financial Executives,* http://www.findarticles.com, accessed October 2, 2006.
36. "Lying on Resumes: Why Some Can't Resist," *Dallas Morning News,* The Integrity Center, http://www.integctr.com, accessed October 2, 2006.
37. Scott Reeves, "The Truth About Lies," http://www.forbes.com, accessed October 2, 2006.
38. Danielle Lorenz, "Job Hunting and Career Building," http://talentegg.ca/discuss-view-topic/how-do-employers-conduct-a-primary-scan-of-resumes, accessed July 9, 2012.
39. Debra Auerbach, "Incredibly Dumb Resume Mistakes That Hiring Managers Hate," http://jobs.aol.com/articles/2012/07/11/incredibly-

dumb-resume-mistakes-that-hiring-managers-hate, accessed August 7, 2013.
40. Jeff Wuorio, "5 ways to make your resume shine," *USA Weekend*, September 16-18, 2011, p. 4; "Proofread Your Resume," http://www.cvtips.com/resumes-and-cvs/proofread-your-resume.htm, accessed August 7, 2012.
41. Toni Bowers, "Quick Resume Tip: Negotiating resume scanning software," http://www.techrepublic.com/blog/career/quick-resume-tip-negotiating-resume-scanning-software/1950, accessed July 9, 2012; "Preparing a 'Scannable Resume'," http://www.buffalostate.edu/offices/edc/scannable.html, accessed August 7, 2012; "What You Need to Know about Scannable Resumes," http://www.moneyinstructor.com/art/scanresume.asp, accessed July 9, 2012.
42. Tom Washington and Gary Kanter, "Creating a Scannable Resume," http://careerempowering.com/resume-empower/creating-a-scannable-resume. html, accessed July 14, 2012.
43. "The New Electronic Job Search Phenomenon," an Interview with Joyce Lain Kennedy, Wiley, http://archives.obs-us.com/obs/german/books/kennedy/JLKInterview.html, accessed December 2, 2008.
44. "Scannable Resumes Presentation," https://owl.english.purdue.edu/owl/resource/700/1, accessed August 7, 2012.
45. Annette Bruzzeze, "Online Resumes Can Trigger Identity Theft," Lafayette, IN, *Journal & Courier*, August 30, 2006, p. D3.
46. "Cover Letters: ypes and samples," http://www.career.vt.edu/jobsearchguide/coverlettersamples.htm, accessed August 8, 2012.
47. Cover letters: types and samples; Louise M. Kursmark, Best Resumes for College Students and New Grads (Indianapolis: JIST Works, 2012).
48. Benjamin Ellis, "The Four A's of the Successful Job Search," *Black Collegian*, October 2000, p. 50.
49. Thomas W. Dougherty, Daniel B. Turban, and John C. Callender, "Confirming First Impressions in the Employment Interview: A Field Study of Interviewer Behavior," *Journal of Applied Psychology* 79 (1994), pp. 659-665.
50. Sarah E. Needleman, "Four Tips for Acing Interviews by Phone," *The Wall Street Journal*, http://www.career;journal.com, accessed September 11, 2006.
51. Amelia J. Prewett-Livingston, Hubert S. Field, John G. Veres III, and Philip M. Lewis, "Effects of Race on Interview Ratings in a Situational Panel Interview," *Journal of Applied Psychology* 81 (1996), pp. 178-186.
52. Karol A. D. Johansen and Markell Steele, "Keeping Up Appearances," *Journal of Career Planning & Employment,* Summer 1999, pp. 45-50.
53. Scott Reeves, "Is Your Body Betraying You in Job Interviews?" http://www.forbes.com, accessed October 20, 2006.
54. "Interview Appearance and Attire," http://www/career.vt.edu/Interviewing/InterviewAppearance.htm, accessed August 10, 2012; Carole Martin, "The 2-Minute Drill," http://career-advice.monster.com/job-interview/interview-appearance/the 2-minute-drill/article.aspzx, accessed August 10, 2012.
55. Robert DiGiacomo, "Six Style Tips for Interview Success," http://career-advice-monster.com/job-interview/interview-appearance-stype-tips-for-interview-success-hot-jobs/articls.aspzx, accessed August 10, 2012.
56. Carole Martin, "10 Interview Fashion Blunders," http://career-advice.monster.com/job-interview/interview-appearance/10-interview-fashion-blunders/article.aspx, accessed August 10, 2012; Thad Peterson, "Dress Appropriately for Interviews," http://career-advice.monster.com/job-interview/interview-appearance/appropriate-interview-dress/article.aspx, accessed August 10, 2012.
57. Thad Peterson, "Dress Appropriately for Interviews," http://career-advice.monster .com/job-interview/Interview-Appearance/Appropriate-Interviews, accessed October 2, 2009.
58. Peterson; Carole Martin, "Casual or Casualty?" http://career-advice.monster.com/job-interview/interview-appearance/casual-or-casualty/article.aspx, accessed August 10, 2012.
59. "Interview Appearance and Attire."
60. Bonnie Lowe, "Job Interviews: Plan Your Appearance to Make a Great First Impression," Ezine Articles, http://ezinearticles.com/?Job-Interview:-Plan-Your-Appearance-to-Make-a-Great-First-Impression, accessed October 2, 2009.
61. "How to Dress for an Interview," http://www.123getajob.com/jobsearch2.html, accessed October 2, 2009; Cheryl Ferguson, "Recruiting Roundtable: Interview Fashion and Grooming Tips," http://career-advice.monster.com/job-interview/inetrview-appearance/recruiter-roundtable-fashion-grooming-tips-hot-jobs/article.aspx, accessed August 10, 2012; DiGiacomo.

62. Reeves, "Is Your Body Betraying You in Job Interviews?".
63. Reeves, "Is Your Body Betraying You in Job Interviews?".
64. Penny Kiley, "Business etiquette and the job interview," hppt://gradireland.wordpress.com/2011/11/07/business-etiquette-and-the-job-interview, accessed August 10, 2012; Margaret Page, "Outclass the Competition with Simple Interview Etiquette," http://etiquettepage.com/business-etiquette/outclass-the-competition-eith-simple-interview-etiquette, accessed August 10, 2012; Didi Lorillard, "Business Etiquette & Manners: Job Interviews," http://www.golocalprov.com/business/business-etiquette-manners-job-interviews, accessed August 10, 2012.
65. Steven M. Ralston, William G. Kirkwood, and Patricia A. Burant, "Helping Interviewees Tell Their Stories," Business Communication Quarterly, September 2003, pp. 8-22.
66. "STAR Method of Answering Questions," https://www.cco.purdue.edu/Student/JobSearchSkillsBehavioralInterviewing.shtm, accessed August 10, 2012; Nagesh Belludi, "The 'STAR' Technique to Answer Behavioral Interview Questions,"http://www.rightattitudes.com/2008/07/15/star-technique-answer-interview-questions, accessed July 9, 2012; Lindsay Browning"P.A.R. Interview Technique," http://www.lindsaybrowning.ie/2010/08/23/p-a-r-interview-technique, accessed July 9, 2012.
67. Korey Dowling, "Interview Tips: Using the S.T.A.R Method," http://www.adventistemployment.org.au/items/interview-tips-using-the-s-t-a-r-method, accessed July 9, 2012; "Nurse Interview Questions and Answers – Part 2," http://www.job-interview-site.com/nurse-interview-questions-and-answers-part-2.html, accessed August 28, 2012; Maureen Malone, "Behavior-Based Interview Tips," http://www.ehow.com/list_6520299_behavior_based-interview-tips.html, Accessed August 28, 2012.
68. Michael Skube, "College Students Lack Familiarity with Language, Ideas," Lafayette, IN, *Journal & Courier*, August 30, 2006, p. A5.
69. "Why Should I Hire You?" *Afp Exchange*, November-December 2003, p. 8.
70. "Run That One by Me Again: You Did What at Your Last Job?" *Barron's*, January 13, 2003, p. 12.
71. Marist Poll, "12/16: Whatever, Still Most Annoying Word, You Know. Like, Seriously? Just Sayin'." http://maristpoll.marist.edu/1216-whatever-still-most-annoying-word-you-know-like-seriously-just-sayin'/, accessed August 31, 2012.
72. William Poundstone, "Why Are Manhole Covers Round (and How to Deal with Other Trick Interview Questions)," *Business*, July 2003, p. 14.
73. Kris Maher, "The Jungle: Focus on Recruitment, Pay and Getting Ahead," *The Wall Street Journal*, January 14, 2003, p. B10.
74. "Job Seekers, Take Heart–and Control," *BusinessWeek Online*, http://www.businessweek.com, accessed September 11, 2006.

Referências

Bolles, Richard N. *What Color Is Your Parachute? 2010: A Practical Manual for Job-Hunters and Career-Changers*. Berkeley, CA: Ten Speed Press, 2013.

Enelow, Wendy S., and Shelly Goldman. *Insider's Guide to Finding a Job*. Indianapolis, IN: JIST Works, 2005.

Kursmark, Louise M. *Best Resumes for College Students and New Grads*. Indianapolis: JIST Works, 2012.

Martin, Carole. *Perfect Phrases for the Perfect Interview*. New York: McGraw-Hill, 2005.

Salvador, Evelyn U. *Step-by-Step Resumes*. Indianapolis: JIST Works, 2006.

Yate, Martin. *Knock 'Em Dead: The Ultimate Job Seekers Guide*. Adam, MA: Adam Media Corp., 2006.

CAPÍTULO 9
Entrevista de avaliação de desempenho

> A entrevista de avaliação de desempenho permanece controversa.

Há poucos processos mais importantes para as organizações modernas do que analisar o desempenho de seus colaboradores. Há alguns anos, um executivo de uma grande empresa de alta tecnologia disse aos autores deste livro: "Hoje todo mundo tem computadores, tecnologias e prédios idênticos, de modo que a diferença principal está nas pessoas e em contribuição criativa delas. Meu trabalho é atrair desenvolver, capacitar e reter as melhores mentes e espíritos criativos que eu possa encontrar". Uma chave importante para o desenvolvimento, a capacitação e retenção de funcionários é a avaliação de desempenho. No entanto, depois de completarem uma exaustiva revisão da literatura e pesquisa sobre o "processo de avaliação", Michael Gordon e Vernon Miller concluíram: "Apesar do fato de que foi criada para bons e valiosos propósitos, a avaliação de desempenho é a fonte de insatisfação generalizada".[1] Muitos de seus detratores pedem a eliminação desse processo de avaliação. Gordon e Miller contrariam esse argumento: "trata-se de literatura séria que oferece evidência ampla e convincente de que a avaliação de desempenho vale o esforço e é uma responsabilidade indispensável de gestão".[2] Todas as pessoas que já se envolveram com avaliação de desempenho afirmam categoricamente que esse processo é o mais difícil de toda a gama de responsabilidades de gestão.

> A entrevista é a chave da avaliação de desempenho.

Gordon e Miller relatam suas análises de literatura e pesquisa em *Conversations about job performance: a communication perspective on the appraisal process* (Conversas sobre desempenho profissional: uma perspectiva de comunicação sobre o processo de avaliação). O princípio fundamental desses autores é o conceito de que "a entrevista de avaliação é uma conversa sobre desempenho", que eles se referem como "o momento decisivo no processo de avaliação".[3] De acordo com os autores, a entrevista, no entanto, "ainda é o calcanhar de aquiles do processo de avaliação de desempenho" e "a maior fonte de insatisfação com o processo".[4] Uma das principais causas dessa insatisfação refere-se ao fato de que nem sempre as pessoas são devidamente treinadas para conduzir esse tipo de entrevista ou participar dela.

O objetivo deste capítulo é apresentar o conceito da entrevista de avaliação de desempenho como um processo de *coaching*, os procedimentos relacionados à preparação para esse processo, uma variedade de *modelos de análise*, os princípios de condução e participação em entrevistas de avaliação de desempenho e a entrevista sobre *problemas* de desempenho. Inicialmente, abordaremos aspectos concernentes à entrevista de avaliação de desempenho como um evento de *coaching*.

Abordagem da entrevista como uma oportunidade de *coaching*

Uma nova visão para as organizações, com ênfase no desenvolvimento, na capacitação e na retenção dos melhores talentos, está coincidindo com uma nova visão da entrevista desempenho ou, nas palavras de Gordon e Miller, "conversa sobre desempenho". O consultor de gestão Garold L. Markle denomina essa visão de "*coaching* catalítico" que é

> Um sistema de gestão de desempenho abrangente e integrado baseado em um paradigma de desenvolvimento. A finalidade desse sistema é permitir que as pessoas aperfeiçoem suas capacidades produtivas e aumentem seu potencial, de modo que as organizações sejam capazes de gerar melhores resultados de negócios. Esse processo exige conjuntos claramente definidos de infraestrutura, metodologia e habilidades, o que implica estabelecer responsabilidades pelo desenvolvimento de carreira dos funcionários e atribuir ao chefe o papel de diretor técnico (*coach*) de desenvolvimento.[5]

Para o *coaching* catalítico, o que interessa é o *futuro*, e não o *passado*, e todas as responsabilidades são atribuídas ao colaborador, e não mais ao supervisor. Esse *coaching* lida também indiretamente com salário. O supervisor não é mais um diretor técnico, mas um avaliador. Segundo Markle, essa abordagem explicita "o fim da avaliação de desempenho" como nós a conhecíamos.

Quando examinamos vários modelos de análise de desempenho projetados para desenvolver funcionários e melhorar o desempenho, a noção de *coaching* – comunicação eficaz em uma atmosfera não julgadora – era a peça central de cada um deles. O ex-treinador de futebol americano Don Shula e o ex-jogador Ken Blanchard desenvolveram um conjunto de cinco princípios básicos (que em inglês formam um acrônimo da palavra *coach*):[6]

- *Conviction driven* (orientado por convicção) – Nunca comprometa suas crenças.
- *Overlearning* (repetição) – Pratique até ficar perfeito.
- *Audible ready* (responsabilidade) – Responda conforme combinado em treinamento.
- *Consistency of leadership* (consistência de liderança) – Consistência no desempenho.
- *Honesty based* (honestidade) – Seja o exemplo.

Markle e Shula e Blanchard enfatizam a importância de compromisso com a excelência, honestidade, responsabilidade e trabalho em equipe, que resultam em uma comunicação interpessoal eficaz, uma análise que fornece *feedback* significativo e um maior nível de desempenho.

Não é função da filosofia de *coaching* julgar o desempenho de funcionários, mas aperfeiçoar as entrevistas, as discussões e o desenvolvimento desse tipo de avaliação. A comunicação frequente entre supervisores e funcionários resulta em classificações de desempenho de trabalho mais favoráveis.[7] De acordo com Kenneth Wexley, "Se um gerente fornece treinamento em uma base contínua, a [entrevista de avaliação] torna-se uma revisão de questões que já foram discutidas pelo gerente e funcionário no passado".[8]

> Crie um clima de apoio que envolva o entrevistado.

As organizações têm realizado cada vez mais várias formas de entrevistas de avaliação de desempenho, com o propósito de conectá-las mais intimamente aos planos de desenvolvimento e *coaching*. Os funcionários preferem **um clima de apoio** que inclua confiança mútua, opiniões de subordinados e processos de planejamento e análise. Eles querem ser tratados com sensibilidade por um entrevistador que seja apoiador e não somente um crítico de plantão. Querem participar de cada aspecto da revisão, receber crédito por suas ideias, saber o que esperar durante as entrevistas, ter capacidade de fazer o que é esperado, receber *feedback* regularmente e ser recompensados por um trabalho benfeito. Acima de tudo, é importante que o funcionário perceba que a entrevista de avaliação de desempenho é um procedimento justo, pois "a natureza da comunicação que ocorre durante a entrevista de avaliação" é "especialmente crucial na criação de um senso de justiça sobre o processo".[9]

Para criar um clima descontraído, positivo e de apoio, monitore continuamente o progresso do funcionário, ofereça apoio psicológico na forma de elogio e incentivo, ajude o funcionário a corrigir erros e dê um *feedback* substancial. A sua opinião deve ser fundamentada no desempenho, e não no indivíduo. Forneça informações relacionadas ao desempenho e meça o desempenho em relação a padrões específicos, acordados durante revisões anteriores. Funcionários veem supervisores como úteis, construtivos e dispostos a ajudá-los a resolver problemas relacionados com o desempenho quando estes incentivam aqueles a expressar ideias e sentimentos e participar na avaliação de entrevistas de avaliação de desempenho.[10]

> "Muito raro" é uma reclamação comum.

Oferecer regularmente *feedback* pode evitar que essas análises sejam temidas por ambas as partes, como uma "extração de dente" formal uma vez ao ano. Avalie o mau desempenho imediatamente antes que o dano para a organização e o funcionário seja irreparável. Evite surpresas durante a entrevista causadas pela retenção de críticas até a sessão de análise formal. Para fazer o trabalho corretamente, realize muitas sessões.

Preparação para a entrevista de avaliação de desempenho

> Cuidado ao julgar o que você não consegue medir.

Treinamento é essencial para análises bem-sucedidas. Você deve saber como criar um diálogo genuíno com o entrevistado. Para ser um bom ouvinte, não fale quando o outro quiser falar e incentive o funcionário a falar livre e abertamente.[11] Para ser um ouvinte ativo, faça perguntas apropriadas e com delicadeza. Não seja um ouvinte passivo que permite que a outra parte fale com pouca orientação ou apoio. Evite questões como *"Por quê?"* que colocam o entrevistado na defensiva, pois elas podem, intencionalmente ou não, comunicar desaprovação, descrença ou desconfiança. Desempenhar o papel de avaliador reduz o processo de comunicação de duas vias e afeta negativamente seu relacionamento. Em geral, os entrevistados percebem claramente quando os entrevistadores sabem lidar com informações relacionadas a desempenho, atribuir metas e dar *feedback*. O entrevistador precisa ser justo, preciso e claro durante as entrevistas de avaliação de desempenho, a fim de obter a credibilidade do entrevistado.

Revisão de regras, leis e regulamentações

Embora não existam leis que tratem da avaliação de desempenho diretamente, há várias leis de igualdade de oportunidades de emprego e diretrizes que se referem ao processo de análise. Gestores americanos, por exemplo, devem estar familiarizados com os aspectos da legislação apresentados a seguir, para evitar acusações de práticas ilegais durante análises: título VII da Lei de Direitos Civis de 1964 e alterações posteriores, a Discriminação Etária da Lei Trabalhista de 1967 e a Lei Cidadãos com Necessidades Especiais de 1990, que proíbem discriminações baseadas em idade, raça, cor, sexo, religião, origem nacional ou deficiências físicas e mentais. Todos os elementos do processo trabalhista são cobertos por leis de direitos civis e diretrizes de leis de igualdade de oportunidades de emprego, como contratação, treinamento, compensação, promoção, transferência e demissão.

Tenha cuidado ao avaliar características como honestidade, integridade, aparência, iniciativa, liderança, atitude e lealdade, que são difíceis de avaliar objetivamente e de forma justa. "Usar [sistemas de] avaliação de desempenho não confiáveis e não validados" pode causar sérios problemas legais, porque preferências pessoais, preconceitos e primeiras impressões podem inflar ou esvaziar intencionalmente classificações de desempenho destinadas a acerto de contas, punição de funcionários ou promoção para outro departamento.[12]

As leis não requerem avaliações de desempenho, mas as realizadas devem ser padronizadas em forma e administração, medição de desempenho de trabalho e aplicadas igualmente para todos os funcionários. De acordo com Goodall, Wilson e Waagen, a comunicação entre os "superiores" e "subordinados", no processo de análise, leva a formas de tratamento "que são guiadas por estereótipos culturais e sociais normalmente entendidos, etiqueta tradicional e regras específicas para gêneros".[13] Sendo é assim, não se surpreenda se violar leis e diretrizes de igualdade de oportunidade de empregos. A força de trabalho norte-americana está com idade média cada vez mais alta, e a discriminação de idade tem se tornado a área mais importante de litígio, mesmo que trabalhadores mais velhos executem o trabalho melhor do que jovens.[14]

Diane Chinn e Maurice Baskin, duas autoridades em avaliações de desempenho e leis de igualdade de oportunidades de emprego, apresentam algumas sugestões para que você possa realizar todas as análises em confor-

Supervisores de todos os níveis consideram útil conversar periodicamente com cada subordinado sobre problemas pessoais e relacionados ao trabalho.

> A idade desempenhará um papel ainda mais importante quando os baby boomers completarem 50 e 60 anos.

midade com a lei e evitar processos legais.[15] Todos os supervisores que realizam avaliações de desempenho devem receber orientações escritas e instruções detalhadas, e ser treinados na condução de todos os aspectos de avaliações, particularmente a entrevista. Devem seguir essas orientações ao pé da letra. A equipe de análise deve ser composta por duas ou mais pessoas que trabalharão separadamente. Dessa forma é possível cruzar controles e evitar parcialidades. Certifique-se de que as avaliações de desempenho são revisadas com os funcionários, garantindo que eles tenham oportunidade de oferecer sugestões e levantar preocupações antes de assiná-las. Os funcionários devem ter pleno acesso a todos os registros relativos ao seu trabalho.

Seleção de modelo de avaliação

Teóricos e organizações desenvolveram modelos de avaliação de desempenho para atender às leis de igualdade de oportunidades de emprego e realizar entrevistas justas e objetivas centradas no desempenho, e aplicáveis a diferentes tipos de posições e organizações. Os objetivos desses modelos são estabelecer competências, definir metas e expectativas, monitorar o desempenho e fornecer *feedback*.[16]

> O modelo BARS foca em competências.

Modelo de escala de classificação de base comportamental

No modelo de **escala de classificação de base comportamental** (*behaviorally anchored rating scale* – BARS), as habilidades essenciais para uma posição específica são identificadas por meio de uma análise da posição e padrões são definidos, muitas vezes, com ajuda de engenheiros industriais. Empregos para os quais certos comportamentos foram identificados e padrões estabelecidos incluem entrevistadores para pesquisa telefônica (em tantos telefonemas por hora), leitores de medidores para as empresas de serviços públicos (em tantas medições por hora) e funcionários que alimentam dados em um sistema ou programadores (em tantas linhas de entrada por hora). Analistas de trabalho identificam habilidades específicas e pesam seu valor relativo e uso. Cada trabalho tem habilidades mensuráveis específicas que eliminam interpretação subjetiva por parte do entrevistador.

Funcionários relatam altos níveis de satisfação com a revisão do modelo de BARS, porque sentem que têm maior impacto sobre o processo e veem os entrevistadores como apoiadores.[17] Eles sabem quais são as competências esperadas, o valor relativo para a organização e como o desempenho será ser medido. No entanto, nem todos os trabalhos têm habilidades mensuráveis ou facilmente identificáveis, e frequentemente surgem questões sobre quando, como e por quem normas específicas são definidas. Gordon e Miller também descobriram que "avaliadores distorcem avaliações que fazem sobre instrumentos subjetivos para alcançar metas diferentes do oferecimento de uma avaliação precisa de desempenho de funcionários (por exemplo, a manutenção de relações interpessoais e de grupo em bom nível de harmonia)".[18]

Modelo de gestão por objetivos

O modelo de **gestão por objetivos** (GPO, em inglês, *management by objectives*, MBO) envolve um supervisor e um funcionário em um ambiente de

> O modelo GPO foca em metas.

mútua (50-50) orientação para resultados objetivos, em vez de atividades a serem realizadas. Os defensores do modelo GPO afirmam que medidas baseadas em comportamento podem ser responsáveis por mais complexidade do trabalho, ser relacionadas diretamente com o que um funcionário faz e além disso podem minimizar os fatores sobre os quais o funcionário não tem controle. Esse modelo foi concebido para ter um papel menos ambíguo e subjetivo do que medidas baseadas em pessoas ao deixar claro quais comportamentos são necessários para um trabalho específico. Isso facilita o *feedback* de desempenho e a definição de metas, incentivando discussões entre empregador e funcionário sobre os pontos fortes e fracos.

> O modelo GPO aplica quatro critérios para cada posição: qualidade, quantidade, tempo e custo.

O modelo GPO classifica todo o trabalho em termos de quatro elementos principais: insumos, atividades, resultados e *feedback*.[19] Insumos incluem equipamentos, ferramentas, materiais, dinheiro e pessoal necessário para fazer o trabalho. Atividades referem-se ao trabalho real executado: digitação, escrita, desenho, cálculo, venda ou transporte, por exemplo. Os resultados são produtos finais, dólares, relatórios elaborados ou serviços prestados. *Feedback* refere-se à reação do supervisor subsequente ao resultado. Ao adotar uma avaliação de desempenho com base no modelo GPO, considere sempre os seguintes princípios:

1. Leve em conta qualidade, quantidade, tempo e custo. Quanto mais critérios você utilizar, maiores serão as chances de a medida ser precisa.

2. Estipule resultados em termos de faixas, em vez de números absolutos. Permita liberdade de movimento e ajuste.

> Não leve muitos objetivos em consideração.

3. Mantenha o número de objetivos mensuráveis cruciais para o desempenho em não mais do que seis ou oito e defina um ambiente mútuo.

> Cuidado ao estabelecer objetivos complexos.

4. Tente um compromisso de equilíbrio entre objetivos e ações mutuamente exclusivos. Um objetivo muito complexo pode ser autodestrutivo. Por exemplo, tentativas de reduzir o trabalho e diminuir custos simultaneamente podem criar mais problemas do que resolvê-los.

5. Quando o valor do desempenho é abstrato, adote práticas que tornem isso mensurável.

6. Se você não pode prever as condições de que depende o sucesso do desempenho, use uma meta flutuante ou que lhe permita adaptar-se a circunstâncias instáveis. Infelizmente, os pontos fortes do modelo GPO, como sua natureza interativa e adaptabilidade a posições complexas, têm levado muitas organizações a abandoná-lo por causa do "grande número de reuniões e da quantidade de documentação necessárias".[20] Segundo Gordon e Miller, ao contrário de outros modelos, o GPO não pode ser padronizado para facilitar comparações "entre indivíduos ou unidades organizacionais".

Modelo de entrevista de avaliação de desempenho global

William Cash desenvolveu o modelo de **entrevista de avaliação de desempenho global** e o testou em mais de 40 organizações. Esse modelo utiliza quatro perguntas básicas que podem servir como diretrizes para a justiça e comparações entre funcionários. Os entrevistadores devem ser capazes de

> **O modelo de entrevista de avaliação de desempenho global foca em desempenho e requisitos de trabalho.**

> **Compreenda por que o desempenho está atrasado.**

especificar o que está faltando ou não está sendo bem feito, de modo que possam fornecer *feedback* para a instituição de mudanças.

1. O que não está sendo feito e deveria ser?
2. Que expectativas não estão sendo atendidas em qual padrão?
3. A pessoa poderia fazê-lo se motivada?
4. O indivíduo tem as habilidades para desempenhar conforme o necessário?

Limite cada problema a uma resposta "treinável". Por exemplo, talvez ninguém tenha enfatizado que a obtenção de 100% dos números de clientes no início das chamadas é fundamental porque o número do cliente aciona o sistema e torna mais fácil o acesso ao faturamento, à cobrança e a outras informações sob esse número. Talvez o funcionário saiba o número do cliente de cor e tenha a intenção de colocá-lo na posição correta na tela depois que o cliente desliga o telefone. O dilema do julgamento durante a observação sempre foi um problema para os analistas de desempenho.

As quatro questões em conjunto com as seis palavras-chave apresentadas na Figura 9.1 permitem que os entrevistadores façam várias observações sobre o desempenho. Esse modelo pode ser usado com outros (como o famoso processo de análise de 360 graus) ou com observações separadas de supervisores, colegas e clientes (internos e externos), que podem ser comparadas umas com as outras em consistência, tendências e confiabilidade do avaliador.

Uma folha de papel com as quatro perguntas em coluna pode fornecer as bases para sessões de *coaching* que acontecem semanalmente para os funcionários da produção e mensais para profissionais administrativos. Uma sessão de resumo pode ser feita trimestralmente, com uma revisão anual para definir metas para o próximo ano, revisar o progresso e observar necessidades de desenvolvimento.[21]

> **Análises devem reconhecer a excelência tanto quanto os problemas.**

Depois de ter respondido às quatro perguntas básicas, comece o modelo com o básico. Quando um funcionário está fazendo algo bem, certifique-se de que ele sabe que você aprecia um trabalho bem feito. Então vá para uma *pausa*, seguida de *início*, *menos*, *mais*, e terminando com um período de tempo para melhorar o desempenho. A palavra *agora* enfatiza a importância de fazer as alterações necessárias imediatamente. Defina *agora* especificamente, em termos de semanas ou talvez meses.

Figura 9.1 Seis palavras-chave no modelo de entrevista de avaliação de desempenho global

```
(2) Pausa ─────────────────── (3) Início
         \                  /
          \                /
           \      Agora   /
          /                \
         /                  \
(4) Menos ─────── (1) Manter ─────── (5) Mais
```

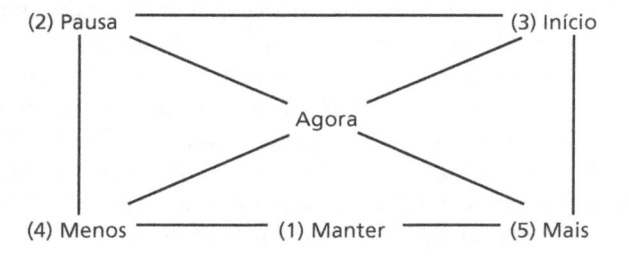

O modelo de entrevista de avaliação de desempenho global permite que você, depois de treinado, comece com o comportamento positivo que deseja que os funcionários mantenham, seguido por comportamentos que deseja ver corrigidos agora. Isso começa a entrevista com uma nota positiva. A sua lista de pontos a serem eliminados deve ser a mais curta e reservada para comportamentos que são qualitativa e processualmente incorretos, que colocam um funcionário em situação de risco ou são desagregadores ou inadequados para outros no local de trabalho.

> **Desempenhe mais o papel de coach do que de avaliador ou disciplinador.**

Você pode apresentar cada uma das quatro perguntas e seis palavras em diferentes níveis verbais e não verbais, incluindo dicas, sugestões e correções. Por exemplo, você pode dizer:

Quero que você pare de fazer...   Você deve fazer mais...
Quero que você comece a fazer... agora   Você deve fazer menos...

Os entrevistadores podem gastar muito tempo na ponta analítica e pouco tempo com um comportamento específico a ser alterado e em como alterá-lo. Se você não pode fornecer um comportamento alternativo específico, não há necessidade de uma avaliação de desempenho.

> **Não superestime o tamanho de um problema.**

Vamos usar o funcionário de serviço ao cliente mencionado anteriormente como exemplo. Suponha que ele conheça muitos números de clientes por causa da frequência de chamadas deles e os tenha memorizado. De acordo com esse funcionário, não é necessário registrar cada número para o sistema até que ele termine de discutir problemas específicos com os clientes. Use um dos seguintes estilos de apresentar o problema sem torná-lo um problema maior:

- *Dica*: (sorrindo agradavelmente) Notei que você estava ocupado esta manhã, quando parei para observá-lo. Apenas pensei que poderia ser mais fácil para você registrar o número de cada cliente no início da conversa.

> **Dê uma dica e sugira antes de corrigir.**

- *Sugestão*: (expressão facial neutra e inflexões vocais factuais) É que uma ideia me ocorreu a partir da observação feita nesta manhã. Gostaria que você registrasse o número de cada cliente no início, para não se perder na confusão de respostas a outras chamadas.
- *Correção*: (voz e expressão severas) Com base na observação feita esta manhã, você deve se certificar de que registrou o número de cada cliente antes de fazer qualquer outra coisa. Esse número guia todo nosso sistema, e acontecem problemas quando ele não é registrado imediatamente.

A finalidade de cada entrevista de avaliação de desempenho é fornecer *feedback* preciso para o funcionário sobre o que deve ser alterado, modificado ou eliminado e quando. A maioria dos funcionários quer fazer um bom trabalho, e o mentor de desempenho ou treinador deve fornecer orientação para resolver o problema.

> **Comentários vagos e sugestões podem prejudicar relacionamentos e não conseguir melhorar o desempenho.**

Outra parte do modelo, crucial para entrevistas de avaliação de desempenho, são os aspectos *específico* e *diverso*, que chamaremos de Ss (do inglês *specific* e *several*). Entrevistas de avaliação de desempenho não devem ser jogos de adivinhação. Esses aspectos permitem que os entrevistadores forneçam exemplos específicos para mostrar que o problema não é um incidente de um momento específico, mas uma tendência.

A Figura 9.2 apresenta todas as partes do modelo de entrevista de avaliação de desempenho global. Por meio desse modelo, você pode medir ou observar o comportamento durante o trabalho e compará-lo com objetivos ou corrigir rapidamente o erro menor.

Abordagem 360 graus

> A abordagem 360 graus envolve múltiplos observadores.

A **abordagem 360 graus** para avaliação de desempenho ganhou ampla aceitação especialmente entre empresas da Fortune 500, pois, por meio dela, "os funcionários podem receber *feedback*, geralmente de forma anônima, de todas as pessoas com que trabalham na empresa e daquelas a que prestam serviço": supervisores, colegas, subordinados, clientes, subcontratantes e assim por diante.[22]

Cada empresa utiliza um processo de certa forma original de avaliação 360 graus, questionários e programações de entrevista, mas descreveremos aqui o mais comum. Um funcionário trabalha com um supervisor para selecionar um número de avaliadores, como um supervisor direto, pessoal do mesmo nível do funcionário, colegas e pessoas de departamentos com que o funcionário interage regularmente. O modelo 360 graus exige tanto trabalho em equipe quanto habilidades interpessoais. Questionários que abrangem as habilidades, os conhecimentos e o estilo são enviados a cada um dos avaliadores. Os questionários completos são resumidos, e, em alguns casos, os resultados são exibidos em uma planilha. O gerente seleciona indivíduos do grupo original para que possam servir como um painel para conduzir uma entrevista de *feedback*. O entrevistador/facilitador pode obter os dados brutos dos questionários e das entrevistas dos avaliadores. O funcionário recebe os dados antes da reunião. Cada participante apresenta insumos de treinamento ou de mudança de comportamento. O objetivo não é atacar ou culpar o funcionário, mas fornecer *feedback* objetivo, baseado em comportamento, com sugestões sobre o que deve ser melhorado. Há casos em que o funcionário não precisa de muita melhoria, mas cumprimentos são aceitáveis.

> O entrevistado desempenha um papel na seleção dos avaliadores.

> A abordagem 360 graus usa uma entrevista de feedback em grupo.

O entrevistador/facilitador pode pedir ao funcionário que inicie a reunião com reações aos dados, em seguida fazer perguntas abertas com sondagens neutras. Por exemplo:

Figura 9.2 Modelo de entrevista de avaliação de desempenho global

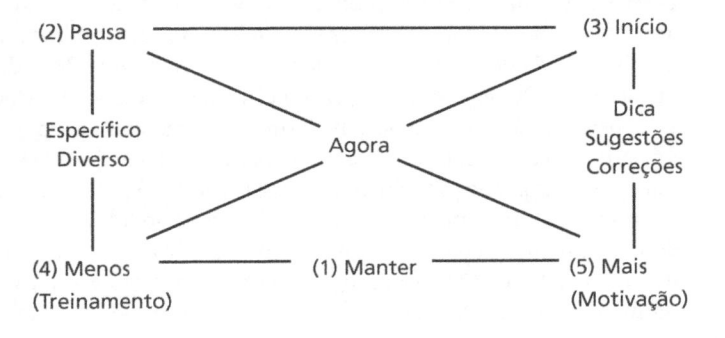

```
(2) Pausa ─────────────────────── (3) Início
   │                                    │
Específico                            Dica
Diverso         Agora              Sugestões
                                   Correções
   │                                    │
(4) Menos ───────── (1) Manter ───── (5) Mais
(Treinamento)                      (Motivação)
```

- Conte-me sobre suas responsabilidades em pesquisa e desenvolvimento (P&D).

  Conte-me mais.

  Explique isso para mim.

  Descreva as suas frustrações com o manual de treinamento dos consultores.

> **Utilize perguntas abertas e sonde as respostas.**

- Se você tivesse que assumir um projeto semelhante, o que faria mais ou menos?
- Quando identificou pessoas na contabilidade como "contadores de feijão", o que quis dizer?

  Como eles se comportaram?

  O que eles disseram?

  O que eles fizeram?

> **Um plano de melhoria é essencial.**

Após a conclusão da sessão de *feedback*, ambas as partes devem formular um plano para melhoria.

O *feedback* **de múltiplas fontes** para desenvolvimento do funcionário é mais eficiente em organizações que usam um processo de definição de metas de cima para baixo.[23] A abordagem 360 graus tem uma série de vantagens.

> **Tenha conhecimento das vantagens e desvantagens de cada modelo de avaliação.**

Os questionários e as entrevistas fornecem dados objetivos e *feedback* necessário para a melhoria e o desenvolvimento do funcionário, porque esse *feedback* emana de múltiplas fontes: supervisores, colegas, subordinados e clientes. O funcionário não apenas tem controle sobre quem dá *feedback*, mas também é capaz de ler, ouvir e discutir os dados que fornecem documentação para lidar com problemas de desempenho.

Embora a abordagem 360 graus seja muito popular, há quem a critique. Segundo Jai Ghorpade, essa abordagem contém cinco paradoxos significativos.[24] (1) Embora seja projetada para o desenvolvimento do funcionário, "ela se enreda com o processo de avaliação". (2) Vários avaliadores podem aumentar o âmbito das informações fornecidas ao funcionário, mas não melhorá-las. (3) Avaliações anônimas podem ser imprecisas, incompetentes e tendenciosas. (4) "O *feedback* quantitativo e estruturado sobre comportamentos genéricos é fácil de adquirir, pontuar e disseminar", mas ele pode ter sérios problemas de precisão, justeza e interpretação, porque é difícil de controlar as tendências dos avaliadores. (5) "Envolver pessoas em posição de autoridade pode contaminar o processo e reduzir sua credibilidade". Angelo Denisi e Avraham Kluger reconhecem muitos dos mesmos problemas com a abordagem de *feedback* 360 graus e afirmam que, embora a maioria das análises de *feedback* leve à melhoria no desempenho, 38% dos efeitos são negativos.[25] Denisi e Kluger apresentam as seguintes sugestões: (1) utilize esse sistema para fins de desenvolvimento, e não para propósitos relacionados à tomada de decisão; (2) esse mecanismo deve ajudar os funcionário a interpretar as avaliações e reagir a elas; (3) adote o sistema para minimizar a quantidade de informações dadas aos funcionário; (4) a equipe de avaliação de desempenho não deve avaliar os funcionários em todas as áreas; e (5) utilize o sistema 360 graus regularmente, em vez de uma vez ou ocasionalmente. Vernon Miller e Fredric Jablin citam pontuações diferentes de

NA INTERNET

À medida que você começa a seriamente sobre carreiras e organizações específicas, verifique como as empresas avaliam o desempenho dos funcionários. Use a Internet para descobrir os tipos de modelo de avaliação de desempenho usados pelas empresas em que pretende trabalhar. Acesse dois tipos de fonte. Primeiro, obtenha informações sobre empregadores em fontes gerais como CareerBuilder (http://www.careerbuilder.com), MonsterTrak (http://www.monstertrak.com/) e Monster (http://www.monster.com/). Em seguida, consulte os *sites* de organizações específicas como Pricewaterhousecoopers (http://www.pwc.com), Ford (http://www.ford.com/) e Electronic Data Systems (http://www.eds.com).

avaliadores, incluindo o funcionário, o envolvimento de avaliadores não treinados ou sem experiência em áreas que estão avaliando, e a suposição de que um aumento do número de avaliadores resulta em *feedback* de qualidade.[26]

De acordo com Garold Markle, a abordagem 360 graus é ineficiente porque consome muito tempo do entrevistador e entrevistado. Além disso, o tempo de resposta varia de semanas a meses. Esse atraso pode comprometer todo o processo, pois, em muitos casos, as partes já se esqueceram do que foi dito na entrevista.[27]

Críticos da abordagem 360 graus reconhecem os pontos fortes e fracos dessa metodologia e recomendam soluções para torná-la um método mais eficiente e confiável de analisar e melhorar o desempenho.[28] Use o modelo 360 graus como uma parte normal de avaliações de desempenho e apenas para tomadas de decisão. Não utilize essa abordagem como o "principal mecanismo para oferecimento de um *feedback* descendente". Ofereça treinamento e orientação para todos os avaliadores, enfatize a objetividade nas avaliações para diminuir parcialidades e limite os avaliadores a suas áreas de especialização. Não suponha que a quantidade de avaliadores seja igual à qualidade de *feedback* e tenha cuidado com a sobrecarga de empregados com dados.

Escolher o melhor modelo de avaliação de desempenho para sua organização e funcionários é importante para o processo de análise, mas lembre-se de que o melhor modelo poderá falhar se a entrevista não for conduzida com habilidade e se uma das partes estiver insatisfeita com a natureza e o resultado desse instrumento. Estudos indicam que as organizações, muitas vezes, costumam experimentar vários sistemas e, por fim, adotam aquele que foi preferido por outras empresas.[29] Esteja ciente de que a comunicação que ocorre durante a entrevista é fundamental em todos os sistemas.

Condução da entrevista de avaliação de desempenho

Estude antecedentes do funcionário e avaliações de desempenho recentes. Analise a autoavaliação do funcionário. Compreenda a natureza da posição do funcionário e o trabalho dele. Fique atento à adequação entre o funcionário, a posição e a organização. Identifique com antecedência o objetivo principal da entrevista, especialmente se ela é uma de várias com um funcionário. Prepare questões-chave e formulários pertinentes às metas mensuráveis.

> **Escolha e compreenda a perspectiva da entrevista.**

Conheça a si mesmo e os funcionários. Você está ciente de suas parcialidades potenciais e de como pode minimizá-las ou eliminá-las na entrevista? Abordará a entrevista de uma perspectiva de avaliação ou de desenvolvimento? De uma **perspectiva de avaliação**, você poderá ver a entrevista como requerida e programada pela organização, conduzida e direcionada por superiores, controlada de cima para baixo, baseada em resultados, orientada pelo passado, preocupada com *o que*, e não com o *como*, e satisfatória para a organização. Em contraste, em uma **perspectiva de desenvolvimento**, a entrevista é iniciada por indivíduos sempre que necessária, conduzida e direcionada por subordinados, controlada de baixo para cima, baseada em habilidade, orientada para o agora e o futuro, preocupado com o *como*, cooperativa e autossatisfatória. Escolha uma abordagem de desenvolvimento e "o *coaching* catalítico" de Markle, em vez de uma abordagem de avaliação.

> **O relacionamento influencia ambas as partes e a natureza da entrevista.**

Compreenda a relação que existe entre você e o funcionário. Qual é o histórico de seu relacionamento? Você é a melhor pessoa para o papel entrevistador? Será que o entrevistado preferiria outra pessoa? Quão motivada está cada parte para participar do processo? Como o controle será partilhado? Uma pesquisa revelou que dois ou mais analistas frequentemente avaliam o mesmo funcionário de forma diferente porque suas relações são diferentes.

Programe as entrevistas com muita antecedência, para que ambas as partes possam se preparar de forma adequada e completa. Elabore um possível plano de ação para ser implementado após a entrevista.

Abertura da entrevista

Para deixar o entrevistado à vontade, faça uma saudação agradável e amigável. A disposição da cadeira destinada ao entrevistado não deve ser ameaçadora nem marcar a hierarquia entre superior e subordinado. O medo do que entrevistas de avaliação de desempenho podem produzir interfere na comunicação entre as partes e impede o processo de revisão de alcançar seu pleno potencial.[30]

> **Esteja preparado mas flexível na abertura da entrevista.**

Para estabelecer empatia, apoie o funcionário e dedique alguns minutos a uma conversa informal. Faça um resumo de como a entrevista será feita. Se o funcionário quiser dizer algo antes do início da entrevista, ouça-o. Muitas vezes, uma situação não planejada pode melhorar o clima da comunicação. Incentive o funcionário a fazer perguntas, levantar temas e participar ativamente durante toda a entrevista.

Discussão de desempenho

> **Use toda a sua habilidade de escuta.**

Habilidades de comunicação são essenciais para entrevistas de avaliação de desempenho bem-sucedidas. Esteja ciente de seus próprios sinais não verbais e observe aqueles que emanam do entrevistado. Não é tanto *o que* é dito, mas *como* é dito. Ouça atentamente o entrevistado e adapte sua abordagem de escuta às mudanças de demanda da entrevista, ouvindo compreensivamente quando você precisa entender, de maneira avaliadora quando deve avaliar, empaticamente quando tem que mostrar sensibilidade e compreensão, e resolutamente quando desenvolver cursos de ação para melhorar o desempenho.

"Seja um ouvinte ativo" é um bom conselho e senso comum, mas, segundo Goodall, Wilson e Waagen, os entrevistadores têm de saber *por que* devem fazer isso: "Há muitos motivos para agir assim, como apresentar um comportamento de avaliação eficiente, mostrar preocupação com o bem-estar do entrevistado ou recolher provas que possam ser usadas a favor do subordinado ou contra ele, em uma data posterior".[31] As duas primeiras são positivas, mas a terceira pode ser prejudicial para a entrevista e interações futuras.

> O feedback é essencial em entrevistas de avaliação de desempenho.

Para manter uma atmosfera que garanta comunicação de duas vias além do nível 1, seja sensível, ofereça *feedback* e reforço positivo, reflita sobre sentimentos e troque informações. O *feedback* pode ser a habilidade mais importante. Convoque uma equipe de entrevistadores, em vez de um único. Segundo pesquisas, a abordagem de banca produz maior validação de julgamento, melhor planejamento de ações de desenvolvimento, maior conformidade com as leis de igualdade de oportunidades de emprego, expectativas de promoção mais realistas, além de reduzir percepções de favoritismo.

> Desenvolva um diálogo verdadeiro com o entrevistado.

Torne a discussão plena e aberta entre ambas as partes, com o objetivo de melhorar o desempenho individual e organizacional. As chaves para o sucesso são as suas habilidades para comunicar informação de forma eficaz e incentivar um diálogo aberto. Esforce-se para ser um *coach* em gestão de carreira e desenvolvimento.

Discuta o desempenho total do entrevistado, não apenas um evento. Comece com áreas de excelência para que você possa se concentrar nos pontos fortes da pessoa. Esforce-se por um objetivo, pela integração positiva de trabalho e resultados. Aborde os padrões que são cumpridos e incentive o entrevistado a identificar pontos fortes. Comunique informações factuais, relacionadas ao desempenho, e dê exemplos específicos.

> Faça um esforço para obter um equilíbrio entre elogios e críticas.

Tanto elogios quanto críticas excessivas podem criar ansiedade e desconfiança. Os funcionários esperam e desejam discutir deficiências de desempenho. Um funcionário que não recebe *feedback* negativo ou sugestões de formas de melhorar não vai saber que comportamento mudar. Discuta as melhorias necessárias em termos de comportamentos específicos de forma construtiva, não diretiva e solucionadora de problemas. Funcionários são propensos a saber o que eles não estão fazendo, mas provavelmente não sabem o que deveriam estar fazendo. Deixe o funcionário oferecer insumos. Sonde com tato e sensibilidade as causas dos problemas. Entretanto, não sobrecarregue o funcionário de críticas. Quanto mais você apontar deficiências, mais ameaçado, ansioso e defensivo o funcionário se tornará. À medida que a percepção de ameaça aumenta, intensifica-se a atitude negativa da pessoa em sua direção e ao processo de análise. Muitas vezes, não é aquilo que se pretende que conta, mas o que a outra parte acredita que se pretende.

Terry Lowe identifica sete maneiras de arruinar uma análise de desempenho.[32] O **efeito halo** ocorre quando você apresenta avaliações favoráveis em todos os deveres e o entrevistado se destaca em apenas um. O **efeito forquilha** leva a avaliações negativas em todas as facetas do desempenho por causa de uma característica em particular que você não gosta em outras pessoas. A **tendência central** leva você a não atribuir classificações extremas às facetas de desempenho. O **erro de novidade** ocorre quando você se baseia demasiadamente nos eventos ou níveis de desempenho mais recentes. O tempo de serviço de um entrevistado pode levar você a supor que o desempenho atual é alto porque o desempenho passado foi alto. O **avaliador frouxo** reluta em apontar áreas de fraqueza e se atém às áreas medianas ou melhores do desempenho. O **avaliador rígido** acredita que ninguém é capaz de desempenhar funções de acordo com os padrões necessários. E os **avaliadores competitivos** defendem que apenas eles são capazes de ter um desempenho eficaz, mais ninguém.

> Use ferramentas de perguntas para obter e verificar informações.

Resuma a discussão de desempenho e certifique-se de que o funcionário teve amplas oportunidades de fazer perguntas e comentários antes de estabelecer metas. Use sondagens reflexivas e do tipo espelho para verificar a informação recebida e o *feedback* dado. Faça perguntas de tratamento de informação para garantir que o funcionário não tem outras preocupações ou comentários.

Estabelecimento de novas metas e de um plano de ação

> Foque no futuro e não no passado.

O estabelecimento de metas é a chave para análises bem-sucedidas de desempenho e deve representar 75% da entrevista. Concentre-se no desenvolvimento futuro de desempenhos e carreiras. Segundo Hill, "Embora seja importante avaliar com base no desempenho passado, devem-se considerar também a antecipação de crescimento futuro, a definição metas e o estabelecimento de planos de carreira".[33]

> O entrevistado deve ser um participante ativo.

Siga estas orientações ao discutir e estabelecer metas. Reveja metas anteriores antes de definir novas, porque ambas as partes devem ser capazes de determinar quando os objetivos foram atingidos e por quê. Estabeleça poucas metas que sejam específicas e bem definidas (em vez de ambíguas), práticas, nem muito fáceis nem muito difíceis e mensuráveis. Evite declarações do tipo "ou isso ou aquilo", demandas e ultimatos. Combinar *feedback* e sugestões de funcionários com um estabelecimento de metas claro – evitando imposição intencional ou não de metas – produz as mais altas satisfações entre os funcionários. Decida sobre os procedimentos de acompanhamento com o funcionário e também como as metas serão implementadas.

Encerramento de entrevista

> Encerre com a percepção de que a entrevista foi verdadeiramente valiosa para ambas as partes.

Não apresse o encerramento. Certifique-se de que o entrevistado entendeu tudo o que aconteceu. Conclua com uma nota de confiança e de comunicação aberta. Encerre com a sensação de que essa foi uma sessão importante para o entrevistado, o entrevistador e a organização. Se você tiver preenchido um formulário requerido para a ocasião, assine os acordos. Se a política organizacional permitir, peça aos entrevistados que anotem os itens que os mobilizaram significativamente durante a entrevista. Ofereça uma cópia do formulário assinado como um registro do plano para o período de desempenho vindouro.

O funcionário na avaliação de desempenho

> Faça uma autoavaliação antes da entrevista.

Mantenha registros completos, detalhados, precisos e verificáveis de suas atividades, iniciativas, conquistas, sucessos e problemas.[34] Faça uma lista das metas estabelecidas na última avaliação de desempenho. Guarde cartas e e-mails que contenham comentários positivos e voluntários de supervisores, colegas, subordinados, clientes e gestores. Analise seus pontos fortes e fracos, e esteja preparado para ações corretivas com ideias para melhorar o seu desempenho. A autocrítica pode aliviar a crítica dos outros.

> **Trate a entrevista com uma atitude positiva.**

Pelo menos metade da responsabilidade de ter uma entrevista de avaliação de desempenho bem-sucedida cabe a você. Aborde a entrevista como uma fonte valiosa de informações sobre possibilidades de melhoria, uma chance de obter *feedback* significativo sobre como a organização vê o seu desempenho e o seu futuro, e como uma oportunidade de mostrar seus pontos fortes e suas conquistas. Esteja preparado para dar exemplos concretos de como você correspondeu às expectativas propostas ou as ultrapassou. Elabores perguntas inteligentes. Esteja pronto para discutir metas de carreira.

> **Evite uma postura defensiva desnecessária.**

Mantenha um relacionamento produtivo e positivo com o entrevistador e não fique na defensiva, a não ser que haja algo que justifique essa postura. Se o entrevistador o colocar na defensiva, mantenha contato visual direto e esclareça os fatos antes de responder às acusações. Pergunte: "Como essa informação chamou a sua atenção?" ou "Qual é a estimativa exata de produção para o terceiro trimestre?". Isso lhe dará tempo para formular respostas minuciosas e razoáveis baseadas na completa compreensão situação. Responda a todas as perguntas cuidadosamente. Peça ao entrevistador que esclareça perguntas que você não compreendeu. Dê justificativas, não desculpas. Avalie seu desempenho e suas habilidades com sensatez e seja honesto consigo mesmo e com seu supervisor. A descrição do que você é, do que pensa que é, do que os outros pensam que é e do que gostaria de ser pode revelar pessoas diferentes.

> **Um bom ataque é melhor do que uma boa defesa.**

A entrevista de avaliação de desempenho não é um momento para ser tímido ou apagado. Mencione realizações como projetos especiais ou extras, auxílios que você tenha dado a outros funcionários e envolvimento comunitário em prol da organização. Seja honesto a respeito dos desafios e problemas que você espera encontrar no futuro. Corrija quaisquer falsas impressões ou suposições equivocadas. Não tenha medo de pedir ajuda.

> **Deixe seu temperamento na porta.**

Se for confrontado com um problema sério, descubra quanto tempo disponível existe para que ele seja solucionado. Sugira ou peça formas de solucionar suas diferenças o mais breve possível. A função do entrevistador não é humilhá-lo, mas ajudá-lo a crescer para o seu próprio bem e para o bem da organização. Mantenha a calma. Repreender o seu supervisor pode provocar uma breve sensação de satisfação, mas, depois disso, essa pessoa continuará a ser o seu supervisor, e o problema ficará pior. Não tente melhorar tudo de uma só vez. Estabeleça prioridades com metas de curto e longo prazos.

Durante o encerramento, resuma ou reafirme os problemas, as soluções e novas metas com suas próprias palavras. Tenha certeza de ter entendido tudo que foi colocado e os acordos firmados para o próximo período de revisão. Esteja certo de que as recompensas estão de acordo com o seu desempenho. Encerre com uma observação positiva e com determinação para alcançar as novas metas.

Entrevista de problema de desempenho

Quando um empregador tem problemas com um funcionário, a situação pode variar de faltas em excesso, dificuldade em seguir regras e procedimentos e insubordinação a supervisores em ações que ameaçam o bem-estar de colegas e supervisores, da organização e dos clientes. A prática corrente serve para lidar com casos extremos, como um problema de desempenho que requer *coaching*, e para evitar o uso do termo *disciplina* que *implica culpa*. Em muitos lugares, os empregadores devem aplicar a *justa causa* para disciplinar ou demitir um funcionário.

Determinação da justa causa

Justa causa "significa uma razão suficientemente justa" para uma ação que um litigante pode provar perante um juiz.[35] Quando diz respeito a um emprego, a justa causa quer dizer que um empregador deve ter justificativa suficiente para disciplinar um funcionário para melhorar seu desempenho (em vez de uma punição) ou para demiti-lo por causa de "má conduta irreconciliável ou inconsistente de acordo com o contrato de emprego".[36] O oposto da justa causa é à vontade, ou seja, "qualquer uma das partes pode encerrar o contrato de trabalho a qualquer momento e por qualquer razão".[37]

Em 1966, Carroll Daugherty da Northwestern University desenvolveu sete testes para justa causa para serem utilizados na arbitragem das queixas entre trabalhadores e empregadores.[38] Desde então, eles se tornaram o critério padrão empregado nas ações de disciplina e de demissão tanto dos funcionários sindicalizados quanto dos não sindicalizados.[39] Os sete testes ou critérios para justa causa apresentados a seguir podem servir como guia na condução de entrevistas de problema de desempenho.

- *O funcionário recebeu advertências claras e inequívocas sobre possíveis consequências disciplinares pelo não cumprimento das regras ou instruções?*

  Em um curto intervalo de tempo, faça uma advertência verbal e providencie uma por escrito.

- *A regra ou instrução estava razoavelmente relacionada à operação ordeira, eficiente e segura da organização?*

  Essa regra ou instrução deve ser aplicada rotineira e igualmente a todos os funcionários que exercem funções semelhantes.

- *Antes de tomar uma atitude, o suposto incidente foi investigado a tempo para determinar se o funcionário de fato desobedeceu a uma regra ou instrução?*

  A tempo, geralmente, significa que uma investigação ocorreu dentro de um a três dias.

- *A investigação foi conduzida dentro das regras, com objetividade e de forma imparcial?*

  O empregador entrevistou todas as partes envolvidas e obteve todas as provas e documentações necessárias?

- *Evidências e documentações adequadas foram reunidas para provar que a violação de uma regra ou instrução ocorreu?*

  Escreva o problema em detalhes e obtenha as provas e os registros necessários antes de se preparar para uma entrevista de problema de desempenho.

> Trate todos os funcionários de maneira justa e igualitária.

> **A punição deve estar de acordo com a infração.**

- *Todos os funcionários que violaram uma regra ou instrução receberam o mesmo tratamento?*
  Cada investigação organizacional de um problema de desempenho deve ser conduzida exatamente da mesma forma sem nenhum sinal de discriminação.
- *A sanção aplicada está razoavelmente ligada à seriedade do problema e ao histórico de desempenho do funcionário?*
  As sanções devem ser adequadas ao problema de desempenho e progressivas, e não regressivas em sua natureza.

Preparação para a entrevista

> **Ensaie antes de realizar a entrevista de verdade.**

Prepare-se para as entrevistas sobre baixo desempenho participando de casos realistas de interpretação de papéis. Esses ensaios podem reduzir a ansiedade e ajudá-lo a antecipar as reações, questões e contra-argumentações dos funcionários. A variedade de situações e de entrevistados encontrada pode auxiliá-lo a refinar as suas formatações de caso, perguntas e respostas.

Simulações por meio de interpretação de papéis, revisão de literatura sobre situações de problemas de desempenho e discussões com entrevistadores experientes darão algumas pistas do que pode surgir. Por exemplo, Monroe, Borzi e DiSalvo descobriram que funcionários envolvidos em 93% dos problemas de desempenho apresentam quatro respostas comuns:[40]

> **Esteja preparado para reações e respostas comuns.**

1. *Conformidade aparente*: educação em excesso e deferência, desculpas, promessas ou declarações de boas intenções.
2. *Influência relacional*: os funcionários afirmam que, como estão na organização há mais tempo que o entrevistador, sabem mais e são melhores. Portanto, como base nisso, você não pode mandá-los embora ou discipliná-los. Esses funcionários fazem referência a amigos ou parentes que trabalham na organização ou ao relacionamento próximo com eles.
3. *Álibis*: reclamações relacionadas a cansaço, doenças, trabalho em excesso, cortes de orçamento e problemas familiares. Nesse caso, a culpa é de outra pessoa ou de poucas instruções e informações.
4. *Evasão*: sumir em função de doença ou no período de férias, não responder a comunicados ou telefonemas, ou não marcar reuniões.

> **Que evidências você tem da infração?**

Recapitule todas as etapas que o levaram à informação de que o funcionário cometeu uma infração passível de entrevista. Você viu a infração diretamente, como no caso de absenteísmo, mão de obra de baixa qualidade, intoxicação, assédio a outro funcionário ou insubordinação? Você descobriu indiretamente, por meio de terceiros, ou observou os resultados (como entrega atrasada de relatórios, produtos de baixa qualidade ou metas não atingidas)? Você previa uma infração por causa de incidentes, comportamentos e estereótipos prévios? Por exemplo, afro-americanos e outras minorias são frequentemente observados mais de perto que outros porque os supervisores acreditam que eles são mais suscetíveis a violar as regras. Entretanto, os supervisores tendem a ser indulgentes com as pessoas que eles percebem como amáveis, semelhantes ou que possuam um alto *status* ou talento excepcional. Os supervisores podem evitar confrontar pessoas que eles sabem que irão "explodir" se confrontadas. Não confrontar é a saída mais fácil.

> Faça distinção entre a seriedade das infrações.

Depois, decida se o problema percebido merece uma revisão. Absenteísmo e baixo desempenho são geralmente considerados mais sérios do que atrasos ou brincadeiras inadequadas entre os funcionários. Determine a causa da infração porque isso influenciará como você irá conduzir a entrevista e qual ação deverá tomar.

Reveja o desempenho passado e o histórico do funcionário. Duas razões básicas para a tomada de ação são baixo desempenho ou um funcionário perturbado. Quando o desempenho de uma pessoa declina gradualmente ou de repente, a causa pode ser motivacional, pessoal, estar relacionada ao trabalho ou à supervisão. Quedas de desempenho podem ser indicadas por oscilações no comportamento do funcionário. Fique atento a indicadores de desempenho como presença, qualidade ou quantidade de trabalho, boa vontade para receber instruções e cooperação.

Há vários fatores externos à empresa que podem tornar um funcionário problemático: dependência de drogas ou álcool, dificuldades na vida conjugal, problema com um filho ou depressão. Muitas vezes, um funcionário rouba a empresa por causa de vício com apostas, drogas ou álcool ou para gastar com um namorado ou namorada. Esses funcionários necessitam de aconselhamento profissional.

> Dimensões relacionais são fundamentais nas entrevistas de problema de desempenho.

Para princípios aplicáveis na entrevista de problemas de desempenho, veja a parte sobre desempenho neste capítulo e no Capítulo 11, na entrevista de aconselhamento. Considere as dimensões relacionais abordadas no Capítulo 2. Frequentemente, nenhuma das partes quer realizar a entrevista, e talvez você tenha postergado a situação até que não houvesse mais outro recurso e após diversos problemas terem se acumulado. Conforme um problema específico atinge seu ponto crítico, você e o funcionário podem vir a não gostar e a desconfiar um do outro, até o ponto de ocorrerem abusos verbais e não verbais.

Manter a si mesmo e a situação sob controle

> Raiva descontrolada pode destruir uma interação.

Embora queira evitar um problema antes que ele se torne crítico, não conduza uma entrevista sobre baixo desempenho quando estiver com raiva. Você não conseguirá controlar a entrevista se não conseguir se controlar. Confiança, cooperação e abertura são difíceis de conseguir em um ambiente ameaçador.

Quando uma ou as duas partes tiverem dificuldade em conter sua raiva ou animosidade, siga estas sugestões.

- *Realize a entrevista em um local reservado.* Encontrem-se onde você e o funcionário possam discutir o problema de forma livre e aberta.
- *Quando problemas graves aparecem, considere postergar o confronto e obter assistência.* Deixe os ânimos esfriarem. Você pode querer consultar um conselheiro ou ligar para a segurança antes de agir.

- *Chame uma testemunha.* A testemunha deve ser outro supervisor, porque chamar outro funcionário para ser testemunha contra um colega é perigoso para todas as partes envolvidas. Siga à risca todos os procedimentos descritos no contrato do sindicato e nas políticas organizacionais.

Foco no problema

> Lide com fatos, e não com impressões e opiniões.

Lide com *fatos* específicos, como faltas, testemunhas, registros do departamento e ações disciplinares anteriores. Não permita que a situação se torne uma competição: "Bem, veja todas as vezes em que cheguei no horário" ou "Como é que outras pessoas não são cobradas por isso?".

- *Registre todos os fatos disponíveis.* Sindicatos, as leis de igualdade de oportunidades de emprego e advogados frequentemente exigem registros completos e precisos. Faça anotações detalhadas, registre a data e o horário em todos os materiais que poderão ser utilizados mais tarde e pegue a assinatura ou as iniciais do entrevistado para proteção legal. Organize os **papéis**.

> Evite acusações sem provas.

- *Não acuse o funcionário.* Evite palavras e declarações como causador de problemas, bêbado, ladrão e mentiroso. Como você não pode fazer diagnósticos, evite termos médicos.

- *Cuidadosamente introduza observações.* Inicie os comentários com frases como: "De acordo com seu relatório de presença...", "Pelo que percebo..." e "Tenho observado...". Isso o força a ser factual e evita que se acuse um funcionário de ser culpado até que se prove o contrário.

> Faça perguntas que estimulem o entrevistado a falar.

- *Faça perguntas que permitam que o funcionário expresse seus sentimentos e explique seu comportamento.* Inicie as perguntas com "Conte-me o que aconteceu...", "Quando ele disse aquilo, o que você fez...", "Por que você sente isso...?". Por meio de perguntas de final aberto, você pode obter fatos, sentimentos e explicações do funcionário.

Evite conclusões durante a entrevista

Uma conclusão precipitada pode criar mais problemas do que resolvê-los. Algumas organizações treinam os supervisores para que utilizem declarações padrão em situações específicas. Ao dispensar um funcionário do trabalho, você pode dizer:

"Não acredito que você esteja em condições de trabalhar, então acho melhor você ir para casa. Procure-me amanhã às..."

"Quero que você vá até a enfermaria e faça um exame; traga-me uma carta do médico quando retornar à minha sala."

"Estou dispensando você do trabalho. Ligue para mim amanhã pela manhã, às nove horas, e então conversaremos sobre qual ação vou tomar."

Nunca conduza uma entrevista de avaliação de desempenho quando você estiver com raiva. Escolha um local reservado para o encontro.

> **Demore para tirar conclusões.**

Depois disso, converse com outras pessoas a respeito do funcionário, pense em possíveis ações e dê um tempo para que todos os envolvidos se acalmem.

Encerramento de entrevista

Conclua a entrevista de forma neutra. Discipline, se for o caso. Perceba, no entanto, que deixar para agir mais tarde pode lhe dar tempo para pensar mais claramente sobre o incidente. Seja consistente com as políticas organizacionais, o contrato do sindicato e todos os funcionários. Consulte as ações disciplinares indicadas pela sua organização para ofensas específicas.

Resumo

Avalie o desempenho de um funcionário com base nos padrões acordados anteriormente entre as partes. Aplique os mesmos objetivos para todos os funcionários que estejam desempenhando uma função específica. Estudos e bom senso indicam que desempenho, promoção e assuntos relacionados a problemas devem ser discutidos em sessões de entrevista diferentes. Entrevistas de avaliação de desempenho devem acontecer ao menos duas vezes por ano, enquanto entrevistas sobre promoção, salário e problemas de desempenho normalmente ocorrem quando necessário. Lide com problemas de desempenho antes que eles interrompam o trabalho ou a associação do funcionário com a sua organização. Selecione o modelo de avaliação de desempenho mais apropriado para a sua organização, seus funcionários e suas funções.

Tanto para o empregador quanto para o funcionário, flexibilidade e abertura de espírito são chaves importantes para entrevistas de avaliação de desempenho de sucesso. A flexibilidade deve ser equilibrada com uma dose de compreensão e tolerância em relação às diferenças de cada um. O processo do desempenho deve ser contínuo, sem início ou fim específicos. Supervisores e subordinados são constantemente julgados pelas pessoas ao seu redor. Ao obterem *insights* sobre seus comportamentos e como eles afetam os outros, as duas partes podem se tornar pessoas melhores e membros melhores da organização.

Termos-chave e conceitos

À vontade
Abordagem 360 graus
Avaliador competitivo
Avaliador frouxo
Avaliador rígido
Clima de apoio
Coaching catalítico

Efeito forquilha
Efeito halo
Erro recente
Escalas de classificação de base comportamental
Feedback com base no comportamento

Feedback de múltiplas fontes
Gestão por objetivos
Justa causa
Modelo de entrevista de avaliação de desempenho global
Tendência central

Entrevista de avaliação de desempenho para revisão e análise

Living in the Great Outdoors é um grupo do Meio-Oeste norte-americano em rápida expansão que comercializa produtos gerais e atende quem vive, trabalha e joga ao ar livre. Ele oferece linhas completas de roupas para crianças e adultos, equipamentos de pesca, caça, para caminhada e para a prática de esqui, e móveis para cabanas e para um segundo lar. Melissa Swenson é gerente de uma grande loja do grupo Living in the Great Outdoors que fica próxima a Duluth, em Minnesota. Gabe Johansen é o gerente de doca há pouco mais de um ano. Esta é uma entrevista de avaliação de desempenho semestral. A entrevista vai ocorrer na sala da gerente, às 15h30 de uma sexta-feira, pouco antes de Gabe sair do trabalho para um feriado de três dias.

Quão eficazes são a construção do relacionamento e a orientação? O clima é solidário ou defensivo? Com qual eficácia o gerente e o supervisor de produção lidam com os aspectos positivos do desempenho antes de chegarem aos aspectos negativos? Quem domina uma fase específica da entrevista? Com qual eficácia as partes estabelecem metas para o próximo período de revisão? Com qual eficácia a entrevista é encerrada? Qual é a habilidade do gerente como *coach*?

1. **Entrevistador:** Boa tarde, Gabe, sente-se.
2. **Entrevistado:** Obrigado. É um ótimo dia de outono com um final de semana de três dias.
3. **Entrevistador:** Algum plano?
4. **Entrevistado:** Sim. Ir à casa do Andy no Estado de Dakota do Norte, e estamos planejando fazer uma caminhada ao longo do Lago Superior.
5. **Entrevistador:** Que ótimo! Que jeito maravilhoso de passar um tempo com seu filho. Alguma pergunta antes de começarmos a revisão de outono?
6. **Entrevistado:** Na verdade, não. Temos discutido o meu desempenho e os problemas das docas de entrega de tempos em tempos.
7. **Entrevistador:** Isso ajuda, não? Como eu disse antes, estamos muito satisfeitos com seu desempenho como gerente de doca. Antes de você assumir, era comum levarmos mais de um dia para descarregarmos um caminhão, e isso significava que um motorista tinha que pernoitar e que sua jamanta ficaria fora de uso por mais um dia.
8. **Entrevistado:** Nunca entendi por que levava tanto tempo. Você apenas descarrega as coisas de maneira ordenada.
9. **Entrevistador:** Correto. Não é incomum agora que você descarregue um caminhão em apenas metade de um dia.
10. **Entrevistado:** Muito disso devemos ao meu pessoal que realmente comprou a ideia dos novos procedimentos e atribuições. Francamente, tenho medo de que, com o corte de custos que está havendo, nosso recorde não seja tão bom no próximo trimestre.
11. **Entrevistador:** Não se preocupe com isso. Dou cobertura a você.
12. **Entrevistado:** É bom escutar isso.
13. **Entrevistador:** (sorriso). Estamos preocupados com um aumento dos danos com os utilitários domésticos. Nossos registros indicam que houve um lento, mas constante aumento nos danos enquanto o tempo de descarregamento diminui. Você poderia falar sobre isso?
14. **Entrevistado:** Bem... Eu não estava ciente do aumento dos danos. Quando se está movimentando milhares de itens de um caminhão para que sejam armazenados, é inevitável que se deixe alguma coisa cair, especialmente quando se trata de descarregamento de itens frágeis que devem ser movidos de um contêiner para prateleiras.
15. **Entrevistador:** Os danos têm ocorrido na maior parte das vezes do caminhão para o chão, não do caminhão para o armazenamento ou ao colocar o produto nas prateleiras ou nos expositores.
16. **Entrevistado:** Como você sabe disso?
17. **Entrevistador:** Instruí nossos estocadores a me contatar quando eles abrem um contêiner e encontram produtos danificados. Quase todo o dano ocorre do caminhão para o chão. Vi muito pouco dano de itens colocados nas prateleiras ou em expositores.
18. **Entrevistado:** Talvez parte desse dano, quem sabe muito dele, esteja acontecendo quando os caminhões estão sendo carregados. Eles realmente amontoam as coisas lá dentro com empilhadeiras.
19. **Entrevistador:** Agora, todos os itens são cuidadosamente checados antes de serem carregados para dentro dos contêineres, e um supervisor assina um documento referente aos itens e observa o carregamento deles.
20. **Entrevistado:** Entendo. Quando você ia me falar sobre esse problema?
21. **Entrevistador:** Eu queria ter certeza de ter toda a informação necessária e que poderia documentá-la antes de confrontar você. Não estou culpando você pessoalmente, é claro. Com certeza não acredito que você tenha quebrado itens pessoalmente, mas precisa supervisionar sua doca com maior cuidado, tanto quando os caminhões estão sendo descarregados quanto no momento em que os produtos estão sendo transportados para o chão.
22. **Entrevistado:** Bem, não é fácil estar em dois lugares ao mesmo tempo. Reduzimos

drasticamente o tempo de descarregamento e liberação dos nossos caminhões de entrega porque estou exatamente lá durante o processo. Se deixo a área de descarregamento e ando pelo armazém, preocupo-me com a velocidade do descarregamento.

23. **Entrevistador:** Gabe, você precisa escolher pessoas de sua confiança para fazer o que deve ser feito sem a sua supervisão constante. Não espero que descarregue os caminhões e supervisione ao mesmo tempo. Você é gerente, não é a equipe.
24. **Entrevistado:** Entendo o que você está dizendo, mas é que sempre fui do tipo que coloca a mão na massa. Acho que meu pessoal me respeita porque não tenho medo de sujar as mãos.
25. **Entrevistador:** Você deve encontrar o equilíbrio ideal entre ser gerente e membro da equipe. Trabalhe na redução da sua supervisão e contando com pessoas para as quais você pode confiar mais responsabilidade. Você escolheu a sua equipe, então agora deve escolher os líderes entre eles.
26. **Entrevistado:** Está bem. O que mais?
27. **Entrevistador:** Não muito mais, na verdade. Gostaria que você fosse um pouco mais flexível com a atribuição dos trabalhos.
28. **Entrevistado:** O que você quer dizer com isso?
29. **Entrevistador:** Bem... quando você não tem um caminhão agendado, precisamos que ajude em outras áreas.
30. **Entrevistado:** Em quais? Estou com as mãos cheias de trabalho na doca na maioria das vezes. E sou gerente da doca.
31. **Entrevistador:** Sim, você é, e sei que tem bastante trabalho quando um caminhão está lá. No entanto, poderíamos usá-lo nos expositores e, às vezes, colocando os produtos no chão. Você não parece muito contente quando solicitado a ajudar em outras áreas.
32. **Entrevistado:** Não me lembro de nenhuma dessas pessoas se voluntariando ou sendo solicitadas a nos auxiliar na doca. Nem tenho certeza de que a maioria das pessoas sabe onde fica a doca.
33. **Entrevistador:** Entendo o que você está sentindo, mas trabalhe o fato de ficar menos ansioso quando solicitado para auxiliar em outros lugares.
34. **Entrevistado:** Estou ansioso?
35. **Entrevistador:** Bem, vamos concluir com um fato positivo. Estou muito satisfeito com seu desempenho como gerente de doca, sua posição principal. Tudo o que estou pedindo é que fique um pouco mais atento para reduzir os danos e que tenha um pouco mais de boa vontade para ajudar outras áreas quando tiver tempo.
36. **Entrevistado:** Está bem. Posso fazer isso. Mais alguma coisa?
37. **Entrevistador:** Não, é só isso. Tenha um ótimo final de semana fazendo caminhadas com seu filho.

Casos de interpretação de papéis de avaliação de desempenho
Especialista em manutenção de aeronave

O entrevistador é o supervisor de manutenção nas instalações centrais de manutenção e reparo da Mid-American Airlines, uma empresa de transportes regional. Ele está conduzindo uma entrevista de avaliação de desempenho trimestral com um especialista em manutenção que entrou na companhia aérea há três anos, logo que se formou em um programa universitário de tecnologia da aviação. Seu histórico é excelente, com apenas alguns problemas pequenos que parecem ter sido resolvidos. Infelizmente, a companhia sofreu com uma publicidade negativa em função de dois incidentes recentes, nos quais filas de assentos se desprenderam durante os voos. Não houve nenhum ferido, mas a Administração Federal de Aviação e grupos de advogados do consumidor estão exigindo respostas. Como o entrevistado é o principal responsável pela checagem e pelo reparo dos assentos dos passageiros, o entrevistador o questionará sobre os motivos que provocaram os acidentes e sobre as medidas tomadas para que eles não ocorram mais.

Técnica de voleibol

O entrevistador é o diretor atlético da Forbes College, que faz as revisões de desempenho de todos os treinadores antes do início das temporadas, no final de agosto, e quando as temporadas acabam, de janeiro a maio. A entrevistada é a técnica do time de voleibol feminino, que venceu 54% dos jogos disputados nos últimos três anos. Espera-se que este ano seja um ano importantíssimo, porque o time está com muita experiência e traz duas novas e ótimas jogadoras. A entrevista se concentrará na probabilidade de uma temporada fantástica e em como a técnica está trabalhando para motivar o time individualmente e como um todo. Seus times normalmente começam fortes e então se apagam quando estão próximos do final da temporada. O grau de sucesso do time nesta temporada pode determinar o futuro da técnica na Forbes College.

Gerente de varejo

A entrevistadora é gerente de uma grande loja de departamentos e conduz revisões de desempenho com os gerentes de departamento duas vezes por ano. A funcionária a ser entrevistada é gerente do departamento feminino. Ela tem 42 anos de idade e é mãe solteira de quatro filhos, cujas idades variam de 13 a 19 anos. A entrevistada faz um excelente trabalho: antecipa problemas, pensa em uma variedade de soluções apropriadas para cada problema e é altamente profissional nos seus modos de agir e na forma de vestir. Infelizmente, está começando a chegar tarde ao trabalho com alguma frequência e parece ter desculpas prontas para cada ocasião, algumas das quais são dificilmente críveis. A entrevistadora tem que decidir como abordar essa gerente sobre os efeitos que seus atrasos têm causado no seu departamento, sem que isso afete o seu ótimo trabalho. Ela não quer perder essa gerente, mas precisa ajudá-la a corrigir o problema.

Solucionador de problemas

O entrevistador é o vice-presidente de uma grande fabricante de produtos de papel que tem plantas nos Estados Unidos e em muitos outros países. Ele supervisiona gerentes de fábrica e engenheiros que viajam semanalmente para diferentes unidades com o propósito de resolver problemas de produção, instalar novos sistemas de computador, solucionar problemas desses sistemas e treinar pessoal para operar novos equipamentos de produção. O entrevistado, um ex-gerente de unidade, é um solucionador de problemas excelente, mas que não parece muito feliz com as constantes viagens, pois elas o deixam longe da família. Essa entrevista de avaliação de desempenho visa manter o entrevistado feliz e no emprego, bem como fazer a revisão do seu desempenho.

Atividades para o aluno

1. Entreviste o diretor de recursos humanos de uma organização de médio a grande porte sobre revisões de desempenho. Eis algumas perguntas para conduzir a entrevista: "Que sistema ou modelo de avaliação de desempenho você utiliza?", "Por que escolheu esse sistema?", "Como adaptou esse modelo à sua organização?", "Como treinou os entrevistadores para serem *coaches* e não juízes?" e "Como endereça potenciais erros sistemáticos nas revisões de desempenho?".

2. Compare e contraste a abordagem do "*coaching* catalítico" da avaliação de desempenho de Garold Markle com o modelo de escalas de classificação de base comportamental, a gestão por modelo de objetivos e o modelo de entrevista de avaliação de desempenho global. Como a abordagem de *coaching* catalítico altera e aperfeiçoa cada modelo?

3. Contate supervisores de três tipos diferentes de organização: indústria, acadêmica e religiosa. Pergunte sobre o tipo e a gravidade dos problemas comportamentais que eles encontraram entre seus funcionários durante os últimos três anos. Quais eram as causas desses problemas? Como utilizaram as entrevistas de avaliação de desempenho para endereçar esses problemas? Quem estava envolvido nessas entrevistas? Como as entrevistas eram adaptadas ao tipo e à gravidade dos problemas comportamentais? Quão eficazes foram as entrevistas em resolver os problemas que necessitavam de uma demissão?

4. Demitir funcionários é sempre uma decisão difícil para as organizações. Além disso, uma demissão pode gerar alguns problemas: funcionário com raiva, ações legais por demissões injustas ou sem justificativa e demissões

seguidas por atos de violência. Entreviste três pessoas que vivenciaram a experiência de demitir pessoas e descubra como elas prepararam casos de demissão, conduzem entrevistas de problema de desempenho que irão resultar em demissão e como tentam se resguardar de processos com a justiça e de atos de violência em potencial.

Notas

1. Michael E. Gordon and Vernon D. Miller, *Conversations About Job Performance: A Communication Perspective on the Appraisal Process* (New York: Business Expert Press, 2012), p. 6.
2. Gordon and Miller, p. 7.
3. Gordon and Miller, p. x.
4. Gordon and Miller, pp. ix and 7.
5. Garold L. Markle, *Catalytic Coaching: The End of the Performance Review* (Westport, CT: Quorum Books, 2000), p. 4.
6. Taken from *Everyone's a Coach* by Don Shula and Ken Blanchard. Copyright 1995 by Shula Enterprises and Blanchard Family Partnership. Used by permission of Zondervan Publishing House (http://www.zondervan.com).
7. K. Michele Kacmar, L. A. Witt, Suzanne Zivnuska, and Stanley M. Gully, "The Interactive Effect of Leader-Member Exchange and Communication Frequency on Performance Ratings," *Journal of Applied Psychology* 88 (2003), pp. 764-772.
8. Kenneth N. Wexley, "Appraisal Interview," in R. A. Berk (ed), *Performance Appraisal: Methods and Applications* (Baltimore: Johns Hopkins Press, 1986), p. 168.
9. Gordon and Miller, pp. 25-26.
10. Ronald J. Burke, William F. Weitzell, and Tamara Weir, "Characteristics of Effective Employee Performance Review and Development Interviews: One More Time," *Psychological Reports* 47 (1980), pp. 683-695; H. Kent Baker and Philip I. Morgan, "Two Goals in Every Performance Appraisal," *Personnel Journal* 63 (1984), pp. 74-78.
11. "Guidelines for Conducting the Performance Interview," http://www.lcms.org, accessed December 19, 2006.
12. "Performance Appraisal," Answer.com, http://www.answers.com/topic/performance-appraisal?&print=true, accessed October 9, 2009.
13. H. Lloyd Goodall, Jr., Gerald L. Wilson, and Christopher F. Waagen, "The Performance Appraisal Interview: An Interpretive Reassessment," *Quarterly Journal of Speech* 72 (1986), pp. 74-75.
14. Gerald R. Ferris and Thomas R. King, "The Politics of Age Discrimination in Organizations," *Journal of Business Ethics* 11 (1992), pp. 342-350.
15. Diane Chinn, "Legal Implications Associated With a Performance Appraisal," http://www.eHow.com/info_8038194_legal-implications-associated-performance-appraisal.htm, accessed September 28, 2012; Maurice Baskin, "Legal Guidelines for Associations for Conducting Employee Evaluations and Performance Appraisals," http://www.asaecenter.org/Resources/whitepaperdetail.cfm?itemnumber=12208, accessed September 28, 2012.
16. David Martone, "A Guide to Developing a Competency-Based Performance-Management System," *Employment Relations Today* 30 (2003), pp. 23-32.
17. Stanley Silverman and Kenneth N. Wexley, "Reaction of Employees to Performance Appraisal Interviews as a Function of Their Participation in Rating Scale Development," *Personnel Psychology* 37 (1984), pp. 703-710.
18. Gordon and Miller, pp. 21 and 23.
19. This explanation comes from a booklet prepared by Baxter/Travenol Laboratories titled *Performance Measurement Guide*. The model and system were developed by William B. Cash, Jr., Chris Janiak, and Sandy Mauch.
20. Gordon and Miller, p. 25.
21. Jack Zigon, "Making Performance Appraisals Work for Teams," *Training*, June 1994, pp. 58-63.
22. Jai Ghorpade, "Managing Five Paradoxes of 360-Degree Feedback," *The Academy of Management Executive* 14 (1993), p. 140.
23. Anthony T. Dalession, "Multi-Source Feedback for Employee Development and Personnel Decisions," in *Performance Appraisal: State of the Art in Practice*, James W. Smitter, ed. (San Francisco: Jossey-Bass, 1998).
24. Ghorpade, pp. 140-150.
25. Angelo S. DeNisi and Avraham N. Kluger, "Feedback Effectiveness: Can 360-Degree Appraisals Be Improved?" *The Academy of Management Executive* 14 (1993), pp. 129-139.

26. Vernon D. Miller and Fredric M. Jablin, "Maximizing Employees' Performance Appraisal Interviews: A Research and Training Agenda," paper presented at the 2003 annual meeting of the National Communication Association at Miami Beach; correspondence with Vernon Miller, December 12, 2008.
27. Markle, pp. 76, 78.
28. Miller and Jablin; DeNisi and Kluger, pp. 136-137; Ghorpade, pp. 144-147; Markle, p. 79; Gordon and Miller, pp. 23-24.
29. Gordon and Miller, pp. ix and 17.
30. Goodall, Wilson, and Waagen, pp. 74-87; Arthur Pell, "Benefiting from the Performance Appraisal," *Bottomline* 3 (1996), pp. 51-52.
31. Goodall, Wilson, and Waagen, p. 76.
32. Terry R. Lowe, "Eight Ways to Ruin a Performance Review," *Personnel Journal* 65 (1986), pp. 60-62.
33. Hill, p. 7.
34. "Powering Up Your Annual Performance Reviews," July 23, 2009, *Executive Career Insights*, http://www.executivecareerinsights.com/my_weblog/performance-reviews/, accessed October 8, 2009.
35. "Just Cause & Legal Definition," http://definitions.uslegal.com/j/just-cause, accessed October 4, 2012.
36. "Just Cause Definition," http://www.duhaime.org/LegalDictionary/J/JustCause.aspx, accessed October 4, 2012; Diane Chinn, "Standard of Proof in an Employee's Discipline Case," http://smallbusiness.chron.com/standard-proof-employees-discipline-case-14236.html, accessed October 4, 2012.
37. Kirk A. Johnson and Elizabeth Moser, "Improvement #4: Limit 'Just Cause' Discipline and Discharge Clauses," http://www.mackinac.org/4915, accessed October 4, 2012.
38. Chinn, "Standard of Proof in an Employee's Discipline Case."
39. "What Is Just Cause?" http://www.hr.ucdavis.edu/supervisor/Er/copy_of-Justcause, accessed October 4, 2012; "Seven Tests of Just Cause," http://hrweb.berkeley.edu/guides/managing-hr/er-labor/disciplinary/just-cause, accessed October 4, 2012; Diane Chinn, "Standard of Proof in an Employee's Discipline Case"; Improvement #4.
40. Craig Monroe, Mark G. Borzi, and Vincent DiSalvo, "Conflict Behaviors of Difficult Subordinates," *Southern Communication Journal* 54 (1989), pp. 311-329.

Referências

letcher, Clive. *Appraisal, Feedback, and Development: Making Performance Work*. New York: Routledge, 2008.

Harvard Business Review Staff. *Harvard Business Review on Appraising Employee Performance*. Cambridge, MA: Harvard Business School Press, 2005.

Markle, Garold L. *Catalytic Coaching: The End of the Performance Review*. Westport, CT: Quorum Books, 2000.

Gordon, Michael E., and Vernon D. Miller. *Conversations About Job Performance: A Communication Perspective on the Appraisal Process*. New York: Business Expert Press, 2012.

Winter, Graham. *The Man Who Cured the Performance Review*. New York: John Wiley, 2009.

CAPÍTULO 10 **Entrevista persuasiva**

Este capítulo enfoca a *entrevista persuasiva* cujo propósito essencial é influenciar o modo como as partes *pensam*, *sentem* e/ou *agem*. Trata-se de uma interação *mútua*, em que ambas as partes devem desempenhar papéis ativos e determinantes, pois a persuasão é *feita com* e não *para* o outro. Você participa de entrevistas persuasivas todo dia, como consumidor ou vendedor, cliente ou advogado, paciente ou médico, aluno ou professor, eleitor ou candidato, entrevistador ou entrevistado, filho ou pai. A onipresença da persuasão em nossa vida diária levou Roderick Hart, diretor da Faculdade de Comunicação da Universidade do Texas, a afirmar o seguinte: "é preciso apenas respirar para saber algo sobre persuasão".[1]

> Em nossa sociedade, não se pode evitar a persuasão.

Os objetivos deste capítulo são ajudá-lo em questões éticas pertinentes a ambas as partes no processo persuasivo e explicitar os fundamentos referentes à preparação e participação de entrevistas persuasivas. Esses fundamentos incluem obter informações completas e precisas sobre a outra parte, a situação e a questão a ser abordada, e estar preparado para a interação, de modo que você seja um participante crítico, mas aberto.

Ética da persuasão

> Ética e persuasão estão inter-relacionadas.

Há mais de dois mil anos, o teórico grego Isócrates afirmou que não basta aprender as técnicas de persuasão, também precisamos estar conscientes da responsabilidade moral de tentar mudar ou reforçar as crenças e os comportamentos de outras pessoas.[2] As preocupações de Isócrates sobre a situação ética da antiga Grécia estão espelhadas em nossa sociedade do século XXI. Uma pesquisa recente do Instituto Gallup sobre "Honestidade/ética nas profissões" revelou que menos de 20% dos consultados veem os praticantes das seguintes profissões, listadas em ordem decrescente, com muito alto ou alto grau de ética: advogados, executivos, líderes de sindicatos de trabalhadores, corretores de bolsas de valores, publicitários, operadores de *telemarketing*, lobistas, membros do Congresso Nacional e vendedores de automóveis.[3] Em nossa sociedade, essa percepção da desonestidade levou o cientista político David Callahan a escrever o livro *The cheating culture: why most Americans are doing wrong to get ahead* (A cultura da trapaça: por que mais americanos estão trapaceando para passar na frente).[4]

Como a entrevista persuasiva é uma atividade interativa, ambas as partes compartilham imperativos éticos. De acordo com Richard Johannesen, uma das maiores autoridades em ética e persuasão, "Como receptores ou emissores de persuasão, temos a responsabilidade de manter padrões éticos de persuasão apropriados".[5] Herbert Simons, autor de vários livros sobre persuasão, faz a seguinte sugestão: "Em seu papel de comunicador e receptor de mensagens persuasivas, pergunte a si mesmo: 'Que padrões éticos devem guiar minha conduta neste caso específico?' e 'O que devo esperar dos outros?'".[6]

O que é ético?

Segundo Johannesen, "**Questões éticas** concentram-se em juízos de valor concernentes a graus de certo e errado, vício e virtude, e obrigações éticas na conduta humana".[7] Preste atenção na palavra *graus*. É fácil concordar que uma pessoa que tenta vender um esquema fraudulento de investimento ou uma reforma superfaturada de moradia a uma pessoa particularmente vulnerável ou em situação desesperadora é antiética. Outras situações podem não ser tão fáceis. Por exemplo, você pode criticar um político ou um revendedor de seguros por apelar exageradamente ao medo e depois usar os mesmos argumentos para persuadir um amigo a parar de fumar ou uma criança a jamais entrar no carro de um estranho. E o que dizer da *stealth strategy* (estratégia de invisibilidade), na qual uma pessoa "à paisana" finge ser um turista, um colega de estudo ou um cidadão preocupado, mas, na verdade, trata-se de um persuasor treinado? Mesmo uma única palavra cuidadosamente escolhida pode desequilibrar a balança: depressão em vez de recessão, socialista em vez de patrocinado pelo Estado, terrorismo para qualquer ato violento, desculpa em vez de explicação, propaganda em vez de informação.

Todas as estratégias e táticas abordadas neste capítulo, mesmo análise cuidadosa e adaptação ao outro lado, podem ser mal aplicadas e identificadas como *manipuladoras* e, por isso, antiéticas.

Diretrizes éticas fundamentais

De acordo com Kenneth Andersen, "mesmo que não queiramos forçar certo sistema de valores ou códigos éticos ao leitor, argumentamos que ele [ela] tem a responsabilidade de formar um. Acreditamos que é desejável, tanto por razões do imediatismo prático de nosso interesse pessoal quanto por motivos mais altruísticos, que uma pessoa aceite a responsabilidade por aquilo que faz em termos de persuasão tanto como receptora quanto como fonte".[8] Uma antiga "regra de ouro" permanece relevante para nossa conduta ética: "Trate os outros como gostaria de ser tratado". Se é difícil desenvolver um código de ética aplicável a todas as situações de persuasão que seja agradável para todos, Gary Woodward e Robert Denton nos oferecem um ponto de partida quando afirmam que "a comunicação ética deve ser justa, honesta e pensada de modo a não ferir outras pessoas".[9]

Seja honesto: em geral, somos todos honestos e raramente mentimos de forma deliberada. Entretanto, podemos "dissimular" quando faltamos a uma aula ou chegamos atrasado ao trabalho, "exagerar" para conquistar aprovação ou simpatia ou "fantasiar" por algum desejo ou motivo especial. Se somos realmente honestos, contudo, não tentaremos esconder nossos motivos verdadeiros, comprometer nossas ideias e ideais para obter vantagem, não descreditaremos aquilo em que acreditamos nem camuflaremos falta de vontade no cumprimento de nossos compromissos e promessas. Herbert Simons sugere que formulemos duas questões para testar nossa honestidade: "Como vou encarar a mim mesmo depois deste ato comunicativo? Poderei justificar meu ato publicamente se for chamado a fazer isso?".[10]

Seja justo: se você seguir a regra de ouro, justiça não será um problema. Faça a si mesmo perguntas a respeito da justiça. Quão vulnerável é a outra parte em razão da diferença de *status* (autoridade, *expertise*, idade, saúde, situação financeira, posição ocupada)? Qual é a seriedade das possíveis consequências de determinada entrevista? Quão adequados são meus argumentos, fatos, linguagem, tática e reivindicações? Estou empilhando objeções e queixas até quase o fim da entrevista? Estou lançando ideias e argumentos irrelevantes, triviais ou rebuscados para desvirtuar a entrevista?[11] Discordâncias fortes e às vezes emocionais são comuns em entrevistas persuasivas, mas táticas injustas podem resultar em danos irreparáveis para todas as interações com outra parte.

> Ser justo é a base de uma persuasão ética.

Seja cético: tenha uma confiança saudável nos outros, mas não seja crédulo. Cada vigarista depende de sua assistência e credulidade.[12] Equilibre sua confiança com ceticismo. Não deixe a ganância ou o lucro sem esforço tornarem você um cúmplice voluntário. Desconfie de asseverações, reivindicações, promessas e soluções simplistas que garantam resultados rápidos e acordos realmente bons. Operadores maliciosos como o financista de Wall Street Bernard Madoff, acusado de uma fraude de 50 bilhões de dólares que envolveu familiares, amigos, investidores altamente respeitáveis e celebridades, obtiveram sucesso por muitos anos porque seus clientes perguntaram pouco, não pesquisaram e recusaram-se a escutar aqueles que aconselharam cautela.

Seja ponderado e consciente ao julgar: muitas testemunhas do julgamento de Madoff relataram seus ceticismos quanto aos esquemas de investimento dele, mas o simples ceticismo não era suficiente. A noção de ética "vende-se sem garantia", viva e forte nos esquemas de pirâmide incorporados pelas operações de Madoff, coloca a obrigação da comprovação nos ombros do persuadido. Escute, pense, questione, sintetize e pesquise para então decidir se aceitará ou não uma pessoa, ideia ou proposição.[13] Ambas as partes de uma entrevista persuasiva devem formular perguntas críticas e demandar respostas baseadas em evidências sólidas. Pesquisas indicam que somos geralmente mais interessados na aparência do que na substância. Se gostamos da outra parte, que se parece conosco, age como nós, soa como nós, fala como nós e aparenta ter os *contatos certos* (pessoas, religiões, negócios, partidos políticos, instituições financeiras), supomos que as ofertas são lógicas e aceitáveis.[14] A *aparência* do argumento pode ser mais importante que a substância. Tendemos a aceitar fontes e *experts* desde que eles concordem com nossas crenças, atitudes e valores preconcebidos. De acordo com Johannesen, "um elemento essencial na comunicação responsável, tanto para o emissor como para o receptor, é o exercício do julgamento ponderado e decidido".[15]

> A aparência frequentemente sobrepuja a substância.

Seja aberto a visões opostas.

Mantenha a mente aberta: manter a mente aberta não significa que você não tem crenças, atitudes e valores ou compromissos fortes. Na verdade, você não *assume automaticamente* que persuasores de certas profissões, partidos políticos, religiões, raças, gêneros, idades ou culturas são fidedignos ou indignos de confiança, competentes ou incompetentes, atenciosos ou indiferentes, o que equivale a um "perfilamento do persuasor". Do mesmo modo, não aceite nem rejeite automaticamente propostas que desafiem o modo como as coisas sempre foram feitas ou que pareçam ser novas. "Seja aberto a dissensões e opiniões de outras pessoas".[16]

Seja responsivo: ofereça retornos verbais e não verbais à outra parte, de modo que ela possa entender suas necessidades, limitações e percepções do que está sendo dito e acordado. Revele o que está pensando e como está reagindo. Esteja ativamente envolvido com a entrevista, do início ao fim. Segundo Johannesen, "a persuasão pode ser vista como uma transação na qual tanto persuasores como persuadidos assumem a responsabilidade mútua de participar ativamente no processo".[17]

Com questões éticas e responsabilidades claras em mente, estamos então prontos para abordar aspectos relacionados ao papel do persuasor e persuadido e mostrar como cada um deve preparar-se para entrevistas persuasivas.

PARTE 1: ENTREVISTADOR NA ENTREVISTA PERSUASIVA
Como selecionar entrevistados

Em muitas situações persuasivas, o seu entrevistado foi previamente escolhido: parente, instrutor, empregador, membro do time ou conhecido. Trata-se da única pessoa que você deve persuadir porque apenas ela pode conceder um desejo, resolver um problema, completar uma tarefa ou prover uma necessidade financeira.

Em outras situações, você deve selecionar os entrevistados ou localizá-los em sua universidade, comunidade, cidade, Estado ou país. Persuasores profissionais chamam isso de **prospecção**. Comece com sua própria rede de relacionamento, com pessoas com as quais já teve contatos ou estabeleceu amizade. Podem ser membros de sua família, amigos, colegas de escola, parceiros, associados, membros da igreja, clientes, contribuintes e apoiadores. Faça contato com pessoas de sua rede que não são entrevistados potenciais, mas que podem auxiliá-lo a localizar boas prospecções.

Prospecção é uma loteria, porque, às vezes, é necessário localizar dezenas ou centenas de entrevistados, mas tente evitar visitas-surpresa a estranhos sem nenhuma conexão com você ou com um de seus contatos. Algumas fontes estimam que apenas cinco ou dez pessoas em 100 visitas-surpresa vão escutá-lo, duas ou três poderão estar interessadas no que você está "vendendo", e apenas uma vai "comprar".[18] Essa margem de fracassos pode ser desmoralizante. Todos os persuasores enfrentam rejeição, e você deve aprender a lidar com isso. De acordo com Eric Adams, considere "a rejeição como um mal necessário do processo e esteja pronto para seguir em frente. Ou encare a situação da seguinte forma: um não rápido frequentemente é melhor que a incerteza ou táticas procrastinadoras que resultam num 'não' muito mais tarde, depois de você haver investido tempo e dinheiro numa proposta".[19] Darrell Zahorsky alerta que marcar um encontro não significa que o entrevistado prospectado vai manter o compromisso ou que será uma boa prospecção. Algumas pessoas "consideram mais fácil concordar com um encontro do que dizer que não estão interessadas".[20]

O próximo passo é eliminar as prospecções de sua lista. Qualidade é mais importante que quantidade. Mesmo que não haja garantia de sucesso em qualquer entrevista persuasiva, a possibilidade de isso acontecer será maior se seu entrevistado corresponder a cinco critérios.

1. *A proposta cria uma necessidade, um desejo ou uma motivação do entrevistado, ou atende a essas condições.* Se não houver necessidade, desejo ou motivação, não haverá persuasão.
2. *A proposta e você (incluindo sua profissão e organização) estão de acordo com os valores, crenças e atitudes do entrevistado.* Falta de compatibilidade, confiança ou respeito resulta em fracasso na persuasão.
3. *A proposta é viável, prática e acessível ao entrevistado.* Possibilidade é imprescindível em persuasão.
4. *As vantagens da proposta superam as desvantagens.* Você deve reconhecer e neutralizar objeções expressas e não expressas.
5. *Não há melhor opção para o entrevistado.* Sua proposta é a melhor entre outras escolhas.

Uma vez que você fechou sua lista de entrevistados, comece a preparar-se para a entrevista analisando cada prospectado.

Como analisar o entrevistado

Aprenda o que puder sobre o entrevistado, de modo que você possa personalizar sua mensagem para aquela pessoa, em vez de criar uma abordagem genérica que seja adaptada àquele "tipo". Procure respostas para cinco questões: "Quais são as características pessoais do entrevistado?", "Quais são os históricos educacionais, sociais e econômicos?", "Quais são os diferenciais culturais?", "Quais são os valores, as crenças e atitudes?" e "Quais são os sentimentos dele?".

Características pessoais

Considere características pessoais relevantes, como idade, gênero, raça, tamanho, saúde, disfunções, capacidade física, aparência e inteligência. Qualquer uma dessas características ou a combinação delas pode afetar o que a pessoa é *capaz de fazer* ou *deseja fazer*. Evite estereótipos sociais recorrentes, como: todas as pessoas idosas são lentas e crédulas, loiras são burras, hispânicos são imigrantes ilegais, mulheres são tecnicamente ineptas e gente com pouca saúde não se cuida. Cada um de nós é um composto de características pessoais difícil de estereotipar. Pesquisas indicam, contudo, que o nível de inteligência tende a tornar os entrevistados menos receptivos à persuasão. Entrevistados muito inteligentes são mais influenciados por evidências e argumentos lógicos, e tendem a ser altamente críticos. Por isso, é mais difícil persuadi-los.[21]

> Fazer sob medida demanda conhecimento.

Históricos educacionais, sociais e econômicos

O nível de sucesso educacional pode afetar os entrevistados de muitas formas. Estudos indicam, por exemplo, que pessoas com nível superior envolvem-se mais com assuntos públicos, ciências e atividades culturais, têm bons empregos e gostam deles, acreditam menos em estereótipos e preconceitos e são mais críticos, flexíveis e independentes.[22] O histórico socioeconômico, em que estão incluídas as associações do entrevistado, é importante porque nossas atitudes são fortemente influenciadas pelos grupos aos quais pertencemos. Quanto mais o entrevistado for comprometido com vários grupos, menores serão as suas chances de persuadi-lo quando as suas próprias normas estão em jogo. De acordo com Charles Larson, dois fatores são determinantes na intenção comportamental: "a influência normativa em um indivíduo e a importância disso para ele. **Influência normativa** refere-se ao fato de uma pessoa saber distinguir que comportamentos são ou não recomendáveis com base no que foi preestabelecido pelo grupo a que pertence".[23] Conheça o trabalho dos entrevistados, ganhos, ocupações e passatempos, relações com superiores e subordinados, estado civil, dependentes, experiências profissionais e lugares onde viveu, pois tudo isso afeta o quadro de referências – suas maneiras de perceber pessoas, lugares, coisas, eventos e questões.

> Associações podem ser forças externas poderosas.

Cultura

Você precisa compreender diferenciais culturais que podem afetar sua entrevista. Culturas ocidentais como a os Estados Unidos tendem a ser centradas no "eu" e salientar a importância da realização individual, liderança e acumulação de prêmios e coisas. Outras, particularmente na Ásia, são centradas no "nós" e salientam a importância do grupo ou time e veem aqueles que favorecem a si mesmos e reclamam conquistas individuais como repugnantes e ofensivos. Algumas culturas consideram a propina algo normal nos negócios. Outras entendem que é necessário dar presentes, como parte do processo. A barganha é parte essencial da persuasão em muitas culturas, frequentemente precedida por uma construção de relação em torno de um jantar, chá ou café. Nos Estados Unidos, como "tempo é dinheiro", a pontualidade é quase um ato sagrado. Na Grã-Bretanha, um atraso de 5 a 15 minutos é considerado "correto". Já na Itália, uma pessoa pode chegar duas horas depois do combinado e não entender por que você está tão contrariado.[24]

Valores/crenças/atitudes

Cada cultura tem um conjunto de **valores** geralmente aceitos – crenças fundamentais sobre estados ideais de existência e modos de comportamento que motivam as pessoas a pensar, sentir ou agir de certas maneiras.[25] Os valores, frequentemente chamados de "botões vermelhos" por entrevistadores universitários, representantes de vendas e políticos, são os fundamentos de crenças e atitudes. O esquema de valores apresentado a seguir inclui aqueles centrais para o sistema americano de valores, as áreas quentes que motivam entrevistados a pensar, sentir ou agir de certas maneiras, em determinadas ocasiões. Determine quais delas são os mais relevantes para o seu entrevistado.

> **Valores são os "botões vermelhos" que apertamos em entrevistas persuasivas.**

Valores de sobrevivência

Paz e tranquilidade	Preservação da saúde
Atratividade pessoal	Proteção e segurança

Valores sociais

Afeição e popularidade	Generosidade
Limpeza	Patriotismo e lealdade
Conformidade e imitação	Socialização e pertencimento

Valores de sucesso

Acumulação e posse	Conforto material
Ambição	Orgulho, prestígio e reconhecimento social
Competição	Sentimento de conquista
Felicidade	

Valores de independência

Equidade e valor do indivíduo	Liberdade de restrições
Liberdade de autoridades	Poder e autoridade

Valores de progresso

Mudança e avanço	Quantificação
Educação e conhecimento	Ciência e racionalidade secular
Eficiência e praticidade	

Enquanto revisa essa lista de valores, lembre-se de experiências recentes, como contribuir para alguma iniciativa de moradia popular, ajudar vítimas de uma enchente ou trocar de plano de saúde. Os apelos desses persuasores podem ter se concentrado em valores como prestígio, generosidade, compaixão, segurança, pertencimento, paz e salvação. Em situações semelhantes, determine que valores são mais relevantes para o seu entrevistado.

> **Valores são a base do nosso sistema de crenças.**

Crenças políticas, econômicas, sociais, históricas e religiosas emanam de valores. Determine quais dessas **crenças** se relacionam com um tópico e proposta. Se equidade e valor do indivíduo são valores importantes, um entrevistado pode apoiar direitos e oportunidades iguais para mulheres, afro-americanos e hispânicos. Se educação e conhecimento são valores importantes, é bem provável que a pessoa apoie aumento no orçamento para escolas e doação a campanhas de fundos para universidades, e esteja interessada em livros e bases de dados computadorizadas.

> **Atitudes tendem a prever ações.**

Atitudes são combinações relativamente duradouras de crenças que predispõem pessoas a responder de certas maneiras a pessoas, organizações, lugares, ideias e questões. Se você for conservador, provavelmente reagirá de maneira previsível a coisas que considere liberais. O contrário será verdade se você for liberal. Atitudes vêm de crenças que derivam de valores apreciados. Determine a provável atitude do entrevistado ante a carência ou o desejo que você vai desenvolver e a proposta que fará.

Considere as prováveis atitudes da outra parte por meio de uma escala imaginária de 1 a 9: 1, 2 e 3 (fortemente positivo), 4, 5 e 6 (neutralidade ou ambivalência), 7, 8 e 9 (fortemente negativo).

Fortemente a favor			Indeciso/neutro			Fortemente contra		
1	2	3	4	5	6	7	8	9

> **Saiba o que é possível, provável e impossível.**

Do que você sabe sobre esse entrevistado, em que ponto a atitude dele se posicionaria nessa escala? Se nas posições 1 ou 2, isso exigirá um pequeno esforço de persuasão. Se nas posições 8 ou 9, a persuasão poderá ser impossível, no máximo uma pequena mudança de sentimento ou pensamento. Se a atitude estiver nas posições 4, 5 ou 6, teoricamente você poderá ser capaz de mudar modos de pensar, sentir ou agir com um bom esforço persuasivo. Contudo, pode ser que não seja o caso se o entrevistado estiver fortemente decidido a permanecer neutro, indeciso ou descomprometido.

> **A baixa credibilidade pode minar os melhores esforços.**

Desde Aristóteles, na Grécia antiga, até o presente, teóricos da persuasão têm alegado que a atitude do entrevistado perante o entrevistador (etos, credibilidade e imagem) é o mais importante fator determinante de sucesso.[26] Você deve avaliar as atitudes do entrevistado em relação a você, à sua profissão e à organização que representa. Várias dimensões determinam sua credibilidade, como *fidedignidade/segurança* (honesto, sincero, confiável, justo), *competência/expertise* (inteligente, ilustrado, ponderado, experiente), *boa vontade* (cuidadoso, altruísta, sensível, compreensivo), *compostura* (equilibrado, relaxado, calmo, altivo) e *dinamismo/energia* (decidido, forte, trabalhador, ativo).[27] Reflita sobre suas experiências com essa pessoa. Se um entrevistado não gosta de você, duvida de sua organização ou vê sua profissão como desonesta ou não confiável, altere essas concepções durante a entrevista. Para criar e manter alta credibilidade com um entrevistado, sua aparência, maneiras, reputação, formação, personalidade e caráter devem comunicar confiabilidade, competência, atenção, compostura e dinamismo.

> **Semelhanças percebidas podem aumentar a receptividade.**

As pessoas tendem a reagir de forma favorável a entrevistadores altamente confiáveis que sejam semelhantes a elas em pontos importantes e que pareçam compartilhar os mesmos valores, crenças e atitudes. Embora haja a expectativa de que o entrevistador seja semelhante a eles, também esperam dele que seja mais sábio, corajoso, ilustrado, experiente e intuitivo.[28] Considere esses fatores antes da entrevista.

> **Como nos sentimos pode determinar o que fazemos.**

Emoções

Emoções, muitas vezes chamadas de sentimentos ou paixões, influenciam significativamente a forma como as pessoas pensam, sentem e agem. Como os valores, as emoções são "botões vermelhos" que você precisa descobrir e utilizar adequadamente se espera persuadir alguém. Algumas emoções são necessárias para a *sobrevivência*, como ódio, medo, raiva, amor e atração sexual. Outras são necessárias para o envolvimento social: orgulho, vergonha, culpa, compaixão, pena, humor, alegria e tristeza. É fundamental saber como funciona o humor da outra parte, entender por que ela se sente assim e como isso pode afetar a entrevista. Tendo em mente o humor do entrevistado, junto com tema, situação e propósito, determine a quais emoções você deve apelar nessa entrevista.

Figure 10.1 Relação de valores, crenças, atitudes e emoções

```
                              V   E
                              a   m                            Pessoas
                              l   o                            Lugares
        Valores } Crenças } Atitudes }  o   ç   } Julgamento/ação}  Coisas
                              r   õ                            Ideias
                              e   e                            Atos
                              s   s
```

Qual é então a relação entre valores, crenças, atitudes e emoções em entrevistas persuasivas? Como indicado na Figura 10.1, o processo começa com valores (nossas crenças fundamentais sobre existência e comportamento), que levam a *crenças específicas* (julgamentos sobre o que provavelmente seja verdade ou crível), as quais formam *atitudes* (organizações de crenças relevantes que nos predispõem a responder de certas maneiras), que, por sua vez, podem resultar em *julgamentos ou ações* direcionados a pessoas, lugares, coisas, ideias, propostas e atos. Valores específicos e apelos emocionais servem como mecanismos detonadores de julgamentos e ações. A alteração ou o reforço de pensamento, sentimento ou ação de um entrevistado é um processo complexo.

Como analisar a situação

A situação de entrevista é um contexto geral de pessoas, relações, motivos, eventos, tempo, lugar e objetos.

Atmosfera

> O propósito da entrevista pode variar significativamente entre as partes.

Estude cuidadosamente a atmosfera na qual a entrevista vai acontecer. Saiba por que a entrevista está acontecendo naquele momento, se é um evento programado periodicamente, uma emergência, uma oportunidade momentânea um grande evento ou uma interação rotineira. O clima será hostil, amigável, ambivalente ou apático?

Timing

> *Timing* pode ser tudo.

O *timing* pode ser crítico. Qual é o momento ideal para conduzir a entrevista? Quando seria muito cedo ou muito tarde? Contatar um doador potencial para uma campanha de solidariedade meses antes de um evento beneficente anual pode ser cedo demais para o entrevistado pensar em comprometer-se, mas, no dia seguinte, ao fim da campanha, será muito tarde. Que eventos precederam essa entrevista, como visitas de seus competidores? Você não gostaria de ser o quarto funcionário a pedir aumento no dia em que seu chefe descobre um grave problema financeiro. Que eventos acontecerão depois da entrevista, como um levantamento de fundos da concorrência, uma liquidação anual ou uma assembleia orçamentária? Certas épocas do ano (férias, declaração de imposto de renda, Natal) são excelentes para certos entrevistadores e terríveis para outros.

A situação persuasiva é um contexto total de pessoas, relacionamentos, eventos, tempo, lugar e objetos.

Ambiente físico

Garanta privacidade e controle interrupções, especialmente chamadas telefônicas. Marque um encontro se for difícil supor quanto tempo a entrevista vai levar.

Você será anfitrião (a entrevista será no seu escritório ou residência), convidado (a entrevista será no local de trabalho ou na residência do entrevistado) ou será em terreno neutro (uma sala de conferência, restaurante, hotel ou clube)? Se você estiver tentando selecionar um aluno para sua universidade, possivelmente preferirá ter o entrevistado no *campus* em um belo dia de outono, quando as folhas estão vermelhas e douradas, talvez após uma vitória no futebol. Se você estiver vendendo seguro de vida, possivelmente preferirá a entrevista na casa do entrevistado, cercado por membros da família, mobília e objetos valiosos que eles gostariam de proteger em caso de acidente ou morte.

> No campo de quem a entrevista será realizada?

Forças externas

Considere a influência de **forças externas**. Por exemplo, normas institucionais ou profissionais determinam, em geral, o que você pode e não pode em entrevistas de vendas. Eis um exemplo: você está tentando convencer um amigo a ingressar na mesma universidade em que você estuda, enquanto outra instituição oferece a ele uma bolsa integral; além disso, os pais de seu amigo querem vê-lo na universidade onde eles se formaram, e um terceiro influente quer que ele frequente uma instituição local. O conhecimento de influências externas pode determinar como você abre uma entrevista, seleciona apelos e evidências, desenvolve propostas e ataca com contrapersuasão.

> Influências externas podem afetar esforços contrapersuasivos.

Como investigar a questão

Seja a pessoa mais informada e com maior autoridade em cada entrevista. Investigue todos os aspectos do tema, incluindo eventos que possam ter contribuído para o problema, razões pró e contra mudanças, evidências em todos os lados de uma questão e soluções possíveis. Procure informações sólidas e atuais. Você está participando de uma entrevista persuasiva, não palestrando para uma audiência de uma pessoa, de modo que o entrevistado pode requerer apoio, desafiar pressupostos, generalizações e demandas, e pedir documentação de uma fonte em qualquer momento de encontro. Participantes são mais impressionados por persuasores que respondem a perguntas com fatos e documentação do que com generalidades e evasivas. Tente determinar, antes da entrevista, o que o entrevistado sabe sobre uma questão, as atitudes tomadas a respeito e as possíveis soluções.

> Você deve possuir os fatos e saber como usá-los.

Fontes

Não perca de vista qualquer fonte de informação potencialmente valiosa: Internet, e-mails, entrevistas, cartas, panfletos, questionários, pesquisas, estudos não publicados, informes, jornais, periódicos, publicações universitárias ou de organizações e documentos governamentais. Use suas próprias experiências e pesquise. Conheça as fontes disponíveis para o entrevistado.

Tipos de evidência

Busque uma variedade de evidências para apoiar sua necessidade e proposição. Reúna exemplos, tanto factuais quanto hipotéticos, para ilustrar seus argumentos. As pessoas gostam de boas *histórias* que tornem palpáveis os problemas. Junte *estatísticas* sobre pontos relevantes como inflação, índices de crescimento, gastos, benefícios, coberturas de seguro, lucros e prejuízos, causas e efeitos. Reúna *afirmações* de *autoridades* renomadas no tema, assim como *testemunhos* daqueles que se somaram, assistiram, compraram, assinaram ou acreditaram. Procure *comparações* e contrastes entre situações, propostas, produtos e serviços. Localize *definições* claras e sustentáveis para termos e conceitos importantes.

> Reúna e use uma variedade de evidências.

Estabeleça a distinção entre *opinião* (refere-se a um ponto de vista aceito cuja autenticidade nem sempre é observada; pode ser apresentado em qualquer circunstância e aceito provisoriamente) e *fato* (trata-se de algo verificável e considerado como seguramente estabelecido). Apresente sua evidência efetivamente, incluindo completa documentação de suas fontes. O conteúdo de sua entrevista persuasiva melhora os efeitos de longo prazo da sua entrevista e é particularmente importante se a decisão tiver de esperar semanas ou meses.

> O efeito de uma entrevista bem sustentada dura mais do que uma mal sustentada.

Como planejar a entrevista

Depois de analisar o entrevistado, estudar a situação e pesquisar o tema, você está pronto para planejar a entrevista.

Determine seu objetivo

Se você sabe que o entrevistado vai ser uma "casca dura" por causa de algum sistema de valor, convicção e atitude, então seu propósito pode ser simplesmente influenciar o pensamento ou sentimento de um modo mais restrito. Fazer o entrevistado pensar a respeito de uma ação ou admitir que há um problema pode ser um grande sucesso para uma primeira entrevista. Mais tarde, você talvez possa levá-lo a uma mudança ou ação mais significativa. Todavia, se um entrevistado entra em contato com você e lhe diz que ele ou ela deseja trocar de companhia de seguro, está interessado em um investimento ou gostaria de fazer turismo na China, você deve mover-se rápido de necessidade e desejo para soluções, com uma boa chance de sucesso.

> Seja realista, mas não derrotista.

Coloque um objetivo realista em uma entrevista. Mudanças significativas vêm de incrementos resultantes de uma série de entrevistas. Não suponha que, após uma entrevista, um entrevistado não esteja interessado nem queira mudar. Autoridades em entrevistas de vendas alegam que normalmente são necessários cinco contatos até que uma venda se concretize. Seja paciente.

Selecione pontos principais

> Não torne a necessidade complicada demais.

Selecione motivos para estabelecer uma necessidade ou um desejo. Não dependa de uma *única* razão, pois o entrevistado pode ver pouca urgência num problema que é tão simples ou pouco complexo ou ainda achar relativamente fácil atacar ou rejeitar *apenas* um argumento. Pesquisas indicam que mais argumentos também aumentam a efetividade da persuasão ao longo do tempo.[29] Entretanto, seis ou oito argumentos podem tornar uma entrevista muito longa e superficial, pois você correrá para expor tantos pontos. Um entrevistado pode ser sobrecarregado com informações e argumentos complexos e acabar confundido ou entediado.

> Conheça a força de cada ponto e apresente-o estrategicamente.

Depois de selecionar e desenvolver razões para uma mudança, de preferência três ou quatro, determine a força de cada uma para o entrevistado nessa situação. Isso determinará a ordem em que você apresentará os argumentos. Suponha que você esteja tentando selecionar para sua universidade um professor dos mais reconhecidos e que sua pesquisa indique que o entrevistado tem três critérios principais para escolher uma instituição, nesta ordem: universidades disponíveis, reputação acadêmica e suporte financeiro. Colocar o argumento mais forte (universidades disponíveis) no início ou no fim é mais ou menos igual em termos de efeito. Se constatar que o tempo para entrevista é insuficiente ou se houver alguma interrupção antes de você apresentar os argumentos e as razões, comece com os argumentos mais fortes.

Desenvolva argumentos principais

Desenvolva cada argumento na direção do que o entrevistado vai entender como um caminho válido e logicamente aceitável. Entrevistas eficientes são uma mescla elaborada do lógico e do psicológico. Você tem escolhas a fazer.

Argumentar a partir de uma convicção, suposição ou proposição aceita envolve três afirmativas (pontos de vista em que você acredita e claramente deseja que os outros também acreditem) expressas ou implícitas. Por exemplo, um inspetor de incêndio pode argumentar desta maneira:

> Suas afirmativas devem levar à sua conclusão.

Afirmativa nº 1: Todos os alunos que moram em apartamentos deveriam ter seguro locatício.

Afirmativa nº 2: Você vive num apartamento.

Argumento: Você deve ter seguro locatício.

Você não precisará expressar todas as três partes dessa hipótese se o entrevistado estiver inclinado a oferecer a afirmativa desejada ou a conclusão. Mesmo assim, seu argumento baseia-se na primeira afirmativa, que é a convicção, suposição ou proposição crucial. Por exemplo, não mencione a segunda afirmativa e deixe o entrevistado fazer isso. Dessa forma, o entrevistado será obrigado a envolver-se no processo e estimular uma espécie de autopersuasão. Essa estratégia pode ser usada com qualquer tipo de argumento.

Afirmativa nº 1: Todos os alunos que moram em apartamentos deveriam ter seguro locatício.

Afirmativa nº 2: (não mencione)

Argumento: Você deve ter seguro locatício.

Você deve expressar suas afirmativas e deixar o entrevistado tirar as próprias conclusões.

Afirmativa nº 1: Todos os alunos que moram em apartamentos deveriam ter seguro locatício.

Afirmativa nº 2: Você vive num apartamento.

Argumento: (não mencione)

Argumentar a partir de condições baseia-se na afirmativa de que, se algo for acontecer ou não, outra coisa acontecerá ou não. Você pode raciocinar desta maneira com um aluno:

Afirmativa nº 1: Se você continuar a beber e dirigir, perderá a carteira de habilitação.

Afirmativa nº 2: Você vai continuar a beber e dirigir.

Argumento: Você vai perder a carteira de habilitação.

Pese as condições cuidadosamente e seja capaz de defendê-las de forma efetiva. Assim como na argumentação sobre uma convicção aceita, você pode convidar o entrevistado a preencher a parte ou as partes faltantes.

Argumentar a partir de duas opções está baseado na afirmativa de que há apenas duas propostas – ou tipos – de ação possíveis. Você elimina uma ao estabelecer que isso não vai funcionar ou resolver o problema, o que resultará em conclusão óbvia.

Afirmativa nº 1: Você pode pegar um avião ou dirigir até sua entrevista na Filadélfia.

Afirmativa nº 2: Se dirigir 1.100 quilômetros até a Filadélfia, você perderá a prova final de Psicologia 495.

Argumento: Você deve voar até a Filadélfia.

> As suas evidências devem apoiar a sua conclusão.

Esse argumento baseia-se, primeiramente, na capacidade de limitar as escolhas e, depois, em convencer o entrevistado que uma é inaceitável, de modo que reste apenas uma.

Argumentar a partir de um exemplo leva a uma generalização sobre todos os tipos de pessoa, lugar, coisa e ideia com base em uma amostra. Por exemplo, um entrevistador que tente persuadir o administrador de uma universidade sobre os perigos do consumo excessivo de álcool no *campus* pode usar o seguinte argumento:

Amostra: Uma pesquisa recente com alunos universitários, realizada pela Universidade do Novo México, revelou que 69% dos 500 entrevistados admitiram ter bebido em excesso ao menos uma vez.

Argumento: A maioria dos seus alunos consome bebida alcoólica em excesso.

A qualidade da amostragem, como na entrevista sobre a pesquisa, é crucial na argumentação com base em exemplos.

Argumentar a partir de causa e efeito está relacionado a exemplos porque os entrevistadores normalmente usam uma amostragem como prova de uma relação causal. Diferentemente da argumentação a partir de exemplos que leva à generalização, a argumentação baseada em causa e efeito tenta estabelecer o que provocou um efeito específico. Eis um exemplo:

> Cuidado com causas falsas.

Evidência: Em um estudo sobre as causas de 100 acidentes de carro, oficiais da polícia informaram que aproximadamente um terço aconteceu enquanto os motoristas utilizavam o celular para enviar mensagens ou responder a elas ou porque – na mesma proporção – haviam ingerido bebidas alcoólicas.

Argumento: Escrever no celular dirigindo provoca tantos acidentes quanto o consumo de bebidas alcoólicas.

Você deve convencer a outra parte que a evidência leva a uma única ou uma grande causa do efeito.

Argumentar a partir de fatos alcança um motivo que melhor explica uma cadeia de fatos. É assim que os pesquisadores argumentam quando tentam explicar um fenômeno. Eis um exemplo:

Fatos: Enquanto pesquisávamos os danos causados por uma tempestade numa área de dois municípios, em 5 de agosto, notamos que a tempestade moveu-se em linha reta. Nas áreas abertas, não havia evidência de movimentos espirais na grama ou nos arbustos. Árvores e pequenos prédios foram derrubados, mas não embaralhados. Ninguém mencionou o barulho típico de trem de carga que caracteriza um tornado.

Argumento: Está claro que os danos da tempestade resultaram de ventos em linha reta e não de um tornado.

Diferentemente da argumentação por exemplos, nesse caso o entrevistador raciocina a partir de uma série de fatos, e não de uma amostragem de tipos de coisas.

Argumentar a partir de uma analogia acontece quando você identifica duas coisas (pessoas, lugares, objetos, propostas e ideias) que têm características em comum e tira disso uma conclusão baseada nessas semelhanças. Por exemplo, um técnico poderia argumentar assim:

> Quão análogas são as semelhanças?

Pontos de comparação: O North Side, o West Lake High tem um zagueiro veterano que é um excelente finalizador e lançador. O ataque deles é formado por quatro jogadores experientes que também são grandes e rápidos. Os zagueiros deles realizaram seis assistências este ano. E eles têm um atacante jovem que já fez gols de até 46 jardas.

Argumento: Será difícil vencer o West Lake High, como aconteceu com o North Side duas semanas atrás.

O número de semelhanças significativas será crucial para desenvolver e vender esse argumento.

Selecione estratégias

> Quando pensar em teorias, pense em estratégias.

Uma vez que tenha escolhido os argumentos principais e os padrões de persuasão, selecione as estratégias psicológicas para torná-los persuasivos. Um bom número de teorias explica como você pode produzir mudanças de pensamento, sentimento e ação. Essas teorias explicam atividades humanas complexas por meio de observação cuidadosa do que acontece no mundo real e podem servir como estratégias persuasivas.

Teoria da identificação

Kenneth Burke, talvez o líder dos teóricos da retórica no século XX, alega que você persuade ao identificar-se com o entrevistado. Esforce-se para estabelecer uma **identificação** (uma semelhança substancial) com o entrevistado. No modelo apresentado no Capítulo 2, os círculos sobrepostos que representam as partes de uma entrevista são baseados na noção de Burke, segundo a qual, para comunicar ou persuadir, você deve falar a língua da outra parte em "discurso, gestualidade, tonalidade, ordem, imagens e atitude, e *identificar*" seus meios com os dela.[30] Há vários modos para identificar-se com uma pessoa e estabelecer um terreno comum.[31]

> Aparências são importantes na percepção de coisas em comum.

- *Associando-se* com grupos aos quais ambos pertencem, compartilhando heranças culturais ou identidade regional e causas que ambos apoiam.
- *Desvinculando-se* de grupos, culturas, regiões ou causas das quais o entrevistado é distante ou oposto.
- Desenvolvendo *aparência e símbolos visuais* que estabeleçam identificação, como roupa, estilo de penteado, maquiagem, joias, *buttons* políticos ou símbolos religiosos.
- Compartilhando elementos de *linguagem*, como jargões, gírias, coloquialismos e expressões e bordões de turma.
- Aplicando *conteúdos e valores* importantes para o entrevistado.

Esforce-se por uma identificação real, não uma fabricação para iniciar a mudança que você pretende.

Teoria do equilíbrio ou da consistência

De acordo com as **teorias do equilíbrio ou da consistência**, os seres humanos lutam por uma existência harmoniosa consigo mesmos (valores, crenças e atitudes) e experimentam desconforto psicológico (dissonância) quando aspectos existenciais parecem inconsistentes ou desequilibrados.[32] Você pode experimentar conflitos de posição quando gosta de pessoas, mas detesta suas posições em certas questões, ou desgosta de certas pessoas, mas aprova seus produtos ou serviços. Você experimenta conflitos de atitude quando se opõe ao envolvimento do governo em sua vida, mas deseja que ele torne ilegal o discurso do ódio e exija orações em escolas públicas. Você experimenta conflitos de percepção quando vê o México como um lugar bonito, mas perigoso para férias. Você experimenta conflito de comportamento-atitude quando acredita firmemente na lei e na ordem, mas usa uma identidade falsa para poder entrar em bares.

> Nem todos os entrevistados ficam felizes com a harmonia.

Você pode criar desconforto psicológico (dissonância) ao atacar a fonte ou pinçar conflitos de atitude, percepção e comportamento. Assim, você mostra como o entrevistado por levar essas inconsistências a julgamento ao oferecer mudanças em fontes, atitudes, percepções e comportamentos. Se detectar que um entrevistado está experimentando desconforto psicológico, você pode conduzir para o equilíbrio ou consistência ao ajudá-lo a não ver a inconsistência, percebê-la como insignificante ou tolerá-la.

> Um entrevistador pode criar ou resolver dissonância.

Teoria da inoculação

Segundo a **teoria da inoculação,** é mais eficiente prevenir a ocorrência de efeitos de persuasão do que administrar um controle de danos depois deles.[33] Por exemplo, há alguns anos, um dos autores deste livro recebeu um telefonema da polícia estadual que o advertia que, na região, havia algumas pessoas que se apresentavam como representantes de uma campanha de caridade para crianças organizada pela polícia estadual e pediam contribuições

> Uma estratégia da inoculação imuniza um entrevistado contra futuras persuasões.

aos moradores. O objetivo do aviso era prevenir que o autor fosse mais uma vítima dessa fraude e manter a credibilidade de legítimas campanhas de caridade daquela entidade.

Nessa estratégia, você previne o entrevistado, talvez o expondo a pequenas "doses" da linguagem, argumentos e evidências de um persuasor potencial, de modo que ele possa resistir a essa tentativa. Você pode ainda oferecer argumentos e evidências que o entrevistado pode usar para refutar efetivamente uma tentativa de persuasão, caso ele seja confrontado por um entrevistador contra o qual esteja sendo imunizado.

Teoria da conformidade induzida

> Há muitas formas de disparar a autopersuasão.

De acordo com a **teoria da conformidade induzida**, você pode mudar o pensamento, sentimento ou ação de um entrevistado ao induzi-lo a participar de atividades que sejam contrárias aos valores, às crenças e às atitudes que ele defende.[34] Participação em atividades desse tipo pode provocar autopersuasão. Aplique a pressão necessária para que um entrevistado se conforme sem sentir que não há escolha. Sentir-se coagido pode impedir a mudança.

Há uma variedade de maneiras de induzir a conformidade. Você pode induzir um entrevistado a adotar uma convicção ou atitude contrária a seu costume para entender ou apreciar o outro lado de uma questão, como uma posição liberal quanto à educação sexual ou um ponto de vista conservador quanto a uma reforma no sistema social de saúde. Você pode induzir o entrevistado a *participar* de uma atividade à qual não esteja habituado, como ir a uma igreja ou ser voluntário em um albergue para pessoas sem-teto. Você pode induzir um entrevistado a *desempenhar um papel contrário*, como ser superior e não subordinado, professor em lugar de aluno, pai em vez de filho. Você pode induzir uma parte a agir de modo a *receber uma recompensa* ou *evitar uma punição*, seja com um ingresso para um concerto seja uma multa por alta velocidade.

Teoria psicológica da reatância

> Restrição de comportamento pode levar a persuasão ou ressentimento.

Segundo a **teoria psicológica da reatância**, as pessoas reagem negativamente quando alguém ameaça restringir um comportamento que elas querem assumir.[35] Elas podem valorizar mais o comportamento restringido e desejar assumi-lo mais frequentemente. As pessoas podem desvalorizar alternativas porque se sentem presas a elas e talvez se ressintam do agente limitador. Empresas produzem edições limitadas de livros, selos, moedas e carros para aumentar a demanda por estes. Ingressos para as finais de um campeonato prestigioso têm alto valor por serem escassos. Entrevistados poderão ficar menos inclinados a fazer doações para um fundo de desenvolvimento de uma universidade ou para os clubes esportivos preferidos se isso lhes for imposto. Sempre que possível, evite pressão objetiva ou perceptível no sentido de fazer outra parte pensar, sentir ou agir diferente. Torne sua proposta atraente, torne a escassez ou a proximidade do prazo-limite evidentes sem parecer ameaçar com elas, desenvolva um sentimento de necessidade sem apelos excessivos ao medo e ofereça alternativas.

Condução da entrevista

Seja flexível, adaptável e cauteloso sobre suposições. Você está conduzindo uma entrevista, não proferindo um discurso. Planeje agora como você vai envolver o entrevistado ao longo da entrevista.

Abertura

> Não use aberturas de rotina nem mesmo para entrevistas de rotina.

A abertura deve despertar atenção e interesse, estabelecer empatia e motivar o entrevistado a participar. A maior vantagem do entrevistado sobre a persuasão pública ou de massa é a oportunidade de customizar a mensagem para um único indivíduo. Adapte uma abertura para cada entrevistado e também a configuração. Não se restrinja a um padrão ou fórmula tradicional. Se não houver informação suficiente ou você não tiver oportunidade de estudar o entrevistado antes, use os primeiros minutos da entrevista para descobrir como pode adaptar-se melhor ao interlocutor. *Preste atenção* à roupa, à aparência e às maneiras do entrevistado. *Faça algumas perguntas* destinadas a descobrir histórico, interesses e atitudes cruciais para a entrevista. *Escute* o que o entrevistado "diz" de forma verbal e não verbal. Se a outra parte for composta de mais de uma pessoa, *detecte* quem é o líder ou porta-voz.

> Se a abertura cair, pode não haver corpo ou encerramento.

A maioria das interações persuasivas fracassa nos primeiros segundos durante o pico de atenção na abertura, portanto escolha sua linguagem e ações não verbais cuidadosamente.[36] Pense na abertura de chamadas telefônicas feitas para sua casa e na sua reação. Persuasores que tentam convencê-lo a doar para caridade são frequentemente treinados para recitar uma abertura prescrita, independentemente de sua idade, gênero, ganhos, histórico ou nível de interesse. Você pode até não gostar de caridade; não faz diferença para o persuasor. Não surpreende que poucas dessas visitas-surpresa tenham sucesso.

Reveja as técnicas de abertura e os princípios abordados no Capítulo 4. Selecione as técnicas apropriadas para essa parte e situação. Comece com uma saudação calorosa e use o nome do entrevistado. Se a pessoa for um estranho, não deixe sua saudação soar como uma pergunta: "Boa noite, Sr. Walsh?". Isso sugere que você está incerto sobre o nome ou identidade da pessoa, inseguro e despreparado.

Se você conhece o entrevistado bem e se a situação o seu relacionamento permitirem, use o primeiro nome da pessoa. Como regra geral, não cumprimente um estranho, superior ou uma pessoa numa situação formal usando primeiro nome ou apelido, a não ser que seja convidado a fazê-lo.

> Não apresse nem prolongue a abertura.

Talvez seja necessário apresentar-se (nome, posição, título, histórico), a sua organização (nome, localização, história, produtos e serviços) e o propósito da entrevista. Orientação é essencial quando não há histórico de relações entre as partes e nenhuma combinação ou preparação feita anteriormente. Seja breve.

Você pode iniciar com uma pergunta sincera sobre a família ou amigos em comum ou ainda com uma conversa casual sobre clima, esportes, construção de estrada ou instalações do *campus*. Não prolongue a fase destinada a estabelecer empatia. Seja consciente da situação do entrevistado e de suas preferências. Se uma pessoa perguntar, imediatamente depois das saudações, "O que posso fazer por você?", isso denota que ela deseja ir direto aos negócios.

> **Reduza a reticência envolvendo o entrevistado imediata e frequentemente.**

As culturas diferem a respeito da quantidade de conversa casual e de socialização aceitável. A maioria dos americanos prefere "ir ao ponto" e "terminar logo o trabalho." Os japoneses e outras culturas desejam conhecer e seguir certos "rituais de interação", e são mais cautelosos com compromissos e decisões.[37] Não prolongue a fase da empatia.

Envolva todos os membros da outra parte desde o princípio, de modo que cada pessoa desempenhe um papel ativo ao longo da interação. Persuasores e persuadidos americanos, particularmente homens, tendem a alternar-se desigualmente durante interações e a falar de forma detalhada a cada rodada. Os japoneses e outros se revezam ordenadamente e fazem intervenções mais curtas.

> **A abertura deve estar de acordo com toda a entrevista.**

Use a abertura para criar interesse mútuo na entrevista e estabeleça confiança e graus de afeição ou simpatia entre as partes. Cada parte deve entender o propósito da entrevista e como o controle será dividido.

Necessidade ou desejo

Crie uma necessidade ou desejo ao desenvolver em detalhe três ou quatro argumentos que você selecionou no estágio preparatório. Introduza-os na ordem que você determinar ser a mais efetiva, com o argumento mais importante no início ou no fim e os menos significativos no meio.

Desenvolva um argumento por vez

Explique um argumento por inteiro. Ofereça evidências suficientes baseadas em fatos, em fontes competentes, recentes e bem documentadas. Use uma variedade de evidências (exemplos, histórias, autorizadas, estatísticas, comparações e definições), de modo que o entrevistado não seja nem soterrado por uma avalanche de dados nem entediado com uma história após a outra. Incorpore valores, crenças e atitudes importantes para o entrevistado.

Estimule interações

> **Não faça uma palestra, interaja.**

Lembre-se de que se trata de uma entrevista, não de um discurso. Você tem mais chances de persuadir quando o entrevistado está ativamente envolvido. Sublinhe como cada ponto afeta as necessidades e os desejos do entrevistado.

Não siga para o seu próximo argumento enquanto não houver algum tipo de acordo. Com um argumento desenvolvido e acordado, siga para o argumento dois, depois para o três e assim por diante. Não corra com um argumento nem pule para o próximo se o entrevistado apresentar objeções ou colocar questões. Siga adiante quando o entrevistado parecer pronto para isso. Seja paciente e persistente.

Perguntas

> **As perguntas desempenham papéis exclusivos em entrevistas persuasivas.**

Mesmo que você raramente chegue a uma entrevista persuasiva com uma grade de questões, estas servem a várias funções em entrevistas persuasivas. Nunca *diga* quando puder *perguntar* porque isso envolve o entrevistado como participante ativo e não como um receptor passivo. Pergunte e então ouça. Você não pode planejar uma série de questões para terminar o trabalho se um entrevistado não perceber uma necessidade, não tiver nenhum desejo ou não conhecer as opções.

Perguntas de coleta de informações

Use perguntas para analisar o entrevistado.

Faça perguntas para determinar o grau de conhecimento e levantar preocupações e objeções. Escute cuidadosamente as respostas e comprove precisão e detalhes. Por exemplo:
- Diga-me o que o preocupa sobre suas responsabilidades na cobertura de seu seguro.
- O que você sabe sobre programas de compensações para instalar moinhos de vento em sua propriedade?
- Com que frequência você viaja entre Pittsburgh e a Filadélfia?

Perguntas de verificação

Perguntas podem esclarecer e verificar interações.

Use questões reflexivas, do tipo espelho e de administração para checar a precisão de suposições, impressões e informações obtidas antes da entrevista e durante o evento. Você pode supor que respondeu a uma objeção satisfatoriamente ou que obteve um acordo, quando de fato isso não aconteceu. Certifique-se de que o entrevistado entende o que você está dizendo e compreenda a significação de suas evidências e argumentos. O silêncio do entrevistado pode indicar tanto confusão ou desacordo quanto concordância e acordo. Pergunte:
- Isso responde a suas dúvidas quanto à extensão de nosso programa de MBA em gestão estratégica?
- Você parece mais preocupado com o valor da bolsa de estudos à disposição de sua filha.
- Concordamos que um *laptop* é ideal para as suas necessidades e seu orçamento?

Estimule perguntas interativas

Perguntas podem estimular interações.

As perguntas do início das entrevistas aquecem ambas as partes e determinam o tom da entrevista. Encoraje o entrevistado a tomar parte ativa na entrevista. Um entrevistado sente-se mais livre para responder a questões e oferecer retorno significativo de informações quando participa ativamente do processo e sabe exatamente o que você espera dele. Pergunte para descobrir o quanto um entrevistado quieto ou não participante está reagindo.
- Como foi sua visita à fábrica?
- O que você pensa do novo anúncio e da campanha?
- Quais são suas impressões do calendário anual da escola?

Perguntas de atenção e interesse

Perguntas podem manter a atenção e o interesse.

Use perguntas para manter os entrevistados sintonizados e alertas ao que você está dizendo.

Como eles podem estar ocupados ou preocupados com outras questões, é bem provável que divaguem um pouco. Questões interessantes, desafiadoras e provocativas mantêm o interesse e a atenção. Por exemplo:
- Como você se sentiria se sua seguradora se recusasse a cobrir algum procedimento médico para o seu filho recém-nascido que tem um problema físico?
- Você se lembra do verão de 2002, quando a água foi cortada por seis dias?
- O que você faria se sua companhia subitamente saísse do mercado?

Perguntas de concordância

Perguntas podem obter concordância e comprometimentos.

Faça perguntas para obter pequenos acordos que levem a acordos maiores. Obter concordância após cada argumento leva a um acordo ao final da demanda, de modo que você possa mover-se efetivamente para o estabelecimento de critérios para soluções. Não peça por um acordo ou compromisso antes de haver desenvolvido ou exposto completamente um argumento. Uma trincheira de generalizações ou alegações não vai provar um argumento ou estabelecer uma demanda. Faça uma pergunta de resposta positiva (geralmente na forma de declaração) para controlar a entrevista e levar a um acordo depois de desenvolver completamente um ou mais argumentos e pequenos acordos.

- Com o mercado inquieto, este é um grande momento para investir, você não acha?
- Sei que você concorda que limitar os prêmios de participação nos resultados neste ano é o melhor caminho para enfrentar a recessão.
- Tenho certeza de que você não quer arriscar o futuro de seu filho.

Perguntas de objeção

Não tente substituir perguntas por substância.

Faça perguntas para responder diplomaticamente a objeções e evitar perguntas e objeções não formuladas. Lance mão desse recurso na hora oportuna. Perguntas podem também revelar o que um entrevistado sabe sobre uma questão e indicar a importância ou razões atrás das objeções.

- Você diz que custo é uma questão central na compra de um SUV híbrido, mas o que gastaria nos próximos cinco anos em gasolina com um SUV *standard*?
- Você parece hesitante quanto à sua viagem para a China, qual é sua maior preocupação?
- De que informações você necessita para eliminar as dúvidas a respeito desta proposta?

Não faça perguntas prematuras que peçam concordância quando você não estabeleceu nada sobre o que concordar. Use com parcimônia perguntas dirigidas ou carregadas porque táticas de alta pressão desmobilizam entrevistados. Séries de questões não tendem a persuadir; você deve apresentar boas razões apoiadas por informação e evidências.

Como se adaptar ao entrevistado

Personalize a entrevista persuasiva com os valores, as crenças e atitudes do entrevistado. Determine a provável determinação do entrevistado e selecione as táticas e estratégias adequadas.

Entrevistados indecisos e desinteressados

O entrevistado pode não ver necessidade ou relevância.

Se uma pessoa está indecisa, desinteressada ou incerta, ajude-a a ver a realidade e a urgência do problema, da questão ou necessidade. Use técnicas de abertura para obter a atenção do entrevistado e gerar interesse sobre o problema. Avance com seu argumento mais forte e ofereça uma variedade de evidências que sejam informativas e persuasivas. Faça questões que liberem sentimentos e percepções e envolvam o entrevistado.

Enfatize a urgência do problema e a necessidade de agir *agora*. Use moderadamente apelos ao temor para alertar o entrevistado sobre perigos para ele mesmo, sua família ou amigos. Apele para valores como preservação da saúde, proteção e segurança, liberdade de movimento, propriedade e valorização do indivíduo. Mostre *como* o entrevistado pode fazer a diferença.

Entrevistados hostis

> Não parta do princípio de que haverá hostilidade.

Se um entrevistado parecer hostil, assegure-se de que sua impressão está correta. Não confunda preocupações e objeções legítimas ou um comportamento rude com hostilidade. Se uma pessoa for realmente hostil, determine o porquê e então considere a abordagem de uma base comum.

- Uma **abordagem "sim-porém"** começa com áreas de concordância e semelhança e gradualmente leva a pontos de discordância. Quando se estabelece, desde o início do processo, uma base comum, reduzem-se possíveis manifestações de hostilidade e discordância.
- Uma abordagem **"sim-sim"** habitua o entrevistado a concordar. Quando você alcançar aparentes discordâncias, a pessoa talvez esteja menos inclinada a discordar.
- Uma **abordagem implicativa** comporta uma declaração explícita sobre a disposição ou intenção de evitar uma reação instintiva negativa do entrevistado. A sua expectativa é que o entrevistado perceba as implicações do que você está contando, talvez sentindo que elas surgiram com as preocupações e soluções.

> Você deve chegar ao ponto em um período razoável de tempo.

Independentemente da abordagem de uma base comum, escute, seja polido e evite cair em atitude defensiva ou raiva quando trabalhar com entrevistadores hostis. Em geral, hostilidade resulta de falta de informação, desinformação ou rumores. Responda com fatos, testemunhos de *experts*, exemplos, histórias e comparações para esclarecer, provar e resolver questões entre as partes. Esteja pronto para aceitar pontos menores de discordância e admitir que sua proposta não é perfeita; nenhuma proposta é. Empregue **frases amortecedoras** que reduzem a veemência das questões críticas: "Muitos residentes com quem converso sentem-se assim, contudo...", "Essa é uma ótima questão, mas quando você considera...", "Fico contente que você pense nisso, porque...".

Entrevistados de mente fechada ou autoritários

> Escolha as evidências mais adequadas para cada parte.

Um **entrevistado de mente fechada ou autoritário** baseia-se em autoridades tradicionais e está mais preocupado com quem apoia uma proposta do que com a proposta em si. Apenas fatos e particularmente estatísticas não serão suficientes. Mostre que autoridades aceitas pelo entrevistado endossam seus esforços persuasivos. A pessoa de mente fechada e autoritária tem valores e crenças fortes e imutáveis, e você precisa ser capaz de identificar a si mesmo e sua proposta com esses valores e crenças.

Não ignore canais hierárquicos nem altere métodos prescritos. Os autoritários reagem negativamente a entrevistadores que não pertencem ao grupo deles ou parecem estar fora da linha. Em geral, eles acreditam que entrevistadores desse tipo devem ser impedidos de fazer a entrevista ou punidos por supostamente violarem normas aceitas e apreciadas.[38]

Entrevistados céticos

Se o entrevistado é cético, exponha, no início da entrevista, algumas opiniões já mencionadas por ele – trata-se das abordagens "sim-porém" e "sim-sim". Mantenha sinais não verbais positivos, como um aperto de mão firme, bom contato visual, maneiras calorosas e amigáveis, roupas e aparência apropriadas. Se o entrevistado sente que você é jovem e inexperiente, mencione diplomaticamente suas qualificações, experiências e treinamento, e ofereça evidências substanciais e oficiais. Esteja bem preparado e mostre, sem exagero, experiência. Evite informalidade indevida e uma atitude pretensiosa. Se o entrevistado o vê como argumentativo, evite confrontações, ataques à posição da pessoa e a demandas feitas pela outra parte. Se o entrevistado pensa que você é um sabe-tudo, seja cuidadoso ao referir-se às suas qualificações, experiências e realizações. Se o entrevistado tem dúvidas quanto à sua organização, você pode não revelar o nome dela até que tenha cultivado credibilidade pessoal junto a ele. Se o nome tiver que aparecer no início da entrevista, tente melhorar a imagem da empresa elencando percepções distorcidas comuns, relatando o quanto ela mudou ou identificando os pontos positivos. Você talvez tenha que se distanciar de alguns elementos ou práticas anteriores de sua organização.

> **Imagem ou credibilidade pode ser a maior causa de fracasso.**

Entrevistados que avaliam o mercado

Entrevistados podem testar o mercado antes de realizarem uma aquisição ou tomarem uma decisão mais significativa. Em geral, eles enfrentarão a **contra persuasão** de outros entrevistadores. Se perceber que se trata de um entrevistado avaliador ou indeciso, previna-o e prepare-o. Ofereça ao entrevistado argumentos, evidências e respostas embasadas a questões ou pontos que outros possivelmente levantaram. Ministre pequenas doses do lado oposto (teoria da inoculação) para apresentar os pontos fortes e fracos de ambos os lados. Desenvolva uma abordagem positiva, factual e não emocional que responda à concorrência quando necessário, mas permaneça principalmente na fortaleza da *sua* posição e proposta.

> **Esteja preparado para entrevistados que enfrentam contra persuasão.**

Entrevistados inteligentes e instruídos

Entrevistados muito **inteligentes ou instruídos** tendem a ser menos persuasíveis por conta de seus níveis de conhecimento, de sua capacidade crítica e de sua habilidade de perceber as implicações por trás de argumentos e propostas. Pesquisas indicam que esses entrevistados "ficam atentos à posição da mensagem e compreendem-na com facilidade, mas nem sempre estão dispostos a aceitá-la".[39] Por exemplo, eles possivelmente decifrarão a abordagem "bom sujeito-mau sujeito" utilizada em muitas situações de venda.

Quando lidar com entrevistados muito inteligentes e instruídos, embase suas ideias extensivamente, desenvolva argumentos de forma lógica e apresente uma abordagem que explore ambos os lados das questões. Minimize apelos emocionais, especialmente se o entrevistado for neutro ou inicialmente discordar de sua posição ou proposta. Encoraje-o a fazer perguntas, levantar objeções e participar ativamente.

> **Uma abordagem de dois lados trata cada lado, mas não os defende.**

Se um entrevistado tiver baixo nível de inteligência ou instrução, desenvolva uma abordagem simples e unilateral para minimizar confusões e maximizar a compreensão. Uma abordagem complexa, bilateral e argumentos intrincados apoiados numa variedade de evidências podem confundir um entrevistado. Em vez de testemunhos de *experts* e estatísticas, use exemplos, histórias e comparações.

A solução

Depois de ter apresentado a necessidade, resumido seus argumentos principais e obtido concordâncias importantes, você está pronto para as soluções.

Como estabelecer critérios

Comece a fase da solução estabelecendo critérios (exigências, padrões, regras, normas e princípios) que toda solução deve satisfazer. Se o entrevistado estiver claramente pronto para entrar nessa fase da entrevista antes de você apresentar todos os seus argumentos, siga em frente.

> Estabelecer critérios é algo natural, mas frequentemente inconsciente.

Estabeleça um conjunto de critérios *com o entrevistado* para avaliar possíveis soluções. Esse processo é natural para nós. Por exemplo, na hora de selecionar uma universidade, você deve ter considerado cursos, exigências fundamentais, especialidades, carreiras, faculdades, disponibilidades de estágios e possibilidades mercadológicas quando da formatura. Em decisões simples, como selecionar um local para jantar, você tem critérios em mente, como o tipo de comida e bebida, custo, distância, locação, atmosfera, música, disponibilidade, existência de televisores de tela grande para assistir a um jogo de futebol e preferências de terceiros. Use esse processo natural em entrevistas persuasivas.

Enquanto você pensa em critérios anteriores à entrevista e os desenvolve com o entrevistado durante a entrevista, perceba que nem todos os critérios têm a mesma importância. Por exemplo, diretores de departamentos de admissão em universidades estaduais constataram que a qualidade da escola é o critério mais importante para candidatos de fora do Estado, ao passo que, para candidatos regionais, custo e qualidade ocupam, respectivamente, o primeiro e o segundo lugar. A situação pode influenciar os critérios. Por exemplo, o custo pode se sobrepor a outros critérios durante recessões econômicas.

> Nenhum critério é estabelecido igual ao outro.

Estabelecer um conjunto de critérios com o entrevistado assegura a participação dele no processo, mostra que você está tentando customizar suas propostas para as necessidades, desejos e capacidades dele, oferece uma transição suave da necessidade à solução e reduz a impressão de que você está interessado apenas em vender seu argumento. Critérios acordados permitem que você construa a fundação para acordos, oferecem meios efetivos de comparação e alcance de soluções, e tratam de objeções.

> Critérios são elaborados para avaliar e persuadir.

Como considerar a solução

> Ver é acreditar.

Apresente sua solução detalhadamente. Não suponha que o entrevistado entenderá os detalhes e a natureza da solução que você tem em mente, a não ser que isso se torne claro durante a entrevista. É melhor pecar por excesso de informação do que por falta dela.

Se você considerar mais de uma solução, aborde uma de cada vez. Explique a solução em detalhe e use os suportes visuais disponíveis e apropriados: livretos e brochuras, desenhos e diagramas, gráficos, cartas, *slides*, pranchetas de rascunho, amostras de materiais, objetos e modelos. Os entrevistados lembram-se apenas de aproximadamente 10% do *que ouvem,* mas 50% do *que fazem* e 90% do *que fazem e veem.*[40]

Aborde a solução de forma positiva, construtiva e entusiasmada. Acredite no que está apresentando e mostre isso. Enfatize os pontos positivos e os benefícios de sua proposta mais do que os pontos fracos da concorrência. Evite a **venda negativa**, a não ser que a concorrência force você a fazer isso como forma de autodefesa. O entrevistado é mais propenso a interessar-se pelas vantagens de sua proposta do que pelas desvantagens de outra.

Ajude os entrevistados a tomar decisões que sejam as melhores para eles. Encoraje questionamentos e envolvimento ativo. Use a repetição, que Tom Hopkins chama de "coração da venda", para melhorar o entendimento, ajudar a memória, conquistar e manter atenção e tornar o entrevistado consciente do que for mais importante.[41] Ensine os entrevistados a respeito de opções, exigências, prazos e novas características.

Como tratar as objeções

> Você não pode tratar de uma objeção que não ouve.

Talvez nada pareça mais ameaçador do que a imagem de um entrevistado levantando objeções inesperadas ou difíceis. É melhor encorajar o entrevistado a revelar objeções, preocupações, medos, mal-entendidos e desinformações. Não suponha que haja um acordo apenas porque o entrevistado não levanta questões ou objeções. Preste atenção em pistas não verbais como impaciência, inquietação, pouco contato visual, sobrancelhas levantadas, expressões confusas, sinais de tédio ou silêncios. Descubra o que está acontecendo com o entrevistado.

Objeções são numerosas e frequentemente específicas da questão, meta e situação do entrevistado.

> Antecipe as objeções comuns.

- *Procrastinação: Nunca faça hoje o que você pode deixar para amanhã.*
  Deixe-me pensar nisso.
  Ainda tenho três semanas antes de esse papel vencer.
  Meu velho caminhão está funcionando bem, então vou esperar mais um pouco.
- *Custo: Isso é muito caro.*
  Esse iPhone é muito caro para mim.
  Eu não esperava que uma reforma fosse custar tanto.
  Isso é bastante caro para uma conferência de dois dias.
- *Tradição: Sempre fizemos isso desta maneira.*
  É assim que sempre fizemos negócios.
  Sempre tivemos nossas reuniões em Eagle River.
  Meu avô escolheu esta linha de vestimentas quando abriu o negócio em 1924.
- *Futuro incerto: Quem sabe o que o amanhã trará.*

No momento, o futuro de meu emprego é bastante duvidoso.

Como a economia está patinando, estou relutante em contratar novos funcionários.

Na minha idade, não compro bananas verdes.

- *Necessidade: Qual é o problema?*

Temos bons investimentos, por isso não precisamos de seguro de vida.

O atual sistema de revisão de desempenhos está funcionando muito bem.

Como não há muito crime por aqui, não precisamos de um sistema de alarme.

Como abordar objeções

> Tratar de objeções exige pensamento, compreensão, tato e substância.

Antecipe objeções para eliminar surpresas. Encare o tratamento de cada objeção como uma série de passos.

Planeje como responder a fim de reduzir surpresas.

Escute atenta, completa e objetivamente, jamais supondo que você entende o argumento ou a preocupação da outra pessoa até que tenha ouvido isso.

Esclareça a objeção, certificando-se de que você entende exatamente do que se trata e da importância disso antes de responder.

Responda apropriada, prudente e seriamente. *Se uma objeção for séria para o entrevistado, isso é sério.* Há quatro estratégias usuais para tratar objeções.

Minimizar a objeção

> Reduza a importância da objeção.

Para minimizar a objeção, reformule-a para torná-la menos importante ou para compará-la com outros pontos mais significativos. Ofereça evidências para reduzir a importância relativa.

1. **Entrevistado:** Sempre imaginamos como seria legal morar no centro em um *loft* como este, mas tememos a criminalidade nas áreas centrais.
2. **Entrevistador:** Isso foi verdade uns anos atrás, mas o crime tem diminuído nos centros das cidades, espalhando-se por outras áreas onde há menos policiamento. Nesta área, por exemplo, os roubos e furtos diminuíram 23% nos últimos três anos, os assaltos, 43%, e os tiros desapareceram completamente. Ao mesmo tempo, nas outras áreas desta cidade, os roubos e furtos aumentaram 27%, os assaltos, 12%, e o número de tiros, 15%.

Capitalize a objeção

> Tire vantagem da objeção.

Capitalize uma objeção para *esclarecer* seu argumento, *rever* as vantagens da proposta, *oferecer* mais evidência ou *isolar* o motivo atrás da objeção. Converta a desvantagem percebida em vantagem.

1. **Entrevistado:** Como não pretendemos continuar a pagar aluguel do apartamento, gostaríamos muito de comprar uma casa, mas o mercado imobiliário parece realmente ruim com todas essas falências e relutância dos bancos em fazer empréstimos habitacionais neste momento.
2. **Entrevistador:** Na verdade, este é um grande momento para comprar uma casa. As taxas de hipoteca em 3% são as mais baixas em quase 50 anos, o

mercado está repleto de excelentes casas em todas as faixas de preços, e o governo tem programas especiais para clientes que adquirem casas como o primeiro imóvel. Tudo isso vai mudar em poucos meses com o afrouxamento da recessão e mais compradores voltando ao mercado.

Refute uma objeção

Refute uma objeção *direta* ou *indiretamente* ao oferecer novas ou mais precisas informações que introduzam novos aspectos da proposta. Você não pode refutar uma objeção apenas negando-a; *prove isso*.

> Se negar uma objeção, precisará provar que ela não é verdadeira.

1. **Entrevistado:** Soube que seu grupo, Pais pela Qualidade da Educação, quer elevar os impostos de nossas propriedades em 25%, além de ser contrário ao programa de abono escolar que permite enviemos nossos filhos a escolas religiosas.

2. **Entrevistador:** De fato estamos propondo um aumento de 2,5% em impostos sobre propriedades para prevenir a perda de professores de qualidade em nossas escolas, para transporte de universitários e cursos avançados essenciais para que nossos filhos possam competir por bolsas de estudo. Não somos contra o programa de abono escolar, mas estamos preocupados com a justiça de conceder às escolas religiosas isenção de muitas regulações estatais impostas a escolas públicas. Se o Estado realmente acredita em competição justa entre os sistemas de ensino, deve haver igualdade de condições.

Confirme uma objeção

> Não tente negar o inegável.

Confirme uma objeção concordando com o entrevistado. É melhor ser honesto e admitir problemas do que oferecer defesas inconsistentes.

1. **Entrevistado:** Pesquisei uma variedade de *e-readers*, em especial o Nook, mas eles são muito caros.

2. **Entrevistador:** Os *e-readers* parecem caros quando você considera apenas o custo inicial. Um Nook básico custa, em média, US$ 99, e o *tablet* mais sofisticado, US$ 200. Isso parece caro, mas os livros são consideravelmente mais baratos no formato digital do que em papel. Se você ler dez livros nos próximos dois anos, economizará mais do que o custo do Nook, mesmo considerando a versão mais cara.

Encerramento

> Ambas as partes podem temer o encerramento.

No encerramento, seja positivo e confiante. Não pressione o entrevistado nem pareça muito ansioso. Os entrevistadores podem hesitar no encerramento, temendo que possam ter falhado na persuasão, enquanto os entrevistados temem fazer uma escolha errada. Profissionais de vendas, por exemplo, citam a hesitação na hora de questionar sobre a venda como uma das maiores causas do fracasso de vendas.[42]

O encerramento consiste em três estágios: (1) tentativa de encerramento, (2) contrato ou acordo e (3) despedida.

Tentativa de encerramento

Encerre assim que possível e não continue a conversar se o entrevistado já "comprou" a sua proposta. Você pode dizer coisas que contradigam o acordo.

Ao aproximar-se do fim da fase de solução, observe e escute sinais verbais e não verbais de que o entrevistado está se encaminhando para uma decisão. Eis alguns exemplos de sinais verbais: "Quando o novo *software* estará disponível?", "Sua ideia faz sentido" e "Isso parece ser uma boa jornada". Nos sinais não verbais, observam-se sons vocais de entusiasmo, assentimentos, troca de olhares entre os entrevistados como se verificassem interesse ou concordância, ou ainda troca de brochuras, fotos e informes escritos.

Respostas positivas e perguntas dirigidas verificam se um entrevistado está pronto para o encerramento: "Estou certo de que você concorda que este é o melhor caminho", "Você quer este condomínio, não é?" e "Você quer enfrentar um processo judicial?". Depois de formular uma pergunta de tentativa de encerramento, *fique quieto*! Dê ao entrevistado tempo para pensar e se autopersuadir. O silêncio comunica confiança e dá ao entrevistado uma oportunidade de levantar questões não respondidas e objeções.

> Saiba quando parar de falar.

Se você receber um não em sua pergunta de tentativa de encerramento, pergunte por quê. Talvez precise rever os critérios, comparar vantagens e desvantagens de agir agora ou oferecer mais informação. O entrevistado talvez não esteja pronto para agir. Os receios de possíveis consequências e de como os outros poderão reagir (forças externas) podem solapar uma necessidade ou um desejo.

> Sonde com atenção e cuidado as respostas negativas.

Se obtiver um sim em sua questão sobre a tentativa de encerramento, siga para a fase do contrato ou acordo: "Podemos assinar isso hoje", "Podemos ter esse equipamento instalado em duas semanas" e "Seria um alívio tomar essa decisão".

Contrato ou acordo

Depois de uma tentativa de encerramento bem-sucedida, siga para a fase do contrato ou acordo. Trata-se de um momento crítico porque o entrevistado sabe que o encerramento e o comprometimento estão se aproximando. Seja natural e agradável. Mantenha uma boa comunicação. Considere técnicas de encerramento apropriadas para essa fase.

- Um *encerramento presumido* direciona parte do acordo com uma frase do tipo "Imagino que você prefira...".
- Um *encerramento resumido* resume acordos feitos como base para decisões.
- Um *encerramento de eliminação de uma única objeção* responde à única objeção que impede o acordo.
- Um *encerramento do tipo isso ou aquilo* limita as

A fase do contrato ou acordo é crítica porque o entrevistado sabe que um compromisso é iminente.

escolhas do entrevistado e mostra que a solução que você defende tem mais vantagens e menos desvantagens.

- Um *encerramento do tipo "vou pensar no assunto"* reconhece o desejo de o entrevistado pensar sobre a decisão. Tente descobrir o nível de interesse e por que o entrevistado está hesitante.
- Um *encerramento senso de urgência* sublinha por que um entrevistado deve agir agora.
- Um *encerramento de preço* enfatiza a economia possível ou o limite da oferta.

> Escolha as técnicas de encerramento mais adequadas ao entrevistado e à entrevista.

Despedida

Quando o contrato ou acordo está completo, quando nenhum contrato ou acordo puder ser alcançado ou se outra entrevista for necessária, conclua a entrevista de forma agradável e positiva. Não permita que a fase de **despedida** seja **abrupta** ou **curta**, pois, se isso ocorrer, você perderá a empatia e confiança estabelecidas com tanto esforço.

> A despedida deve reforçar tudo o que foi realizado.

Adapte as técnicas verbais e não verbais de despedida abordadas no Capítulo 4 ou combine-as para cada entrevistado. Seja sincero e honesto nessa fase final e não faça promessas que não poderá cumprir por causa de limitações pessoais ou de competência, políticas organizacionais, leis ou restrições de tempo.

Resumo esquemático

A seguir, apresentamos, de forma resumida, os elementos da estrutura de uma entrevista persuasiva que abordam aspectos relacionados a necessidade/desejo e solução.

I. Abertura da entrevista
   A. Selecione as técnicas mais adequadas do Capítulo 4.
   B. Estabeleça empatia de acordo com o relacionamento e a situação.
   C. Ofereça orientação apropriada.

II. Criação de uma necessidade ou desejo
   A. Ofereça uma declaração de propósito apropriada.
   B. Desenvolva uma necessidade ponto a ponto com o máximo de envolvimento e cuidadosa adaptação à outra parte.
      1. Use padrões de argumentação apropriados.
      2. Ofereça uma variedade de evidências.
      3. Empregue estratégias eficazes.
      4. Apele a valores e emoções importantes.
      5. Obtenha acordos claros à medida que avançar e identifique o quanto a parte entrevistada está envolvida ou pode estar preocupada.

C. Resuma a necessidade ou problema e obtenha acordos claros do entrevistado.
III. Estabelecimento de critérios
   A. Apresente os critérios que você tem em mente e explique, de forma breve, a fundamentação e importância de cada um.
   B. Encoraje o entrevistado a adicionar critérios.
   C. Envolva o entrevistado na discussão de critérios.
   D. Resuma todos os critérios e obtenha concordância sobre eles.
IV. Apresentação da solução
   A. Apresente uma solução por vez.
      1. Explique a solução em detalhe, utilizando apoios visuais quando possível.
      2. Avalie a solução utilizando critérios acordados.
   B. Responda à antecipação e verbalização de objeções.
   C. Obtenha concordância na propriedade, qualidade e viabilidade da solução preferida.
V. Encerramento da entrevista
   A. Comece a tentativa de encerramento tão logo pareça apropriado fazê-lo.
   B. Quando a tentativa de encerramento for bem-sucedida, siga para o contrato ou acordo com o entrevistado.
   C. Use técnicas apropriadas de despedida abordadas neste capítulo e no Capítulo 4.

Você não desenvolverá todas as partes desse resumo em todas as entrevistas. Se um entrevistado concorda com a necessidade ou problema antes da entrevista, resuma simplesmente a necessidade na abertura e siga direto para os critérios. Um entrevistado pode concordar com a necessidade, mas não com a solução que você propõe. É possível ainda que um entrevistado se sinta constrangido por algum motivo, o que impedirá a tomada de uma decisão. Viabilidade é o problema central nesse tipo de entrevista, não a necessidade ou uma proposta específica. O entrevistado pode gostar de sua proposta, mas não perceber necessidade pessoal.

> Não existe um padrão para todas as entrevistas persuasivas.

PARTE 2: ENTREVISTADO NA ENTREVISTA PERSUASIVA

Os dois princípios fundamentais deste capítulo são: (1) a persuasão é feita *com* e *não para* outrem e (2) ambas as partes são responsáveis por fazer da entrevista um sucesso. Com esses princípios em mente, focaremos o entrevistado na entrevista persuasiva.

Seja um participante Informado

Diferentemente dos entrevistadores que, em geral, são treinados para alterar o modo das pessoas pensarem, agirem e sentirem, os entrevistados têm pouco ou nenhum treinamento em persuasão e podem ter cicatrizes de encontros persuasivos fracassados. O restante deste capítulo lhe apresentará os *truques do comércio* para nivelar o campo do jogo persuasivo.

Estratégias psicológicas

> Podemos agir automaticamente durante entrevistas persuasivas.

Entrevistadores usam estratégias desenhadas para criar desconforto psicológico – dissonância – e alterar modos de pensar, sentir e/ou agir.[43] Por exemplo, **princípios aprendidos ou padrões** podem automaticamente guiar uma ação ou decisão. Você certamente conhece alguns dos princípios mencionados a seguir:

- Você obtém aquilo por que pagou.
- Se é caro, é bom.
- Vendas poupam dinheiro.
- Se um *expert* diz isso, deve ser verdade.
- Se respeita padrões industriais, é seguro.

Lojas de grife dependem desses princípios aprendidos ou padrões para promover seus itens mais caros e de alta qualidade, que vão desde joias até automóveis.

> Procure diferenças reais.

No **princípio de contraste**, os entrevistadores sabem que, se um segundo item é bastante diferente do primeiro em atratividade, custo ou tamanho, isso parece *mais diferente* do que de fato é. Se quero alugar um apartamento para você, talvez lhe mostre primeiro um meio caído e depois outro um pouco melhor. Você talvez veja o segundo como substancialmente melhor, em vez de moderadamente melhor. Se um vendedor consegue vender-lhe um terno caro primeiro, depois gravatas, camisas e cintos caros podem parecer baratos na comparação.

> Sentimo-nos obrigados a devolver favores.

A **regra de reciprocidade** incute em você um sentimento de obrigação de responder à altura o que outro oferece. Por exemplo, se uma pessoa lhe dá um refrigerante e então pede que você compre um bilhete de rifa, você se sente obrigado a comprar o bilhete, mesmo que ele possa custar mais do que o refrigerante. Esse processo está ativo cada vez que você abre sua caixa de correio e descobre outro pacote de envelopes personalizados. Você estará propenso a fazer uma doação ou a não usar os envelopes, mesmo que não os tenha solicitado. Pesquisas revelam que, se usa os envelopes e não envia uma doação, você pode experimentar desconforto psicológico e temer envergonhar-se se alguém descobrir isso.

> Uma concessão merece outra, ou não.

Em uma estratégia de **concessão recíproca**, você se sente obrigado a fazer uma concessão em resposta a uma concessão. As partes empregam essa estratégia psicológica na negociação de direitos trabalhista, por exemplo, quando uma parte concede em plano de saúde e a outra então se sente obrigada a conceder em benefícios de aposentadoria. Você encontra essa estratégia em interações do dia a dia, como quando um amigo concorda em oferecer o carro para uma saída e você se sente obrigado a pagar o combustível.

> Persuasores podem pedir muito e se contentarem com pouco.

Uma estratégia de **rejeitar e então se retirar** começa com uma proposta que pode tornar a segunda mais aceitável. A ideia é que, depois de rejeitar a primeira, você se sentirá, ao mesmo tempo, obrigado e um tanto aliviado em concordar com a segunda. Um estudo descobriu que, se escoteiros pedissem a algumas pessoas que comprassem bilhetes de US$ 5 para o circo, receberiam um não, entretanto essas mesmas pessoas estariam mais propensas a dizer sim a uma segunda proposta por um chocolate de US$ 1. Os escoteiros ganharam em qualquer hipótese, e os persuadidos sentiram-se bem por contribuir com uma quantia menor. Vendedores geralmente começam com o topo de linha e então recuam para uma posição inferior *se* necessário.

No **marketing disfarçado** ou **subliminar**, dois ou mais entrevistadores de um grupo maior fingem ser pessoas desinteressadas e não representantes de vendas. Por exemplo, dois entrevistadores "disfarçados" de turistas ou visitantes pedem a um passante que tire uma foto deles. O passante cooperativo concorda e percebe que a dupla tem uma câmera digital bastante interessante e atraente. Ele então faz uma pergunta sobre a câmera, e os "turistas disfarçados", que são, na verdade, representantes de vendas à paisana, alegremente fornecem todas as informações sobre o objeto. O persuadido não tem a menor ideia de que está numa entrevista comercial.

Seja um participante crítico

Estratégias de linguagem

> Busque o significado dos símbolos.

De acordo com Woodward e Denton, linguagem "é muito mais que uma coleção de palavras e regras para uso apropriado. A linguagem é o instrumento e o veículo da ação e expressão humanas".[44] Entrevistadores qualificados são muito conscientes do poder da manipulação e dos símbolos verbais, mas muitos de nós veem esses símbolos apenas como palavras e regras. Larson adverte que, "como receptores, precisamos ir ao fundo dos significados persuasivos; a análise cuidadosa dos símbolos usados ou abusados pelos persuasores pode nos ajudar a chegar lá".[45] Um importante primeiro passo nesta análise é identificar estratégias de linguagem comuns.[46]

Enquadramento e reenquadramento

> O jargão não é inofensivo.

Persuasores usam a linguagem para enquadrar ou construir a maneira como você vê pessoas, lugares, coisas e objetos. Por exemplo, o **jargão** substitui palavras peculiares por palavras comuns. Enquanto alguns jargões parecem inofensivos (irregularidade de cronograma para atraso de voo), outros podem ocultar a verdade (inexatidão terminológica por mentira), fazendo algo parecer mais técnico do que realmente é (luz de saída de emergência por lanterna), mais valioso do que é (sistema de armazenamento de roupas para um gancho e dois suportes) ou menos grave (danos colaterais para morte de civis durante ações militares). Woodward e Denton advertem que o jargão pode "requerer interpretações especiais e nos tornar dependentes de especialistas [físicos, engenheiros, professores ou consultores] para auxílio, conselho e ação".[47]

> Ambiguidades dizem pouco, mas parecem muito.

Ambiguidades estratégicas são palavras com significados múltiplos ou vagos. Os persuasores partem da premissa que você interpretará as palavras deles de acordo com as necessidades específicas deles, sem questionar pontos embaraçosos, negativos ou intuitivos. Se um político alega ser conservador ou moderado, o que ele é exatamente? O que é uma garantia vitalícia ou uma garantia limitada? O que é um apartamento acessível ou um salário *top*? O que significa frango criado solto ou frango criado à moda antiga? Estudos mostram que pagaremos um preço superior por um produto *light*, *diet*, natural e de baixo teor de hidratos de carbono mesmo sem sabermos exatamente no que ele se difere daqueles que não têm essas características.

> A imagética substitui experiências.

A **imagética** – figuras de linguagem – contém palavras multissensoriais para colorir o que você tenha experimentado, vai experimentar, pode experimentar ou vivenciará indiretamente. Um representante de uma agência de viagens, com ajuda de *folders*, pôsteres e *sites*, vai ajudá-lo a visualizar-se esquiando na Suíça, visitando ruínas astecas no México, surfando no Havaí, observando a vida selvagem no Quênia ou aproveitando o teatro em Nova York. Por sua vez, um entrevistador poderá aplicar as mesmas táticas para pintar uma imagem negativa, completada com figuras apocalípticas e tenebrosas predições, se você votar num político adversário, comprar um produto da concorrência, filiar-se a um grupo religioso diferente, aceitar uma bolsa de outra escola ou viajar para o Egito e não para o Quênia.

> Eufemismos substituem substância por som.

Eufemismos substituem palavras comuns por palavras *mais sonoras*. O Cadillac foi o primeiro a substituir a expressão carros usados por seminovos, enfatizando a propriedade em lugar do uso. Você encontrará mais facilmente um terno para entrevista acessível, mas não um barato, e possivelmente o comprará de um associado comercial, e não de um balconista. Uma árvore de Natal de aparência natural soa melhor que uma falsa ou artificial. Tamanhos para mulheres é um substituto comum para tamanhos grandes, mas você não encontrará "tamanhos *petite*" (para mulheres baixas) na seção masculina. Você pode pedir uma cerveja *light* no seu bar preferido do *campus*, mas você pediria uma cerveja *diet*? Somos todos atraídos por palavras, nomes e rótulos sonoramente agradáveis.

> As palavras podem alterar a realidade.

A **diferenciação** não é uma tentativa de encontrar uma palavra mais sonora, mas de alterar sua visão da realidade. Por exemplo, quando um defensor dos direitos animais deseja que você se torne um guardião de um animal em vez de dono de um animal, essa pessoa deseja mudar a maneira como você vê sua relação com sua mascote. Chamar de colaboradoras as mulheres que trabalham em uma organização não é "correção política" – o eufemismo –, mas um esforço para mudar percepções de habilidades, capacidades e maturidade das mulheres em comparação com garotas. Os propósitos do eufemismo e da diferenciação são muito distintos: aquele quer fazer algo soar melhor, enquanto esta quer mudar sua *visão da realidade*.

Apelando às pessoas

> Para muitos de nós, a maioria domina.

Entrevistadores podem apelar para sua fé histórica na regra e sabedoria "do povo", seguindo a máxima de Lincoln de que "você pode enganar todas as pessoas por algum tempo ou algumas pessoas todo tempo, mas não pode enganar todas as pessoas todo tempo". A tática **ad populum** alega falar em nome do povo – a suposta maioria –, sejam eleitores, alunos, funcionários, atletas, consumidores ou pequenos empreendedores. Trata-se, é claro, de "pessoas comuns", não de elite, governo, administração ou executivos. Quando, por exemplo, um procurador afirma que faz determinada coisa em nome do "povo", sempre nos perguntamos a que povo ele se refere.

A **tática de adesão** tenta nos convencer que devemos seguir a multidão e fazer o que todo mundo faz, como comprar as mesmas coisas, vestir as mesmas roupas, assistir aos mesmos filmes ou votar no mesmo candidato. Essa tática está relacionada ao seu desejo de pertencer e integrar-se, o que geralmente é acompanhado de uma nota de urgência: "Meu curso está lotando rapidamente" e "Os bilhetes para o concerto estão acabando".

> **Tenha uma mente inquiridora.**

Preste atenção em qualificadores importantes como praticamente, provavelmente, quase e majoritariamente. Pergunte pelos números ou nomes daqueles que assinaram uma petição, concordaram com uma mudança ou filiaram-se a uma organização. Seja cauteloso com frases como investidores experientes, pessoas que conhecem e aqueles que estão em movimento, destinados a pressionar e alisar.

Simplificando o complexo

> **O medo de reações em cadeia pode emperrar qualquer ação.**

Entrevistadores tentam reduzir problemas, questões, controvérsias e situações complexas a seus elementos mais simples. A **ponta do *iceberg***, também conhecida como **efeito dominó** ou **encosta escorregadia**, alega que decisões, ações ou leis, uma após a outra, estão levando a consequências desastrosas. Converse com alguém que é contra censura, controle de armas ou casamentos de mesmo sexo e provavelmente ouvirá como a censura de livros na escola pública é mais um passo em direção à censura de todas as publicações, como o registro de revólveres é mais um passo em direção a proibir e confiscar todas as armas, e como o casamento entre pessoas do mesmo sexo é uma encosta escorregadia em direção à destruição do lar e da família. Procure por evidências de uma corrente intencional e relacionada de ações que estão empurrando dominós, produzindo *icebergs* ou descendo perigosas ribanceiras.

> ***Slogans* são muito mais do que frases inteligentes.**

Slogans são palavras ou frases inteligentes que escondem posições, visões ou metas. Eles podem, à primeira vista, parecer vagos, mas são poderosos para alterar a maneira como você pensa, sente ou age, porque o arrebatam e seduzem a fim de que se encaixe no sentido proposto – autopersuasão. Entrevistadores valem-se de *slogans* para atrair clientes, contribuintes e lealdade. Além disso, podem-se mudar os *slogans* para comunicar mensagens diferentes. Por exemplo, quando a Purdue University substituiu o *slogan* "Tocando o dia de amanhã" por "Descubra Purdue" e "Purdue: está acontecendo aqui", o presidente, Martin Jischke, fez o seguinte comentário: "há uma tremenda excitação ao redor do *campus*... Creio que este tema esteja apenas tentando capturar o sentido de energia, momento e orgulho que temos na Purdue".[48] Questione o que os *slogans* significam e se eles realmente representam uma pessoa, organização, campanha ou solução.

> **Polarizando limites, nossas escolhas e nosso pensamento.**

Um entrevistador pode **polarizar** pessoas, organizações, posições ou cursos de ação alegando que você tem apenas duas escolhas: conservador ou liberal, amigo ou inimigo, inverno ou verão, energia eólica ou nuclear, favorável ou contrário ao controle de armas. Trata-se de uma visão de mundo simplista, mas frequentemente persuasiva. Haverá realmente apenas duas escolhas? Por exemplo, você é realmente conservador ou liberal, uma mistura de ambos ou algo diferente?

Esquivando-se da questão

> **Atacar uma fonte não trata da questão.**

Entrevistadores podem tentar esquivar-se de assuntos, perguntas ou objeções cruciais. A falácia ***ad hominem*** (tornar-se pessoal) esquiva-se de desafios indesejáveis ao desconsiderar uma fonte por causa de idade, gênero, raça, filiação, posições anteriores, declarações ou reivindicações. Após uma criança ser xingada ou ter uma convicção desafiada, o pai pode dizer-lhe: "Pense em quem disse isso". Um conhecido pode lhe aconselhar a ignorar uma pesquisa conduzida por agência governamental ou associação corporativa, religiosa ou secular, conservadora ou liberal. Insista em que o entrevistador responda à questão, ao argumento ou à matéria da pesquisa.

> Compartilhar a culpa não a remove.

Provavelmente, para esquivar-se de uma questão ou objeção, você já utilizou a tática *tu quoque* que consiste em devolver a questão ao desafiador ou questionador: "Você também é", "É preciso um para reconhecer o outro" ou "Você também". Essas são respostas *tu quoque* clássicas. Se você questionar um político candidato sobre receber dinheiro de grupos de interesse específico, a pessoa pode responder: "Todos os políticos aceitam dinheiro de interesses específicos" ou "Seu candidato também aceita dinheiro de sindicatos de trabalhadores e advogados trabalhistas".

> Culpar os outros é uma tentativa de esquivar-se das próprias responsabilidades.

Entrevistados podem esquivar-se de questões por **transferência de culpa** na direção de outros, transformando o denunciante, a vítima ou o questionador em culpado. Cola no exame é culpa do professor, esconder dinheiro do imposto de renda é culpa da Receita Federal, estacionar ilegalmente é culpa da universidade, que não oferece estacionamento suficiente. Advogados de defesa tornam vítimas de crimes em culpados, particularmente em casos de estupro ou abuso. Não permita atribuição de culpa a outros sem formular perguntas, dúvidas e objeções.

Estratégias lógicas

> O lógico e psicológico são inseparáveis.

Como comentado anteriormente, persuasores desenvolvem argumentos no que parecem ser padrões válidos e aceitáveis. É importante reconhecer e desafiar esses padrões lógicos comuns.[49]

> Sempre confira a amostra de onde vêm as generalizações.

Argumento a partir de exemplos é uma declaração sobre a distribuição de certas características entre membros de toda uma classe de pessoas, lugares ou coisas. Isso está baseado numa amostragem de determinada classe. Se você reconhecer esse padrão, pergunte:
- Qual é o total de pesquisados desta amostragem?
- Qual é o critério desta amostragem?
- Quando a amostragem foi colhida?
- O que o entrevistador está concluindo a partir desta amostragem?

Fique atento à *generalização precipitada* na qual o persuasor generaliza um grupo de pessoas, lugares e coisas a partir de um ou poucos exemplos. Por exemplo, um amigo pode tentar demovê-lo da ideia de jantar em determinado restaurante apenas porque uma vez ele teve uma experiência ruim nesse estabelecimento.

> Cuidado com as coincidências vistas como causas.

Argumento a partir de causa e efeito dirige-se ao que causou determinado efeito. Faça as seguintes perguntas:
- Essa causa era capaz de gerar tal efeito?
- Essa era a única causa possível?
- Essa causa era o maior fator causal?

- Quais são as evidências oferecidas para estabelecer o *link* causal?
- Há talvez uma coincidência sendo interpretada como causa?

> **Só porque B seguiu A, não significa que A tenha causado B.**

Fique atento à falácia ***post hoc*** – ou **embaralhamento causa e efeito** –, segundo a qual se B ocorreu depois de A, A deve ter causado B. Por exemplo: "Peguei gripe no dia seguinte à vacina antigripe, então a vacina provocou a gripe".

> **Seja um superinvestigador quando encontrar hipóteses.**

Argumentar a partir de fato ou hipótese oferece a melhor contabilização ou explanação para um conjunto de fatos e é o tipo de raciocínio que os investigadores utilizam em crimes misteriosos. Por exemplo, um técnico de futebol pode alegar que o time ganhará o campeonato este ano porque tem um meio-campo muito habilidoso, uma defesa forte e um ataque com dois goleadores do último campeonato nacional. Durante uma entrevista, faça as seguintes perguntas ao ouvir argumentos a partir de fatos:

- Com que frequência esta hipótese correspondeu a estes fatos?
- O conjunto de fatos é suficiente?
- Que fatos poderiam tornar essa alegação mais ou menos convincente?
- Qual é o grau de simplicidade ou complexidade da hipótese?

> **Um sinal pode ter muitos significados ou nenhum.**

Argumentar a partir de sinais é uma alegação de que duas ou mais variáveis estão relacionadas de tal maneira que a presença ou ausência de uma pode ser tomada como indicativo da presença ou ausência da outra. Por exemplo, ao notar que a bandeira no prédio dos correios está a meio mastro, você concluir que alguém importante morreu. Faça as seguintes perguntas quando ouvir um argumento a partir de sinais:

- Qual é a relação entre as variáveis?
- Essa presença ou ausência é verificável?
- Qual é a credibilidade ou confiabilidade do sinal?

> **Procure diferenças e semelhanças importantes.**

Argumentar a partir de analogia ou comparação baseia-se na suposição de que, se duas pessoas, lugares ou coisas são semelhantes em alguns pontos, também compartilham outros igualmente significantes. Por exemplo, um vendedor pode argumentar que, se um SUV de preço moderado tem muitos dos atributos de um SUV de luxo (motor V8, seis lugares para adultos, mesmo espaço de carga, sistema de vídeo para passageiros traseiros, bancos de couro e tração 4x4), você deve escolher o SUV mais barato, porque ele tem a mesma qualidade. Faça as seguintes perguntas:

- O quanto essas semelhanças são de fato verdadeiras?
- São observadas similaridades suficientes?
- Essas semelhanças são cruciais para a alegação?

> **Identifique a principal afirmativa na qual se baseia o argumento.**

Argumentar a partir de uma convicção, suposição ou proposição aceita baseia-se em uma declaração que é considerada aceita ou provada. O restante da argumentação que se segue a essa afirmativa pode ser: "Fumar causa câncer. Você é fumante. Portanto, você terá câncer". Faça as seguintes perguntas:

- Você aceita a afirmativa fundamental?

- As outras afirmativas seguem logicamente essa afirmativa?
- A alegação resulta necessariamente dessas afirmativas?

Argumentos "se" podem ignorar condições óbvias ou imprevisíveis.

Fique atento a argumentos baseados em alegadas verdades autoevidentes que não possam ser questionadas ou discutidas porque são "fatos".

Em **argumentos de condição**, um entrevistador assevera que, se algo acontece ou não acontece, outra coisa acontecerá ou não. O foco central é a palavra *se*. Faça as seguintes perguntas:

- A condição é aceitável?
- É a única condição?
- Trata-se da condição mais importante?

Evidência

Preste muita atenção à evidência que um entrevistador oferece (ou não oferece) para obter atenção, interesse, estabelecer credibilidade e legitimação, para apoiar argumentos, desenvolver uma necessidade e apresentar uma solução.[50] Evidências podem incluir exemplos, histórias, autoridades ou testemunhas, comparações e contrastes, estatísticas e definições importantes. Use estas questões para testar a aceitabilidade das evidências do entrevistador.

Avalie a confiabilidade e a expertise das fontes.

- *A evidência é confiável?* O persuasor e as pessoas ou organizações citadas são imparciais ou confiáveis? As fontes das evidências (jornais, informes, Internet ou publicações) são imparciais ou confiáveis?
- *A evidência tem autoridade?* Qual é o treinamento, a experiência e reputação das autoridades ou testemunhas citadas? Elas estavam em posição capaz de observar os fatos, eventos ou dados?
- *A evidência é recente?* Ela é a mais recente disponível? Há novas estatísticas ou descobertas disponíveis? As autoridades mudaram suas opiniões?
- *A evidência está suficientemente documentada?* Você sabe onde e como as estatísticas ou os resultados foram determinados? Quem os determinou? Onde e quando eles foram tornados públicos?
- *A evidência foi comunicada precisamente?* É possível detectar alterações ou supressões em citações, estatísticas ou documentações? A evidência está citada em contexto?

Insista tanto na quantidade quanto na qualidade das evidências.

- *A evidência é suficiente em quantidade?* São citadas autoridades suficientes? Os exemplos oferecidos são suficientes? São oferecidos suficientes pontos de comparação? Há revelação de fatos adequados?
- *A evidência é suficiente em qualidade?* Há opiniões emitidas como fatos? É satisfatória a amostragem usada para generalizações e argumentos causais? As evidências de prova (ilustrações factuais, estatísticas, autoridade, comparações detalhadas) superam as evidências esclarecedoras (ilustrações hipotéticas, testemunhos remunerados, analogias figurativas e metáforas)?

Seja um ator ativo e crítico na entrevista.

Seja ativo na entrevista. Toda entrevista tem o potencial de alterar ou reforçar o modo como você pensa, sente ou age, incluindo o dinheiro que você gasta, os votos que consegue, as relações que estabelece ou mantém, as posses que protege, o trabalho que faz e a vida que leva.

Faça uma variedade de perguntas durante a entrevista. Questões sobre informação, por exemplo, permitem que você obtenha informação e explicações, provas em relação a palavras ou comentários ambíguos, além de revelarem sentimentos e atitudes que podem estar escondidos ou meramente sugeridos. Não há perguntas tolas, apenas perguntas que você tolamente deixou de formular.

Abertura

> Desempenhe um papel ativo na abertura, porque ela dá início ao processo persuasivo.

Esteja alerta e ativo desde os primeiros momentos de cada entrevista. Se a entrevista é uma visita-surpresa, para a qual você não teve tempo de se preparar, use cuidadosamente questões formuladas para descobrir a identidade, posição e qualificações do entrevistador. Descubra o verdadeiro propósito e intento da entrevista. Use a abertura para desempenhar um papel ativo, crítico e informado na entrevista. Tudo começa com a abertura.

Muitas pessoas persuadidas desempenham papéis passivos durante as aberturas. A seguir, apresentamos um exemplo de entrevista realizada em uma de nossas aulas. O persuadido, chefe de cirurgia do hospital, acredita no respeito estrito a hierarquias, com cirurgiões no topo, e sente que sobretudo médicos e não enfermeiros vão detectar e formular quaisquer problemas reais. É importante destacar que esse cirurgião é um homem voltado aos negócios.

Persuasora: Dr. Smalley, sou Lilly McDowell, uma das supervisoras dos enfermeiros cirúrgicos.

Persuadido: Oi, Lilly. Sente-se, por favor.

Persuasora: Gostaria de falar com você sobre o problema que temos com pacientes de cirurgias depois que eles deixam o hospital. Meu objetivo é encontrar uma solução para esse problema.

Persuadido: Ok.

Persuasora: Bem, descobrimos que...

O entrevistado não exibe personalidade ou atitudes e aprende pouco sobre o propósito dessa entrevista, o quanto ela vai durar ou a natureza do problema. Ele permite que a entrevistadora se lance na necessidade sem questionar, mesmo que pareça estar invadido em sua autoridade e *status*, em sua área de *expertise* e responsabilidade, e não tem explicação sobre a natureza do problema ou como isso foi determinado.

Necessidade ou desejo

> Faça perguntas, desafie argumentos e exija evidências sólidas.

Se um entrevistador tenta conduzir uma entrevista sem uma proposição clara e na qual a necessidade é uma coleção de generalizações e alegações ambíguas, insista em um desenvolvimento ponto a ponto, com cada ponto trabalhado cuidadosa e logicamente, apoiado por evidência adequada e adaptado a *seus* valores, crenças e atitudes. Atente para falácias e táticas que se esquivam de suas questões e objeções. Um entrevistador pode tentar introduzir outro ponto em vez de responder a suas preocupações sobre um ponto.

Insista em respostas a suas questões e objeções e obtenha acordos antes de seguir para outro ponto.

Pese evidências cuidadosamente e esteja atento a estratégias psicológicas desenhadas para manipular suas reações e fazer você se sentir obrigado a responder na mesma moeda. Não tolere *marketing* negativo ou difamação. Insista em conseguir acordos sobre a necessidade antes de seguir para critérios ou soluções.

Critérios

> Critérios permitem que você pese as soluções.

Estabelecer critérios com entrevistador que devem ser respondidos por qualquer solução é uma parte fundamental do processo persuasivo. Um entrevistador pode chegar a uma entrevista com uma lista de critérios, o que ajuda o processo e demonstra planejamento. Tome parte ativamente no estabelecimento de critérios. Os critérios são claros? Você gostaria de modificar algum critério? Quais são os critérios mais importantes? Há critérios que você gostaria de acrescentar?

Solução

> Certifique-se de que a solução atende à necessidade e é a melhor disponível.

Um entrevistador pode alegar que há apenas *uma* solução óbvia para a necessidade ou o desejo acordados. Raramente há uma única solução para qualquer problema. Insista na apresentação detalhada de cada solução possível. Faça perguntas e levante objeções. Certifique-se de que os critérios são aplicados igualmente para cada solução, de modo a determinar qual é a melhor para você na situação. Se possível, insista em ver, sentir, ouvir ou experimentar o produto ou proposta.

Quando você tiver acordado uma solução ou curso de ação, atente para qualificadores ou "aditivos", como garantias, descontos, acessórios, franquias e compromissos. O que são exatamente uma garantia "vitalícia" e uma garantia? O persuasor pode estar na expectativa de que, desde que você tenha tomado a grande decisão, concordará com pequenas decisões – o princípio de contraste abordado anteriormente. De tudo o que conseguiu, o que é de fato "gratuito"?

Encerramento

> Tenha calma ao tomar a decisão final.

Não tome uma decisão nem se comprometa de forma precipitada. Você tem pouco a ganhar e muito a perder com a pressa. Uma tática comum é criar uma reação psicológica alegando a possibilidade de censura ou a escassez de um produto. Uma organização pode produzir um número limitado de livros, moedas, carros ou posições para torná-los mais procurados, para forçá-lo a agir rápido antes que seja muito tarde ou que uma agência entre no jogo e o impeça de agir.

Pense cuidadosamente em uma decisão; durma com ela. Certifique-se de que todas as suas questões e objeções foram respondidas satisfatoriamente. Fique atento a possíveis ramificações da sua decisão. Considere ouvir uma segunda ou terceira opinião. Converse com pessoas que tenham

NA INTERNET

Suponha que você vá comprar um carro novo após a graduação. Você quer estar totalmente informado e preparado quando contatar representantes de vendas, de modo a tomar uma decisão inteligente e conseguir um bom negócio. Use a Internet para acessar informações sobre marcas, modelos, características, preços comparados e avaliações de *experts* automotivos. Eis alguns sites de montadoras de carros: Toyota (http://www.toyota.com), Acura (http://www.acura.com), Mazda (http://mazdausa.com), Buick (http://www.parkavenue.com) e Chrysler (http://www.chryslercars.com). Que informações estão prontamente disponíveis na Internet e por que isso é assim? Que informações não estão disponíveis na Internet e por que isso é assim? Quais são as táticas persuasivas comumente usadas na Internet? Que questões sua pesquisa sugere que você persiga durante as entrevistas?

expertise e experiência relevantes. Confira produtos da concorrência, candidatos, ofertas e programas. Quando chegar a uma nova comunidade, conheça várias vizinhanças antes de comprar uma casa ou alugar um apartamento, visite várias universidades antes de decidir em qual fazer uma graduação ou qualificação profissional, experimente vários *laptops* antes de decidir qual comprar.

Resumo

Boas entrevistas persuasivas são aquelas em que ambas as partes estão ativamente envolvidas. Não se trata de discursos para uma audiência unitária, mas de interações interpessoais em que ambas as partes devem falar e escutar ativamente. Lembre-se de que a persuasão é *feita com* e não *para* outra parte.

Boas entrevistas persuasivas são empreendimentos honestos, conduzidos de acordo com princípios éticos fundamentais. Não se trata de jogos em que os fins justificam os meios ou a "venda sem garantia" é um princípio fundamental. O apelo deve ser feito à cabeça e ao coração, e não basear-se em "botões vermelhos" emocionais que afoguem o pensamento crítico e a tomada de decisão.

Boas entrevistas de persuasão são cuidadosamente pesquisadas, planejadas e estruturadas, contudo elas permanecem flexíveis o suficiente para responder a reações, objeções e argumentos imprevistos. O entrevistador adapta o esforço persuasivo ao persuadido, desenvolve, apoia e documenta razões importantes para uma mudança de pensamento, sentimento ou ação e apresenta solução detalhada que responda aos critérios acordados entre as duas partes. A persuasão frequentemente implica vários contatos nos quais o persuasor e o persuadido alcançam acordos suplementares.

Boas entrevistas persuasivas envolvem o entrevistado como um participante responsável, informado, crítico e ativo, que desempenha na entrevista um papel central e não passivo. O entrevistado age eticamente, escuta de forma cuidadosa, faz perguntas astutas e desafiadoras, levanta objeções importantes, desafia evidências e argumentos, adota táticas persuasivas comuns e considera soluções de acordo com critérios estabelecidos.

Termos-chave e conceitos

Abordagem "sim-porém"
Abordagem "sim-sim"
Abordagem bilateral
Abordagem implicativa
Abordagem unilateral
Ad hominem
Ad populum
Ambiguidades estratégicas
Argumento de analogia
Argumento de causa e efeito
Argumento de condição
Argumento de duas escolhas
Argumento de exemplo
Argumento de fatos
Argumento de sinal
Argumento sobre convicção aceita
Atitudes
Como analisar o entrevistado
Concessões recíprocas
Condições inter-relacionadas
Conflito de atitude
Conflito de comportamento
Conflito de percepção de fonte
Identificação
Crenças
Critérios
Cultura
Desconforto psicológico
Diferenciação
Dissonância
Efeito dominó
Embaralhamento causa e efeito
Encerramento de contrato ou acordo
Tentativa de encerramento
Encosta escorregadia
Enquadramento
Entrevistado avaliando mercado
Entrevistado cético
Entrevistado hostil
Entrevistado indeciso
Entrevistado inteligente
Entrevistados de mente fechada ou autoritários
Teoria do equilíbrio ou da consistência
Estimule perguntas interativas
Estratégias psicológicas
Ética
Evidência
Falácia *post hoc*
Falsa dicotomia
Frases amortecedoras
Generalização precipitada
Histórico socioeconômico
Influência normativa
Marketing disfarçado
Marketing dissimulado
Mente aberta
Motivos
Objeções
Polarização
Ponta do *iceberg*
Princípio de contraste
Princípios padrões/aprendidos
Prospecção
Questões de acordo
Questões de atenção e interesse
Questões de objeção
Questões de verificação
Regra de reciprocidade
Rejeição e retirada
Slogans
Solução
Tática de adesão
Teoria da conformidade Induzida
Teoria da identificação
Teoria psicológica da reatância
Transferência de culpa
Tu quoque
Valores
Venda sem garantia
Verdades autoevidentes
Visitas-surpresa

Entrevista persuasiva para revisão e análise

Esta entrevista aconteceu entre Josh Molinsky, vereador de um condado, e Susan Dawson, presidente da Câmara de Comércio. Na entrevista, Josh tentará convencer Susan da necessidade de implementar o controvertido imposto para usuários de autoestrada (*local option highway user tax*), mais conhecido como imposto sobre rodas. Susan já expressou preocupação com a necessidade de tal imposto e o impacto negativo potencial desta taxação nos negócios localizados no condado ou que atuam nele, especialmente se os condados vizinhos não adotarem o imposto sobre rodas. Josh sente que o apoio de Susan é imprescindível para "vender" a ideia de um imposto sobre usuário a outros segmentos da comunidade e espera que a entrevista seja o primeiro passo para mudar a posição dela. Nenhuma ação é desejada.

O entrevistador fez o dever de casa, como a análise da persuadida? Como a relação entre as partes afeta a entrevista? Qual é o grau de satisfação com a abertura, necessidade e encerramento? Quão satisfatória é a evidência que sustenta as razões para uma mudança? Qual é a eficácia das respostas do persuasor às objeções e perguntas? Se a persuasão é feita com e não a um entrevistado, com que eficácia a entrevistada faz disso uma interação mútua? Quão ativa e crítica é a entrevistada na abertura, na fase da necessidade – ao analisar argumentos e evidências, estabelecer critérios a que toda solução deva atender e considerar vantagens e desvantagens das soluções propostas – e no encerramento da entrevista?

1. **Entrevistador:** Bom dia, Susan. (caloroso e sorridente) Como estão as crianças?
2. **Entrevistada:** Oi, Josh. Elas vão bem, obrigado. (aperta a mão dele) Jamie terá sua formatura de segundo grau em poucas semanas.
3. **Entrevistador:** Isso é ótimo. Meus filhos vão bem também. Os gêmeos estão na oitava série, e a Julie, na quinta. Foi você que vi na Câmara de Comércio e Convenções em Nashville duas semanas atrás?
4. **Entrevistada:** Sim. Foi uma ótima oportunidade de trocar ideias sobre o que está impactando os negócios, especialmente nos pequenos, como o meu.
5. **Entrevistador:** Sempre considero muito útil a troca de ideias e problemas em convenções. Descobrir que estamos todos no mesmo barco às vezes ajuda.
6. **Entrevistada:** É verdade. (olhando o relógio) O que posso fazer por você?
7. **Entrevistador:** O tema do imposto para usuários de autoestrada foi mencionado em algum dos seus encontros?
8. **Entrevistada:** Sim, foi. (franzindo a testa) Ele não é muito popular entre membros de câmaras de comércio e suas comunidades. É sobre isso que você quer conversar? Sei que o Conselho do Condado está pensando nisso.
9. **Entrevistador:** Sim, é por isso que vim aqui agora. Estou bem informado da impopularidade do chamado imposto sobre rodas. Cartas ao *Diário Oficial* e telefonemas nos programas da rádio local estão registrando 3 a 1 contra a ideia. Como você sabe, muitos de nós no conselho sentimos que, de dois, esse é o mal menor.
10. **Entrevistada:** Arrã. E o que isso teria a ver comigo ou com a Câmara de Comércio?
11. **Entrevistador:** Bem... francamente... sentimos que é essencial ter você junto nessa questão que estamos tentando passar aos líderes empresariais e empregadores.
12. **Entrevistada:** Isso não vai acontecer até que nossos membros mudem de ideia, o que é improvável. Veja bem...
13. **Entrevistador:** (interrompendo) Gostaria de explicar por que mudamos de ideia no ano passado, e talvez você reconsidere isso.
14. **Entrevistada:** De fato, considero essa necessidade de novos fundos curiosa, pois você era o líder da facção que se opôs à tomada de qualquer recurso do fundo de estímulo econômico federal destinado a recuperar estradas e projetos construtivos. Outras comunidades tiraram vantagem desses recursos, enquanto nós estamos buscando novos impostos.
15. **Entrevistador:** Bem, como se diz, isso são águas passadas, e estamos enfrentando algumas grandes decisões.
16. **Entrevistada:** Bem, como também se diz, isso foi leite derramado que poderia ter evitado algumas dessas grandes decisões.
17. **Entrevistador:** Entendo você, mas continuo contrário a usar dinheiro do chamado fundo de estímulo do governo. É uma questão de princípios.
18. **Entrevistada:** Também acho que não criar um novo imposto é uma questão de princípios.
19. **Entrevistador:** Naquele momento, esperávamos que a legislatura estadual ofereceria suplementação de verba e talvez um pequeno aumento no imposto sobre combustíveis para prover o necessário fundo de manutenção de estradas. Em razão da oposição ao aumento de impostos de qualquer tipo e depois da catastrófica recessão dos últimos três anos, a legislatura cortou os subsídios. Estamos agora num dilema entre novos projetos e a manutenção necessária excedendo em muito os fundos disponíveis.
20. **Entrevistada:** Penso que, em épocas como esta, todas as instituições precisam viver dentro de seus recursos. Mesmo que isso pareça doloroso para alguns. Lembrando que esse foi o seu argumento quando concorreu a uma vaga de vereador no Conselho do Condado. Isso ajudou você a derrotar o membro de longa data do conselho contra quem você concorreu.
21. **Entrevistador:** Acho que isso depende de quem está sentindo a dor, em outras palavras, de quem é o pato a ser pago.
22. **Entrevistada:** Não entendi essa metáfora. Todos nós pagamos durante a recessão e todos nós sentimos a dor dos cortes orça-

mentários. Metáforas são interessantes, mas não provam nada.

23. **Entrevistador:** Bem, a Câmara de Comércio tem pressionado o condado a fazer a Rodovia Karber em quatro pistas, em vez de duas, em razão do rápido desenvolvimento da zona sul. O custo dessa melhoria, com as restrições necessárias, calçadas e galerias pluviais, será de mais de US$ 1 milhão por 1,5 Km em cada pista. Isso nos limita a avançar um quarto de quilômetro por ano numa estrada de quatro pistas. Isso será tempo demais para completar essa estrada essencial de cinco quilômetros.

24. **Entrevistada:** O fundo de estímulo federal foi pensado para projetos como esse, que teriam empregado dezenas, talvez centenas de trabalhadores, a maioria deles desempregados. Nós neste condado temos que viver com as ações e os atos de princípios escolhidos no passado por nossos líderes. Acho que é hora de priorizar projetos. Aqueles de nós que estão produzindo (ênfase vocal) precisam fazer isso o tempo todo.

25. **Entrevistador:** E assim fazem aqueles de nós em posições governamentais. O problema é que muitos projetos parecem estar no tipo da lista de prioridades. Por exemplo, o projeto da Rodovia Karber é muito importante, mas os custos de reparo e substituição de 15 pontes naquela área, que o Estado está demandando de nós, também são. O custo é de mais de um milhão por ponte, apenas para reparo.

26. **Entrevistada:** Boa parte do fundo de estímulo era marcada exclusivamente para reparo e substituição de pontes, especialmente depois do desastre de Minnepolis. Aqueles poderiam ter ficado no topo da lista do condado.

27. **Entrevistador:** (exasperado) Susan... O passado é o passado, e debater decisões passadas não vai resolver nenhum dos nossos problemas. A vida média de uma estrada pavimentada é de 15 anos, e várias novas estradas construídas no condado durante o *boom* dos anos 1990 estão alcançando essa idade. Você sabe o custo de apenas repavimentar uma estrada?

28. **Entrevistada:** Não (rindo), mas você vai me contar.

29. **Entrevistador:** Está certo. (sem sorrir) No ano passado, gastaram-se US$ 50 mil para recapar um quilômetro e meio de uma estrada que não requeria outros reparos. Como trabalhamos sobretudo com asfalto derivado de petróleo, o custo este ano com os aumentos deve exceder US$ 55 mil por quilômetro e meio, sem contar os aumentos do custo da gasolina para abastecer as máquinas.

30. **Entrevistada:** Posso entender o fato, mas você apenas vai precisar retardar a recapagem até que a economia e a arrecadação de impostos melhorem. Ou... você poderia fazer um projeto para receber uma subvenção federal para equilibrar as contas. Muitos condados estão fazendo isso.

31. **Entrevistador:** Isso *soa* (ênfase vocal) como uma boa ideia até você perceber os custos adicionais de uma estrada deteriorada que requer mais que recapagem. O custo poderia saltar para US$ 75 mil por quilômetro e meio. Temos mais de US$ 650 milhões investidos em estradas no condado.

32. **Entrevistada:** Josh, é outra vez questão de prioridade. Priorize os projetos importantes e reduza ou elimine outros custos. Você pode fazer isso até receber resposta do governo sobre seu projeto para subvenção para equilibrar contas.

33. **Entrevistador:** Ok, isso me soa como um bom *negócio* (ênfase vocal). Podemos fazer isso eliminando reparos bueiros, melhorias de *guard-rails,* sinalização, remoção de neve, salgamento de estrada contra geadas, de roçado durante o verão, recolhimento de animais mortos e aplicação de tapa-buracos. Você e os cidadãos do condado seriam a favor disso depois da primeira nevasca ou dano significativo em pneus e suspensões por causa de buracos e sulcos?

34. **Entrevistada:** Não estou propondo a eliminação desses itens *essenciais* (ênfase vocal). Você ignora deliberadamente minha sugestão de encaminhar um projeto de subvenção federal para custear projetos de pontes ou estradas essenciais.

35. **Entrevistador:** Não vou sacrificar o princípio que adotei, não pediremos recursos federais. O governo federal precisa se manter dentro de seu orçamento, como nós precisamos.
36. **Entrevistada:** Você não parece ter problemas em pedir para sacrificar *meu princípio* de que um imposto de roda pesaria sobre nossos vizinhos, mas não sobre aqueles que vêm de outros condados.
37. **Entrevistador:** (incrédulo) Você preside a Câmara de Comércio e está preocupada com aqueles que trazem seus negócios e botam dinheiro aqui?
38. **Entrevistada:** Claro que não (um pouco impaciente). Temos muitos programas projetados para estimular o trabalho e as compras aqui. Estou preocupada apenas com a justiça. Quando todos nós imploramos para que você e o conselho aceitassem o fundo de estímulo, você nos disse que não poderia e não sacrificaria os seus princípios. Bem, o meu princípio é não a novos impostos, e você está implorando para que eu sacrifique os meus princípios para resolver problemas fartamente causados pelos seus princípios.
39. **Entrevistador:** Escutei você e entendi o que está dizendo, mas exceto por pedágios em cada estrada, não há como cobrar imposto rodoviário daqueles que estão vindo. E nós dois concordamos que queremos que eles continuem a vir.
40. **Entrevistada:** Não era isso que eu tinha em mente. Isso é ridículo.
41. **Entrevistador:** Reais ou imaginários, pedágios não serão necessários porque suspeito que os condados vizinhos logo terão seus próprios impostos para usuários de autoestrada. De fato, os condados de Jefferson e Henry do oeste vão instituir um imposto desse neste outono. Como nós, eles não veem outra chance.
42. **Entrevistada:** Bem, não estou ainda decidida sobre a ideia de um novo imposto, mas vou pensar a respeito e então falo com você sobre a natureza do plano de imposto que iniciaria, como uma previsão de fim da taxação que terminasse com isso depois de três anos.
43. **Entrevistador:** Era tudo o que eu desejava fazer esta manhã, encorajar você a pensar sobre a ideia e os problemas que enfrentamos. Podemos nos encontrar na quinta-feira de manhã, em torno das 9 horas?
44. **Entrevistada:** Pode ser. Entretanto, gostaria de analisar o orçamento rodoviário deste ano a fim de verificar para onde nosso recurso de transporte está indo.
45. **Entrevistador:** O Comitê de Opções Tributárias vai se reunir na quarta-feira de noite, e eu talvez tenha algumas ideias para trocarmos na manhã seguinte. Vou conseguir uma cópia do orçamento para você.
46. **Entrevistada:** Está bem. Vemo-nos então na quinta-feira. Pagamos um preço por nossos princípios, não é?
47. **Entrevistador:** Sim, é verdade, mas pelo que mais viveríamos?

Casos de interpretação de papéis persuasivos
Aquisição de um serviço de transporte aéreo oscilatório

O entrevistador é gestor de um aeroporto operado por uma universidade que oferece serviços a passageiros comerciais para aquela área desde os anos 1950. Infelizmente, a conveniência e um serviço de limusines a cada duas horas para um aeroporto internacional a apenas 115 km da região e os custos das passagens áreas osculatórias inviabilizaram os serviços prestados por várias linhas aéreas em razão da falta de passageiros. A Nighthawk Air é a única companhia a servir o aeroporto, com dois voos pela manhã e dois à tarde desde Detroit. Ela anunciou que vai encerrar o serviço em 1º de dezembro. O entrevistador está marcando entrevistas com várias linhas aéreas oscilatórias em um esforço por persuadi-las a começar a operar em dezembro.

O entrevistado é chefe de operações da Eastern-Southern, uma companhia que há quatro anos presta serviços a aeroportos pequenos em Delaware, Maryland, Virgínia e Carolina do Norte. O plano de longo prazo da empresa é estender os serviços para Pensilvânia e Ohio. A competição com linhas aéreas grandes, um aumento significativo nos custos de combustível e uma severa recessão econômica tornaram esses planos, na melhor das hipóteses, frágeis. A Eastern-Southern pretende conversar com o entrevistador, que é de uma área que poderá estar no futuro da linha aérea, mas ela está ciente do número de outras companhias que abandonaram o aeroporto dele. Seria necessário ter garantias de números razoáveis de passageiros e alguns incentivos financeiros. O entrevistador tem um bom histórico na indústria da aviação, mas pouca experiência de gestão ou sucesso em vender serviços oscilatórios para seu *campus* e comunidade.

Adoção da nova linha de roupas

A entrevistadora tem 24 anos e é gestora assistente da Abbey's, uma loja de roupas femininas em um *shopping* perto de um *campus* universitário. As três linhas de vestuário e a seleção de bijuterias claramente se destinam a mulheres maduras, com 30 anos ou mais, não as clientes da universidade, mas as mães delas. A entrevistadora quer persuadir o proprietário-gestor a eliminar pelo menos uma linha de vestuário e substituí-la por uma ou outras que atraiam um público *teenager* e mulheres jovens. A seleção de bijuterias teria público-alvo misto. A entrevista está acontecendo no escritório do entrevistado, às 8 horas antes da loja abrir, às 9h30.

A entrevistada é dona da Abbey's há quase 20 anos e tem estado satisfeita com as vendas e o número de clientes regulares que atrai. Há um alto envolvimento de ego na questão, pois a entrevistada pessoalmente escolheu as marcas vendidas na loja e as bijuterias, e viaja para Chicago, San Francisco e Nova York para escolher o estoque. Ela vê a Abbey's como alternativa, uma das poucas remanescentes na área, tomada por uma série de lojas "para a garotada" que domina aquele *shopping*, com nada a oferecer para mulheres acima dos 30 anos. A entrevistadora é vista como uma trabalhadora muitíssimo dedicada, com excelentes dons de comunicação, mas altamente interessada no seu próprio gosto em roupas e bijuterias. Ela é parte de sua geração, mas isso não a impede de interagir com mulheres mais velhas e vender para essas consumidoras.

Uma semente de milho resistente à seca

O entrevistador é um representante de vendas da Millenium Hybrids, que desenvolveu uma nova semente de milho resistente à seca, a qual provou ser altamente bem-sucedida em testes em áreas propensas à seca no Meio-Oeste norte-americano e no Colorado. Essa semente foi desenvolvida após o desastroso verão de 2012, quando uma seca disseminada reduziu a produção de milho em 53%. Ela é mais cara que os híbridos tradicionais, mas as previsões são de novos verões como o de 2012 nos próximos anos. O entrevistador encontrou pela primeira vez o entrevistado, um proprietário de uma fazenda de grãos de três mil acres, no oeste do Iowa, quando pesquisava sementes de milho na Universidade Estadual do Iowa.

O entrevistado usou sementes da Millennium Hybrids no passado, mas mudou para King Hybrids depois de perder mais de 80% de sua colheita em 2012. Ele considerou a semente da King's Hybrids mais resistente à seca. Mesmo que se interesse por conversar sobre a nova Millennium Hybrid, ele está bastante satisfeito com a King Hybrids e seu representante de vendas, que trabalhou bastante próximo a ele nos últimos dois anos.

Preservar um lar histórico

A casa Harrison foi construída no interior a oeste de New Goshen, no início dos anos 1850, e permaneceu na família até 1932, quando foi deixada para a Jefferson County Historical Society junto com sua mobília original. Desde então, tem funcionado como atração histórica, local para guardar e exibir a riqueza de artefatos daquela sociedade, além de espaço para escritórios. Muitos dos materiais utilizados para construir essa casa foram importados da Itália, Suíça e Alemanha e então transportados pelos rios Mississippi e Ohio antes de serem carregados em vagões para uma viagem até o local do prédio, a sete milhas de New Goshen. Recentemente, a Historical Society anunciou que a casa Harrison estava pequena demais para todas as suas posses e que não tinha mais condições de manter aquele prédio envelhecido. Ela então planeja mudar-se para a antiga Jefferson County Academy, um prédio muito maior que também tem significativo valor histórico. O entrevistador, um professor de história aposentado, espera persuadir a diretora do Departamento Estadual de Preservação Histórica a oferecer uma subvenção para a Historical Society manter a casa.

A diretora do Departamento Estadual de Preservação Histórica leu a proposta detalhada do persuasor e está simpática à causa. Contudo, sua agência está entrevada com requisições para preservação de antigas casas, escolas e prédios em todo o Estado. Cada requisição parece ter mérito, mas os fundos são limitados e os esforços para reduzir o orçamento federal eliminaram ou reduziram fortemente os fundos para preservação de estruturas e prédios. A diretora está interessada em saber que valor o persuasor está querendo investir na casa Harrison e que esforços ele planeja realizar para somar recursos extras.

Atividades para o aluno

1. Localize um profissional (representante de vendas, selecionador arrecadador de fundos) que conduza entrevistas persuasivas regularmente e passe um dia de trabalho com essa pessoa. Observe como ela pessoa se prepara para cada entrevista, seleciona estratégias, abre entrevistas, desenvolve necessidades e soluções, encerra entrevistas e adapta-se aos entrevistados.

2. Selecione três pessoas em diferentes carreiras (por exemplo, vendas, medicina, atletismo, relações públicas, recrutamento e advocacia) que tenham extensa experiência em entrevistas persuasivas. Sonde como eles se preparam para entrevistas e tente persuadir três dos seguintes tipos de entrevistado: indeciso, hostil, mente fechada, cético, avaliador de mercado e altamente educado. O que eles acham mais difícil? Quais são as estratégias mais eficazes para cada um? Que valores e apelos emocionais eles usam mais frequentemente e por quê?

3. Identifique um amigo ou familiar que seja conhecido por ser forte na barganha. Vá com essa pessoa a uma entrevista persuasiva, não é necessário que seja uma situação de venda. Observe o papel que ela interpreta na abertura, como negocia a necessidade ou o desejo, a informação que obtém, as objeções e questões que levanta sobre a solução e como negocia a decisão final. Se esse entrevistado ameaça ir para a concorrência ou a um superior hierárquico naquela organização, como o entrevistador reage?

4. Mantenha um registro, por um período de duas semanas, das solicitações de telefone e e-mail que você recebe. Como essas solicitações se adaptaram a você como pessoa e a suas necessidades, desejos e motivos? Que valores e emoções elas utilizam como mecanismo detonador? Quão éticas são as suas táticas? Que tipo de evidências elas empregam? Como reagem quando você levanta questões e objeções? Como encerram entrevistas?

Notas

1. Roderick P. Hart, "Teaching Persuasion," in *Teaching Communication: Theory, Research, and Methods*, John A. Daly, Gustav W. Friedrich, and Anita L. Vangelisti, eds.(Hillsdale, NJ: Lawrence Erlbaum, 1999), p. 133.
2. Isocrates, "Against the Sophists," in The Rhetorical Tradition: Readings from Classical Times to the Present, Patricia Bizzell and Bruce Herzberg, eds. (New York: Bedford/St. Martins, 2001), pp. 72-75.
3. "Honesty/Ethics in Professions," http://www.gallup.com/poll/1654/honesty-ethics-professiona.aspx, accessed September 7, 2012.
4. David Callahan, *The Cheating Culture: Why More Americans Are Doing Wrong to Get Ahead* (New York: Harcourt, 2004).
5. Richard L. Johannesen, "Perspectives on Ethics in Persuasion," in Charles U. Larson, Persuasion: Reception and Responsibility (Belmont, CA: Wadsworth/Cengage Learning, 2013), p. 41.
6. Herbert W. Simons, *Persuasion in Society* (Thousand Oaks, CA: Sage, 2001), p. 374.
7. Johannesen, p. 41.
8. Kenneth E. Andersen, *Persuasion: Theory and Practice* (Boston: Allyn and Bacon, 1971), p. 327.
9. Gary C. Woodward and Robert E. Denton, Jr., Persuasion and Influence in American Life (Long Grove, IL: Waveland Press, 2009), p. 350.
10. Simons, p. 374.
11. Johannesen, p. 43.

12. Omar Swartz, *Persuasion as a Critical Activity: Application and Engagement* (Dubuque, IA: Kendall/Hunt, 2009), pp. 321-322.
13. Woodward and Denton, p. 361.
14. James Price Dillard and Michael Pfau, eds., *The Persuasion Handbook: Developments in Theory and Practice* (Thousand Oaks, CA: Sage, 2002), pp. 4-14.
15. Johannesen, p. 43.
16. Woodward and Denton, p. 361.
17. Johannesen, p. 46.
18. Charlie Lang, "Making Cold Calls Enjoyable... Impossible?" *Articlebase,* http://www.articlebase.com/business-articles/making-cold-calls-enjoyable-impossible-46, accessed October 17, 2009.
19. Eric J. Adams, "The Art of Business: Client Prospecting for Creative Pros Who Hate Prospecting," http://www.creative pro.com/article/the-art-of-business-client-prospecting-for-creative-pros, accessed October 15, 2009.
20. Darrell Zahorsky, "Myths of Sales Prospecting," *About.com,* http://sginformation.about-com/cs/sales/a/prospect.htm?p=1, accessed October 15, 2009.
21. Deirdre Johnston, The Art and Science of Persuasion (Madison, WI: Brown & Benchmark, 1994), p. 185; Sharon Shavitt and Timothy Brock, Persuasion: Psychological Insights and Perspectives (Boston: Allyn and Bacon, 1994), pp. 152-153.
22. "College and Its Effect on Students: Early Work on the Impact of College, Nine Generalizations, Later Studies, Pascrella and Terenzini," http://education.stateuniversity.com/pages1844/College-its-Effect-on-Students.html, accessed September 10, 2012.
23. Larson, p. 91.
24. Michael Argyle, "Intercultural Communication," in Intercultural Communication: A Reader, Larry A. Samovar and Richard E. Porter, eds. (Belmont, CA: Wadsworth, 1988), pp. 35-36.
25. Milton Rokeach, Beliefs, Attitudes, and Values (San Francisco: Jossey-Bass, 1968),p. 124.
26. Aristotle, Rhetoric, W. Rhys Roberts, trans. (New York: The Modern Library, 1954), Bk. I, Chap. 2, p. 25.
27. Robert H. Glass and John S. Seiter, Persuasion, Social Influence, and Compliance Gaining (Boston: Pearson, 2007), p. 77; Larson, pp. 276-277.
28. Woodward and Denton, Jr., pp. 107-119; Swartz, p. 207.
29. Daniel J. O'Keefe, *Persuasion: Theory and Research* (Thousand Oaks CA: Sage, 2002), p. 150.
30. Kenneth Burke, A Rhetoric of Motives (Berkeley: University of California Press, 1969), p. 55.
31. Burke, pp. 21-45; Charles J. Stewart, Craig Allen Smith, and Robert E. Denton, Jr., Persuasion and Social Movements (Prospect Heights, IL: Waveland Press, 2012),pp. 144-148.
32. Woodward and Denton, pp. 143-146; Larson, pp. 218-219.
33. Kathleen Kelley Reardon, Persuasion in Practice (Newbury Park, CA: Sage, 1991),pp. 54-55; O'Keefe, pp. 246-250; Erin Alison Szabo and Michael Pfau, "Nuances of Inoculation: Theory and Applications," in The Persuasion Handbook: Development in Theory and Practice, James Price Dillard and Michael Pfau, eds. (Thousand Oaks, CA: Sage, 2002), pp. 233-258.
34. O'Keefe, pp. 88-94.
35. Michael Burgoon, Eusebio Alvaro, Joseph Grandpre, and Michael Voulodekis, "Revisiting the Theory of Psychological Reactance," in The Persuasion Handbook: Development in Theory and Practice (Sage, 2002), pp. 213-232.
36. "Opening Statements," *JUSTSELL,* http://www.justsell.com/opening-statements, accessed September 14, 2012.
37. William B. Gudykunst and Tsukasa Nishida, Bridging Japanese/North American Differences (Thousand Oaks, CA: Sage, 1994), pp. 68-73; Judith N. Martin and Thomas K. Nakayama, *Experiencing Intercultural Communication* (New York: McGraw-Hill, 2011), pp. 261-262 and 321-322.
38. Stewart, Smith, and Denton, pp. 200-208; Robert N. Bostrom, Persuasion (Englewood Cliffs, NJ: Prentice Hall, 1983), pp. 181-182.
39. Shavitt and Brock, pp. 152-153.
40. Larson (2007), p. 295.
41. Tom Hopkins, How to Master the Art of Selling (Scottsdale, AZ: Champion Press, 2005).
42. Lee Iacocca, Iacocca: An Autobiography (New York: Bantam Books, 1984), p. 34.
43. Kelton V. Rhoads and Robert B. Cialdini, in Dillard and Pfau, pp. 514-517; Robert B. Cialdini, *Influence: Science and Practice* (New York: HarperCollins, 1993), pp. 19-44.
44. Woodward and Denton, p. 50.
45. Larson (2004), pp. 103-104.
46. Woodward and Denton, pp. 69-73; Larson (2013), pp. 120-142; Swartz,pp. 273-291.
47. Woodward and Denton, p. 72.
48. West Lafayette, IN, *The Exponent,* August 22, 2003, p. B1.
49. Woodward and Denton, pp. 85-95; Larson (2013), pp. 238-243.
50. Simons, pp. 167-171.

Referências

Cialdini, Robert B. *Influence: Science and Practice.* Boston: Allyn and Bacon, 2008.

Dillard, James Price, and Michael Pfau, eds. *The Persuasion Handbook: Developments in Theory and Practice.* Thousand Oaks, CA: Sage, 2002.

Johannesen, Richard L., Kathleen Valde, and Karen Whedbee. *Ethics in Human Communication.* Long Grove, IL: Waveland Press, 2008.

Larson, Charles U. *Persuasion: Reception and Responsibility.* Belmont, CA: Thomson/Wadsworth, 2013.

Swartz, Omar. *Persuasion as a Critical Activity: Application and Engagement.* Dubuque, IA: Kendall/Hunt, 2009.

Woodward, Gary C., and Robert E. Denton. *Persuasion and Influence in American Life.* Long Grove, IL: Waveland Press, 2009.

CAPÍTULO 11
Entrevista de aconselhamento

Este capítulo se concentra na entrevista de aconselhamento, um dos tipos de entrevista mais sensíveis, pois acontece quando a pessoa se sente incapaz ou insegura para enfrentar um *problema pessoal*. O problema pode ser desempenho profissional, avaliações, finanças, um relacionamento, saúde ou uma combinação de outras situações. O propósito de um entrevistador aconselhador é *ajudar* uma pessoa a lidar com um problema. É importante frisar que não cabe ao entrevistador *resolver* o problema. Em outras palavras, a pessoa com o problema é que deve resolvê-lo. É por isso que muitas pessoas referem-se à entrevista de aconselhamento como *entrevista de ajuda*.

> Seja um auxiliador, não um solucionador de problemas.

Relativamente poucas pessoas são conselheiras ou terapeutas altamente treinadas, mas quase todos nós aconselhamos ou ajudamos colaboradores, amigos, familiares, alunos, vizinhos e colegas de organizações quando eles nos abordam com um problema ou preocupação e nos pedem para ouvir, oferecer algumas dicas ou ajuda que os auxilie a lidar com uma situação. O seu treinamento formal em aconselhamento pode variar de nenhum a várias horas de sessões e *workshops* para prepará-lo para seu papel de auxiliador como membro do clero, médico, instrutor, advogado ou diretor de serviços funerais. *Experts* em gestão de crises alegam que, em tempo de crise, "todo mundo é um recurso".[1] O assim chamado *conselheiro leigo*, com treinamento mínimo, provou-se muito bem-sucedido, em parte porque pessoas que buscam ajuda acreditam em pessoas semelhantes a elas que pareçam estar abertas, atenciosas e ser boas ouvintes.[2] Por exemplo, em quase todo os Estados norte-americanos, há um programa chamado Advogado Especial Nomeado pelo Tribunal (Court Appointed Special Advocate – Casa), em que voluntários cuidadosamente escolhidos passam por horas de treinamento até tornarem-se defensores judiciais de crianças que foram abusadas ou negligenciadas. Eles passam a conhecer essas crianças extensivamente e servem como sua "voz na corte".[3]

O objetivo deste capítulo é introduzi-lo nos princípios básicos do aconselhamento, incluindo suas responsabilidades éticas quando você aceita ajudar outra pessoa, os passos importantes na preparação para uma entrevista de aconselhamento, abordagens de entrevistas diretivas e não diretivas, estruturação da entrevista e ingredientes cruciais para uma entrevista de aconselhamento bem-sucedida. Este capítulo irá prepará-lo para ajudar aqueles que procuram sua ajuda para superar problemas do dia a dia na vida pessoal e profissional. **Isso não vai prepará-lo para ser um psicoterapeuta ou para lidar com problemas críticos, como drogas ou abuso de álcool, problemas psicológicos graves ou questões legais.**

Ética e entrevista de aconselhamento

A ética está no coração de cada entrevista de aconselhamento, e não é incomum que os conselheiros enfrentem dilemas éticos difíceis, como manter limites adequados com subordinados e saber quando dizer não a um pedido de ajuda. De acordo com o preâmbulo do "Código de Ética" da Associação Americana de Aconselhamento (American Couseling Association – ACA), "Por meio de um processo ético escolhido para tomada de decisão e avaliação do contexto da situação, os conselheiros têm o poder de tomar decisões que possam ampliar a capacidade das pessoas crescerem e se desenvolverem".[4] Uma variedade de recursos no aconselhamento oferece numerosas orientações para esse processo de decisão.[5] Vamos nos concentrar em sete que são de especial importância para a entrevista de aconselhamento.

> Saiba quando dizer não.

Estabeleça e mantenha a confiança

Você deve estabelecer confiança com a pessoa que deseja ajudar, o que a ACA identifica como "pedra angular da relação de aconselhamento".[6] Segundo Cormier, Nurius e Osborn, "O valor potencial de uma boa relação não pode ser esquecido, pois o relacionamento é a parte específica do processo que comunica o interesse do conselheiro no caso e a aceitação dele pelo cliente como uma pessoa única e de valor, construindo confiança suficiente para que ocorram eventual autoconhecimento e autorrevelações".[7] De todas as dimensões de relacionamento discutidas no Capítulo 2, confiança/segurança é claramente a mais importante, porque é o "trato nuclear" ou elemento essencial da entrevista de aconselhamento. Sem confiança, é improvável que uma entrevista ocorra.[8] De acordo com um estudo realizado por Satterfield e colaboradores, pessoas que ainda não encararam mudanças (em comparação com aquelas que estiveram contemplando mudanças, já engajadas nisso ou na manutenção de mudanças anteriores) têm expectativas significativamente mais baixas de ajuda e de serem aceitas pelo entrevistador, do genuíno interesse e da confiança dele.[9]

> Confiança é a pedra fundamental do aconselhamento eficaz.

Para estabelecer e manter a confiança, você deve mostrar que é digno de confiança. Seja genuinamente interessado na pessoa que busca ajuda e prove que respeita a privacidade dela. Mantenha essas interações estritamente confidenciais para que o entrevistado possa contar abertamente seus pensamentos e preocupações mais particulares, sem medo de que você vá relacioná-los com outros. Honre todos os compromissos que assumir.

Aja no interesse do entrevistado

Todos os seus esforços para ajudar devem ser no interesse do outro. Verifique se o entrevistado é capaz de fazer escolhas e decisões acertadas. Incentive os entrevistados a tomar decisões de acordo com crenças, atitudes e valores em que eles acreditam. Respeite a dignidade do outro enquanto se esforça para promover o bem-estar dessa pessoa. Algumas autoridades em aconselhamento afirmam que as revelações de experiências pessoais e da biografia de um entrevistador ajudam o entrevistado a adquirir novos discernimentos e perspectivas para realizar mudanças, em razão de um relaciona-

> Respeite a dignidade e o valor da outra parte

mento equalizado e de uma confirmação.[10] No entanto, outros alertam que esse compartilhamento pode sugerir uma autoindulgência para o entrevistado e prejudicar a experiência dele.[11]

> Cuidado com as ideias preconcebidas.

Forneça as informações necessárias para o entrevistado tomar decisões e fazer escolhas com base racional. Para tanto, é fundamental que você esteja ciente de informações relevantes sobre o estado da pessoa, em termos de *status* socioeconômico, educação, histórico profissional, de saúde e psicológico, antecedentes familiares, associações com grupos, resultados de testes, problemas anteriores e cursos de ação já tomados. Converse com pessoas que conhecem bem o entrevistado (instrutores, empregadores, conselheiros, familiares, amigos e colegas de trabalho) para obter novas percepções sobre ele que irão guiá-lo na condução da entrevista de aconselhamento.

Avalie informações de outras pessoas com atenção. Será que elas têm razões para mentir ou exagerar? Todos nós formamos atitudes negativas, defensivas ou cautelosas em relação a uma pessoa por causa do que outros nos disseram e, depois, ao interagirmos com a pessoa, descobrimos que, na verdade, era o contrário. Cuidado com os preconceitos que podem levá-lo a prejulgar um entrevistado ou formular uma abordagem defensiva ou antagônica. Seja particularmente cauteloso quando trabalhar com crianças.

Compreenda as suas próprias limitações

> Conheça os seus limites.

Seja realista sobre suas habilidades e limitações de aconselhamento, e não tente lidar com situações para as quais você não tem formação nem experiência. Segundo Cormier, Nurius e Osborn, "Autoconhecimento é um aspecto importante da competência e envolve uma avaliação equilibrada de nossas capacidades e limitações".[12] Saiba a hora de encaminhar o entrevistado a um profissional com habilidades específicas de aconselhamento. Por exemplo, um professor deve ser capaz de detectar quando um aluno precisa de ajuda psicológica ou médica, em vez de acadêmica.

> Escutar é a sua habilidade crítica.

Conselheiros qualificados têm mente aberta, são otimistas, confiantes, descontraídos, flexíveis e pacientes. São centrados em pessoas e não em problemas. São sensíveis às necessidades dos outros e capazes de comunicar compreensão, carinho, conforto e segurança. Oferecem aos entrevistados atenção integral e concentrada, e respostas verbais e não verbais adequadas, além de serem excelentes ouvintes. De acordo com Jeffrey Kottler, autor de *A brief primer of helping skills*: "Ouvir é a habilidade imprescindível dos aconselhadores".[13]

Como você se sente quando uma pessoa revela um problema ou incidente constrangedor, ou expressa sentimentos intensos de tristeza, ansiedade, medo ou raiva? A sociedade nos fornece eufemismos para vagina, seios, pênis, masturbação, relações sexuais e até mesmo estupro. Como você se sente ao usar os termos e nomes apropriados para condições, ações e partes do corpo? Seu desconforto possivelmente se tornará evidente para o entrevistador e silenciará revelações e comunicação.

Não imponha suas crenças, atitudes e valores

Você traz todo o seu eu para cada entrevista de aconselhamento, além de personalidade, crenças, atitudes, valores e experiências. Por exemplo, esteja ciente da importância dos valores que você cultiva e como eles se comparam

> Você é capaz de revelar as suas motivações e o seu projeto?

aos valores do entrevistado. Os valores de ambas as partes podem afetar todos os aspectos da entrevista de aconselhamento. Como você se sente ao revelar seus motivos e seus planos pessoais? Você consegue orientar a direção e o fluxo da entrevista sem ordenar, prescrever ou persuadir? Em outras palavras, você consegue restringir suas crenças necessidades e atitudes pessoais, de modo a não se tornar argumentativo e defensivo e não impor sua vontade sobre o entrevistado? Você deve ser capaz de trabalhar em conjunto na elaboração de planos e cursos de ação.

Helen Cameron adverte: "Qualquer pessoa que sinta que pode operar a partir de uma perspectiva *neutra de valor* está profundamente equivocada".[14] Você transmite seus valores por meio de vestuário, aparência, contato visual, maneiras e palavras. Embora seja impossível de ser neutro ou livre, você deve se esforçar para entender e respeitar os valores do entrevistado, que podem ser muito diferentes dos seus. Você é capaz de "pôr de lado" seus valores ou "suspender o julgamento" para conduzir uma entrevista de ajuda de sucesso?

Respeite a diversidade

Você deve entender e respeitar a cultura do entrevistado e compreender como ela difere da sua própria, porque as diferenças culturais podem ter uma variedade de efeitos sobre a entrevista de aconselhamento. Apenas estar culturalmente consciente é insuficiente. Segundo Paul Pedersen, "A cultura controla nossa vida e define a realidade para nós, com ou sem a nossa permissão e/ou consciência intencional".[15] Quando você pensa na palavra "cultura", pode se concentrar em gênero, raça, etnia e origem nacional, mas Cormier, Nurius e Osborn "recomendaram que ajudantes considerem *todas* as conversas com clientes como 'interculturais'".[16] Adicione orientação sexual, classe socioeconômica, área geográfica, religião ou espiritualidade, capacidades físicas e mentais e arranjos familiares à sua lista.

> Esforce-se para ser mais do que "culturalmente consciente".

Se você sentir que está inadequadamente preparado para as entrevistas de aconselhamento interculturais, busque capacitação e assistência com conselheiros qualificados. Um estudo sobre identidade racial branca em entrevistas de aconselhamento recomendou que entrevistadores "que sejam racialmente inconscientes devem obter formação suficiente para se tornarem multiculturalmente competentes". Essa formação deve "enfatizar autoconsciência racial e cultural, conhecimento sobre outros grupos raciais e culturais no contexto de interações interpessoais (por exemplo, relações de aconselhamento), e desenvolvimento de competências em termos de intervenção com clientes de maneira culturalmente apropriada".[17] Melhore sua consciência cultural evitando generalizações e estereótipos, como todos os alunos asiáticos têm grandes talentos acadêmicos, todos os hispânicos são imigrantes ilegais, todos os pobres são preguiçosos e todas as mulheres estão cuidando de alguém. Há diversidade entre a diversidade. Tente conhecer pessoas onde elas estão, não onde você acha que eles deveriam estar. Não suponha que os "valores corretos" pertencem à sua cultura exclusivamente. Uma pesquisa indica que, quando há compatibilidade de visões de mundo entre entrevistador e entrevistado, se estabelecem boas relações de trabalho

> Todas as pessoas enaltecem os valores em que acreditam.

e os entrevistados se sentem mais compreendidos. A incompatibilidade pode dificultar o relacionamento, principalmente no caso de aconselhamento a asiáticos.[18] Não suponha que diferenças culturais possam substituir todas as outras considerações em entrevistas de aconselhamento. Uma pesquisa indica que as qualidades intrínsecas a personalidades, atitudes e comportamento não verbal dos entrevistadores – em vez de gênero ou grupo étnico – são responsáveis, em grande parte, pela eficácia do aconselhamento. [19]

Mantenha limites de relacionamento

> Saiba onde estão os seus próprios limites.

Mantenha uma relação adequada com o entrevistado, especialmente quando você tem um papel administrativo, de supervisão ou avaliativo. Seja cauteloso quando estiver tentando ajudar um aluno, uma pessoa do sexo oposto ou um subordinado. Como professor, irmão (ou irmã) mais velho ou advogado especial indicado pelo tribunal, o seu objetivo é ajudar, por exemplo, uma criança a lidar com um problema acadêmico, social ou familiar, e não se tornar um pai substituto. Evite fazer ou dizer qualquer coisa que possa ser interpretado como assédio sexual ou autoritário. Mantenha o respeito com o cliente e perceba que qualquer forma de intimidade pode representar grandes problemas para ambos.

Mantenha uma distância emocional. Algumas fontes alertam que do envolvimento emocional para o sexual o passo é curto. Vemos isso com muita frequência no noticiário, quando professores de ambos os sexos têm casos amorosos com alunos menores de idade. Milhares de homens e mulheres ajudaram famílias, amigos e colegas de trabalho após a tragédia de 11 de setembro de 2001. Em alguns casos, os ajudantes tornaram-se emocional e sexualmente envolvidos, de modo que eles destruíram suas próprias famílias ao tentarem ajudar outras.

Não cause mal a ninguém

> Não cause mal a ninguém!

Reservamos alguns aspectos relacionados ao código de ética para o fim porque, em um sentido muito real, isso engloba todos os outros pontos. Esteja ciente dos perigos da tentativa de ajudar os outros. Sempre aja dentro dos limites de sua competência, para evitar dar conselhos ruins ou mal informados. Independentemente do conselho dado, você pode ser responsabilizado pelos resultados ou pela falta deles. Comporte-se legal, moral e eticamente em todos os momentos. Saiba quando encaminhar o entrevistado para um profissional com habilidades de aconselhamento melhores e mais específicas. O National Board for Certified Counselors (Comitê Nacional de Conselheiros Certificados) oferece essa regra de conduta que é particularmente relevante à luz dos recentes ataques violentos e de abuso sexual em organizações, escolas, empresas, teatros e centros comerciais, perpetrados por indivíduos perturbados que haviam procurado aconselhamento ou revelado suas intenções a outros. Embora dirigida aos conselheiros certificados, é uma regra sábia para seguirmos: "Quando a condição de um cliente indica que há um perigo claro e iminente para o cliente e outros, o conselheiro certificado deve tomar medidas razoáveis para informar potenciais vítimas e/ou informar autoridades competentes". [20]

Prepare-se detalhadamente para a entrevista de aconselhamento

Antecipe perguntas e respostas

Se você conhecer bem um entrevistado antes da entrevista, poderá elaborar com antecedência perguntas e comentários comuns e responder a eles de maneira eficaz. Eis alguns exemplos de como uma pessoa pode se manifestar em uma entrevista de aconselhamento:

> Esteja preparado para a rejeição de ofertas de aconselhamento.

- Se eu precisar de ajuda, aviso.
- Posso cuidar de mim mesmo.
- Preciso voltar ao trabalho.
- Por que eu deveria discutir meus problemas pessoais com você?
- Você não entenderia.
- Não conte para os meus pais.
- Apenas me diga o que devo fazer.
- Ninguém sabe como me sinto.
- Você não sabe o que é ser aluno (pai, paciente, adolescente).
- Saia do meu pé.
- Não posso me dar ao luxo de parar.

Quanto mais profundamente você tiver analisado o entrevistado, mais provavelmente saberá *por que* uma pessoa reage de uma maneira particular e como responder de forma eficaz.

> Escute em vez de falar.

Se um entrevistado pede ajuda, sem aviso prévio ou explicação, e você não tem história relacional com essa pessoa, conte com sua formação e experiências para descobrir o que a está incomodando e como pode ajudá-la. Não suponha que você sabe por que uma pessoa está chamando, aparecendo em sua porta ou trazendo à tona um tema. Faça perguntas abertas que permitam ao entrevistado explicar o propósito da entrevista. Ouça com atenção para obter informações e compreensões que lhe permitirão ajudar essa pessoa.

Avalie abordagens de entrevistas

Determine qual das abordagens de entrevista apresentadas no Capítulo 2 (diretiva e não diretiva) é a mais adequada para determinado entrevistado e determinada situação. Cada uma tem vantagens e desvantagens. A natureza sensível e potencialmente explosiva da entrevista de aconselhamento exige uma cuidadosa seleção de abordagem.

Abordagem diretiva

Ao utilizar uma **abordagem diretiva**, você controla a estrutura da entrevista, o assunto, o ritmo de interações e a duração da entrevista. Coleta e compartilha informação, define e analisa problemas, sugere e avalia soluções, e fornece orientações para ações. Em suma, você serve como perito ou consultor que analisa os problemas e fornece diretrizes para as ações.

> Saiba quando manter o controle e quando abandoná-lo.

O entrevistado é reagente e destinatário, em vez de agente parceiro ou protagonista da interação. A abordagem diretiva baseia-se no pressuposto de que você sabe mais sobre o problema do que o entrevistado e é mais capacitado para analisar e recomendar soluções. A precisão dessa pressuposição, é claro, depende de você, do entrevistado e da situação.

Abordagem não diretiva

Na **abordagem não diretiva,** o entrevistado controla a estrutura da entrevista, determina os temas, decide quando e como serão discutidos, e dita o ritmo e a duração da entrevista. Você auxilia o entrevistado a obter informações, ganhar discernimento, definir e analisar problemas, e descobrir e avaliar soluções. Você ouve, observa e incentivar, mas não impõe ideias. A maioria das fontes prefere uma abordagem não diretiva para o aconselhamento e enfatiza o papel do entrevistador como engajador, envolvente, explorador, incentivador, ouvinte, entendedor, afirmador, tranquilizador e validador, em vez de ordenador, confrontador, orientador, alertador, ameaçador, acautelador e julgador. [21]

> O entrevistado é capaz de assumir o controle ou tem disposição para isso?

A abordagem não diretiva é baseada no pressuposto de que o entrevistado é mais capaz do que você de analisar problemas, avaliar soluções e tomar decisões corretas. O entrevistado deve implementar recomendações e soluções. A precisão desse pressuposto, como a suposição diretiva, depende de você, do entrevistado e da situação.

> Não suponha que o problema seja falta de informação.

O entrevistado pode não saber nada sobre o problema ou possíveis soluções, ou pior, pode estar mal informado sobre ambos. O problema do entrevistado pode não ser falta de informação ou desinformação, mas incapacidade de visualizar um problema atual ou futuro, ou tomar decisões sensatas. Você serve como um objetivo, árbitro neutro, apresentando prós e contras em cursos específicos de ação. Diferencie o momento em que você está atuando como consultor especialista e quando, talvez sutil e involuntariamente, está impondo preferências pessoais.

O entrevistado pode preferir uma abordagem diretiva (altamente estruturada). Um estudo sobre alunos ásio-americanos descobriu que, quando conselheiros de carreira usaram uma abordagem diretiva, os alunos os perceberam como mais compreensivos, culturalmente competentes e oferecedores de orientações concretas que produziam benefícios imediatos.[22]

Combinação de abordagens

Muitos entrevistadores de aconselhamento empregam uma combinação de abordagens diretiva e não diretiva. Você pode começar com uma abordagem não diretiva para incentivar o entrevistado a falar e revelar o problema e suas causas. Depois, pode mudar para uma abor-

Proporcione um clima propício ao bom aconselhamento – um local silencioso, confortável, privativo e livre de interrupções.

dagem mais diretiva ao discutir possíveis soluções ou cursos de ação. A abordagem diretiva é a mais indicada para obtenção de fatos, oferecendo informações e fazendo diagnósticos, enquanto a não diretiva tende a abrir grandes áreas e trazer uma grande quantidade de informações espontâneas.

Escolha uma estrutura

> Seja flexível na escolha e na mudança de abordagens.

Não há um formato estrutural padrão para a entrevista de aconselhamento, mas o "modelo de fases sequenciais" de Hartsough, Echterling e Zarle é aplicável à maioria situações de aconselhamento.[23] Esses pesquisadores desenvolveram essa estrutura originalmente para tratar de chamadas recebidas no *campus* e nos centros comunitários de atendimento de crises. A Figura 11.1 ilustra o modelo de fases sequenciais.

As fases afetivas ou emocionais, caixas 1 e 3, envolvem sentimentos de confiança do entrevistado no conselheiro, sentimentos sobre ele mesmo e o problema. Uma abordagem não diretiva geralmente é mais indicada para as fases afetivas da entrevista. As fases cognitivas ou reflexivas, caixas 2 e 4, envolvem pensar sobre o problema e adotar medidas. A diretiva ou a combinação de abordagens geralmente é mais indicada para as fases cognitivas.

A entrevista de aconselhamento mais comum começa com o estabelecimento de empatias e um sentimento de confiança (fase 1), continua com a descoberta da natureza do problema do entrevistado (fase 2), sondagens mais profundas nos sentimentos do entrevistado (fase 3) e chega a uma decisão sobre um curso de ação (fase 4). Exceto em caso de emergência, você não deve passar da fase 1 para a 4 nem omitir a fase 3 sem uma reflexão cuidadosa. Se você não descobrir a profundidade dos sentimentos do entrevistado, talvez não seja capaz de entender o problema ou possíveis soluções.

Não espere percorrer todas as quatro fases em todas as entrevistas de aconselhamento ou prosseguir ininterruptamente em ordem numérica. Você pode ir para frente e para trás entre as fases 2 e 3 ou entre as fases 3 e 4, enquanto diferentes aspectos do problema são comunicados ou revelados,

Figura 11.1 Fases de entrevistas de aconselhamento

Afetivo	Cognitivo

1. Estabelecimento de clima cooperativo
   a. Estabelecimento de contato
   b. Definição de papéis
   c. Desenvolvimento de relacionamentos
	2. Avaliação de crises
	   a. Aceitação de informações
	   b. Incentivo à informação
	   c. Reiteração de informação
	   d. Questionamento de informação

3. Integração de afeto
   a. Aceitação de sentimentos
   b. Incentivo de sentimentos
   c. Reflexão sobre sentimentos
   d. Questionamento de sentimentos
   e. Relacionamento de sentimentos a consequências ou precedentes
	4. Solução de problemas
	   a. Oferecimento de informação ou explanações
	   b. Geração de alternativas
	   c. Tomada de decisão
	   d. Mobilização de recursos

sentimentos aumentam ou diminuem de intensidade, e uma variedade de soluções é introduzida e considerada. A menos que o entrevistado queira informações específicas (onde obter ajuda médica ou assistência habitacional, como descartar ou adicionar um caminho, como obter um empréstimo financeiro de emergência), você não pode chegar à fase 4 antes de uma segunda, terceira ou quarta entrevista. Seja paciente.

Escolha do ambiente

Considere cuidadosamente o clima e o tom da entrevista. Cada um deles vai afetar os níveis de comunicação que se estabelecerão e a vontade de revelar sentimentos e atitudes.

Proporcione um clima propício ao bom aconselhamento – um local silencioso, confortável, privativo e livre de interrupções. Um entrevistado não se abrirá nem será honesto se outros funcionários, alunos, trabalhadores ou clientes puderem ouvir a conversa. Selecione um local neutro, como um salão, parque ou refeitório de uma organização em que o entrevistado possa se sentir menos ameaçado e mais relaxado. Alguns entrevistados só se sentem confortáveis ou seguros no próprio território, por isso considere um encontro na sala da casa da pessoa, no escritório dela ou local de trabalho.

> Não subestime a importância do local e ambiente.

Se possível, providencie os assentos de modo que ambas as partes sejam capazes de se comunicar livremente. Você pode querer se sentar no chão com uma criança, talvez jogar um jogo, desenhar figuras ou olhar um livro. Estudos sugerem que uma distância interpessoal ideal é de 1,2 m. Muitos alunos comentam que um entrevistador atrás de uma mesa os deixa pouco à vontade, como se o "poderoso" estivesse sentado para julgar. Eles preferem uma cadeira no final da mesa – em um ângulo reto para o entrevistador – ou cadeiras dispostas uma de frente para a outra, sem mesa no meio.

> Uma mesa-redonda é o ambiente tradicional para a solução de problemas.

Arranjos de mobília podem contribuir para a atmosfera informal de conversação – tão importante em sessões de aconselhamento – ou prejudicá-la. Entrevistadores de aconselhamento constataram que uma mesa redonda, semelhante às de uma sala de jantar ou de cozinha, são preferidas pelos entrevistados, porque não inclui nenhuma posição de poder ou líder. Entrevistados gostam desse arranjo porque muitas vezes lidam com assuntos de família em torno da mesa de jantar ou da cozinha.

Condução da entrevista

Quando for para a entrevista, mantenha princípios importantes em mente. Perceba que está "investindo em pessoas" e que elas podem mudar, crescer e melhorar. Você deve ser capaz de aceitar a pessoa como ela é, por isso não encare a entrevista como uma oportunidade para remodelar um indivíduo ao seu gosto. A entrevista é um processo de aprendizagem para ambas as partes e é improvável que seja uma empreitada de um tiro só.[24]

> Demonstre ao entrevistado que a sua intenção é ajudá-lo.

Abertura

Os primeiros minutos de uma sessão de aconselhamento definem o tom verbal e psicológico para o restante. Cumprimente o entrevistado pelo nome de uma forma calorosa, simpática, seja natural e sincero. Mostre que você quer se envolver e ajudar. Não seja condescendente nem paternalista. Se necessário, diga: "Já estava na hora de você aparecer!" ou "O que você fez desta vez?". Dissimule sua frustração ou irritação. Aceite o entrevistado como é e tente compreender "o mundo do cliente com base no quadro de referência dele".[25]

Comentários e reações iniciais

Não tente adivinhar a razão do entrevistado para agendar um encontro ou aparecer. É tentador fazer declarações como:
- Você ainda está brigando com seu colega de quarto?
- Suponho que queira ser dispensado da aula novamente.
- Suponho que se trate de dinheiro.
- Sei por que você está aqui.

Talvez a pessoa não tenha iniciado essa entrevista por qualquer uma dessas razões, mas pode sentir-se ameaçada ou irritada com seu comentário e atitude. Interrupções e comentários inadequados podem arruinar a abertura preparada pelo entrevistado para revelar os motivos que o levaram até você.

> Seja diplomático e neutro, mas não indiferente.

Evite reações indelicadas e impositivas, muito comuns em interações com membros da família, filhos, amigos e associados. Todos nós já estivemos na condição de receptores de declarações como:
- Por que você colocou um *piercing* na língua?
- Você está horrível.
- Você vai entregar o trabalho a tempo, não vai?
- Parece que você engordou alguns quilos.
- Quando você pintou o cabelo de vermelho?

Tais comentários e perguntas podem destruir o clima e tom necessários para uma entrevista de aconselhamento bem-sucedida e destruir a autoconfiança e autoestima do entrevistado.

Empatia e orientação

A entrevista de aconselhamento pode consumir um tempo considerável na fase de familiarização e estabelecimento de uma relação de trabalho, mesmo quando seu relacionamento com o entrevistado tem uma longa história. Esse histórico de relacionamento pode ser positivo ou negativo, porque ambas as partes monitoram interações anteriores e entram em um novo intercâmbio com expectativas altas ou baixas. A entrevista de aconselhamento muitas vezes é mais ameaçadora que outras interações. Um entrevistado pode começar falando sobre o prédio, os livros nas prateleiras, os quadros nas paredes, a vista da janela ou o clima. Seja paciente. O entrevistado está avaliando você, a situação e a atmosfera, e pode estar ganhando coragem para apresentar um problema.

> Aceite comentários de abertura aparentemente irrelevantes.

O estágio da **empatia** é sua chance de mostrar atenção, interesse, justiça, disposição para ouvir e capacidade de guardar confidências. Em outras palavras, é um estágio crítico no estabelecimento de confiança com o entrevistado. Você pode descobrir as expectativas e apreensões do entrevistado sobre a entrevista e atitudes relacionadas a você, à sua posição, à sua organização e a sessões de aconselhamento.

Quando a empatia e a orientação estão concluídas, deixe o entrevistado começar com o que parece ser o maior interesse ou preocupação. Esse é o primeiro passo em direção à revelação da natureza exata do problema que o entrevistado não tem sido incapaz de enfrentar ou resolver. Não apresse esse processo. Observe os sinais não verbais que podem revelar sentimentos e a intensidade deles.

Incentive a autorrevelação

A revelação de crenças, atitudes, preocupações e sentimentos determina o sucesso da entrevista de aconselhamento e é um fator importante na decisão do entrevistado em buscar ou não ajuda.[26] Estudos revelam que a "autorrevelação é um processo muito complexo, que envolve intricadas tomadas de decisão".[27] O clima propício para a revelação começa durante os minutos de abertura da interação. Segundo Farber, Berano e Capobianco, a situação é a variável mais importante na determinação do nível de autorrevelação. Se positiva, cria uma relação de confiança e gera "sentimentos de segurança, orgulho e autenticidade". Nesse processo, manter segredos "inibe" o processo de ajuda, "enquanto a abertura produz uma sensação de alívio de tensão física e emocional".[28] Durante essa fase, concentre-se nos pontos fortes e nas realizações – e não nos pontos fracos, nas falhas – e naquilo que mais carece de atenção. Essa abordagem aumenta a confiança e a sensação de que é seguro revelar crenças, atitudes e sentimentos.

Na abertura, incentive o entrevistado a revelar sentimentos e atitudes, garanta a confidencialidade e adote um tom apropriado de humor.[29] Embora a autorrevelação completa seja um objetivo desejável, um entrevistado estará menos tenso e mais disposto a falar com você se puder esconder algumas facetas indesejáveis dele mesmo.[30]

> **Trabalhe em um período de tempo conhecido.**

Se você iniciar a sessão de aconselhamento, indique clara e honestamente o que quer falar. Se houver um tempo determinado para a entrevista, informe isso ao entrevistado para que vocês possam trabalhar nesse prazo. O entrevistado estará mais à vontade se souber qual é o tempo disponível. A qualidade é mais importante do que o tempo gasto com um intrevistado.[31] Aparência e postura afetam significativamente a percepção do entrevistado sobre a atratividade e nível de especialização, e determinam o quanto ele estará inclinado na sua direção e o nível de autorrevelação.

Você pode melhorar a autorrevelação por meio de reações e respostas apropriadas. Prepare-se cuidadosamente para reduzir surpresas e não fique chocado com o que presenciar e ouvir. Libere as tensões com humor de bom gosto, mas não pareça minimizar o problema do entrevistado. Fale o menos possível e não interrompa o entrevistado. Ouça com empatia. Certifique-se de que sua voz, expressões faciais, contato visual e gestos comunicam uma imagem confiante, calorosa e carinhosa. Evite respostas diretivas até que tenha estabelecido um relacionamento próximo e funcional, baseado na delicadeza e honestidade.

A cultura é um importante determinante da extensão da autorrevelação em entrevistas de aconselhamento. Em estudo sobre afro-americanos que faziam aconselhamento em uma agência comunitária de saúde, Ward constatou que essas pessoas vivem "em um processo de avaliação em curso". Inicialmente, elas avaliaram a compatibilidade cliente-terapeuta (branco ou negro), que era influenciada por três fatores: importância da identidade negra, envolvimento institucional e similaridade de ideologia entre cliente e terapeuta. Em seguida, avaliaram simultaneamente a própria segurança na terapia e a eficácia do conselheiro. Esse entrevistados usaram essas informações para monitorar e gerenciar o próprio grau de autorrevelação ao longo de um contexto contínuo.[32] Outro estudo endossou a importância de autorrevelações do conselheiro em aconselhamentos interculturais – em particular suas experiências com racismo e opressão e a reações a esses fatores. Em geral, a autorrevelação de conselheiros melhorou a relação de aconselhamento e permitiu que os entrevistado se sentissem mais bem compreendidos.[33] Outra pesquisa revelou como diferentes culturas veem a autoridade dos conselheiros. Em algumas culturas orientais, as pessoas veem os conselheiros como figuras de autoridade e podem considerar uma abordagem não diretiva inquietante, porque a autoridade passou o controle da entrevista para elas.[34] Essas pessoas se sentem muito mais confortáveis quando os conselheiros usam uma abordagem diretiva, centrada no entrevistador.

O gênero também pode desempenhar um papel determinante na autorrevelação. As mulheres tendem a revelar muito mais sobre si mesmas e seus problemas do que os homens, especialmente no que concerne a assuntos íntimos como sexo, e uma história de autorrevelação de uma pessoa muitas vezes afeta revelações em outras entrevistas.[35] Os homens muitas vezes têm defesas psicológicas para se proteger de sentimentos de fraqueza e para restringir reações emocionais.[36]

Escute

Ouvir é a mais importante habilidade a ser dominada. Ouça por empatia, para que possa tranquilizar, confortar, expressar calor e tentar colocar-se na situação e no mundo do entrevistado. Ouça por compreensão, para que possa ser paciente, receber, entender e lembrar interações precisa e completamente. Evite ouvir e fazer avaliações que julgam e podem criticar abertamente. Direta ou indiretamente, atitudes como moralizar, culpar, questionar e discordar são os principais obstáculos para o aconselhamento eficaz.[37] Para chegar ao centro de um problema, dê atenção integral às palavras do entrevistado, às suas implicações e ao que é omitido intencional ou involuntariamente.

> Foque no entrevistado e no problema dele.

Não interrompa nem assuma a conversa. Cuidado com as inserções de opiniões pessoais, experiências ou problemas. Muitas vezes, uma pessoa pode querer falar de uma doença grave do pai ou da mãe, mas o conselheiro assume a conversa com uma história sobre sua própria doença de família.

Se o entrevistado faz uma pausa ou para de falar por alguns momentos, use o silêncio para estimulá-lo a continuar falando. Rebecca Leonard sugere vários comportamentos não verbais que comunicam a disposição para ouvir: inclinar-se para a pessoa e encará-la diretamente, manter bom contato visual e demonstrar atenção por meio de expressões faciais.[38] Entrevistados interpretam sorrisos, posturas corporais e gestos atenciosos como evidências de cordialidade e entusiasmo.

Observe

> Procure sinais não verbais, mas interprete-os com cautela.

Observe como o entrevistado se senta, gesticula, inquieta-se e mantém contato visual. Fique atento ao volume da voz, à timidez, à evidência de tensão e às mudanças. Esses aspectos fornecem pistas sobre a gravidade do problema e o estado de espírito do entrevistado. Respostas enganosas podem ser mais longas, mais hesitantes e com longas pausas. As pessoas mantêm contato visual por mais tempo quando mentem.

Se for necessário fazer anotações ou gravar a entrevista, explique por que e pare de fazer isso se notar que a atividade está afetando negativamente a entrevista. As pessoas podem hesitar em permitir uma gravação que outros possam ouvir. Elas estão dispostas a confiar em você, e não nos outros.

Pergunte

> Não faça perguntas demais.

As perguntas desempenham papéis importantes em entrevistas de aconselhamento, mas fazer muitas perguntas é um erro comum. As perguntas podem interromper o entrevistado, modificar temas prematuramente e quebrar o fluxo de uma autorrevelação. Inúmeras questões reduzem o entrevistado a um mero respondente e podem sufocar as perguntas do próprio entrevistado.

> Mantenha as perguntas com final aberto.

Perguntas de final aberto incentivam os entrevistados a falar e expressar emoções, o que é fundamental para estimulá-los a manifestar-se, para fazê-los refletir e questionar sobre sentimentos, e para reiterar e sondar informações.[39] Faça uma pergunta de cada vez, porque perguntas acopladas podem resultar em respostas ambíguas com nenhuma das partes respondidas de forma clara e completa. Utilize *sondagens incentivo* como:

- E então?
- Ahn?
- E então o que aconteceu?
- Entendo.
- Continue.
- E depois?

Use *sondagens informativas* para esclarecer e aprofundar informações.

- Por que você acha que isso aconteceu?
- Como ela reagiu?
- O que você quer dizer com "exagerou na reação"?
- Conte-me mais sobre seu confronto com o professor Barger.

A *sondagem de tratamento de informação* pode garantir que você tenha obtido todas as informações necessárias sobre um incidente ou problema.

- O que aconteceu depois disso?
- São esses todos os detalhes importantes?
- Há qualquer outra coisa que você gostaria de falar?
- Já respondi a todas as suas perguntas?

Algumas perguntas podem ajudar os entrevistados a *conferir sentido* a situações. Steele e Echterling fornecem estes exemplos:

- O que o preocupa mais neste momento?
- O que você acha que pode aprender com isso?
- O que o assusta mais agora?

Steele e Echterling também oferecem exemplos do que chamam de questões para *abrir passagem*, com perguntas que ajudam os entrevistados a administrar as próprias emoções.[40]
- Como você conseguiu passar por isso?
- Como você está fazendo para atravessar essa crise familiar?
- O que você fez para se sentir melhor a respeito disso?

Evite **sondagens curiosas** em sentimentos e incidentes embaraçosos, especialmente se o entrevistado parece hesitante em detalhá-los. Cuidado com as perguntas que comunicam desaprovação, descontentamento ou desconfiança, que tornam o entrevistado menos aberto e confiante. Evite questões direcionadas, exceto em circunstâncias *incomuns*. Os conselheiros que trabalham com crianças podem passar por um treinamento intensivo em programas como "Caça Palavras", que enfatizam o uso de perguntas não direcionadas. Evite fazer perguntas que pareçam exigir explicações e justificativas, pois isso pode colocar o entrevistado na defensiva. Imagine como um entrevistado poderia reagir as seguintes questões: "*Por que* você não chegou na hora?", "*Por que* você fez isso?", "*Por que* você confrontou Doug?" e "*Por que* você pensa isso?".

> Elabore todas as perguntas com cuidado.

Responda

Selecionar respostas adequadas às questões e aos pedidos de informação pode ser difícil. A ênfase deste capítulo é a abordagem centrada no cliente para a entrevista de aconselhamento, na qual o foco está no que o entrevistado está dizendo verbal e não verbalmente e o que ele está sentindo. Essa abordagem sugere respostas adequadas para suscitar e identificar sentimentos sobre ele, o problema e a confiança no entrevistador.[41]

> Uma abordagem centrada no cliente foca a entrevista no entrevistado.

Os entrevistadores podem, de várias maneiras, fornecer aos entrevistados respostas sobre informações, questões, comentários e sentimentos. Essas respostas seguem um processo contínuo: altamente não diretivas, não diretivas, diretivas e altamente diretivas.

Reações e respostas altamente não diretivas

> Centre a entrevista no entrevistado, em ninguém mais.

Respostas e **reações altamente não diretivas** incentivam os entrevistados a continuar comentando, analisar ideias e soluções, e ser autossuficientes. O entrevistador não oferece nenhuma informação, assistência ou avaliação do entrevistado, das ideias do entrevistado ou de possíveis cursos de ação.

> Reações altamente não diretivas dão controle total ao entrevistado.

Permaneça em silêncio para incentivar os entrevistados a continuar ou responder às suas próprias questões.

1. **Entrevistado:** Estou pensando em sair do time.
2. **Entrevistador:** (silêncio)
3. **Entrevistado:** Não estou conseguindo tempo livre para jogar, e treinos longos tornam difícil para mim o estudo à noite.

Para incentivar os entrevistados a continuar falando, utilize frases semiverbais.

1. **Entrevistado:** Nada do que faço parece contentar minha supervisora.
2. **Entrevistador:** Arrã.

Revise os arquivos do entrevistado para poder dedicar toda atenção durante a entrevista.

3. **Entrevistado:** Ela está sempre no meu pé, mesmo quando estou em dia e não visito muito meus amigos.

Ao reagir e responder de uma forma altamente não diretiva, esteja ciente de seus *comportamentos não verbais*. Rosto, tom de voz, velocidade da fala e gestos devem manifestar interesse sincero e revelar empatia. Os entrevistados procuram sinais sutis de aprovação ou reprovação, interesse ou desinteresse. De acordo com Ruth Purtilo, há cinco tipos de sorriso, e cada um pode emitir uma mensagem diferente da pretendida: "Eu sei algo que você não sabe", "Pobre, pobre de você", "Não me diga", "Sou mais inteligente do que você" e "Também não gosto de você".[42]

Segurar a mão ou um simples toque podem tranquilizar uma pessoa e mostrar carinho e compreensão.

Reações não verbais simples, como rolar os olhos, levantar uma sobrancelha, cruzar os braços e sentar-se para frente em sua cadeira, podem afetar negativamente uma entrevista. Não prolongue o silêncio até que isso se torne estranho. Se um entrevistado parece incapaz de continuar ou seguir naquilo sozinho, mude para uma resposta diferente.

Uma variedade de técnicas de interrogação serve como respostas altamente não diretivas, incluindo sondagens silenciosas, provocativas e de tratamento de informação. Reafirme ou repita a pergunta de um entrevistado ou sua declaração, em vez de fornecer voluntariamente respostas, informações, ideias, avaliações ou soluções. Instigue a pessoa a elaborar ou dar ideias.

> **Use perguntas que obrigam o entrevistado a formular respostas e soluções.**

Você pode *retornar* a uma pergunta em vez de responder a ela para encorajar o entrevistado a analisar problemas e selecionar entre as possíveis soluções. Uma devolução de pergunta se parece com isto:

1. **Entrevistado:** Devo preencher um pedido de revisão para uma nota insuficiente em francês?
2. **Entrevistador:** Como *você* se sente a respeito disso?

Não continue a pressionar por uma decisão se você detecta que a pessoa não tem informação suficiente ou está confusa, mal informada, genuinamente indecisa ou incapaz de fazer uma escolha.

Convide o entrevistado a discutir um problema ou ideia.

1. **Entrevistado:** Começo a duvidar que eu possa lidar com isso.
2. **Entrevistador:** Quer falar a respeito?

A pergunta convidativa questiona se a pessoa está *disposta* ou *interessada* em discutir, explicar ou revelar. Não invada com mais perguntas questionadoras, como "Conte esta pra mim" ou "Como o quê?". Evite uma pergunta que possa comunicar crítica ou impaciência.

> **Use perguntas para determinar o que uma pessoa está e não está dizendo.**

Perguntas reflexivas e do tipo espelho certificam que você entendeu o que o entrevistado acaba de dizer ou com que concordou. Elas são destinadas a *esclarecer* e *verificar* questões e declarações, mas não servem para guiar uma pessoa em direção a um ponto de vista desejado.

1. **Entrevistado:** Não consigo me motivar neste semestre.
2. **Entrevistador:** Você está dizendo que suas aulas não são tão desafiadoras como no semestre passado?

Questões reflexivas normalmente começam com frase do tipo: "É correto dizer...?", "Sinto que você está dizendo...?", "Se entendi o que está dizendo, você...?" e "Deixe-me ver se entendi o que você está dizendo...". Elas requerem um escutar dedicado e um esforço verbal e não verbal coerente para não direcionar o entrevistado.

Reações e respostas não diretivas

Respostas e **reações não diretivas** informam e incentivam sem imposição de nenhuma das duas coisas.

> **Seja mais um informador do que um persuasor.**

1. **Entrevistado:** Quais são minhas opções?
2. **Entrevistador:** A universidade oferece a você duas opções neste ponto do semestre. Você pode frequentar o curso e tentar atingir a média ou pode simplesmente abandoná-lo.

Seja específico nas respostas. Se você não tem a informação, diga isso e prometa consegui-la ou encaminhe o entrevistado para uma fonte mais bem qualificada. Incentive o entrevistado a falar e diga-lhe que certos sentimentos, reações ou sintomas são normais e esperados.

1. **Entrevistado:** Voltei da ação militar há seis meses e ainda me curvo ou me jogo no chão quando ouço um barulho forte. Minha família fica constrangida, particularmente se isso acontece em público.
2. **Entrevistador:** Isso aconteceu comigo quando voltei de dois anos de missão militar. Vai demorar um pouco, mas você gradualmente vai se ajustar e tomar essas coisas pelo que elas são.

> **Um ou dois comentários impensados podem prejudicar um relacionamento.**

Há maneiras rápidas de perder a confiança e o respeito de um entrevistado que esteja enfrentando uma situação difícil. Você pode oferecer garantias irrealistas como "Não há nada com que se preocupar", "Tenho certeza de que tudo sairá bem" ou "Tudo vai dar certo". Você também pode fazer pregações do tipo "Nos velhos tempos...", "Você acha que isso é duro? Quando eu tinha sua idade, eu tive que..." ou "No início do casamento, enfrentamos...". Evite clichês do tipo "Como o diabo".

- Todo inverno tem um fim.
- Todos temos que passar por isso um dia.
- É sempre escuro antes do amanhecer.
- Sem dor não há valor.

Tenha cuidado com a armadilha do *nós*. Lembre-se de quando você experimentou os inevitáveis *noísmos* de conselheiros, professores, funcionários de saúde, pais e outros.
- Como *estamos* indo hoje?
- *Nós* podemos lidar com isso.
- *Vamos* resolver uma coisa por vez.
- *Estamos* prontos para o exame?

Você pode ter sentido vontade de gritar: "*Nós* quem, cara-pálida? Eu é que vou ter que passar neste exame (segurar o rojão, passar pelo tratamento, superar essa perda)!".

Reações e respostas diretivas

Respostas e **reações diretivas** vão além do incentivo e da informação para conselhos, avaliações e julgamentos suaves. Na troca a seguir, o entrevistador apoia as ideias do entrevistado e instiga ações:

> Reações diretivas aconselham e avaliam, mas não determinam.

1. **Entrevistado:** Sou péssimo em matemática e não creio que possa lidar com o curso exigido em métodos de pesquisa quantitativos.
2. **Entrevistador:** Entendo sua preocupação, mas por que você não tenta o curso nível 200 antes e vê como se sai?

Uma resposta diretiva pode questionar levemente os comentários ou as ideias do entrevistado. Seja delicado e cauteloso.

1. **Entrevistado:** Minha supervisora está falando em me colocar na escala dos finais de semana, e isso me impediria de visitar meus avós, que estão velhinhos.
2. **Entrevistador:** Por que você não conversa com ela sobre isso?

O entrevistador pode oferecer informação e preferência pessoal quando perguntado.

1. **Entrevistado:** Se estivesse no meu lugar, o que você faria?
2. **Entrevistador:** Eu me concentraria em completar o ensino médio e, em seguida, faria alguns cursos na faculdade da comunidade local para me preparar para a exigência de mercado atual.

Respostas e reações diretivas suaves podem desafiar as ações de um entrevistado, suas ideias ou julgamentos, ou incitar a pessoa a buscar um curso específico ou aceitar informações ou ideias. Empregue respostas diretivas se as não diretivas não funcionarem.

Reações e respostas altamente diretivas

Reserve respostas e **reações altamente diretivas** para circunstâncias especiais. Sugestões e conselhos suaves podem ser substituídos por ultimatos e conselhos fortes. A seguir, ilustramos respostas e reações altamente diretivas:

1. **Entrevistada:** Não creio que eu possa parar de beber; talvez diminuir um pouco, mas não ficar totalmente seca.
2. **Entrevistador:** Então como você espera recuperar seus filhos?
3. **Entrevistada:** Posso ser uma boa mãe e beber menos.
4. **Entrevistador:** Você já provou várias vezes que não pode fazer as duas coisas. Sua única opção é procurar um grupo de alcoólicos anônimos e parar de beber. De outro modo, nunca vai retomar seus filhos.

Respostas altamente diretivas são mais apropriadas para problemas de comportamento simples e menos adequadas para os mais complexos, com base em hábitos de longa data, ou crenças e atitudes firmemente mantidas. Seja um ajudante, não um ditador. A mudança ou solução deve vir do entrevistado.

Uma pesquisa revelou que entrevistados que recebem *feedback* positivo cumprem mais as solicitações e recomendações dos entrevistadores, voltam mais vezes para aconselhamento e chegam mais cedo. Essas descobertas levaram Peter Chang a concluir que "A forma como entrevistadores respondem parece fazer uma diferença crucial".[43] Os entrevistados são mais propensos a implementar as recomendações dos entrevistadores quando existe uma boa correspondência entre a recomendação e o problema, quando a recomendação não é muito difícil de implementar e quando ela é construída com base nos pontos fortes do entrevistado.[44]

Encerramento

Se os entrevistados sentem que se impuseram sobre você ou que foram empurrados para fora da porta, como numa linha de montagem, os progressos realizados durante a entrevista podem ser anulados, incluindo o relacionamento promovido com tanto cuidado durante todo o processo.

> Envolva o entrevistado como participante ativo do encerramento.

As ações de despedida verbais e não verbais abordadas no Capítulo 4 explicam como as entrevistas são consciente e inconscientemente encerradas. Decida que meios ou combinação deles são mais compatíveis com você e a outra parte.

O entrevistado deve ser capaz de notar quando o fechamento está começando. Não comece novos temas nem levante novas perguntas. Não espere atender a todas as expectativas nem encerrar com uma solução elegante. Fique feliz por ter exercitado a reflexão do entrevistado, de modo que ele fosse capaz discutir problemas e expressar sentimentos. Deixe a porta aberta para novas interações.

Avalie a entrevista

Pense cuidadosa e criticamente sobre cada entrevista de aconselhamento de que você participa. Análise perceptiva irá melhorar suas interações de ajuda com outras pessoas. Seja realista. Trata-se de interações entre seres humanos complexos, em que pelo menos um tem um problema e pode não saber disso, ou querer admiti-lo, ou ainda não deseja fazer o que é preciso para resolver o problema.

> Revise tudo o que fez e o que não fez e realizou.

> O quanto você estava preparado para essa interação?

Quando for revisar a entrevista de aconselhamento, faça a si mesmo as seguintes perguntas: "Com que adequação resenhei o entrevistado e o problema dele antecipadamente?", "A localização e o clima foram propícios para a abertura e revelação para além do nível 1?", "Quão apropriadas foram minhas respostas diretivas e não diretivas?", "Quão hábeis foram minhas perguntas em qualidade e quantidade?", "Com que perspicácia ouvi?", "Com que efetividade ajudei o entrevistado a ter mais discernimento de seus problemas e tomar decisões?", "Será que concordei ou discordei muito

NA INTERNET

A seleção de abordagens de aconselhamento e de respostas mais adequadas para um entrevistado e um problema em particular pode ser crucial para o resultado da entrevista. Filosofias e práticas diferem entre conselheiros e agências de aconselhamento. Use a Internet para explorar as abordagens de entrevistas atualmente defendidas e ilustradas por pesquisadores, profissionais e agências quando lidar com uma variedade de clientes e problemas. Fontes úteis são Counseling Center Village (http://ub-counseling.buffalo.edu/ccv.html) e Counseling and Psychological Services da Purdue University (http://www.purdue.edu/caps).

---

facilmente?" e "O que fiz para aumentar a probabilidade de cumprimento das ações sugeridas ao entrevistado?".

Suas percepções de como foi a entrevista e de como o entrevistado reagiu podem ser exageradas ou incorretas. Você ficará muito surpreso com seus sucessos e fracassos na tentativa de ajudar os outros. Nos dois casos, alguns são de curta duração.

Entrevista por telefone

Muitas entrevistas de aconselhamento ocorrem por telefone, talvez por celular, enquanto uma ou ambas as partes estão caminhando para a aula, dirigindo para o trabalho, jantando, trabalhando no escritório ou relaxando depois da aula ou ainda durante as férias. Centros de atendimentos de crises têm usado telefones efetivamente há muitos anos.

As entrevistas por telefone são comuns porque são baratas e convenientes, permitem o anonimato (podem ser "mais seguras" do que uma interação presencial), podem oferecer um sentimento de controle (você pode desligar a qualquer momento) e podem acontecer a longas distâncias e em qualquer momento do dia ou da noite. Infelizmente, entrevistas telefônicas podem ocorrer, às vezes, em momentos muito inconvenientes, quando um conselheiro está ocupado demais para conversar, atendendo outra pessoa ou o fuso horário é diferente. Isso acontece muitas vezes durante o horário comercial. O telefone convida à "multitarefa", porque uma parte pode fazer outras coisas enquanto "ouve" você.

Um estudo recente de aconselhamento por telefone revelou que os entrevistados consideravam o "aconselhamento por telefone útil tanto para melhoria global quanto específica e que estavam satisfeitos com o aconselhamento que receberam". Os entrevistados também avaliaram a relação de aconselhamento e o nível de influência interpessoal em graus semelhantes aos de estudos de aconselhamento presencial que mediam esses mesmos atributos.[45] Os autores desse estudo observaram a ausência de contato visual entre as partes da entrevista e recomendaram aos conselheiros treinamento sobre como usar a voz para substituir lugar, roupas, sinais não verbais, como contato visual e gestos, e aparência física.

Resumo

Você participa de uma entrevista de aconselhamento sempre que tenta ajudar uma pessoa a compreender melhor um problema de carreira, emocional, social ou físico e a descobrir maneiras de lidar com isso. A entrevista de aconselhamento é altamente sensível, pois, geralmente, não ocorre até que uma pessoa se sinta incapaz de lidar com um problema ou um conselheiro decida que uma sessão de ajuda é necessária.

A preparação ajuda a determinar como ouvir, questionar, informar, explicar, responder e se relacionar com cada entrevistado. Não há duas entrevistas idênticas porque não há dois entrevistados e duas situações idênticos. Assim, há muitas sugestões mas poucas regras para a seleção de abordagens, respostas, perguntas e estruturas de entrevista.

Termos-chave e conceitos

Abordagem centrada no cliente
Abordagem diretiva
Abordagem não diretiva
Conformidade
Conselheiro leigo

Fase cognitiva
Modelo de fases sequenciais
Perguntas para fazer sentido
Questões para "abrir passagem"
Reações altamente diretivas

Reações diretivas
Sentimentos expressos
Sondagem curiosa

Entrevista de aconselhamento para revisão e análise

Esta entrevista de aconselhamento é entre uma aluna e um professor que lhe ensinou macroeconomia em uma disciplina do semestre anterior. A aluna está matriculada em um curso de Economia Política ensinado pela esposa do professor, que é altamente ativa no Partido Conservador, nos níveis locais e estaduais. Com uma eleição presidencial em pleno andamento, o curso muitas vezes se volta para os candidatos à Presidência e suas posições políticas e econômicas. A aluna sente que as preferências e as atividades políticas de sua professora muitas vezes a levam a fazer comentários descaradamente conservadores e menosprezam os candidatos de posições liberais e libertárias. A aluna teme que sua preferência óbvia pelo candidato liberal possa comprometer sua nota final. Ela procura o ex-professor a fim de pedir-lhe ajuda.

Com que qualidade o entrevistador cumpre com a ética de aconselhamento? Como o local da entrevista e a atmosfera parecem impactar a entrevista? Que abordagem de aconselhamento o entrevistador emprega? Como você avalia a relação entre as partes e sua influência sobre a entrevista? Como esta entrevista coincide com as fases sequenciais de entrevistas de aconselhamento? Com que qualidade o entrevistador avalia a crise da aluna, lida com sentimentos dela e ajuda a resolver o problema? Como o entrevistador lida com o aparente conflito de interesse, pois o problema da aluna envolve a esposa dele?

1. **Entrevistador:** Olá, Emily! Venha aqui e sente-se. Você gostaria de um chá?
2. **Entrevistada:** Não, obrigada. Acabei de almoçar.
3. **Entrevistador:** Como está o seu semestre?
4. **Entrevistada:** Está bem... na maior parte.
5. **Entrevistador:** Muito bem. Muito bem. Sempre gosto de ouvir como meus ex-alunos estão se saindo. Você conseguirá sair durante as férias de outono?
6. **Entrevistada:** Sim. Mas há um problema sobre o qual quero conversar com você.
7. **Entrevistador:** Está bem. Você não continua incomodada com a nota que lhe dei no seu projeto de pesquisa?
8. **Entrevistada:** Não. Acho que você estava certo.
9. **Entrevistador:** Você está aqui por causa do curso de Economia Global que foi cancelado?
10. **Entrevistada:** Não. Estou me inscrevendo para uma bolsa na London School of Economics.
11. **Entrevistador:** Excelente. Você certamente merece uma bolsa com suas notas e cursos concluídos.

12. **Entrevistada:** Tenho um problema.
13. **Entrevistador:** Está bem. Fale-me disso.
14. **Entrevistada:** Bem, não sei se devia estar aqui, porque isso envolve a professora McWerter e o curso de Economia Política que ela ministra.
15. **Entrevistador:** Entendo. Você está tendo problemas com o curso de minha esposa?
16. **Entrevistada:** Sim, estou.
17. **Entrevistador:** Isso tem a ver com a quantidade de trabalho ou com a natureza teórica do curso?
18. **Entrevistada:** Não, isso faz o curso desafiador.
19. **Entrevistador:** Você está com problemas de nota?
20. **Entrevistada:** Não ainda.
21. **Entrevistador:** O que isso quer dizer?
22. **Entrevistada:** Bem... falando diretamente, tenho a impressão de que as posições política externadas por sua esposa no curso colocarão muitas de nossas notas em questão se não concordarmos com ela.
23. **Entrevistador:** Ah, não creio que isso aconteça. Ela é uma conservadora convicta e eu um liberal convicto, mas coexistimos há 30 anos. As posições dela não vão afetar sua nota.
24. **Entrevistada:** Não foi o que ouvi de alunos que frequentaram o curso de Economia Política dela. Um aluno que fez o curso dela na primavera passada, durante as eleições primárias, está questionando nota recebida no Comitê de Apelação de Notas da universidade. E eles concordaram com a apelação dele.
25. **Entrevistador:** O aluno acusou minha esposa de parcialidade política como razão para as notas dele?
26. **Entrevistada:** Não tenho certeza, mas acredito que sim.
27. **Entrevistador:** Bem, isso não é uma resposta. Você acha que alguma das notas que recebeu até aqui é injusta por alguma razão?
28. **Entrevistada:** Não, não ainda, mas a maioria de nossas notas vem de testes objetivos.
29. **Entrevistador:** Fico feliz por ter me procurado. Entretanto, você percebe que também tenho um problema, já que a sua professora é minha esposa.
30. **Entrevistada:** Sei, mas precisava conversar com alguém, e você sempre nos incentivou a procurá-lo para conversar.
31. **Entrevistador:** Isso é verdade, e eu gostaria de ajudar. Você deve marcar um encontro com Marabeth e expressar a ela suas preocupações.
32. **Entrevistada:** Acho que ela negará que a orientação política dela afetará as avaliações e posso me colocar numa fria por mencionar isso.
33. **Entrevistador:** Ela leciona há muitos anos e gosta de discutir política, mas nunca vi isso comprometê-la profissionalmente. Vá conversar com ela. Diga que se sente muito desconfortável na aula dela, até ameaçada pelas posições pessoais. Pergunte a ela o que você pode fazer.
34. **Entrevistada:** Você poderia falar com ela?
35. **Entrevistador:** Receio que isso seja cruzar a linha. Não posso interferir na didática dela nem questionar o que faz se não a observei em aula.
36. **Entrevistada:** Ok, e se eu fizer isso e me sentir ainda mais ameaçada, o que farei? Eu havia pensado em ir ao chefe de departamento ou ao decano. Assim fizeram alguns alunos, em especial um que é presidente do Jovens Democratas.
37. **Entrevistador:** Isso seria injusto, pois ela tem direito de saber de suas preocupações antes de você procurar o superior dela. Fale com ela antes e, se isso não funcionar, então pode ir ao nível superior. Tente resolver isso confrontando o problema do modo como você o percebe. Duvido que ela esteja ciente de como você se sente. Torne-a ciente dos seus sentimentos.
38. **Entrevistada:** Está bem. Vou marcar um encontro. Talvez outro aluno me acompanhe, de modo a não parecer uma preocupação individual.
39. **Entrevistador:** Isso é uma boa ideia. Haverá uma força numérica, desde que você não pareça estar criando uma gangue contra ela.
40. **Entrevistada:** Obrigado, professor Walsh. Por favor, não mencione que o procurei.
41. **Entrevistador:** Claro que não. Isso fica entre nós dois. Apenas faça isso logo, de modo a continuar com o seu semestre. Por sorte, a eleição presidencial acontece apenas em algumas semanas.

Casos de interpretação de papéis de aconselhamento

Mudando de emprego

Denise, a entrevistada, é uma mãe de quatro crianças recém-divorciada que trabalhou na loja de departamentos Macy's por cerca de cinco meses. O supervisor dela está contente com o trabalho de Denise e a tem treinado e colocado em funções que envolvem várias partes da loja, incluindo a gestão das docas de carregamentos. Denise está muito contente com o trabalho e gosta do apoio que recebe do supervisor e gerente de loja. Um vizinho conversou com ela dias atrás sobre uma possível vaga no escritório de uma pequena empresa de construção. Essa empresa paga um salário mais atraente e oferece todos os benefícios. Denise ainda tem dúvidas se um aumento imediato de salário e benefícios compensaria o potencial de longo prazo oferecido por uma grande corporação como a Macy's.

Ela decidiu conversar com o irmão mais velho, Jack, que tem anos de experiência com empresas de construção grandes e pequenas para ver o que ele sugere que ela faça. Eles sempre tiveram uma boa relação, e Denise respeita muito a opinião do irmão. O problema é sua propensão potencial a fazer o que quer que Jack sugira. Jack terá que ser muito cuidadoso em seu conselho. Ele deverá ser um bom ouvinte, mais que um solucionador de problemas, e ajudar Denise a fazer o que ela acha ser sua melhor opção e também para os filhos.

Namoro e religião

A entrevistada tem 24 anos e é graduanda da Dakota State University. Ela namora um colega de classe há vários meses, e ambos já começam a levar a sério a possibilidade de casarem. Ela é católica, e ele, judeu. Para os dois, as suas crenças religiosas são muito importantes. Embora nenhum veja a religião como um grande problema, não estão dispostos a mudar de crenças ou comprometer-se a criar futuros filhos na tradição religiosa do outro. Eles falaram sobre assistir aos cultos um do outro "de vez em quando".

O entrevistado decidiu reunir-se com uma vizinha na sua cidade, Sheri Prohofsky, durante as férias, para obter algumas sugestões. Sheri é casada com um judeu e tem três filhos. Ela e o marido pareciam resolver suas diferenças religiosas muito bem, cada um ativo em sua igreja e templo. Eles permitiram que os filhos decidissem sobre que fé seguir, se for o caso.

Um caso de assédio sexual

Marty, o entrevistado, é muito atraente, tem 34 anos de idade e é vendedor de carros novos em um grande revendedor da GM na costa oeste. Ele tem trabalhado muito bem e foi escolhido o associado de vendas do mês três vezes no último ano e meio. Marty gosta do trabalho e sempre teve uma boa relação de trabalho com Sally, a gerente de vendas, até as últimas semanas. Durante esse tempo, Sally convidou-o para sair, enviou-lhe e-mails sugestivos e, algumas vezes, tocou-o com "segunda intenções" quando estavam sozinhos. Marty está namorando, não se sente atraído por Sally, e tem tentado não ficar sozinho com ela. Ele hesita em falar com o proprietário da loja, porque não quer colocar em risco sua posição e teme que o proprietário considere ridículo ou absurdo um homem alegar assédio sexual.

O entrevistado decidiu visitar a pastora de sua igreja, Elizabeth Zwier, que tem lidado com questões de assédio sexual dentro da igreja, na escola da igreja e em organizações comunitárias de base religiosa. O entrevistador deve ter cuidado para não culpar Marty direta ou indiretamente pelos avanços de Sally. Se o fizer, vai acabar com qualquer chance que tem de ajudá-lo e manter seu bom relacionamento com ele.

Uma criança em um lar adotivo

O entrevistador é um advogado recém-empossado como procurador legal de um caso envolvendo uma criança, Joey Spitzer, de 10 anos. Há dois anos, a mãe de Joey perdeu a guarda do filho por ser usuária de drogas. O entrevistador reviu documentos sobre o caso e encontrará Joey e os pais adotivos pela primeira vez.

Joey nunca conheceu o pai biológico e, até o momento, já passou por três lares adotivos. Ele foi retirado de duas famílias por causa de brigas com os pais adotivos. Há um mês, ele fugiu do terceiro lar adotivo e foi encontrado pela polícia três dias depois. Agora, a vida de Joey parece ganhar novos contornos, pois os novos pais adotivos, proprietários de uma grande fazenda de gado leiteiro, têm tentado deixá-lo confortável em um ambiente rural. Joey nunca tinha visto uma operação de laticínios até morar com esse quarto casal e está fascinado pela maquinaria e pela operação de ordenha realizada por computador. O objetivo da entrevista é se familiarizar com Joey e explicar a relação entre defensores de crianças e seus filhos judicialmente atribuídos. O entrevistador está particularmente interessado em descobrir como Joey se sente a respeito de sua nova situação de vida e de seus pais adotivos.

Atividades para o aluno

1. Em sua comunidade ou em seu *campus*, visite um centro de atendimento de crises. Fale com os conselheiros sobre suas técnicas de treinamento e autoavaliações. Verifique que código de ética ele adotam e os questione sobre os problemas mais frequentes nas chamadas de crise. Que abordagem, diretiva ou não diretiva, eles consideram mais útil? Que papel desempenham as perguntas na entrevista de aconselhamento? Como eles mantêm foco no entrevistado e nos problemas dele? Observe como os conselheiros voluntários lidam com aconselhamento por telefone. Como o aconselhamento por telefone difere do aconselhamento presencial?

2. Entreviste três diferentes tipos de conselheiro: matrimonial, de alunos, financeiro ou legal. Como são as abordagens e técnicas utilizadas, quais as semelhanças e diferenças? Que tipo de formação ou treinamento eles tiveram? Quanto treinamento consideram essencial? Em sua opinião, o que faz um conselheiro ser "bem-sucedido"?

3. Escolha um dos casos de aconselhamento de interpretação de papéis e desenvolva uma abordagem completa para o caso, começando com a atmosfera do local e o arranjo de mobiliário. Como você começaria a entrevista? Que perguntas faria? Quanto revelaria sobre si mesmo – treinamento, biografia, experiências e assim por diante? Que tipos de reação e resposta você usaria? Que soluções sugeriria? O que faria e não faria para ajudar o entrevistado a conseguir conformidade? Como encerraria a entrevista?

4. Entreviste um advogado especial nomeado pelo tribunal ou tutor *ad litum* experiente. Conheça o treinamento necessário para se tornar um advogado especial nomeado pelo tribunal. De que tipos de caso esse voluntário tratou? Que tipo de caso é considerado o mais difícil? Como advogados especiais nomeados pelo tribunal tentam estabelecer relações com os filhos judicialmente atribuídos? O que pode ameaçar as relações que eles estabelecem? Como se comunicam com crianças de diferentes idades? Como se adaptam às crianças de culturas muito diferentes das suas? Segundo o entrevistado, qual é a habilidade mais importante aprendida pelos advogados sobre aconselhamento?

Notas

1. William Steele, "Crisis Intervention: The First Few Days—Summary of Dr. Lennis Echterling's Presentation," reprinted from *Trauma And Loss: Research and Interventions* V4 N2 2004, http://www.tlcinst.org/crisisint.html, accessed July 5, 2010.
2. Donald R. Atkinson, Francisco Q. Ponce, and Francine M. Martinez, "Effects of Ethnic, Sex, and Attitude Similarity on Counselor Credibility," Journal of Counseling Psychology 31 (1984), pp. 589-591.
3. GAL (Guardian Ad Litum) in some locations.
4. "ACA Code of Ethics" (American Counseling Association, 2005).
5. "Code of Ethics" (National Board of Certified Counselors, 2005); "Ethical Tips for School Counselors" (American School Counseling Association), http://www.schoolcounselor.org/content.asp?sl=136&conteid=166, accessed October 17, 2012; "Ethical Standards School Counseling," http://www.slideshare.net/cailhubert/ethical-standards-school-counseling," accessed October 17, 2012.
6. "ACA Code of Ethics."
7. Sherry Cormier, Paula S. Nurius, and Cynthia J. Osborn, *Interviewing and Change Strategies for Helpers: Fundamental Skills and Cognitive Behavioral Interventions* (Belmont, CA: Brooks/Cole, 2009), p. 5.

8. Cormier, Nurius, and Osborn, p. 82; Helen Cameron, *The Counseling Interviewing: A Guide for the Helping Professions* (New York: Palgrave Macmillan, 2008), p. 23; Jeffrey A. Kottler, *A Brief Primer of Helping Skills* (Thousand Oaks, CA: Sage, 2008), p. 53.
9. William A. Satterfield, Sidne A. Buelow, William J. Lyddon, and J. T. Johnson, "Client Stages of Change and Expectations about Counseling," Journal of Counseling Psychology 42 (1995), pp. 476-478.
10. Sarah Knox, Shirley A. Hess, David A. Petersen, and Clara E. Hill, "A Qualitative Analysis of Client Perceptions of the Effects of Helpful Therapist Self-Disclosure in Long-Term Therapy," Journal of Counseling Psychology 44 (1997), pp. 274-283.
11. Kottler, p. 58.
12. Cormier, Nurius, and Osborn, p. 17.
13. Kottler, p. 73.
14. Cameron, p. 14.
15. Paul B. Pedersen, "Ethics, Competence, and Professional Issues in Cross-Cultural Counseling," in Counseling Across Cultures, Paul B. Pedersen, Juris G. Draguns, Walter J. Lonner, and Joseph E. Trimble, eds. (Thousand Oaks, CA: Sage), p. 5.
16. Cormier, Nurius, and Osborn, p. 25.
17. Madonna G. Constantine, Anika K. Warren, and Marie L. Miville, "White Racial Identity Dyadic Interactions in Supervision: Implications for Supervisees' Multicultural Counseling Competence," Journal of Counseling Psychology 52 (2005), p. 495.
18. Bryan S. K. Kim, Gladys F. Ng, and Annie J. Ahn, "Effects of Client Expectation for Counseling Success, Client-Counselor Worldview Match, and Client Adherence to Asian and European American Cultural Values on Counseling Process with Asian Americans," Journal of Counseling Psychology 52 (2005), pp. 67-76.
19. Barbara Goldberg and Romeria Tidwell, "Ethnicity and Gender Similarity: The Effectiveness of Counseling for Adolescents," Journal of Youth and Adolescents 19 (1990), pp. 589-603.
20. "Code of Ethics."
21. Steele p. 355; Cameron, pp. 2, 45-49; Kottler, pp. 40, 57.
22. Lisa C. Li and Bryan S. K. Kim, "Effects of Counseling Style and Client Adherence to Asian Cultural Values on Counseling Process with Asian American College Students," Journal of Counseling Psychology 51 (2004), pp. 158-167.
23. Lennis G. Echterling, Don M. Hartsough, and H. Zarle, "Testing a Model for the Process of Telephone Crisis Intervention," American Journal of Community Psychiatrists 8 (1980), pp. 715-725.
24. "Effective Counseling," http://www2.ku.edu/~coms/virtual_assistant/via/counsel.html, accessed October 12, 2006; "Counseling Interviews," http://www.uwgb.edu/clampit/interviewing/interviewing%20lectures/counseling%Interviews%.html, accessed October 12, 2006.
25. Cameron, p. 23.
26. David L. Vogel and Stephen R. Wester, "To Seek Help or Not to Seek Help: The Risks of Self-Disclosure," Journal of Counseling Psychology 50 (2003), pp. 351-361.
27. Earlise C. Ward, "Keeping It Real: A Grounded Theory Study of African American Clients Engaging in Counseling at a Community Mental Health Agency," Journal of Counseling Psychology 52 (2005), p. 479.
28. Barry A. Farber, Kathryn C. Berano, and Joseph A. Capobianco, "Client's Perceptions of the Process and Consequences of Self-Disclosure in Psychotherapy," Journal of Counseling Psychology 51 (2004), pp. 340-346.
29. Bryan S. K. Kim, Clara E. Hill, Charles J. Gelso, Melissa K. Goates, Penelope A. Asay, and James M. Harbin, "Counselor Self-Disclosure, East Asian American Client Adherence to Asian Cultural Values, and Counseling Process," Journal of Counseling Psychology 50 (2003), pp. 324-332.
30. Anita E. Kelly, "Clients' Secret Keeping in Outpatient Therapy," Journal of Counseling Psychology 45 (1998), pp. 50-57.
31. Paul R. Turner, Mary Valtierra, Tammy R. Talken, Vivian I. Miller, and Jose R. DeAnda, "Effect of Session Length on Treatment Outcome for College Students in Brief Therapy," Journal of Counseling Psychology 43 (1996), pp. 228-232.
32. Ward, p. 471.
33. Alan W. Burkard, Sarah Knox, Michael Groen, Maria Perez, and Shirley A. Hess, "European American Therapist Self-Disclosure in Cross-Cultural Counseling," Journal of Counseling Psychology 53 (2006), p. 15.
34. Cormier, Nurius, and Osborn, p. 73.
35. Timothy P. Johnson, James G. Hougland, and Robert W. Moore, "Sex Differences in Reporting Sensitive Behavior: A Comparison of Interview

Methods," Sex Roles 24 (1991), pp. 669-680; Judy Cornelia Pearson, Richard L. West, and Lynn H. Turner, Gender and Communication (Madison, WI: Brown & Benchmark, 1995), pp. 149-152.
36. James R. Mahalik, Robert J. Cournoyer, William DeFranc, Marcus Cherry, and Jeffrey M. Napolitano, "Men's Gender Role Conflict and Use of Psychological Defenses," Journal of Counseling Psychology 45 (1998), pp. 247-255.
37. Cameron, pp. 45-49.
38. Rebecca Leonard, "Attending: Letting the Patient Know You Are Listening," Journal of Practical Nursing 33 (1983), pp. 28-29; Ginger Schafer Wlody, "Effective Communication Techniques," Nursing Management, October 1981, pp. 19-23.
39. Echterling, Hartsough, and Carle, pp. 715-725.
40. Steele and Echterling.
41. Sherry Cormier and Harold Hackney, Counseling Strategies and Interventions (Boston: Pearson, 2008), pp. 136-141; Cameron, pp. 51-58; Kottler, pp. 86-89.
42. Ruth Purtilo, The Allied Health Professional and the Patient: Techniques of Effective Interaction (Philadelphia: Saunders, 1973), pp. 96-97.
43. Peter Chang, "Effects of Interviewer Questions and Response Type on Compliance: An Analogue Study," Journal of Counseling Psychology 41 (1994), pp. 74-82.
44. Collie W. Conoley, Marjorie A. Padula, Darryl S. Payton, and Jeffrey A. Daniels, "Predictors of Client Implementation of Counselor Recommendations: Match with Problem, Difficulty Level, and Building on Client Strengths," Journal of Counseling Psychology 41 (1994), pp. 3-7.
45. Robert J. Reese, Collie W. Conoley, and Daniel F. Brossart, "Effectiveness of Telephone Counseling: A Field-Based Investigation," Journal of Counseling Psychology 49 (2002), pp. 233-242.

Referências

Cameron, Helen. *The Counseling Interview: A Guide for the Helping Professions*. New York: Palgrave Macmillan, 2008.

Cormier, Sherry, Paula S. Nurius, and Cynthia J. Osborn. *Interviewing and Change Strategies for Helpers: Fundamental Skills and Cognitive Behavioral Interventions*. Belmont, CA: Brooks/Cole, 2009.

Hill, Clara E. *The Helping Skills: Facilitating Exploration, Insight, and Action*. Washington, DC: American Psychological Association, 2009.

Kottler, Jeffrey A. *A Brief Primer of Helping Skills*. Thousand Oaks, CA: Sage, 2008.

Pedersen, Paul B., Juris G. Draguns, Walter J. Lonner, and Joseph E. Trimble, eds. *Counseling Across Cultures*. Thousand Oaks, CA: Sage, 2008.

CAPÍTULO 12 # Entrevista na área da saúde

Este capítulo trata da entrevista na área da saúde, sem dúvida a mais sensível das entrevistas porque lida com o bem-estar mental e físico do entrevistado. Os entrevistadores têm diferentes formações, mesmo dentro da área médica, práticas, especializações, competências e experiências, e sua interação com os pacientes pode variar de *check-ups* de rotina, perguntas sobre cuidados com a saúde, tratamento para doenças simples e pequenas cirurgias a situações críticas com risco de morte, que comprometem seriamente a capacidade do paciente de se comunicar de modo eficaz. Os objetivos dessa entrevista são avaliar a saúde mental ou física de uma pessoa e prescrever roteiros de ação que vão ao encontro das necessidades e preocupações da pessoa com a saúde.

> Uma entrevista na área da saúde tem muitos objetivos diferentes.

Esteja você ou não planejando uma carreira na área da saúde, tem e terá de participar de entrevistas com graus diferentes de gravidade. A ênfase crescente na medicina preventiva vai aumentar a frequência de tais entrevistas, e é provável que você estabeleça relações de longo prazo com muitos profissionais da saúde, alguns dos quais podem ser seus vizinhos ou colegas.

O objetivo deste capítulo é apresentar as responsabilidades éticas do entrevistador na área de saúde, a ênfase crescente no cuidado centrado no paciente (CCP), maneiras de criar um relacionamento colaborativo na entrevista, o papel crítico da percepção do paciente sobre a comunicação e a competência do entrevistador, os princípios de colher e partilhar a informação, e modos de aconselhamento e persuasão para chegar a acordos e motivar o entrevistado a cumprir o roteiro de atividades prescrito.

Ética e entrevista na área da saúde

> Ética e entrevista na área da saúde estão interligadas.

De acordo com Nurit Guttman, "questões éticas estão envolvidas na maioria, se não em todas, das decisões relativas a metas, planejamento, implementação e avaliação de qualquer intervenção ligada à saúde. [...] E essas questões éticas estão, às vezes, implícitas e incorporadas em processos sutis de tomada de decisões cuja delineação requer uma avaliação dos impactos involuntários".[1] Em intervenções de cuidados de saúde complexos e avaliações relativas a indivíduos com necessidades, problemas e habilidades específicos, é difícil criar e aplicar um único código de ética, o que também se estende a prestadores de cuidados de saúde, que podem variar de técnicos de enfermagem e de emergência médica a especialistas altamente treinados em práticas como neurologia, oncologia e psiquiatria. O esforço de desenvolver um código de ética adequado é importante porque, segundo Guttman, "intervenções sensíveis às preocupações éticas têm mais chances de ganhar a confiança e o respeito da população pretendida e dos colaboradores".[2] Códigos desenvolvidos por uma variedade de associações de saúde nos fornecem um núcleo de princípios éticos ou padrões apropriados para a entrevista de cuidados da saúde.[3]

> **Não faça o mal.**

O antigo adágio que diz "Faça o *bem* e não faça o *mal*" é considerado "a principal máxima ética para profissionais da área da saúde e inclui aspectos fisiológicos, psicológicos, sociais e culturais do mal" e do bem.[4] Infelizmente, a intenção de fazer o bem pode resultar no mal. Por exemplo, atividades físicas ou medicamentos recomendados podem resultar em lesões ou complicações de saúde. Fazer o bem enquanto se evita o mal inclui os seguintes princípios: ser competente como prestador de serviços da área da saúde, manter-se em sua área de competência, ter comunicação confiável, assumir a responsabilidade por ações individuais e profissionais, e denunciar outros profissionais da área cujo caráter ou competência é insuficiente ou duvidoso. Ainda de acordo com Guttman, "comunicação confiável também requer que todas as informações relevantes sejam fornecidas, como indicado pelo padrão ético de *integridade*" e exatidão.[5]

Profissionais da área da saúde devem *respeitar os direitos* e a *dignidade* de cada paciente. O código de ética de médicos de emergências, por exemplo, afirma que as políticas públicas e o código de ética dos Estados Unidos reconhecem que "o acesso a cuidados emergenciais de qualidade é um direito individual que deve estar disponível para todos os cidadãos".[6] A vulnerabilidade do paciente é de especial interesse. Segundo Vicki Lachman, professora e diretora clínica de Práticas Avançadas de Enfermagem na Drexel University, "cuidar define a enfermagem, como a cura muitas vezes define a medicina. A enfermagem atende à vulnerabilidade do paciente, principalmente porque as necessidades dele têm o potencial de criar dependência".[7] Os prestadores de serviços de saúde devem salvaguardar os direitos do paciente a *confidências* e à *privacidade*, e devem "divulgar informação confidencial apenas com o consentimento do paciente ou quando exigido por um dever maior, como o de proteger os outros ou obedecer à lei".[8]

> **Respeite os direitos e a dignidade de todo paciente.**

Os prestadores de assistência na área da saúde devem *respeitar a diversidade* dos pacientes e evitar qualquer ato que exclua, segregue ou diminua a dignidade do paciente. Por exemplo, o código para técnicas de emergências médicas diz que os prestadores devem "encorajar a qualidade e a disponibilidade de cuidados médicos de emergência".[9] Eles devem fornecer "serviços baseados nas necessidades humanas, com respeito pela dignidade humana, sem restrições de nacionalidade, raça, credo, cor ou *status*". Outros códigos incluem características como origem étnica, idade, *status* socioeconômico e orientação sexual.[10] Para chegarmos a esse padrão, podemos ter que enfrentar muitos problemas inerentes à situação. Por exemplo, Guttman alerta que "as obrigações de promover a saúde das pessoas de modo a encorajá-las a adotar comportamentos benéficos para a própria saúde pode conflitar com a obrigação de respeitar a autonomia delas".[11] As pessoas "têm o direito intrínseco de tomar as próprias decisões", e "prestadores de assistência na área da saúde podem vir de diferentes grupos étnicos, cujos valores e circunstâncias de vida diferem daqueles" dos seus pacientes.[12] Mohan Dutta defende uma abordagem "centrada na cultura" que provê "grupos marginalizados com oportunidades para se engajar em diálogos críticos e ter suas vozes ouvidas pela sua própria comunidade".[13]

Prestadores de assistência na área da saúde devem manter laços apropriados na relação profissional-paciente. Por exemplo, de acordo com os princípios da ética médica da Associação Americana de Psiquiatria, "o psiquiatra deve estar sempre vigilante a respeito do impacto que sua conduta tem sobre os laços da relação médico-paciente".[14] O texto alerta que "a desigualdade inerente à relação médico-paciente pode levar à exploração do paciente". Como o relacionamento do profissional com o paciente é fundamental para a entrevista na área da saúde, abordaremos essa questão com profundidade considerável.

Cuidado centrado no paciente (CCP)

> O cuidado centrado no paciente é ao mesmo tempo novo e muito antigo.

As percepções e a prática de assistência na área da saúde estão passando por mudanças significativas no século XXI, com profissionais da saúde e pacientes adotando uma parceria colaborativa, uma participação mútua nessa assistência. O cuidado centrado no paciente (CCP) enfatiza pacientes e profissionais como "coagentes num contexto de solução de problemas".[15] Essa nova tendência, ou o que algumas fontes argumentam datar da antiga Grécia, assegura que as "necessidades, preferências e crenças" do paciente "sejam respeitadas sempre".[16] Segundo Debra Roter e Judith Hall:

> A comunicação que constrói parcerias ajuda os pacientes a assumir um papel mais ativo no diálogo médico: por meio do engajamento ativo do paciente (por exemplo, solicitar a opinião dele e verificar as expectativas, usar de dicas de interesse, parafrasear e interpretar a afirmação para checar o entendimento, e explicitamente perguntar-lhe se está ciente de todo o processo) ou da passividade ao assumir uma instância menos dominante no relacionamento (por exemplo, sendo menos dominador verbalmente).[17]

Os defensores da co-agência afirmam que, quando os pacientes são ativamente envolvidos como parceiros em vez de assistentes passivos, ficam mais satisfeitos com os cuidados, recebem mais cuidado centrado na sua situação como informação e apoio, são mais comprometidos com os regimes do tratamento e gestão das questões de saúde, têm senso de controle mais forte sobre a própria saúde e têm melhor saúde.[18]

> Uma relação recíproca é essencial.

A assistência médica centrada no paciente poderá avançar nos Estados Unidos se ambas as partes dividirem o controle e procurarem reduzir ativamente a *distância relacional*. Na entrevista na área da saúde, embora ambas as partes sejam únicas de algumas maneiras, elas dividem muitas percepções, necessidades, valores, crenças, atitudes e experiências. Ambas devem se esforçar para manter a dignidade, a privacidade, o respeito próprio e o conforto. O objetivo da interação da assistência na área da saúde é "desenvolver um relacionamento recíproco, em que a troca de informações, a identificação de problemas e o desenvolvimento de soluções fazem parte de um processo

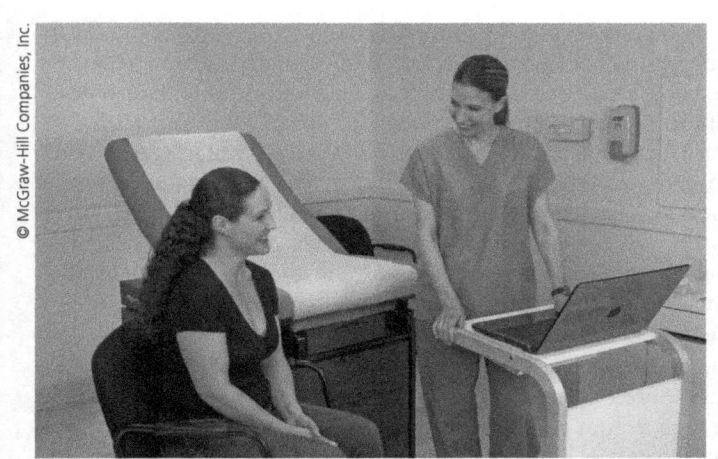

O desenvolvimento de relacionamentos positivos entre fornecedores e receptores de assistência médica é essencial para a comunicação eficiente e a assistência na área da saúde.

interativo".[19] O relacionamento entre paciente e profissional pode ser "o mais crítico componente do processo de entrega de cuidados médicos".[20] O estabelecimento de uma relação colaborativa tende "a assegurar que as decisões de saúde respeitem as vontades, necessidades e preferências do paciente", e que o paciente tenha a informação e o apoio para tomar decisões efetivas e participar no cuidado com sua saúde.[21] A percepção dos pacientes sobre sua relação com os profissionais influencia como eles participam da entrevista na área da saúde.[22]

> Ambas as partes devem tentar reduzir a distância relacional.

Embora reduzir a distância relacional entre as partes da entrevista seja fundamental para o cuidado centrado no paciente, nenhuma das partes deve apressar esse relacionamento. Cada parte deve tentar conhecer e entender a outra, porque o entendimento mútuo reduz a distância relacional. Para melhorar o relacionamento, ambas as partes devem estar relaxadas e confiantes, mostrar interesse pela outra como pessoa única, manter a objetividade, ser sinceras e honestas, tratar a outra com respeito, prestar atenção nas mensagens verbais e não verbais, e manter a flexibilidade e o grau adequado de controle.[23]

Embora sejam necessárias duas partes para formar uma relação produtiva, fornecedores e pacientes ainda acreditam que o fornecedor tem o ônus de fazer a relação funcionar.[24] Essa constatação levou Hullman e Daily a concluir que "a habilidade do fornecedor de ser flexível e adaptável é extremamente importante em encontros médicos".[25] Por sua vez, a Associação Médica Americana afirma que "a relação médico-paciente é fundamental para os pacientes quando estes procuram o médico em tempo hábil, fornecem informações sobre suas condições de saúde do melhor jeito e trabalham com seus médicos em uma aliança de respeito mútuo".[26] Enfim, esse o tipo de colaboração almejado.

Compartilhamento do controle

Compartilhar o controle é o primeiro passo na formação de uma relação colaborativa. Tradicionalmente, poder e autoridade têm sido distorcidos na entrevista na área da saúde. O profissional é altamente treinado, vê a situação como rotina, fala em termos científicos e siglas que poucos pacientes entendem, aparenta estar no controle de si mesmo e da situação, não está emocionalmente envolvido e veste um jaleco ou uniforme. O controle gravita até o profissional, porque ele é a parte que escolhe e controla a configuração, o tempo e a estrutura da entrevista. Questões fechadas, reações

> **Ambas as partes devem compartilhar o controle.**

limitadas, mudança de tópicos e interrupções assinalam quem está no comando. Quando os pacientes desafiam essa situação, os profissionais podem rapidamente reafirmar sua "presença autoritária" ou ignorar o desafio.[27] Um estudo recente sobre pacientes que apresentam resultados de buscas na Internet durante a entrevista na área da saúde revelou que os médicos podem descartar esse tipo de pesquisa como "face ameaçadora" e reafirmar sua autoridade. Pacientes masculinos em particular percebem que os médicos "sentem uma perda de controle" quando eles mencionam pesquisas na Internet, talvez por temerem que fosse provado que eles estavam errados ou não sabiam o suficiente.[28]

O paciente frequentemente é desinformado, vê a situação como uma crise, está emocionalmente envolvido, tem pouco conhecimento médico, tem pouco controle sobre o que acontece em um ambiente ameaçador que não lhe é familiar e pode estar parcialmente nu, altamente medicado ou ter dores severas. Os pacientes são, em parte, culpados pela relação paternal que pode existir na entrevista por obedientemente assumirem um papel de subordinado no relacionamento e permanecerem complacentes.[29] Enquanto a maioria dos pacientes, sobretudo os mais jovens, deseja participar ativamente do processo, alguns preferem um "modelo paternalista de cuidados médicos" no qual o profissional mantém o controle.[30] Eles podem deixar de fazer perguntas em momentos críticos durante as entrevistas. Um paciente pode parecer complacente enquanto emprega estratégias sutis de controle, como mudar de assunto, fazer inúmeras perguntas, dar respostas curtas e não reveladoras a perguntas abertas, deter informação vital ou falar incessantemente. Um paciente pode mostrar poder relacional por meio do silêncio, em vez de dominar a conversa ou concordar com o profissional durante a entrevista e depois ignorar prescrições, regimes e conselhos posteriores.

> **Pacientes devem ser ativos e responsivos.**

Ainda que haja considerável concordância sobre o que constitui a comunicação eficiente de um médico, há pouca evidência do que constitui a comunicação competente do paciente. Um estudo revelou que, "da perspectiva do médico, o paciente competente ao se comunicar é bem preparado", "dá prioridade às preocupações médicas", educa-se a respeito da doença, vai para a entrevista com uma agenda (e permanece focado), fornece "informações detalhadas sobre seu histórico médico, sintomas e outros assuntos relevantes", e procura informações fazendo perguntas sobre o diagnóstico e o tratamento.[31] Nesse estudo, a perspectiva do paciente espelhou a dos médicos. Embora os resultados sejam encorajadores, esse estudo também constatou que não há "uma correlação significativa entre as percepções de competência e o discurso real do paciente" e que "percepções de comunicação em uma entrevista na área da saúde não necessariamente combinam com o que é realmente dito". O que médicos e pacientes pensam que veem e ouvem muitas vezes não combina com a realidade.

Ambas as partes devem negociar e compartilhar o controle "como parceiros que lutam para alcançar a mesma meta".[32] Como profissional, promova um clima positivo e demonstre interesse pela vida do paciente, por assuntos não médicos e pelo bem-estar em geral. Conversas de apoio que incluem declarações de tranquilidade, apoio e empatia demonstram sensibilidade interpessoal e interesse sincero no paciente como pessoa.

Empatia é "um elemento essencial na relação médico-paciente", e uma demonstração de empatia aumenta a satisfação do paciente e reduz tempo e despesa. De acordo com Carma Bylund e Gregory Makoul, "Empatia não é apenas algo que é 'dado' pelo médico ao paciente. Ao contrário, a comunicação transacional em perspectiva nos informa que o médico e o paciente mutuamente se influenciam durante a interação".[33] Eles descobriram que, enquanto alguns pacientes oferecem repetidas oportunidades para respostas empáticas, outros fornecem poucas ou nenhuma. Quando os pacientes faziam isso, os médicos que participaram do estudo "tinham uma tendência clara para o reconhecimento, buscando e confirmando as oportunidades empáticas do paciente". Essa é uma tendência positiva na interação médico-paciente.

> São necessárias duas pessoas para formar uma relação eficiente.

Como profissional, estimule o paciente a expressar ideias, expectativas, medos e sentimentos a respeito do problema médico e avalie o conhecimento dele. O objetivo é tratar o outro como igual. Como paciente, vá para cada entrevista bem informado sobre o problema de saúde e pronto para fornecer informações honestas e precisas, expresse suas preocupações, responda efetivamente às perguntas do profissional e deixe claras suas opiniões, sugestões e preferências.

Valorização da diversidade

A diversidade entre pacientes e profissionais é uma realidade que ambos devem reconhecer e expressar. Entendemos intuitivamente que os pacientes, sobretudo os de outras culturas, reagem diferentemente a entrevistas na área da saúde, mas nem sempre estamos cientes de que os profissionais também experimentam estresse e ansiedade quando lidam com diferentes tipos de paciente de outras culturas.[34] Pode haver uma "associação significativa entre a etnia dos médicos e suas percepções dos pacientes".[35]

Gênero

As mulheres são mais preocupadas com a saúde do que os homens e mais verbais durante as interações. Essa pode ser uma diferença aprendida, porque a informação sobre saúde na mídia é dirigida mais para as mulheres do que para os homens. As mulheres despendem mais tempo com profissionais e são comunicadoras mais ativas durante as visitas, mas os profissionais levam menos a sério os conselhos delas. Por sua vez, os homens tendem a ser mais dominadores do que as mulheres, independentemente do gênero do profissional.[36] Uma consequência de mais mulheres entrando no campo da obstetrícia e da ginecologia é o significativo percentual de pacientes mulheres escolhendo médicas. Isso levou os médicos do sexo masculino a trabalharem para melhorar suas habilidades de comunicação interpessoal.[37]

> Idade e sexo influenciam a comunicação e o tratamento.

Idade

A idade é um fator crescente com o aumento da expectativa de vida e aproximação da geração *baby boomer* da aposentadoria. Pacientes mais velhos são mais relutantes em "desafiar a autoridade do médico" do que pacientes jovens, muitas vezes com razão. Profissionais com menos de 55 anos de idade são "significativamente menos igualitários, menos pacientes e menos respeitosos com pacientes mais velhos", talvez refletindo a mudança de atitude da sociedade a respeito de "velhice" e a sabedoria dos nossos idosos. Profissionais são "menos propensos a levantar questões psicológicas com" pacientes mais velhos.[38] Pacientes mais jovens se sentem mais confortáveis para "incomodar" profissionais e menos atemorizados com autoridade e credenciais. Se um paciente é incapacitado, muitas vezes por causa da idade, pode ser bom envolver um representante (cônjuge ou filho) ou um profissional de saúde registrado que possa ter informações importantes para partilhar com o médico e estar habilitado para colaborar com os cuidados do paciente.[39]

Cultura

> A comunicação na área da saúde difere na aldeia global.

Há aproximadamente 47 milhões de pessoas nos Estados Unidos que falam outra língua em casa que não o inglês, e isso não incluem os milhões de viajantes internacionais que visitam o país a cada ano.[40]

A globalização e as diferenças culturais que a acompanham afetam a comunicação interpessoal de muitas maneiras. Pacientes afro-americanos e de Porto Rico têm indicado que raça, etnia e baixo *status* econômico impactam negativamente em sua busca por informações (em especial aquelas relacionadas ao HIV) e cuidados de saúde.[41] Pacientes de classe social mais baixa podem relutar abertamente em desafiar os médicos com o propósito de controlar a relação.[42] A cultura árabe pratica a proximidade física e o beijo entre os homens; ambas as ações podem parecer ofensivas nas interações de saúde americanas ou europeias. Os nativos americanos e as culturas asiáticas priorizam a comunicação não verbal, enquanto as culturas americana e alemã, a comunicação verbal. Latinos se dão bem com fornecedores de assistência médica centrados no paciente porque valorizam as interações com os médicos mais do que os europeus e os afro-americanos.[43] Muitas sociedades, especialmente as asiáticas, são menos assertivas.

Kreps e Thornton identificaram as diferenças nas filosofias médicas em vários países e apontaram as dificuldades que elas podem representar para os cuidados de saúde de pacientes e prestadores de serviço não nativos:[44]

- Médicos franceses tendem a desprezar estatísticas e enfatizar a lógica.
- Médicos alemães tendem a ser autoritários românticos.
- Médicos ingleses tendem a ser paternalistas.
- Médicos norte-americanos tendem a ser agressivos e querer "fazer alguma coisa".

Essas diferenças afetam papéis comunicativos e a partilha do controle em entrevistas na área da saúde. Os profissionais devem ser culturalmente sensíveis às diferenças ao relatarem dor, ter conhecimento específico sobre o consentimento, usar linguagem apropriada e revelar informações que expressem cultura, modéstia e conforto. Alice Chen, em um artigo intitulado "Doctoring across the language divide" ("Atendimento médico diante da divisão da linguagem"), relata um incidente ocorrido quando tratava uma mulher muçulmana. Chen solicitou uma radiografia para confirmar o diagnóstico de artrite, mas a mulher ficou atemorizada quando o técnico de raios X pediu-

-lhe que levantasse o véu para posicionar o equipamento de maneira apropriada. Chen a encaminhou para outra unidade com a anotação de que a paciente precisava de uma técnica.[45]

Estereótipos

> **Pacientes "bonzinhos" recebem melhor tratamento.**

Estereótipos afetam o modo como os profissionais veem e tratam pacientes. Percepção do paciente como infantil é revelada em atitudes condescendentes e fala infantil com adultos. Um estudo indicou que 20% da interação da equipe em casas de repouso é qualificada como *conversa de bebê*, um tipo de discurso comum quando falamos com crianças que têm "velocidade lenta, entonação exagerada, tom e volume elevados, grande repetição e vocabulário e gramática mais simples".[46] Os profissionais de saúde usam *fala de idosos* quando se dirigem a adultos mais velhos. Os exemplos incluem "Olá, *doçura*. Está na hora do *nosso* exercício", "Boa menina, comeu todo o jantar" e "Bom dia, *garotão*. Estamos prontos para o *nosso* banho?". Os resultados dessas conversas de bebê e de idosos "inapropriadamente íntimas e infantis" são "redução de autoestima, depressão, isolamento e assunção de comportamentos dependentes congruentes com os estereótipos de idosos frágeis".

O estereótipo do *bom paciente* é cooperativo, quieto, obediente, grato, não agressivo, atencioso e desapaixonado. *Bons pacientes* tendem a ser mais bem tratados do que *maus pacientes*. Pacientes de classes mais baixas recebem mais diagnósticos e prognósticos pessimistas. Pacientes com sobrepeso são considerados *menos* simpáticos, sedutores e bem-educados. No entanto, eles são *mais* emotivos, defensivos e carinhosos, e tendem a ter problemas contínuos e necessitar de alguma assistência.

Como estabelecer e manter a confiança

A confiança é fundamental nas interações de assistência médica porque elas lidam com informações pessoais íntimas e sensíveis e devem maximizar a autorrevelação. A confiança floresce quando ambas as partes "veem uma a outra como legítimas agentes do conhecimento e da percepção".[47] Brechas na confidencialidade podem ser intencionais ou não e ocorrer em muitos lugares: elevadores, entradas, cafés, escritório do prestador de serviço, quartos de hospital, coquetéis ou ao telefone, particularmente os ubíquos celulares. Maria Brann e Marifran Mattson relatam um incidente no qual uma paciente tentou manter em segredo a razão para sua consulta entregando uma nota escrita ao profissional, entretanto ele insistiu que a paciente lesse a nota em voz alta. Em outra situação, uma paciente tentou responder às perguntas confidenciais em voz baixa, e o profissional continuou a fazer perguntas sobre a situação dela em voz alta.[48] Soluções incluem fazer perguntas e responder a elas em tom de voz leve, trocando informações apenas com os profissionais que precisam saber, e conduzir as interações em ambientes privados e com segurança para se conversar.

> **Confidencialidade e confiança andam de mãos dadas.**

A confiança se estabelece nos primeiros minutos das entrevistas, quando ambas as partes estão determinando se podem ou não confiar na outra pessoa. Isso é negociado mais adiante, quando as duas partes "decretam comportamentos" que constroem "expectativas compartilhadas de uma rela-

> **Profissionais e pacientes devem estabelecer em parceria um pacto de confiança.**

ção de confiança".[49] O humor, por exemplo, pode "facilitar interações positivas entre paciente e profissional" e "criar um ambiente centrado no paciente" que afeta "a atitude positiva e a felicidade dos pacientes".[50] Os resultados são percepções positivas de cuidadores que melhoram a confiabilidade e levam a melhores efeitos sobre a saúde e crescente concordância com os conselhos profissionais e menos processos por negligência.[51] O humor espontâneo é mais efetivo. Os profissionais podem reforçar a confiança por meio de conversas de apoio que aumentem a participação do paciente nas entrevistas, com o propósito de obter informações completas, esclarecê-las e avaliar os fatores sociais e psicológicos envolvidos na doença.[52]

A comunicação é fundamental para o cuidado centrado no paciente e estabelecimento de uma relação produtiva entre o prestador do serviço de saúde e o paciente. Habilidades observáveis de comunicação, entretanto, podem não ser suficientes para atingir nenhum desses objetivos. Segundo Stewart e colaboradores "as diferenças nas habilidades de entrevista podem não estar associadas com as respostas do paciente. Os médicos podem aprender a passar pelos movimentos da entrevista centrada no paciente sem entender o que significa estar verdadeiramente atento e ser um ouvinte responsivo".[53] De acordo com esses autores, "a educação sobre a comunicação deve ir além do treinamento de habilidades para um entendimento mais profundo sobre o que significa ser um parceiro responsivo para o paciente" e como criar um terreno comum esclarecedor e perceptivo entre as duas partes da entrevista. Matthew Swedlund e colaboradores estudaram a conexão entre as relações do paciente e a satisfação e "identificaram quatro aspectos específicos de relacionamentos contínuos que estavam significativamente associados com a satisfação, ou seja, a relação entre o pai e o médico, a relação entre a criança e o médico, o conforto dos pais fazendo perguntas ao médico e a confiança dos pais no médico".[54]

> Treinamento de habilidades é o primeiro passo.

Abertura da entrevista

A abertura da entrevista na área da saúde – quando e onde ela é realizada e quem a inicia – tem impacto significativo na lembrança da entrevista. Nenhuma das partes deve ver isso como rotina.

Como melhorar o clima

> A abertura dá o tom para a entrevista inteira.

O profissional deve criar uma atmosfera em que o paciente se sinta livre para expressar opiniões, sentimentos e atitudes. Ambas partes dependem fortemente das entrevistas para obter e dar informação, mas o processo é muitas vezes tido como certo sem que o seja. As partes falham em perceber que a cooperação é fundamental para compartilhar informações e atitudes relacionadas aos rumos de ação.

> Localização e configuração promovem interações colaborativas.

Escolha um local confortável, tranquilo, não ameaçador, privado e livre de interrupções. Lembre-se de garantir a confidencialidade das interações ocorridas nesse ambiente. Verificar a possibilidade de criar uma área pediátrica e outra para adultos de todas as idades e condições. A primeira deve ser desenhada cuidadosamente em todos os detalhes (fotos, aquário, brinquedos, plantas, livros) para os pacientes jovens e os pais deles, a fim de minimizar o medo e a ansiedade e maximizar a cooperação e a comunicação. No caso da segunda área, crie uma sala de espera despojada com uma televisão e algumas revistas. O paciente adulto é então normalmente chamado para uma sala de tratamento, passa por alguns exames superficiais, é solicitado a vestir a roupa do hospital (aberto atrás) e depois deixado sozinho por vários minutos sobre uma mesa de exames e com uma variedade de instrumentos médicos e alguns quadros mostrando partes da anatomia humana. Esse não é um cenário propício para aliviar a ansiedade e a tensão.

Como estabelecer empatia

Individualize a sua abertura. Em um estudo de satisfação profissional-paciente, Mohan Dutta-Bergman descobriu que "abrir no estilo comunicativo médico-paciente não é a solução universal para as necessidades do paciente. Em vez disso, a mensagem fundamental que emerge dessa pesquisa é a necessidade de adaptar os estilos comunicativos dos profissionais às necessidades do paciente".[55]

Comece a entrevista com um cumprimento agradável, apresente-se e diga seu cargo caso você não conheça o paciente ou a família. Se se dirigir ao paciente pelo primeiro nome ("Oi, Sally") enquanto se refere a si mesmo com o título ("Sou o Dr. Percifield"), você criará uma relação de superior-subordinado desde o início. Se conhecer o paciente, comece com uma saudação pessoal que reconheça sua relação. O paciente deve responder ao cumprimento e participar ativamente da abertura.

> Use a abertura para reduzir a apreensão.

Fale de amenidades, adote uma postura bem-humorada e faça revelações pessoais para relaxar o paciente. Além disso, demonstre interesse, reforce a confiança e enriqueça o relacionamento. Essa abordagem centrada no paciente melhora a satisfação dele.[56] Para reduzir a apreensão, explique cuidadosamente os procedimentos, esteja atento, demonstre tranquilidade, trate os pacientes como iguais e converse com eles enquanto estiver usando as próprias roupas, não as do hospital. A construção do relacionamento e a orientação são reforçadas se o profissional revê o perfil do paciente antes que ele entre na sala de exames. Assim, a entrevista pode começar em um nível pessoal e de conhecimento. Não apresse nem prolongue a abertura, a menos que a confiança esteja baixa, porque ambas as partes preferem chegar ao ponto depois de estabelecer uma conexão pessoal.

> Não apresse nem arraste a abertura.

Se um paciente estiver esperando há algum tempo porque você está atrasado, desculpe-se pela inconveniência e explique a razão. Simples polidez e cortesia – trate as pessoas como você quer ser tratado – podem desarmar um entrevistado impaciente ou irritado e mostrar como você valoriza o tempo da pessoa e é sensível às percepções e necessidades dela. Judith Spiers mostrou a relevância da teoria da polidez e como ela pode melhorar a comunicação na interação do cuidado com a saúde:

> A gentileza é usada principalmente para facilitar a interação social, de modo a proporcionar uma forma ritualística de interação verbal que amortece a natureza agressiva de muitas interações, como pedidos, comandos ou perguntas.

> **Gentileza gera gentileza.**

A gentileza fornece meios de encobrir o constrangimento, a raiva ou o medo em situações nas quais não seria vantagem demonstrar essas emoções, seja como reflexo de si ou por causa da reação do outro.[57]

Esse é um conselho excelente para ajudar os receptores de cuidados médicos a "livrar a cara" em situações ameaçadoras sobre as quais têm pouco controle.

Estudos indicam que a percepção da "pressão do tempo e a terminologia médica influenciam a participação e o desenvolvimento do relacionamento em encontros médicos".[58] Quando os "profissionais médicos passam mais tempo em consultas e usam pouca terminologia, os pacientes reportam ter mais vontade de obter informações adicionais, já que sentem que uma boa relação médico-paciente foi estabelecida". As perguntas iniciais que os profissionais fazem e o quão rapidamente eles as fazem depois de uma entrevista são importantes para estabelecer uma relação, construir e manter um relacionamento, e obter informação adequada e esclarecedora. Quando um paciente inicia uma entrevista sem explicação, o profissional pode fazer uma "questão geral", como "O que traz você aqui esta manhã?", "Qual é o seu problema?" ou "O que posso fazer por você hoje?". Se um paciente mencionou uma razão quando marcou a consulta ou falou para o assistente do médico ou enfermeira sobre um problema, o profissional deve fazer uma questão "confirmatória", como "Soube que você tem enfrentado problemas causados pela sinusite...", "Que tipo de dificuldade o senhor está tendo com o joelho?" ou "Fale do estresse pelo qual você vem passando". Alguns prestadores de serviços de saúde utilizam entrevistas eletrônicas com os pacientes antes das visitas pessoais. Os pacientes selecionam em uma lista de queixas médicas e depois respondem a uma série de questões escritas em linguagem que eles entendam. Quando o profissional entra na sala para a entrevista presencial, já revisou a informação, e ambos, profissional e paciente, estão prontos para começar a entrevista. Certa vez, um médico fez declarou: "Meu foco é total no paciente. Muito raramente recorro ao computador".[59]

Um segundo tipo de questão confirmatória foca em sintomas específicos, tais como "A dor principal está do lado esquerdo da sua cabeça?" ou "As tonturas ocorrem mais quando você foca rapidamente em objetos próximos e distantes e depois em objetos próximos novamente?". De acordo com John Heritage e Jeffrey Robinson, questões gerais suscitam apresentações mais longas do problema, incluindo mais sintomas atuais. Perguntas fechadas mais restritivas, uma segunda forma de questão confirmatória, constituem "um método para iniciar a apresentação do problema, comunicar a prontidão dos médicos para começar a entrevista e reforçar o processo da próxima fase da consulta: a coleta de informações".[60] O médico toma o controle e estabelece os rumos da entrevista.

> **Oriente o paciente.**

Se o profissional inicia a entrevista, a pergunta de abertura pode ser de final aberto, como "Como está sua saúde desde o ano passado?", ou específica, como "Você teve algum efeito colateral com a medicação para o colesterol?". O que acontece depois da pergunta de abertura depende da razão para a consulta. Se se tratar de um *check-up* rotineiro, o profissional provavelmente orientará o paciente sobre o que acontecerá e depois se lançará ao corpo da entrevista com perguntas e exames. Se se tratar uma sessão de acompanhamento, o profissional poderá passar para o corpo da entrevista com uma série de questões diretas sobre um problema específico ou resultados de um tratamento anterior.

Obtenção de informações

Profissionais da saúde e pacientes dedicam significativas porções do tempo da entrevista procurando informações. A troca de informações é um componente fundamental da competência em interações profissional-paciente. Como não é uma tarefa fácil, identificaremos primeiro as barreiras à troca de informações e depois ofereceremos sugestões para obter informações efetiva e de maneira eficiente.

Barreiras para obter informações

> Não parta do princípio de que os pacientes vão fornecer informações precisas.

Muitas vezes, fatores físicos e emocionais impedem que os pacientes recuperem ou articulem informações precisas e completas. Eles estão mais preocupados com o motivo que os levaram a adoecer do que com aquilo que podem fazer a respeito. Pacientes assustados e ansiosos deixam de lado partes importantes do histórico médico e podem camuflar o problema real com afirmações alegóricas como "Você sabe como os adolescentes são". Como não querem ser julgados por fumarem, estarem acima do peso ou utilizarem remédios sem prescrição médica, os pacientes contam "mentirinhas inocentes" e não estão particularmente preocupados com as possíveis consequências.[61] Alguns superestimam o risco de um problema. Por exemplo, segundo Dillard e colaboradores "muitas mulheres superestimam o percentual de risco de câncer de mama, mesmo depois de terem recebido cuidadosas estimativas de profissionais da saúde". Elas resistem à informação recebida.[62] Uma maneira de reduzir esse problema parece ser uma "estratégia de comparação social", na qual se pede a pacientes que comparem seu risco ao de outros. Entretanto, mesmo depois de usarem essa estratégia, as mulheres ainda consideram o próprio risco como "50%, quando o risco real era, em média, de 14%".[63] Em geral, as mães lembram-se apenas da metade das principais doenças dos filhos.

> Autorrevelação é fundamental para a entrevista na área da saúde.

A autorrevelação é fundamental para o processo de obtenção de informações. É imperativo que as comunicações interativas entre o cuidador e o paciente cheguem ao nível 3, em vez dos incompletos e superficiais níveis 1 e 2. Estudos indicam também que muitas vezes os pacientes omitem informações para evitar constrangimento, sentimento de desconforto e más notícias. Além disso, não querem ouvir uma palestra do profissional de saúde. Estudo recente revelou que cinco características médicas melhoram significativamente a autorrevelação e a honestidade: "gênero do médico, atendimento sem pressa, uso do primeiro nome, utilização de questões abertas e fechadas, e cordialidade".[64] O mesmo estudo também descobriu que "questões abertas podem demonstrar ao paciente que tanto quanto o médico são parceiros de comunicação que priorizam o relacionamento e a copropriedade". Elas "facilitam a confiança e o conforto com os pacientes, porque os encorajam a perguntar e demonstram a habilidade do médico como ouvinte".

Outro estudo constatou que os pacientes consideram muito difícil dar aos outros notícias deprimentes como quando uma doença está "progredindo ou estigmatizada" e acreditam que partilhar tal informação pode "ter um impacto mais negativo sobre o apoio que recebem".[65] De acordo com Checton e Greene, "a incerteza tem um papel de destaque sobre as decisões das pessoas de fazer revelações".[66] Elas avaliam "que reação obterão antes da revelação e, se não estiverem seguras sobre respostas ou resultados em potencial, pesam esse fator nas decisões" antes de fornecerem uma informação. Uma solução para o paciente é "compartilhar uma parte da informação para avaliar a resposta do receptor", uma espécie de teste da temperatura da água, antes de estar disposto a falar tudo.[67]

> Faça perguntas obviamente relevantes assim que possível.

Em geral, a tradicional anamnese é a parte mais longa da entrevista, sobretudo quando comparada com as discussões referentes a diagnóstico e prognóstico. Os modos tendem a ser impessoais, com muitas perguntas tendo pouco ou nada a ver com o real problema ou preocupação do paciente. Um paciente observou: "Ele passou tanto tempo em coisas que não estavam erradas comigo – duas páginas de listas –, que isso me fez sentir que a entrevista não tinha nada a ver com a minha doença".[68] Pacientes com dores severas ou desconforto psicológico podem se tornar irritados ou entorpecidos por perguntas sem fim, fechadas, o que um pesquisador chama de "enfraquecimento negativo". Um dos autores deste livro testemunhou esse processo de desgaste ao visitar um familiar em uma casa de repouso na Flórida. Uma paciente idosa, doente, confusa e irritada havia sido admitida no mesmo quarto da sogra do autor. Duas equipes médicas entraram logo depois e começaram a fazer uma longa lista de perguntas. Muitos teriam considerado a pessoa clinicamente apta, e não demorou para a paciente estar exausta e obviamente confusa. A entrevista se tornou monótona, embora um dos questionadores tenha comentado com o outro: "Não sei por que não fazemos isso novamente em dois ou três dias. Não é como se ela estivesse indo para algum lugar". A entrevista continuou com resultados decrescentes.

> O domínio do profissional enfraquece as interações.

Uma série de perguntas fechadas rápidas (algumas vezes referidas como a abordagem da inquisição espanhola) claramente estabelece o tom da relação: o profissional está no comando, quer respostas curtas, está apressado e não está interessado em explicações. Um estudo revelou que 87% das questões eram fechadas ou moderadamente fechadas e que 80% das respostas forneciam apenas as informações solicitadas, sem nada voluntário.[69] Profissionais controlam as interações por meio de questões fechadas, seleção de conteúdo e mudança de temas. Eles rotineiramente fazem perguntas como: "Você tem movimentos intestinais regulares?", "Sente-se cansado?", "Está sem fôlego?" e "Tem alguma dor no peito?". O que significa *regular*? Quem não se sente *cansado*? Quem nunca ficou *sem fôlego* de tempos em tempos ou experimentou uma ocasional *dor no peito*? O que uma resposta afirmativa ou negativa a qualquer uma dessas perguntas diz ao prestador do serviço de saúde?

> Explique os termos e os procedimentos médicos.

Muitos prestadores de serviços de saúde presumem familiaridade com o jargão médico e siglas que são úteis apenas para interações com outros profissionais médicos. Um estudo constatou que 20% ou mais dos respondentes não sabiam o significado de termos comuns como abscesso, suturas, tumor e colo do útero, e a porcentagem seguia a escala com mais palavras incomuns como edema e triglicérides. Pessoas com mais de 65 anos têm menos conhecimento do que aquelas entre 45 e 64 anos, e os entrevistados com mais formação são os mais familiarizados com termos médicos.[70] Os pacientes raramente pedem esclarecimento ou repetição de perguntas ou terminologia. Eles sentem que é responsabilidade do profissional como especialista e encarregado.[71]

Os pesquisadores estão começando a focar em "alfabetização da saúde" e seus potenciais efeitos negativos sobre o fornecimento e o processamento de informações. Um estudo que utilizou entrevistas estruturadas com pacientes descobriu que "baixo nível de conhecimento em saúde prenuncia baixa autoeficácia, que leva a sentir-se menos bem informado e menos preparado, estando mais confuso sobre os procedimentos e seus perigos, e querendo mais informações sobre os riscos".[72] De maneira semelhante, a pesquisa de Maria Dahm revelou que as impressões dos pacientes sobre termos médicos em entrevistas estão alinhadas com as diretrizes que promoveram o uso de linguagem leiga e explicações mais detalhadas.[73] Ela descobriu que, contrários às diretrizes, "os médicos muitas vezes procuram esclarecer termos (semitécnicos) adotando a estratégia de controle de temas como o uso de perguntas fechadas ou histórias prolongadas". Essas táticas limitam "a oportunidade de os pacientes falarem e, além disso, podem ter efeitos na construção de parcerias e, por sua vez, na relação paciente-médico".

Maneiras de melhorar a obtenção de informações

Ambas partes podem melhorar a obtenção de informações nas entrevistas de saúde. O segredo é encontrar maneiras de fomentar intercâmbios que criem um esforço colaborativo. Os profissionais devem promover a troca de turnos para que os pacientes se sintam livres para fazer perguntas, dar mais detalhes e reagir àquilo que lhes é dito. Dicas não verbais como pausas, contato visual e acenos com a cabeça convidam à interação, o que não ocorre quando há apenas monólogos. Tenha cuidado com rotinas verbais que dão aos pacientes falsas pistas para troca de turno. Expressões como "Tudo bem?", "Certo?" e "Ahã" apenas parecem convidar a reagir. Os pacientes as veem como pistas falsas que convidam à concordância mais do que às perguntas ou noções concorrentes.

De acordo com Cegala, Street Jr. e Clinch, os pacientes que participam ativamente das entrevistas médicas fornecem mais detalhes sobre sintomas e histórico médico, obtêm respostas mais completas para as perguntas e provocam os profissionais para oferecer mais informação e usar "significativamente mais expressões de apoio".[74] Esses autores acreditam que a alta participação do paciente "ajuda o médico a entender mais precisamente os objetivos, interesses e preocupações do paciente. Além disso, o médico pode alinhar de forma eficiente a sua comunicação com a agenda do paciente".[75]

> **Estimule a troca de turnos.**

Faça e responda perguntas

Use uma sequência funil que começa com perguntas abertas para comunicar interesse, estimular o prolongamento, revelar respostas e mostrar confiança no paciente como um colaborador para fornecer informação importante, incluindo o que você nem pensa perguntar. Perguntas abertas que são livres de preconceitos por parte do entrevistador e mais convidam do que exigem respostas dão aos pacientes uma grande sensação de controle.

Use uma sequência funil invertido com cuidado, porque questões fechadas apresentadas muito cedo em uma entrevista podem estabelecer um tom "superior para subordinado" e comunicar o desejo do profissional de buscar respostas breves enquanto mantém o controle. Os pacientes darão respostas curtas que revelam pouca informação e escondem medos, sentimentos e sintomas. Alguns pacientes podem ser incapazes de ajustar-se às perguntas abertas que venham depois na sequência invertida; em outras situações, talvez nem queiram fazer isso.

> A sequência do funil dá um senso de partilhar o controle.

Ouça com atenção e ativamente para captar o que está escondido, assim como as perguntas e respostas óbvias. Procure por evidências de confusão, hesitação, apreensão ou incerteza. Os pacientes devem preparar listas de perguntas antes das entrevistas, quando podem pensar sobre as preocupações sem a pressão de interações com profissionais. Não hesite em pedir à outra parte para repetir ou reformular uma pergunta que não tenha ficado clara. Você não pode responder suficientemente se não entende o que está sendo perguntado. Nancy Jasper, professora da Columbia University, aponta a necessidade de sondar as respostas, principalmente quando os pacientes estão "mexendo com a verdade":

> Varie as abordagens de escuta.

> Sempre pergunto aos meus pacientes se eles fumam... Muitas mulheres vão dizer: "Não, mas sou uma fumante social". E digo: "Preciso que você me defina isso claramente, pois não tenho a menor ideia do que significa". Elas dirão que fumam apenas nos finais de semana. Mas você começa a descobrir mais quando pergunta: "Quantos cigarros você fuma em uma semana?".[76]

Ambas as partes devem escutar atentamente para entender o que o outro está de fato dizendo antes de continuar com a entrevista.

Conte histórias

O que os pacientes mais querem é uma oportunidade de contar as próprias histórias, que são "essenciais para o processo de diagnóstico". Trata-se da abordagem mais eficiente para obter informações necessárias.[77] De acordo com Gary Kreps e Barbara Thornton:

> Estimule os pacientes a contar histórias e ouça-as com atenção.

> Histórias são usadas por pacientes para explicar aos médicos ou enfermeiros que doenças eles têm e como se sentem a respeito de seus problemas de saúde... Ao ouvir as histórias que uma pessoa conta sobre as condições de saúde, o profissional pode aprender muito sobre a orientação cultural dela, o sistema de crenças na saúde e a orientação psicológica para a condição.[78]

Segundo Susan Eggly, médico e paciente devem, em parceria, criar a narrativa da doença de modo que um influencie o outro e ambos formatem a história como é contada.[79] Eggly identifica três tipos de história: "narrativas que emergem da cronologia construída em conjunto de eventos-chave, a construção conjunta da repetição e da elaboração dos eventos-chave e a construção conjunta da interpretação do significado dos eventos-chave". A colaboração no processo de contar de histórias é importante porque os pacientes com que frequência omitem das narrativas informações valiosas que não consideram importantes, não se sentem seguros para revelar ou presumem que elas não interessarão ao entrevistador.[80] De acordo com Roter e Hall, "da perspectiva do paciente... a oportunidade de relatar a narrativa da doença e refletir sobre a experiência, perspectiva e interpretação dos sintomas e circunstâncias pode ter valor terapêutico, e, consequentemente, a revelação do paciente, especialmente no campo psicológico, pode ser vista como um indicador do foco centrado no paciente da consulta".[81]

> Quanto menos você fala, mais pode dizer.

Evite interrupções durante narrativas e respostas, especialmente quando os pacientes ficam sobrecarregados pela emoção. Muitas vezes, o sucesso da entrevista está relacionado à quantidade de palavras que o profissional *não diz* ou à quantidade de perguntas *não feitas*. Alguns pesquisadores usam a expressão "terminador de oportunidade empática" para identificar interações que redirecionam entrevistas e cortam futuras revelações das preocupações emocionais do paciente.[82] Na interação apresentada a seguir, o médico muda o assunto:

Paciente: Estou no processo de me aposentar...
Médico: Ah é?
Paciente: Sim. Farei 73 anos em fevereiro.
Médico: Como estão as costas?

Nesta interação, o médico recua para uma preocupação anterior, menos emocional.

Paciente: Neste momento estou realmente nauseado e enjoado. Perdi quatro quilos e meio em seis dias.
Médico: Certo. Você perdeu quatro quilos e meio.
Paciente: E estou piorando. Não percebi ainda nenhuma melhora.
Médico: Certo... e agora você não consegue comer nada, você disse?

Pacientes mais velhos tendem a fazer apresentações e narrativas significativamente mais longas do que os mais jovens, mas não revelam sintomas mais atuais. Eles oferecem mais informação sobre um sintoma, "engajam-se em revelações mais dolorosas" e revelam mais sobre questões aparentemente irrelevantes, como as finanças da família3[83] Os profissionais devem ser pacientes e sondar explicações e revelações relevantes. De acordo com Caplan, Haslett e Burleson, "é imprescindível entender como o processo de comunicação muda e o quanto adultos mais velhos comunicam suas preocupações e sentimentos".[84] Esses autores constataram que, quando os pacientes mais velhos abordavam uma perda, eles "passavam de um modo primariamente factual (qual havia sido a perda, como ela ocorreu etc.) para um foco no impacto dessa perda na vida deles (por exemplo, lidando com novas tarefas e expressões de emoções)".

Escute, observe e fale

> Seja paciente e persistente.

Como profissional, seja paciente e use sondagens provocativas para estimular os pacientes a continuar com uma narrativa ou resposta. Evite interjeições que demonstrem algum tipo de irritação, como *certo, tudo bem, está bem* e *bom*. Evite jogos de adivinhação. Pergunte "Quando as costas doem?" e não "Doem quando você se levanta? Quando fica de pé muito tempo? Quando senta por um minuto?". Evite questões de respostas duplas, como "E na sua família houve casos de pressão alta ou derrames? Diabetes ou câncer?". Empregue perguntas reflexivas e do tipo espelho para verificar a precisão e o entendimento. Escute em busca de pistas importantes nas respostas, no que os pacientes estão sugerindo ou implicando verbal e não verbalmente. Deixe claro para os pais, cônjuges, parentes ou amigos presentes que o paciente deve responder às perguntas se estiver física e mentalmente apto para isso.

> Use as perguntas primárias com cuidado.

Perguntas direcionadas como "Você vai se manter na dieta, não vai?" sinalizam que você quer acordo, uma resposta afirmativa, e que provavelmente é o que terá, mesmo que seja falsa. Às vezes, você pode precisar usar questões primárias para persuadir pacientes a seguir regimes ou tomar as medicações adequadamente. O artigo de Annete Harres aborda aspectos relacionados à importância das "perguntas pingentes" para obter informações, resumir e conferir informações, expressar empatia e fornecer *feedback* positivo.[85] Eis alguns exemplos das perguntas mencionadas por Harres: "Você pode dobrar o joelho, não pode?", "Você já esteve aqui antes, não esteve?" e "Tenho certeza de que tem sido difícil desde que seu marido Paul morreu".

Como lidar com a barreira do idioma

Os profissionais da saúde têm reconhecido que "falhas de **comunicação** são a causa mais comum de **erros** que prejudicam os pacientes", um problema que é agravado por uma estimativa de "95 milhões de pessoas" que "não têm a alfabetização básica em inglês para entender mesmo a mais básica" informação de saúde, como quando e de que modo tomar a medicação.[86] Quase a metade desse número tem pouco ou nenhum domínio da língua inglesa. A má interpretação de uma única palavra como "irritar" pode levar a atrasos no cuidado e a erros médicos. Estudos indicam que pacientes latinos que preferem o espanhol ao inglês podem "experimentar altos níveis de insatisfação e arrependimento em relação a decisões do que aqueles de outros grupos culturais e étnicos".[87]

Os profissionais têm tentado uma variedade de soluções, algumas com sucesso, outras não. Por exemplo, familiares e amigos podem falar o idioma nativo do paciente ou ser fluentes em inglês, mas podem não repetir todas as perguntas ou explicações dos profissionais ou não ter a capacidade de traduzir ou explicar termos médicos com precisão no idioma nativo do paciente ou de acordo com seu nível de compreensão.[88] Crianças como intérpretes podem apresentar problemas porque seu comando do idioma nativo dos pais pode ser mínimo, "sua compreensão de conceitos médicos tende a ser simplista, na melhor das hipóteses", e "os pais podem estar constrangidos ou relutantes em revelar sintomas e detalhes importantes aos filhos".[89]

Nos Estados Unidos, programas de sucesso têm incluído serviços abrangentes de intérpretes em idiomas como o espanhol, criação de cursos para ensinar o idioma aos profissionais da saúde e o uso de frases específicas em espanhol para avaliar dores agudas. Eles são limitados, naturalmente, a um único idioma. Alguns estabelecimentos médicos incluem um número de intérpretes fluentes em idiomas que são mais encontrados. Um sistema nacional de intérpretes fluentes em vários idiomas e treinados em cuidados de saúde, similar a um operado pelo governo da Austrália na base de 24 horas por dia, sete dias por semana, seria o ideal.

Fornecimento de informações

> Pacientes lembram pouco e seguem menos.

É fundamental que ambas as partes da entrevista na área da saúde forneçam informações suficientes que sejam esclarecedoras e precisas e conduzam a diagnósticos e prognósticos que abordem a preocupação e o problema de saúde do paciente. Fornecer informações parece ser muito simples, com uma parte enviando a informação e outra parte a recebendo, mas esse processo é muito difícil na vida real. Independentemente da adequação e precisão das informações, elas serão infrutíferas se o receptor não puder recuperá-las da mesma maneira. Os pacientes consideram "difícil lembrar-se de informações discutidas durante entrevistas".[90] Um estudo revelou que os pacientes podem, na média, recuperar aproximadamente apenas 52% das recomendações de tratamento nos minutos seguintes às entrevistas. Um segundo estudo descobriu que, de 10 a 80 minutos, menos de 25% dos pacientes se lembraram de tudo que lhes foi dito, e pacientes que lembravam mais haviam recebido apenas dois itens de informação. Outro estudo ainda descobriu que, em um período curto, dez pacientes apresentaram significativa distorção das informações recebidas, e quatro, distorções mínimas.[91]

Causas para perda e distorção de informação

Há três causas comuns para o fracasso em fornecer e recordar informações com precisão: atitudes de prestadores de serviços médicos, problemas dos pacientes e métodos de transmissão ineficientes.

Atitudes de prestadores de serviços médicos

> Ambas partes contribuem para a perda e distorção.

Em geral, os prestadores de serviços médicos enfatizam a obtenção de informações e relegam o fornecimento delas, mesmo que o mais forte indicador da satisfação do paciente seja a quantidade de informação dada sobre sua condição e seu tratamento. Em uma entrevista típica de 20 minutos, menos de dois minutos são dedicados a fornecer informações. Os prestadores de serviços podem ser relutantes em dar informação porque não querem se envolver, temem a reação dos pacientes, sentem (particularmente os não médicos) que não têm permissão para dar informações ou temem dar informações incorretas. As enfermeiras, por exemplo, muitas vezes estão inseguras sobre o que o médico deseja que o paciente saiba ou contou a ele.

> Cuidado com as suposições equivocadas.

Os prestadores de serviços subestimam a necessidade ou o desejo do paciente por informação e superestimam a quantidade de informações que fornecem. Por sua vez, os pacientes citam as informações insuficientes como a maior falha no cuidado com a saúde e afirmam que têm consultado cada vez a Internet para esclarecer dúvidas.[92] Um estudo feito com pacientes com câncer revelou que pouco mais de 50% daqueles que queriam um prognóstico *quantitativo* receberam um, e mais de 60% daqueles que não queriam um prognóstico *qualitativo* obtiveram um.[93] Muitos profissionais presumem que os pacientes entendem o que eles falam, como recomendações sutis e informação com jargão médico e siglas.[94] Metáforas como "Estamos dobrando uma esquina", "Há uma luz no fim do túnel" e "A família do Hospital Central está aqui para ajudar" requerem que o paciente complete a comparação implícita, e o resultado pode ser confusão e ansiedade, em vez de conforto e segurança. Os profissionais tendem a dar mais informação e explicações elaboradas para pacientes instruídos, mais velhos e mulheres.

Enquanto os pacientes se voltam em número crescente para a Internet em busca de informações, os profissionais da saúde estão perturbados, já que 72% dos pacientes acreditam em tudo ou em quase tudo que leem na Internet, independentemente da fonte.[95] Isso é particularmente verdadeiro para os chamados pacientes informados com nível de instrução e renda superiores, que são mais jovens e estão ativamente envolvidos em redes sociais. Eles são "conscientes da saúde" e gostam do ativo "envolvimento no processo de informação",[96] o que é menos verdadeiro para os chamados pacientes não informados, que são mais velhos, têm menos instrução e vêm de grupos de baixa renda. Esse último grupo "intencionalmente evita informações que possam causar ansiedade ou estresse".[97]

Problemas com pacientes

> Os pacientes podem ouvir o que querem ouvir.

Os pacientes muitas vezes exageram suas habilidades em recordar informações completamente e com precisão sem tomar notas ou utilizar outro procedimento. Se não conseguem recordar a informação (o que supõem ser uma tarefa simples), podem se sentir constrangidos em admitir que não podem fazer isso.[98] Entretanto, eles podem escolher proteger a si mesmos de experiências desagradáveis recusando-se a ouvir ou podem interpretar as informações e instruções de acordo com suas personalidades. Por exemplo, se um profissional disser "Você tem de seis meses a um ano de vida", um pessimista dirá aos amigos "Tenho menos de seis meses de vida", ao passo que um otimista relatará alegremente: "De acordo com o médico, viverei ainda muitos anos".

> Use siglas com cautela.

Muitos pacientes podem não entender ou compreender a informação porque não são treinados ou são inexperientes em situações médicas. Eles podem se confundir com relatórios conflitantes, estudos e a mídia. Por exemplo, no outono de 2009, a força-tarefa dos serviços de prevenção recomendou que as mulheres com mais de 40 anos deveriam se submeter à mamografia apenas a cada dois anos, em vez do tradicional teste anual. Isso criou uma grande controvérsia entre profissionais da saúde e organizações, com muitos declarando suas opiniões conflitantes nos meios de comunicação. Tais controvérsias apresentaram problemas para as pacientes mais velhas que têm menos conhecimento e compreensão de situações médicas e grande dificuldade em fornecer informações.[99] Os pacientes são bombardeados com siglas não familiares (VO – via oral, IV – intravenosa, US – ultrassonografia) e jargões (adesões, contusões, nódulos, cistos, tumores benignos). Se os nomes dos produtos farmacêuticos já são impronunciáveis, imagine as dificuldades encontradas pelos pacientes para entender a que se destinam e como funcionam. Um estudo de Hagihara, Tarumi e Nobutomo investigou um fenômeno muito comum em que o entendimento e a avaliação dos resultados dos exames médicos e diagnósticos diferem acentuadamente entre o médico e o paciente. Segundo esses pesquisadores, "para evitar que qualquer problema de entendimento do paciente quanto às recomendações e explicações fornecidas pelos médicos, estes devem estar mais atentos ao tópico em discussão e às perguntas e atitudes dos pacientes".[100]

> **Autoridade e ambiente podem sufocar a colaboração.**

A aura de autoridade pode impedir que os pacientes procurem esclarecimento ou explicações. Uma mulher que não entendeu o que nódulo significava não fez perguntas "porque eles pareciam tão ocupados que não quis incomodar... de qualquer maneira ela [a enfermeira] se comportou como se tivesse entendido tudo, e, por isso, não quis chateá-la".[101] A esperança de um prognóstico favorável leva os pacientes a simplificar situações complexas ou interpretar mal as informações. Outros, pelo receio de parecerem estúpidos, evitam fazer questionamentos sobre palavras, explicações, problemas ou procedimentos. Por variadas razões, "pacientes rotineiramente deixam passar ou ativamente 'aguardam' uma oportunidade de" perguntar sobre "a natureza da doença, sua gravidade relativa ou o rumo que provavelmente seguirão".[102]

> **Um pouco de conhecimento pode ser perigoso.**

Em geral, baseamo-nos em **teorias leigas** para comunicar e interpretar problemas de saúde. Eis algumas "teorias" bem comuns: "Todos os produtos *naturais* são saudáveis", "Se não me sentir mais mal, não preciso tomar o remédio", "Se um pouco desse remédio ajuda, uma quantidade maior será melhor ainda", "Se este remédio me ajudou, vai ajudar você" e "Radiação e químicos são ruins para você". De acordo com Katherine Rowan e Michele Hoover, "noções científicas que contradizem essas e outras poderosas teorias leigas são muitas vezes difíceis para o paciente entender, porque as próprias teorias alternativas do paciente parecem de um bom senso irrefutável".[103]

Alguma informação é perdida ou distorcida por causa da maneira como é dada e recebida. Os profissionais podem contar com um meio único, como a informação oralmente dada, mas, segundo Carter, aproximadamente um terço dos pacientes se lembra de diagnósticos orais, ao passo que 70% não se esquecem de diagnósticos escritos.[104] As trocas orais são muitas vezes tão breves e ambíguas que se tornam confusas ou sem sentido. Um profissional fez o seguinte comentário: "Agora, senhor Brown, o senhor vai achar por algumas semanas que está facilmente cansado, mas o senhor precisa fazer bastante exercício".[105] Quanto tempo é "algumas semanas"? O que significa "cansar facilmente"? O que é "bastante exercício"? Em geral, os profissionais da saúde prescrevem medicamentos para serem tomados quatro vezes ao dia, mas não dizem ao paciente o que isso significa: a cada seis horas, a cada quatro horas com um máximo de quatro doses dentro de 24 horas, ou conforme necessário, sem ultrapassar quatro por dia. Os prestadores de serviços de saúde *sobrecarregam* os pacientes com dados, detalhes e explicações muito além de suas capacidades de compreensão e recordação. Ley descobriu que, em poucas horas, 82% dos pacientes conseguiam lembrar dois itens de informação, mas o percentual caiu para 36% para três ou quatro itens, 12% para cinco ou seis itens e 3% para sete ou mais itens.[106]

> **Evite a sobrecarga de informações.**

Como fornecer informações com mais eficiência

Talvez o jeito mais eficaz de ajudar os pacientes a recordar informação e recomendações de tratamento seja desenvolver relacionamentos nos quais eles tenham um papel ativo na entrevista. Mary Politi e Richard Street nos lembram que "uma decisão médica é muito mais do que um processo cognitivo. Também é um evento social, definido pela natureza da comunicação e pela relação entre o clínico e o paciente/família".[107] Tanto o paciente quanto o profissional dão informações com foco no que é relevante para o paciente, e esse esforço não apenas ajuda o paciente a recordar as informações, mas também é fundamental na maior adesão ao tratamento recomendado.[108] A comunicação não verbal é muitas vezes ignorada em estudos e pesquisas, mas pode ser essencial para a obtenção de informações.[109] Ao fornecer informações oralmente, enfatize palavras importantes, datas, figuras, avisos e instruções.

Se você perceber que alguns pacientes aderiram a uma das teorias leigas mencionadas anteriormente, ajude-os a reconhecer a teoria e sua aparente razoabilidade e mostre as falácias e os resultados potencialmente perigosos. Estimule os pacientes a fazer perguntas construindo pausas e convidando a falar, não ao final de uma longa apresentação unilateral. Um paciente calado pode se sentir intimidado, esperançosamente confuso ou acreditar que é responsabilidade do profissional fornecer informação clara e adequada. Peça aos pacientes para repetir ou explicar o que você disse e procure distorções, pedaços faltando e mal-entendidos.

> Um paciente inquisitivo é um paciente informado.

Evite sobrecarregar os pacientes com informações. Descubra o que eles sabem e prossiga a partir desse ponto. Elimine materiais desnecessários. Reduza as explicações e informações a termos simples e comuns. Defina os termos técnicos e os procedimentos ou traduza-os em palavras e experiências que os pacientes entendam. Apresente as informações em duas ou mais entrevistas, em vez de em uma única e longa entrevista. Como regra, forneça apenas informação suficientemente clara e relevante para satisfazer o paciente e a situação.

Envolva outras pessoas no processo. Inclua membros da família e amigos para que eles possam ajudar a reter e interpretar informações e no cumprimento das instruções. Uma prática comum é o assistente do médico preencher a receita e explicar o que é, para que serve, como deve ser tomado e os potenciais efeitos colaterais. Depois, o farmacêutico que avia a receita repete a mesma informação. Nesse processo, há outras pessoas envolvidas, como enfermeiras, técnicos, representantes do paciente e recepcionistas. Assegure-se de que todos os participantes na hierarquia organizacional estejam completamente informados sobre o paciente, de modo que cada um fique ciente do que o paciente sabe, precisa saber e o que pode ser contado.

> Quanto mais cabeças, melhor.

Organize as informações sistematicamente para ajudar a recordar. Apresente as instruções importantes primeiro, assim elas não se perdem em meio à reação ao diagnóstico. Repita os itens estrategicamente importantes duas ou mais vezes durante a interação, assim eles são destacados e ficam mais fáceis de lembrar.

Use uma variedade de meios, como panfletos, brochuras, cartazes, fotografias, *slides*, DVDs, Internet, modelos e gravações. Os dentistas, por exemplo, usam moldes de dentes e mandíbulas para explicar os problemas dentá

> Use vários recursos.

rios e DVDs para mostrar os benefícios de usar o fio dental e da escovação frequente. Técnicos de emergência usam manequins para ensinar reanimação cardiorrespiratória. Nunca entregue um folheto ou brochura para um paciente dizendo "Isso vai responder a todas as suas perguntas". Os pacientes dizem que esse material é útil, mas admitem que raramente os leem.

O telefone, particularmente com o uso generalizado do celular, responde por 25% de todas as interações profissional-paciente.[110] Centrais de enfermagem que integram avaliação, aconselhamento e sistema de consultas têm crescido rapidamente e já fizeram a transição de "aconselhamento de enfermagem" para "avaliação de riscos pelo telefone". Se enfermeiras e outros profissionais puderem satisfazer os pacientes e médicos que são condutores de informações capacitados como parte de uma tríade de assistência médica, o resultado será economia de tempo, precisão, quantidade e utilidade de informações. Percepções de eficácia e confiabilidade – confiança – são melhores quando o telefone do profissional é visto como um reforçador.[111] O profissional ao telefone deve anotar a hora, a data, a informação e recomendações para o arquivo e passar adiante a informação para outros fornecedores na tríade.

> O telefone é responsável por um quarto das entrevistas de saúde.

Aconselhamento e persuasão

Os prestadores de serviços de saúde tendem a ser *orientados por tarefa* e esperam que os pacientes sigam suas recomendações porque eles têm autoridade, conhecimento e treinamento. Infelizmente, a adesão do paciente tem sido notoriamente baixa, baixa na faixa dos 20% para medicamentos prescritos e alta na faixa de 50% para planos de tratamento de longo prazo. Com esses problemas de adesão e a cada vez maior ênfase em tratar a pessoa inteira, profissionais precisam ser mais do que condutores de informações. Eles devem também atuar como **conselheiros** para ajudar os pacientes a compreender e a lidar com problemas e como **persuasores** para convencê-los a seguir as recomendações precisa e fielmente.

> Fornecimento de informações não garante adesão.

Barreiras para o aconselhamento e a persuasão eficientes

> Observe dicas e pistas sobre problemas reais.

Os pacientes podem tornar a interação médica difícil quando permanecem em silêncio, saem da sala de consulta ou reclamam de um problema físico em vez de admitirem um psicológico. Uma de nossas alunas relatou que tinha perdido uma prova e diversas aulas porque teve câncer. Somente mais tarde soubemos, por intermédio de uma terceira pessoa, que a aluna havia sofrido longamente de uma severa depressão e tendências suicidas. Ela sentiu que era mais aceitável ter um problema físico do que um mental. Um profissional pode dispensar um paciente com um diagnóstico de estresse físico ou psicológico ou imaginação hiperativa.

Os prestadores de serviços de saúde podem passar pouco tempo conversando com pacientes porque há muitas tarefas a serem feitas, e conversar é mais uma atividade social do que medicinal. Previsivelmente, esses prestadores fracassam em detectar pistas sutis e dicas de que o paciente quer conversar sobre uma questão médica diferente e mais séria.

Os prestadores de serviços de saúde utilizam uma variedade de **táticas de bloqueio** para evitar aconselhamento e persuasão. Pesquisadores e profissionais têm identificado várias táticas comuns.

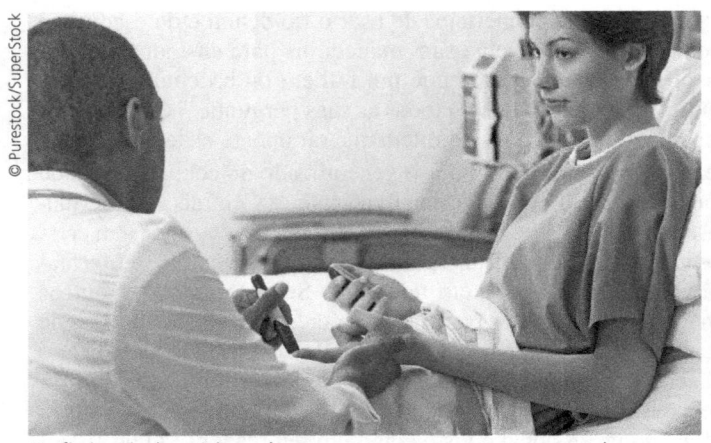

Profissionais de saúde podem passar pouco tempo conversando com pacientes porque são orientados para tarefa e não para pessoas.

Para evitar um problema, muitos profissionais adotam uma postura bem-humorada, seguem uma linha de conversa menos ameaçadora, fornecem um mínimo de encorajamento, negam a seriedade do caso, fingem falta de informações ou rejeitam a fonte de informações do paciente, como a Internet ou revistas populares. Há ainda aqueles que, para evitar completamente um problema, fingem não ouvir uma pergunta ou comentário, mudam de assunto, envolvem-se em uma atividade física, escondem-se atrás das regras do hospital, passam a bola para outro fornecedor ou saem da sala. No diálogo apresentado a seguir, a enfermeira exibe táticas comuns de bloqueio.[112]

> **Profissionais podem tentar evitar trocas desagradáveis.**

Enfermeira: Aí está você, querido. Tudo bem? (dá um comprimido ao paciente)

Paciente: Obrigado. Sabe que não estou sentindo nada com meus dedos?

Enfermeira: Nada? (encorajamento mínimo)

Paciente: Não, quando vou pegar uma faca e estendo a mão, não sinto nada mais.

Enfermeira: Ah, quebrei meu lápis! (afasta-se)

O paciente queria desesperadamente falar para a enfermeira sobre uma condição amedrontadora que está piorando, mas ela está determinada a não se envolver ou discutir o problema.

Aconselhamento e persuasão efetivos

Reveja os princípios e as diretrizes apresentados nos capítulos 10 e 11 que são altamente relevantes para a configuração dos cuidados de saúde. As partes devem planejar cada entrevista com cinco fatores relacionais em mente: empatia, confiança, honestidade, respeito mútuo e carinho. Há muito tempo, a credibilidade da fonte é reconhecida como ingrediente-chave no processo de acompanhamento e persuasão. Um estudo realizado por Paulsel, McCroskey e Richmond constatou que "as percepções de médicos e enfermeiras, e o carinho e a competência da equipe de apoio estão correlacionados positivamente com a satisfação dos pacientes".[113]

Escolha uma abordagem apropriada para a entrevista

> **Tradição nem sempre é a melhor abordagem.**

Os prestadores têm tradicionalmente tentado duas abordagens. A primeira é uma abordagem paternalista, na qual o profissional supõe que o paciente vai perceber a sabedoria do conselho dado e mudará atitudes e comportamentos. A segunda é a abordagem de aconselhar e educar que explica as razões médicas e espera pelo melhor. Nenhuma das abordagens produziu adesão além dos 50%. Dizer aos pacientes o que fazer quando eles não querem fazer não os motiva a agir, e a repetição de conselhos não desejados pode aliená-los e produzir resistência. Deborah Grandinetti lembra que "a mudança não é um evento, mas um processo".[114] Concentremo-nos no processo.

> **Nenhuma abordagem é útil o tempo todo.**

Selecione uma abordagem que seja colaborativa e mais adequada a um paciente em determinado momento. Barbara Sharf e Suzanne Poirier usam um arcabouço teórico que os psiquiatras Szazs e Hollender desenvolveram para ensinar alunos de medicina a selecionar abordagens apropriadas para entrevistas.[115]

- Uma abordagem ativa (diretiva) é recomendada quando um paciente é passivo e não tem capacidade de participar.
- Uma abordagem consultiva (não diretiva) é recomendada quando um paciente é dócil por causa de doença aguda e, portanto, não está com sua capacidade total.
- Uma participação mútua (combinação diretiva-não diretiva) é recomendada para coletar dados, resolver problemas e gerenciar uma doença de um paciente que possa participar plenamente.

Independentemente da abordagem, faça um esforço para **colaborar** durante a entrevista, mostrando respeito pela agenda do paciente e encorajando a sensibilidade mútua. Aderência ao medicamento e instruções são mais prováveis quando a comunicação é boa. Às vezes, os pacientes têm razões lógicas para não aderir a determinado tratamento, sobretudo quando é muito constrangedor, doloroso e caro, apresenta efeitos colaterais perigosos e é ineficaz ou demorado. Descubra essa lógica, apresente bons contra-argumentos e empregue o tato para melhorar a adesão.

> **Trabalhe pelo esforço da equipe.**

Proporcione um clima adequado

O paciente deve definir a marcha da interação. Mudanças significativas vêm com o tempo e por meio de uma série de estágios. Não se apresse nem pule etapas antes que as duas partes estejam prontas. Um fumante, um indivíduo que costuma consumir bebidas alcoólicas ou uma pessoa com excesso de peso não deve mudar em um único passo gigantesco. Lembre-se de que o seu tom de voz e as suas atitudes podem influenciar os pacientes.

> **O humor é um facilitador eficaz.**

Uma pesquisa mostrou, por exemplo, que quando um médico enfatizou, de modo direto e assustador, o perigo da ingestão de remédios para uma afta, o paciente não seguiu a prescrição. Outro médico empregou humor autodepreciativo e um tom suave quando prescreveu um remédio para acne, e isso foi o suficiente.[116] Os efeitos do humor são bem documentados. O humor facilita um clima aberto, pessoal e solidário, ajuda os pacientes a deixar o papel de pacientes e habilita as partes a convergirem pensamentos e sentimentos de maneira produtiva e não ameaçadora. Se o humor é insensível ou utilizado de modo equivocado, pode constranger a outra parte, machucá-la ou zombar dela.

Incentive a interação

> **Compartilhar e cuidar são fundamentais.**

Encoraje os pacientes a falar. Se você partilha sua experiência e seus sentimentos, o paciente fica mais propenso a confiar em você. Isso promove a autorrevelação. Utilize a comunicação não verbal para mostrar que se importa e quer escutar. Ouça com compreensão. Assim, você entende o que o paciente está dizendo e o que ele está querendo dizer. Escute com empatia, assim pode ver a situação como o paciente a vê. Não faça muitas perguntas. Richard Botelho usa sequências de questões como a que segue para manter o entrevistado falando sobre um problema e sua gravidade.[117]

> **Entrevistador:** Se você desenvolvesse uma complicação por fumar, uma doença pulmonar, digamos, você acha que pararia de fumar?
>
> **Entrevistado:** Sim, acho que sim.
>
> **Entrevistador:** Você quer esperar até ter uma complicação desse tipo para decidir mudar?
>
> **Entrevistado:** Não, acho que não.
>
> **Entrevistador:** Por que esperar?

> Faça cada pergunta valer.

Use respostas e reações variadas (desde altamente não diretiva até altamente diretiva). Faça recomendações apenas quando o paciente não tiver informação, estiver mal informado, não reagir a maneiras menos diretivas ou desafiar as informações e recomendações. Evite atribuir culpa ou fazer julgamentos que possam criar uma relação conflituosa. Apelar para o medo pode levar o paciente a negar ou evitar regimes, medicamentos e *check-ups*. Guttman e outros pesquisadores afirmam que apelos ao medo "assustam principalmente aqueles que já estão com medo" e não produzem "práticas desejadas de proteção ou normas".[118] Elogie o desempenho anterior e a adesão.

Considere soluções

Aborde uma solução quando o paciente estiver pronto para ouvir e obedecer. Apenas 10% dos profissionais sentem que são bem-sucedidos em "ajudar os pacientes a mudar qualquer comportamento relacionado à saúde".[119] A adesão é baixa "quando as instruções são 'preventivas', quando os pacientes estão assintomáticos e quando o tratamento se estende por um longo período de tempo".[120]

> Colabore para alcançar mudanças incrementais.

Construa em parceria um plano de ação que reconheça restrições sociais, psicológicas e financeiras. Apresente estratégias no contexto da vida do paciente, compartilhe a lógica por trás das decisões de cuidados médicos, habilite os pacientes a criar suas próprias narrativas sobre a saúde, estimule-os a assumir a responsabilidade por suas decisões, identifique metas de curto prazo e colabore na nomeação de recursos e no exame de opções alternativas.[121] De acordo com Lisa Maher, os profissionais devem "ter pacientes que expressem suas próprias razões para a mudança. O paciente – não o médico – deve articular as razões para fazer – ou não fazer – uma mudança".[122] Essas recomendações promovem a **autopersuasão**.

Apresente instruções específicas e demonstre como é fácil segui-las. Expresse esperança e relembre desafios que o paciente encontrou no passado. Os objetivos são estimular os pacientes e dar-lhes esperança e boas razões para cumprir as recomendações *mutuamente* acordadas. Cabe a você a função de convencer o paciente que elas funcionarão, pois são factíveis e efetivas. Você não pode resolver o problema do paciente; somente o paciente pode fazer isso.

Encerramento da entrevista

> O encerramento deve ser um esforço colaborativo.

Durante o fechamento da entrevistana área da saúde, ambas partes devem entender completamente e com precisão o que foi discutido, as informações trocadas, as recomendações feitas e os acordos alcançados. Perguntas de tratamento de informações são essenciais como dispositivo inicial de fechamento: "Há alguma coisa mais que você queira discutir hoje?" e "Há alguma outra preocupação que não tenhamos tratado?".

Embora a abertura possa se concentrar em uma única preocupação, os pacientes podem reter informações ou preocupações até os minutos finais da entrevista. Eles podem fazer perguntas durante os minutos finais quando o profissional estiver ocupado escrevendo prescrições, informações ou regimes e estiver prestando menos atenção. O propósito real da visita do paciente pode se perder no fechamento.

> Perguntas importantes e revelações ocorrem durante o encerramento.

A fase de resumo da entrevista "deve não apenas fazer sentido para o paciente, mas também fazer sentido em termos da assistência à saúde que o médico pode oferecer".[123] Faça isso de maneira completa, mas não excessiva. Faça perguntas para ter certeza de que o paciente entendeu todo o processo, o que foi combinado e o que acontecerá a seguir, especialmente as responsabilidades e tarefas dele. Peça aos pacientes que resumam todas as informações que obtiveram na entrevista, de modo a verificar confusões, mal-entendidos, intenções e trocas de informações bem-sucedidas.

Encerre a interação com uma nota positiva e produtiva que comunique entendimento, empatia, confiança e carinho. A forma como cada parte fecha a entrevista vai melhorar ou depreciar a relação, além de influenciar a natureza da próxima interação e o ambiente em que ocorrerá ou não outra interação. Um estudo recente revelou que "a satisfação pós-visita dos pacientes com a comunicação dos médicos é importante porque é positivamente associada a medidas objetivas da proficiência do médico na tarefa, à aderência do paciente às recomendações médicas e à continuidade dos cuidados com o paciente".[124]

Resumo

A entrevista na área da saúde é comum, difícil e complexa. As situações variam da rotina ao risco de morrer, e as percepções de ambas as partes influenciam a natureza e o sucesso das entrevistas. Para ser bem-sucedida, uma entrevista deve ser um esforço colaborativo entre o profissional e o paciente, o que requer um relacionamento baseado em altos padrões éticos, confiança, respeito, partilha do controle, igualdade de tratamento e entendimento. Uma relação colaborativa e produtiva reduzirá a ansiedade, o medo, a hostilidade e a reticência que muitas vezes acompanham as entrevistas de assistência médica. O profissional e o paciente devem se esforçar para serem captadores efetivos de informações, distribuidores de informação e conselheiros persuasivos.

Os fornecedores (da recepcionista ao médico) e os pacientes (incluindo familiares e amigos) devem perceber que boa comunicação é fundamental nas entrevistas de assistência médica e que habilidades de comunicação não chegam naturalmente ou sem experiência. As habilidades requerem treino e prática. Cada parte tem que aprender tanto a ouvir quanto a falar, tanto a entender quanto a informar, tanto a se comprometer quanto buscar soluções para os problemas. Comunicação sem comprometimento é infrutífera. Ambas as partes devem seguir por meio de acordos, prescrições de regimes e medicamentos.

Termos-chave e conceitos

Autopersuasão
Clima
Coagência
Colaboração
Confiança
Conselheiros
Cuidado centrado no paciente
Distância relacional

Estereótipos
Face ameaçadora
Fala de bebê
Fala de idoso
Histórias/narrativas
Jargão
Orientado para tarefa
Perguntas confirmatórias

Perguntas gerais
Persuasores
Sobrecarga de informações
Suposições
Tática de bloqueio
Teoria da cortesia
Teorias leigas

Entrevista na área da saúde para revisão e análise

Esta entrevista é entre uma enfermeira e um aluno de 19 anos que foi assaltado e roubado às 3h30 ao voltar para casa depois de uma noite num bar perto do *campus*. O companheiro de quarto o ajudou a chegar à sala de emergência do centro de saúde da universidade. O paciente está machucado e tem um grande galo na testa, mas não parece ter nenhum osso quebrado. Ele tem diversas dores e foi internado em uma sala de tratamento.

Avalie a relação entre a profissional e o paciente. Quão colaborativa é essa interação? Como eles efetivamente dão e recebem informações? Como a profissional aconselha e convence o paciente? Quão apropriada é a mistura de reações e respostas diretivas e não diretivas? Como eles fazem uso das perguntas? De que forma o amigo do paciente ajuda e impede o processo de entrevista?

1. **Profissional:** Sam Perkowitz?
2. **Paciente:** Sim.
3. **Profissional:** O que aconteceu com você?
4. **Paciente:** Fui assaltado.
5. **Profissional:** No *campus*?
6. **Paciente:** Mais ou menos.
7. **Profissional:** O que você quer dizer com "mais ou menos"?
8. **Paciente:** Bem, foi perto do meu apartamento ao sul do *campus*, na Stadium Street.
9. **Profissional:** Você é aluno da universidade?
10. **Paciente:** Sim, segundo ano de Tecnologia da Aviação.
11. **Profissional:** Qual é o número de sua identidade de aluno?
12. **Paciente:** 707-765-695.
13. **Profissional:** Você já veio ao centro de saúde da universidade antes?
14. **Paciente:** Sim, uma ou duas vezes.
15. **Profissional:** Para quê?
16. **Paciente:** Uma gripe e um resfriado forte.
17. **Profissional:** Você notificou a polícia sobre o assalto?
18. **Paciente:** Ainda não.
19. **Profissional:** Por que não?
20. **Paciente:** Estou muito machucado e decidi vir aqui primeiro.
21. **Profissional:** Bem, vamos notificar a polícia imediatamente.
22. **Paciente:** Tudo bem.
23. **Profissional:** Quando aconteceu isso?
24. **Paciente:** Por volta das 3h30.
25. **Profissional:** Tinha alguém com você?
26. **Paciente:** Não, eu estava sozinho.
27. **Profissional:** Você estava caminhando naquela área sozinho às 3h30?
28. **Amigo do paciente:** Ele está com um galo feio na cabeça e pode ter alguma costela quebrada.
29. **Profissional:** Estou falando com o paciente.
30. **Amigo do paciente:** Sei disso, mas ele precisa de alguma ajuda médica.
31. **Profissional:** Você estava andando sozinho?
32. **Amigo do paciente:** Sim, ele saiu da festa cedo.
33. **Profissional:** Então você estava sozinho. Você tem dor de cabeça?
34. **Paciente:** Sim.
35. **Profissional:** Você sente enjoo?

36. **Paciente:** Às vezes.
37. **Profissional:** Você está tendo tonturas?
38. **Paciente:** Sim, principalmente quando me abaixo.
39. **Profissional:** Tudo bem. Primeiro, vamos dar uma olhada no galo e no corte na cabeça. Estão feios. Você teve visão turva?
40. **Paciente:** No início, principalmente. Menos agora. Sinto-me meio tonto.
41. **Profissional:** Você bebeu?
42. **Paciente:** Hm, sim, um pouco.
43. **Amigo do paciente:** Um pouco! Ele cambaleava como se fosse sábado à noite depois de um grande jogo de futebol.
44. **Profissional:** Como está se sentindo agora? Um pouco tonto? Um pouco enjoado? Um tanto desorientado?
45. **Paciente:** Mais ou menos, talvez.
46. **Profissional:** Você não tem certeza?
47. **Amigo do paciente:** Ele é sempre assim.
48. **Profissional:** Bem, vou limpar o galo e o corte.
49. **Paciente:** Vou precisar levar pontos?
50. **Amigo do paciente:** Ele tem medo de pontos.
51. **Profissional:** Talvez alguns. Isso incomoda tanto você?
52. **Paciente:** Acho que sim, porque nunca tive que levar pontos antes.
53. **Profissional:** Não é nada, você mal vai sentir.
54. **Amigo do paciente:** Ei, cara, já levei muitos pontos. Não é divertido...
55. **Profissional:** (para o amigo) Por que você não senta lá na sala de espera? O Sam vai sair em seguida.
56. **Amigo do paciente:** Obrigado, mas quero ficar com o meu amigo.
57. **Profissional:** Tudo bem. Você é alérgico a algum medicamento?
58. **Paciente:** Acho que não.
59. **Profissional:** Tudo bem, vou prescrever um analgésico que você deve tomar quatro vezes por dia.
60. **Paciente:** Sempre que precisar tomo um?
61. **Profissional:** Não. Tome um a cada quatro ou seis horas. Quero que ponha uma bolsa de gelo na cabeça pelas próximas duas horas.
62. **Paciente:** Moro a algumas quadras do *campus*. E tenho prova de História às 10 horas.
63. **Amigo do paciente:** Ele poderia ir para o meu laboratório de química. Temos gelo lá.
64. **Profissional:** Eu gostaria que ele ficasse aqui por mais uma hora pelo menos até sabermos que ele está bem. Precisamos fazer algumas radiografias para ver se há alguma costela quebrada. Respire bem fundo e me diga como se sente.
65. **Paciente:** Aaaiii! Dói bastante aqui.
66. **Profissional:** Tudo bem, quero alguém da nossa equipe para levá-lo ao departamento de raios X. Depois, ele o trará de volta aqui para que possamos lhe dar uma bolsa de gelo e esperar os resultados da radiografia.
67. **Paciente:** Posso caminhar bem.
68. **Amigo do paciente:** Sim. Ele caminhou até aqui.
69. **Profissional:** Tenho certeza que você acha que pode, mas não queremos arriscar. Leve esse formulário com você para o departamento de raios X. Vemo-nos em breve.
70. **Amigo do paciente:** Isso é bom, porque o pai e a mãe dele são advogados.
71. **Profissional:** Anrã! Vejo vocês em minutos. Vocês não vão precisar de um advogado, apenas do formulário de raios X.

Casos de interpretação de papéis de assistência médica

Um acidente de bicicleta

Gloria Tyler estava em sua bicicleta no *campus*, depois da aula, indo para o seu dormitório. Ao passar por um carro estacionado, o motorista subitamente abriu a porta do carro, Gloria bateu na porta e passou por cima do guidão, caindo na rua. Os paramédicos chegaram em poucos minutos, depois que o motorista chamou o 911. Gloria sente dor na parte inferior das costas e no braço esquerdo, que pode estar quebrado. Os paramédicos estão perguntando a ela sobre a dor que está sentindo e o problema com o braço. Uma policial do *campus* chegou e quer fazer perguntas sobre a causa do acidente. Gloria está participando de duas entrevistas simultaneamente.

Uma vítima de tiros

O paciente estava caçando coelhos com um amigo, e este ficou circulando pelo local em busca de um bom tiro. Ele não viu o companheiro que caminhava aproximadamente 25 metros à esquerda. O rosto do paciente foi atingido por pelo menos uma dúzia de tiros, um deles pegando o olho esquerdo. Enquanto os ferimentos estão sendo limpos, e os projéteis removidos do rosto, uma enfermeira pega seu histórico médico e determina se ele é alérgico a algum medicamento ou anestesia. O paciente sente muita dor e quer prosseguir com a cirurgia.

Um possível ataque cardíaco

Kirk Abbott tem trabalhado longas horas e na maioria dos finais de semana, tentando resolver um problema para sua empresa. Por volta das 21 horas, enquanto tentava chegar em casa antes que seus filhos pequenos fossem para a cama, ele começou a sentir dor no maxilar e no braço esquerdo. Sua família tem histórico de problemas cardíacos. O pai morreu de um ataque do coração aos 32 anos e o avô fez uma grande cirurgia cardíaca por volta dos 40 anos. Kirk foi de carro até a emergência de um hospital da vizinhança.

Um *check-up* anual

O paciente, de 48 anos, agendou um *check-up* anual com seu clínico geral de longa data. Eles foram colegas de quarto na faculdade e mantiveram contato enquanto o paciente se tornou um conhecido engenheiro aeronáutico, e o colega, um reconhecido especialista em medicina interna. A família do paciente tem histórico de problemas do coração. O pai dele e dois tios morreram de ataque cardíaco com pouco mais de 50 anos. O médico vem insistindo com o paciente para que se exercite mais e perca peso há alguns anos. O estresse causado pela dificuldade crescente de assegurar os recursos do governo para projetos aeroespaciais está começando a cobrar um preço do paciente.

Atividades para o aluno

1. Enfermeiras profissionais estão se tornando comuns na assistência de saúde, muitas vezes visitando os pacientes no lugar do médico. Entreviste uma enfermeira experiente e verifique como ela estabelece e mantém relações com pacientes e outros membros de sua organização de saúde: recepcionistas, técnicos, enfermeiros e médicos. Como é que uma enfermeira profissional lida com pacientes que esperam claramente ver um médico e não uma "enfermeira"? Como ela lida com os médicos que a veem como uma invasora do território deles?

2. Entreviste três diferentes provedores de cuidados de saúde (por exemplo, um paramédico, uma enfermeira, um médico, um cirurgião, um optometrista) sobre os problemas relacionados a fornecer informações aos pacientes. Que técnicas têm funcionado bem e quais falharam? Como é a abordagem deles para dar informações aos pacientes de diferentes culturas, idades, sexos, níveis de educação e estado de saúde? Que tipo de informação tende a se perder ou ser mal interpretada na maioria das vezes? Por que isso acontece?

3. Visite a enfermaria pediátrica de um hospital. Observe como os especialistas se dirigem aos pacientes jovens e interagem com eles. Converse com os especialistas sobre o treinamento em comunicação com crianças pequenas. Que problemas de comunicação eles experimentam que são únicos em diferentes idades das crianças?

4. Seu *campus* universitário, como a maioria dos *campi* nos Estados Unidos, provavelmente tem alunos e famílias de muitos países diferentes. Visite o centro de saúde do *campus* ou um hospital local e verifique como eles interagem efetivamente com pacientes que falam pouco ou nenhum inglês. Que tipo de intérpretes usam: familiares, hospital, voluntários ou por telefone? Quais eles usam com mais frequência? Que problemas encontraram com intérpretes?

Notas

1. Nurit Guttman, "Ethics in Communication for Health Promotion in Clinical Settings and Campaigns," in Teresa L. Thompson, Roxanne Parrott, and Jon F. Nussbaum (eds.), *The Routledge Handbook of Health Communication* (New York: Routledge, 2011), p. 632.
2. Guttman, p. 633.
3. "AAMA Medical Assistant Code of Ethics," http://www.aama-ntl.org/about/code_creed.aspx?print=true, accessed October 31, 2012; "Principles of Medical Ethics," AMA, http://www/ama.assn.org/ama/pub/physician-resources/medical-ethics/code-medical-ethics, accessed October 31, 2012.
4. Guttman, p. 633; *"The Principles of Medical Ethics"* (Arlington, VA: American Psychiatric Association, 2009), p. 3.
5. Guttman, p. 634.
6. "Code of Ethics for Emergency Physicians," http://www.acep.org/Content.aspx?id=29144, accessed October 31, 2012.
7. Vicki D. Lachman, "Applying the Ethics of Care to Your Nursing Practice," *MDSURG Nursing* 21 (March-April 2012), p. 113.
8. "Code of Ethics for Emergency Physicians."
9. "EMT Oath and Code of Ethics," http://www.naemt.org/about_us/emtoath.aspx, accessed October 31, 2012.
10. *"The Principles of Medical Ethics."*
11. Guttman, p. 633.
12. Guttman, pp. 633-635.
13. Mohan J. Dutta, "Communicating about Culture and Health: Theorizing Culture-Centered and Cultural Sensitivity Approaches," *Communication Theory* 17 (August, 2007), pp. 304-328.
14. *"The Principles of Medical Ethics."*
15. Amanda Young and Linda Flower, "Patients as Partners, Patients as Problem-Solvers," *Health Communication* 14 (2001), p. 76.
16. Bruce L. Lambert, Richard L. Street, Donald J. Cegala, David H. Smith, Suzanne Kurtz, and Theo Schofield, "Provider-Patient Communication, Patient-Centered Care and the Manage of Practice," *Health Communication* 9 (1997), pp. 27-43; Silk, Westerman, Strom, and Andrews, p. 132; "Opinion 10.01—Fundamental Elements of the Patient-Physician Relationship," http://www.ama-assn.org/ama/pub/physician-resources/medical-ethics/code-medical-ethics/opinion1001.page?, accessed October 25, 2012; Moira Stewart, Judith Belle Brown, Anna Donner, Ian R. McWhinney, Julian Oates, Wayne Weston, and John Jordan, "The Impact of Patient-Centered Care on Outcomes," *The Journal of Family Practice* 49 (September 2000), pp. 796-804.
17. Debra L. Roter and Judith A. Hall, "How Medical Interaction Shapes and Reflects the Physician-Patient Relationship," in *The Routledge Handbook of Health Communication*, p. 57.
18. Richard L. Street, Jr., and Bradford Millay, "Analyzing Patient Participation in Medical Encounters," *Health Communication* 13 (2001), p. 61; Christina M. Sabee, Carma L. Bylund, Rebecca S. Imes, Amy A. Sanford, and Ian S. Rice, "Patients' Attributions for Health-Care Provider Responses to Patients' Presentation of Internet Health Research," *Southern Communication Journal* 72 (July-September 2007), pp. 265-266.
19. Young and Flower, p. 71.
20. Laura L. Cardello, Eileen Berlin Ray, and Gary R. Pettey, "The Relationship of Perceived Physician Communicator Style to Patient Satisfaction," *Communication Reports* 8 (1995), p. 27; Rubin, p. 107.
21. Kami J. Silk, Catherine Kingsley Westerman, Renee Strom, and Kyle R. Andrews, "The Role of Patient-Centeredness in Predicting Compliance with Mammogram Recommendations: An Analysis of the Health Information National Trends Survey," *Communication Research Reports* 25 (May 2008), p. 132.
22. Chas D. Koermer and Meghan Kilbane, "Physician Sociality Communication and Its Effects on Patient Satisfaction," *Communication Quarterly* 56 (February 2008), p. 81.
23. Marie R. Haug, "The Effects of Physician/Elder Patient Characteristics on Health Communication," *Health Communication* 8 (1996), p. 256; Hullman and Daily, p. 317; Ashley P. Duggan and Ylisabyth S. Bradshaw, "Mutual Influence Processes in Physician-Patient Communication: An Interaction Adaptation Perspective," *Communication Research Reports* 25 (August 2008), p. 221.
24. Diana Louise Carter, "Doctors, Patients Need to Communicate," Lafayette, IN *Journal & Courier*, February 22, 2004, p. E5.
25. Hullman and Daily, p. 321.
26. "Opinion 10.01—Fundamental Elements of the Patient-Physician Relationship."

27. Kandi L. Walker, Christa L. Arnold, Michelle Miller-Day, and Lynne M. Webb, "Investigating the Physician-Patient Relationship: Examining Emerging Themes," *Health Communication* 14 (2001), p. 54.
28. Sabee, Bylund, Imes, Sanford, and Rice, pp. 268, 278-282.
29. Walker, Arnold, Miller-Day, and Webb, pp. 51-52; Merlene M. von Friederichs-Fitzwater and John Gilgun, "Relational Control in Physician-Patient Encounters," *Health Communication* 3 (2001), p. 75.
30. Sabee, Bylund, Imes, Sanford, and Rice, p. 266; Silk, Westerman, Strom, and Andrews, p. 139.
31. Donald J. Cegala, Carmin Gade, Stefne Lenzmeier Broz, and Leola McClure, "Physicians' and Patients' Perceptions of Patients' Communication Competence in a Primary Care Medical Interview," *Health Communication* 16 (2004), pp. 289-304.
32. Walker, Arnold, Miller-Day, and Webb, p. 56.
33. Carma L. Bylund and Gregory Makoul, "Examining Empathy in Medical Encounters: An Observational Study Using the Empathic Communication Coding System," *Health Communication* 18 (2005), pp. 123-140.
34. Kelsy Lin Ulrey and Patricia Amason, "Intercultural Communication between Patients and Health Care Providers: An Exploration of Intercultural Communication Effectiveness, Cultural Sensitivity, Stress, and Anxiety,"*Health Communication* 13 (2001), pp. 454 and 460.
35. Donald J. Cegala, "An Exploration of Factors Promoting Patient Participation in Primary Care Medical Interviews," *Health Communication* 26 (2011), p. 432.
36. Haug, pp. 253-254; Anne S. Gabbard-Alley, "Health Communication and Gender," *Health Communication* 7 (1995), pp. 35-54; von Friederichs-Fitzwater and Gilgun, p. 84.
37. Carma Bylund, "Mothers' Involvement in Decision Making During the Birthing Process: A Quantitative Analysis of Women's Online Birth Stories," *Health Communication* 18 (2005), p. 35.
38. Haug, pp. 252-253; Connie J. Conlee, Jane Olvera, and Nancy N. Vagim, "The Relationship among Physician Nonverbal Immediacy and Measures of Patient Satisfaction with Physician Care," *Communication Reports* 6 (1993), p. 26.
39. G. Winzelberg, A. Meier, and L. Hanson, "Identifying Opportunities and Challenges to Improving Physician-Surrogate Communication," *The Gerontologist* 44 (October 2005), p. 1.
40. Michael Greenbaum and Glenn Flores, "Lost in Translation," *Modern Healthcare,* May 3, 2004, p. 21.
41. Karolynn Siegel and Victoria Raveis, "Perceptions of Access to HIV-Related Information, Care, and Services among Infected Minority Men," *Qualitative Health Care* 7 (1997), pp. 9-31.
42. von Friederichs-Fitzwater and Gilgun, p. 84.
43. Silk, Westerman, Strom, and Andrews, p. 140; Mary Politi and Richard L. Street, Jr., "Patient-centered Communication during Collaborative Decision Making," in *Routledge Handbook of Health Communication*, p. 410.
44. Gary L. Kreps and Barbara C. Thornton, *Health Communication: Theory and Practice* (Prospects-Heights, IL: Waveland Press, 1992), pp. 157-178. See also Gary L. Kreps, *Effective Communication in Multicultural Health Care Settings* (Thousand Oaks, CA: Sage, 1994).
45. Alice Chen, "Doctoring Across the Language Divide," *Health Affairs,* May/June 2006, p. 810.
46. Kristine Williams, Susan Kemper, and Mary Lee Hummert, "Improving Nursing Home Communication: An Intervention to Reduce Elderspeak," *The Gerontologist,* April 2003, pp. 242-247.
47. Young and Flower, p. 72.
48. Maria Brann and Marifran Mattson, "Toward a Typology of Confidentiality Breaches in Health Care Communication: An Ethic of Care Analysis of Provider Practices and Patient Perceptions," *Health Communication* 16 (2004), pp. 230 and 241.
49. Walker, Arnold, Miller-Day, and Webb, p. 57.
50. Juliann Scholl and Sandra L. Ragan, "The Use of Humor in Promoting Positive Provider-Patient Interaction in a Hospital Rehabilitation Unit," *Health Communication* 15 (2003), pp. 319 and 321.
51. Jason H. Wrench and Melanie Booth-Butterfield, "Increasing Patient Satisfaction and Compliance: An Examination of Physician Humor Orientation, Compliance-Gaining Strategies, and Perceived Credibility," *Communication Quarterly* 51 (2003), pp. 485 and 495.
52. Taya Flores, "Humanistic Medicine: Compassion and Communication Vital to Patients," Lafayette, IN *Journal & Courier*, March 31, 2009, p. D1.
53. Stewart, Brown, Donner, McWhinney, Oates, Weston, and Jordan, pp. 796-804.
54. Matthew P. Swedlund, Jayna B. Schumacher, Henry N. Young, and Elizabeth D. Cox, "Effect

of Communication Style and Physician-Family Relationships on Satisfaction with Pediatric Chronic Disease Care," *Health Communication* 27 (2012), p. 503.
55. Mohan J. Dutta-Bergman, "The Relation Between Health Orientation, Provider-Patient Communication, and Satisfaction: An Individual-Difference Approach," *Health Communication* 18 (2005), p. 300.
56. Koermer and Kilbane, pp. 70-81.
57. Judith Ann Spiers, "The Use of Face Work and Politeness Theory," *Qualitative Health Research* 8 (1998), pp. 25-47.
58. Maria R. Dahm, "Tales of Time, Terms, and Patient Information-Seeking Behavior—An Exploratory Qualitative Study," *Health Communication* 27 (2012), pp. 682 and 688.
59. "Improving Care with an Automated Patient History," Online CME from Medscape, *Family Practice Medicine* (2007), pp. 39-43, http://www.medscape.com/viewarticle/561574 1 3, accessed December 2, 2008.
60. John Heritage and Jeffrey D. Robinson, "The Structure of Patients' Presenting Concerns: Physicians' Opening Questions," *Health Communication* 19 (2006), p. 100.
61. Delthia Ricks, "Study: Women Fudge the Truth with Doctors," *Indianapolis Star*, April 1, 2007, p. A21.
62. Amanda J. Dillard, Kevin D. McCaul, Pamela D. Kelso, and William M. P. Klein, "Resisting Good News: Reactions to Breast Cancer Risk Communication," *Health Communication* 19 (2006), p. 115.
63. Dillard, McCaul, Kelso, and Klein, p. 123.
64. Cara C. Lewis, Deborah H. Matheson, and C.A. Elizabeth Brimacombe, "Factors Influencing Patient Disclosure to Physicians in Birth Control Clinics: An Application of the Communication Privacy Management Theory," *Health Communication* 26 (2011), pp. 508-509.
65. Kathryn Greene, Kate Magsamen-Conrad, Maria K. Venetis, Maria G. Checton, Zhanna Bagdasarov, and Smita C. Banerjee, "Assessing Health Diagnosis Disclosure Decisions in Relationships: Testing the Disclosure Decision-Making Model," *Health Communication* 27 (2012), p. 365.
66. Maria G. Checton and Kathryn Greene, "Beyond Initial Disclosure: The Role of Prognosis and Symptom Uncertainty in Patterns of Disclosure in Relationships," *Health Communication* 27 (2012), p. 152.
67. Greene, Magsamen-Conrad, Venetis, Checton, Bagdasarov, and Banerjee, p. 366.
68. Allen J. Enelow and Scott N. Swisher, Interviewing and the Patient (New York: Oxford University Press, 1986), pp. 47-50; A. D. Wright et al., "Patterns of Acquisition of Interview Skills by Medical Students," *The Lancet*, November 1, 1980, pp. 964-966.
69. Kelly S. McNellis, "Assessing Communication Competence in the Primary Care Interview," *Communication Studies* 53 (2002), p. 412.
70. Carol Lynn Thompson and Linda M. Pledger, "Doctor-Patient Communication: Is Patient Knowledge of Medical Terminology Improving?" *Health Communication* 5 (1993), pp. 89-97.
71. Julie W. Scherz, Harold T. Edwards, and Ken J. Kallail, "Communicative Effectiveness of Doctor-Patient Interactions," *Health Communication* 7 (1995), p. 171.
72. Erin Donovan-Kicken, Michael Mackert, Trey D. Guinn, Andrew C. Tollison, Barbara Breckinridge, and Stephen J. Pot, "Health Literacy, Self-Efficacy, and Patients' Assessment of Medical Disclosure and Consent Documentation," *Health Communication* 27 (2012), p. 581.
73. Dahm, pp. 686-687.
74. Donald J. Cegala, Richard L. Street, Jr., and C. Randall Clinch, "The Impact of Patient Participation on Physician's Information Provision during a Primary Care Interview," *Health Communication* 21 (2007), pp. 177 and 181.
75. Cegala, Street, and Clinch, p. 181.
76. Ricks, p. A21.
77. Susan Eggly, "Physician-Patient Co-Construction of Illness Narratives in the Medical Interview," *Health Communication* 14 (2002), pp. 340 and 358.
78. Kreps and Thornton, p. 37.
79. Eggly, p. 343.
80. Young and Flower, p. 87.
81. Roter and Hall, p. 57.
82. Marlene von Friederichs-Fitzwater, Edward D. Callahan, and John Williams, "Relational Control in Physician-Patient Encounters," *Health Communication* 3 (1991), pp. 17-36.
83. Heritage and Robinson, p. 100.
84. Scott E. Caplan, Beth J. Haslett, and Brant R. Burleson, "Telling It Like It Is: The Adaptive Function of Narratives in Coping with Loss in Later Life," *Health Communication* 17 (2005), pp. 233-252.
85. Annette Harres, "'But Basically You're Feeling Well, Are You?': Tag Questions in Medical

Consultations," Health Communication 10 (1998), pp. 111-123.
86. "American Medical Association Report Provides Guidelines for Improved Patient Communication," U.S. Newswire, June 19, 2006, accessed October 25, 2006.
87. Politi and Street, p. 410.
88. Greenbaum and Flores, p. 21.
89. Chen, p. 812.
90. Patrick J. Dillon, "Assessing the Influence of Patient Participation in Primary Care Medical Interviews on Recall of Treatment Recommendations," *Health Communication* 27 (2012), pp. 62-63.
91. P. Ley, "What the Patient Doesn't Remember," Medical Opinion Review 1 (1966), pp. 69-73.
92. Sabee, Bylund, Imes, Sanford, and Rice, pp. 265-284.
93. Stan A. Kaplowitz, Shelly Campo, and Wai Tat Chiu, "Cancer Patients' Desires for Communication of Prognosis Information," Health Communication 14 (2002), p. 237.
94. Silk, Westerman, Strom, and Andrews, p. 141.
95. Sabee, Bylund, Imes, Sanford, and Rice, p. 267.
96. Mohan Dutta-Bergman, "Primary Sources of Health Information: Comparisons in the Domain of Health Attitudes, Health Cognitions, and Health Behaviors," Health Communication 16 (2004), p. 285.
97. Shoba Ramanadhan and K. Viswanath, "Health and the Information Seeker: A Profile," Health Communication 20 (2006), pp. 131-139.
98. Dillon, p. 63.
99. S. Deborah Majerovitz, Michele G. Greene, Ronald A. Adelman, George M. Brody, Kathleen Leber, and Susan W. Healy, "Older Patients' Understanding of Medical Information in the Emergency Department," Health Communication 9 (1997), pp. 237-251.
100. Akihito Hagihara, Kimio Tarumi, and Koichi Nobutomo, "Physicians' and Patients' Recognition of the Level of the Physician's Explanation in Medical Encounters," Health Communication 20 (2006), p. 104.
101. Patricia MacMillan, "What's in a Word?" Nursing Times, February 26, 1981, p. 354.
102. Jeffrey D. Robinson, "An Interactional Structure of Medical Activities during Acute Visits and Its Implications for Patients' Participation," Health Communication 15 (2003), p. 49.
103. Katherine E. Rowan and D. Michele Hoover, "Communicating Risk to Patients: Diagnosing and Overcoming Lay Theories," in Communicating Risk to Patients (Rockville, MD: The U.S. Pharmacopeial Convention, 1995), p. 74.
104. Carter, p. E5.
105. F. S. Hewitt, "Just Words: Talking Our Way through It," Nursing Times, February 26, 1981, pp. 5-8.
106. Ley, pp. 69-73.
107. Politi and Street, p. 400.
108. Dillon, p. 62.
109. Rotter and Hall, p. 58.
110. Thomas K. Houston, Daniel Z. Sands, Beth R. Nash, and Daniel E. Ford, "Experiences of Physicians Who Frequently Use E-Mail with Patients," Health Communication 15 (2003), p. 516.
111. Gerald R. Ledlow, H. Dan O'Hair, and Scott Moore, "Predictors of Communication Quality: The Patient, Provider, and Nurse Call Center Triad," Health Communication 15 (2003), pp. 437 and 457.
112. Jill M. Clark, "Communication in Nursing," Nursing Times, January 1, 1981, p. 16.
113. Michelle L. Paulsel, James C. McCroskey, and Virginia P. Richmond, "Perceptions of Health Care Professionals' Credibility as a Predictor of Patients' Satisfaction with Their Health Care and Physician," Communication Research Reports 23 (2006), p. 74.
114. Deborah Grandinetti, "Turning No to Yes: How to Motivate the Reluctant Patient," Medical Economics, June 15, 1998, pp. 97-111.
115. Barbara F. Sharf and Suzanne Poirier, "Exploring (UN)Common Ground: Communication and Literature in a Health Care Setting," Communication Education 37 (1988), pp. 227-229.
116. Roxanne Parrott, "Exploring Family Practitioners' and Patients' Information Exchange about Prescribed Medications: Implications for Practitioners' Interviewing and Patients' Understanding," *Health Communication* 6 (1994), pp. 267-280.
117. Grandinetti, pp. 97-111.
118. Guttman, p. 637.
119. Lisa Maher, "Motivational Interviewing: What, When, and Why," *Patient Care*, September 15, 1998, pp. 55-60.
120. Shelley D. Lane, "Communication and Patient Compliance," in *Explorations in Provider and Patient Interaction*, Loyd F. Pettegrew, ed. (Louisville, KY: Humana, 1982), pp. 59-69.
121. Young and Flower, pp. 69-89.
122. Maher, pp. 55-60.
123. Manning and Ray, p. 467.

124. Jeffrey D. Robinson, Janice L. Raup-Krieger, Greg Burke, Valerie Weber, and Brett Oesterling, "The Relative Influence of Patients' Pre-Visit Global Satisfaction with Medical Care on Patients' Post-Visit Satisfaction with Physicians' Communication," *Communication Research Reports* 25 (February 2008), p. 2.

Referências

Kar, Snehendu B. *Health Communication: A Multicultural Perspective.* Thousand Oaks, CA: Sage 2001.

Murero, Monica, and Ronald E. Rice. *The Internet and Health Care: Theory, Research and Practice.* Mahwah, NJ: Lawrence Erlbaum, 2006.

Ray, Eileen Berlin, ed. *Health Communication in Practice: A Case Study Approach.* Mahwah, NJ: Lawrence Erlbaum, 2005.

Thompson, Teresa L., Roxanne Parrott, and Jon F. Nussbaum. *The Routledge Handbook of Health Communication.* New York: Routledge, 2011.

Wright, Kevin B., and Scott D. Moore, eds. *Applied Health Communication.* Cresskill, NJ: Hampton Press, 2008.

Glossário

À vontade: situação de contratação em que qualquer parte pode terminar o relacionamento funcional a qualquer momento e por qualquer motivo.

Abertura da entrevista: refere-se aos primeiros minutos de uma entrevista, nos quais o entrevistador tenta estabelecer entendimento e orientar o entrevistado.

Abordagem "sim-porém": começa com áreas de acordo e aborda pontos de desacordo depois que a boa vontade e um clima de apoio estejam estabelecidos.

Abordagem "sim-sim": tentativa de levar a outra parte a sempre dizer "sim" para que os acordos possam continuar.

Abordagem 360 graus: trata-se de um modelo de avaliação de desempenho cujo objetivo é obter a maior quantidade de *feedback* sobre o desempenho de um funcionário. Nesse caso, caberá às pessoas que interagem regularmente com ele realizar a avaliação.

Abordagem centrada no cliente: abordagem de aconselhamento com foco no cliente, e não no conteúdo ou na situação.

Abordagem de caso: quando um candidato é exposto a uma situação criada cuidadosamente que pode demora horas para ser avaliada e resolvida.

Abordagem diretiva: entrevista em que o entrevistador controla o assunto, o tamanho das respostas, o clima e a formalidade.

Abordagem do *balanced scorecard*: compensação, mensuração e desempenho estão relacionados a *coaching* e desempenho aprimorado.

Abordagem implicativa: sustenta uma declaração explícita de objetivo ou intenção até que o entrevistado veja as implicações e sugira um curso de ação.

Abordagem não diretiva: entrevista em que o entrevistado controla o assunto, o tamanho das respostas, o clima e a formalidade.

Abrupta ou curta: refere-se a respostas curtas e frequentemente rudes ou a interações abreviadas.

Ações conjuntas: ocorre quando as partes de uma entrevista compreendem que o que um fizer impactará no outro e agem no interesse da outra parte.

Ações de encerramento não verbais: sinalizam que o início do encerramento, como inclinar-se para frente, descruzar as pernas, interromper o contato visual e estender a mão para um cumprimento.

Ad hominem: esforço para desviar-se de um assunto ou desafio, de modo a desacreditar a fonte que o levantou.

Ad populum: apelo para ou em nome da maioria.

Agência de colocação: fornece serviços como aconselhamento de carreira, preparação de currículo, contatos com empregadores e oportunidades de empregos para quem esteja em busca de vagas.

Agências percentuais: agências de colocação cujos honorários por encontrar vagas para os clientes é um percentual específico do primeiro ano de salário.

Ambiente não saneado: ambiente de entrevista do mundo real com todos os seus problemas, crises, interrupções e acontecimentos inesperados.

Ambiente real: ambiente de entrevista com todos seus defeitos e problemas.

Ambiente saneado: ambiente de entrevista sem limitações de tempo, problemas de entrevistados ou problemas situacionais como barulho, interrupções, assentos inadequados ou temperaturas desconfortáveis.

Ambiguidade: ocorre quando as partes da entrevista atribuem significados diferentes às palavras ditas.

Ambiguidades estratégicas: uso estratégico de palavras com significados múltiplos ou vagos para evitar definições ou explicações específicas.

Ameaças: interações de entrevista em que perguntas e respostas podem ameaçar o poder ou a credibilidade do entrevistador ou do entrevistado.

Amostragem aleatória estratificada: método de amostragem que seleciona o número de entrevistados de acordo com seus percentuais na população-alvo.

Amostragem aleatória: seleção aleatória de entrevistados a partir de um contêiner, uma lista ou um grupo.

Amostragem de conveniência: amostra tomada quando e onde seja mais conveniente para o entrevistado.

Amostragem de intervalos saltados ou números de telefones aleatórios: método de amostragem em que cada número predeterminado em uma lista é selecionado, como cada décimo nome de uma lista.

Amostragem de não probabilidade: quando um pesquisador não sabe a chance que cada membro de uma população tem de ser entrevistado.

Amostragem de probabilidade: quando um pesquisador sabe que cada membro de uma população tem uma determinada chance de ser entrevistado.

Análise: exame cuidadoso da natureza e do conteúdo das respostas e impressões percebidas durante uma entrevista.

Aparência: como cada pessoa da entrevista vê a outra, incluindo as roupas e a aparência física.

Argumentação de analogia: argumentação baseada em pontos de semelhança que duas pessoas, dois lugares ou duas coisas tenham em comum.

Argumentação de causa e efeito: argumentação baseada em um relacionamento causal.

Argumentação de condição: argumento baseado na afirmativa de que, se alguma coisa acontecer ou não, alguma outra coisa acontecerá ou não.

Argumentação de crença, suposição ou proposição aceita: argumentação baseada na afirmação de que uma crença, uma suposição ou uma proposta é verdadeira e inquestionável.

Argumentação de exemplo: argumentação baseada em uma generalização sobre toda uma classe de pessoas, lugares ou coisas de uma amostragem da classe.

Argumentação de fatos: argumentação que oferece uma conclusão como a melhor explicação para evidências disponíveis.

Argumentação de sinais: alegação de que duas ou mais variáveis estão relacionadas de modo que a presença ou a ausência de uma indica a presença ou a ausência da outra.

Argumento de analogia: baseado em características comuns de duas pessoas, dois lugares, objetos, propostas ou ideias compartilhadas.

Argumento de causa e efeito: tenta estabelecer um relacionamento causal.

Argumento de condição: argumento baseado na afirmativa de que se alguma coisa acontece ou não, outra coisa irá ou não acontecer.

Argumento de crença aceita: baseado em crença, suposição ou proposição aceita.

Argumento de duas alternativas: parte da premissa de que há apenas dois cursos de ação ou respostas possíveis com a eliminação de uma das alternativas.

Argumento de exemplo: baseado em amostra de determinada classe de pessoas, lugares ou coisas.

Argumento de fatos: baseado em uma conclusão que explique de forma adequada os fatos apresentados.

Armadilha bipolar: pergunta elaborada para receber uma resposta sim ou não quando o questionador quer uma resposta detalhada ou uma informação específica.

Armadilha da resposta avaliadora: quando um entrevistador expressa sentimentos críticos sobre uma resposta que pode afetar a imparcialidade ou distorcer a resposta seguinte.

Armadilha de currículo ou de pergunta de formulário de candidatura: fazer uma pergunta para obter uma informação que já consta no currículo ou no formulário de candidatura.

Armadilha de pergunta: ligeira alteração das perguntas, frequentemente não intencional, que as modifica de aberta para fechada, de primária para secundária e de neutra para direcionada.

Armadilha do *show* de perguntas e respostas: pergunta acima ou abaixo do nível de conhecimento do entrevistado.

Atenção positiva: atenção que gera interesse do entrevistador em um candidato.

Atitude: combinações relativamente permanentes de crenças que predispõem as pessoas a reagir de determinadas maneiras a pessoas, organizações, lugares, ideias e questões.

Atribuição de marca: quando um candidato apresenta aos empregadores uma imagem criada cuidadosamente por meio das mídias sociais.

Autoanálise: análise cuidadosa, meticulosa e perspicaz que um candidato faz de si mesmo antes de participar em entrevistas.

Autoestima: sentimentos positivos e negativos que uma pessoa tem de si mesma.

Autoidentidade: como, o que e com quem as pessoas se identificam.

Autoimagem: como uma pessoa percebe a si mesma física, social e psicologicamente.

Autopersuasão: situação em que um persuasor estimula uma pessoa a persuadir a si mesma, em vez de ser persuadida por outra.

Autorrevelação: disposição e capacidade de revelar informações a respeito de si mesmo.

Autosseleção: quando apenas os entrevistados determinam se serão incluídos em uma amostra de pesquisa.

Avaliação de entrevista: processo formal ou informal de avaliação de candidatos depois de entrevistas de seleção.

Avaliador competitivo: entrevistador que acredita que ninguém é capaz de obter um nível de desempenho maior do que o dele.

Avaliador frouxo: entrevistador que reluta em apontar áreas de fraqueza e se atém às áreas de desempenho mediano ou melhor.

Avaliador rígido: entrevistador que acredita que ninguém consegue desempenhar dentro dos padrões necessários.

Carta de apresentação: carta que um candidato envia a um possível empregador, na qual expressa interesse em determinada vaga e qualificações para ocupá-la.

Cartas de recomendação: cartas enviadas por referências a possíveis empregadores em nome de pessoas que estejam se candidatando a posições específicas.

Chegada: o ponto no qual uma parte da entrevista encontra a outra parte para iniciar a entrevista.

Clima de apoio: clima em que há confiança e respeito entre as partes.

Clima defensivo: na entrevista, refere-se a uma situação que parece ameaçadora a uma das partes ou a ambas.

Coaching **catalítico:** sistema de gestão de desempenho abrangente e integrado baseado em um paradigma de desenvolvimento.

Coaching: ajuda a melhorar o desempenho, em vez de julgar ou criticar o desempenho.

Colaboração: esforço mútuo das duas partes para informar, analisar e resolver problemas.

Combinação de programação: uma programação de pergunta que combina duas programações, como a altamente programada e a altamente programada padronizada.

Comissão de oportunidades iguais de emprego: agência à qual foi designada a tarefa de supervisionar e fazer valer as leis de igualdade de oportunidades de emprego.

Competência de papel: capacidade de uma parte da entrevista de interpretar os papéis de entrevistador e entrevistado com eficiência.

Competência normativa: ocorre quando uma parte da entrevista compreende os papéis que cada parte exercerá em um relacionamento e desenvolve regras e normas factíveis.

Complementar: completar, apoiar ou repetir.

Complexidade *versus* **simplicidade:** refere-se a questões – dissertativas ou de múltiplas escolhas – consideradas complexas ou simples.

Comunicação não verbal: refere-se a sinais não verbais como aparência física, roupas, contato visual, voz, toques, acenos de cabeça, apertos de mãos e postura.

Comunicação para baixo: entrevista em que um superior na hierarquia organizacional tenta interagir como entrevistador com um subordinado na hierarquia.

Comunicação para cima: entrevista em que um subordinado tenta interagir como entrevistador com um superior.

Concessões recíprocas: trata-se do esforço de incutir um senso de obrigação em outra pessoa para fazer uma concessão depois de a outra parte ter feito uma.

Confiabilidade: garantia de que a mesma informação pode ser obtida em entrevistas repetidas.

Conformidade: quando um entrevistado segue avaliações e cursos de ação acordados durante uma entrevista de aconselhamento.

Conotações: significados positivos e negativos de palavras.

Conselheiro leigo: pessoa com pouco ou nenhum treinamento formal em aconselhamento.

Conselheiros: pessoas que ajudam os entrevistados a compreender os problemas e lidar com eles.

Conte-me tudo: pergunta extremamente aberta sem restrições ou orientações para a resposta.

Continuidade: sinais verbais e não verbais de uma parte de que chegou a hora de a outra parte interagir ou ficar em silêncio.

Contrapersuasão: persuasão voltada a um entrevistado por um concorrente ou antagonista do persuasor depois de uma entrevista persuasiva.

Controle: trata-se da extensão à qual uma ou ambas as partes da entrevista direcionam uma entrevista.

Conversa: interação desestruturada entre duas ou mais pessoas sem objetivo predeterminado além de aproveitar o processo.

Cortesia negativa: esforço para proteger outra pessoa quando necessidades de face negativa são ameaçadas.

Cortesia positiva: esforço para demonstrar preocupação ao elogiar e utilizar formas respeitosas de tratamento.

Crença: confiança ou segurança depositada em ações sociais, políticas, históricas, econômicas e religiosas.

Cuidado centrado no paciente (CCP): quando as necessidades, preferências e crenças de um paciente são respeitadas o tempo todo.

Cultura coletivista: estabelece alto valor em imagem, estima, confiança, consciência e realização do grupo.

Cultura individualista: valoriza muito a autoimagem, autoestima, autoconfiança, autoconsciência e realizações individuais.

Cultura: costumes, normas, conhecimento, atitudes, valores compartilhados e características de um grupo racial, religioso, social ou corporativo.

Currículo de formato funcional: currículo em que o candidato expõe experiências sob títulos que destaquem qualificações para uma vaga.

Currículo em formato cronológico: lista educação, treinamentos e experiências em ordem cronológica.

Currículo mapeado eletronicamente: elaborado com formato e textos que podem ser mapeados eletronicamente por entrevistadores.

Currículo mapeável: elaborado especificamente para ser mapeado de maneira eficaz por *softwares* usados por recrutadores.

Currículo: breve relato de meta de carreira, educação, treinamento e experiências de um candidato.

Desonestidade: mentir para a outra parte da entrevista ou enganá-la.

Despedida: esforço de encerrar uma entrevista.

Diádico: refere-se a uma interação que envolve duas partes distintas.

Diferença de *status*: diferença na hierarquia social ou organizacional entre o entrevistador e o entrevistado.

Diferenciação: tentativa por meio da linguagem de modificar a forma como uma pessoa vê a realidade ao renomeá-la.

Dimensões relacionais: dimensões críticas como semelhança, inclusão, afeto e confiança que determinam a natureza dos relacionamentos.

Discurso de poder: palavras que expressam certeza, desafios, agressão verbal e metáforas.

Discurso sem poder: palavras e falta de fluência que expressam desculpas, ressalvas, justificativas e incerteza.

Distância relacional: proximidade do relacionamento entre partes de uma entrevista.

Duas partes: pessoas que participam de uma entrevista – entrevistador e entrevistado – cujos papéis e objetivos são distintos: obter e fornecer informações, aconselhar e ser aconselhado, persuadir e ser persuadido, selecionar e ser selecionado.

Efeito forquilha: o entrevistador faz avaliações negativas de todos os aspectos de desempenho por causa de uma característica particular que o entrevistador não gosta nos outros.

Efeito halo: quando um entrevistador faz avaliações favoráveis de todas as atividades quando o entrevistado sobressai em apenas uma.

Ego: foco do entrevistado em si mesmo durante uma entrevista de aconselhamento.

Encerramento falso: quando mensagens verbais e não verbais sinalizam que, embora o encerramento da entrevista esteja prestes a ser realizado, uma das partes ainda tem um novo tema ou questão.

Encerramento: etapa final da entrevista.

Entendimento: processo de estabelecer e manter um relacionamento por meio da criação de sentimentos de boa vontade e confiança.

Entrevista: processo de comunicação interacional entre duas partes, com pelo menos uma delas com um objetivo sério e predeterminado, e que envolve perguntas e respostas.

Entrevista altamente programada padronizada: programação em que o entrevistador prepara, antes de uma entrevista, todas as perguntas, sua exata formatação e as alternativas de resposta.

Entrevista altamente programada: programação em que o entrevistador prepara todas as perguntas e suas formulações exatas antes de uma entrevista.

Entrevista coletiva: ambiente em que muitos entrevistadores entrevistam uma pessoa.

Entrevista de banca: dois ou mais representantes de uma organização entrevistam um candidato ao mesmo tempo.

Entrevista de banca: ocorre quando a entrevista é feita simultaneamente por mais de um representante (de dois a cinco) de uma organização.

Entrevista de rádio e TV: entrevista realizada ao vivo pelo rádio ou pela televisão e que será exibida na totalidade ou parcialmente mais tarde.

Entrevista de seleção: entrevista cujo objetivo é selecionar uma pessoa para emprego ou associação em uma organização.

Entrevista em equipe: dois ou mais representantes de uma organização entrevistam um candidato ao mesmo tempo.

Entrevista em grupo: entrevista em que há vários entrevistadores, como vários jornalistas em uma entrevista coletiva.

Entrevista moderadamente programada: uma programação em que o entrevistador prepara todas as principais questões com possíveis perguntas de sondagem a respeito de cada tema antes de uma entrevista.

Entrevista não programada: guia de entrevista de temas e subtemas sem perguntas preparadas antes de uma entrevista.

Entrevista pela Internet: entrevista que ocorre apenas pela Internet.

Entrevista pessoal: entrevista de pesquisa feita de maneira presencial.

Entrevista por telefone: conduzida por telefone, sem a presença física dos interlocutores.

Entrevista presencial: entrevista em que as duas partes estão presentes fisicamente no mesmo espaço durante uma entrevista.

Entrevista virtual: entrevista eletrônica empregada com mais frequência para treino e simulação.

Entrevistado evasivo: pessoa que se esquiva de perguntas e dá respostas indiretas.

Entrevistado falante: pessoa que dá respostas excessivamente longas e fala sem parar.

Entrevistado inteligente ou instruído: pessoa com altos níveis de inteligência ou educação informal e formal.

Entrevistado marginalizado: pessoa com pouca probabilidade de ser pesquisada por causa de cultura, faixa demográfica ou dificuldade em ser localizada (não tem telefone ou, não tem um número de telefone facilmente acessível ou não tem endereço fixo).

Entrevistado reticente: pessoa que não parece disposta ou capaz de conversar e responder livremente.

Entrevistado: a parte que não está no controle básico da interação, como o respondente de uma entrevista de pesquisa ou o candidato em uma pesquisa de recrutamento e seleção.

Entrevistados de mente fechada ou autoritários: pessoas que têm crenças centrais imutáveis e recorrem a autoridades confiáveis ao tomarem decisões.

Entrevistas de coleta de informações: elaboradas para obter fatos, opiniões, dados, sentimentos, atitudes, crenças, reações, conselhos ou *feedback*.

Entrevistas de colocação: elaboradas para designar funcionários a vagas ou para tirá-los de uma posição ou colocá-los em outra.

Entrevistas de fornecimento de informações: elaboradas para trocar dados, conhecimento, ordens, instruções, orientações, esclarecimentos ou alertas.

Entrevistas de grupo focal: pequeno grupo de pessoas (de 6 a 12) que agem como entrevistadas diante de um entrevistador altamente capacitado que faz perguntas cuidadosamente selecionadas focadas em um assunto específico.

Entrevistas de integridade: elaboradas para avaliar a honestidade e integridade de futuros funcionários.

Entrevistas de solução de problemas: elaboradas para discutir problemas mutuamente compartilhados, receber sugestões de soluções ou implementar soluções.

Entrevistas de transferência: elaboradas para promover funcionários, designá-los a cargos ou passá-los de um cargo ou local a outro.

Entrevistas de triagem: elaboradas para selecionar candidatos para mais entrevistas.

Entrevistas determinadas: elaboradas para determinar se uma proposta de emprego deve ou não ser feita a um candidato.

Entrevistas eletrônicas: entrevistas conduzidas por telefone, teleconferências, videoconferência ou Internet.

Entrevistas para problemas de comportamento do entrevistado: elaboradas para revisar, separar, corrigir ou aconselhar entrevistados por seus comportamentos.

Entrevistas para problemas de comportamento do entrevistador: elaboradas para receber reclamações, descontentamentos ou sugestões a respeito do comportamento do entrevistador.

Entrevistas persuasivas: elaboradas para mudar a forma de pensar, um sentimento e/ou o modo de agir de um entrevistado.

Entrevistas por e-mail: entrevistas conduzidas por e-mail.

Erro de novidade: ocorre quando um entrevistador se baseia fortemente em eventos ou níveis de desempenho mais recentes.

Erro de tempo de serviço: ocorre quando um entrevistador supõe que o nível do desempenho atual é alto porque isso aconteceu no passado.

Escala de distância social Bogardus: questões que determinam como os entrevistados se sentem sobre relacionamentos sociais e as distâncias deles.

Escala Likert: perguntas de escalas de intervalo que pedem aos entrevistados que julguem pessoas, lugares, coisas ou ideias.

Escalas de intervalos de avaliação: perguntas que pedem que os entrevistados façam julgamentos sobre pessoas, lugares, coisas ou ideias.

Escalas de intervalos de frequência: referem-se a perguntas em que os entrevistados devem selecionar um número capaz de refletir com maior precisão a frequência com que eles usam ou fazem alguma coisa.

Escalas de intervalos numéricos: perguntas que levam os entrevistados a selecionar uma gama ou um nível que reflita precisamente idade, nível de renda, nível educacional e assim por diante.

Escalas de intervalos: escalas de perguntas de pesquisa que fornecem distâncias entre medidas.

Escalas nominais: perguntas que fornecem variáveis mutuamente exclusivas e pedem aos entrevistados que escolham ou nomeiem a mais adequada.

Escalas ordinais de avaliação: perguntas que pedem aos entrevistados que avaliem alternativas em suas relações implícitas.

Escalas ordinais de classificação: perguntas que pedem aos entrevistados que classifiquem alternativas em suas relações implícitas.

Escalas ordinais: perguntas que pedem aos entrevistados que avaliem ou classifiquem alternativas em suas relações implícitas.

Escuta dialógica: meio de focar no "nosso", e não no "meu" ou "seu", para resolver um problema ou uma tarefa.

Escuta: processo deliberado de receber, compreender, avaliar e reter o que é visto e ouvido.

Escuta para avaliar: meio de julgar o que é ouvido e observado.

Escuta para compreender: receber, compreender e lembrar mensagens com o máximo de precisão possível.

Escuta para gerar empatia: método de comunicar uma atitude de preocupação genuína, compreensão e envolvimento.

Escuta para resolver: meio de resolver mutuamente um problema ou tarefa.

Espaço pessoal: bolha imaginária ao nosso redor que consideramos quase tão particular como o próprio corpo.

Esquema situacional: esquema que inclui todos os tipos diferentes de entrevista.

Estratégia aleatória: estratégia de perguntas que permite que os entrevistadores evitem respostas baseadas na ordem, e não no conteúdo das alternativas de respostas.

Estratégia da pergunta estimulada: permite que os entrevistadores reduzam o número de indecisos e não saibam a resposta em pesquisas.

Estratégia da repetição da pergunta: permite que o entrevistador determine a consistência de um entrevistado sobre um assunto.

Estratégia de cadeia ou contingência: estratégia que permite a utilização de questões secundárias pré-planejadas em entrevistas de pesquisa.

Estratégia de filtragem: estratégia de perguntas que permite ao entrevistador determinar o conhecimento que um entrevistado tem sobre um assunto.

Estrutura: arranjo predeterminado de partes ou etapas em um todo significativo.

Estudo de corte transversal: determina o que é conhecido, pensado ou sentido durante um curto período de tempo.

Estudo longitudinal: determina tendências em relação ao que é conhecido, pensado ou sentido ao longo de um período de tempo.

Eufemismo: substituição de uma palavra comum por outra que soe melhor.

Evidência: exemplos, histórias, comparações, depoimentos e estatísticas que comprovam uma alegação.

Evidências escritas: materiais escritos que permitem o rastreamento das ações ou opiniões de um indivíduo ou organização.

Exposição: a disposição e a capacidade de revelar sentimentos, crenças, atitudes e informações a outra parte.

Expressões idiomáticas: expressões exclusivas de uma cultura ou nação passíveis de ser mal compreendidas por uma pessoa de cultura ou nação diferente.

Extraoficial: refere-se a informações que não podem ser relatadas depois de uma entrevista.

Face negativa: desejo de ser livre de imposição ou invasão.

Face positiva: desejo de ser valorizado, aprovado, gostado e homenageado.

Fala de bebê: dirigir-se a pacientes mais velhos como se fossem crianças. Nesse caso, adotam-se ritmo mais lento, entonação exagerada e vocabulário mais simples.

Fala de idosos: conversar com pacientes mais velhos como se eles fossem crianças, inclusive tratando-os como queridinhos, menina ou menino e utilizando o pronome *nosso* (por exemplo, "Está na hora do nosso banho").

Fase cognitiva: fase de pensamento e avaliação de uma entrevista de aconselhamento.

Feedback: reações verbais ou não verbais de uma das partes da entrevista.

***Feedback* de múltiplas fontes:** *feedback* de diversas fontes.

Feiras de carreira/emprego: reuniões de organizações e empresas, frequentemente em *shoppings* ou *campi*, durante as quais pessoas em busca de empregos podem fazer contatos com representantes e obter informações sobre oportunidades de emprego.

Feiras de emprego/carreira: reuniões de recrutadores de diversas organizações em *campi* ou *shoppings*, em que candidatos podem obter informações, fazer contatos e participar de entrevistas.

Flexibilidade: capacidade de adaptar-se, durante entrevistas, a trocas, respostas, informações ou atitudes inesperadas.

Forças externas: referem-se a outras influências, como família, amigos, empregadores e agências, que não fazem parte da entrevista, mas podem afetar uma ou as duas partes durante todo o processo.

Formas não tradicionais: formas mais novas de entrevistar, como grupos focais, videoconferências, entrevistas por e-mail e virtuais.

Formas tradicionais: tipos padrão de entrevistas como informativa, de pesquisa, de emprego, de avaliação de desempenho, de aconselhamento e da área da saúde.

Formato de cadeia: quando um entrevistador de uma organização conversa com um candidato por alguns minutos e depois o encaminha para outro entrevistador da mesma organização, o qual faz a sondagem sobre habilidades de trabalhos, conhecimento técnico ou outra área.

Formato seminário: formato de entrevista em que um ou mais recrutadores entrevistam muitos candidatos ao mesmo tempo.

Formulário de inscrição: elaborado por uma organização para reunir informações básicas sobre candidatos, como formação, experiências, educação e interesses de carreira.

Frases amortecedoras: frases que reduzem a veemência das questões críticas.

Gênero: como o sexo das pessoas afeta as interações da entrevista.

Geração aleatória de números de telefone: sistema que gera números de telefone aleatoriamente com códigos de área e prefixos específicos para selecionar uma amostragem de pesquisa.

Gíria: jargão extraoficial usado por grupos.

Guia de entrevista de jornalista: guia focado em quem, o que, quando, onde, como e por quê.

Guia de entrevista: esboço cuidadosamente estruturado de temas e subtemas a serem tratados durante uma entrevista.

História relacional: conexões passadas, presentes e futuras entre duas partes ou pessoas.

Identificação aparente: tentativa de estabelecer uma percepção de "somos todos um".

Identificação: esforço para estabelecer uma identidade ou semelhança substancial entre entrevistador e entrevistado.

Imagística: criação de retratos ou imagens na mente de uma pessoa por meio de linguagem altamente descritiva.

Incerteza relacional: ocorre quando ma das partes não tem consciência do nível de afeto, compartilhamento de controle ou nível de confiança que existirá durante uma entrevista.

Indução: pergunta que sugere como uma pessoa deve responder.

Influência normativa: refere-se aos comportamentos indivíduos ou de grupos importantes que uma pessoa considera aconselháveis ou não aconselháveis.

Informações: histórias, ilustrações, comparações, experiências, citações, estatísticas, definições e explicações que informam as partes da entrevista sobre problemas, soluções, situações e acontecimentos.

Informante-chave: pessoa capaz de fornecer informações sobre situações, auxiliar na seleção de entrevistados e ajudar para garantir a cooperação do entrevistado.

Informar: fornecer informações ou conhecimento a outra parte.

Iniciação da entrevista: processo pelo qual uma entrevista é organizada e iniciada.

Interacional: a troca ou o compartilhamento de papéis, responsabilidades, sentimentos, crenças, motivações e informações.

Interações de comunicação: trocas verbais e não verbais que ocorrem durante entrevistas.

Interações de nível 1: interações relativamente seguras e não ameaçadoras.

Interações de nível 2: interações que demandam um grau moderado de confiança e podem ser moderadamente ameaçadoras por conta da troca de crenças, atitudes, valores e posições sobre questões.

Interações de nível 3: interações que demandam grande medida de confiança, porque as partes revelam completamente sentimentos, crenças, atitudes e percepções sobre assuntos particulares ou controversos.

Interações não verbais: refere-se a sinais não verbais como aparência física, roupas, contato visual, voz, toques, acenos de cabeça, apertos de mãos e postura.

Interações verbais: palavras (conexões arbitrárias de letras) que servem como símbolos para pessoas, lugares, coisas, eventos, crenças e sentimentos.

Investigação: busca cuidadosa de materiais antecedentes, informações, fatos e teorias pertencentes a um assunto, pessoa ou organização.

Jargão: palavras que organizações ou grupos alteram ou criam para uso especializado.

Jogo de adivinhação: quando um entrevistador tenta adivinhar as informações, em vez de pedi-las.

Jornalismo de precisão: relatos jornalísticos baseados em dados de pesquisas investigativas.

Justa causa: razão suficientemente justa para uma ação que um litigante pode provar perante um juiz.

Lei da novidade: as pessoas tendem a se lembrar da última coisa dita ou feita em entrevistas.

Leis de igualdade de oportunidades de emprego: leis que tratam de entrevistas de emprego e avaliação de desempenho.

Lembrança: a capacidade que uma parte da entrevista tem de recordar e relatar com precisão o que ocorreu durante uma entrevista, incluindo acordos, informações trocadas, atitudes e clima.

Marcadores territoriais: bolha imaginária ao nosso redor que consideramos quase tão particular como o próprio corpo.

Margem de erro: grau de semelhança entre os resultados de amostra e aqueles de uma contagem de 100% obtidos de maneira idêntica.

***Marketing* disfarçado:** ocorre quando um representante de vendas finge ser uma parte amistosa e desinteressada, e não um representante de vendas. Também chamado de *marketing* dissimulado.

***Marketing* dissimulado:** ocorre quando um representante de vendas finge ser uma parte amistosa e desinteressada, e não um representante de vendas.

Memória relacional: aquilo de que as partes da entrevista se lembram de encontros anteriores.

Mensagem genérica: mensagem persuasiva elaborada para uma variedade de públicos, e não para um público-alvo específico.

Método PAR: quando um candidato estrutura uma resposta ao tratar de uma tarefa ou um problema designado, as ações usadas para resolver a tarefa ou o problema designado e os resultados ou as consequências das ações realizadas.

Método STAR: usado quando um candidato estrutura uma resposta em quatro partes ao tratar da situação, da tarefa, da ação realizada e dos resultados dessa ação.

Modelo de entrevista de avaliação de desempenho global: avaliação de desempenho focada em *coaching*: inicialmente, avaliam-se os comportamentos positivos que devem ser mantidos e, depois, aqueles que precisam ser corrigidos.

Modelo de escala de classificação de base comportamental (*behaviorally anchored rating scale* – **BARS**)**:** identifica habilidades essenciais para um trabalho específico e define padrões por meio de uma análise do trabalho.

Modelo de fase sequencial: modelo de aconselhamento que foca em quatro fases baseadas em funções afetivas (emocionais) e cognitivas (racionais).

Modelo de gestão por objetivos (GPO): modelo de avaliação de desempenho que envolve um gestor e um subordinado em ambiente mútuo (50-50) de metas orientadas aos resultados, e não às atividades a serem realizadas.

Modelo evolutivo: a entrevista de avaliação de desempenho é iniciada por indivíduos quando necessário, conduzida e dirigida por subordinado, orientada ao agora e ao futuro, cooperativa e satisfatória.

Motivações: valores como segurança, pertencimento, liberdade, ambição e preservação da saúde.

Não pergunte, não conte: pergunta que mergulha nas informações ou em uma área emocional que um entrevistado pode ser incapaz de abordar por restrições sociais, psicológicas ou situacionais.

Networking: criação de lista de contatos para possíveis posições de trabalho.

Neutralizar: qualquer esforço para remover um obstáculo que impeça uma pessoa de causar uma impressão favorável ou alcançar uma posição, como perguntas de entrevistadores que violam as leis de igualdade de oportunidades de emprego.

Nível de informações: a quantidade e sofisticação de informações que um entrevistado tem a oferecer.

Nível de segurança: a probabilidade matemática de que a pesquisa está dentro de uma margem de erro aceita.

Nomenclatura: rotulagem de pessoas, lugares ou coisas de forma que pareçam diferentes para alterar as percepções de realidade.

Objetivo: motivo ou meta de uma parte que conduz uma entrevista ou participa dela.

Objetivo de carreira: declaração breve e concisa sobre uma meta de carreira direcionada.

Observação: prestar atenção cuidadosa a ambiente, pessoas, roupas, aparência e comunicação não verbal.

Organização de aprendizado: deposita grande valor em conhecimento, habilidades, competências, oportunidades de aprendizado e funcionários como capital intelectual.

Orientação: parte da abertura em que o entrevistador explica o objetivo, a duração e a natureza da entrevista.

Orientado pela meta: entrevistador que está mais preocupado em executar uma tarefa com eficiência e eficácia do que em se comunicar com eficiência com um entrevistado.

Orientado por metas: interação em que o entrevistador é orientado pela meta ou tarefa, e não pelas pessoas.

Parcialidade acidental: quando um entrevistador involuntariamente leva os entrevistados a dar respostas que ele gostaria de ouvir. Nesse caso, o entrevistador não considera os sentimentos, atitudes ou crenças do interlocutor.

Parcialidade de cobertura: ocorre quando apenas usuários de celulares que são frequentemente mais jovens ou de *status* econômico inferior são excluídos de uma amostra de pesquisa.

Parcialidade de ordem: possível influência de como entrevistados reagem devido à ordem de alternativas de respostas em perguntas de pesquisa.

Parcialidade do entrevistador: ocorre quando os entrevistados, em vez de expressarem sentimentos, atitudes ou crenças verdadeiros, dão respostas que consideram que os entrevistadores desejam ouvir.

Parcialidade intrínseca: parcialidade do entrevistador que é manifestada intencionalmente ou não por uma agenda de perguntas.

Parte: refere-se ao entrevistador ou entrevistado de uma entrevista.

Partida fracassada: quando uma entrevista chegou ao fim e as partes se despedem uma da outra apenas para entrarem em contato acidentalmente mais tarde, em geral com um grau de constrangimento comunicativo.

Percepções: refere-se ao modo como as pessoas veem e interpretam a si mesmas, outras pessoas, lugares, coisas, eventos e sinais não verbais.

Perfil do candidato: conhecimento, experiências, habilidades e traços pessoais necessários para realizar um trabalho satisfatoriamente.

Pergunta aberta: dá ao entrevistado liberdade considerável na determinação da quantidade e do tipo de informações a oferecer.

Pergunta armadilha violadora das leis de igualdade de oportunidades de emprego: quando um entrevistador faz uma pergunta irregular durante uma entrevista de seleção.

Pergunta carregada: pergunta com forte direcionamento ou injunção da resposta desejada por meio de insultos ou palavras emocionalmente carregados.

Pergunta de abertura: pergunta inicial de uma entrevista.

Pergunta de incidente crítico histórico: questiona os candidatos sobre como eles resolveriam um problema que a organização do entrevistador enfrentou no passado.

Pergunta de sondagem: tenta obter informações adicionais depois de uma pergunta primária ou secundária e não pode se sustentar fora de contexto.

Pergunta direcionada: sugere implícita ou explicitamente a resposta esperada ou desejada.

Pergunta fechada: trata-se de pergunta com foco estreito que restringe a liberdade do entrevistado para determinar a quantidade e o tipo de informações a oferecer.

Pergunta hipotética: uma pergunta hipotética mas realista que questiona os entrevistados sobre como eles lidariam com uma situação ou um problema.

Pergunta neutra: permite que um entrevistado determine uma resposta sem direcionamento ou pressão evidente do entrevistador.

Pergunta primária: apresenta um assunto ou uma nova área dentro de um assunto que pode se sustentar fora do contexto.

Pergunta secundária: tenta descobrir informações adicionais depois de uma pergunta primária ou secundária (de sondagem) e não pode se sustentar fora de contexto.

Pergunta unipolar: pergunta que tem apenas uma resposta óbvia ou desejada.

Pergunta: qualquer declaração ou ato não verbal que convide a uma resposta.

Perguntas de confirmação: elaboradas para verificar a compreensão de preocupações, problemas ou declarações de um entrevistado (normalmente pacientes médicos).

Perguntas de questionamento geral: pergunta de abertura que determina por que um entrevistado (frequentemente um paciente médico) deu início a uma entrevista.

Perguntas de suporte: perguntas feitas em entrevistas de aconselhamento para permitir que os entrevistados lidem com as próprias emoções.

Perguntas fechadas: perguntas que podem ser respondidas com uma única palavra ou frase curta, mais frequentemente um sim ou um não.

Perguntas metafóricas: perguntas que utilizam metáforas, como "equilibrar o jogo", ou que tratam uma empresa como uma "família".

Perguntas para fazer sentido: feitas em entrevistas de aconselhamento para determinar com o que um entrevistado está mais preocupado em relação a uma entrevista.

Perguntas tradicionais de entrevistadores: referem-se às perguntas mais comuns feitas há muito tempo por entrevistadores, como "Onde você planeja estar daqui a cinco anos"?.

Perspectiva de avaliação: a entrevista de avaliação de desempenho é vista como obrigatória, agendada, conduzida e dirigida por um superior, antagônica, avaliatória e orientada ao passado.

Persuasores: entrevistadores que tentam modificar o modo como os entrevistados pensam, sentem e/ou agem.

Pesquisa pela Internet: preferível à pesquisa presencial ou por telefone.

Pesquisa qualitativa: pesquisa em que as descobertas são apresentadas em forma textual, normalmente com palavras.

Pesquisa quantitativa: pesquisa em que as descobertas são apresentadas em forma numérica, como percentuais e frequências.

Polarização: tentativa de limitar escolhas ou posições a opostos polares.

Ponto de amostra ou bloco de amostra: números previamente determinados e tipos de entrevistado são escolhidos a partir de áreas geográficas designadas.

População: todas as pessoas capazes e qualificadas que podem participar de uma pesquisa.

Portfólio: pequena e variada coleção dos melhores trabalhos de um candidato.

Posições pagas: quando uma organização contrata uma agência de colocação para localizar candidatos qualificados e paga à agência o que normalmente seria cobrado dos candidatos.

Post hoc **ou tática misturada de causa e efeito:** basear um relacionamento de causa e efeito em coincidência, uma causa menor ou uma única causa.

Predeterminado: planejado antes de uma interação.

Pré-teste: teste de uma programação de entrevista com uma pequena amostra de entrevistados antes de uma pesquisa para detectar possíveis problemas que possam aparecer durante a pesquisa.

Primeira impressão: impressão inicial que alguém produz sobre outra pessoa como resultado da aparência, das roupas, dos modos e da qualidade da comunicação.

Princípio do contraste: se um segundo item ou alternativa é razoavelmente diferente do primeiro, ele parece mais diferente do que realmente é.

Princípios de amostragem: criam uma amostra que represente com precisão a população a ser estudada.

Princípios padrão/aprendidos: princípios aprendidos no decorrer da vida que guiam automaticamente as ações e decisões das pessoas.

Privacidade: liberdade de intromissões indesejadas ou acesso a interações de entrevista.

Processo complexo de comunicação interpessoal: a suposição de que uma comunicação individualizada considerada simples pode ser contrariada pelas muitas variáveis que interagem no processo.

Processo de comunicação interpessoal: interação comunicativa complexa e frequentemente intrigante com outra parte.

Processo de seleção baseado em talento ou características: entrevista de seleção em que todas as perguntas do entrevistador focam em características ou talentos específicos incluídos no perfil do candidato.

Processo de seleção: método utilizado para selecionar um candidato para uma posição e uma organização específica.

Processo: interação dinâmica, continuada e em constante mutação de variáveis.

Produção de sentido: ações e perguntas elaboradas para evocar significado.

Produto mútuo: quando os resultados de entrevistas dependem das contribuições de ambas as partes.

Profecia autorrealizável: previsão que se realiza porque uma pessoa espera ou prevê que será assim.

Programação de entrevistas: lista de perguntas que um entrevistador prepara antes de uma entrevista.

Prospecção: seleção sistemática de entrevistados que têm boas chances para entrevistas persuasivas.

Proximidade: distância física entre as partes da entrevista.

Qualificações essenciais para ocupação do cargo: exigências essenciais para realizar um trabalho em particular.

Questão bipolar: limita o entrevistado a duas alternativas polares, como sim ou não, concordar ou discordar.

Questão de incidente crítico: sonda como os candidatos resolveriam determinado problema enfrentado pela organização do entrevistador.

Questionamento dúbio: pergunta que contém duas ou mais questões.

Questões éticas: questões focadas em julgamentos de valor a respeito de graus de certo e errado e bondade e maldade na conduta humana.

Reação não diretiva: ocorre quando um entrevistado reage a um cliente sem dar conselhos ou orientações específicas.

Reações diretivas: quando um entrevistador reage a um cliente com avaliações e conselhos específicos.

Reações e respostas altamente direcionadas: quando um entrevistador oferece ultimatos e conselhos enfáticos.

Reações e respostas altamente não diretivas: quando um entrevistador não oferece informações, assistência ou avaliações, mas estimula o entrevistado a se comunicar, analisar e ser autossuficiente.

Rede de contatos: lista de nomes, endereços e números de telefones de contatos primários que podem fornecer dicas de vagas de emprego e mais contatos.

Referências: nomes de pessoas que os candidatos informam a possíveis empregadores que podem fornecer avaliações de suas qualificações para vagas.

Reforçar: fortalecer.

Registro: anotações mentais ou físicas do que ocorre durante uma entrevista.

Regra de reciprocidade: incute em um entrevistado um senso de obrigação de responder à altura o que o outro oferece.

Regras básicas: regras que regem uma entrevista conforme acordado por ambas as partes.

Rejeição e recuo: o persuasor recua para uma segunda ou nova alternativa quando o entrevistado rejeite a proposta preferida.

Relacional: conexão interpessoal entre duas partes ou pessoas.

Relacionamento: conexão interpessoal entre partes que influencia os interesses delas no resultado da entrevista.

Relacionamentos globais: relacionamentos entre partes de diferentes países e culturas.

Relatório: registro formal ou informal de informações obtidas durante uma entrevista.

Replicabilidade: capacidade de duplicar entrevistas independentemente de entrevistadores, entrevistados e situações.

Reprodutividade: capacidade de duplicar entrevistas independentemente de entrevistador, entrevistado e situação.

Resposta sim (não): pergunta que tem apenas uma resposta óbvia.

Respostas estratégicas: quando o entrevistado responde a perguntas para sua própria vantagem.

Resposta-teste irônica: resposta agradável e talvez bem-humorada que emite um sinal a um entrevistador de que ele fez uma pergunta irregular.

Revelações hiperpessoais: revelações altamente pessoais (talvez muito próximas) de uma pessoa durante uma entrevista que revela informações demais.

Ruído: qualquer coisa que possa interferir no processo de comunicação, como máquinas, telefones tocando, portas abrindo e fechando, outras pessoas conversando, trânsito e música.

Seleção baseada em comportamento: refere-se aos comportamentos pretendidos pela empresa e aos exibidos pelos candidatos.

Semelhanças: características, experiências, interesses, crenças, atitudes, valores e expectativas que as partes da entrevista têm em comum.

Sentimentos expressos: sentimentos que um entrevistado expressa aberta e francamente durante uma interação de aconselhamento.

Sentimentos: emoções como orgulho, medo, amor, raiva e solidariedade.

Sequência ampulheta: sequência de perguntas que começa abertas, segue para fechadas e encerra com perguntas abertas.

Sequência causa e efeito: sequência de entrevista que trata, de forma separada mas relacional, das causas e dos efeitos.

Sequência de *design quintamensional*: sequência de cinco etapas elaborada para avaliar a intensidade das opiniões e atitudes de um entrevistado.

Sequência de espaço: esquema que dispõe temas e subtemas de acordo com divisões espaciais, como da esquerda para a direita, de norte a sul.

Sequência de perguntas: interconexão estratégica das perguntas.

Sequência de tempo: esquema que trata temas e subtemas em ordem cronológica.

Sequência diamante: combinação de sequências que coloca em contato os topos de sequências funil.

Sequência funil invertido: sequência que começa com perguntas fechadas e prossegue rumo a perguntas abertas.

Sequência funil: uma sequência de perguntas que começa com uma pergunta ampla de final aberto e segue com perguntas cada vez mais restritas.

Sequência problema-solução: esquema dividido em fases de problema e solução.

Sequência temática: esquema que segue as divisões naturais de um tema ou subtema.

Sequência túnel: série de perguntas semelhantes que são abertas ou fechadas.

Sexo: os gêneros das partes da entrevista.

Silêncio: não comunicação vocal de uma ou ambas as partes de uma entrevista.

Síndrome da farinha do mesmo saco: seleção de funcionários mais parecidos com os entrevistadores.

Sistema: grau de estrutura e organização que orienta uma interação planejada entre duas partes.

Situação: contexto total da entrevista que inclui eventos anteriores e posteriores, tempo, local e ambiente.

Situações semelhantes ao trabalho: situações simuladas de trabalho por meio de perguntas ou interpretação de papéis que permitem que o entrevistador perceba como um candidato pode atuar num emprego.

Skype: programa que permite que entrevistadores e entrevistados se comuniquem instantaneamente pela Internet usando um microfone e uma *webcam*.

Slogan ou pensamento tabloide: frase inteligente que encapsula uma posição, plataforma ou meta de um persuasor.

Sobrecarga de informações: ocorre quando os entrevistados recebem mais informações do que conseguem processar ou lembrar.

***Software* de mapeamento:** permite que os recrutadores mapeiem currículos eletronicamente, o que reduz o tempo exigido para selecionar candidatos a serem entrevistados.

Sondagem curiosa: pergunta irrelevante à entrevista e que satisfaz apenas a curiosidade do entrevistador.

Sondagem de reformulação: pergunta que reformula toda ou parte da pergunta original que permanece não respondida.

Sondagem de tratamento de informações: pergunta elaborada para constatar se as perguntas anteriores abordaram tudo o que era importante a respeito de um assunto ou tema.

Sondagem do tipo espelho: pergunta que resume uma série de respostas para garantir compreensão e retenção precisas.

Sondagem informativa: pergunta elaborada para obter informações adicionais quando uma resposta parece ser superficial, vaga ou ambígua ou sugerir um sentimento ou atitude.

Sondagem provocativa: palavra ou frase curta que estimula um entrevistado a continuar respondendo.

Sondagem reflexiva: pergunta que reflete a resposta recebida para verificar ou esclarecer o que o entrevistado pretendia dizer.

Sondagem silenciosa: ocorre quando um entrevistador se mantém em silêncio depois de uma resposta. Nesse caso, ele pode usar sinais não verbais para estimular o entrevistado a continuar respondendo.

Sondagem: tentativa de descobrir informações adicionais e compreensão.

Sons semelhantes: palavras que soam iguais, mas têm significados diferentes.

Substituição de uma pergunta aberta por uma fechada: ocorre quando um entrevistador faz uma pergunta aberta, mas a substitui por uma fechada antes que o entrevistado possa responder.

Suposições falsas: supor que algo é verdadeiro ou falso, intencional ou não intencional, existe ou não existe, é desejado ou indesejado, irá ou não irá acontecer.

Suposições: supor que algo é verdadeiro ou falso, intencional ou não intencional, existe ou não existe, é desejado ou indesejado, irá ou não irá acontecer.

Tabela de números aleatórios: amostra de entrevistados selecionados, em que se atribui um número a cada pessoa. Por meio dessa tabela, pode-se escolher uma amostra aleatória.

Tamanho da amostra: quantidade de pessoas que participam de uma pesquisa quando toda a população é grande demais para ser entrevistada.

Tática da adesão: estimula uma pessoa a seguir a multidão, ou seja, fazer o que todos os demais estão fazendo.

Tática da comparação: uma pessoa aponta algumas semelhanças entre dois lugares, pessoas ou coisas e então tira conclusões dessa comparação superficial.

Tática da cunha de entrada estreita (efeito dominó ou rampa escorregadia)**:** argumento de que uma decisão, ação ou lei depois da outra está levando inevitavelmente para algum tipo de perigo.

Tática da generalização apressada: uma pessoa generaliza para todo um grupo de pessoas, lugares ou coisas a partir de apenas um ou poucos exemplos.

Tática de bloqueio: esforços dos entrevistadores para evitar que aconselhem os entrevistados ou se envolvam com eles, especialmente no ambiente da área da saúde.

Técnica de seleção baseada em comportamento: analisa os comportamentos essenciais que um candidato deve ter para desempenhar determinado função na empresa.

Técnicas de abertura: sinais verbais e não verbais que estabelecem entendimento e orientam o entrevistado.

Tendência central: quando entrevistadores evitam especificar avaliações extremas a facetas do desempenho.

Tensões dialéticas: resultado dos conflitos sobre necessidades e desejos opostos ou entre "vozes" contrastantes em uma entrevista.

Tentativa de encerramento: tentativa de determinar se um entrevistado está pronto para encerrar uma entrevista com um acordo de algum tipo.

Teoria da cortesia: de acordo com essa teoria, todos os seres humanos querem ser valorizados, aprovados, gostados, homenageados e protegidos.

Teoria da identificação: teoria de que as pessoas persuadem outras ao se identificarem com elas de diversas maneiras.

Teoria da inoculação: baseada na crença de que é mais eficaz prevenir persuasões indesejadas do que tentar controlar posteriormente os danos.

Teoria de conformidade induzida: elaborada para mudar pensamentos, sentimentos ou ações ao induzir outros a se engajar em atividades contrárias a seus valores, crenças ou atitudes.

Teoria do equilíbrio ou da consistência: baseada na crença de que os seres humanos lutam por uma existência harmoniosa consigo mesmos e com os outros, e experimentam desconforto psicológico (dissonância) quando não o fazem.

Teoria psicológica da reatância: teoria baseada na alegação de que as pessoas reagem negativamente quando alguém ameaça restringir ou restringe um comportamento que elas desejam assumir.

Teorias leigas: teorias de senso comum que pacientes têm sobre entrevista na área da saúde. Por isso, eles frequentemente resistem a noções científicas e descobertas de pesquisas.

Territorialidade: espaço físico e psicológico em que ocorre uma entrevista.

Teste de afinidade com o trabalho: esforço para atender às leis de igualdade de oportunidades de emprego. Para tanto, adotam-se os critérios de seleção legalmente defensáveis: elaborar perguntas relacionadas com esses critérios, fazer as mesmas perguntas a todos os candidatos, ser cauteloso nas sondagens e durante as conversas informais, focar as perguntas no que os candidatos sabem fazer e evitar que estes ofereçam informações irregulares.

Testes de habilidades básicas: avaliam habilidades em matemática, mensuração, leitura e ortografia.

Testes de honestidade: elaborados para avaliar a ética, honestidade e integridade dos candidatos a um emprego.

Testes de personalidade: elaborados para avaliar as habilidades pessoais dos candidatos.

Trabalhadores de conhecimento: pessoas que criam e acessam informações, em vez de manufaturar produtos, e são valorizadas por seus conhecimentos, capacidade de motivar os outros e trabalho em equipe.

Transferência de culpa: esforço para desviar-se de uma questão ao transformar o acusador, a vítima ou o questionador na parte culpada.

Transparência consciente: refere-se ao compartilhamento de informações com candidatos, com o propósito de explicar o objetivo das perguntas, oferecer um clima de apoio e promover diálogo irrestrito entre as partes da entrevista.

Troca: compartilhamento de papéis, responsabilidades, sentimentos, crenças, motivações e informações durante uma entrevista.

Tu quoque: esforço de desviar-se de uma questão ou objeção ao devolvê-la ao desafiador ou questionador.

Valores: crenças fundamentais sobre estados ideais de existência e modos de comportamento.

Venda negativa: tentativa de persuadir que consiste em atacar o outro ou a proposta que ele oferece. Nesse caso, aquele que tenta convencer não se defende nem a própria proposta.

Verdade autoevidente: alegação de que não se pode discutir uma questão ou problema porque isso já foi estabelecido por uma regra ou fato.

Videoconferência: tecnologia que permite que as partes da entrevista interajam em tempo real.

Visitas-surpresa: contatos de entrevista persuasiva feitos sem hora marcada nem aviso prévio.

Webinar: apresentação feita via Internet que pode se tornar uma entrevista, desde que haja uma troca colaborativa entre duas partes que fazem perguntas e fornecem respostas.

Índice

A

Abertura, 78-86
  avaliação de desempenho, 266-267
  entrevista de aconselhamento, 335-337
  entrevista de pesquisa, 137-140
  entrevista de seleção, 188-190
  entrevista informativa, 104-107
  entrevista na área da saúde, 359-363
  entrevista persuasiva, 295-297
  perspectiva do entrevistado persuasivo, 315-317
  processo, 78-81
  técnicas não verbais, 83-86
  técnicas verbais, 80-84
Abordagem
  360 graus, avaliação de desempenho, 262-266
  centrada no cliente, entrevista de aconselhamento, 339-340
  combinadas, 22-23
    entrevista de aconselhamento, 333-334
    entrevista na área da saúde, 374-375
  de caso, seleção, 196-197
  de entrevista e aconselhamento médico eficaz, 374-375
  diretiva, 21-22
    entrevista de aconselhamento, 332-333
    entrevista na área da saúde, 374-375
  implicativa, entrevista persuasiva, 299-300
  não diretiva, 21-22
    entrevista de aconselhamento, 332-333
    entrevista na área da saúde, 374-375
  "sim-porém", entrevista persuasiva, 299-300
  "sim-sim", entrevista persuasiva, 299-300
  unilateral, entrevista persuasiva, 301-302
Abreviaturas, entrevista na área da saúde, 364-365, 369-371
Acessibilidade, gênero e diferenças culturais, 64-65
"Ações conjuntas", 18-19
Ações não verbais, e *feedback*, 35-36
Aconselhamento
  e educação, entrevista na área da saúde, 374-375
  entrevista na área da saúde, 372-376
  ou pedido de auxílio, técnica aberta, 81-82
Adaptabilidade, entrevista informativa, 96-97
Afeto, dimensão relacional, 18-19
Afirmações, entrevista persuasiva, 291-293
Agências
  de colocação, 174-175, 215-216
  de emprego, 215-216
  de entrevistas, 71-75
  percentuais, 215-216
Agendas de pesquisa de mercado, exercício de comparação, 170-171
Ajuda na entrevista, 327-328

"Alfabetização da saúde", 364-365
Álibis, resposta em entrevista sobre baixo desempenho, 272-273
Ambiente físico, entrevista persuasiva, 288-289
Ambiente, entrevista de seleção, 186-188
Ambiguidades, 29-30
  estratégicas, 310-311
Amostra de trabalho, entrevista de emprego como, 213-214
Amostragem
  aleatória, 152-153
    estratificada, 153-154
  de autosseleção, 153-154
  de conveniência, 153-155
  de intervalos saltados, 152-154
  de não probabilidade, 152-153
  de números de telefones aleatórios, 152-154
  de probabilidade, 152-153
Análise, 161-163
Analogia, argumento de, 293-294, 314-315
Anotações, entrevista informativa, 110-112
Anuência
  aparente, resposta em entrevista sobre baixo desempenho, 270-271
  entrevista de aconselhamento, 343-344
Anúncios classificados, busca de emprego, 214-216
Aparência
  e substância, em ética, 282-283
  em aberturas, 83-84
  entrevista de emprego, 231-234
  na teoria da identificação, 293-294
Armadilha bipolar, 60-61
Arranjos de espaço superior-subordinado, 41-43
Associação de grupo, na teoria da identificação, 293-294
Atitudes, 2-3, 286-287
  entrevista de aconselhamento, 329-330
  entrevista de emprego, 229-231, 239-240
  específica, sequência de *design quintamensional*, 78-79
  fornecimento de informações na área da saúde, 369-370
  interações de níveis, 3-4, 26-27
  não influenciadas, sequência de *design quintamensional*, 78-79
Atividades para o aluno
  avaliação de desempenho, 277-278
  coaching catalítico, 277-278
  comportamento, sistemas de entrevista baseados em talento e características, 250-51
  comunicação interpessoal, 45-46
  entrevista de aconselhamento, 349
  entrevista de emprego, 250-251
  entrevista de pesquisa, 170-171

entrevista informativa, 131-132
entrevista na área da saúde, 380-381
entrevista persuasiva, 324
entrevistas determinadas *versus* entrevistas de triagem, 250-251
perguntas, 67-68
recrutamento/seleção, 203
Atividades, currículo, 220-222
"Atos de fala", entrevista de emprego, 212-213
Atribuição de marca, 217-219
Autoanálise, para entrevista de emprego, 207-112
Autoestima, 23-24
Autoidentidade, 23-24
Autoimagem, 22-24
Autopersuasão, 294-295
  na assistência na área da saúde, 375-376
Autorrevelação, 26-30
  entrevista de aconselhamento, 336-338
  entrevista na área da saúde, 363, 375-376
Avaliação, 198-200
  de desempenho, 4-5, 255-256, 265-266, 273-274
    abertura, 266-267
    como oportunidade de *coaching*, 255-258
    definição de metas e plano de ação, 267-269
    discussão, 266-268
    encerramento, 268-269
    modelos, 258-266
    perspectiva do funcionário, 268-270
    preparação, 257-259
    processo, 265-268
  características fundamentais, 1-3
  de escala ordinal, 148-150
  e continuação, entrevista de emprego, 246-247
  entrevista de aconselhamento, 343-346
  escuta para, 37-38
  interações pergunta-resposta, 65-66
  ou satisfação, técnica de encerramento, 89-90
  táticas persuasivas, 317-318
Avaliador
  frouxo, avaliação de desempenho, 267-268
  rígido, avaliação de desempenho, 267-268
Avaliadores competitivos, avaliação de desempenho, 267-268

B

Barreiras
  aconselhamento e persuasão em assistência na área da saúde, 372-374
  obtenção de informações em assistência na área da saúde, 363-364
Bloco de amostras, 153-154
Busca de emprego
  anúncios classificados, 214-216
  carta de apresentação, 228-231
  centros de carreira e agências de emprego, 215-216-217
  currículos, 218-229
  feiras de carreira/empregos, 216-218
  mídias sociais, 214-215
  networking, 213-215
  newsletters, 215-216
  portfólio, 228-229
  Procure pessoalmente as empresas, 217-218
  sites, 214-216

C

Candidatos
  coleta de informações, 181-187
  modelos de perguntas, 244-246
  necessidades e desejos de, 180-182
  perfis, 179-181
  recrutamento/seleção, 174-176
Capitalização de objeções, 304-305
Características pessoais
  entrevistado da entrevista persuasiva, 284-285
  entrevistadores de pesquisa, 154-156
Cartas
  de apresentação, 181-182, 228-231
  de recomendação, 183-185
Casos de interpretação de papéis
  avaliação de desempenho, 276-278
  emprego, 249-251
  entrevista de aconselhamento, 347-349
  entrevista de sondagem, 131
  entrevista na área da saúde, 379-380
  entrevista persuasiva, 322-324
  entrevistas de pesquisa, 169-170
  seleção, 202-203
Causa e efeito
  argumento de, 292-293, 313-314
  sequência, 70-71
Cautela de consumidor, 282-283, 317-318
Centros de carreira, 215-216
Ceticismo, e ética, 281-283
Chegada, entrevista de emprego, 234-235
Classificação de escala ordinal, 149-150
Clima
  de apoio, 256-258
  defensivo, abertura da entrevista, 78-79
  entrevista de seleção, 186-188
  entrevista na área da saúde, 374-375
  entrevista persuasiva, 287-288
  produtivo, 39-40
Coaching catalítico, 256-257, 266-267
Coagência, cuidado centrado no paciente, 354-355
Codificação, entrevista de pesquisa, 161-162
Colaboração, entrevista na área da saúde, 374-375
Combinação de programações, 74-75
Comparação, argumento de, 314-315
Compartilhamento
  de controle, 21-23
    entrevista de seleção, 188-189
    entrevista na área da saúde, 355-357
  de papel, em entrevista, 2-3
  em entrevista interativa, 2-3
Competência relacional, 17-18
Complementariedade, interações verbais e não verbais, 33-34
Complexidade *versus* simplicidade, no questionamento, 63-64
Comportamentos não verbais, em entrevista de aconselhamento, 340-341
Compreender, escuta para, 36-38
Comunicação
  definição, 2-3
  diferenças culturais, 23-25, 27-28
  diferenças de gênero, 20-22, 24-25, 27-28

interações, 24-25
  autorrevelação, 26-30
  diferenças culturais, 33-36
  diferenças de gênero, 33-34
  não verbal, 32-34
  níveis, 24-27
  verbal, 29-33
  verbal e não verbal, 33-34
interativa, 2-3, 10-11
intrapessoal, 16-17
na entrevista na área da saúde, 352-353, 377-378
não verbal
  em aberturas, 83-86
  em encerramentos, 86-88
  entrevista de emprego, 233-235
  entrevista na área da saúde, 371-372, 375-376
  no cuidado centrado no paciente, 359-360
  para baixo, 19-20
  para cima, 19-20
  suposição de, 29-30
  transtorno em entrevista na área da saúde, 367-369
Concessões recíprocas, perspectiva do entrevistado persuasivo, 308-309
Condição, argumento de, 292-293, 314-315
Confiabilidade, entrevista de pesquisa, 96-97
Confiança
  dimensão relacional, 19-20
  entrevista na área da saúde, 358-360
Confidencialidade, na entrevista na área da saúde, 358-359
Confirmação de objeções, 305-306
Conflito de atitude, 294-295
Conotações, 30-31
Consciência, sequência de *design quintamensional*, 78-79
Conselheiro leigo, 327-328
Conselho Nacional de Conselheiros Certificados, regra de conduta, 331-332
Contato visual, 35-36
Contrapersuasão, 301-302
  programas de advogado especial nomeado pelo tribunal, 327-328
Contrato/acordo, entrevista persuasiva, 305-307
Controle da situação, entrevista sobre baixo desempenho, 271-273
Controle, dimensão relacional, 18-20
Conversas, 1
Crença aceita, argumento de, 291-292
Crenças, 2-3, 285-286
  argumentos de, 291-292, 314-315
  entrevista de aconselhamento, 329-330
  interações de nível 3, 26-27
Criação de necessidade ou desejo
  perspectiva do entrevistado persuasivo, 316-317
  perspectiva do entrevistador persuasivo, 296-298
Critérios, perspectiva do entrevistado persuasivo, 316-317
Cuidado centrado no paciente (CCP), 354-356
  compartilhamento do controle, 355-356
Cultura
  e autopercepção, 23-25
  e autorrevelação, 27-28
  e interações não verbais, 33-34
  e participantes de entrevistas persuasivas, 284-285
  e preferências de espaço, 40-43
  e questões do tipo não pergunte, não conte, 64-65

impacto da entrevista na área da saúde, 357-359
impacto na entrevista de aconselhamento, 329-330
Cunha de entrada estreita, 311-312
Currículos
  de formato funcional, 223-224
  direcionado, 218-219
  on-line, 227-229

D

Descoberta de problema, técnica de abertura, 81-82
Desonestidade, entrevista informativa, 119-120
Despedida, entrevista persuasiva, 306-307
Desviando do assunto, 312-313
Desvios *ad hominem*, 312-313
Determinação
  da justa causa
    de desempenho, 269-271
    na entrevista de problema
  de entrevistas, seleção, 192
Dever de casa
  entrevista de emprego, 209-214
  entrevistado informativo, 123-125
Diferenças
  de *status*, em entrevistas informais, 103
  de linguagens regionais, 30-32
Diferenciação, e alteração da realidade, 311-312
Dimensões
  de credibilidade, entrevistador, 286-287
  relacionais, 17-20
  entrevista sobre baixo desempenho, 271-272
Disciplina, para melhorar o desempenho, 269-270
Discussão, avaliação de desempenho, 266-268
Disponibilidade, entrevistado, 100-102
Disposição, entrevistado, 101-102
Dissonância, 294-295, 308-309
Distância
  cuidado centrado no paciente, 354-355
  íntima, 40-41
  pessoal, 40-41
  relacional, 24-25
  social, 40-41
Diversidade
  e entrevista de aconselhamento, 329-330
  e entrevista na área da saúde, 353-354, 356-359
Duas alternativas, argumento de, 292-293

E

Educação e formação, currículo, 219-220
Efeito
  dominó, 311-312
  forquilha, avaliação de desempenho, 267-268
  halo, avaliação de desempenho, 267-268
Emoções, 286-287
  relacionamento com valores, 287-288
Empatia
  entrevista na área da saúde, 356-357
  escuta para gerar, 37-38
Empresa de recursos humanos, 174-175
Encerramento
  entrevista de aconselhamento, 343-344
  entrevista de emprego, 245-246
  entrevista de pesquisa, 139-140
  entrevista de seleção, 192

entrevista informativa, 120-123
entrevista na área da saúde, 377-378
entrevista sobre baixo desempenho, 273-274
experimental, entrevista persuasiva, 305-306
  falso, 87-88
  orientações, 87-89
  perspectiva do entrevistado persuasivo, 316-318
  perspectiva do entrevistador persuasivo, 305-307
  processo, 86-88
  técnicas, 88-91
Enquadramento e reenquadramento, percepção, 310-311
Entendimento
  abertura de entrevista, 79-81
  entrevista de aconselhamento, 335-337
  entrevista de seleção, 188-189
  entrevista na área da saúde, 360-363
Entrevistador
  abordagem diretiva, 21-22
  adaptação a entrevistado persuasivo, 298-302
  autoritário, 299-300
  credibilidade, 286-287
  entrevista persuasiva, 282-308
  parcialidade, 57-58
    experiência, 170
    intrínseco, 72-75
    perguntas direcionadas e carregadas, 58-59
  treinamento, 155-158
Entrevistados
  abordagem não diretiva, 21-23
  ceticismo, 154-156
  céticos, 301-302
  confusos, 119--122
  de mente fechada, 299-300
  desiguais, 120-122
  difícil, 116-122
  em pesquisa de mercado, 301-302
  emotivos, 116-118
  evasivos, 118-120
  falantes, 118-119
  hostis, 117-119, 299-300
  indecisos e desinteressados, 299-300
  muito inteligentes e instruídos, 301-302
  participação crítica em entrevista persuasiva, 310-314
  participação informada em entrevista persuasiva, 308-318
  perspectiva em entrevista de pesquisa, 162-165
  perspectiva sobre entrevista informativa, 123-128
  pouco inteligentes ou com pouca instrução, 301-302
  reações positivas, 127-128
  reticentes, 118-119
  seleção em entrevista persuasiva, 282-284
Entrevistas
  abordagem diretiva, 21-22
  abordagem não diretiva, 21-22
  altamente estruturada de seleção, 189-191
  altamente programada padronizada, 72-75
  altamente programada, 72-75
  assíncrona, 10-11
  assistência na área da saúde, 352-353, 377-378. Ver também Entrevista na área da saúde
  avaliação de desempenho, 4-5, 255-256, 273-274. Ver também Avaliação de desempenho
  baseada em comportamento, emprego, 212-213, 236-238
  coleta de informações, 3-5

coletiva, 112-115
complexidade, 16-17,41-43
corpo (sequências), 69-79
de aconselhamento, 4-5, 327-328, 345-346
  abertura, 335-337
  abordagens, 332-334
  ambiente, 334-335
  avaliação, 343-346
  encerramento, 343-344
  entendimento e orientação, 335-336
  estrutura, 333-335
  ética, 327-332
  fases, 333-334
  preparação, 331-332
  processo, 335-344
  telefone, 345-346
de coleta de informações, 3-5
  entrevista na área da saúde, 362-370
  entrevista persuasiva, 297-298
de emprego
  aparência, 231-234
  autoanálise, 207-209
  avaliação e *follow-up*, 246-247
  busca de emprego, 213-218
  comunicação não verbal, 233-235
  currículos, 218-229
  encerramento, 245-246
  etiqueta, 234-235
  fazer perguntas, 243-246
  marca, 217-219
  portfólio e carta de apresentação, 228-231
  preparação, 209-214
  primeiras impressões, 229-231
  rejeição 246-248
  responder a perguntas, 234-244
de grupos focais, 4-5
de integridade, 185-186
  emprego, 212-213
de modo misto, 9-10
de pesquisa, 135-138, 164-165
  abertura, 137-140
  codificação, tabulação e análise, 160-163
  encerramento, 139-140
  escalas de perguntas, 146-151
  estrutura, 137-140
  perguntas, 139-147
  perspectiva do entrevistado, 162-165
  pré-teste, 156-159
  processo, 156-161
  seleção de entrevistado, 150-155
de prestação de informações, 3-4
  entrevista de seleção, 197-199
  entrevista na área da saúde, 369-373
de rádio e TV, 114-116
de seleção, 4-5, 173-174, 200
  abertura, 188-190
  altamente estruturada, 189-191
  avaliação, 198-200
  encerramento, 192
  informações fornecidas, 197-199
  perguntas, 193-198
  preparação para, 175-187
  processo, 186-189
  sequências de perguntas, 190-192

de sondagem, perspectiva do entrevistado, 123-128
definição, 2-3, 10-11
e persuasão, 4-5
eletrônicas, 5-6
em grupo, seleção, 187-189
encerramento, 86-91
fornecimento de informações, 3-4
informativa, 96-97, 127-128
  abertura, 104-107
  agenda, 99-100
  anotações e gravações, 110-113
  encerramento, 120-123
  entrevistados difíceis, 116-122
  estrutura, 98-100
  localização e ambiente, 103-105
  manejo de situação especial, 112-117
  preparação, 96-99
  processo, 106-111
  relatório ou preparação de história, 122-124
  seleção de entrevistadores, 103
  seleção de entrevistados, 99-103
moderadamente programada, 71-75
na área da saúde, 352-353, 377-378
  abertura, 359-363
  aconselhamento e persuasão, 372-376
  coleta de informações, 362-370
  compartilhamento de controle, 355-357
  confiança, 358-360
  diversidade, 356-359
  encerramento, 377-378
  entendimento, 360-363
  ética, 352-355
  fornecimento de informações, 369-373
não programada, 71-72, 74-75
persuasiva, 280-281, 317-318
  abertura, 295-297
  adaptação ao entrevistado, 298-302
  análise da situação, 287-289
  argumentos e afirmações, 291-294
  criação de necessidade ou desejo, 296-298
  encerramento, 305-307
  estratégias, 293-296
  estrutura do sumário, 306-308
  gerenciamento de objeções, 303-306
  investigação, 288-290
  perguntas, 297-299
  perspectiva do entrevistado, 307-318
  perspectiva do entrevistador, 282-308
  planejamento, 289-290
  processo, 295-307
  seleção e análise do entrevistado, 282-288
  solução, 302-304
"pessoal", 158-159
por *e-mail*, 8-10
por telefone, 5-7, 158-161
  entrevista de aconselhamento, 345-346
  entrevista na área da saúde, 371-372
presencial, 6-7, 9-10, 158-159
recrutamento/seleção, 173-174, 200. *Ver também*
Entrevista de seleção
  e treinamento de entrevistador, 154-158
  sequências de perguntas, 150-151
sobre baixo desempenho
  controle de situação, 271-273

  determinação da justa causa, 269-271
  encerramento, 273-274
  foco, 272-274
  preparação para, 270-272
tecnológica, 5-10
tradicionais, 3-5
videoconferência, 6-9
virtual, 9-11
Equipe, recrutamento por painel ou banca, 187-188
Erro de novidade, avaliação de desempenho, 267-268
Escalas
  de comportamento de fingimento em entrevistas
(*interview faking behavior* – IFB), 185-186
  de distância social de Bogardus, 149-150
  de intervalo, perguntas de pesquisa, 146-148
  de intervalos de avaliação, 146-147
  de intervalos de frequência, 147-148
  de intervalos numéricos, 147-149
  de perguntas, entrevista de pesquisa, 146-151
  Likert, 146-147
  nominais, perguntas de pesquisa, 148-149
  ordinais, perguntas de pesquisa, 148-150
Escuta
  crítica, 37-38
  dialógica, 37-38
  avaliação de desempenho, 266-267
  e sucesso na entrevista de emprego, 239-240
  entrevista de aconselhamento, 337-338
  entrevista na área da saúde, 365-369
  entrevistado informativo, 125-126
  habilidades, 36-38
Espaço pessoal, 40-41
Estabelecimento de critérios, solução de entrevista
persuasiva, 302-303
Estereótipos, em entrevista na área da saúde, 358-359
Estratégias
  aleatória, perguntas de pesquisa, 145-146
  da pergunta estimulada, perguntas de pesquisa, 144-146
  da repetição, perguntas de pesquisa, 144-145
  de cadeia (contingência), perguntas de pesquisa, 146-147
  de filtragem, perguntas de pesquisa, 143-145
  de rejeição e recuo, perspectiva do entrevistado
persuasivo, 308-311
  lógicas
    perspectiva do entrevistado persuasivo, 312-315
    perspectiva do entrevistador persuasivo, 291-293
  psicológicas, perspectiva do entrevistado persuasivo, 308-309
Estrutura, de entrevista, 2-3
Ética
  e persuasão, 280-281
  entrevista de aconselhamento, 327-332
  entrevista na área da saúde, 352-355
  orientações, 281-283
Eufemismos, 30-31, 311-312
Evidência
  perspectiva do entrevistado persuasivo, 314-316
  perspectiva do entrevistador persuasivo, 289-290, 292-293
Evidências escritas, entrevista sobre baixo desempenho, 272-273
Exemplo, argumento de, 292-293, 313-314
Exercícios
  aberturas de entrevistas, 85-87
  armadilhas de perguntas, 64-65
  cronogramas de entrevistas, 74-76

definição de entrevista, 3-4
encerramentos de entrevistas, 90-92
identificação da pergunta, 58-60
leis de igualdade de oportunidades de empregos, 178-180
perguntas de sondagem, 55-56
perguntas inapropriadas, 240-244
Experiências
  como voluntário, currículo, 220-222
  educacionais, sociais e econômicas, entrevistado de entrevista persuasiva, 284-285
  relacionadas a trabalho, currículo, 220-222
Exposição, atividade de entrevista, 45-46
Expressões
  faciais, comunicação interpessoal, 85-86
  idiomáticas, 31-32
"Extraoficial", 106-107, 123-124

F

Face
  negativa, cortesia, 27-28
  positiva, cortesia, 27-28
Fala
  de bebê, em entrevista na área da saúde, 358-359
  de idosos, em entrevista na área da saúde, 358-359
Falácia
  de causa e efeito *post hoc*, 313-314
  misturada de causa e efeito, 313-314
Falta de presença, entrevistas por telefone, 5-6
Fase
  afetiva, entrevista de orientação, 333-335
  cognitiva, entrevista de aconselhamento, 333-335
  de resumo, entrevista na área da saúde, 377-378
Fatos, argumentos de, 292-294, 313-314
Feedback, 35-36
  avaliação de desempenho, 262-263, 267-268
  baseado em comportamento, 262-263
  de múltiplas fontes, 263-265
  múltiplas fontes, 263-265
Feiras
  de carreira, 174-175, 216-218
  de empregos, 174-175, 216-218
    atividade de entrevista, 13-14
  de trabalho virtuais, atividade de entrevista, 13-14
Flexibilidade, entrevista informal, 96-97
Foco de carreira, currículo, 219-220
Foco, entrevista sobre baixo desempenho, 272-274
Fontes
  de apoio, 100-101
  entrevista persuasiva, 289-290
  especialistas, 100-101
  primárias, 100-101
Forças externas, 41-43
  afiliações, 284-285
  entrevista persuasiva, 287-288
Formato
  cronológico, currículo, 220-222
  de corrente, entrevista de seleção, 187-188
  de seminário, seleção, 188-189
Formulários de inscrição, 181-182
Frases amortecedoras, 299-300
Fuga, resposta em entrevista sobre baixo desempenho, 273-274

G

Generalização apressada, 313-314
Gênero

atividade de entrevista, 45-46
e autopercepção, 24-25
e autorrevelação, 27-28
e interações não verbais, 33-34, 85-86
e preferências de espaço, 40-41
e questões do tipo não pergunte, não conte, 64-65
impacto da entrevista na área da saúde, 357-358
relacionamentos, 20-22
Gerenciamento de objeções, entrevista persuasiva, 303-306
Gíria, 40-41
Gravadores ocultos, e leis estaduais, 111-112
Guia
  de entrevista, 69-71
    atividade, 93-95
    desenvolvimento, 70-72
    entrevista informativa, 98-100
  do jornalista, 69-70, 98-100

H

Habilidades
  de escuta, atividade de entrevista, 45-46
  do entrevistado, 101-103
  em entrevista, 10-11
Hipótese, argumento de, 313-314
Histórias, obtenção de informações em assistência na área da saúde, 365-367
Histórico
  relacional, 16-17
  socioeconômico, 284-285
Honestidade
  criação de currículo, 223-225
  e ética, 281-282
  testes, 185-186
Humor, em entrevista na área da saúde, 374-375

I

Idade
  discriminação, 258-259
  e preferências de espaço, 40-41
  impacto da entrevista na área da saúde, 357-358
Identificação, 293-294
Imagística, 310-312
Incerteza relacional, abertura de entrevista, 79-80
Incidente
  crítico atual, perguntas de entrevista de emprego, 236-237
  crítico histórico, perguntas de entrevista de emprego, 236-237
Inclusão,
  de testemunha, entrevista sobre baixo desempenho, 272-273
  dimensão relacional, 18-19
Influência
  normativa, 284-285
  relacional, resposta em entrevista sobre baixo desempenho, 270-271
Informações
  de contato, currículo, 219-220
  irrelevantes, em questionamento, 62-63
Informantes-chave, 100-101
Iniciação, situação de entrevista, 38
Intensidade de atitude, sequência de *design quintamensional,* 78-79
Interação, em entrevista persuasiva, 296-298
Interações
  de nível 1, 24-26

de nível 2, 26-27
de nível 3, 26-27
não verbais, 32-34
  diferenças culturais, 33-36
  diferenças de gênero, 33-34
  verbais, 29-33
Intercâmbio de papéis, durante entrevistas, 20-22
Internet
  entrevista, 160-161
  fontes de seleção/emprego, 174-176
Investigação
  da organização, 209-211
  de entrevistador, 210-211
  de eventos atuais, 210-213
  de posição, 209-210. *Ver também* Busca de emprego
  entrevista de pesquisa, 137-138
  entrevista informativa, 97-99
  entrevista persuasiva, 288-290
  para entrevista de emprego, 209-214

J

Jargão, 40-41, 310-311
  entrevista na área da saúde, 364-365, 369-370
Jogo de adivinhação, armadilha do questionamento, 62-63
Jornal, atividade de entrevista, 13
Jornalismo de precisão, 171n17. *Ver também* Princípios de modelos
Justiça, e ética, 281-282

L

Leis
  da novidade, 87-88
  de igualdade de oportunidades de emprego, 175-176
    conformidade, 176-178
    e avaliações de desempenho, 258-259
    violações em perguntas, 193, 240-244
Limites de relacionamento, entrevista de aconselhamento, 330-331
Língua
  barreira na assistência na área da saúde, entrevista, 367-369
  estratégias de perspectiva de entrevistado persuasivo, 310-313
  na teoria da identificação, 294-295
  variações na comunicação, 29-32
Lista
  de características, atividade de entrevista, 13
  "não chamar", 5-6
Lógica da adesão, 311-312

M

Mapeamento
  currículos, 182-185, 225-228
  eletrônico. *Ver* Mapeamento
Marcadores de território, 40-41
Margem de erro, 151-152
Marketing
  dissimulado, 310-311
  secreto, 310-311
Mecânica
  criação de currículo, 225-227
  mapeamento de currículo, 225-228
Memória relacional, 18-19
Mente aberta e ética, 282-283
Métodos
  do minidiscurso, perguntas baseadas em comportamento, 237-238

PAR (problema, ação, resultados), perguntas baseadas em comportamento, 237-238
STAR (situação, tarefa, ações, resultados), perguntas baseadas em comportamento, 237-238
Mídias sociais
  busca de emprego, 214-215
  e processo de recrutamento e seleção, 186-187
Minimização de objeções, 304-305
Modelo de escala de classificação de base comportamental (*behaviorally anchored rating scale* – BARS), 259-261
Modelos
  de fase sequencial, entrevista de aconselhamento, 333-335
  de gestão por objetivos (GPO), 259-261
  entrevista de desempenho global, 260-263
  entrevista de pesquisa, 150-151
    palavras-chave, 260-261
    tamanho, 151-153
    princípios, 151-152
    técnicas, 152-155
Motivação, abertura de entrevista, 78-79
Motivo para, técnica de encerramento, 89-90
Múltiplos significados, 29-30

N

Na Internet
  aberturas e encerramentos, 91-92
  busca de emprego, 215-216
  entrevista de aconselhamento, 345-346
  entrevistas de integridade, 186-187
  entrevistas eletrônicas, 9-10
  investigação de informações, 98-99
  pesquisa internacional, 136-137
Não causar danos
  entrevista de aconselhamento, 331-332
  entrevista na área da saúde, 353-354
Narrativa de doença, entrevista na área da saúde, 366-367
Negação de objeções, 304-305
Networking, busca de emprego, 213-215
Newsletters, busca de emprego, 215-216
Nível
  de confiança, 151-152
  de informação, entrevistado, 100-101
Nomenclatura e realidade social, 30-31
Número necessário, entrevista de pesquisa, 154-155

O

Objetivo
  claro, preparação da entrevista, 69-70
  de carreira, 218-219
  entrevista de pesquisa, 136-138
  entrevista informativa, 97-98
  entrevista persuasiva, 289-290
  técnica de abertura, 80-82
  técnica de encerramento, 88-89
  predeterminado e sério, 2-3
Observação, entrevista de aconselhamento, 339
Oferta de incentivo ou recompensa, técnica de abertura, 81-82
Ordem cronológica inversa, currículo, 219-220
Organização profissional, afiliação, 215-216
Orientação
  abertura de entrevista, 79-81
  entrevista de seleção, 188-189
  para tarefa, provedores médicos, 372-373

P

Pacientes
  investigadores, 370-371
  não investigadores, 370-371
  problemas em entrevista na área da saúde, 370-371
Palavras
  criação de currículo, 224-225
  de força, 30-31
  variações em comunicação, 29-32
Papéis
  e diferenças de língua, 31-32
  e percepções, 23-24
Parcialidade
  acidental, 73-75
  de escopo, 159-160
  de ordem, perguntas de pesquisa, 145-146
  intrínseca ao entrevistador, 72-75
Participante crítico, entrevista persuasiva, 310-314
Partidas fracassadas, 87-89
Passar a perna, 185-186
Percepções
  e cultura, 23-25
  e gênero, 24-25
  e interação, 22-25
  enquadramento e reenquadramento, 310-311
  influências, 24-25
  situação de entrevista, 39-40
Perfil de candidato baseado em competência, 179-180
Perguntas
  aberta trocada para fechada, 61-62
  abertas demais, 48, 51
  abertas, 48-49, 51, 59-60
    avaliação pós-entrevista, 199-200
  armadilhas, 60-65, 193, 244-245
  atividade de entrevista, 67-68
  bipolares, 49-50
    entrevistado informativo, 127-128
  carregadas, 58-59
  conte-me tudo, 60-62
  de abertura, entrevista de seleção, 189-190
  de acordo, entrevista persuasiva, 297-298
  de atenção e interesse, entrevista persuasiva, 297-298
  de confirmação, entrevista na área da saúde, 362-363
  de incidentes críticos, entrevista de seleção, 195
  de investigação geral, entrevista na área da saúde, 362-363
  de objeção, entrevista persuasiva, 297-298
  de questionamento duplo, 61-62
  de sondagem
    entrevista de seleção, 196-198
    pesquisa, 143-144
    tipos, 51-56, 59-60
    uso habilidoso, 55-56
  de suporte, entrevista de aconselhamento, 339-340
  de tratamento de informações
    entrevista na área da saúde, 377-378
    técnica de encerramento, 88-89
  de verificação, entrevista persuasiva, 297-298
  definição, 48
  direcionadas, 57-60
  em entrevistas de emprego, 243-246
  entrevista de aconselhamento, 339-340
  entrevista de seleção, 193-198
  entrevista na área da saúde, 362-365-366
  entrevista persuasiva, 297-299
  entrevistado informativo, 125-127
  entrevistador informativo, 107-109
  fechadas, 49-52, 59-60
    entrevista na área da saúde, 364-365
  ferramentas de entrevista, 2-3
  fraseado de pesquisa, 139-142
  fraseado informativo, 108-110
  hipotéticas
    entrevista de emprego, 236-237
    entrevista de seleção, 195-197
  inapropriadas, entrevista de emprego, 240-244
  metafóricas, 107-108
  moderadamente abertas, 49, 51
  moderadamente fechadas, 49, 51
  muito fechadas, 50-51
  não direcionadas, entrevista de aconselhamento, 339-340
  não pergunte, não conte, 63-65
  não tradicionais, entrevista de seleção, 194-195
  neutras, 56-58
  orientadas para tarefa, entrevista de emprego, 236-237
  para autoanálise de emprego, 207-209
  para fazer sentido, entrevista de aconselhamento, 339
  pesquisa, 139-147
  primárias 51-52, 59-60
  quebra-gelo, 104-105
  respostas em entrevistas de emprego, 234-238
  técnica de abertura, 82-84
  tradicionais, entrevista de seleção, 193-194
Permissão, registro de entrevista, 111-112
Perspectiva
  de avaliação, avaliação de desempenho, 265-267
  do desenvolvimento, avaliação de desempenho, 266-267
  do funcionário, avaliação de desempenho, 268-270
Persuasão
  entrevista na área da saúde, 372-376
  ética da, 280-283
Pesquisa
  de corte transversal, 136-137
  longitudinal, 136-137
  qualitativa, 135
  quantitativa, 135
Plano de ação, avaliação de desempenho, 267-268
Polarização, 312-313
Pontos
  de amostra, 153-154
  principais, entrevista persuasiva, 291-293
População, entrevista de pesquisa, 150-151
"Populações marginalizadas", 158-159
Por que razão, sequência de *design quintamensional*, 78-79
Portfólio, 228-229
Posição conhecida, técnica de abertura, 81-83
Posições pagas, 215-216
Preparação
  de história, entrevista informativa, 122-124
  de relatório, entrevista informativa, 122-124
Primeira impressão, entrevista de emprego, 229-235
Princípio do contraste, 308-309
Princípios padrão/aprendidos, perspectiva do entrevistado persuasivo, 308-309
Privacidade
  currículos *on-line*, 228-229
  em entrevistas, 6-7
  entrevista de aconselhamento, 334-335
  entrevista na área da saúde, 353-354, 360-362
  entrevista sobre baixo desempenho, 271-272

Problema
  de comunicação, atividade de entrevista, 45-46
  pessoal, e entrevista de aconselhamento, 327-328
Processo
  colaborativo, 2-3
  de comparação, seleção, 198-199
  de comunicação complexo, 16-17
  de duas etapas, abertura de entrevista, 78-81
  de duas partes, 1
  diádico, 1
Procure pessoalmente as empresas, busca de empregos, 217-218
Profecia autorrealizável, 23-24
Programa de perguntas e respostas, relevância do assunto, 63-64
Prospecção, 283-284
Proximidade, 40-41

Q

Qualificações
  entrevistadores de pesquisa, 154-155
  essenciais para ocupação do cargo, 176-178
Questionamentos
  indutor, 61-63
  pessoais, técnica de encerramento, 88-89
  profissionais, técnica de encerramento, 88-89
Questões éticas, 281-282

R

Rampa escorregadia, 311-312
Reações
  ameaçadora, entrevista na área da saúde, 355-356
  e respostas altamente diretivas, entrevista de aconselhamento, 342-344
  e respostas altamente não diretivas, entrevista de aconselhamento, 339-342
  e respostas diretivas, entrevista de aconselhamento, 342-343
  e respostas não diretivas, entrevista de aconselhamento, 342-343
Recomendação, técnica de abertura, 82-83
Recursos humanos (RH), papel no recrutamento/seleção, 173-174
Rede de contatos, 213-214
Referências, currículos, 183-185
Reforço, interações não verbais e verbais, 33-34
Registro, entrevista informativa, 111-113
Regras
  básicas, 106-107, 112-113, 123-124
  da reciprocidade, perspectiva do entrevistado persuasivo, 308-309
  de cumprimentos, 85-86
Rejeição, entrevista de emprego, 246-248
Relacionamentos
  casual, 17-18
  colaborativo, cuidado centrado no paciente, 355-356
  distante, 17-18
  entrevistado/entrevistador informativo, 124-125
  formal, 17-18
  funcional, 17-18
  globais, 19-22
  íntimo, 17-18
  partes da entrevista de emprego, 229-232
  recíproco, cuidado centrado no paciente, 354-355
  seguros, 19-20

Relevância, em questionamento, 62-64
Replicabilidade, entrevista de pesquisa, 135
Representação da organização, técnica de abertura, 82-83
Rescisão, emprego, 269-270
Resolver, escuta para, 37-38
Respostas
  a oferta de pergunta, técnica de encerramento, 88-89
  de avaliação, armadilha da entrevista de seleção, 193
  entrevista de aconselhamento, 339-344
  entrevista de emprego, 237-239
  estratégicas, entrevistado informativo, 125-128
  sim (não), resposta óbvia, 62-63
Restrições, na teoria psicológica da reatância, 295-296
  bases de dados, 174-175
  currículos, 182-185
  formato cronológico, 220-222
  formato funcional, 223-224
  mapeados eletronicamente, 225-228
  on-line, 227-229
  orientações, 223-227
  segmentos, 218-222
  tipos, 220-223
Reunião seguinte, técnica de encerramento, 89-90
Revisão, criação de currículo, 224-225
Revisão e análise de entrevista
  associação de bairro, 11-13
  avaliação de desempenho, 274-277
  emprego, 248-250
  entrevista de aconselhamento, 346-348
  entrevista de pesquisa sobre *bullying*, 165-169
  entrevista informativa de sondagem, 129-130
  entrevista na área da saúde, 378-379
  entrevista persuasiva, 319-323
  história oral, 66-68
  projeto de campo, 92-94
  promoção no emprego, 44-46
  recrutamento/seleção, 200-203
Roupas, entrevista de emprego, 231-234
Ruído, em situação de entrevista, 40-41

S

Seleção baseada em comportamento, 190-191
  perguntas, 195
  técnica de seleção de candidato, 179-180
Semelhança
  dimensão relacional, 17-19
  entrevistador/entrevistado, 155-156
Semelhanças percebidas, e receptividade, 286-287
Semelhanças/diferenças percebidas, 103
Sentimentos, 2-4
  interações de nível 3, 26-27
Sequências
  ampulheta, 77-78
  de combinação, 77-78
  de *design quintamensional*, 78-79
  de espaço, 70-71
  de funil invertido, 76-78
    entrevista na área da saúde, 365-366
  de funil, 76-77
    entrevista na área da saúde, 365-366
  de perguntas, 75-79
    entrevista de pesquisa, 150-151
    entrevista de seleção, 190-192

de problema-solução, 70-71
de resumo, 69-71
de temas, 69-70
de tempo, 69-71
diamante, 77-78
túnel (colar de contas), 75-76
Sete testes para justa causa, 269-271
Silêncio, 32-33
Simplificação da complexidade, 311-313
Sinais
    argumento de, 313-314
    de alerta, revisão de currículo, 182-183
    de tempo encerrado, técnica de encerramento, 89-90
    não verbais, ausência na entrevista por e-mail, 8-9
    visuais, 6-7
Síndrome da farinha do mesmo saco, 179-180
Sites. Ver também Na Internet
    busca de emprego, 214-215
Situação de entrevista
    entrevistado informativo, 124-126
    horário, local e ambiente, 39-41
    iniciação, 38
    percepções, 39-40
    territorialidade em, 40-43
    variáveis, 38
Situações semelhantes ao trabalho, entrevista de emprego baseada em comportamento, 236-237
Skype, 6-7
Slogans, 312-313
Sobrecarga de informações, fornecimento de informações na área da saúde, 371-372
Software de reconhecimento de voz, comunicação médico-paciente, 8-10
Solicitação de quantidade específica de tempo, técnica de abertura, 82-83
Soluções
    assistência em entrevista de aconselhamento, 327-328, 343-344
    entrevista na área da saúde, 375-376
    perspectiva do entrevistado persuasivo, 316-317
    perspectiva do entrevistador persuasivo, 302-304
Sondagem curiosa
    entrevista de aconselhamento, 339-340
    informações irrelevantes, 62-63
Sondagem de tratamento de informações, 51-53, 107-108
    entrevista de aconselhamento, 339
Sondagens
    de reformulação, 53-54, 107-108
    do tipo espelho (pergunta), 55, 58-59, 107-108
    entrevista de aconselhamento, 339
    informativas, 53, 107-108
    provocativas, 51-52, 107-108
    refletivas, 54, 59, 107-108
    silenciosas, 51-52, 107-108
Sons semelhantes, 29-31
Substituição, interações não verbais e verbais, 33-34
Sucesso da resposta, entrevista de emprego, 238-241
Sumário
    de problema, técnica de abertura, 81-82
    técnica de encerramento, 89-91
Suposições
    falhas, em entrevista na área da saúde, 369-370
    falsas, 97-98

T

Tabela de números aleatórios, 152-153
Tabulação, entrevista de pesquisa, 161-162
Tática
    ad populum, 311-312
    de bloqueio, provedores médicos, 373-374
    tu quoque, 312-313
Técnica de seleção de candidato baseada em características (talento), 179-180
Técnicas de abertura verbal, 80-84
Tecnologia de geração aleatória de números de telefone, 158-159
Telefones celulares e entrevistas, 5-7
"Telepsiquiatria", 6-7
Tendência central, avaliação de desempenho, 267-268
Tensões dialéticas, 18-19
Teorias
    da cortesia, 27-28
        entrevista na área da saúde, 360-362
    da identificação, persuasão, 293-295
    da inoculação, persuasão, 294-295
    da reatância psicológica, persuasão, 295-296
    de conformidade induzida, persuasão, 294-296
    do equilíbrio ou da consistência, persuasão, 294-295
    leigas, problemas de saúde, 370-371
Territorialidade
    em aberturas, 83-84
    em situação de entrevista, 40-43
Testes
    de afinidade com o trabalho, 176-178
    de aptidão, 185-186
    de habilidades básicas, 185-186
    de personalidade, 185-186
    padronizados, em processo de recrutamento e seleção, 183-186
Timing, entrevista persuasiva, 287-289
Tomada de histórico, entrevista na área da saúde, 363-364
Toque, em aberturas, 83-84
Transferência de culpa, 312-313
Transparência consciente, 187-188
Troca
    de papéis, 20-22
    de papéis, atividade de entrevista, 13-14
    em entrevista interativa, 2-3

U

Uso de mídia, fornecimento de informações na área da saúde, 372-373

V

Valores, 285-287
    de independência, 285-286
    de progresso, 285-286
    de sobrevivência, 285-286
    de sucesso, 285-286
    e entrevista de aconselhamento, 329-330
    e relacionamento com emoções, 287-288
    sociais, 285-286
Venda negativa, 302-303
Verdades evidentes, 314-315
Videoconferência, 6-9
    entrevista, 116-117
Visitas-surpresa, 283-284